# 大足石刻全集

## 第五卷
### 石篆山、石门山、南山石窟考古报告
### 上册

大足石刻研究院　编

黎方银　主编

DAZU SHIKE
QUANJI

# THE DAZU ROCK CARVINGS

## Vol. V

### SHIZHUANSHAN, SHIMENSHAN AND NANSHAN

### Part One

EDITED BY
ACADEMY OF DAZU ROCK CARVINGS

EDITOR IN CHIEF
LI FANGYIN

总策划　郭　宜　黎方银

## 《大足石刻全集》学术委员会

主　　任　丁明夷
委　　员　丁明夷　马世长　王川平　宁　强　孙　华　杨　泓　李志荣　李崇峰
　　　　　李裕群　李静杰　陈明光　陈悦新　杭　侃　姚崇新　郭相颖　雷玉华
　　　　　霍　巍（以姓氏笔画为序）

## 《大足石刻全集》编辑委员会

主　　任　王怀龙　黎方银
副 主 任　郭　宜　谢晓鹏　刘贤高　郑文武
委　　员　王怀龙　毛世福　邓启兵　刘贤高　米德昉　李小强　周　颖　郑文武
　　　　　郭　宜　黄能迁　谢晓鹏　黎方银（以姓氏笔画为序）
主　　编　黎方银
副 主 编　刘贤高　邓启兵　黄能迁　谢晓鹏　郑文武

## 《大足石刻全集》第五卷编纂工作团队

调查记录　黄能迁　邓启兵　赵凌飞　陈　静　郭　静
现场测绘　周　颖　毛世福　黄能迁　邓启兵　张　强　吕　品　陈　杰
　　　　　潘春香　余倩倩
绘　　图　周　颖　毛世福　陈　杰　潘春香　余倩倩
图版拍摄　郑文武（主机）　郭　宜　周　瑜　吕文成　王　远　张　跃
拓　　片　唐长清　唐毅烈
铭文整理　赵凌飞
资料整理　赵凌飞　张媛媛　未小妹　李朝元
英文翻译　姚淇琳
英文审定　Tom Suchan　唐仲明
报告编写　黎方银　黄能迁　邓启兵
统　　稿　黎方银
审　　定　丁明夷

## 《大足石刻全集》第五卷编辑工作团队

工作统筹　郭　宜　郑文武
三　　审　王怀龙　曾海龙　郭　宜
编　　辑　郑文武　王　娟　周　瑜　吕文成　王　远
印前审读　曾祥志
图片制作　郑文武　周　瑜　吕文成　王　远
装帧设计　胡靳一　郑文武
排　　版　肖蜀侠
校　　色　宋晓东　郑文武
校　　对　唐联文　廖应碧　李小君　何建云　谭荷芳

# 总目录

第一卷　　　北山佛湾石窟第1—100号考古报告

第二卷　　　北山佛湾石窟第101—192号考古报告

第三卷　　　北山佛湾石窟第193—290号考古报告

第四卷　　　北山多宝塔考古报告

第五卷　　　石篆山、石门山、南山石窟考古报告

第六卷　　　宝顶山大佛湾石窟第1—14号考古报告

第七卷　　　宝顶山大佛湾石窟第15—32号考古报告

第八卷　　　宝顶山小佛湾及周边石窟考古报告

第九卷　　　大足石刻专论

第十卷　　　大足石刻历史图版

第十一卷　　附录及索引

# GENERAL CATALOGUE

Vol. I        FOWAN (NOS. 1–100), BEISHAN

Vol. II       FOWAN (NOS. 101–192), BEISHAN

Vol. III      FOWAN (NOS. 193–290), BEISHAN

Vol. IV       DUOBAO PAGODA, BEISHAN

Vol. V        SHIZHUANSHAN, SHIMENSHAN AND NANSHAN

Vol. VI       DAFOWAN (NOS. 1–14), BAODINGSHAN

Vol. VII      DAFOWAN (NOS. 15–32), BAODINGSHAN

Vol. VIII     XIAOFOWAN AND SURROUNDING CARVINGS, BAODINGSHAN

Vol. IX       COLLECTED RESEARCH PAPERS ON THE DAZU ROCK CARVINGS

Vol. X        EARLY PHOTOGRAPHS OF THE DAZU ROCK CARVINGS

Vol. XI       APPENDIX AND INDEX

# 目　录

第一章　概述 ............................................................................ 1
　　第一节　本卷报告的内容 ...................................................... 1
　　第二节　本卷报告的体例和规范 .......................................... 1
　　　　一　编写体例 .................................................................. 1
　　　　二　报告文本 .................................................................. 1
　　　　三　测绘图 ...................................................................... 4
　　　　四　图版 .......................................................................... 5
　　第三节　本卷报告的编写经过 .............................................. 5
第二章　石篆山石窟 .................................................................. 6
　　第一节　石窟概况 .................................................................. 6
　　　　一　地理状况 .................................................................. 6
　　　　二　石窟构建 .................................................................. 8
　　　　三　石窟编号及相互位置关系 ...................................... 8
　　　　四　石窟岩体软弱夹层带及裂隙 .................................. 9
　　第二节　前期保护维修与调查研究 ...................................... 9
　　　　一　保护维修 .................................................................. 9
　　　　二　调查研究 ................................................................ 13
　　第三节　第1号 ...................................................................... 14
　　　　一　位置 ........................................................................ 14
　　　　二　形制 ........................................................................ 14
　　　　三　造像 ........................................................................ 14
　　　　四　晚期遗迹 ................................................................ 19
　　第四节　第2号 ...................................................................... 20
　　　　一　位置 ........................................................................ 20
　　　　二　形制 ........................................................................ 20
　　　　三　造像 ........................................................................ 20
　　　　四　铭文 ........................................................................ 23
　　　　五　晚期遗迹 ................................................................ 24
　　第五节　第3号 ...................................................................... 25
　　　　一　位置 ........................................................................ 25
　　　　二　形制 ........................................................................ 25
　　　　三　造像 ........................................................................ 27
　　　　四　晚期遗迹 ................................................................ 27
　　第六节　第4号 ...................................................................... 27
　　　　一　位置 ........................................................................ 27
　　　　二　形制 ........................................................................ 27
　　　　三　造像 ........................................................................ 27
　　　　四　晚期遗迹 ................................................................ 27
　　第七节　第5号 ...................................................................... 29
　　　　一　位置 ........................................................................ 29
　　　　二　形制 ........................................................................ 29
　　　　三　造像 ........................................................................ 29
　　　　四　铭文 ........................................................................ 32
　　　　五　晚期遗迹 ................................................................ 32
　　第八节　第5-1号 .................................................................. 35

一　位置 35
　　二　形制 35
　　三　造像 37
第九节　第6号 37
　　一　位置 37
　　二　形制 37
　　三　造像 37
　　四　铭文 47
　　五　晚期遗迹 47
第十节　第7号 50
　　一　位置 50
　　二　形制 50
　　三　造像 50
　　四　铭文 52
　　五　晚期遗迹 53
第十一节　第8号 65
　　一　位置 65
　　二　形制 65
　　三　造像 65
　　四　铭文 68
　　五　晚期遗迹 69
第十二节　第9号 79
　　一　位置 79
　　二　形制 79
　　三　造像 79
　　四　铭文 89
　　五　晚期遗迹 89
第十三节　第10号 92
　　一　位置 92
　　二　形制 92
　　三　造像 94
　　四　晚期遗迹 95
第十四节　第11号 95
　　一　位置 95
　　二　形制 95
　　三　造像 95
　　四　铭文 104
　　五　晚期遗迹 104
第十五节　第12号 104
　　一　位置 104
　　二　形制 104
　　三　碑文 107
第十六节　第13号 108
　　一　位置 108
　　二　形制 108
　　三　造像 108
　　四　铭文 108
　　五　晚期遗迹 111
第十七节　结语 112

三　碑文 ................................................................ 264

　　　四　晚期遗迹 .......................................................... 265

　第十九节　第12-1号 ...................................................... 266

　　　一　位置 ................................................................ 266

　　　二　形制 ................................................................ 266

　　　三　碑文 ................................................................ 266

　第二十节　第12-2号 ...................................................... 266

　　　一　位置 ................................................................ 266

　　　二　形制 ................................................................ 266

　　　三　碑文 ................................................................ 267

　第二十一节　第12-3号 .................................................... 268

　　　一　位置 ................................................................ 268

　　　二　形制 ................................................................ 268

　　　三　碑文 ................................................................ 268

　　　四　晚期遗迹 .......................................................... 268

　第二十二节　第13号 ...................................................... 268

　　　一　位置 ................................................................ 268

　　　二　形制 ................................................................ 268

　　　三　造像 ................................................................ 268

　　　四　晚期遗迹 .......................................................... 270

　第二十三节　第13-1号 .................................................... 271

　　　一　位置 ................................................................ 271

　　　二　形制 ................................................................ 271

　　　三　造像 ................................................................ 271

　　　四　铭文 ................................................................ 271

　　　五　晚期遗迹 .......................................................... 273

　第二十四节　第13-2号 .................................................... 274

　　　一　位置 ................................................................ 274

　　　二　造像 ................................................................ 274

　　　三　铭文 ................................................................ 275

　　　四　晚期遗迹 .......................................................... 275

　第二十五节　本章小结 .................................................... 275

　　　一　形制特点 .......................................................... 275

　　　二　年代分析 .......................................................... 275

　　　三　题材内容 .......................................................... 276

　　　四　晚期遗迹 .......................................................... 277

第四章　南山石窟 .............................................................. 281

　第一节　石窟概况 ........................................................ 281

　　　一　地理状况 .......................................................... 281

　　　二　石窟构建 .......................................................... 283

　　　三　石窟编号及相互位置关系 ...................................... 283

　　　四　石窟岩体软弱夹层带及裂隙 .................................... 283

　第二节　前期保护维修与调查研究 .................................... 284

　　　一　保护维修 .......................................................... 284

　　　二　调查研究 .......................................................... 285

　第三节　第1号 ............................................................ 288

　　　一　位置 ................................................................ 288

　　　二　形制 ................................................................ 288

　　　三　造像 ................................................................ 291

|   |   |   |   |
|---|---|---|---|
| | 四 | 铭文 | 291 |
| | 五 | 晚期遗迹 | 292 |
| 第四节 | 第2号 | | 294 |
| | 一 | 位置 | 294 |
| | 二 | 形制 | 294 |
| | 三 | 铭文 | 294 |
| | 四 | 晚期遗迹 | 300 |
| 第五节 | 第2-1号 | | 300 |
| | 一 | 位置 | 300 |
| | 二 | 形制 | 300 |
| | 三 | 造像 | 300 |
| 第六节 | 第3号 | | 302 |
| | 一 | 位置 | 302 |
| | 二 | 形制 | 302 |
| | 三 | 题刻 | 302 |
| 第七节 | 第3-1号 | | 302 |
| | 一 | 位置 | 302 |
| | 二 | 形制 | 302 |
| | 三 | 造像 | 302 |
| 第八节 | 第4号 | | 303 |
| | 一 | 位置 | 303 |
| | 二 | 形制 | 303 |
| | 三 | 造像 | 306 |
| | 四 | 晚期遗迹 | 310 |
| 第九节 | 第5号 | | 310 |
| | 一 | 位置 | 310 |
| | 二 | 形制 | 310 |
| | 三 | 造像 | 311 |
| | 四 | 铭文 | 345 |
| | 五 | 晚期遗迹 | 345 |
| 第十节 | 第5-1号 | | 356 |
| | 一 | 位置 | 356 |
| | 二 | 形制 | 356 |
| | 三 | 造像 | 357 |
| 第十一节 | 第6号 | | 357 |
| | 一 | 位置 | 357 |
| | 二 | 形制 | 357 |
| | 三 | 造像 | 357 |
| | 四 | 晚期遗迹 | 363 |
| 第十二节 | 第6-1号 | | 363 |
| | 一 | 位置 | 363 |
| | 二 | 形制 | 363 |
| | 三 | 造像 | 365 |
| | 四 | 晚期遗迹 | 365 |
| 第十三节 | 第7号 | | 365 |
| | 一 | 位置 | 365 |
| | 二 | 形制 | 365 |
| | 三 | 题刻 | 365 |
| 第十四节 | 第8号 | | 365 |

一　位置 ... 365
　　二　形制 ... 366
　　三　题刻 ... 366
　　四　晚期遗迹 ... 366

第十五节　第8-1号 ... 366
　　一　位置 ... 366
　　二　形制 ... 366
　　三　造像 ... 367

第十六节　第9号 ... 368
　　一　位置 ... 368
　　二　形制 ... 368
　　三　碑文 ... 368
　　四　晚期遗迹 ... 369

第十七节　第10号 ... 369
　　一　位置 ... 369
　　二　形制 ... 369
　　三　碑文 ... 369
　　四　晚期遗迹 ... 370

第十八节　第10-1号 ... 370
　　一　位置 ... 370
　　二　形制 ... 370
　　三　题刻 ... 370
　　四　晚期遗迹 ... 370

第十九节　第11号 ... 371
　　一　位置 ... 371
　　二　形制 ... 371
　　三　题刻 ... 371
　　四　晚期遗迹 ... 371

第二十节　第12号 ... 371
　　一　位置 ... 371
　　二　形制 ... 372
　　三　题刻 ... 372

第二十一节　第13号 ... 372
　　一　位置 ... 372
　　二　形制 ... 372
　　三　题刻 ... 372

第二十二节　第14号 ... 373
　　一　位置 ... 373
　　二　形制 ... 373
　　三　题刻 ... 373
　　四　晚期遗迹 ... 373

第二十三节　第15号 ... 373
　　一　位置 ... 373
　　二　形制 ... 373
　　三　造像 ... 376
　　四　晚期遗迹 ... 376

第二十四节　本章小结 ... 376
　　一　形制特点 ... 376
　　二　年代分析 ... 376

|  |  | 三　题材内容 377 |
|---|---|---|
|  |  | 四　晚期遗迹 378 |
| 附录一 | **石篆山、石门山、南山石窟造像一览表** 382 |
| 附录二 | **石篆山石窟其他文物遗迹** 389 |
|  | 一、佛会寺 389 |
|  | 二、佛会之塔 398 |
|  | 三、佛会寺周边龛像及碑刻 406 |
|  | 四、子母殿外西面崖壁晚期龛像及题刻 410 |
|  | 五、子母殿东面崖壁碑刻 412 |
| 附录三 | **石门山石窟其他文物遗迹** 419 |
|  | 一、石窟区内南侧石柱 419 |
|  | 二、石窟区内东侧石柱 420 |
|  | 三、石窟区内香炉 422 |
|  | 四、石窟区内零散碑刻 422 |
|  | 五、圣府洞寺大殿第1号窟 425 |
|  | 六、圣府洞寺大殿第2号龛 427 |
|  | 七、圣府洞寺大殿碑刻 429 |

# Catalogue

**Chapter One　Overview** ............................................................................................................ 1
  Section One　Content of Vol. V ................................................................................................ 1
  Section Two　Editorial Guidelines and Organization of Vol. V ............................................... 1
    2.1　Editorial Guidelines and Organization ............................................................................ 1
    2.2　Text .................................................................................................................................. 1
    2.3　Plans and Drawings ......................................................................................................... 4
    2.4　Photographs ..................................................................................................................... 5
  Section Three　Writing and Editing Process of Vol. V ............................................................. 5

**Chapter Two　Shizhuanshan** ..................................................................................................... 6
  Section One　Overview ............................................................................................................. 6
    1.1　Geographical Situation ..................................................................................................... 6
    1.2　Structural Formats ........................................................................................................... 8
    1.3　Numbering, Locations and Interrelations of the Stone Carvings ..................................... 8
    1.4　Distribution of Inter-layer Soft Rocks and Rock Mass Fissures ...................................... 9
  Section Two　Early Stage Preservation and Restoration, Investigation and Research Findings ... 9
    2.1　Preservation and Restoration ........................................................................................... 9
    2.2　Investigation and Research Findings ............................................................................. 13
  Section Three　No. 1 ................................................................................................................ 14
    3.1　Location .......................................................................................................................... 14
    3.2　Dimensions and Layout .................................................................................................. 14
    3.3　Carved Images ............................................................................................................... 14
    3.4　Alterations and Additions ............................................................................................... 19
  Section Four　No. 2 .................................................................................................................. 20
    4.1　Location .......................................................................................................................... 20
    4.2　Dimensions and Layout .................................................................................................. 20
    4.3　Carved Images ............................................................................................................... 20
    4.4　Inscriptions ..................................................................................................................... 23
    4.5　Alterations and Additions ............................................................................................... 24
  Section Five　No. 3 ................................................................................................................... 25
    5.1　Location .......................................................................................................................... 25
    5.2　Dimensions and Layout .................................................................................................. 25
    5.3　Carved Images ............................................................................................................... 27
    5.4　Alterations and Additions ............................................................................................... 27
  Section Six　No. 4 .................................................................................................................... 27
    6.1　Location .......................................................................................................................... 27
    6.2　Dimensions and Layout .................................................................................................. 27
    6.3　Carved Images ............................................................................................................... 27
    6.4　Alterations and Additions ............................................................................................... 27
  Section Seven　No. 5 ................................................................................................................ 29
    7.1　Location .......................................................................................................................... 29
    7.2　Dimensions and Layout .................................................................................................. 29
    7.3　Carved Images ............................................................................................................... 29
    7.4　Inscriptions ..................................................................................................................... 32
    7.5　Alterations and Additions ............................................................................................... 32
  Section Eight　No. 5-1 ............................................................................................................. 35

  8.1 Location .................................................................................................................... 35

  8.2 Dimensions and Layout ........................................................................................... 35

  8.3 Carved Images ......................................................................................................... 37

Section Nine No. 6 ..................................................................................................................... 37

  9.1 Location .................................................................................................................... 37

  9.2 Dimensions and Layout ........................................................................................... 37

  9.3 Carved Images ......................................................................................................... 37

  9.4 Inscriptions ............................................................................................................... 47

  9.5 Alterations and Additions ........................................................................................ 47

Section Ten No. 7 ....................................................................................................................... 50

  10.1 Location .................................................................................................................. 50

  10.2 Dimensions and Layout ......................................................................................... 50

  10.3 Carved Images ....................................................................................................... 50

  10.4 Inscriptions ............................................................................................................. 52

  10.5 Alterations and Additions ...................................................................................... 53

Section Eleven No. 8 .................................................................................................................. 65

  11.1 Location .................................................................................................................. 65

  11.2 Dimensions and Layout ......................................................................................... 65

  11.3 Carved Images ....................................................................................................... 65

  11.4 Inscriptions ............................................................................................................. 68

  11.5 Alterations and Additions ...................................................................................... 69

Section Twelve No. 9 ................................................................................................................. 79

  12.1 Location .................................................................................................................. 79

  12.2 Dimensions and Layout ......................................................................................... 79

  12.3 Carved Images ....................................................................................................... 79

  12.4 Inscriptions ............................................................................................................. 89

  12.5 Alterations and Additions ...................................................................................... 89

Section Thirteen No. 10 ............................................................................................................. 92

  13.1 Location .................................................................................................................. 92

  13.2 Dimensions and Layout ......................................................................................... 92

  13.3 Carved Images ....................................................................................................... 94

  13.4 Alterations and Additions ...................................................................................... 95

Section Fourteen No. 11 ............................................................................................................ 95

  14.1 Location .................................................................................................................. 95

  14.2 Dimensions and Layout ......................................................................................... 95

  14.3 Carved Images ....................................................................................................... 95

  14.4 Inscriptions ........................................................................................................... 104

  14.5 Alterations and Additions .................................................................................... 104

Section Fifteen No. 12 .............................................................................................................. 104

  15.1 Location ................................................................................................................ 104

  15.2 Dimensions and Layout ....................................................................................... 104

  15.3 Stele Inscriptions .................................................................................................. 107

Section Sixteen No. 13 ............................................................................................................. 108

  16.1 Location ................................................................................................................ 108

  16.2 Dimensions and Layout ....................................................................................... 108

  16.3 Carved Images ..................................................................................................... 108

  16.4 Inscriptions ........................................................................................................... 108

  16.5 Alterations and Additions .................................................................................... 111

Section Seventeen Chapter Conclusion .................................................................................. 112

- 17.1 Structural Characteristics ............................................................................................................ 112
- 17.2 Periodization and Dating ............................................................................................................. 112
- 17.3 Subject Matter and Content ........................................................................................................ 113
- 17.4 Alterations and Additions ............................................................................................................ 114

## Chapter Three  Shimenshan ............................................................................................................ 116

### Section One  Overview ..................................................................................................................... 116
- 1.1 Geographical Situation .................................................................................................................. 116
- 1.2 Structural Formats ........................................................................................................................ 117
- 1.3 Numbering, Locations and Interrelations of the Stone Carvings ................................................ 117
- 1.4 Distribution of Inter-layer Soft Rocks and Rock Mass Fissures .................................................. 124

### Section Two  Early Stage Preservation and Restoration, Investigation and Research Findings ....... 125
- 2.1 Preservation and Restoration ....................................................................................................... 125
- 2.2 Investigation and Research Findings ........................................................................................... 126

### Section Three  No. 1 ......................................................................................................................... 127
- 3.1 Location ......................................................................................................................................... 127
- 3.2 Dimensions and Layout ................................................................................................................ 127
- 3.3 Carved Images .............................................................................................................................. 127
- 3.4 Inscriptions ................................................................................................................................... 134
- 3.5 Alterations and Additions ............................................................................................................. 134

### Section Four  No. 2 ........................................................................................................................... 135
- 4.1 Location ......................................................................................................................................... 135
- 4.2 Dimensions and Layout ................................................................................................................ 135
- 4.3 Carved Images .............................................................................................................................. 135
- 4.4 Inscriptions ................................................................................................................................... 141
- 4.5 Alterations and Additions ............................................................................................................. 141

### Section Five  No. 3 ........................................................................................................................... 142
- 5.1 Location ......................................................................................................................................... 142
- 5.2 Dimensions and Layout ................................................................................................................ 142
- 5.3 Carved Images .............................................................................................................................. 143
- 5.4 Inscriptions ................................................................................................................................... 146
- 5.5 Alterations and Additions ............................................................................................................. 147

### Section Six  No. 4 ............................................................................................................................. 147
- 6.1 Location ......................................................................................................................................... 147
- 6.2 Dimensions and Layout ................................................................................................................ 147
- 6.3 Carved Images .............................................................................................................................. 147
- 6.4 Inscriptions ................................................................................................................................... 149
- 6.5 Alterations and Additions ............................................................................................................. 149

### Section Seven  No. 5 ........................................................................................................................ 150
- 7.1 Location ......................................................................................................................................... 150
- 7.2 Dimensions and Layout ................................................................................................................ 150
- 7.3 Carved Images .............................................................................................................................. 150
- 7.4 Inscriptions ................................................................................................................................... 152
- 7.5 Alterations and Additions ............................................................................................................. 152

### Section Eight  No. 5-1 ...................................................................................................................... 152
- 8.1 Location ......................................................................................................................................... 152
- 8.2 Dimensions and Layout ................................................................................................................ 152
- 8.3 Carved Images .............................................................................................................................. 152
- 8.4 Inscriptions ................................................................................................................................... 152
- 8.5 Alterations and Additions ............................................................................................................. 153

## Section Nine   No. 6 ............................................................................................................................... 153
- 9.1 Location ............................................................................................................................ 153
- 9.2 Dimensions and Layout .................................................................................................... 153
- 9.3 Carved Images .................................................................................................................. 160
- 9.4 Inscriptions ....................................................................................................................... 188
- 9.5 Alterations and Additions ................................................................................................. 196

## Section Ten   No. 7 ................................................................................................................................. 197
- 10.1 Location ............................................................................................................................ 197
- 10.2 Dimensions and Layout .................................................................................................... 197
- 10.3 Carved Images .................................................................................................................. 200
- 10.4 Alterations and Additions ................................................................................................. 200

## Section Eleven   No. 8 ............................................................................................................................ 201
- 11.1 Location ............................................................................................................................ 201
- 11.2 Dimensions and Layout .................................................................................................... 201
- 11.3 Carved Images .................................................................................................................. 201
- 11.4 Alterations and Additions ................................................................................................. 217

## Section Twelve   No. 8-1 ........................................................................................................................ 217
- 12.1 Location ............................................................................................................................ 217
- 12.2 Dimensions and Layout .................................................................................................... 217
- 12.3 Carved Images .................................................................................................................. 217
- 12.4 Alterations and Additions ................................................................................................. 219

## Section Thirteen   No. 8-2 ...................................................................................................................... 219
- 13.1 Location ............................................................................................................................ 219
- 13.2 Dimensions and Layout .................................................................................................... 219
- 13.3 Inscriptions ....................................................................................................................... 219

## Section Fourteen   No. 9 ......................................................................................................................... 219
- 14.1 Location ............................................................................................................................ 219
- 14.2 Dimensions and Layout .................................................................................................... 220
- 14.3 Carved Images .................................................................................................................. 220
- 14.4 Inscriptions ....................................................................................................................... 222
- 14.5 Alterations and Additions ................................................................................................. 222

## Section Fifteen   No. 10 .......................................................................................................................... 223
- 15.1 Location ............................................................................................................................ 223
- 15.2 Dimensions and Layout .................................................................................................... 223
- 15.3 Carved Images .................................................................................................................. 224
- 15.4 Inscriptions ....................................................................................................................... 247
- 15.5 Alterations and Additions ................................................................................................. 247

## Section Sixteen   No. 11 ......................................................................................................................... 254
- 16.1 Location ............................................................................................................................ 254
- 16.2 Dimensions and Layout .................................................................................................... 254
- 16.3 Carved Images .................................................................................................................. 254
- 16.4 Alterations and Additions ................................................................................................. 263

## Section Seventeen   No. 11-1 .................................................................................................................. 263
- 17.1 Location ............................................................................................................................ 263
- 17.2 Dimensions and Layout .................................................................................................... 263
- 17.3 Inscriptions ....................................................................................................................... 264

## Section Eighteen   No. 12 ....................................................................................................................... 264
- 18.1 Location ............................................................................................................................ 264
- 18.2 Dimensions and Layout .................................................................................................... 264

  18.3 Stele Inscriptions ........................................................................................................................ 264

  18.4 Alterations and Additions ........................................................................................................ 265

Section Nineteen No. 12-1 .................................................................................................................... 266

  19.1 Location ................................................................................................................................... 266

  19.2 Dimensions and Layout ........................................................................................................... 266

  19.3 Stele Inscriptions ..................................................................................................................... 266

Section Twenty No. 12-2 ......................................................................................................................... 266

  20.1 Location ................................................................................................................................... 266

  20.2 Dimensions and Layout ........................................................................................................... 266

  20.3 Stele Inscriptions ..................................................................................................................... 267

Section Twenty-one No. 12-3 .................................................................................................................. 268

  21.1 Location ................................................................................................................................... 268

  21.2 Dimensions and Layout ........................................................................................................... 268

  21.3 Stele Inscriptions ..................................................................................................................... 268

  21.4 Alterations and Additions ........................................................................................................ 268

Section Twenty-two No. 13 ..................................................................................................................... 268

  22.1 Location ................................................................................................................................... 268

  22.2 Dimensions and Layout ........................................................................................................... 268

  22.3 Carved Images ......................................................................................................................... 268

  22.4 Alterations and Additions ........................................................................................................ 270

Section Twenty-three No. 13-1 ................................................................................................................ 271

  23.1 Location ................................................................................................................................... 271

  23.2 Dimensions and Layout ........................................................................................................... 271

  23.3 Carved Images ......................................................................................................................... 271

  23.4 Inscriptions .............................................................................................................................. 271

  23.5 Alterations and Additions ........................................................................................................ 273

Section Twenty-four No. 13-2 ................................................................................................................. 274

  24.1 Location ................................................................................................................................... 274

  24.2 Carved Images ......................................................................................................................... 274

  24.3 Inscriptions .............................................................................................................................. 275

  24.4 Alterations and Additions ........................................................................................................ 275

Section Twenty-five Chapter Conclusion ............................................................................................... 275

  25.1 Structural Characteristics ......................................................................................................... 275

  25.2 Periodization and Dating ......................................................................................................... 275

  25.3 Subject Matter and Content ..................................................................................................... 276

  25.4 Alterations and Additions ........................................................................................................ 277

**Chapter Four Nanshan** ......................................................................................................................... 281

Section One Overview ............................................................................................................................ 281

  1.1 Geographical Situation .............................................................................................................. 281

  1.2 Structural Formats ..................................................................................................................... 283

  1.3 Numbering, Locations and Interrelations of the Stone Carvings ............................................. 283

  1.4 Distribution of Inter-layer Soft Rocks and Rock Mass Fissures .............................................. 283

Section Two Early Stage Preservation and Restoration, Investigation and Research Findings ............. 284

  2.1 Preservation and Restoration .................................................................................................... 284

  2.2 Investigation and Research Findings ........................................................................................ 285

Section Three No. 1 ................................................................................................................................. 288

  3.1 Location .................................................................................................................................... 288

  3.2 Dimensions and Layout ............................................................................................................ 288

  3.3 Carved Images .......................................................................................................................... 291

| | | |
|---|---|---|
| 3.4 | Inscriptions | 291 |
| 3.5 | Alterations and Additions | 292 |

Section Four  No. 2 .................................................................................................................. 294

| | | |
|---|---|---|
| 4.1 | Location | 294 |
| 4.2 | Dimensions and Layout | 294 |
| 4.3 | Inscriptions | 294 |
| 4.4 | Alterations and Additions | 300 |

Section Five  No. 2-1 ............................................................................................................... 300

| | | |
|---|---|---|
| 5.1 | Location | 300 |
| 5.2 | Dimensions and Layout | 300 |
| 5.3 | Carved Images | 300 |

Section Six  No. 3 ..................................................................................................................... 302

| | | |
|---|---|---|
| 6.1 | Location | 302 |
| 6.2 | Dimensions and Layout | 302 |
| 6.3 | Inscriptions | 302 |

Section Seven  No. 3-1 ............................................................................................................ 302

| | | |
|---|---|---|
| 7.1 | Location | 302 |
| 7.2 | Dimensions and Layout | 302 |
| 7.3 | Carved Images | 302 |

Section Eight  No. 4 ................................................................................................................. 303

| | | |
|---|---|---|
| 8.1 | Location | 303 |
| 8.2 | Dimensions and Layout | 303 |
| 8.3 | Carved Images | 306 |
| 8.4 | Alterations and Additions | 310 |

Section Nine  No. 5 .................................................................................................................. 310

| | | |
|---|---|---|
| 9.1 | Location | 310 |
| 9.2 | Dimensions and Layout | 310 |
| 9.3 | Carved Images | 311 |
| 9.4 | Inscriptions | 345 |
| 9.5 | Alterations and Additions | 345 |

Section Ten  No. 5-1 ................................................................................................................ 356

| | | |
|---|---|---|
| 10.1 | Location | 356 |
| 10.2 | Dimensions and Layout | 356 |
| 10.3 | Carved Images | 357 |

Section Eleven  No. 6 .............................................................................................................. 357

| | | |
|---|---|---|
| 11.1 | Location | 357 |
| 11.2 | Dimensions and Layout | 357 |
| 11.3 | Carved Images | 357 |
| 11.4 | Alterations and Additions | 363 |

Section Twelve  No. 6-1 .......................................................................................................... 363

| | | |
|---|---|---|
| 12.1 | Location | 363 |
| 12.2 | Dimensions and Layout | 363 |
| 12.3 | Carved Images | 365 |
| 12.4 | Alterations and Additions | 365 |

Section Thirteen  No. 7 ........................................................................................................... 365

| | | |
|---|---|---|
| 13.1 | Location | 365 |
| 13.2 | Dimensions and Layout | 365 |
| 13.3 | Inscriptions | 365 |

Section Fourteen  No. 8 .......................................................................................................... 365

  14.1 Location ............ 365

  14.2 Dimensions and Layout ............ 366

  14.3 Inscriptions ............ 366

  14.4 Alterations and Additions ............ 366

Section Fifteen No. 8-1 ............ 366

  15.1 Location ............ 366

  15.2 Dimensions and Layout ............ 366

  15.3 Carved Images ............ 367

Section Sixteen No. 9 ............ 368

  16.1 Location ............ 368

  16.2 Dimensions and Layout ............ 368

  16.3 Stele Inscriptions ............ 368

  16.4 Alterations and Additions ............ 369

Section Seventeen No. 10 ............ 369

  17.1 Location ............ 369

  17.2 Dimensions and Layout ............ 369

  17.3 Stele Inscriptions ............ 369

  17.4 Alterations and Additions ............ 370

Section Eighteen No. 10-1 ............ 370

  18.1 Location ............ 370

  18.2 Dimensions and Layout ............ 370

  18.3 Inscriptions ............ 370

  18.4 Alterations and Additions ............ 370

Section Nineteen No. 11 ............ 371

  19.1 Location ............ 371

  19.2 Dimensions and Layout ............ 371

  19.3 Inscriptions ............ 371

  19.4 Alterations and Additions ............ 371

Section Twenty No. 12 ............ 371

  20.1 Location ............ 371

  20.2 Dimensions and Layout ............ 372

  20.3 Inscriptions ............ 372

Section Twenty-one No. 13 ............ 372

  21.1 Location ............ 372

  21.2 Dimensions and Layout ............ 372

  21.3 Inscriptions ............ 372

Section Twenty-two No. 14 ............ 373

  22.1 Location ............ 373

  22.2 Dimensions and Layout ............ 373

  22.3 Inscriptions ............ 373

  22.4 Alterations and Additions ............ 373

Section Twenty-three No. 15 ............ 373

  23.1 Location ............ 373

  23.2 Dimensions and Layout ............ 373

  23.3 Carved Images ............ 376

  23.4 Alterations and Additions ............ 376

Section Twenty-four Chapter Conclusion ............ 376

  24.1 Structural Characteristics ............ 376

  24.2 Periodization and Dating ............ 376

  24.3 Subject Matter and Content ............................................................................................................ 377

  24.4 Alterations and Additions ................................................................................................................ 378

**Appendix Ⅰ : List of Stone Carvings at Shizhuanshan, Shimenshan and Nanshan** ...................... 382

**Appendix Ⅱ : Other Historical Materials at Shizhuanshan** ............................................................. 389

  2.1 Fohui Temple ..................................................................................................................................... 389

  2.2 Fohui Pagoda .................................................................................................................................... 398

  2.3 Carved Images and Stele Inscriptions Around Fohui Temple ............................................. 406

  2.4 Later Carved Images and Inscriptions on the Western Cliff Outside Zimu Hall ............. 410

  2.5 Stele Inscriptions on the Eastern Cliff Outside Zimu Hall ..................................................... 412

**Appendix Ⅲ : Other Historical Materials at Shimenshan** ................................................................ 419

  3.1 Stele in the Southern Area of the Shimenshan Site .............................................................. 419

  3.2 Stele in the Eastern Area of the Shimenshan Site .................................................................. 420

  3.3 Incense Burner Inside the Shimenshan Site ............................................................................ 422

  3.4 Stele Inscriptions Scattered Inside the Shimenshan Site ...................................................... 422

  3.5 No. 1 in the Main Hall of the Shengfudong Temple ............................................................. 425

  3.6 No. 2 in the Main Hall of the Shengfudong Temple ............................................................. 427

  3.7 Inscriptions in the Main Hall of the Shengfudong Temple .................................................. 429

# 插图目录

图1　北山、宝顶山、石篆山、石门山、南山石窟位置关系图……… 2
图2　龛窟外立面示意图 ……………………………………………… 3
图3　龛窟结构形制部位名称示意图 ………………………………… 3
图4　石篆山石窟地形图 ……………………………………………… 7
图5　石篆山石窟文物分布图 ………………………………………… 7
图6　石篆山石窟子母殿总立面图 …………………………………… 10
图7　石篆山石窟子母殿总平面图 …………………………………… 11
图8　石篆山石窟罗汉湾第10—12号龛总立面图 …………………… 12
图9　石篆山石窟罗汉湾第10—12号龛总平面图 …………………… 12
图10　石篆山石窟第1号龛立面图 …………………………………… 15
图11　石篆山石窟第1号龛平面图 …………………………………… 16
图12　石篆山石窟第1号龛剖面图 …………………………………… 17
图13　石篆山石窟第1号龛龛顶仰视图 ……………………………… 18
图14　石篆山石窟第1号龛左侧壁立面图 …………………………… 19
图15　石篆山石窟第1号龛右侧壁立面图 …………………………… 19
图16　石篆山石窟第2号龛立面图 …………………………………… 21
图17　石篆山石窟第2号龛平、剖面图 ……………………………… 22
图18　石篆山石窟第2号龛主尊等值线图 …………………………… 23
图19　石篆山石窟第2号龛下龙纹立面图 …………………………… 24
图20　石篆山石窟第3号龛立面图 …………………………………… 25
图21　石篆山石窟第3号龛平、剖面图 ……………………………… 26
图22　石篆山石窟第4号龛平、立、剖面图 ………………………… 28
图23　石篆山石窟第5号龛立面图 …………………………………… 30
图24　石篆山石窟第5号龛平面图 …………………………………… 31
图25　石篆山石窟第5号龛剖面图 …………………………………… 32
图26　石篆山石窟第5号龛龛内造像立面图 ………………………… 33
图27　石篆山石窟第5号龛龛外左、右童子像立面图 ……………… 34
图28　石篆山石窟第5号龛龛外弧壁云纹立面图 …………………… 34
图29　石篆山石窟第5-1号龛立面图 ………………………………… 35
图30　石篆山石窟第5-1号龛平、剖面图 …………………………… 36
图31　石篆山石窟第6号龛立面图 …………………………………… 38
图32　石篆山石窟第6号龛剖面图 …………………………………… 40
图33　石篆山石窟第6号龛平面图 …………………………………… 41
图34　石篆山石窟第6号龛龛顶仰视图 ……………………………… 41
图35　石篆山石窟第6号龛造像展开及弟子像编号图 ……………… 42
图36　石篆山石窟第6号龛左壁立面图 ……………………………… 44
图37　石篆山石窟第6号龛右壁立面图 ……………………………… 45
图38　石篆山石窟第6号龛主尊像等值线图 ………………………… 46
图39　石篆山石窟第6号龛外左、护法像立面图 …………………… 49
图40　石篆山石窟第7号龛立面图 …………………………………… 54
图41　石篆山石窟第7号龛剖面图 …………………………………… 56

图42　石篆山石窟第7号龛平面图 …………………………………… 57
图43　石篆山石窟第7号龛龛顶仰视图 ……………………………… 57
图44　石篆山石窟第7号龛造像展开及弟子像编号图 ……………… 58
图45　石篆山石窟第7号龛左侧壁立面图 …………………………… 60
图46　石篆山石窟第7号龛右侧壁立面图 …………………………… 61
图47　石篆山石窟第7号龛正壁主尊佛像等值线图 ………………… 62
图48　石篆山石窟第7号龛右侧龛柱底部力士像效果图 …………… 62
图49　石篆山石窟第7号龛外左侧平整面力士像平、立、剖面图 … 63
图50　石篆山石窟第7号龛外右侧平整面力士像平、立、剖面图 … 64
图51　石篆山石窟第8号龛立面图 …………………………………… 66
图52　石篆山石窟第8号龛剖面图 …………………………………… 69
图53　石篆山石窟第8号龛平面图 …………………………………… 70
图54　石篆山石窟第8号龛龛顶仰视图 ……………………………… 71
图55　石篆山石窟第8号龛造像展开及编号图 ……………………… 72
图56　石篆山石窟第8号龛左壁立面图 ……………………………… 74
图57　石篆山石窟第8号龛右壁立面图 ……………………………… 75
图58　石篆山石窟第8号龛主尊像等值线图 ………………………… 76
图59　石篆山石窟第8号龛外左护法像立面图 ……………………… 76
图60　石篆山石窟第8号龛外左护法像平、剖面图 ………………… 77
图61　石篆山石窟第8号龛外右护法像平、立、剖面图 …………… 78
图62　石篆山石窟第9号龛立面图 …………………………………… 80
图63　石篆山石窟第9号龛剖面图 …………………………………… 82
图64　石篆山石窟第9号龛平面图 …………………………………… 83
图65　石篆山石窟第9号龛龛顶仰视图 ……………………………… 83
图66　石篆山石窟第9号龛造像展开及编号图 ……………………… 84
图67　石篆山石窟第9号龛左侧壁立面图 …………………………… 86
图68　石篆山石窟第9号龛右侧壁立面图 …………………………… 87
图69　石篆山石窟第9号龛主尊像等值线图 ………………………… 88
图70　石篆山石窟第9号龛主尊右侧第2坐像效果图 ……………… 88
图71　石篆山石窟第9号龛外左护法像平、剖、立面图 …………… 90
图72　石篆山石窟第9号龛外右护法像平、立、剖面图 …………… 91
图73　石篆山石窟第10号龛立面图 …………………………………… 92
图74　石篆山石窟第10号龛平、剖面图 ……………………………… 93
图75　石篆山石窟第10号龛左壁立面图 ……………………………… 94
图76　石篆山石窟第11号龛立面图 …………………………………… 96
图77　石篆山石窟第11号龛平、剖面图 ……………………………… 98
图78　石篆山石窟第11号龛造像展开及主尊左右侧立像编号图
　　　（复原）……………………………………………………… 100
图79　石篆山石窟第11号龛左侧壁立面图 …………………………… 102
图80　石篆山石窟第11号龛右侧壁立面图 …………………………… 103
图81　石篆山石窟第11号龛外左、右护法神像立面图 ……………… 105

| | | |
|---|---|---|
| 图 82 | 石篆山石窟第 12 号立面图 | 106 |
| 图 83 | 石篆山石窟第 13 号龛立面图 | 109 |
| 图 84 | 石篆山石窟第 13 号龛平、剖面图 | 110 |
| 图 85 | 石篆山石窟第 13 号龛左侧壁立面图 | 111 |
| 图 86 | 石门山石窟地形图 | 118 |
| 图 87 | 石门山石窟平面图 | 120 |
| 图 88 | 石门山石窟西侧岩体造像立面图 | 122 |
| 图 89 | 石门山石窟南侧岩体造像立面图 | 122 |
| 图 90 | 石门山石窟东侧岩体造像立面图 | 122 |
| 图 91 | 石门山石窟第 1 号龛立面图 | 128 |
| 图 92 | 石门山石窟第 1 号龛平面图 | 129 |
| 图 93 | 石门山石窟第 1 号龛剖面图 | 130 |
| 图 94 | 石门山石窟第 1 号龛上部造像展开及编号图 | 131 |
| 图 95 | 石门山石窟第 1 号龛主尊佛像等值线图 | 132 |
| 图 96 | 石门山石窟第 1 号龛前侧低坛神将像展开图 | 132 |
| 图 97 | 石门山石窟第 2 号龛立面图 | 136 |
| 图 98 | 石门山石窟第 2 号龛剖面图 | 137 |
| 图 99 | 石门山石窟第 2 号龛平面图 | 138 |
| 图 100 | 石门山石窟第 2 号龛龛内造像立面图 | 139 |
| 图 101 | 石门山石窟第 2 号龛左神将像立面图 | 140 |
| 图 102 | 石门山石窟第 2 号龛左神将像等值线图 | 140 |
| 图 103 | 石门山石窟第 2 号龛右神将像立面图 | 140 |
| 图 104 | 石门山石窟第 2 号龛右神将像等值线图 | 140 |
| 图 105 | 石门山石窟第 2 号龛供养人像立面图 | 142 |
| 图 106 | 石门山石窟第 3 号龛立面图 | 144 |
| 图 107 | 石门山石窟第 3 号龛平、剖面图 | 145 |
| 图 108 | 石门山石窟第 3 号龛女供养人像立面图 | 146 |
| 图 109 | 石门山石窟第 3 号龛圆拱浅龛立面图 | 146 |
| 图 110 | 石门山石窟第 4 号龛平、立、剖面图 | 148 |
| 图 111 | 石门山石窟第 4 号龛主尊左侧女像立面图 | 150 |
| 图 112 | 石门山石窟第 5 号龛平、立、剖面图 | 151 |
| 图 113 | 石门山石窟第 5-1 号龛平、立、剖面图 | 153 |
| 图 114 | 石门山石窟第 6 号窟立面图 | 154 |
| 图 115 | 石门山石窟第 6 号窟纵剖面图（向东北） | 156 |
| 图 116 | 石门山石窟第 6 号窟横剖面图（向西北） | 158 |
| 图 117 | 石门山石窟第 6 号窟平面图 | 159 |
| 图 118 | 石门山石窟第 6 号窟窟顶仰视图 | 160 |
| 图 119 | 石门山石窟第 6 号窟透视图 | 161 |
| 图 120 | 石门山石窟第 6 号窟内造像展开图 | 162 |
| 图 121 | 石门山石窟第 6 号窟正壁立面图 | 165 |
| 图 122 | 石门山石窟第 6 号窟左壁立面及造像编号图 | 168 |
| 图 123 | 石门山石窟第 6 号窟左壁内起第 1 像立面图 | 170 |
| 图 124 | 石门山石窟第 6 号窟左壁内起第 2 像立面图 | 171 |
| 图 125 | 石门山石窟第 6 号窟左壁内起第 3 像立面图 | 172 |
| 图 126 | 石门山石窟第 6 号窟左壁内起第 4 像立面图 | 173 |
| 图 127 | 石门山石窟第 6 号窟左壁内起第 5 像立面图 | 174 |
| 图 128 | 石门山石窟第 6 号窟左壁内起第 6 像立面图 | 175 |
| 图 129 | 石门山石窟第 6 号窟左壁内起第 7 像立面图 | 176 |
| 图 130 | 石门山石窟第 6 号窟右壁立面及造像编号图 | 178 |
| 图 131 | 石门山石窟第 6 号窟右壁内起第 1 像立面图 | 180 |
| 图 132 | 石门山石窟第 6 号窟右壁内起第 2 像立面图 | 181 |
| 图 133 | 石门山石窟第 6 号窟右壁内起第 3 像立面图 | 182 |
| 图 134 | 石门山石窟第 6 号窟右壁内起第 4 像立面图 | 183 |
| 图 135 | 石门山石窟第 6 号窟右壁内起第 5 像立面图 | 184 |
| 图 136 | 石门山石窟第 6 号窟右壁内起第 6 像立面图 | 185 |
| 图 137 | 石门山石窟第 6 号窟右壁内起第 7 像立面图 | 186 |
| 图 138 | 石门山石窟第 6 号窟底造像 | 187 |
| 图 139 | 石门山石窟第 6 号窟窟外左起第 1 身天王像立面图 | 189 |
| 图 140 | 石门山石窟第 6 号窟窟外左起第 2 身天王像立面图 | 190 |
| 图 141 | 石门山石窟第 6 号窟窟外左起第 3 身教天王像立面图 | 191 |
| 图 142 | 石门山石窟第 6 号窟窟外左起第 4 身天王像立面图 | 192 |
| 图 143 | 石门山石窟第 7 号龛立面图 | 198 |
| 图 144 | 石门山石窟第 7 号龛平、剖面图 | 199 |
| 图 145 | 石门山石窟第 7 号龛主尊像效果图 | 200 |
| 图 146 | 石门山石窟第 8 号窟立面图 | 202 |
| 图 147 | 石门山石窟第 8 号窟纵剖面图（向东北） | 203 |
| 图 148 | 石门山石窟第 8 号窟横剖面图（向西北） | 204 |
| 图 149 | 石门山石窟第 8 号窟平面图 | 205 |
| 图 150 | 石门山石窟第 8 号窟窟顶仰视图 | 205 |
| 图 151 | 石门山石窟第 8 号窟造像布局结构示意图 | 206 |
| 图 152 | 石门山石窟第 8 号窟窟壁造像展开图 | 208 |
| 图 153 | 石门山石窟第 8 号窟中心柱造像立面图 | 210 |
| 图 154 | 石门山石窟第 8 号窟中心柱造像等值线图 | 211 |
| 图 155 | 石门山石窟第 8 号窟壁顶部造像展开及编号图 | 212 |
| 图 156 | 石门山石窟第 8 号窟正壁造像立面及编号图 | 214 |
| 图 157 | 石门山石窟第 8 号窟左壁造像立面及编号图 | 215 |
| 图 158 | 石门山石窟第 8 号窟右壁造像立面及编号图 | 216 |
| 图 159 | 石门山石窟第 8-1 号龛平、立、剖面图 | 218 |
| 图 160 | 石门山石窟第 9 号龛平、立面图 | 221 |
| 图 161 | 石门山石窟第 9 号龛剖面图 | 222 |
| 图 162 | 石门山石窟第 9 号龛女侍像立面图 | 223 |
| 图 163 | 石门山石窟第 10 号窟外立面图 | 224 |
| 图 164 | 石门山石窟第 10 号窟平面图 | 225 |
| 图 165 | 石门山石窟第 10 号窟纵剖面图（向东北） | 226 |
| 图 166 | 石门山石窟第 10 号窟横剖面图（向西北） | 227 |
| 图 167 | 石门山石窟第 10 号窟窟顶仰视图 | 228 |
| 图 168 | 石门山石窟第 10 号窟正壁立面图 | 230 |
| 图 169 | 石门山石窟第 10 号窟正壁三主尊像等值线图 | 231 |

| 图170 | 石门山石窟第10号窟左侧壁立面图 | 232 |
| --- | --- | --- |
| 图171 | 石门山石窟第10号窟左壁左起第1像立面图 | 234 |
| 图172 | 石门山石窟第10号窟左壁左起第1像所配鱼符立面图 | 234 |
| 图173 | 石门山石窟第10号窟左壁左起第2像立面图 | 235 |
| 图174 | 石门山石窟第10号窟左壁左起第2像等值线图 | 237 |
| 图175 | 石门山石窟第10号窟左壁左起第3像立面图 | 238 |
| 图176 | 石门山石窟第10号窟左壁左起第4像立面图 | 239 |
| 图177 | 石门山石窟第10号窟左壁左起第5像立面图 | 240 |
| 图178 | 石门山石窟第10号窟左壁左起第6像立面图 | 241 |
| 图179 | 石门山石窟第10号窟左壁左起第6像等值线图 | 242 |
| 图180 | 石门山石窟第10号窟左壁左起第7像立面图 | 243 |
| 图181 | 石门山石窟第10号窟左壁上部左起第1、2组云台造像立面图 | 244 |
| 图182 | 石门山石窟第10号窟左壁上部左起第3、4组云台造像立面图 | 245 |
| 图183 | 石门山石窟第10号窟左壁上部最右端坐像立面图 | 246 |
| 图184 | 石门山石窟第10号窟右侧壁立面图 | 248 |
| 图185 | 石门山石窟第10号窟右壁右起第1像立面图 | 250 |
| 图186 | 石门山石窟第10号窟右壁右起第2像效果图 | 250 |
| 图187 | 石门山石窟第10号窟右壁右起第2像立面图 | 251 |
| 图188 | 石门山石窟第10号窟右壁右起第3—6像立面图 | 252 |
| 图189 | 石门山石窟第10号窟右壁右起第7像立面图 | 253 |
| 图190 | 石门山石窟第10号窟右壁右起第8像立面图 | 253 |
| 图191 | 石门山石窟第11号龛立面图 | 255 |
| 图192 | 石门山石窟第11号龛剖面图 | 256 |
| 图193 | 石门山石窟第11号龛平面图 | 257 |
| 图194 | 石门山石窟第11号龛正壁上部造像立面及编号图 | 258 |
| 图195 | 石门山石窟第11号龛正壁下部造像立面图 | 263 |
| 图196 | 石门山石窟第13号龛平、立、剖面图 | 269 |
| 图197 | 石门山石窟第13-1号龛平、立、剖面图 | 272 |
| 图198 | 石门山石窟第13-2号龛立面图 | 274 |
| 图199 | 南山石窟地形图 | 282 |
| 图200 | 南山石窟立面图 | 286 |
| 图201 | 南山石窟平面图 | 287 |
| 图202 | 南山石窟第1号龛立面图 | 288 |
| 图203 | 南山石窟第1号龛剖面图 | 289 |
| 图204 | 南山石窟第1号龛平面图 | 290 |
| 图205 | 南山石窟第1号龛龛顶仰视图 | 290 |
| 图206 | 南山石窟第1号龛主尊像等值线图 | 291 |
| 图207 | 南山石窟第1号龛左侧壁立面图 | 292 |
| 图208 | 南山石窟第1号龛左侧壁立像效果图 | 292 |
| 图209 | 南山石窟第1号龛右侧壁立面图 | 293 |
| 图210 | 南山石窟第2号龛立面图 | 295 |
| 图211 | 南山石窟第2号龛平面图 | 296 |
| 图212 | 南山石窟第2号龛剖面图 | 297 |
| 图213 | 南山石窟第2号龛窟顶仰视图 | 298 |
| 图214 | 南山石窟第2-1号龛平、立、剖面图 | 301 |
| 图215 | 南山石窟第3-1号龛平、立、剖面图 | 303 |
| 图216 | 南山石窟第4号龛立面图 | 304 |
| 图217 | 南山石窟第4号龛平、剖面图 | 305 |
| 图218 | 南山石窟第4号龛正壁三主尊像等值线图 | 306 |
| 图219 | 南山石窟第4号龛正壁左侍者像效果图 | 307 |
| 图220 | 南山石窟第4号龛正壁左右侍者像立面图 | 308 |
| 图221 | 南山石窟第4号龛左右壁立面图 | 309 |
| 图222 | 南山石窟第5号窟立面图 | 312 |
| 图223 | 南山石窟第5号窟平面图 | 313 |
| 图224 | 南山石窟第5号窟横剖面图（向北） | 314 |
| 图225 | 南山石窟第5号窟纵剖面图（向东） | 315 |
| 图226 | 南山石窟第5号窟窟顶仰视图 | 316 |
| 图227 | 南山石窟第5号窟口左右龙柱立面图 | 317 |
| 图228 | 南山石窟第5号窟方柱立面图 | 318 |
| 图229 | 南山石窟第5号窟方柱平、剖面图 | 319 |
| 图230 | 南山石窟第5号窟方柱正面方龛立面图 | 320 |
| 图231 | 南山石窟第5号窟方柱正面方龛剖面图 | 321 |
| 图232 | 南山石窟第5号窟方柱正面方龛平面图 | 322 |
| 图233 | 南山石窟第5号窟方柱正面方龛上部造像展开图 | 322 |
| 图234 | 南山石窟第5号窟方柱正面方龛上部左右端侍者像及楼阁立面图 | 324 |
| 图235 | 南山石窟第5号窟方柱正面方龛上部左右壁造像立面图 | 325 |
| 图236 | 南山石窟第5号窟方柱正面方龛下部造像展开图 | 326 |
| 图237 | 南山石窟第5号窟方柱正面方龛下部正壁立面图 | 328 |
| 图238 | 南山石窟第5号窟方柱正面方龛下部左右壁立面图 | 329 |
| 图239 | 南山石窟第5号窟方柱正面方龛下部左右壁内起第1像等值线图 | 330 |
| 图240 | 南山石窟第5号窟方柱正面方龛龛底前侧勾栏立面图 | 330 |
| 图241 | 南山石窟第5号窟方柱正面方龛左右沿立面图 | 331 |
| 图242 | 南山石窟第5号窟方柱左壁立面图 | 334 |
| 图243 | 南山石窟第5号窟方柱左壁上组造像立面及编号图 | 335 |
| 图244 | 南山石窟第5号窟左右壁前端圆环立面图 | 336 |
| 图245 | 南山石窟第5号窟左壁及正壁左侧造像展开及编号图 | 347 |
| 图246 | 南山石窟第5号窟右壁及正壁右侧造像展开及编号图 | 349 |
| 图247 | 南山石窟第5号窟部分晚期铭文位置示意图 | 350 |
| 图248 | 南山石窟第5-1号龛立面图 | 356 |
| 图249 | 南山石窟第6号龛平、立、剖面图 | 358 |
| 图250 | 南山石窟第6号龛造像展开图 | 360 |
| 图251 | 南山石窟第6号龛上层左右主尊立面图 | 362 |

图252　南山石窟第6号龛中层左右侧内起第2像立面图 ………… 362

图253　南山石窟第6-1号龛平、立、剖面图 ………… 364

图254　南山石窟第8-1号龛平、立、剖面图 ………… 367

图255　南山石窟第15号龛立面图 ………… 374

图256　南山石窟第15号龛平、剖面图 ………… 375

图257　石篆山佛会寺平面图 ………… 390

图258　石篆山佛会寺中殿正面、背面立面图 ………… 391

图259　石篆山佛会寺中殿左面、右面立面图 ………… 392

图260　石篆山佛会寺中殿剖面图 ………… 393

图261　石篆山佛会寺中殿平面图 ………… 394

图262　石篆山佛会寺中殿屋顶俯视图 ………… 395

图263　佛会之塔立面图 ………… 400

图264　佛会之塔平面图 ………… 402

图265　佛会之塔剖面图 ………… 403

图266　佛会之塔第二级塔身正面（东南）浅龛立面图 ………… 404

图267　佛会之塔第二级塔身左侧面（东北）立面图 ………… 405

图268　佛会之塔第二级塔身右侧面（西南）立面图 ………… 405

图269　佛会之塔第二级塔身背面（西北）立面图 ………… 406

图270　佛会之塔第三级塔身下部平座勾栏造像展开及编号图 …… 407

图271　佛会之塔第三级塔身造像展开及编号图 ………… 407

图272　石篆山佛会寺第1号龛立面图 ………… 409

图273　石篆山佛会寺第4号龛平、立、剖面图 ………… 413

图274　石篆山子母殿西第3号龛平、立、剖面图 ………… 414

图275　石篆山子母殿西第4号龛平、立、剖面图 ………… 415

图276　石门山石窟香炉平、剖面图 ………… 423

图277　石门山石窟香炉正、背、左、右面立面图 ………… 424

图278　石门山圣府洞寺大殿第1号窟立面图 ………… 425

图279　石门山圣府洞寺大殿第1号窟平、剖面图 ………… 426

图280　石门山圣府洞寺大殿第2号窟立、剖面图 ………… 427

图281　石门山圣府洞寺大殿第2号龛平面图 ………… 428

# 第一章 概述

## 第一节 本卷报告的内容

本卷报告主要介绍大足石篆山、石门山、南山等三处石窟（图1）。

石篆山石窟位于大足城区西南约25公里的三驱镇佛会村。石窟造像开凿于北宋元丰至绍圣年间，为儒、释、道"三教"造像区。石窟造像包括子母殿[1]、罗汉湾两处，主要龛窟共编为14号（最大号13号，附号1个）。石窟附近，建佛会寺[2]，周边有石塔、摩崖造像、碑碣等。1956年，子母殿及附属建筑佛会寺被公布为四川省文物保护单位，1980年被再次公布为四川省文物保护单位，1996年被公布为第四批全国重点文物保护单位，归入北山石窟。

石门山石窟位于大足城区东南约20公里的石马镇石门村。石窟造像主要开凿于北宋绍圣至南宋绍兴年间，清代有少量增刻，为释、道造像区。龛窟像及碑碣题记等共编为22号（最大号13号，附号9个）。此外，石窟区内及其附近尚存部分其他石质文物。1963年被公布为大足县文物保护单位，1980年被公布为四川省文物保护单位，1996年被公布为第四批全国重点文物保护单位，归入宝顶山石窟。

南山石窟位于大足城区南面的南山山顶。石窟造像开凿于南宋绍兴年间，明清续有部分雕刻，主要为道教题材。除造像外，另有清代摩崖碑碣十余通。龛窟像及碑碣题记等共编为21号（最大号15号，附号6个）。1956年被公布为四川省文物保护单位，1980年被再次公布为四川省文物保护单位，1996年被公布为第四批全国重点文物保护单位，归入北山石窟。

上述三处石窟与北山、宝顶山石窟一起，于1999年被列入《世界遗产名录》。

## 第二节 本卷报告的体例和规范

### 一 编写体例

根据本卷报告所涉石篆山、石门山、南山三处石窟分属不同区域，且相对独立的具体情况，本卷报告共分四章分别对其介绍。第一章为概述，主要介绍本卷报告的内容、体例和规范，以及本次调查和本卷报告的编写经过等。第二章介绍石篆山石窟，第三章介绍石门山石窟，第四章介绍南山石窟。最后为附录，简要介绍石篆山、石门山石窟区内及其附近的有关文物遗存。

本卷报告分为上、下两册。上册主要包括报告文本、测绘图、示意图等；下册主要包括造像、铭文及拓片等摄影图版。

### 二 报告文本

章节 除第一章概述外，第二章至第四章第一节均介绍该石窟概况，包括地理状况、石窟构建、石窟编号及相互位置关系、石窟岩体软弱夹层带及裂隙等；第二节介绍该石窟保护维修及前期考察、著录研究情况；第三节及之后，则按石窟编号单独设节，依次介绍龛窟位置、形制、造像、铭文、晚期遗迹等五项基本内容；最后一节为本章小结，简要讨论分析本章所述石窟的形制、年代、造像题材和晚期遗迹等。其中，第二章石篆山石窟分为十七节，第三章石门山石窟分为二十五节，第四章南山石窟分为二十四节。

由于石篆山、石门山石窟除主体石窟造像外，其所在区域或附近区域内还遗存有其他文物遗迹，故在本卷报告后以附录形式予以

---

1 "子母殿"亦俗称"佛湾"。第1号龛刻有"道光七年十月二十一日至子母位前祈"题刻，可知至少在清代就有"子母殿"称名。见本册第19页。本报告从"子母殿"名。
2 （清）刘喜海《金石苑》等称"佛惠寺"，石篆山清碑及清嘉庆《大足县志》多称"佛会寺"，本报告从"佛会寺"名。

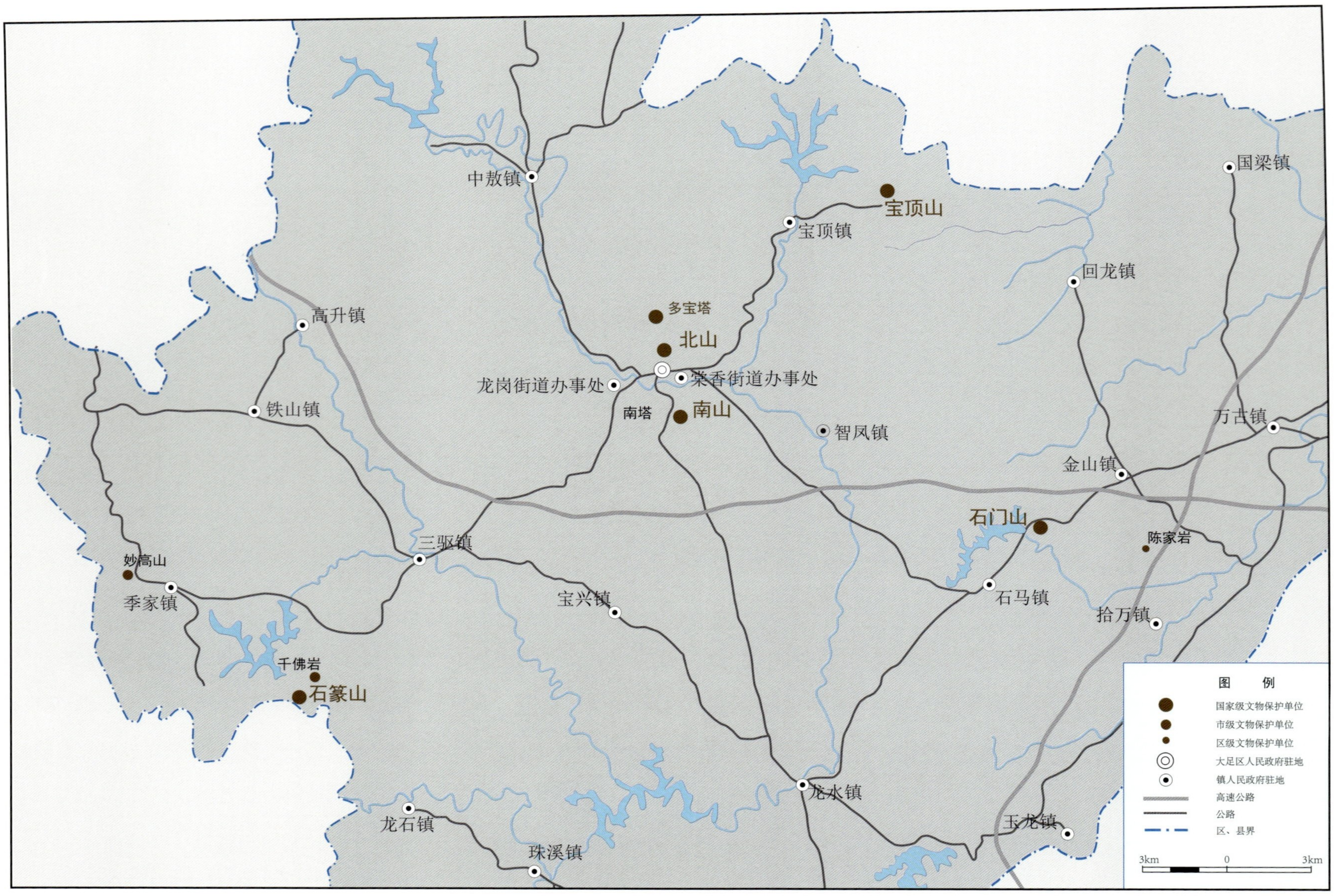

图1　北山、宝顶山、石篆山、石门山、南山石窟位置关系图

介绍。

编号　本卷报告所涉三处石窟的编号，除石篆山罗汉湾造像以2003年发现时的编号为依据外，其余均以1982年大足县文物保管所的编号为依据，且与1985年出版的《大足石刻内容总录》一致[1]。其后及在本次调查中发现的龛窟，以邻近龛窟号为主号，新增龛窟为副号。

位置　岩壁、龛窟、造像、碑刻铭文等方位，均以其本身背向、左右定位。龛窟具体位置，先结合上一龛窟总体定位，再记述其四至状况。

形制　为调查和记述方便，本卷报告仍遵循北山佛湾石窟龛窟形制的记录规范，即对一个完整的龛窟在形制结构上先总体表述其龛窟型，再分述龛窟口（包括龛窟沿、平整面、三角形斜撑）、龛窟底、龛窟壁、龛窟顶等（图2、图3）。其中，龛窟型是指龛窟外立面的总体形状，如方形龛、圆拱龛、尖拱龛、屋形龛、帐幔龛、人字顶龛等；龛窟口是指沿自然岩面向内凿进后，在龛窟外部形成的凿口，它与双层龛窟的外龛窟存在某种差别；平整面是指龛窟口至龛窟壁之间的凿面；三角形斜撑结构是指方形龛窟口左右上角类似三角形托木的结构。记述中，将开凿深度大致在2米以上者称为窟，其余均称为龛。

造像　一般情况下，按造像位置，从正壁、侧壁、顶部至龛窟外的顺序依次叙述。对于造像较多需编号者，除个别外，大多按从

---

[1]《大足石刻内容总录》由四川省社会科学院、四川省大足县政协、大足县文物保管所、大足石刻研究会组织编撰，李永翘、胡文和执笔，四川省社会科学院出版社1985年出版。鉴于本卷报告中多次提及此书，故以下正文中均简称1985年《大足石刻内容总录》。

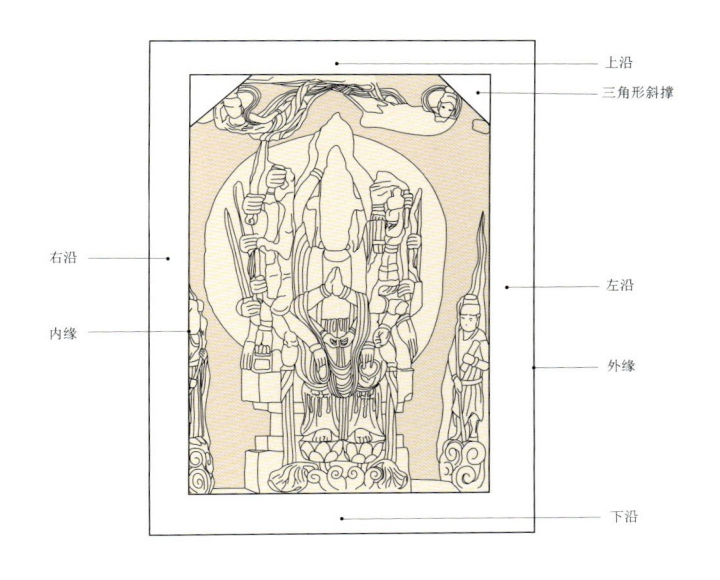

**图2　龛窟外立面示意图**

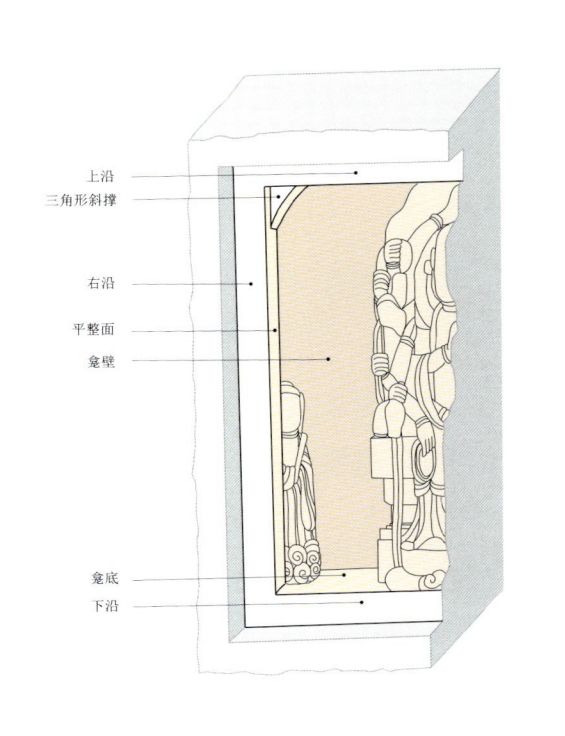

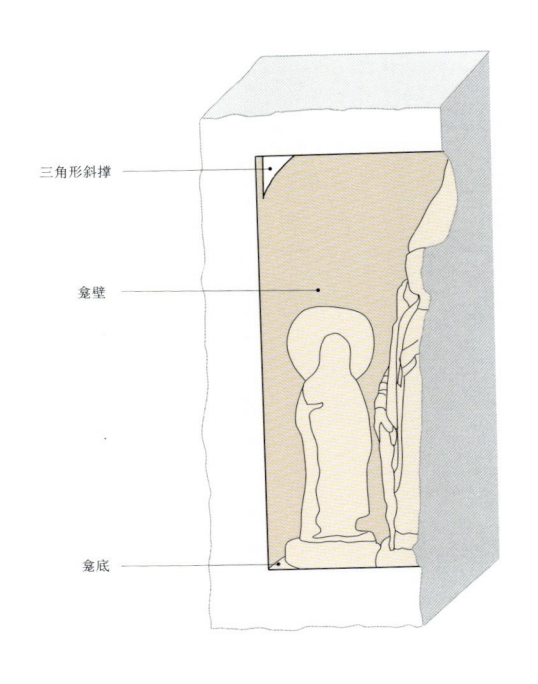

**图3　龛窟结构形制部位名称示意图**

上至下、从左至右或从内至外的原则记述。对于每身造像的详细介绍，除特例外，均以体量、头部（头光、背光、发式、冠式）、面部、胸饰、衣饰、手姿、身姿、座台等为序记述。

造像具体尺寸，均为可见或残毁后可辨识的部分。坐式造像的量度数据主要有坐高、头长、肩宽、胸厚等。坐高是自造像座台的台面至头顶、发髻顶部或冠顶的高度，不含座台和下垂的腿部；头长是自下颌底部至头顶、发髻顶部或冠顶的高度；肩宽是双肩水平向最大宽度；胸厚是指后背与前胸之间的最大厚度。立式造像的量度数据主要有通高、头长、肩宽、胸厚等。通高是自最低足底至头顶、发髻顶部或冠顶的高度，其余部位的量度数据取值与坐式造像同。

因造像为三维空间雕塑，且是手工雕凿，在水平和铅锤方向，几乎没有完全平直的线条，也因此几乎没有完全均等整齐的长宽高尺寸。本报告使用的量度数据，部分为人工量测，通常为约数，而测绘线图中的数据则是铅锤方向的正投影数据，为相对精确的数据。人工数据和测绘数据存在一定差异，除注明的以外，各量度数据的变化在测绘线图中有清楚显示，读者可清楚观察和实际量测。

铭文　本卷报告所称铭文是指刻写在龛窟、碑碣中的各种文字，如碑文、造像记、题记、榜题、经、偈、颂等。

（1）本卷报告铭文主要以1995年重庆大足石刻艺术博物馆拓本为底本实录。个别此前所拓或其后补拓者，已在文中注明；未注明者，均为1995年拓本。所有拓本录文均未据文献校补。除个别漫蚀或原捶拓时依稀可辨者遵从《大足石刻铭文录》[1]外，其余均据

---

1　《大足石刻铭文录》由重庆大足石刻艺术博物馆组织编纂，重庆出版社1999年版。以下正文中简称1999年《大足石刻铭文录》。

拓片或现场辨识结果实录。

（2）除个别需按拓本格式实录外，其余一律分行横写，录文一行即为原文一行。为方便阅读，行前以阿拉伯数字标注行数；个别铭文书写不规整、行文较为特殊者，因难以标注行数，其录文和图版则不予标注。

（3）铭文中的繁体字，除可能引起歧义者照录外，一律按照国家规范的简化字录写。铭文中出现的异体字（即字书中不常见的字、历史文献上的古体字、别字及石刻铭文作者的自造字等），根据辨识结果，录写为《现代汉语词典》《汉语大字典》等工具书中的规范字。为求客观记录，方便读者自辨，在报告各章后，以尾注形式，将异体字拓片的照片辑出。为与说明性脚注相区别，尾注采用方括号"［　］"加阿拉伯数字的形式标注，如［1］、［2］。

（4）凡铭文行文行中未刻字的空字位，一个字位书写一个三角符号"△"；湮灭字，一个字书写一个方框符号"□"，不明字数的在字里行间夹注"（湮）"字表示；依稀可辨的字，夹注在一般方括号"〔　〕"内。

（5）统计字数，以拓本和现场可辨识的字为限。

晚期遗迹　指龛像开凿后添加的遗迹。主要包括晚期妆绘、后世题记、构筑及维修遗迹等。需要说明的是，由于妆绘遗迹较为复杂，在目前条件下，报告者对其层位、色彩、颜料、损毁程度等难以准确辨识记录，故仅在晚期遗迹项中作了概括性的介绍。

在各章小结中，整理部分龛像中保存较好的妆绘涂层遗迹，简单分析了妆绘涂层的主要色种、着色部位以及涂层内外的区别。

为客观反映大足石刻造像妆绘情况，本报告集第九卷《大足石刻专论》特收录《大足石刻彩绘颜料检测分析报告》。报告选择石窟中部分代表性龛像中的标本，对包括颜料保存现状、成分、次第等情况作了具体检测分析，读者可参考。

## 三　测绘图

本卷报告的测绘图，主要包括石篆山、石门山、南山等三处石窟的总平面图、总立面图，各龛窟平、立、剖面图，以及部分等值线图等。

总平面图、总立面图　三处石窟的总立面图、总平面图是采用多基线数字近景摄影测绘技术所获得；总平面图选择一个水平高程，反映龛窟所在壁面的位置和平面形制。

龛窟平、立、剖面图　此部分图由武汉华宇世纪科技发展有限公司运用多基线数字近景摄影技术，按照考古线图测绘的总体要求，以及专门为此次测绘制订的技术规范和标准，在课题组的直接指导和参与下绘制而成。

平面图　以龛窟底投影面作为基础，结合龛窟空间结构以及造像布置情况，选取相应高程绘制水平断面，将不同高程的水平断面叠加在龛窟底的投影面上。平面图上以颜色区分不同高程的断面（以A、A'，B、B'，C、C'等英文大写字母标明），并标注壁面的人为分界点（以圆点标注）、剖面图剖视方向（以直角箭头"┐"标注）。

立面图　包括龛窟外立面和各壁立面，壁面转角造像单独绘制立面图。立面图上标注平面图剖线所对应的不同高程，用英文字母加短横线（如A-、-A'，B-、-B'，C-、-C'）表示。

此外，部分龛窟还绘制了龛窟顶部仰视图、造像细部图，以及正视角度的等值线图。

剖面图　沿龛窟纵深方向者为纵剖面，与纵剖面垂直的剖面为横剖面。原则上选择与龛窟底投影面相垂直的正壁主尊中轴线或正壁中轴线作为剖线，同时考虑查阅的直观性和反映龛窟空间关系，将可见的侧壁、龛窟口、龛窟顶等内容投影在剖面上；其中，造像、龛窟口的原迹使用同一线型（实线），其余部分则据实使用相应的线型（虚线、圆点线等）。

上述测绘图均配以方格网坐标尺。方格网依据正射影像生成，网格大小依据使用比例确定，标注数值以厘米为单位。全部测绘图均集中编印在本卷报告上册，即文本册内；部分测绘图的局部，虽作为插图使用，但也是实测的成果。

用线原则　龛窟形制、图像、残破等用实线表示，人为增加的壁面分界用灰色线表示，后期人为修补用圆点线表示；龛窟形制或造像复原用虚线表示。此在每张测绘图图例中已作说明。

## 四　图版

本卷报告下册为图版册，分为图版Ⅰ、图版Ⅱ两个部分。

图版Ⅰ为摄影图版。大多为2013年用高清数字相机拍摄，部分为2014年补拍。因龛窟环境所限，部分图版无法达到正投影的要求，且个别图版采用了数码拼接技术，或直接使用正射影像图，此在图版说明中均有注明。本卷报告的卫星图、航拍图均拍摄于2016年。

图版Ⅱ为铭文图版。包括铭文实物和拓片照片两部分。其中，铭文实物照片均为2015年2月用高清数字相机拍摄；拓本除注明者外，均为1995年所拓、2013年装裱后拍摄。

## 第三节　本卷报告的编写经过

2013年，根据《大足石刻全集》的编撰计划，在完成北山佛湾和多宝塔的现场调查后，课题组随即开展了本卷报告的相关工作。按照分工，课题组组长黎方银负责总体组织协调，刘贤高负责具体指导。

现场调查　现场调查的文字记录工作按照制定的"现场调查文字记录规范"予以开展。调查工作分作两个小组同时进行，从2013年9月至2014年3月，共同完成了石门山、石篆山和南山石窟的调查记录。参加者有邓启兵、黄能迁、赵凌飞、陈静、郭静。此外，2015年11月，邓启兵、周颖、黄能迁完成了石篆山佛会寺的调查记录工作。

龛窟测绘　在利用多基线数字近景摄影技术完成北山佛湾、多宝塔测绘后，鉴于本技术在石窟寺考古测绘中的可行性，本卷报告所涉三处石窟的测绘仍采用该技术。从2013年12月至2014年1月，武汉华宇世纪科技发展有限公司四名测绘人员先后完成了石门山、南山石窟的正射影像数据采集；2014年6月，完成了石篆山石窟正射影像数据采集。从2014年11月至2014年12月，公司绘图人员赴大足对本卷报告测绘图初稿进行现场调绘，并形成了测绘图第二稿；本次调绘分为两个阶段，前一阶段由绘图人员自行实地核查，后一阶段由大足石刻研究院项目组成员实地核查。2015年5月，大足石刻研究院再次核对三处石窟测绘图并形成定稿。大足石刻研究院参加本卷报告测绘的有刘贤高、周颖、邓启兵、黄能迁等，主要负责制订和落实具体的测绘要求，以及测绘图的现场调绘。其中，周颖用力甚多，测绘图的最终定稿由其完成。武汉华宇世纪科技发展有限公司总经理黄莉萍女士总体负责协调己方的测绘工作，并自始至终全程参与；该公司工作人员张强、吕品、周良超、邓福强等负责现场数据采集和室内整理，陈杰、潘春香等负责线图绘制和修改。

本卷报告石篆山佛会寺古建筑测绘图由中国文化遗产研究院顾军等于2015年绘制完成。

本卷报告的示意图、造像效果图、地形图、文物分布图等主要由周颖、毛世福绘制。

造像图版　2013年12月，重庆出版集团美术编辑中心副主任、主摄影师郑文武和助理摄影师周瑜进驻大足，完成了大部分图版的现场拍摄工作。其后，又根据课题组要求，先后数次补拍了部分图版。

铭文图版　本卷报告中的拓片，大多系1995年重庆大足石刻艺术博物馆（现大足石刻研究院前身）在进行铭文收集时，由唐长清、唐毅烈所拓，个别为本次调查时由唐长清补拓。拓片拍摄由郑文武、周瑜于2013年3月至6月完成。

文本编写　2014年5月至2015年7月，本卷报告进入编写阶段。其中，2014年11月至2015年3月，黄能迁、邓启兵对调查文字进行整理后，又多次到现场校对和修改；赵凌飞对铭文再次作了校对。至2015年5月，黄能迁、邓启兵完成了报告文本初稿的编写，并与周颖一起对图版、测绘图、示意图等进行选配。在基本完成上述工作后，从2015年9月至2016年4月，在黄能迁、邓启兵的协助下，黎方银对本卷报告的文字、测绘图、图版等作了统筹调整、修改和审定，并最终形成报告定稿。

# 第二章　石篆山石窟

## 第一节　石窟概况

### 一　地理状况

#### （一）位置与环境

石篆山石窟位于大足城区西南25公里处的三驱镇佛会村石篆山，地处北纬29°35′44″，东经105°34′25″（图4、图5；图版Ⅰ：1、图版Ⅰ：2）。

2003年之前，包括1956年、1980年被公布为四川省文物保护单位，1996年被公布为第四批全国重点文物保护单位时，石篆山石窟主要是指子母殿造像区及附属建筑佛会寺。2003年3月，在子母殿东南罗汉湾新发现造像三龛、摩崖碑一通后，石篆山石窟即包括子母殿、罗汉湾两个造像区[1]。

石篆山山峦起伏，形如"篆"字。子母殿位于佛会寺西面，相距约350米；罗汉湾位于子母殿东南面，相距约370米。子母殿北有明代千佛崖石窟，相距约1公里；西北有响水滩水库，相距约2公里。

大足三驱镇石桌村至千佛村的村级公路，自东向西经佛会寺南侧，过子母殿后侧（北侧）穿过。罗汉湾正前方，建有一条东西向的村级土坯公路，向东绕至山顶与佛会寺南侧的村级公路相连。

#### （二）地形地貌

石篆山石窟造像区地形为"坪状"丘陵（图版Ⅰ：3），区内至高点海拔高度为450.6米。西南部及北部地势陡峭，下切形成沟谷。由遂宁组泥岩构成丘体，水平状砂岩构成丘顶。西南大沟为深切沟谷，沟的两侧为悬崖陡壁，沟头由巨厚层状砂岩形成5—10米高的陡崖。大沟四周为台坪状残丘，呈串珠状分布于石窟区周围，形成石篆山石窟的地表分水岭。丘陵斜坡由砂、泥岩叠置而成，向四周逐渐变缓，岩层产状近水平。砂岩在地形上形成陡崖或陡坡，泥岩组成缓坡。山顶处以砂岩为主，地形坡度陡，约60°—80°。山体下部以泥岩为主，坡度变缓，山脚处坡度为20°—30°[2]。

#### （三）地层岩性

根据中国地质大学（武汉）文化遗产和岩土文物保护工程中心的调查，石篆山子母殿造像区出露的地层为侏罗系中统遂宁组（J2s）的紫红色泥岩与紫灰、灰白色砂岩不等厚互层，以及第四系松散堆积物。

#### （四）地质构造

石篆山子母殿造像区地质构造属新华夏系第三沉积带四川沉降褶带。其总体特征为构造平缓、岩层倾角小，地层单一，岩性简单。造像区地层缓倾，倾向15°—25°，倾角为3°—10°。砂岩内具交错层理，岩层产状变化较大。区内岩体完整性好，未发现断裂构造，主要以构造裂隙为主。区内主要发育三组构造裂隙和一组层面裂隙[3]。此外，岩体内还发育有卸荷裂隙和风化裂隙。构造裂隙、卸荷裂隙和层面裂隙互相交切，将区内岩体切割成巨块状。

---

1　罗汉湾造像在石篆山宋《严逊记碑》中有明确记载，它与子母殿造像同为严逊出资开凿，故石篆山石窟应包括子母殿、罗汉湾两处造像区。
2　2006年9月，受重庆大足石刻艺术博物馆委托，中国地质大学（武汉）文化遗产和岩土文物保护工程中心对石篆山子母殿进行了现场地质勘查和病害调查，采取岩样和水样进行测试分析，对石篆山石窟存在的病害，尤其是右壁岩体的稳定性进行了详细的调查和分析，在室内外研究的基础上，形成了《大足石篆山石刻区工程地质勘查及病害防治对策研究报告》。
3　三组构造裂隙的产状分别为：①倾向250°—280°，倾角65°—80°；②倾向170°—200°，倾角70°—89°；③倾向100°—110°，倾角近直立。裂隙最大张开度在近地表处为10—15cm，往深处渐变闭合。石窟区内裂隙中有碎石土充填和植物根系生长，根劈作用是使裂隙加宽的主要原因之一。

图4　石篆山石窟地形图

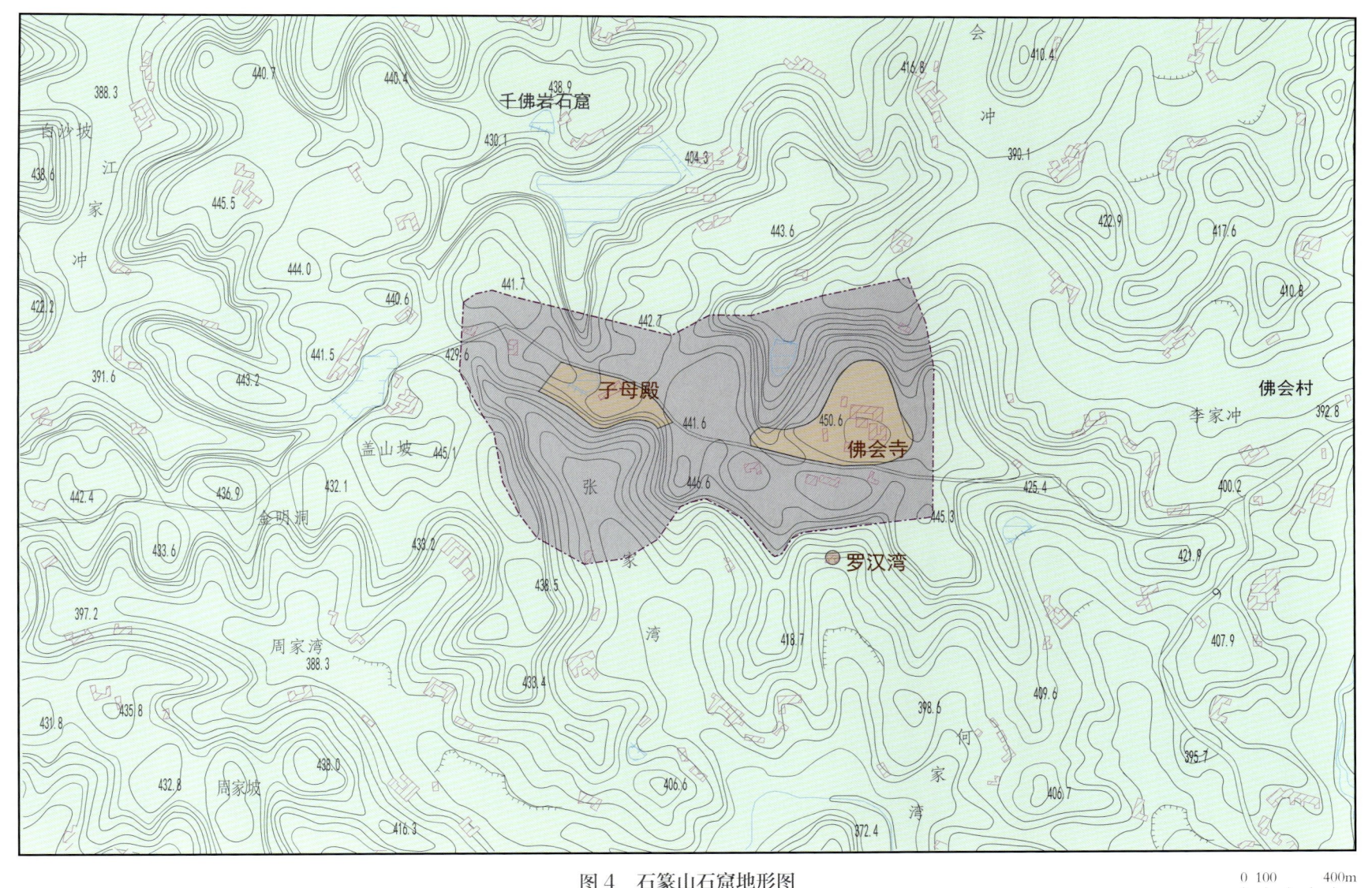

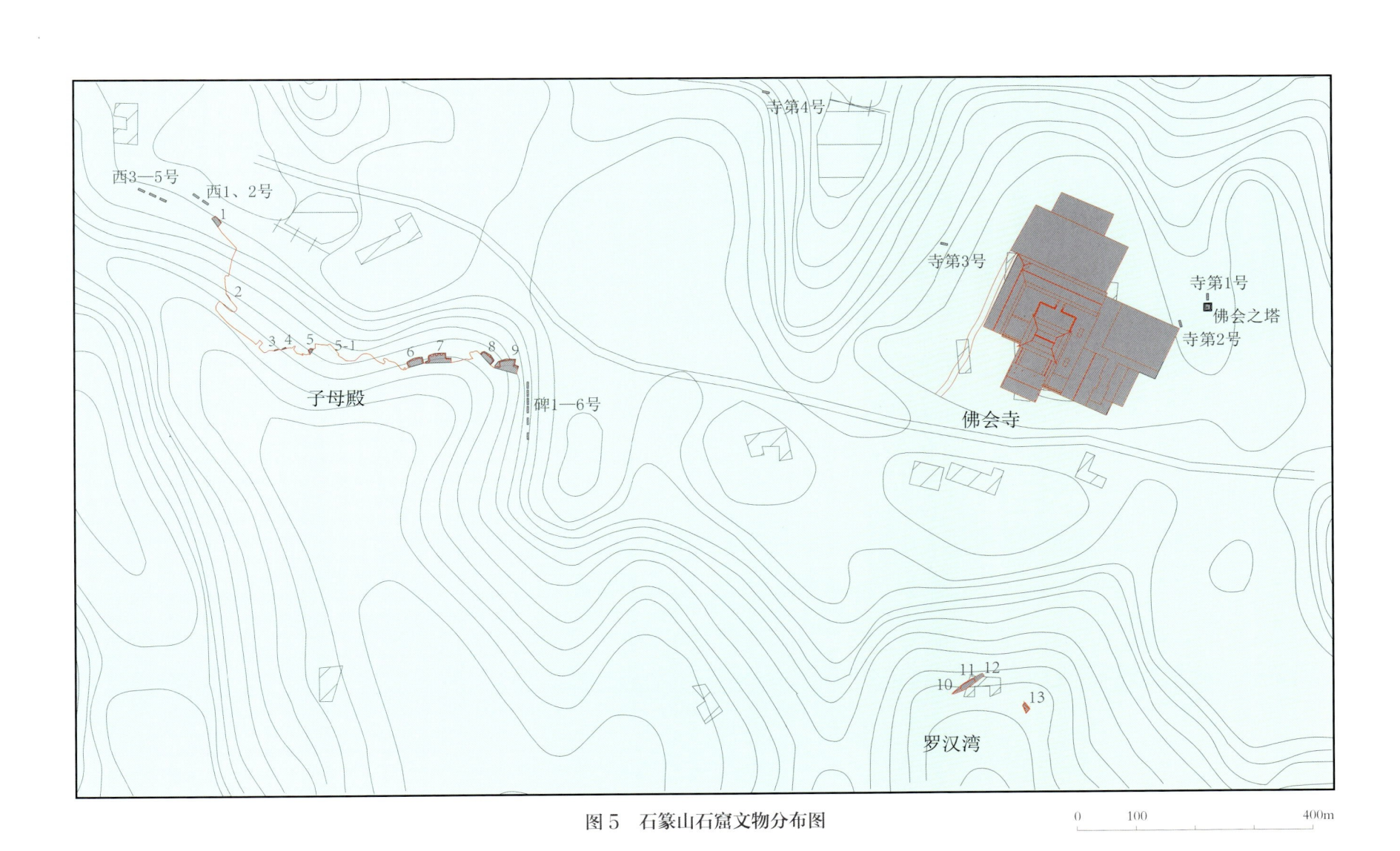

图5　石篆山石窟文物分布图

第二章　石篆山石窟　7

## 二　石窟构建

### （一）子母殿造像区

子母殿分布在石篆山山顶，龛像雕凿于弧形延展的崖壁上。崖壁大致呈东西—西北走向，全长130余米（图6、图7；图版Ⅰ：4、图版Ⅰ：5、图版Ⅰ：6、图版Ⅰ：7）。因构造裂隙、卸荷裂隙和层面裂隙互相交切，导致岩体相互脱离，岩体间存有明显的裂隙。以裂隙为界，自西向东形成七个岩体，龛像即开凿于这些相对独立的岩体上（除第二个岩体无龛像外，其余岩体皆凿有龛像）。七个岩体间距不等，竖直高度和水平宽度不一。由西至东，第一岩体最高1140厘米，宽1407厘米，距第二岩体约200厘米，在七个岩体中宽度最宽（图版Ⅰ：8、图版Ⅰ：9）；第二岩体最高580厘米，宽1180厘米，距第三岩体130厘米（图版Ⅰ：10）；第三岩体最高880厘米，宽1340厘米，距第四岩体30厘米（图版Ⅰ：11）；第四岩体最高910厘米，宽720厘米，距第五岩体约40厘米，在七个岩体中宽度最窄（图版Ⅰ：12）；第五岩体最高920厘米，宽1520厘米，距第六岩体50厘米（图版Ⅰ：13）；第六岩体最高850厘米，宽2170厘米；第七岩体最高480厘米，宽2820厘米。第六、七岩体之间以水泥涂抹修补，修补面高375厘米，宽80—505厘米（图版Ⅰ：14、图版Ⅰ：15）。

1997年，在龛像所在的崖壁下方地坪铺设石板道路，横贯整个石窟区与石窟进口道路相接（图版Ⅰ：16）。在第一岩体中部的前侧，后世以条石砌筑一平台，长约1200厘米，高280厘米，台面宽275厘米（图版Ⅰ：17）。平台左端设石阶，与下方石板道路相接，由石阶底部向东，直至第六岩体右端（保护长廊右端进出口处），地坪均处于同一水平高度；在第六岩体右端前方，地坪开始抬升，抬升处设石阶，地坪向东水平延伸后至第六岩体左端前方再次抬升，在第七岩体左端（休憩廊亭左端进出口处）下降。2000年至2001年，在第六、七岩体前修建保护长廊和休憩廊亭（图版Ⅰ：18）。第七岩体左端转角崖壁上嵌有两方"文物保护标志碑"（图版Ⅰ：19）。

石窟前侧（西南面）为陡崖，其下山湾为重庆市荣昌区河包镇地界，未建围墙，其余三面皆建条石围墙。1997年在入口左下方缓坡地上建砖瓦管理用房。

### （二）罗汉湾造像区

罗汉湾位于子母殿造像区东南面。龛像开凿于山湾左右侧岩体上（图8、图9；图版Ⅰ：20、图版Ⅰ：21）。左侧岩壁底部仅凿一个龛像。右侧一独立石堡上凿像两龛、摩崖碑一通。近年建简易保护建筑遮护。

## 三　石窟编号及相互位置关系

### （一）子母殿造像区

1954年，四川省文管会第一调查组与大足县文管所联合组成"大足县文物调查小组"，对"石桌乡石篆山子母殿造像"进行调查。在其调查成果《大足县文物调查小结》[1]中，将龛像从东至西通编为9号。1985年《大足石刻内容总录》则从西向东将龛像通编为9号，与1954年的编号顺序相反。鉴于1954年的编号基本未被使用，本次调查，主号仍沿用1985年《大足石刻内容总录》编号，而将此前未编号的一个龛像作为一个附号编入，总编号共为10个（图6、图7）。

第1、2号龛位于第一岩体上。其中第1号龛位于岩体中段中上部；第2号龛位于岩体左（东）端中部，所在岩体向南突起，与第1号龛所在壁面成钝角相交。

第3、4号龛位于第三岩体上，两龛紧邻开凿，龛口朝向一致，第4号龛位置略高于第3号龛。

第5号龛位于第四岩体上部，在子母殿所有龛像中，其距离地坪的垂直距离最高；第5-1号龛位于第五岩体南向壁面的中部。

第6、7号龛位于第六岩体上，两龛口朝向一致，其中，第6号龛龛口与地坪大致齐平，低于第7号龛底。

第8、9号龛位于第七岩体左端，其中第8号龛位于岩体西南向壁面，第9号龛位于岩体东南向壁面。

### （二）罗汉湾造像区

该处造像系于2003年新发现，此前未能编号。据研究，该处造像与子母殿直接相关，为《严逊记碑》所记的部分龛像，故在发现

---

[1] 复写件，现存大足石刻研究院资料室。

后编号时，紧接子母殿造像，将其续编为第10—13号¹（图5、图8、图9）。为使编号统一，本次调查亦从其编号。

4个编号中，第10、11、12号等3个编号位于罗汉湾右侧独立岩体，其中第10号位于岩体右下方，第11号位于岩体中上部，居于3个编号的中间位置，第12号位于岩体左上方；前两个编号为龛像，后一编号为摩崖碑刻。第13号刻于山腰左侧岩体的西向崖壁下部。

此外，子母殿石窟区第1号龛外西面崖壁存有5个晚期龛像及碑刻，将其编为西第1—5号；对面崖壁刻有6通摩崖碑，编为碑第1—6号（图5）。在子母殿东约350米处，现存佛会寺。其东南80米处，立有"佛会之塔"。寺之左右侧崖壁西面寨子坡山顶共有两个龛像和两通摩崖碑，编为寺第1—4号（图5）；寺院东侧、北侧、西侧还存有寨墙、寨门遗址等。此部分石窟区附近的造像、碑刻及建筑，均收录于本卷报告附录二《石篆山石窟其他文物遗迹》中。

## 四 石窟岩体软弱夹层带及裂隙

子母殿造像区第9号龛下部存有一条软弱夹层带，下距地坪60厘米，左端起于第9龛左下方，右端止于第8号龛口中下部，最宽12厘米，全长870厘米。第五岩体中部存有一条右斜向裂隙，导致岩体分离并略有错位，裂隙宽20厘米。裂隙上起于岩顶，下止于空龛右下角，全长约4000厘米。

罗汉湾造像区所在独立岩体无软弱夹层带及裂隙发育。

## 第二节 前期保护维修与调查研究

### 一 保护维修

在石篆山子母殿造像中，第1、2、3、4、6、7、9等7个龛窟外的岩体壁面上存有枋孔遗迹，表明历史上曾建保护性构筑物，但时代不明。

据现有文献及镌记铭文资料，石篆山佛会寺在"元至正间，边臣跋扈，兵燹相承，民食不给，猖狂叫嚣之徒，以殿宇倾圮者为爨米之薪，田畴穗实者为糇粮之物，遂致荒尘坌积，荆棘滋深"。其后于洪武己卯重修，至永乐十年（1412年）冬落成，凡崩摧朽坏，咸灿然一新²。明嘉靖三十八年（1559年），比丘苾琴曾于石篆山土地神龛等处广植柏树³。

清同治三年（1864年），本山住持僧志容统领阖院发心妆修"佛会之塔"第一级观音金身一尊及弥勒古佛、阿难、迦叶、土地神像四尊⁴。同治六年（1867年），于石篆山子母殿孔子龛前立《县正堂示禁碑》，明示保护⁵。同年，进士候选儒学正堂刘纯斋等捐资修治庙貌神龛⁶。其后，石篆山石窟保护情况不明。

1997年，对石篆山子母殿石窟进行环境整治，重新改建管理用房，砌筑条石堡坎，铺设参观道路石板。2000—2001年，根据中国文物研究所编制的石篆山子母殿石窟保护长廊设计方案，修建穿斗木屋架、小青瓦屋面的石窟保护长廊，建筑面积155.05m²，制作排水沟长35米，有效地解决了石篆山子母殿石窟因裸露在外长期被雨水冲刷，造像遭受严重损坏的问题，增强了抵御自然环境的能力⁷。2001年，按照中国文物研究所设计方案，对石篆山子母殿石窟造像开展了表面清洗、封护加固、表面作旧，部分裂隙灌浆粘结等保护工程，这是石篆山子母殿石窟历史上第一次较大规模的维修⁸。2001—2005年，还先后两次修建石篆山子母殿造像区保护围

---

1 杨方冰：《大足石篆山石窟造像补遗》，《四川文物》2005年第1期，第6—8页、第55页；陈灼：《大足石刻石篆山宋代造像及相关问题》，重庆大足石刻艺术博物馆编：《大足石刻研究文集》（5），重庆出版社2005年版，第353页。
2 据石篆山佛会寺立明永乐十一年（1413年）张璧撰《重修佛惠寺碑记》（碑已毁不存），文见《民国重修大足县志》卷一，另见重庆大足石刻艺术博物馆编：《大足石刻铭文录》，重庆出版社1999年版，第342—343页。
3 《比丘苾琴栽植柏树记》，见本册第412页；另见重庆大足石刻艺术博物馆编：《大足石刻铭文录》，重庆出版社1999年版，第344页。
4 《僧志容装彩观音等像镌记》，见本册第404页；另见重庆大足石刻艺术博物馆编：《大足石刻铭文录》，重庆出版社1999年版，第344页。
5 《县正堂示禁碑》，见本册第47、48页；另见重庆大足石刻艺术博物馆编：《大足石刻铭文录》，重庆出版社1999年版，第337页。
6 《刘纯斋撰修治庙貌神龛碑》，见本册第47、48页；另见重庆大足石刻艺术博物馆编：《大足石刻铭文录》，重庆出版社1999年版，第335页。
7 大足石刻研究院工程档案资料：《石篆山石窟保护廊工程》，档案号：2—137，2—138。
8 大足石刻研究院工程档案资料：《石篆山石刻防风化工程》，档案号：2—119。

第三岩体　　第四岩体

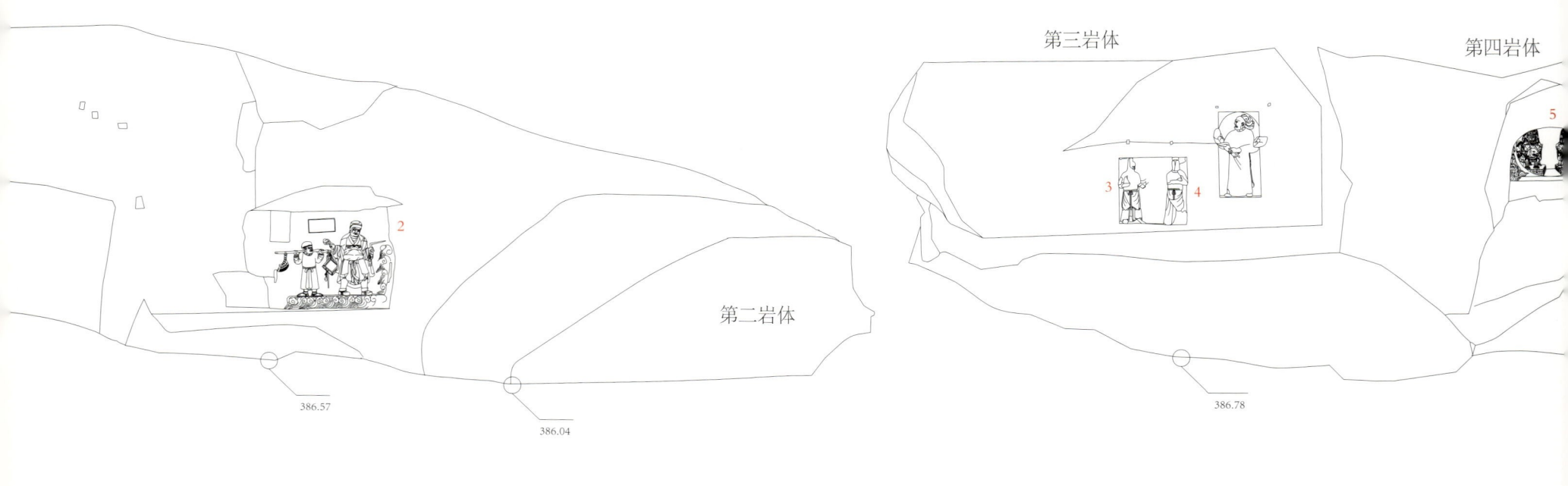

第二岩体

386.57　　386.04　　386.78

图6　石篆山石窟子母殿总立面图

397.00

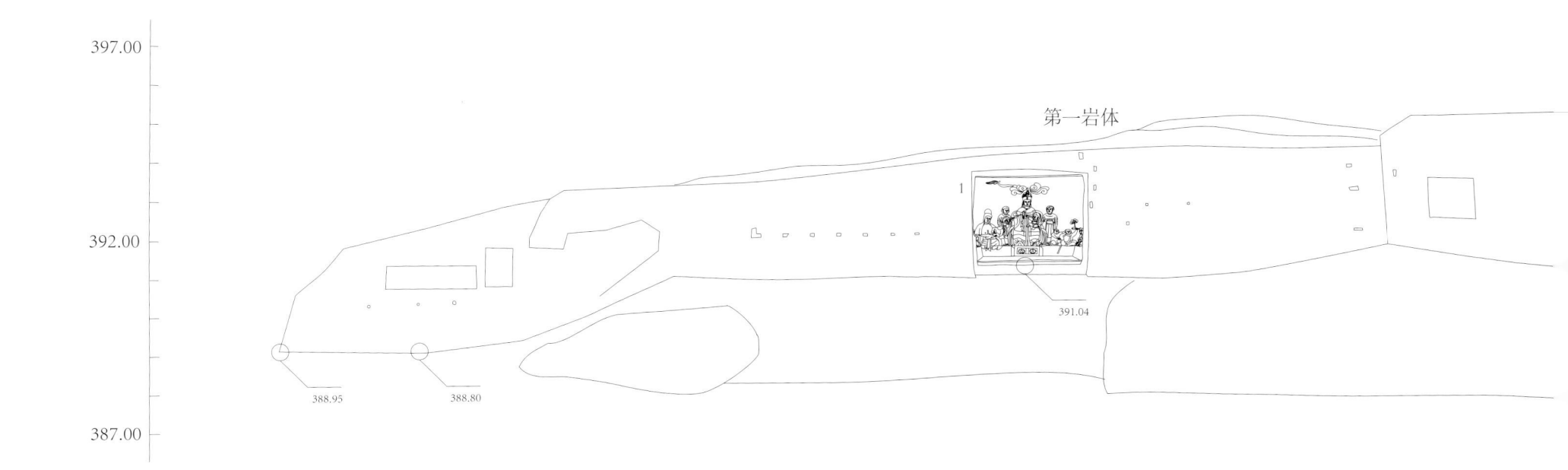

第一岩体

392.00

391.04

388.95   388.80

387.00

第七岩体

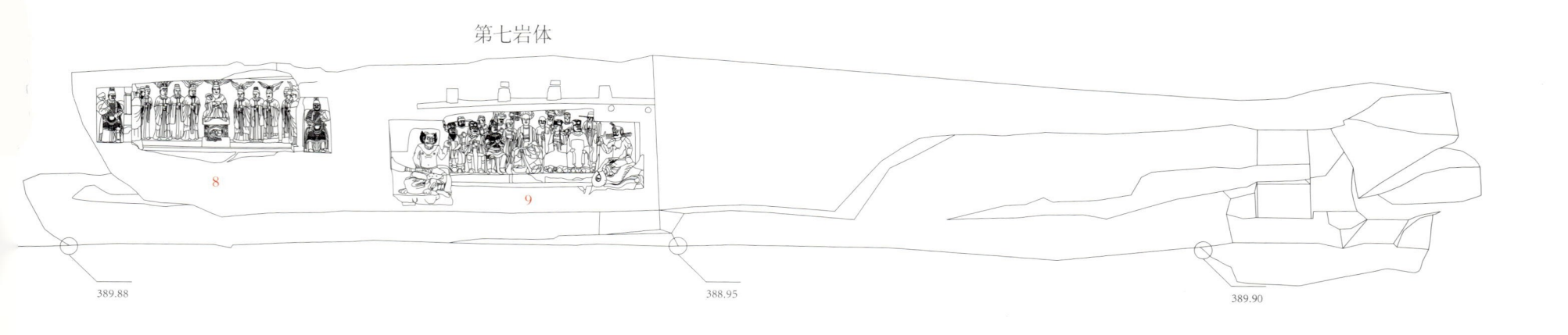

8   9

389.88   388.95   389.90

第五岩体

第六岩体

图 7　石篆山石窟子母殿总平面图

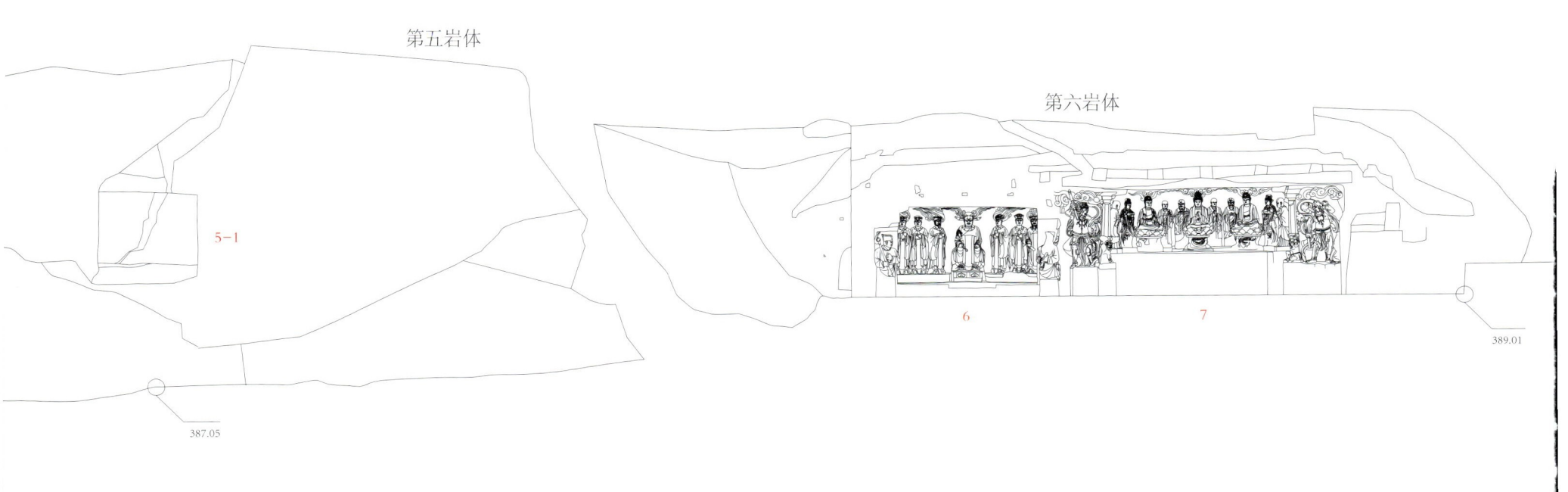

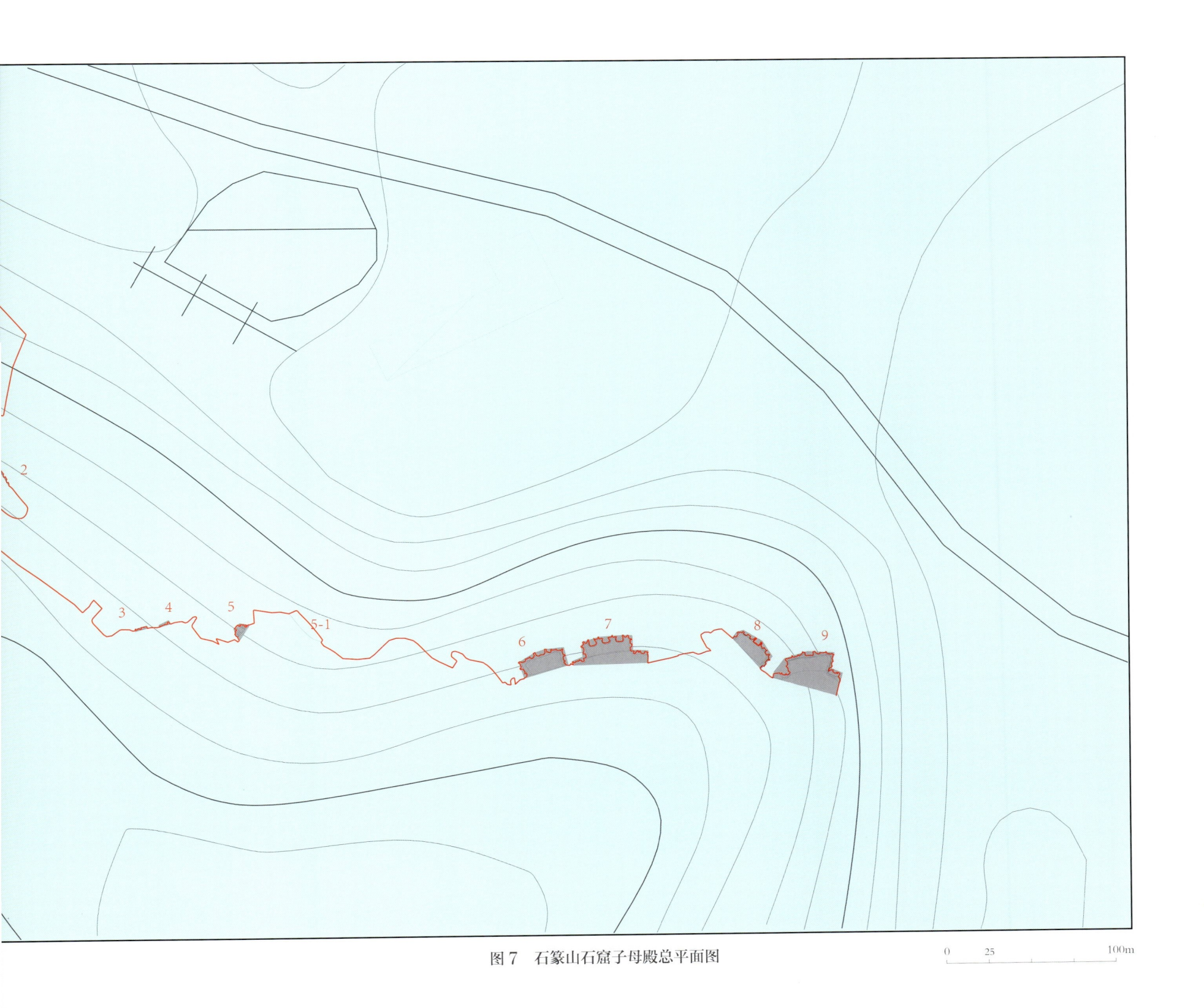

图 8　石篆山石窟罗汉湾第 10—12 号龛总立面图

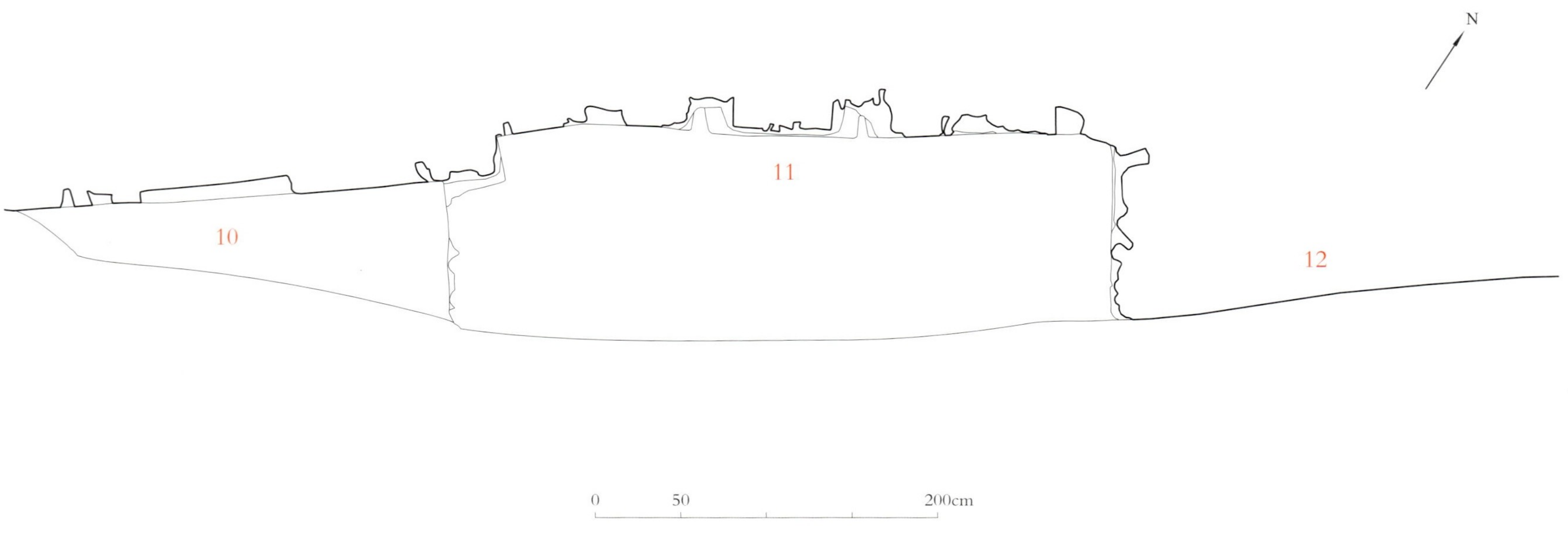

图 9　石篆山石窟罗汉湾第 10—12 号龛总平面图

墙，将石窟区封闭围合，便于安全管理。

据明永乐十一年（1413年）张壁撰《重修佛惠寺碑记》记载，罗汉湾在此之前尚见[1]，其后不知何时被土掩埋。2003年出土后，未开展保护工程。

## 二 调查研究

石篆山石窟最早的文献记载见于清代。清嘉庆《大足县志》记载："石篆山即佛会寺也，在县西五十里……宋元祐间严逊镌岩刻像，凡十有四龛。"清道光《大足县志》收录《重修佛会禅院记》和李型典的《游石篆山记》[2]。《金石苑》收录《宋石篆山佛惠寺记》，即现简称的《严逊记碑》[3]。

1945年，中国学辞馆馆长杨家骆率"大足石刻考察团"考察大足石刻，考察团虽未对石篆山石窟进行实地考察，但1947年杨家骆撰文对石篆山子母殿石窟进行了简要介绍，除记录其7个龛像名外，还与石门山石窟进行对比分析，指出石篆山石窟建于北宋，题材为三教圣像，匠师为文氏工匠[4]。

20世纪50年代，陈习删记录了石篆山子母殿和佛会寺中的碑碣、雕像，共收录"造像九部"，并对部分题材加以考释[5]。1954年6月，四川省文管会和大足县文管所开展联合调查时，将石篆山子母殿石窟编为9号，辑录于《大足县文物调查小结》，本次编号为石篆山石窟的首次编号[6]。1985年，《大足石刻内容总录》将石篆山石窟亦通编为9号，从名称、时代、形制、内容、石质等五个方面作了全面刊布。

1995年，重庆大足石刻艺术博物馆共计捶拓、测量、考订和记录石篆山石窟子母殿和佛会寺中的碑刻、题记等20件，均收载于1999年《大足石刻铭文录》中。2002年，重庆大足石刻艺术博物馆《大足石刻内容总录》课题组，对石篆山子母殿进行调查，所形成的调查资料后于2004年作为全国重点文物保护单位石门山石窟的记录档案备案存档[7]。2003年、2005年，杨方冰、陈灼等分别对新发现的石篆山罗汉湾造像进行实地调查，分别撰写调查简报刊布相关资料[8]、考论题材内容。

自20世纪80年代以来，随着石篆山石窟基础资料的不断刊布，其研究也备受关注。如在图像考释方面，龙晦、陈明光、李淞等对第1号"圣母龛"、第2号"志公和尚龛"、第6号"孔子龛"、第8号"太上老君龛"等题材内容进行了辨析[9]。在碑刻及工匠研究方面，胡昭曦、胡文和等对《严逊记碑》所涉人物"希昼"和文氏家族匠师进行了梳理和考证[10]。在石窟整体性质方面，赵锐涛、侯冲、黎方银等对石篆山石窟三教合一及水陆法会的相关问题进行了探讨[11]，特别是侯冲结合《严逊记碑》和云南、湖北、湖南等地民间现存的佛教科仪，认为石篆山石窟的三教造像是严逊为举行水陆法会而雕刻的。在综合考论方面，褚国娟在前人研究成果基础上，结合新材料和历史文献，综合运用历史学、考古学、图像学、艺术学等方法，全面深入探讨了石篆山石窟的相关问题[12]。

---

[1] 碑中记有罗汉湾的"长寿王龛"像，可证张壁撰碑时罗汉湾未被掩埋。碑已毁不存，文见《民国重修大足县志》，另见重庆大足石刻艺术博物馆编：《大足石刻铭文录》，重庆出版社1999年版，第342—343页。

[2] 见（清）嘉庆《大足县志》卷一《舆地志·山川》、道光《大足县志》卷一《舆地志·山川》。

[3] 见（清）刘喜海《金石苑》卷三。

[4] 见杨家骆：《大足龙岗宝顶以外各区石刻记略》，《文物周刊》1947年第22期。

[5] 见陈习删：《大足石刻志略》，1955年油印本，第216—222页。

[6] 石篆山石窟的调查资料和大足其他石窟资料共同辑为《大足县文物调查小结》，《大足县文物调查小结》的复写件现存大足石刻研究院资料室。

[7] 未出版刊行，调查资料现存大足石刻研究院资料室。

[8] 见杨方冰：《大足石篆山石窟造像补遗》，《四川文物》2005年第1期，第6—8页、第55页；陈灼：《大足石刻石篆山宋代造像及相关问题》，重庆大足石刻艺术博物馆编：《大足石刻研究文集》（5），重庆出版社2005年版，第353页。

[9] 见陈明光：《大足石篆山石窟"鲁班龛"当为"志公和尚龛"》，《文物》1987年第1期，第81—82页；龙晦：《大足石刻中的明肃皇后、诃利帝母、九子母与送子观音》，《中华文化论坛》2003年第1期；李淞：《以大足为中心的四川宋代道教雕塑——中国道教雕塑述略之六》，《雕塑》2010年第1期，第50—55页。

[10] 见胡昭曦：《遂州希昼与"宋初九僧"希昼——大足石刻宋碑〈书严逊记〉辨析》，重庆大足石刻艺术博物馆：《2005年重庆大足石刻国际学术研讨会论文集》，文物出版社2007年版，第477—483页；胡文和：《大足石篆山石门山妙高山宋代石窟与文氏镌匠世家的关系研究》，《中华佛学学报》（第14期），台北中华佛教研究所，2001年，第55—90页。

[11] 见赵锐涛：《从大足石刻的"三教合一"造像浅析三教的交流与融合》，重庆大足石刻艺术博物馆编：《大足石刻研究文集》（5），重庆出版社2004年版，第33—48页；黎方银：《大足宋代石窟中的水陆遗迹》，重庆大足石刻艺术博物馆编：《大足石刻研究文集》（3），中国文联出版社2002年版，第93—102页；侯冲：《石篆山石刻——雕在石头上的水陆画》，大足石刻研究院编：《2009年中国重庆大足石刻国际学术研讨会论文集》，重庆出版社2013年版，第182—199页。

[12] 见褚国娟：《北宋严逊与石篆山造像》，北京大学博士研究生学位论文，2014年。

## 第三节　第1号

### 一　位置

位于子母殿西侧第一岩体中部。左右皆为竖直崖壁，上距岩顶约98厘米，下距地坪30厘米。龛前为条石叠砌的平台，高约280厘米，台面宽275厘米（图版Ⅰ：17）。

龛口西南向，方向208°。

### 二　形制

单层方形龛（图10、图11、图12、图13、图14、图15；图版Ⅰ：22、图版Ⅰ：23、图版Ⅰ：24、图版Ⅰ：25）。

龛口　于岩壁直接凿建龛口。龛口方形，高208厘米，宽251厘米，至后壁最深138厘米。龛口左上角、右侧中部和龛口上部部分残毁。龛口左内侧凿一竖直平整面，上窄下宽，部分残，宽12—23厘米。

龛底　略呈梯形，内宽207厘米，外侧与龛口等宽，略剥蚀。龛底前端向下竖直开凿7厘米，形成一方形台面，宽26厘米，下距地坪23厘米。龛底左右及后侧环壁建低坛一级，高31厘米，最深14厘米。

龛壁　壁面竖直。正壁中部略内凹，与左右侧壁弧面相接；正壁与龛顶弧面相交，左右侧壁与龛顶垂直相交。

龛顶　平顶，略呈梯形，少许残脱。内侧宽约236厘米，外侧与龛口等宽并略升起。龛顶前端为后世改凿，形成一高4厘米的竖直面，左侧残毁甚重。

### 三　造像

龛内低坛上共刻像13身。据其位置，分为正壁、左侧壁、右侧壁造像三部分。

#### （一）正壁

刻像9身（图10；图版Ⅰ：22）。中刻主尊坐像抱一小孩，其左右各立一侍女；左侍女左刻小孩坐像二身，右侍女右刻乳母坐像抱一小孩，乳母身左立一小孩。

主尊像　坐高140厘米，头长42厘米，肩宽33厘米，胸厚18厘米。头后线刻云纹两朵，沿龛顶左右斜飘。梳髻，戴凤冠，冠带作结下垂及肩；凤鸟俯卧，头残，衔短璎珞一条，双翅半开，尾上竖。额宽面方，双眼平视，鼻梁高直，鼻尖略残，小口闭合，耳垂略残；罩云肩，上着宽袖长服，下着裙，裙腰上束至胸，腰带作结长垂足间。飘带环于后背，绕肘后飘垂体侧。左手置左大腿，抱一小孩，右手置胸前捻持一物，手及物略蚀，倚坐于方台上。方台被裙摆遮覆，式样不明。足履，踏方形足踏。足踏高25厘米，宽56.5厘米，显露深3厘米；正面刻二方框，高15厘米，宽20.5厘米，内刻壸门，高9厘米，宽13.5厘米。

小孩坐于主尊像左腿上，坐高30厘米。光头，略残，面圆，鼻残。着肚兜，左臂毁，右手腕镯，前伸作讨要状，足鞋。

左侍女像　立像高96厘米，头长16厘米，肩宽28厘米，胸厚13厘米。梳髻，略残，方脸，面部较平，戴耳饰，肩剥蚀，着翻领宽袖长服，下着裙，裙腰上束腋下；双手胸前托方盒(似食盒)，部分残，残高9厘米，宽13厘米，深9厘米，现右足，着鞋直立。

侍女像左侧刻坐式小孩2身。左小孩像坐高43厘米，光头，方脸，下颌略残，胸剥蚀，上着窄袖衫，下着裤，左手上举握带茎莲叶、莲蕾，右手置右小孩像左膝上，手臂残断，仅存手掌，盘腿而坐。右小孩像头顶残，残坐高41厘米，面圆，双唇紧闭，身蚀，衣饰不明，左手前伸抚左小孩头顶，右手抓握左小孩手掌；左腿屈膝，右腿跪地（足残）而坐。

右侍女像　立像高94厘米，头长16厘米，肩宽24厘米，胸厚13厘米。梳髻，面圆，下颌蚀。右手似持圆扇遮于胸前，左手托扇底；扇面直径18厘米，厚3.5厘米；扇柄飘带作结后长垂身前。余同左侍女像。

乳母像　坐高90厘米，头长32厘米，肩宽43厘米，胸厚13厘米。梳高髻，扎巾，面丰圆，下颌、鼻略残，颈刻两道肉褶线，双耳残，饰耳饰，略蚀。上着宽袖对襟衫，露饱满双乳；下着裙，腰带垂于身前，双手怀抱一小孩，盘坐于方台上。怀中小孩身长45厘

图 10　石篆山石窟第 1 号龛立面图

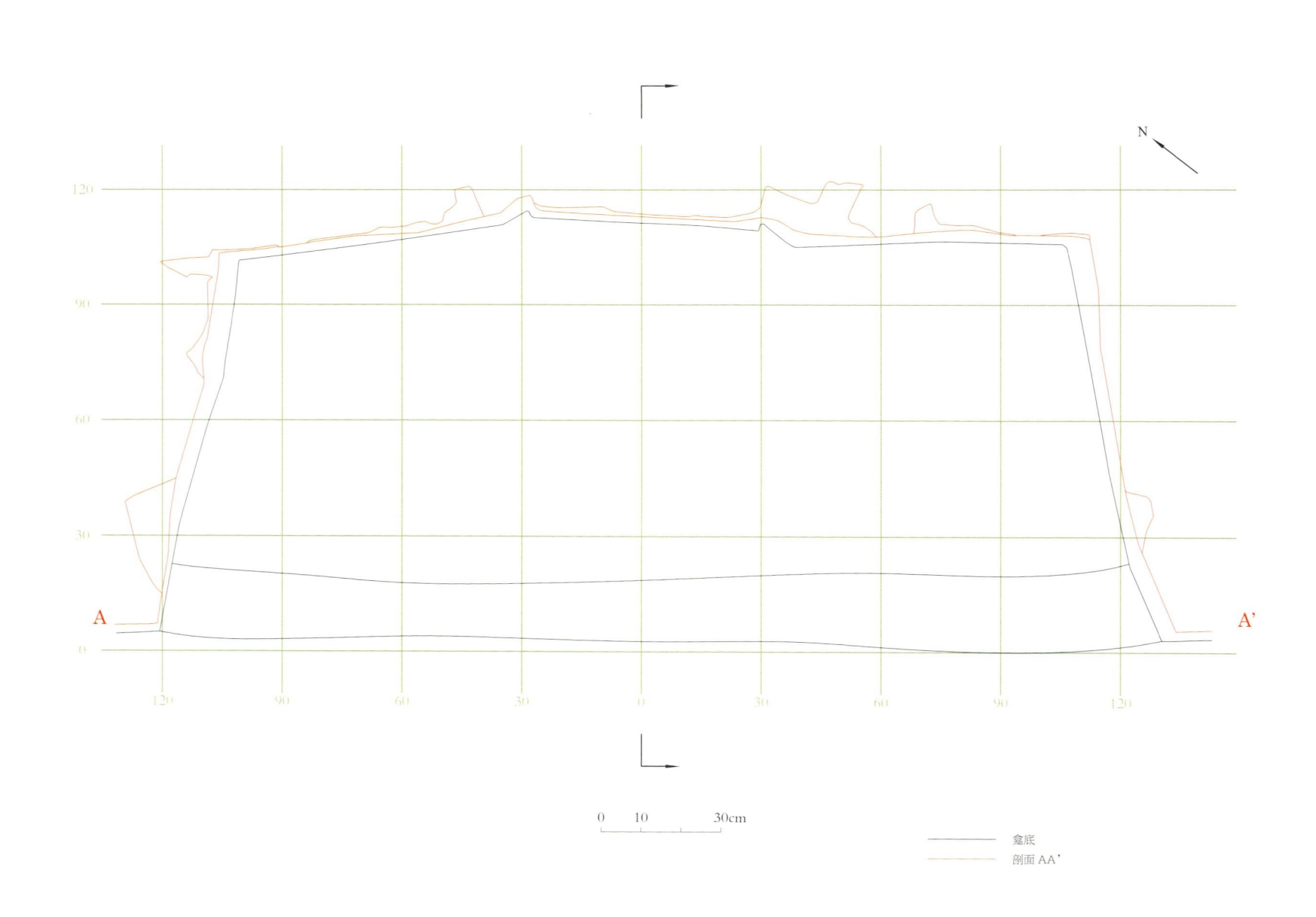

图 11　石篆山石窟第 1 号龛平面图

图12 石篆山石窟第1号龛剖面图

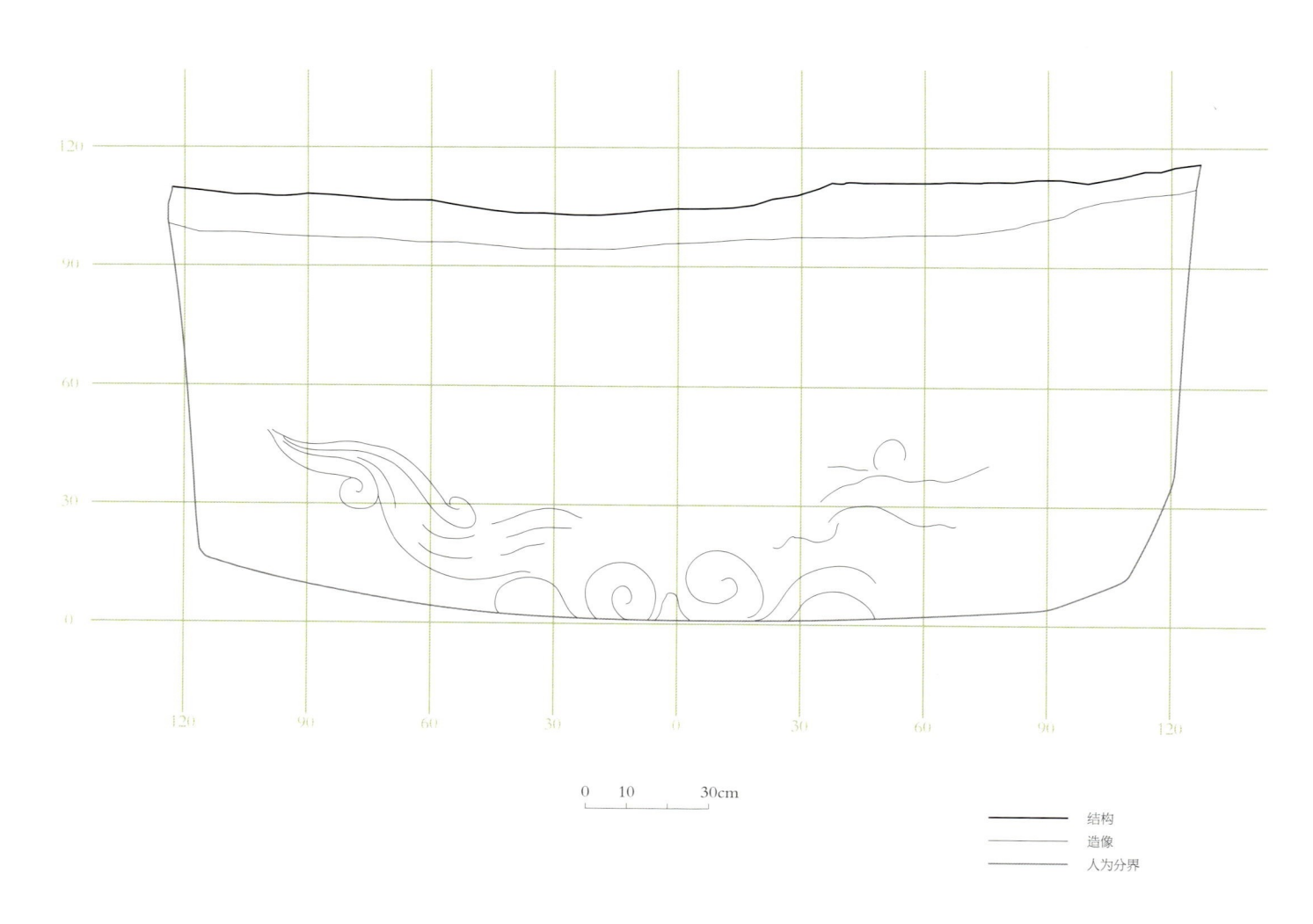

图13 石篆山石窟第1号龛龛顶仰视图

米，光头，圆脸，双眼微闭，口衔左乳，作吮吸状；身着交领服，直身仰卧。乳母左侧立一小孩，残高49厘米，头大部毁，上着无袖对襟衫，下着裤，左手托仰卧小孩头，右手抚乳母左乳，作向下挤压状；着鞋，右向侧身站立。

（二）左侧壁

刻坐式小孩像2身（图14；图版Ⅰ：24）。

左小孩像　坐高43厘米，梳髻，略残，圆脸，细眼小口，袒上身，斜披巾帛，下着裤，腰带作结；双手于身左侧持手鼓，鼓面直径18厘米，厚4.5厘米，着鞋盘坐。

右小孩像　坐高43厘米，光头，略残，圆脸，双眼微睁，小口半开，上着翻领窄袖服，下着裤；左手于腹前似托一桃，右手横置似持一铃。盘膝而坐。桃状物残高5厘米，最宽6.5厘米；铃状物直径2厘米。

（三）右侧壁

刻坐式小孩像2身（图15；图版Ⅰ：25）。

左小孩像　头毁，存残痕，残高约40厘米。上着无袖短衫，下身衣饰不明。左臂大部残断，右臂前伸，作逗鸟状；侧身向右斜跪，足残。

右小孩像　坐高43厘米，头顶略残，圆脸，下颌剥蚀。上着圆领窄袖服，下着裤，腰带作结下垂身前。左手置左膝上，手残；右手屈肘，托一鸟，向外作躲闪状，着鞋盘坐。

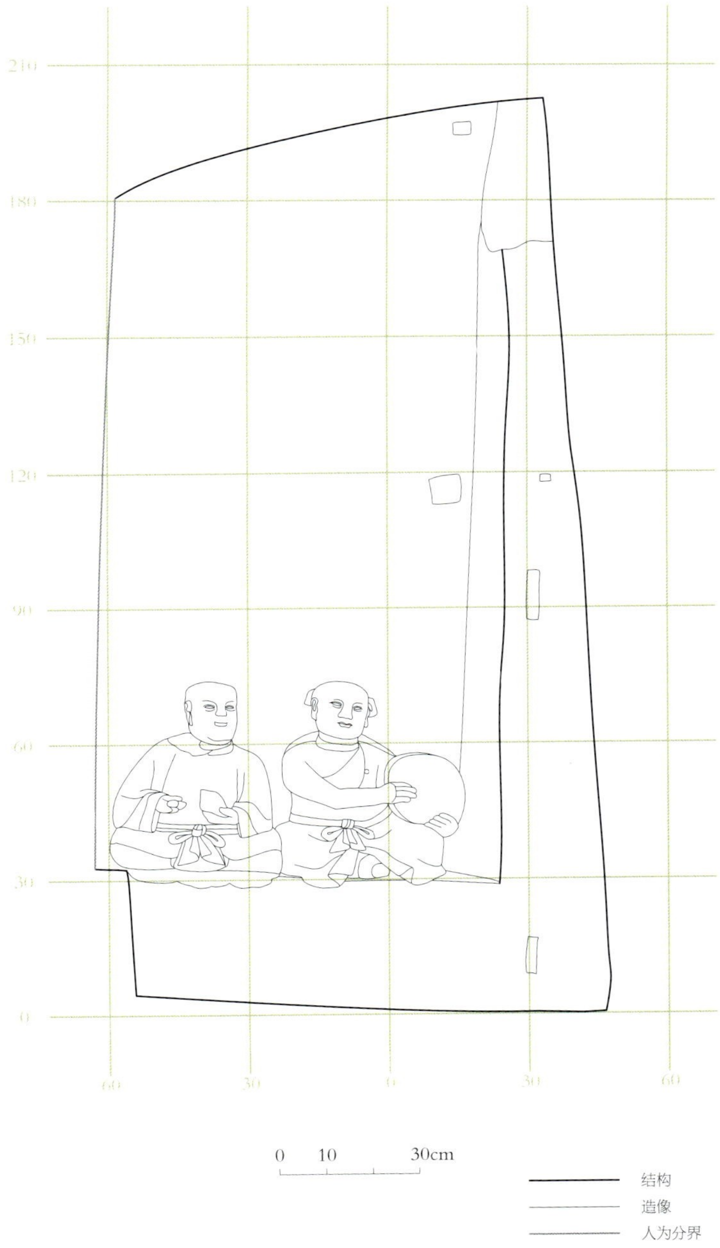

图14　石篆山石窟第1号龛左侧壁立面图

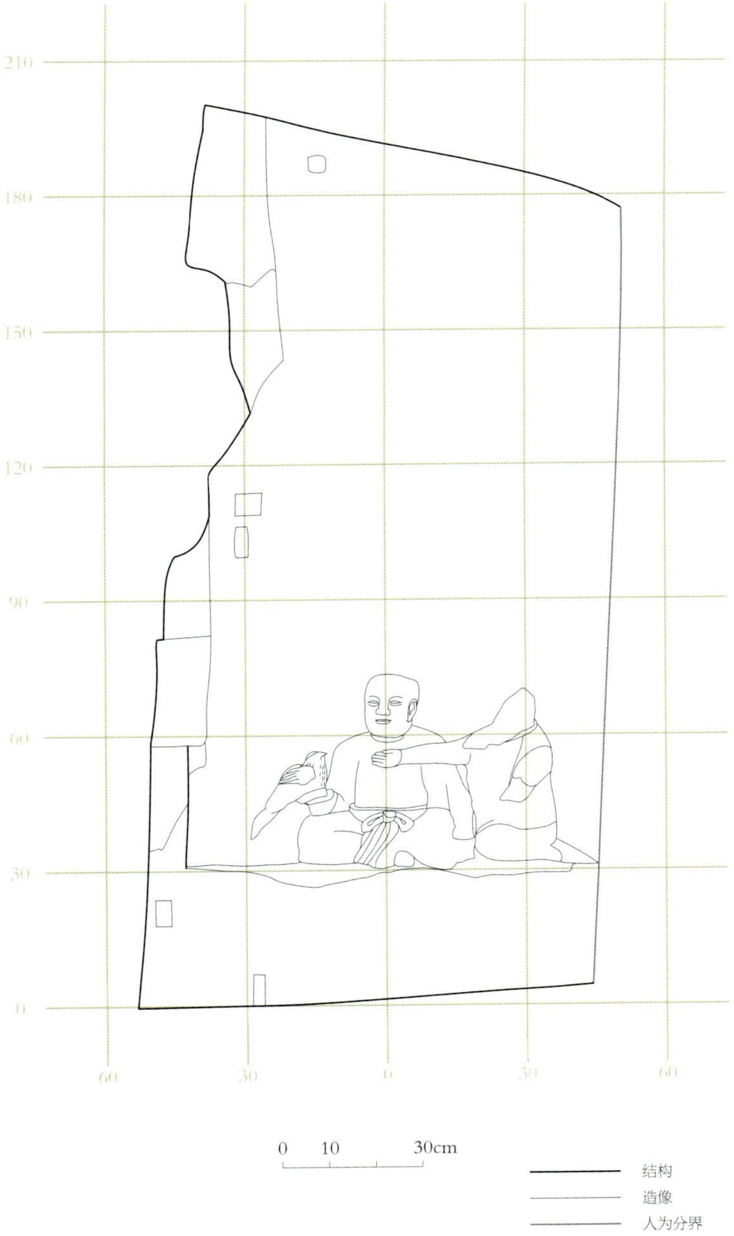

图15　石篆山石窟第1号龛右侧壁立面图

## 四　晚期遗迹

### （一）铭文

李□发装彩镌记，清道光七年（1827年）。位于右壁内侧中部。刻石面高25厘米，宽20厘米。文左起，竖刻8行，存52字，楷体，字径1.5厘米（图版Ⅱ：1）。

01　棠城□□里此名地（漶）

02　信士李□发□人〔蒋〕张氏夫妇之嗣于（漶）

03　道光七年十月廿六日至子母位前祈

04　乞祐□□本年又三月初十日□□

05　装彩（漶）

06　圣母娘（漶）

07　（漶）

08　□□年□□月□□日

### （二）构筑

龛口左右外侧，改凿为竖直的平整面，形如龛沿；龛口左侧少许残，右侧中部以上毁，存留面最宽13厘米。平整面下部各凿一枋

第二章　石篆山石窟　19

孔，大小相近，对应布置，皆高15厘米，宽5厘米，深4厘米。

龛左壁外侧上部凿一圆孔，直径5厘米，深3厘米。中部凿纵向的二枋孔，上孔高5.5厘米，宽6.5厘米，深10厘米；下孔高8厘米，宽4厘米，深2厘米。右壁外侧对应处亦凿相同的圆孔和枋孔。

龛口左内侧平整面中部和下部各凿一枋孔，大小相近，高11厘米，宽3厘米，深3厘米。右内侧平整面仅保存下部对应的枋孔。

龛内低坛左右外端各凿一枋孔，大小相近，高7厘米，宽3厘米，深2厘米。

龛口左外侧中部14厘米处向左凿有宽95厘米的平整面，最深11厘米，上部与崖壁齐平。该平整面右上方纵向凿三个枋孔，大小相近，高12厘米，宽5厘米，深7厘米。

龛口右外侧中部7厘米处凿有宽104厘米的平整面，最深24厘米，上部与崖壁齐平。

龛口左右上方21厘米处，各凿并列的三个枋孔，对应布置，从左至右，大小分别为高11厘米，宽5厘米，深5厘米；高22厘米，宽10厘米，深15厘米；高13厘米，宽9厘米，深7厘米。

### （三）妆绘

龛内保存红色、灰白色、黑色、蓝色、黄色五种涂层。

## 第四节　第2号

### 一　位置

位于子母殿第一岩体左端向南外凸的西南向壁面中部。上部岩檐外挑约210厘米，下部岩体残脱，向内延进128厘米形成内凹的壁面。左距壁面转折边缘21厘米，右距壁面转折边缘24厘米；上距岩顶约150厘米，下距现地坪149厘米（图版Ⅰ：9）。

龛口西南向，方向212°。

### 二　形制

龛顶为平顶，呈锐角外挑约210厘米；龛底平底，为横长方形；龛左右壁不明；龛正壁中部略内凹，左右侧略外展。龛通高237厘米，宽260厘米（图16、图17；图版Ⅰ：26）。

### 三　造像

龛内刻立像2身，左为主尊像，右为弟子像（图16；图版Ⅰ：26）。

主尊像　立像高176厘米，头长35厘米，肩宽52厘米，胸厚24厘米（图18）。头戴披帽，披幅束宽带，下垂覆肩；头略左侧，方脸，浓眉大眼，蹙眉，眉梢垂至嘴角外侧，直鼻，阔口闭合，颈肌粗大。内着交领窄袖服，外着交领宽袖服，胸系带作结，鼓腹，腰系带，交绕下垂，着长袜，以带扎束。左手于体侧屈肘持角尺，部分残，残长52厘米；腕悬绳带，垂挂一剪，长37厘米；右手屈肘向后，伸食指、中指指弟子，作说笑状。双腿微屈，足尖向左，着棉鞋立于云台上。

主尊左侧壁面刻云纹，部分风蚀。云纹下起云台左端，止于壁面中部，高123厘米，最宽24厘米。

弟子像　立像高131厘米，头长27厘米，肩宽40厘米，胸厚16厘米。短发，面方，头左仰，浓眉鼓眼，短鼻略残，阔口露齿，颈肌凸显。着圆领窄袖长服，腰系带，作结下垂，下着裤，踝间扎系绳带。双手外展，屈肘上举负杖，似作换肩状；杖略残，全长152厘米。左端杖首系两带，左带悬挂方斗，斗高11厘米，斗口宽27厘米，斗底宽21厘米，斗底向外；右带悬秤，通长81厘米，杆长77厘米，秤砣略呈桃形，高10厘米，最宽7厘米。右端悬挂扫帚，长43厘米。着草鞋，八字脚立于云台上。

图 16　石篆山石窟第 2 号龛立面图

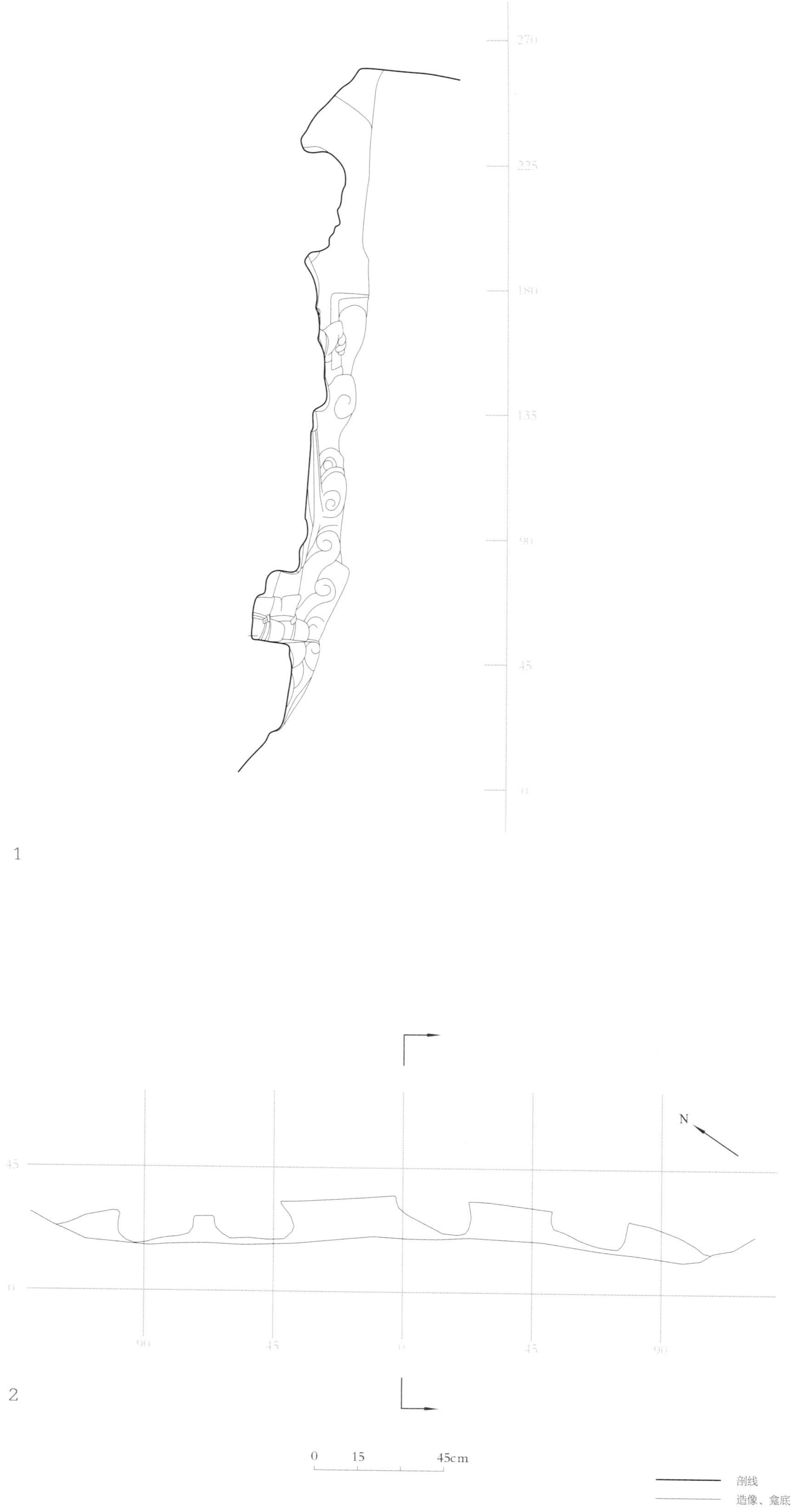

图17 石篆山石窟第 2 号龛平、剖面图
1 剖面图　2 平面图

图18　石篆山石窟第2号龛主尊等值线图

## 四　铭文

文惟简镌志公和尚龛镌记，北宋元丰八年（1085年）。位于龛正壁上部方碑内。碑高35厘米，宽60厘米，厚1.5厘米；内线刻方框，高31厘米，宽59厘米。碑文左起，竖刻15行，存141字，楷体，字径3厘米（图版Ⅱ：2）。

01　梁武帝问志公和尚曰世间有

02　不失人身药方否公曰有方

03　使不嗔心一具〔常欢喜〕二两慈[3]

04　悲行三寸忍辱〔根〕〔四〕[6]□〔善方〕

05　便五两善[7]知□六分□烦恼

06　七颗右件药[1]七味并□平等

07　就上将智惠刀[2]□□入三昧

08　火炖无碍白[4]中〔金刚杵捣[5]〕

09　炼六波罗蜜为丸如〔菩萨〕

10　于[8]大早朝以八功德水下七

---

1　此"七颗右件药"5字《大足石刻铭文录》录为"七□右作药"。同前引。
2　此"刀"字《大足石刻铭文录》录为"力"。同前引。
3　《大足石刻铭文录》将此行"嗔"录为"负"，"一"录为"二"，"常欢喜"录为"□□"，"二"录为"三"。重庆大足石刻艺术博物馆编：《大足石刻铭文录》，重庆出版社1999年版，第316页。
4　此处"无碍白"3字《大足石刻铭文录》录为"世尊□"。同前引。
5　此"捣"字《大足石刻铭文录》录为"得"。同前引。
6　此"四"字《大足石刻铭文录》未辨识。同前引。
7　此"善"字《大足石刻铭文录》未辨识。同前引。
8　此"于"字《大足石刻铭文录》录为"子"。同前引。

第二章　石篆山石窟　23

11　九忌三〔恶贪[1]〕嗔痴

12　麻作衣裳[2]草作鞋摇头不

13　肯下山〔斋〕[3]□□□〔麂〕□〔花〕

14　过笑得双（漶）

15　岳阳文惟简镌乙丑岁记[1]

## 五　晚期遗迹

龛外下方内凹壁面中部刻一龙，刻石面高20厘米，宽148厘米；龙身部分蚀，显露少许，可辨口大开，唇前伸，身蜷曲，现两前腿；其左侧存少许线刻的云纹（图19；图版Ⅰ：27）。

龛壁左右下部对称凿一方形槽口，左槽口高45厘米，宽6厘米，深12厘米；右槽口高33厘米，宽6厘米，深11厘米。

龛壁上部左右侧为后世改刻，存粗大凿痕。左侧凿面高71厘米，宽40厘米，底部存有莲瓣遗迹[4]；右侧凿面高75厘米，宽72厘米，约高出左侧壁面15厘米。

龛外右下方凿方形浅龛，高75厘米，宽96厘米，最深15厘米，下距地坪约173厘米。

龛壁上部存后世颜料描绘的云纹遗迹，方碑内有后世描绘的两朵莲枝花卉。

龛内存红色、黑色、绿色、灰白色四种涂层。

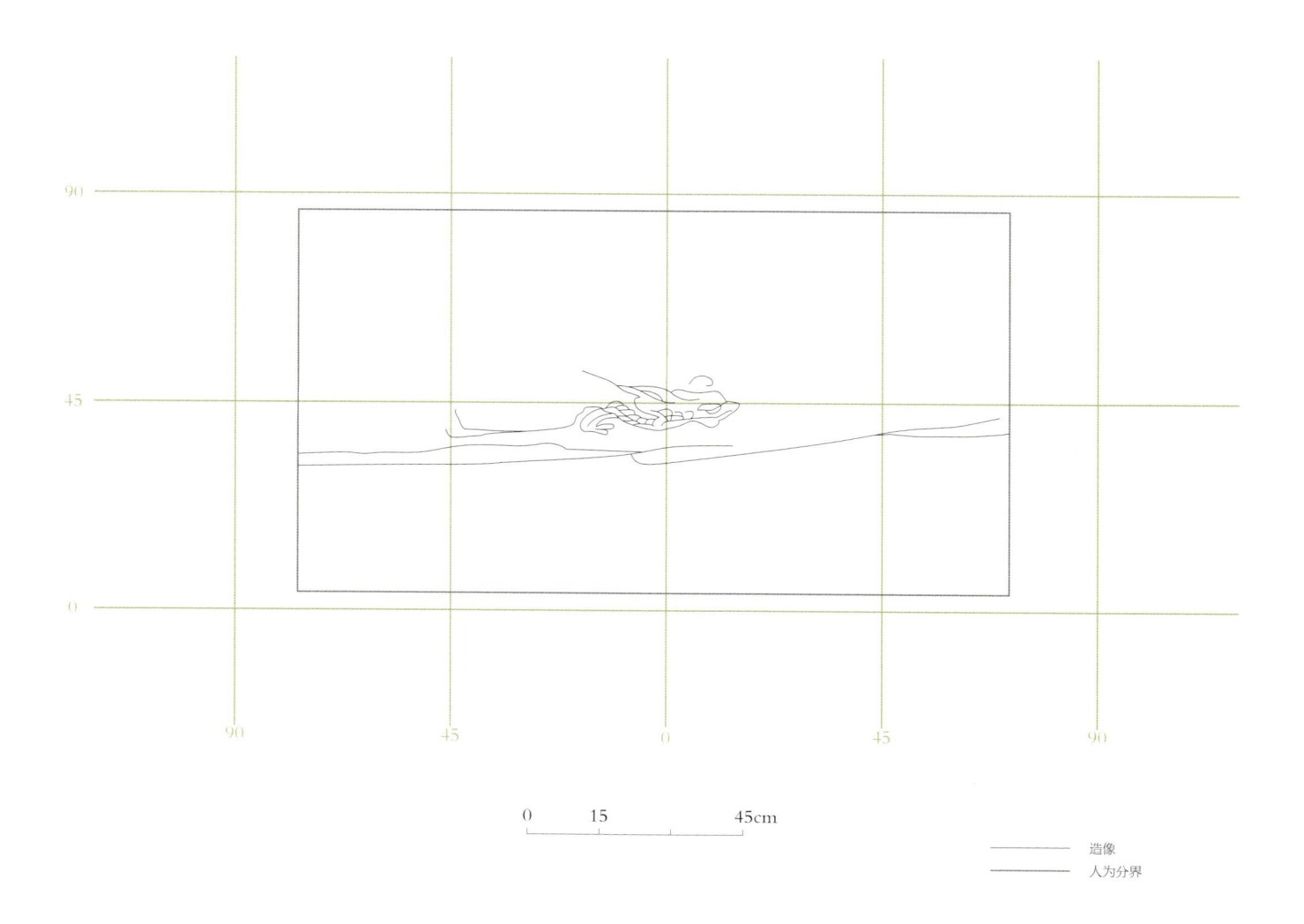

图19　石篆山石窟第2号龛下龙纹立面图

---

1　此"贪"字《大足石刻铭文录》录为"不"。重庆大足石刻艺术博物馆编：《大足石刻铭文录》，重庆出版社1999年版，第316页。

2　此"衣裳"2字《大足石刻铭文录》录为"袄袋"。同前引。

3　此"斋"字《大足石刻铭文录》录为"寨"。同前引。

4　大足石刻宋代龛像铭文多刻于方碑内，其碑首为覆莲，碑座为仰莲，估计此处原凿有方碑。

## 第五节　第3号

### 一　位置

位于子母殿第三岩体右侧中下部。左距第4号龛49厘米，右距壁面转折边缘约362厘米；上距岩顶约280厘米，下距地坪95厘米（图版Ⅰ：11）。

龛口东南向，方向151°。

### 二　形制

单层方形龛（图20、图21；图版Ⅰ：28）。

于自然岩壁直接凿建龛口。龛口方形，高154厘米，宽160厘米，至后壁最深18厘米。其左侧、上方及左下角大部残。龛底呈横长方形。正壁竖直，上部残脱，与左右壁垂直相交；壁面与龛顶垂直相交。龛顶方形，平顶，部分残。

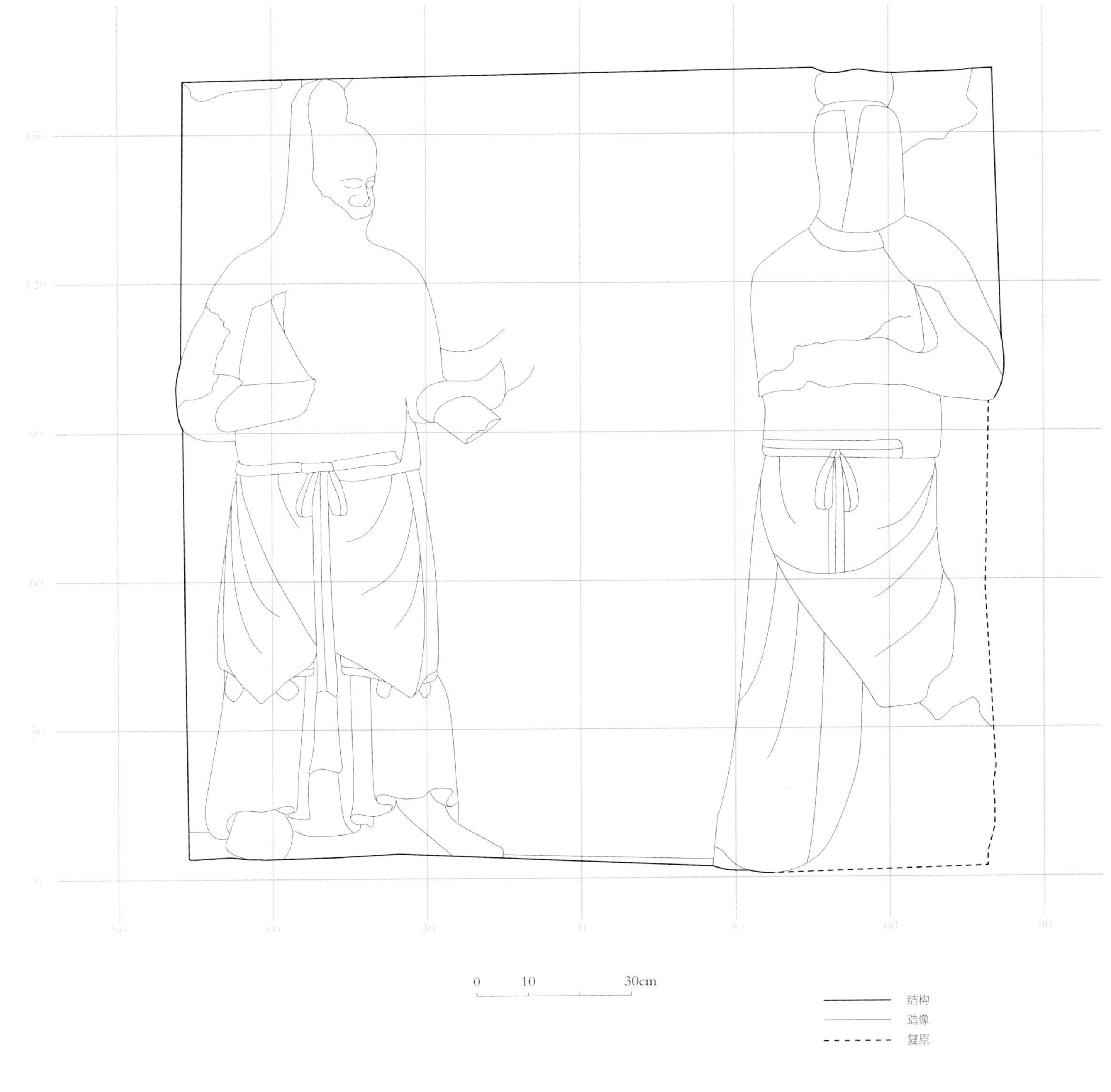

图20　石篆山石窟第3号龛立面图

1

2

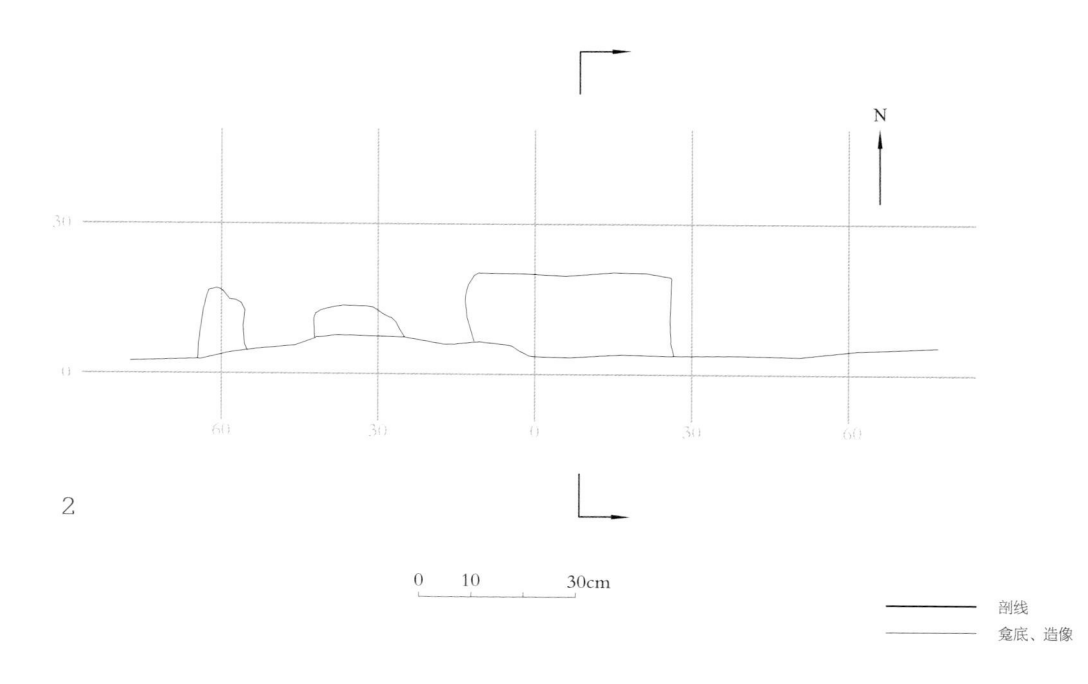

**图21 石篆山石窟第3号龛平、剖面图**
1 剖面图  2 平面图

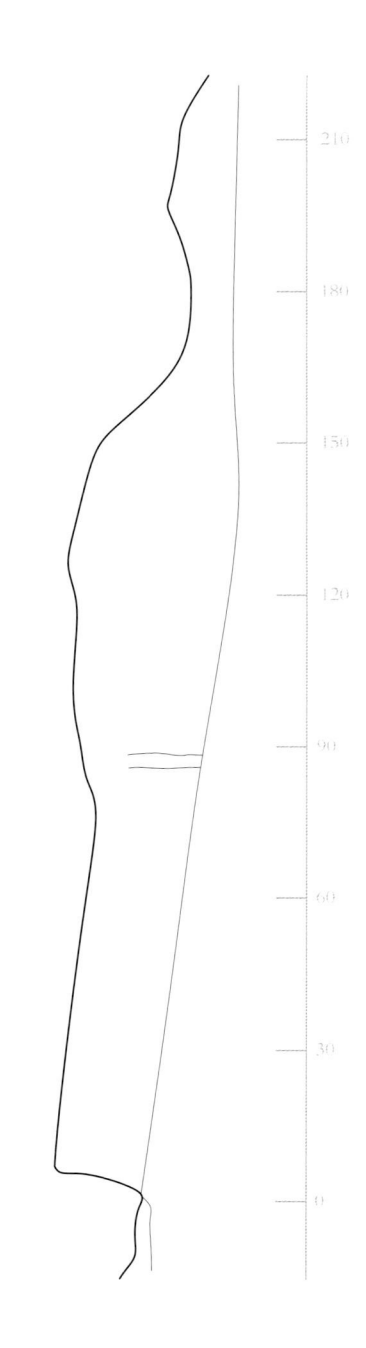

## 三 造像

龛内并列刻立像2身（图20；图版Ⅰ：28）。

左像 立高154厘米。头大部残，似梳髻戴巾，双肩残，着圆领窄袖长服，腰束带；长服右侧开衩，前摆左向上撩，似折入左腰腰带内。左臂横置身前，大部残，右臂毁。左小腿及双足大部残。

右像 立高151厘米。头大部残，似梳髻，面左侧，大部残，存眼鼻。颈及胸、肩残。上着窄袖长服，挽袖至肘，腰束带，作结垂至足间；下着裤，缚裤；长服前摆作重叠的两片，均向上撩起折入腰带内。左臂似屈于体侧，右臂横置身前，皆大部残；双足残。

## 四 晚期遗迹

龛口上方约34厘米处凿二方孔，左右布置，间距约88厘米；孔大小一致，高8厘米，宽6厘米，深约10厘米。

# 第六节 第4号

## 一 位置

位于子母殿第3号龛左侧。左距壁面边缘约170厘米，右距第3号龛49厘米；上距岩顶约180厘米，下距地坪约158厘米（图版Ⅰ：11）。

龛口东南向，方向147°。

## 二 形制

单层方形龛（图22；图版Ⅰ：29）。

于岩壁表面直接凿建龛口。龛口方形，高202厘米，宽87厘米，至后壁最深25厘米；左右上角凿三角形斜撑，高39厘米，宽37厘米，略低于龛口3厘米；斜边弧线。龛底略呈弦月形。龛正壁竖直，与左右侧壁弧面相接，壁面与龛顶垂直相交。龛顶为券顶。

## 三 造像

龛内刻立像1身，高191厘米，头长30厘米，肩残宽55厘米，胸厚14厘米（图22-2；图版Ⅰ：29）。梳髻扎巾，巾带作结上扬。面右侧，前额略尖，隆眉鼓眼，直鼻，阔口露齿作低吼状。颈粗短，双肩及胸剥蚀。内着紧袖服，外着宽袖长服，袖摆于肘部上扬，腰束绳带，于左腰际处多次绾结后长垂小腿外侧。双臂残，左手于腹前握右手腕，右手指半曲；着鞋直立。

## 四 晚期遗迹

龛口左右上角约10厘米处各凿一孔，左孔呈圆形，直径7厘米，深6厘米；右孔呈方形，边宽4厘米，深7厘米。

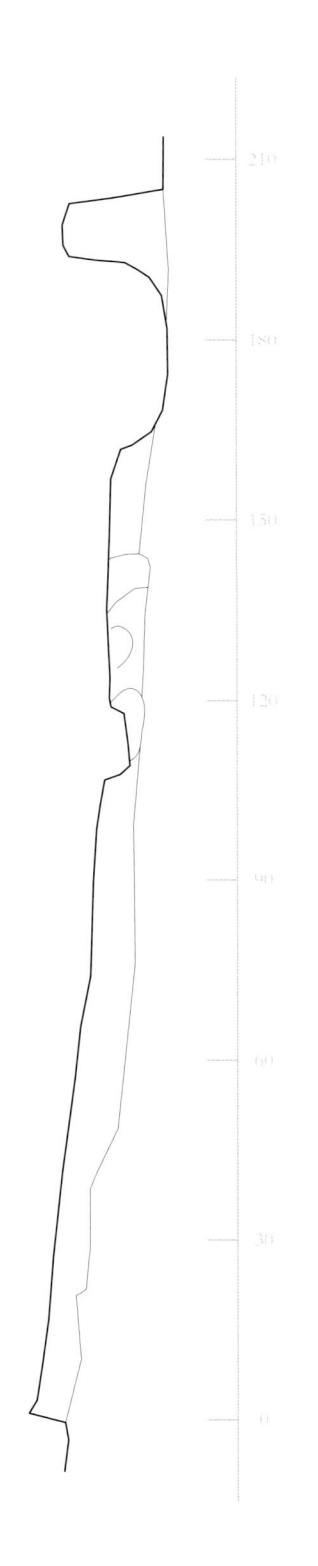

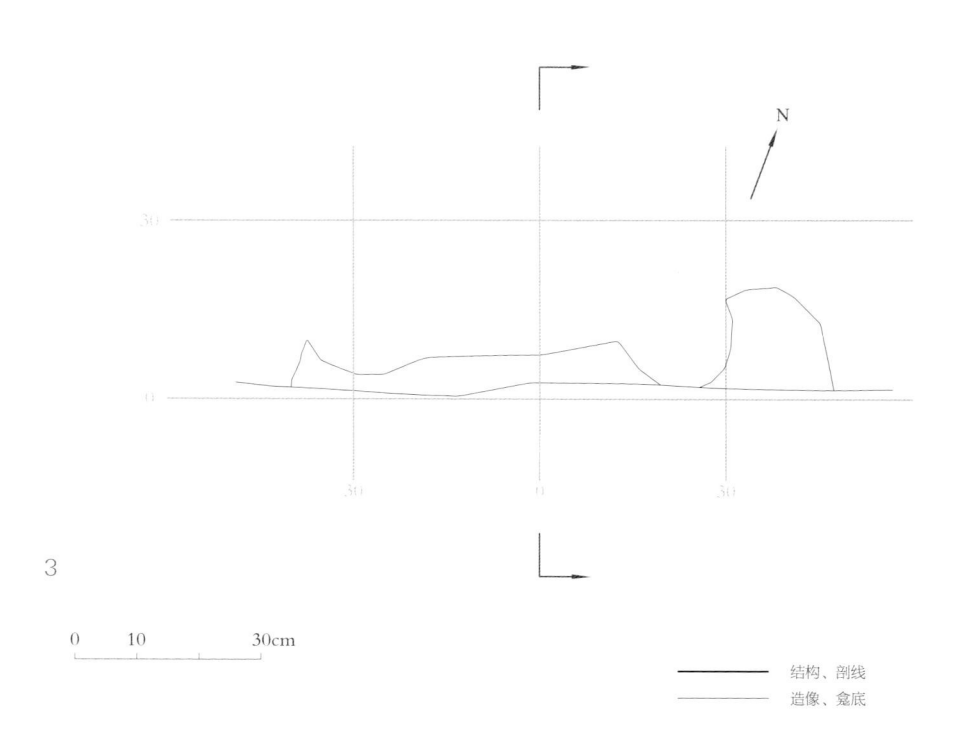

图 22　石篆山石窟第 4 号龛平、立、剖面图
1　剖面图　2　立面图　3　平面图

## 第七节　第5号

### 一　位置

位于子母殿第四岩体东向倾斜壁面中上部。左距壁面转折边缘65厘米，右距壁面转折边缘53厘米；上距岩顶约200厘米，下距地坪约480厘米。

龛口东南向，方向110°。

### 二　形制

单层圆形龛（图23、图24、图25；图版Ⅰ：12、图版Ⅰ：30）。

龛口　于倾斜岩壁向内开凿最深约125厘米形成龛口。龛口略呈圆形，直径约155厘米，至后壁最深75厘米。龛沿上部略窄，宽约6.5厘米；下部略宽，最宽约9.5毫米；沿面与进深开龛形成的圆弧壁面垂直相接。

龛底　呈半圆形。

龛壁　弧壁，与龛顶弧面相接。

龛顶　券顶。

### 三　造像

共刻像6身（图版Ⅰ：30）。其中，龛内并刻二主尊菩萨坐像，身前皆立一侍者像（图26）；龛外圆弧壁面左右下部各立一童子像（图27），头顶上方皆浮雕云纹，环壁面一周；云纹最宽70厘米，厚约2厘米（图28；图版Ⅰ：31）。

#### （一）龛内

左菩萨像　坐高64厘米，头长24厘米，肩宽26厘米，胸厚22厘米（图版Ⅰ：32）。梳髻，鬓发绕耳，垂发作两缕覆肩。戴卷草冠，冠体两重，上重圆拱形，正面刻化佛，已毁，后侧饰叶片一周；下重略呈方形，饰珠串、坠饰；冠带作结后沿肩下垂至肘。面长圆，略右侧，眉眼细长，鼻嘴残，戴桃形耳饰，垂缀五列短珠串。戴项圈，中垂坠饰一道，左右再下垂葫芦形珠串。内着僧祇支，系带作结，外着披巾，下着长短两层裙，腰带略残，作结下垂。双肩及胸下披巾饰璎珞，两端于腹前交叠后敷搭前臂垂于左侧。自双膝处另出一条飘带，带头垂于座前。腕镯，左手腹前握持经函，长9厘米，宽4厘米，高2厘米；右手抚膝，结跏趺坐于青狮背负的三重仰莲台上。台高19厘米，直径53厘米。青狮高60厘米，身长71厘米，扭头向右，双耳内卷，阔口略残，鬃毛卷曲，颈下系缰绳，刻攀胸，饰铃（毁）、杏叶，背负鞯托莲台，四腿粗短，五爪，尾翻卷上竖，直立于方形云台上。云台高12厘米，宽72厘米，深39厘米。

青狮头部左侧刻狮奴像，立高68厘米，头长16厘米，肩宽21厘米，胸厚13厘米。头盔，额呈如意头形，翻卷，下颌系带作结。面方，皱眉鼓眼，鼻稍残，口紧闭，上着紧袖长服，腰系革带，下着裤；双手胸前握持缰绳，左足靴，右足不现，身后倾作牵引状。

右菩萨像　坐高66厘米，头长24厘米，肩宽31厘米，胸厚20厘米（图版Ⅰ：33）。头略左侧，左手抚膝，右手于腿上斜持如意。如意大部残，残长38厘米。其余特征与左菩萨像略同。像高48厘米，身长70厘米；扭颈向左，鼻稍残，六牙，颈刻缰绳，立于云台上。台高14厘米，宽74厘米，深46厘米。

大象头部右侧刻象奴，立高63厘米，头长16厘米，肩宽27厘米，胸厚13厘米。齐肩卷发，面方，前额横刻天目，隆眉鼓眼，短鼻，鼻翼残，阔口，上身斜披络腋，下着短裙，腰束带作结。腕镯，双手身前握持缰绳作牵引状。足环，跣足直立，右腿不现。

#### （二）龛外

龛外左侧童子头毁，存痕迹，残立高67厘米，肩宽21厘米，胸厚8厘米（图27-1；图版Ⅰ：34）。袒上身，腰系绳带，作结下垂，下着短裙，飘带环于头后，顺两腋飘垂体侧。腕镯，双手胸前合十，略残。足环，跣足，左足部分残，立于云台上。台高32厘

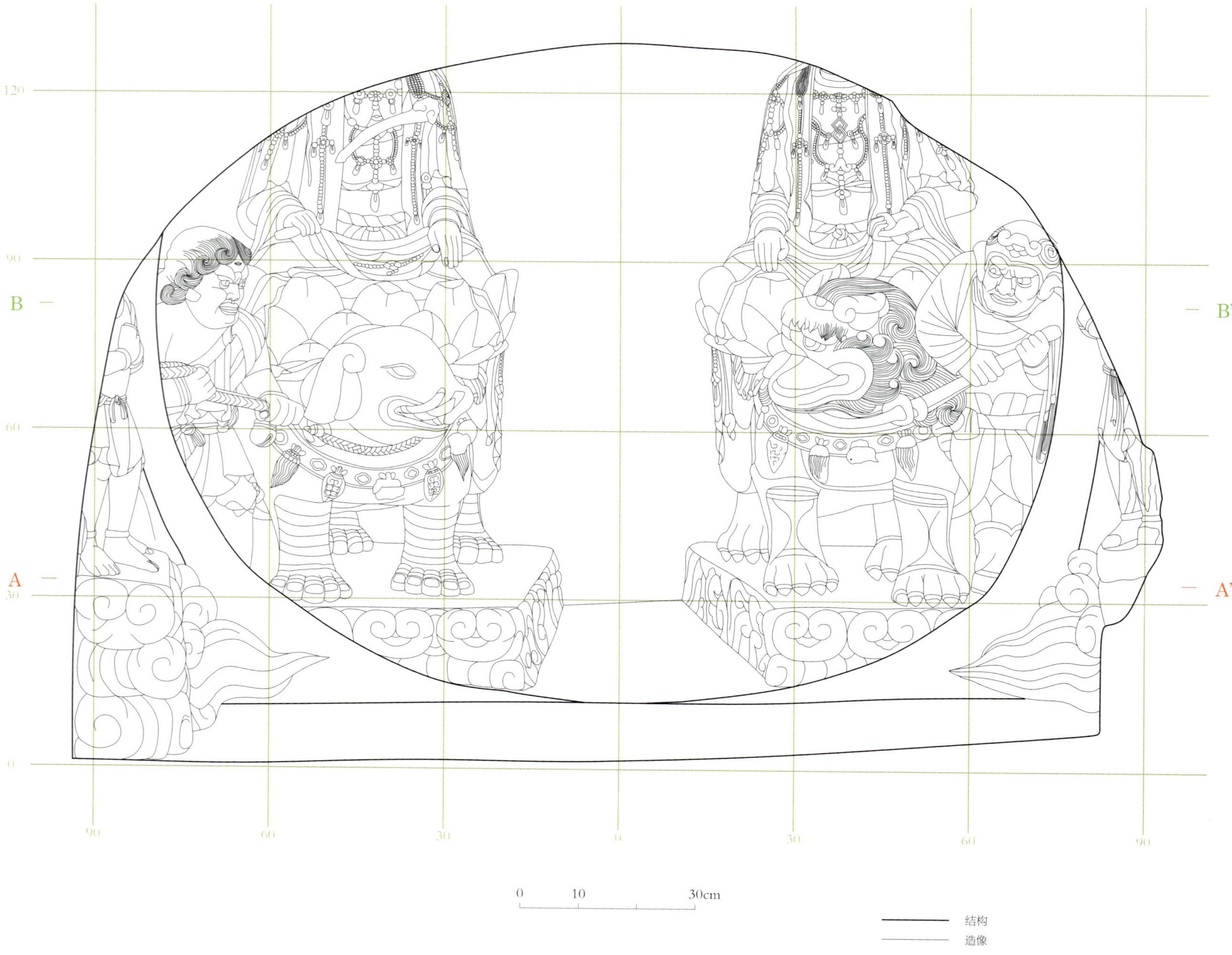

图 23　石篆山石窟第 5 号龛立面图

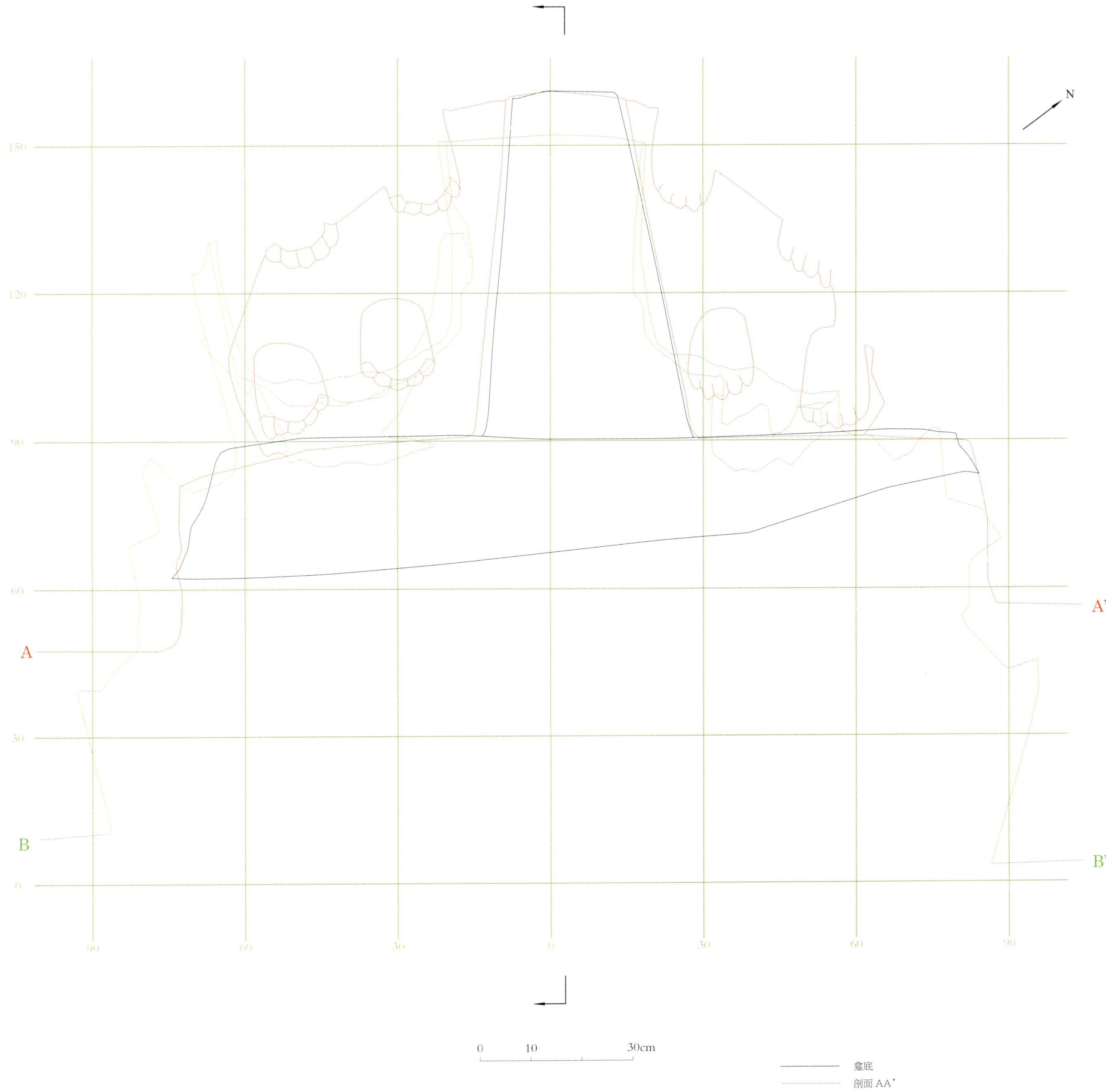

图 24　石篆山石窟第 5 号龛平面图

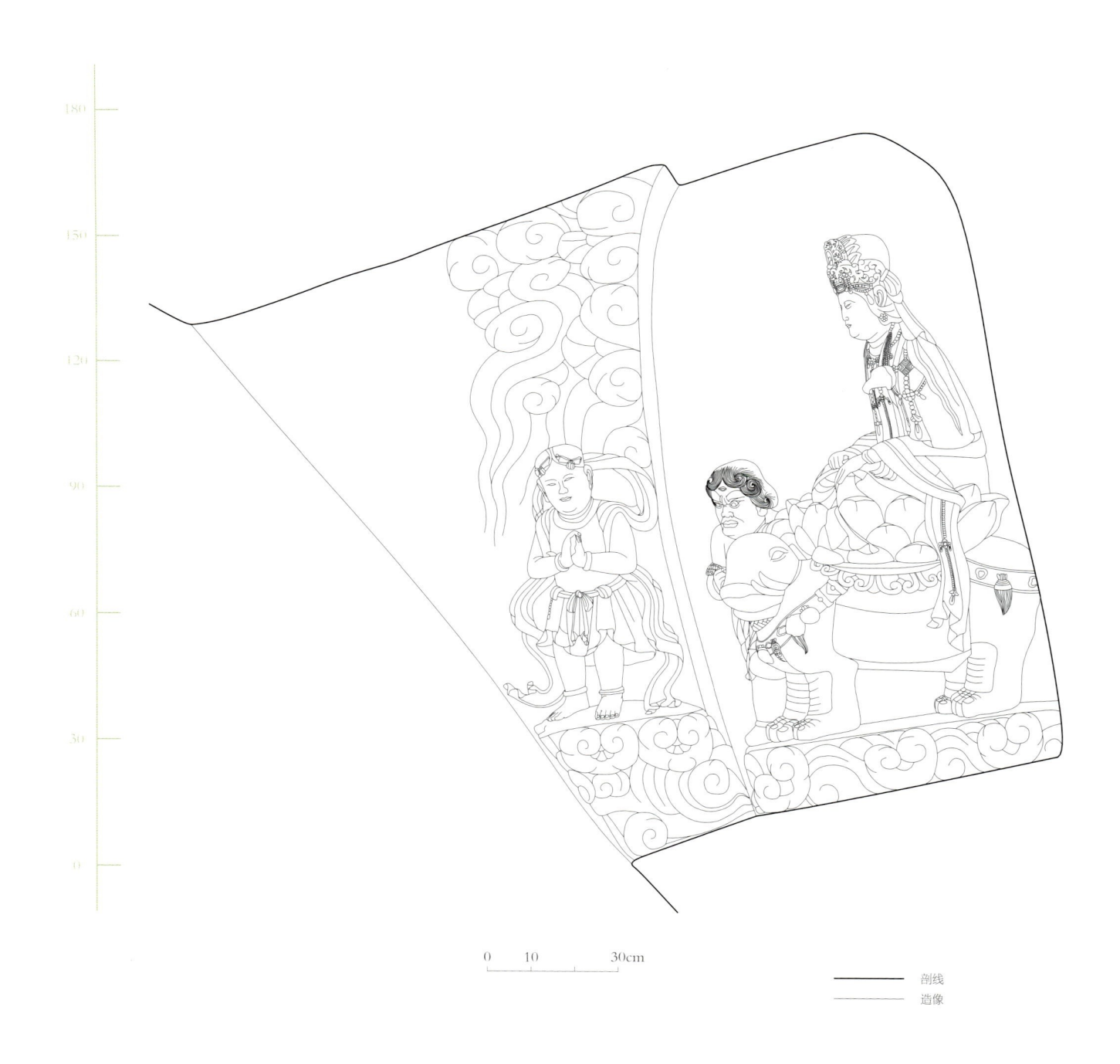

**图 25　石篆山石窟第 5 号龛剖面图**

米，宽34厘米，深10.5厘米。

龛外右侧童子，立高64厘米，头长14厘米，肩宽22厘米，胸厚8厘米（图27-2；图版Ⅰ：35）。梳髻，前侧左右饰蝴蝶结，面长圆，细眼，直鼻小口，左耳稍残，余略同龛左童子立像。身下云台高32厘米，宽36厘米，深17厘米。

## 四　铭文

文惟简镌文殊普贤龛镌记，北宋元祐五年（1090年）。位于龛外右侧中部壁面。刻石面高100厘米，宽23厘米，左起竖刻2行17字，字径4厘米（图版Ⅱ：3）。

01　岳阳镌作文惟简男居安居礼
02　庚午中秋记

## 五　晚期遗迹

（一）墨书

龛内保存墨书3则。

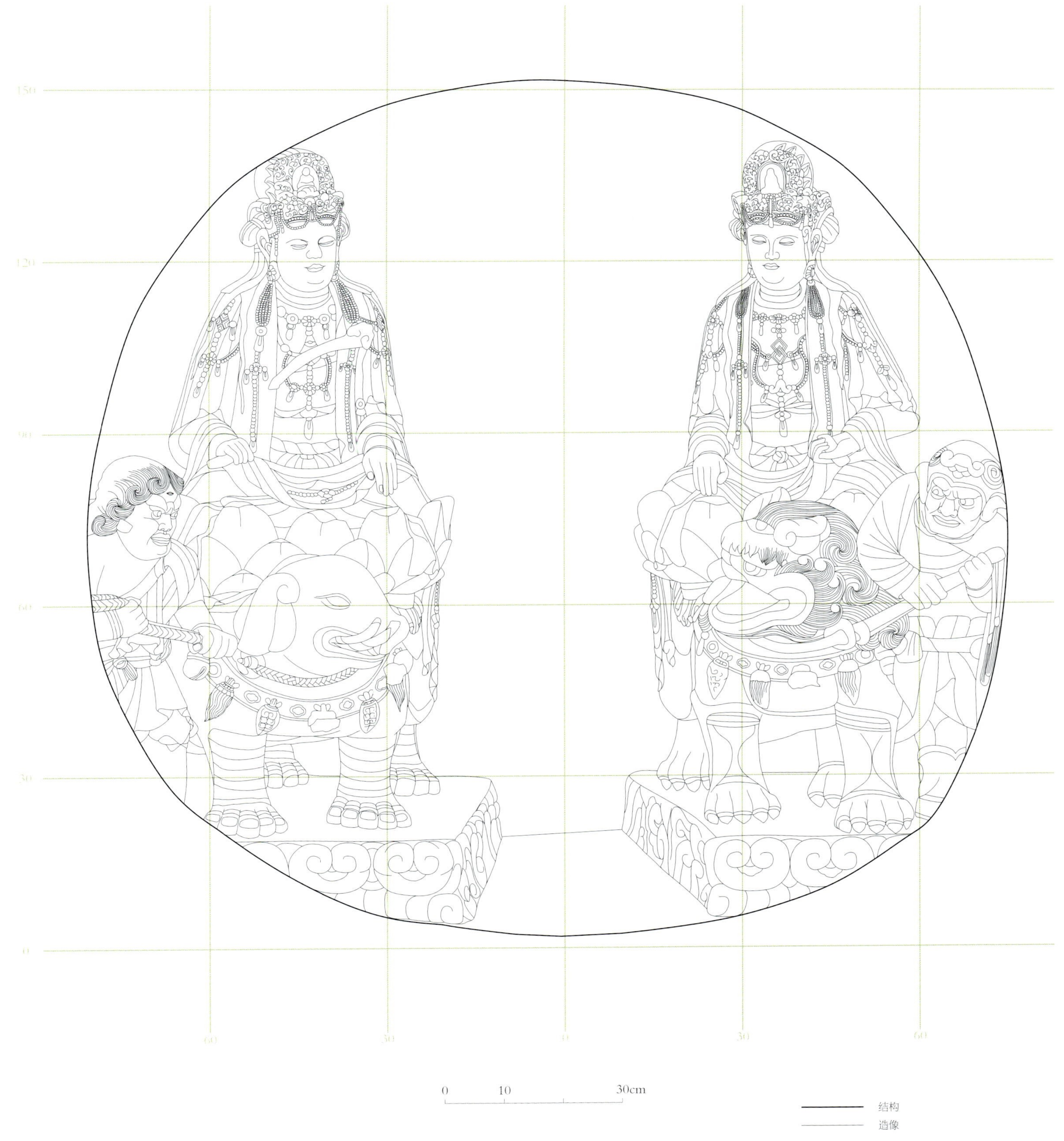

图 26　石篆山石窟第 5 号龛龛内造像立面图

**第1则**

文殊普贤像墨书题名，年代不明。位于二菩萨像之间壁面，幅面高65厘米，宽44厘米；纵向墨书4行，20字，楷体，字径6—8厘米。

01　文殊菩萨青狮子
02　普贤白象垂身在
03　师利大行
04　福寿

**第2则**

阿难像等墨书题名残记，年代不明。位于狮奴像身后上方壁面，幅面高32厘米，宽20厘米；纵向墨书2行，存4字，楷体，字径5.5厘米。

图 27　石篆山石窟第 5 号龛龛外左、右童子像立面图
1　左童子像　2　右童子像

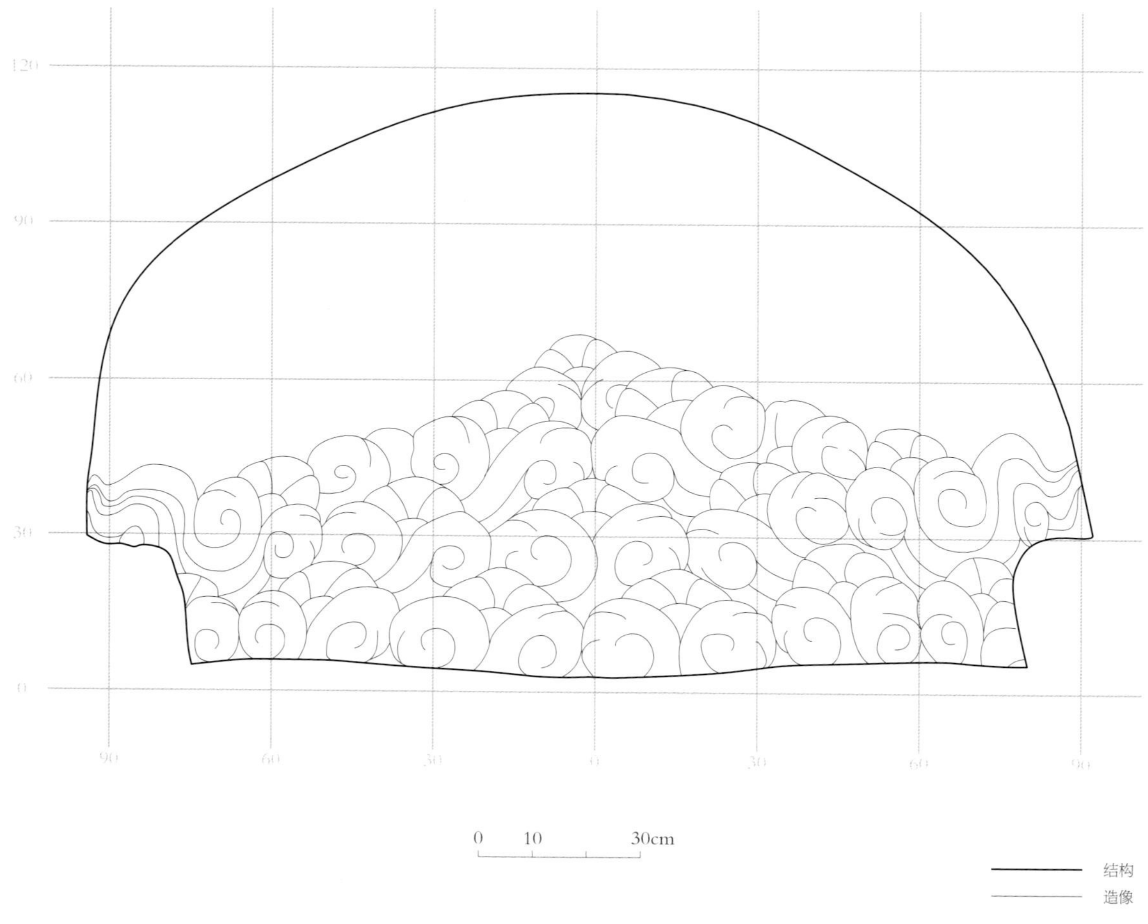

图 28　石篆山石窟第 5 号龛龛外弧壁云纹立面图

| 01 | 左边阿难 | 02 | □□□ |

**第3则**

香花童子像等墨书题名残记，年代不明。位于象奴像身后上方壁面，幅面高32厘米，宽20厘米；纵向墨书2行7字，楷体，字径5.5厘米。

| 01 | 香花童子 | 02 | 世尊前 |

## （二）妆绘

龛内保存黑色、红色、绿色、灰白色四种涂层。

# 第八节　第5-1号

## 一　位置

位于子母殿第五岩体南向壁面中部。左距壁面边缘600厘米，右距第5号龛约530厘米；上距岩顶约280厘米，下距地坪约300厘米（图版Ⅰ：13）。

龛口西南向，方向197°。

## 二　形制

于岩壁直接凿建龛口。龛口方形，高200厘米，宽231厘米，至后壁深155厘米。龛底呈横长方形，其内侧未凿的岩体形成一不规则低台，高约30—48厘米，台面宽20—33厘米。龛壁竖直，存粗糙凿痕，相邻壁面垂直相接；宽大裂隙斜向通过，致龛壁左右错位。龛顶呈方形，平顶（图29、图30；图版Ⅰ：36）。

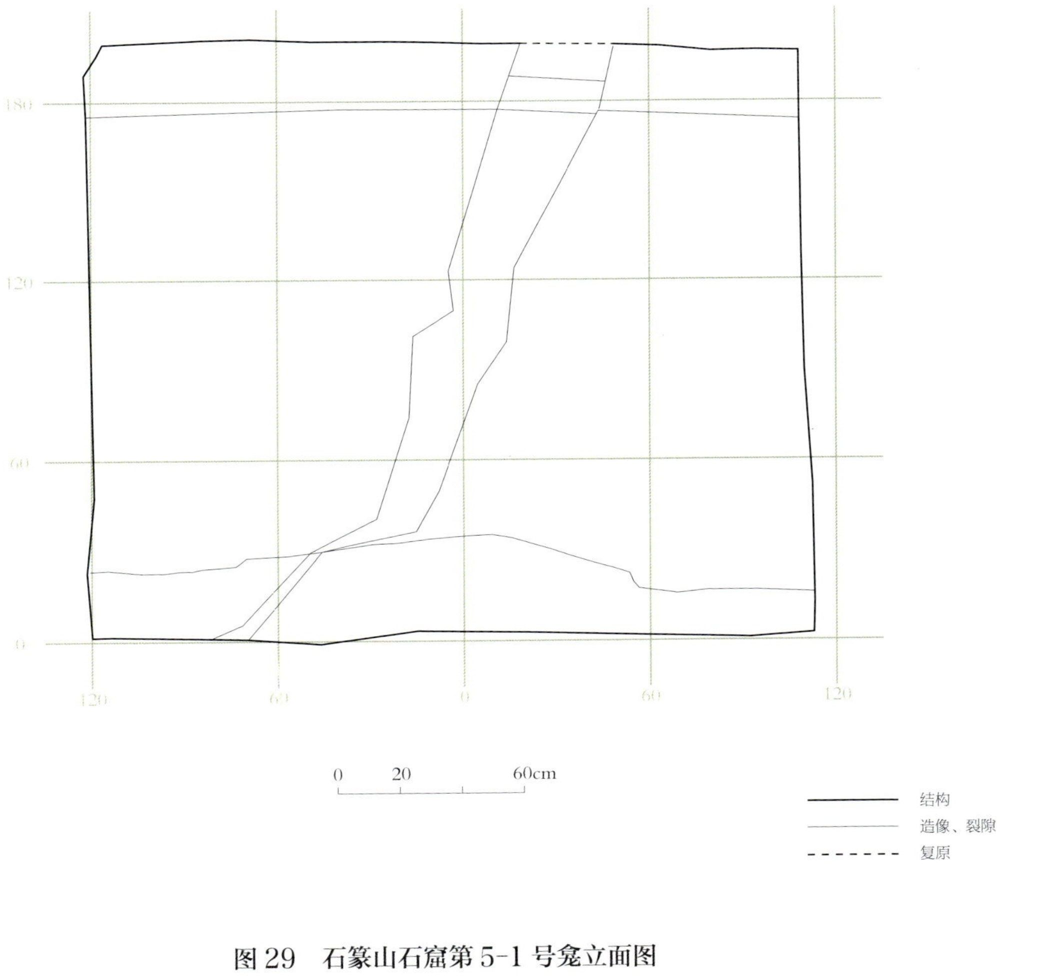

图29　石篆山石窟第5-1号龛立面图

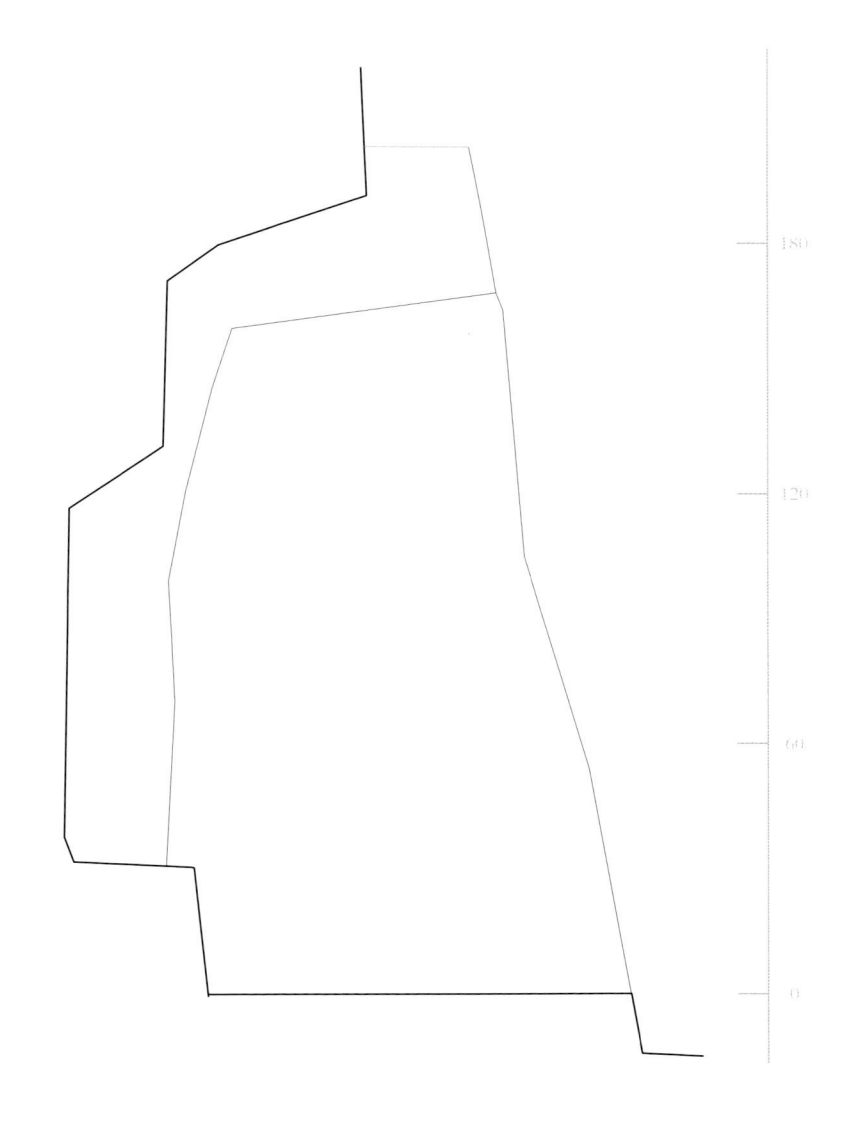

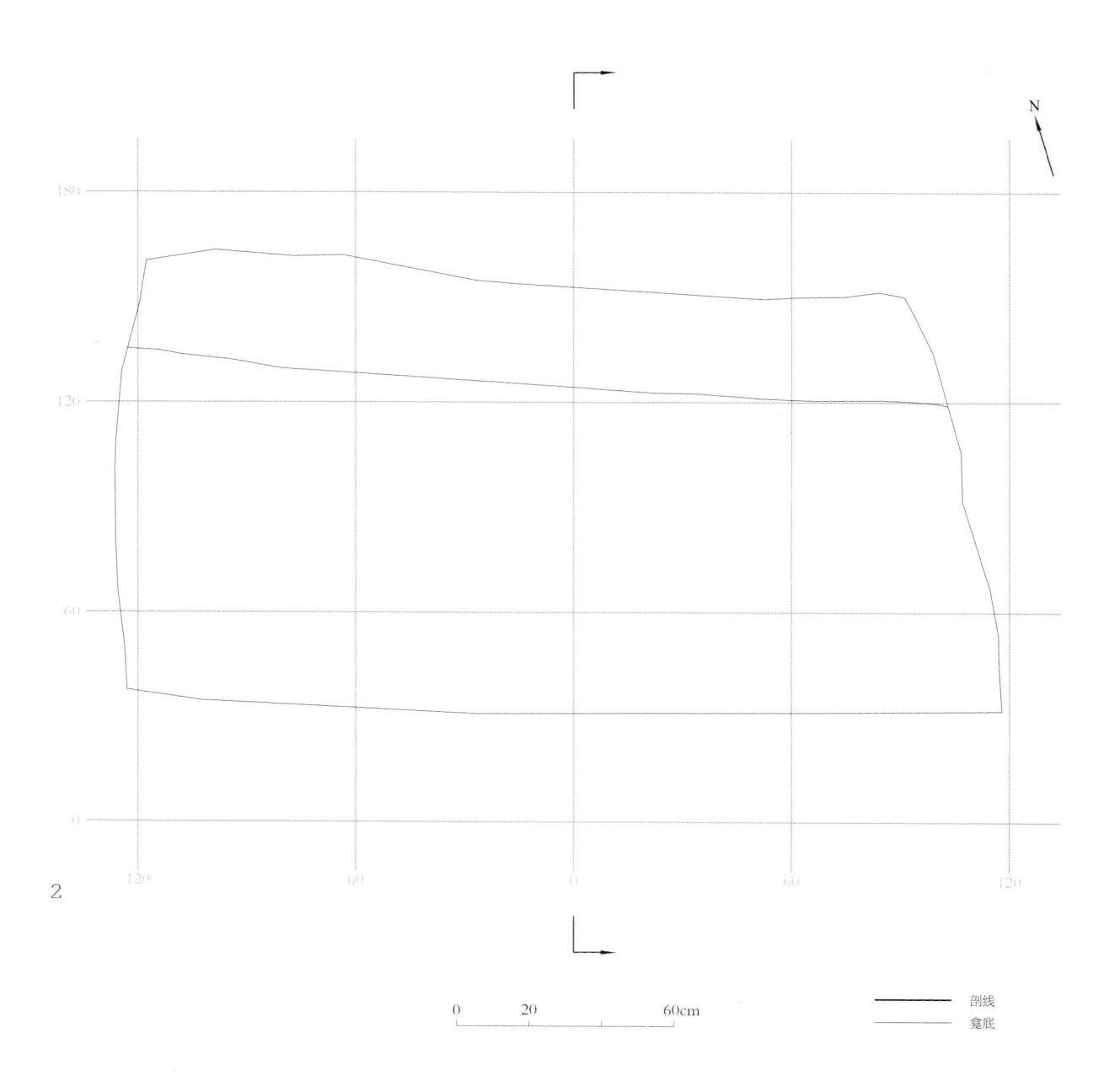

图30 石篆山石窟第5-1号龛平、剖面图
1 剖面图 2 平面图

### 三 造像

无。

## 第九节 第6号

### 一 位置

位于子母殿东侧第六岩体西端。左距第7号龛170厘米，右距壁面转折边缘241厘米；上距岩顶约250厘米，下距龛前拜台30厘米（图版Ⅰ：15）。

龛口东南向，方向140°。

### 二 形制

单层方形龛（图31、图32、图33、图34、图36、图37；图版Ⅰ：37、图版Ⅰ：38、图版Ⅰ：39、图版Ⅰ：40）。

龛口　于岩壁直接凿建龛口。龛口方形，高184厘米，宽324厘米，至后壁最深198厘米。龛口左右内侧凿竖直平整面，高162厘米，最宽41厘米。龛口上部左侧部分残，下部当中部分被后世凿毁，凿毁面长105厘米，宽30厘米，深8厘米。

龛底　略呈横长方形，中部竖直向下凿进12厘米形成方形凹槽，凹槽最长293厘米，宽94厘米。龛底内侧三面环壁建低坛一级，高20厘米，最深约35厘米。

龛壁　壁面竖直，正壁与左右侧壁弧面相接；壁面与龛顶垂直相接。

龛顶　平顶，方形。

### 三 造像

刻像13身。据其位置，分为龛内和龛外造像两部分（图35、图36、图37；图版Ⅰ：37、图版Ⅰ：39、图版Ⅰ：40）。

#### （一）龛内

正壁中刻主尊坐像1身，左右侧环壁各刻立式弟子像5身；其中，左右壁各2身。

主尊像　坐高143厘米，头长33厘米，肩宽46厘米，胸厚28厘米（图38；图版Ⅰ：41）。头后左右各刻云纹一朵，云尾上扬外飘。梳髻扎巾，巾带于头后左右水平外飘。面方，额宽，前额呈瓜棱瓣形外凸，下部横刻两道皱纹，眉骨隆起，鼻翼略残，双唇略厚，闭口，双耳略残。内着翻领服，外着交领宽袖长服，下着裙；胸下系革带，下刻垂至双足的蔽膝；左手抚膝，右手于大腿握持短柄扇，斜置右臂；扇柄残断，扇面略残，全长约50厘米，扇面最宽13厘米，厚7厘米。足着如意头履，踏方形足踏，倚坐于方台上。台高71厘米，显露宽81厘米，最深30厘米。足踏高25厘米，宽67厘米，深13厘米，正面线刻二方框，内各饰一壸门。

主尊像头部左侧壁面竖刻"至圣文宣王"5字，楷体，字径5厘米（图版Ⅱ：4）。

弟子像　10身，对称分列于主尊像左右。体量相近，高146厘米，头长27厘米，肩宽34厘米，胸厚17厘米。皆梳髻，戴进贤冠，内着翻领窄袖服，外着交领宽袖长服，胸系革带，刻出下垂的蔽膝，下着裙；着如意头履，直立于低坛上。以主尊为中心，从龛内至龛外编为左第1—5像和右第1—5像。其造像特征列入表1。

图 31　石篆山石窟第 6 号龛立面图

第二章 石篆山石窟 39

图 32　石篆山石窟第 6 号龛剖面图

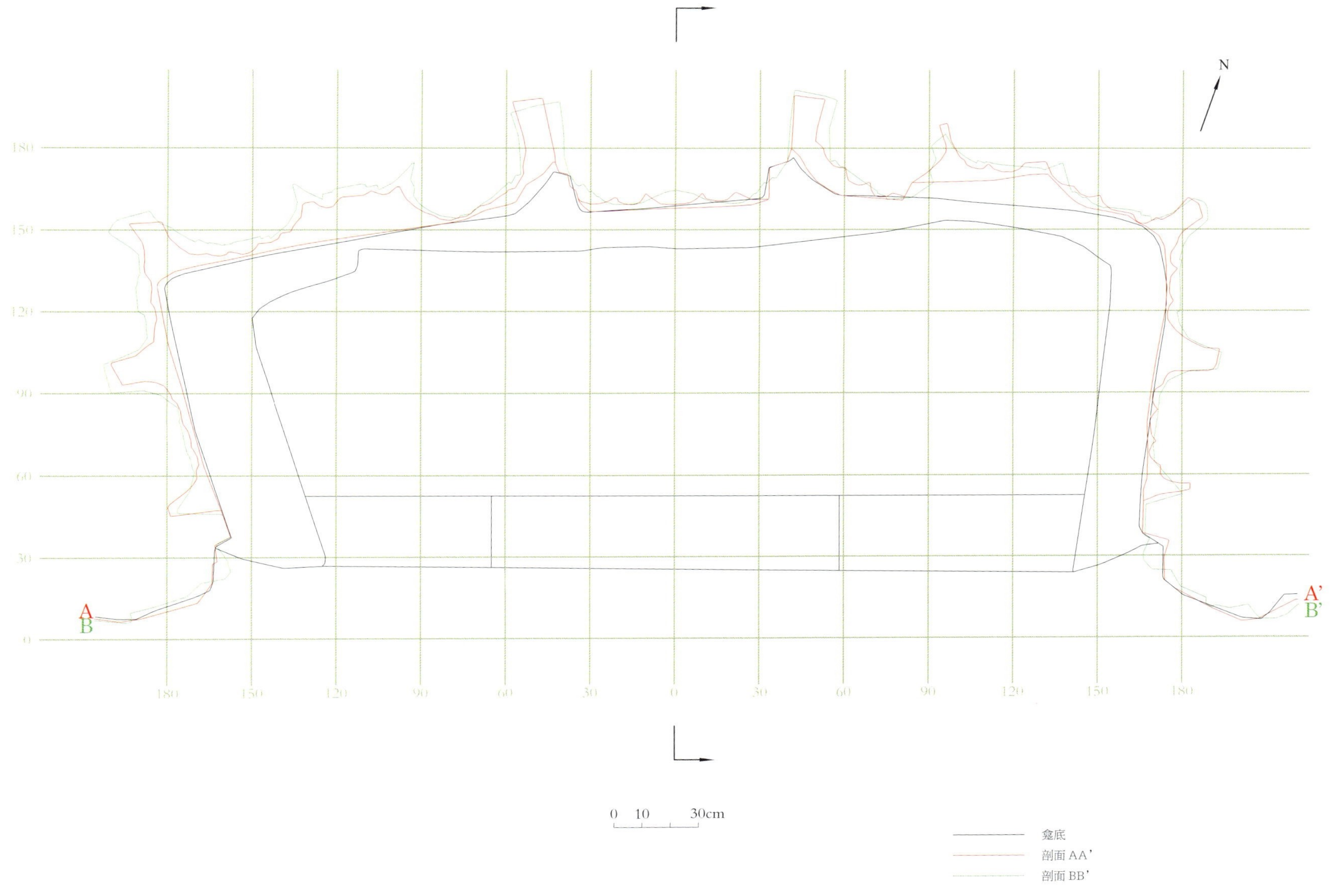

图 33　石篆山石窟第 6 号龛平面图

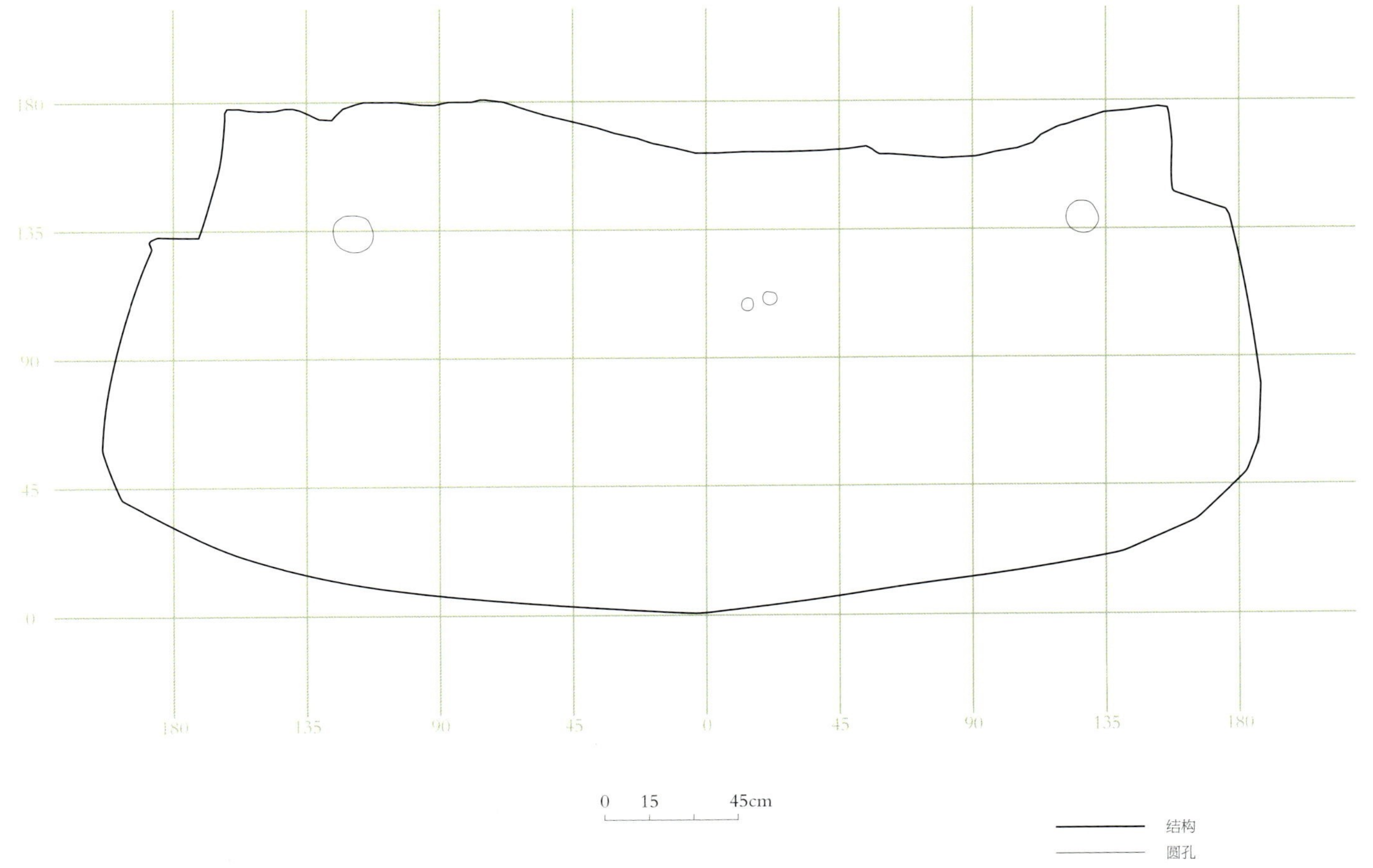

图 34　石篆山石窟第 6 号龛龛顶仰视图

第二章　石篆山石窟　41

图35　石篆山石窟第6号龛造像展开及弟子像编号图

第二章 石篆山石窟 43

图 36　石篆山石窟第 6 号龛左壁立面图

图 37　石篆山石窟第 6 号龛右壁立面图

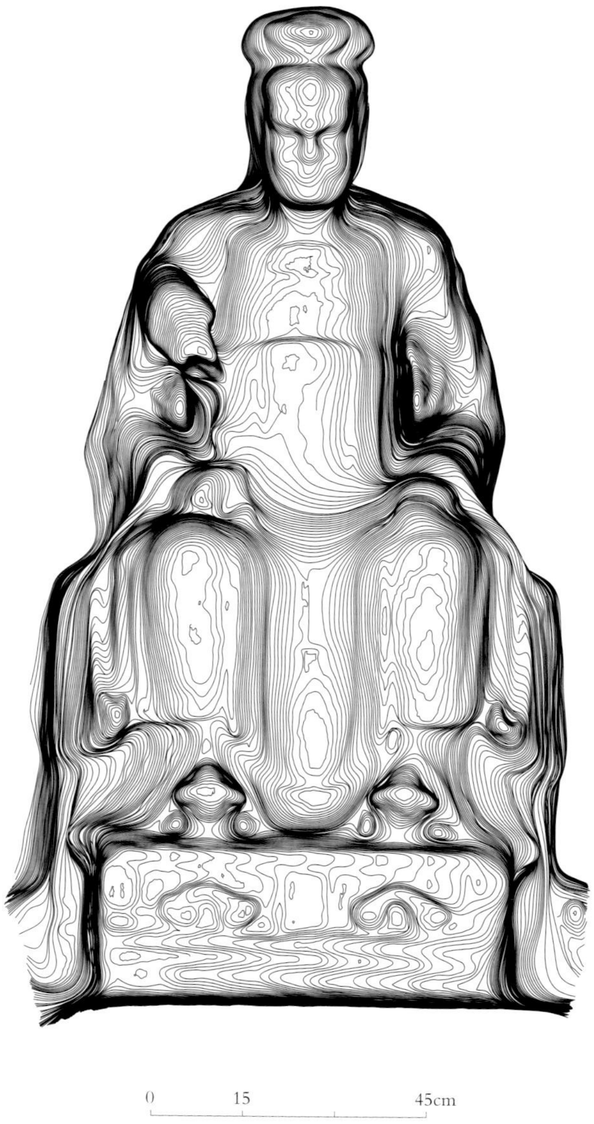

图38　石篆山石窟第6号龛主尊像等值线图

**表1　石篆山第6号龛主尊左右弟子像特征简表**

| 左侧 | 面部特征 | 手姿持物 | 题刻 | 右侧 | 面部特征 | 手姿持物 | 题刻 |
|---|---|---|---|---|---|---|---|
| 1 | 头后刻两朵云纹，云尾向左斜飘。面方，向右侧身（图版Ⅰ：42）。 | 双手胸前持笏，笏上端残，残长23厘米，宽5.5厘米，厚1.5厘米；上端后部与胸之间饰有云纹。 | 头部左侧竖刻"颜回"2字，楷体，字径4厘米（图版Ⅱ：5）。 | 1 | 头后刻两朵云纹，云尾向右斜飘。面方，向左侧身，眉骨微凸，短鼻，嘴角内收，喉结微凸，刻连鬓胡须，两腮处胡须绕耳隐于头后（图版Ⅰ：47）。 | 双手胸前持笏，笏上端残，残长22厘米，宽5厘米，厚2厘米。 | 头部右侧竖刻"仲由"2字，楷体，字径4厘米（图版Ⅱ：10）。 |
| 2 | 面方，鼻梁低矮，嘴角上翘（图版Ⅰ：43）。 | 双手胸前持笏，笏全长25厘米，宽5.5厘米，厚1.5厘米。 | 头部左侧竖刻"闵损"2字，楷体，字径4厘米（图版Ⅱ：6）。 | 2 | 面方，鼻尖稍残（图版Ⅰ：48）。 | 双手胸前持笏，上端略残。笏长25厘米，宽5.5厘米，厚1.5厘米。 | 头部右侧竖刻"冉耕"2字，楷体，字径4厘米（图版Ⅱ：11）。 |
| 3 | 头后刻两朵云纹，云尾向左斜飘。面方，眉骨略隆，开口露齿，两腮及下颌各刻一绺胡须（图版Ⅰ：44）。 | 左手屈肘拈须，右手斜垂持笏。笏略残，长27厘米，宽5厘米，厚1.5厘米。 | 头部左侧竖刻"冉有"2字，楷体，字径4厘米（图版Ⅱ：7）。 | 3 | 头后刻两朵云纹，云尾右向斜飘。面方，略右侧（图版Ⅰ：49）。 | 左手握笏，右手托笏底；笏全长26厘米，宽5.5厘米，厚1.5厘米。 | 头部右侧竖刻"宰我"2字，楷体，字径4厘米（图版Ⅱ：12）。 |
| 4 | 面方，鼻尖略残，颧骨微凸（图版Ⅰ：45）。 | 双手于胸前笼于袖内，夹持笏。笏长21.5厘米，宽5.5厘米，厚1厘米。 | 头部右侧竖刻"端木"2字，楷体，字径4厘米（图版Ⅱ：8）。 | 4 | 面方，身略右倾，刻连鬓长须（图版Ⅰ：50）。 | 左手于胸前握须，右手腹前托笏；笏全长26.5厘米，宽6厘米，厚2厘米。 | 头部左侧竖刻"冉求"2字，楷体，字径4厘米（图版Ⅱ：13）。 |
| 5 | 面方，短鼻，颧骨微凸（图版Ⅰ：46）。 | 双手胸前持笏。笏上部残断，残长20厘米，宽5.5厘米，厚1.5厘米。笏上端于胸之间饰云纹。 | 头部右侧竖刻"言偃"2字，楷体，字径4厘米（图版Ⅱ：9）。 | 5 | 面方，眉骨隆起，颧骨微凸，鼻残，厚唇，两鬓及下颌刻浓密卷曲的短须（图版Ⅰ：51）。 | 双手胸前持笏；笏长21厘米，宽5厘米，厚2厘米。 | 头部左侧竖刻"卜商"2字，楷体，字径4厘米（图版Ⅱ：14）。 |

## （二）龛外

龛外左右中下部向内凿进最深23厘米，形成一竖直的平整面，高约163厘米，宽54厘米；壁面各浮雕立式护法神像1身（图39）。

左护法神像　头毁，存轮廓，残高156厘米，肩宽49厘米，胸厚13厘米（图39-1；图版Ⅰ：52）。头右后刻上扬的头巾；胸前残脱，着窄袖长服，腰束带，下着裙；长服前襟左向上撩折入腰带内，腰带（略残）垂于左腰际。双手身前握持一圆棍状物，两端残，残长28厘米；底端与身之间饰云纹。双足不现，隐于地坪内。

右护法神像　显露高154厘米，头长32厘米，肩宽51厘米，胸厚14厘米（图39-2；图版Ⅰ：53）。头巾，面方圆，略向左侧；鼓眼，鼻残，口微启，下颌残蚀。内着交领窄袖服，外着圆领窄袖长服，腰束带，下着裙；长服前襟向左上撩，折入腰带内；腰带带头垂于左大腿外侧。左手半握，横于胸前，右手于腰际握骨朵，斜置于右肩；骨朵全长84厘米，顶端瓜形，饰云纹，尾上飘；下端残，其下云纹大部残。余同左护法神像。

## 四　铭文

功德主严逊及匠师文惟简镌像记，北宋元祐三年（1088年）。位于龛口左内侧平整面。刻石面高155厘米，宽12厘米，竖刻4行；其中，上下各1行，中间并列2行；42字，楷体，字径2—4厘米（图版Ⅱ：15）。

元祐〔戊辰岁孟〕冬七日设水陆会庆赞讫（上）
发心镌造供养弟子严逊愿（中左）
世世生生聪明多智（中右）
岳阳处士文惟简[2]（下）

## 五　晚期遗迹

### （一）碑刻

龛外左右前侧各置方碑一通，与岩壁垂直相接。碑座皆为方形条石，左碑条石高29厘米，宽125厘米，厚34厘米；右碑条石高29厘米，宽112厘米，厚36厘米。碑座上端皆凿出深10厘米的凹槽，嵌入碑身。

左碑　碑阳为刘纯斋撰修治庙貌神龛记碑，碑阴为县正堂示禁碑；清同治六年（1867年）。碑高161厘米，宽112.5厘米，厚13厘米，外侧上端略残。碑阳左起竖刻19行，存449字，楷体，字径4厘米。碑阴左起竖刻18行，378字，楷体，字径3厘米（图版Ⅱ：16、图版Ⅱ：17）。

碑阳：

01　□孔夫地道贯古今自汉唐宋以来累加封至文宣王而象以冕旒爵号
02　可谓极矣识者谓非夫子之意祀以△先师木主万世皆安始得其正而
03　石象之刻胡为乎来哉顾吾思之朝廷之祀无所感而尽诚草野之人有
04　所触而思敬道固然矣又明史载英宗年间移铜铸△先师及十哲象供
05　于文渊阁是铜可铸象而石象之刻亦不为裹石篆山古刹也周围尽石
06　岩好事者多镌佛象其间更有△先师及十哲四配惜碑记无存余尝游
07　佛会寺与高僧志安者偕至佛岩重有感焉窃谓自王畿以及都邑庙宇
08　之辉煌堂阶之肃穆春秋笾豆文武衣冠循行大典亦云盛矣而乃于荒
09　烟蔓草间空仰圣容伤麟叹凤吾道之穷当不若是已而吾乡同人相约
10　捐化公赀始为春秋祭祀并修治庙貌神龛此学人之不忘本也天祀无

11　大小总以人心之诚敬为凭况圣道之高如日月之经天无微不照圣道

12　之大如江河之纬地无处不流自兹以后吾乡人文之盛可由是卜焉矣

13　恩进士候选儒学正堂刘仁粹△纯斋撰△△△文生吴从龙书

14　领袖

　　（下刻4行83字为人名，略）

19　大清同治六年季冬榖旦立[3]

碑阴：

01　钦加同知衔署理四川重庆府大足县事遇缺先用县正堂加五

02　级纪录十次王△为示禁事案据崇胜里嘉胜里昌龄里绅粮

03　杨渊吴从龙段作蛟刘秉恒段大观陈肇修何显庸陈纯冕杨

04　世[1]龙陈绍虞廖章品陈道荣何登俊陈纯钦谭有[2]棣赵逢源李

05　文洁杨光师刘尚之徐兆复等禀称情生等附近佛会寺古有

06　佛岩上镌△至圣△十哲象[3]至辛酉岁贡生刘仁粹首设大成

07　会方中士子每逢春秋祀典集此祭献越今秋生等为首修立

08　殿宇以壮观瞻但此殿立寺外每有无知之辈常来殿内喧哗

09　甚敢[4]戏侮神象[5]折毁殿宇并有炎天乘凉赤身亵渎最可恶者

10　乞丐歇宿造食如僧斥逐反行横估肆闹俱堪痛恨为此协案

11　禀恳赏示竖碑禁止以垂久远神人均沾伏乞等情据此除禀

12　批示外合行示禁为此仰县属诸色[6]人等知悉自示之后毋得

13　在庙喧哗戏侮神象[7]折毁庙宇并赤身亵渎乞丐歇宿造食等

14　情倘敢不遵许该山邻首事僧人等来案指名具禀[8]以凭拘案

15　严究但不得挟嫌妄禀致干查究各宜禀遵毋违特示

16　右谕通知

17　同治六年十二月△日△实刻大成庙晓谕毋损

18　告示[4]

**右碑**　功德碑，年代不明。碑高157厘米，宽111厘米，厚13厘米，外侧上端略残。碑正面左起竖刻17行人名，楷体，字径4厘米；碑背面左起竖刻25行人名，楷体，字径4厘米。文皆略（图版Ⅱ：18）。

## （二）构筑

龛左右侧壁外端上角对应各凿一方孔，边宽3厘米，深4厘米。

龛顶前端左右各凿一圆孔，大小相近，孔径13厘米，深11厘米。

龛外上方约40厘米处左右各凿一方孔，高17厘米，宽7厘米，深11厘米。该方孔下方13厘米处水平凿有一列三个浅方孔，高6厘

---

1　此"世"字《大足石刻铭文录》录为"超"。见《县正堂示禁碑》，重庆大足石刻艺术博物馆编：《大足石刻铭文录》，重庆出版社1999年版，第337页。
2　此"有"字《大足石刻铭文录》录为"右"。同前引。
3　此"象"字《大足石刻铭文录》录为"像"。同前引。
4　此"敢"字《大足石刻铭文录》录为"感"。同前引。
5　此"象"字《大足石刻铭文录》录为"像"。同前引。
6　此"色"字《大足石刻铭文录》录为"邑"。同前引。
7　此"象"字《大足石刻铭文录》录为"像"。同前引。
8　此"禀"字《大足石刻铭文录》录为"案"。同前引。

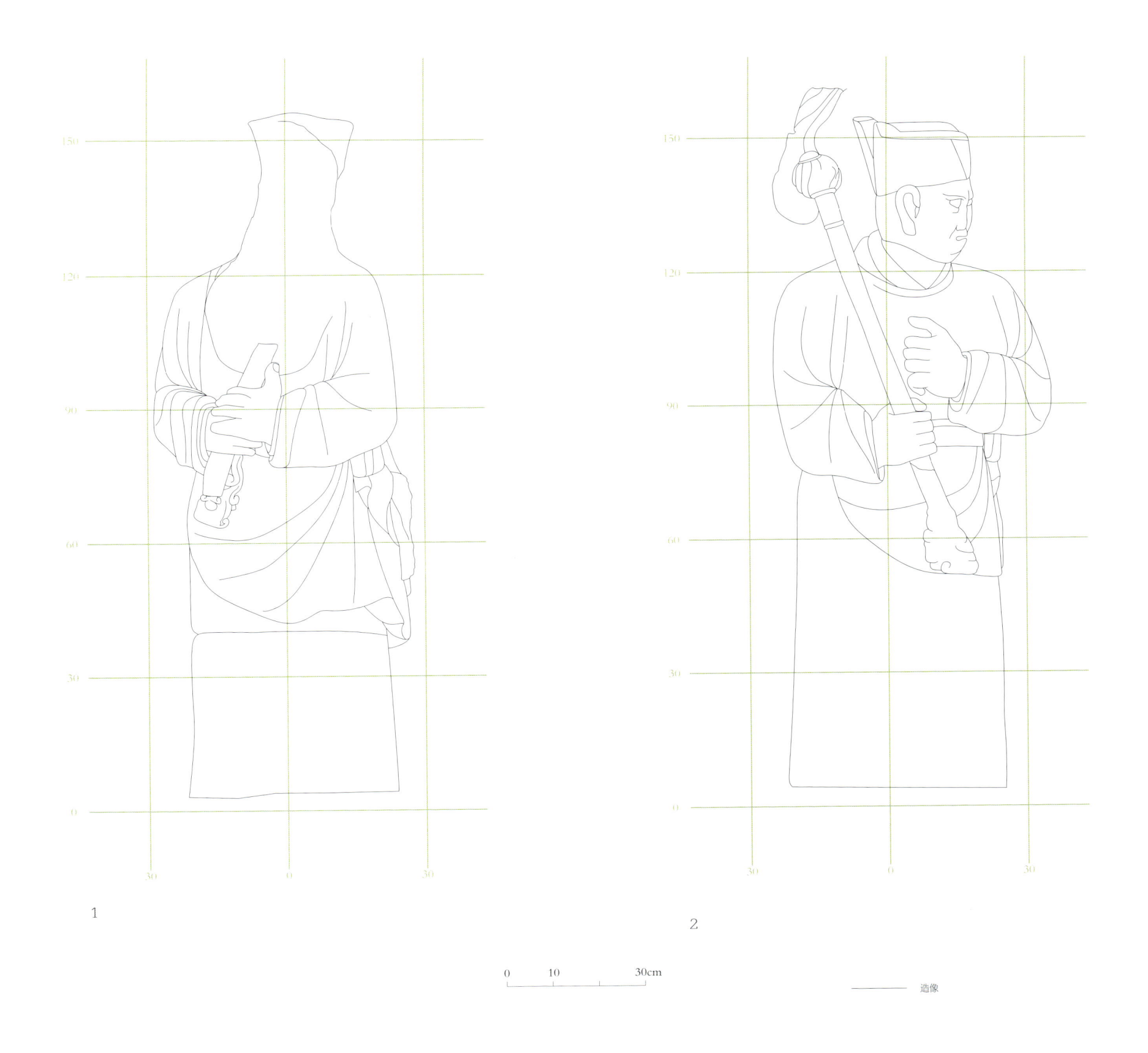

图 39　石篆山石窟第 6 号龛外左、右护法像立面图
1　左护法像　2　右护法像

米，宽13厘米，深3厘米。

龛口左上角外侧20厘米处凿一方孔，高12.5厘米，宽12厘米，深17厘米。右角上方凿一不规则孔洞，平面呈三角形，高12厘米，宽11厘米，最深7厘米。

龛外右碑上方75厘米处凿一方孔，高15厘米，宽10厘米，深11厘米。

龛前以条石和石板铺设方形拜台，台面长480厘米，宽136厘米，高出现地坪9厘米。

（三）妆绘

龛内保存红色、灰白色、蓝色、绿色、黑色五种涂层。

## 第十节　第7号

### 一　位置

位于子母殿第6号龛左侧。左距岩体边缘512厘米，右距第6号龛170厘米；上距岩顶148厘米，下距现地坪113厘米。

龛口东南向，方向147°。

### 二　形制

单层方形龛（图40、图41、图42、图43、图45、图46；图版Ⅰ：54、图版Ⅰ：55、图版Ⅰ：56、图版Ⅰ：57）。

龛口　于岩壁表面平直凿进最深约127厘米形成龛口。龛口方形，高150厘米，宽415厘米，至后壁最深150厘米。龛口下部壁面略经打磨，存斜向凿痕。

龛口左右侧各刻一龛柱，其下刻蹲跪的力士像1身。龛柱外侧壁面向内凿进最深31厘米形成平整面。平整面高164厘米，宽94厘米，内剔地起突力士像1身。

龛底　略呈横长方形，部分剥蚀。内侧三面环壁凿低坛一级，部分残，高8厘米，深25厘米；低坛左右端各刻二粒放焰珠。

龛壁　正壁竖直，略起伏，与左右侧壁弧面相接；壁面与龛顶垂直相交。

龛顶　呈方形，平顶，中部前端残脱。

### 三　造像

龛刻像21身。据其位置，分为龛内和龛外造像两部分（图44、图45、图46；图版Ⅰ：54、图版Ⅰ：56、图版Ⅰ：57）。

#### （一）龛内

刻像17身。其中，正壁中刻主尊坐佛像3身（图47），佛像间各刻立式弟子像2身，左右佛像外侧各刻立式供养菩萨1身；左右侧壁各刻立式弟子像3身，正壁与左右侧壁相交处各刻立式供养人1身。

1. 主尊佛像

中佛像　坐高86厘米，头长33厘米，肩宽38厘米，胸厚20厘米（图版Ⅰ：58）。头后刻两朵云纹，云尾左右横飘。梳髻，鬓发下垂至腮，戴卷草冠，冠体两重。上重呈椭圆形，中饰轮宝，后侧饰叶片一周；下重冠体略呈方形，下缘饰珠串一列，另饰四段圆弧形的璎珞，并垂桃形坠饰；冠带作结后沿肩下垂至肘。方脸，弯眉，细眼微闭，鼻残，抿唇，嘴角略上翘，耳垂略蚀，颈刻三道肉褶线。内着僧祇支，系带作结，外着双领下垂式袈裟，下着裙，袈裟袖摆悬垂座侧，部分剥蚀。腕镯，双手胸前结毗卢印，双手与胸之间饰云纹，结跏趺坐于束腰莲座上。座通高58厘米，直径77厘米，上部为双重仰莲台，高20厘米；中部束腰处刻盘龙，龙首现于正面，龙身卷曲，绕座一周；下部为三阶圆台叠涩，部分残。

左佛像　坐高80厘米，头长27厘米，肩宽36厘米，胸厚24厘米（图版Ⅰ：59）。头后刻两朵云纹，云尾左右横飘。螺发，刻髻珠，脸形长圆，眉间刻白毫，弯眉细眼，鼻稍残，嘴角略上扬，耳垂略残蚀，颈刻三道肉褶线。内着僧祇支，系带作结，外着双领下垂式袈裟，下着裙；袈裟袖摆、裙摆覆于座侧，袖摆略蚀。左手腹前结印，仅可辨食指、小指直伸；右手抚膝，结跏趺坐于束腰仰莲座上。座通高60厘米，直径73厘米，束腰部分龙首向左，龙首及龙身大部残，余与中佛像座略同。

右佛像　坐高78厘米，头长25厘米，肩宽37厘米，胸厚25厘米（图版Ⅰ：60）。头后刻两朵云纹，云尾左右横飘。内着僧祇支，系带作结，外着双领下垂式袈裟，袈裟一角系于左肩钩钮上。腕镯，左手抚膝，右手举胸前结印，手指大部残，可辨无名指、小指弯曲；手与胸之间饰云纹。结跏趺坐于束腰仰莲座上，余与左佛像同。座通高54厘米，直径73厘米；式样与左佛像座略同，中部束腰处龙纹残蚀甚重。

## 2. 供养菩萨像

2身，分立于左、右主尊佛像外侧。

**左供养菩萨像** 立像高125厘米，头长24厘米，肩宽32厘米，胸厚14厘米（图版Ⅰ：61）。梳髻，鬓发绕耳，垂发分两绺覆肩。戴卷草冠，冠体两重。上重正面饰化佛，略蚀，坐高3.5厘米，其后饰叶片一周；下重冠体方形，其下饰一道横向的珠串。冠带作结后沿肩下垂止于肘部。椭圆脸、细眼、鼻略残，闭口，嘴角上扬，戴桃形耳饰，下坠四道珠串。胸饰璎珞，略蚀，可辨上部横向一道为珠串、团花组成的饰物链，其下左右饰坠饰，中部亦坠团花、圆珠等；另腹部有由桃形饰物和珠串组成的饰物链，其下垂坠饰。上着宽博披巾，下着长短裙。披巾两端腹前相叠后向上敷搭前臂，长垂体侧；肩部披巾及长裙裙摆皆饰有璎珞，均略蚀。身饰飘带，呈"U"形垂于腹前，两端上撩，折入腰际。腕镯，双手胸前托盘，内盛山石；手及盘略蚀。足蚀，侧身向右站立。

**右供养菩萨像** 立像高125厘米，头长25厘米，肩宽26厘米，胸厚13厘米（图版Ⅰ：62）。梳球状高髻，鬓发绕耳，垂发分两绺披覆双肩。戴卷草冠，式样与左供养菩萨同。冠体正面刻化佛，坐高4厘米，可辨着双领下垂式袈裟，双手腹前笼袖内，结跏趺坐。菩萨面椭圆，鼻稍残，戴花钿耳饰，下垂短珠串，饰项圈，下垂挂三重圆弧坠饰。着内衣，胸下系带作结，外着披巾，下着长短两层裙，长裙裙摆饰璎珞；披巾遮覆双肩，于腹前交叠敷搭前臂后，垂于体侧，上饰璎珞珠串。腰带垂至腿间，部分残。长裙于双膝处饰弧形花卉饰物链，其下垂珠串坠饰，部分残。腕镯，双手胸前捧盘；手及盘略残，盘高3.5厘米，最宽17厘米，内置花卉；足蚀，向左侧身直立。

## 3. 弟子像

10身。其中，3佛像间各立2身，左右侧壁各立3身。以居中佛像为界，向左右两侧延展，依次编为左第1—5像和右第1—5像。其造像特征列入表2。

**表2 石篆山第7号龛弟子像特征简表**

| 左侧 | 特征 | 题刻 | 右侧 | 特征 | 题刻 |
| --- | --- | --- | --- | --- | --- |
| 1 | 立像高118厘米，头长19厘米，肩宽26厘米，胸厚13厘米。光头，面方，眉眼细长，鼻、唇残。内着双层交领宽袖服，下着裙，裙摆残蚀，外着袒右式袈裟。双手拱于胸前，足蚀（图版Ⅰ：63）。 |  | 1 | 立像高116厘米，头长21厘米，肩宽25厘米，胸厚13厘米。光头，面方，额线刻两道皱纹，隆眉垂梢，细眼半睁，鼻残，阔口微启，刻颈肌。内着双层交领宽袖长服，下着裙，裙摆残蚀；外披袒右式袈裟。双手胸前托持经函。经函高5厘米，宽18.5厘米，厚6厘米。中部扎带。足不现（图版Ⅰ：68）。 |  |
| 2 | 立像高118厘米，头长19厘米，肩宽27厘米，胸厚13厘米。光头，方脸，前额线刻一目，眉隆起、掉梢，鼻残，阔口半开，露齿，下颌残，颈肌分明。双手胸前捧钵，钵高12厘米，最宽13厘米，深11厘米，略残。其余特征与左第1像同（图版Ⅰ：64）。 |  | 2 | 立像高116厘米，头长20厘米，肩宽23厘米，胸厚14厘米。光头，面长圆，眉眼细长，鼻尖残，薄唇闭口，嘴角上翘。内着双层交领宽袖服，下着裙，裙摆残蚀；外着双领下垂式袈裟，袈裟一角系于左肩。双手置于胸前，残，似作拱。足蚀（图版Ⅰ：69）。 |  |
| 3 | 立像高119厘米，头长20厘米，肩宽29厘米，胸厚17厘米。光头，头后刻两朵如意头云纹，云尾左右斜飘；面长圆，前额线刻一目，双眼圆睁，鼻残，阔口闭合，嘴角上翘，左耳残。内着双层交领宽袖服，下着裙，裙摆残蚀；外披袒右式袈裟，袈裟一角系于左肩。双手横置胸前，托持念珠。手及珠残蚀。足残（图版Ⅰ：65）。 | 头部左侧竖刻"优波离尊者"5字，楷体，字径3厘米（图版Ⅱ：19）。 | 3 | 立像高120厘米，头长21厘米，肩宽28厘米，胸厚18厘米。头后刻两朵如意头云纹，云尾左右横飘。光头，面方，前额线刻一道皱纹，双眉鼓凸，眼圆睁，鼻残，现喉结。上着双层交领宽袖服，胸际系带作结，下着裙，裙摆残蚀，外披袒右式袈裟。左手胸前握短柄椭圆扇，扇全长33厘米，扇面最宽13厘米；右手屈于右腰处，食指前伸，余指相握。足残（图版Ⅰ：70）。 | 头部左侧竖刻"□□□尊者"5字，楷体，字径3厘米（图版Ⅱ：22）。 |
| 4 | 立像高118厘米，头长19厘米，肩宽25厘米，胸厚12厘米。光头，残，面蚀，左耳残缺，左肩残。双手胸前合十，部分残。余与左第1像同（图版Ⅰ：66）。 | 头部左侧存"律尊者"3字，楷体，字径3厘米（图版Ⅱ：20）。 | 4 | 立像高117厘米，头长19厘米，肩宽24厘米，胸厚12厘米。光头，顶略蚀，面长圆，前额线刻一目，弯眉细眼，鼻残，口微启，下颌残蚀。左手横于胸前托净瓶，瓶通高13厘米，颈部残，自瓶口向上伸出一束毫光；右手置于胸前，食指上竖，余指相握。余与右第1像同（图版Ⅰ：71）。 | 头部左侧竖刻"舍利弗"3字，楷体，字径3厘米（图版Ⅱ：23）。 |
| 5 | 立像高117厘米，头长21厘米，肩宽28厘米，胸厚16厘米。头后刻两朵如意头云纹，云尾交绕向左右斜飘。光头，面老，额线刻两道皱纹，隆眉垂梢，鼻残，厚唇阔口，嘴角上翘，右耳残，颈肌显露，现喉结。左手托如意底端，右手握如意，如意全长37厘米，着鞋直立，余与左第1像同（图版Ⅰ：67）。 | 头部左侧存刻"□□□□尊者"，楷体，字径3厘米（图版Ⅱ：21）。 | 5 | 立像高115厘米，头长21厘米，肩宽28厘米，胸厚17厘米。头后刻两朵如意头云纹相拥，云尾交绕后左右横飘，略蚀。光头，面方，五官残蚀，下颌残，左肩剥蚀。左手横于胸下作半握状，掌心向上；右手横置胸前握剑。剑全长41厘米，剑身呈圆柱状，饰细密的起伏线道。足鞋，略残。余与右第3像同（图版Ⅰ：72）。 | 头部左侧竖刻一行，字残难辨（图版Ⅱ：24）。 |

4. 供养人像

2身，分刻于正壁和左右侧壁相交的转折处（图44、图45、图46）。

左供养人像　男像。立像高123厘米，头长25厘米，肩宽26厘米，胸厚13厘米（图版Ⅰ：73）。头巾，面圆，细眼微睁，鼻残，薄唇闭口，嘴角上翘，下颌残脱。着圆领窄袖长服，腰束带，带头垂于左大腿外侧。双手胸前持长柄香炉，手及炉身大部残，香炉长约25厘米。足鞋，略残。

右供养人像　女像。立像高127厘米，头长26厘米，肩宽27厘米，胸厚14厘米（图版Ⅰ：74）。梳高髻，戴扇面冠，发际处束发带作结。面方，小眼半睁，鼻尖残，抿唇闭口。内着三层交领窄袖服，下着裙，腰系带，带头竖直垂于腿间，外着对襟短袖衫；双手胸前笼于袖内，足残。

（二）龛外

龛口左右侧各刻一龛柱，形制相近（图44；图版Ⅰ：75、图版Ⅰ：76）。柱础为双层仰莲台，高12厘米，直径25厘米；其下刻蹲跪的力士像1身。柱身呈八边形，收分，面宽6—10厘米；柱顶上承栌斗，通高15厘米；斗口左右出横栱，栱上下高6厘米，左右宽7厘米，略残蚀；其上刻横枋，上下高11厘米，大部残毁，存左右两端少许，隐于云纹内；再上结构未见刻出。

龛柱外侧平整面各刻立式力士像1身，对称布置。

1. 龛柱力士像

左力士像　立像高53厘米（图45；图版Ⅰ：75）。卷发披肩，面方，鼓眼，短鼻，阔口；身健硕，袒上身，腰系双带于身前作结下垂，腹部及后背束巾帛。腕镯，双手屈肘上举承托仰莲柱础；足环，向右侧身胡跪于低台上。台高5厘米，宽42厘米，深20厘米，略残。

右力士像　右臂毁，双腿残，向左侧身。余同左力士像（图46、图48；图版Ⅰ：76）。

2. 龛外平整面力士像

左力士像　立像高152厘米，头长32厘米，肩宽33厘米，胸厚13厘米（图49；图版Ⅰ：77）。戴冠，部分残，冠带呈"U"形上扬。方面右侧，隆眉上挑，双眼圆睁，目光斜向下视，阔口露齿咬下唇，下颌残，戴圆形耳环，胸前戴项圈，下垂坠饰，略蚀。身健，鼓腹，肌肉凸显；上身袒露，下着两层短裙，裙腰外翻，裙摆右扬；腰系革带，革带之下腰带作结，带头交绕飘垂右腿后侧，飘带环于头后，沿双肩圆弧垂于腰部两侧，折叠折入革带后，飘垂至足。腕镯；左手握拳上举；右手置于体侧，握金刚杵，杵全长72厘米，最宽6厘米；足环，叉腿（左腿部分残脱），赤足站立。像头部上方及右侧饰刻云纹。

右力士像　立像高156厘米，头长36厘米，肩宽40厘米，胸厚14厘米（图50；图版Ⅰ：78）。梳髻，戴冠，冠带作结后呈"U"形上扬，方面左侧，阔口大开。左手置于体侧，五指叉开，作下压状；右臂屈肘（肘残）上举，握金刚杵；左足上抬作蹬踏状，右足大部残；其余特征及装饰与左力士像略同。

## 四　铭文

2则。

第1则

戊辰年修水陆斋题记，北宋元祐三年（1088年）。位于左侧龛柱柱身内侧。刻石面高80厘米，宽10厘米，上部竖刻1行，存14字，楷体，字径3厘米。下部竖刻2行，存5字（图版Ⅱ：25）。

戊辰年十月七日修[5]水陆斋庆赞讫（上）
发心（漶）（下左）
（漶）当□佛会（下右）

第2则

文惟简镌像记，北宋元丰五年（1082年）。位于右侧龛柱柱身内侧。刻石面高80厘米，宽10厘米，上部竖刻1行7字，楷体，字径5厘米。下部左起竖刻2行16字，楷体，字径3厘米（图版Ⅱ：26）。

岳阳文惟简镌男（上）
文〔居政〕△居用△居礼（下左）
岁[6]次壬戌八月三日记（下右）

## 五　晚期遗迹

### （一）墨书

十方诸佛墨书镌记，清。位于正壁上部壁面，间置于造像头部之间。自左佛左侧始，止于右佛右侧。共计8句，每句2行7字，字径约5厘米，部分字迹漶蚀，从左至右实录如下：

01　十方□□□卢□
02　□□□□□顶现
03　□□□奇圣玉相
04　庄严□□□金□
05　□风□祥云□□
06　请□乘瑞□□□
07　□空西乾伸礼请
08　降临东土□修崇[1]

右侧壁内侧上方壁面墨书"大"字，左侧壁内侧上方壁面墨书"通"字，字径皆7厘米。

### （二）构筑

龛口横枋上方10厘米处横向凿有凹槽，横跨龛口，中部残脱。全长约650厘米，高20厘米，最深31厘米。该凹槽上部水平间置有五个粗大的方孔，间距93厘米；孔大小相近，高28厘米，宽28厘米，最深40厘米。

### （三）妆绘

龛内保存灰白色涂层。

---

[1] 2004年，侯冲先生考察石篆山石窟时，收录了该龛遗存的墨书内容；将正壁墨书从左至右依次录为"十方诸佛太虚□""现""变化万般碧玉相""庄严千□紫金容""慈风□□祥云□""法雨菲菲瑞气□""遥望西乾伸礼请""降临东土□修崇"。见侯冲：《石篆山石刻——雕在石头上的水陆画》，大足石刻研究院编：《2009年中国重庆大足石刻国际学术研讨会论文集》，重庆出版社2013年版，第182—199页。

图40 石篆山石窟第7号龛立面图

第二章 石篆山石窟 55

图 41　石篆山石窟第 7 号龛剖面图

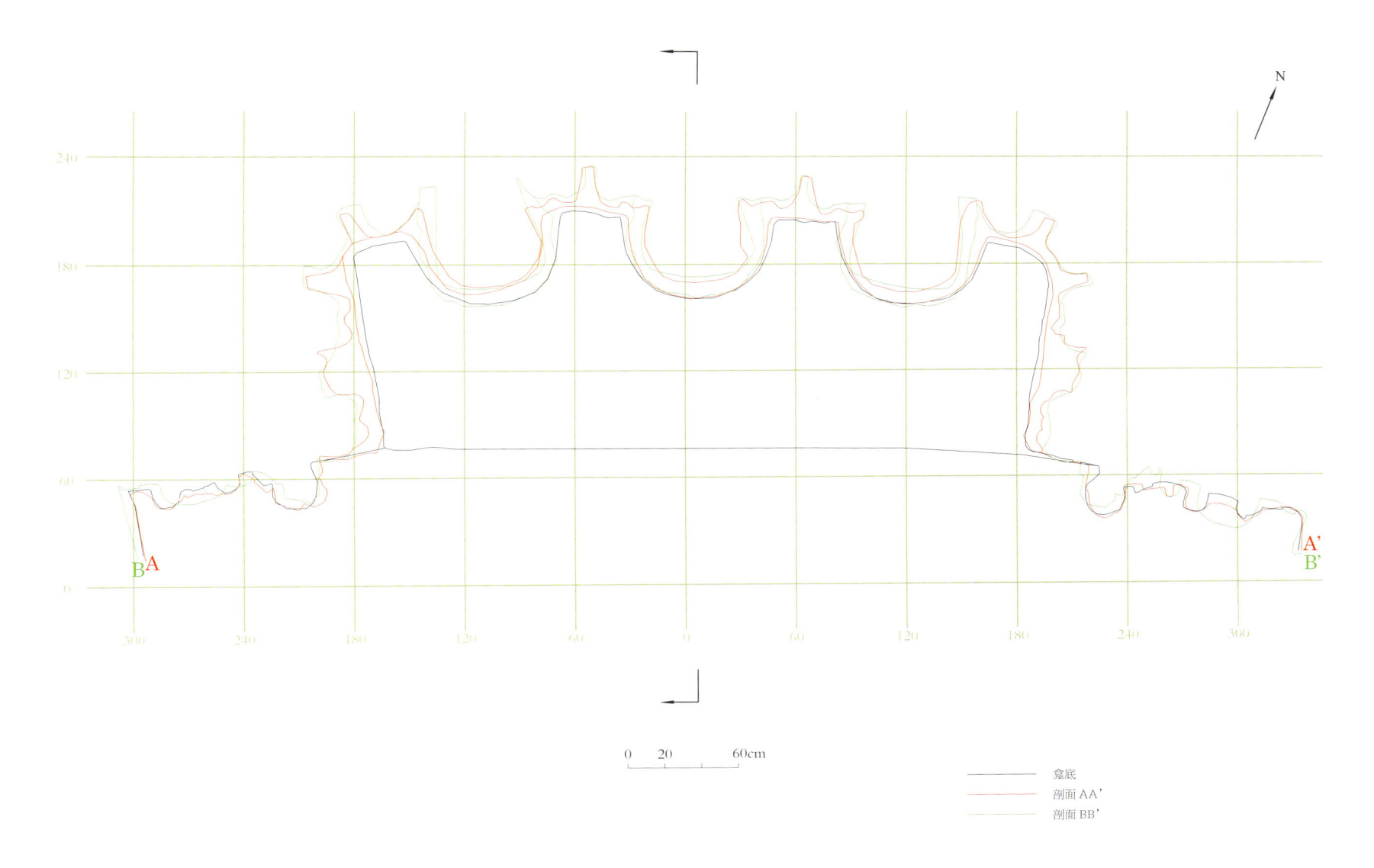

图 42 石篆山石窟第 7 号龛平面图

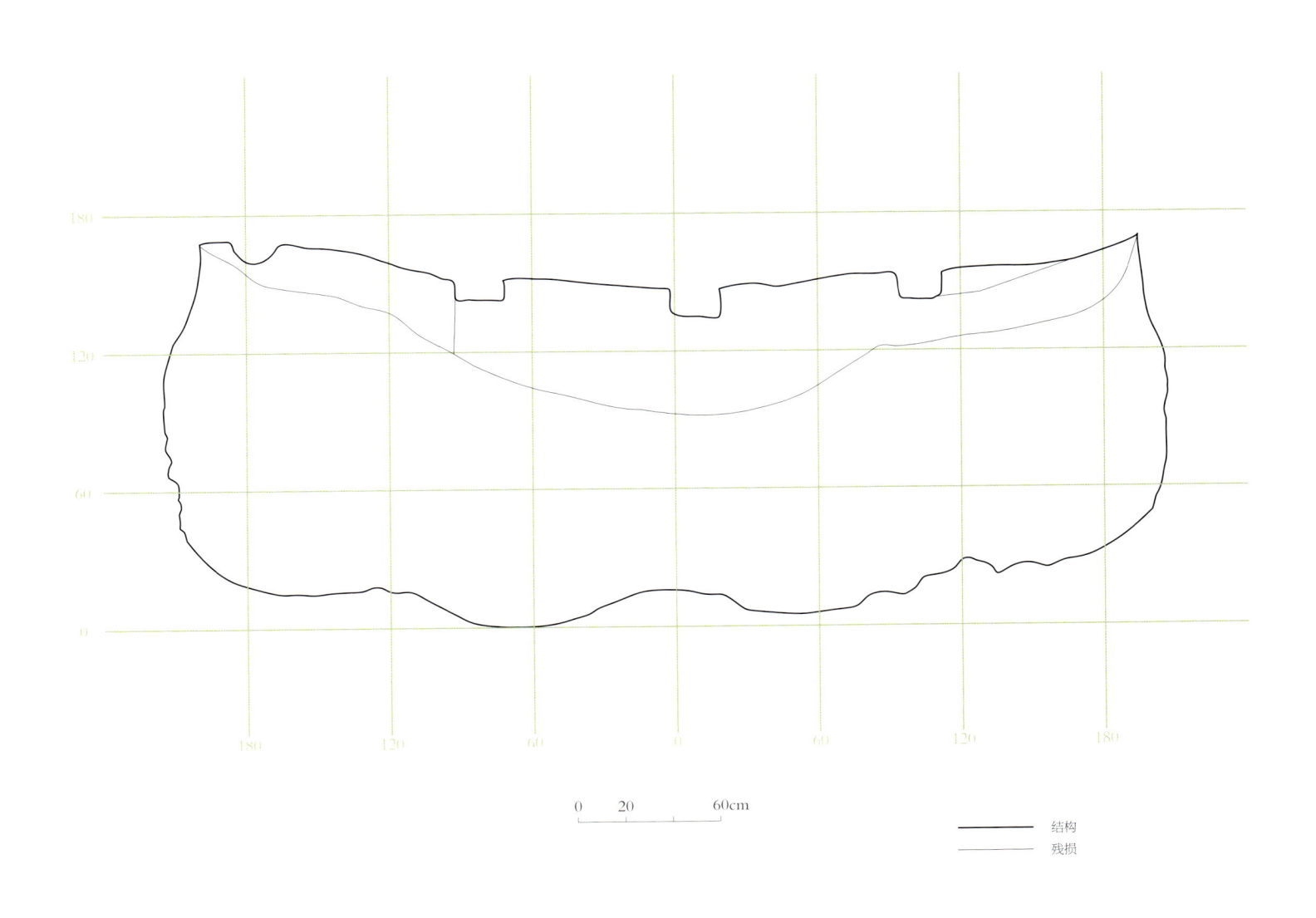

图 43 石篆山石窟第 7 号龛龛顶仰视图

第二章 石篆山石窟 57

图 44　石篆山石窟第 7 号龛造像展开及弟子像编号图

第二章 石篆山石窟 59

图45 石篆山石窟第7号龛左侧壁立面图

60　大足石刻全集　第五卷（上册）

图 46 石篆山石窟第 7 号龛右侧壁立面图

图 47　石篆山石窟第 7 号龛正壁主尊佛像等值线图

图 48　石篆山石窟第 7 号龛右侧龛柱底部力士像效果图

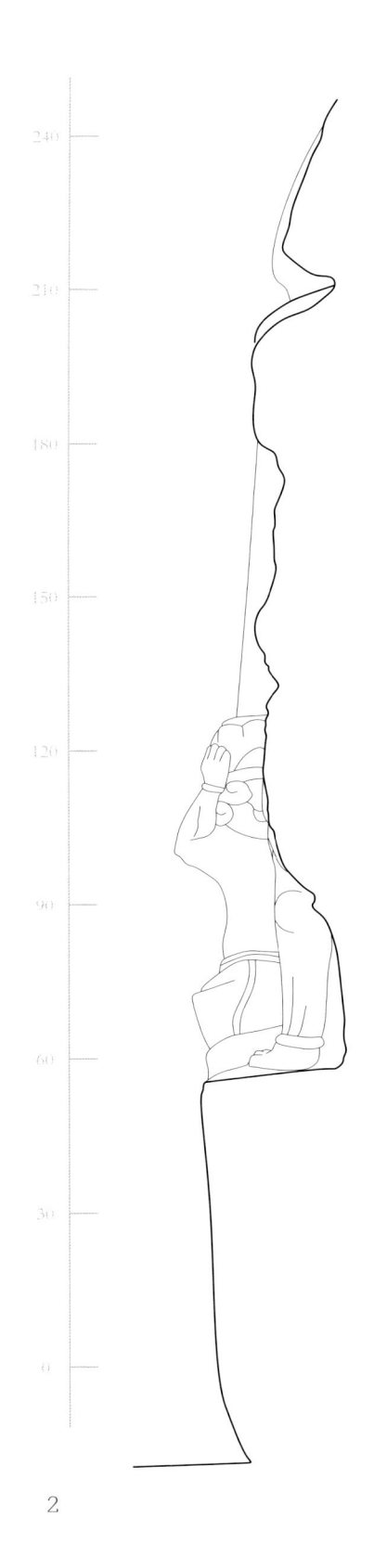

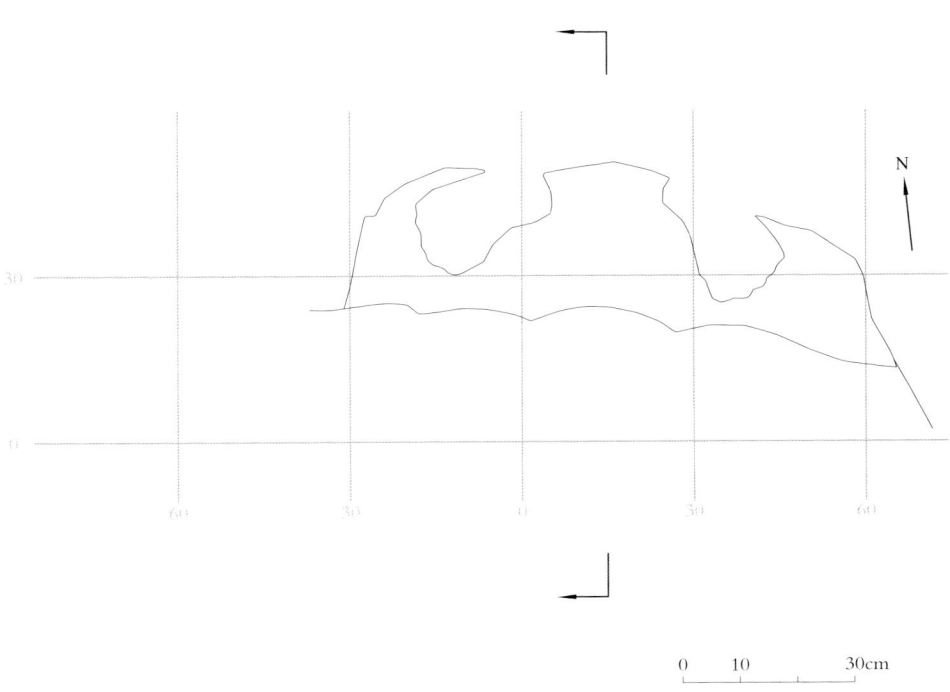

**图 49　石篆山石窟第 7 号龛外左侧平整面力士像平、立、剖面图**
1　立面图　2　剖面图　3　平面图

图 50　石篆山石窟第 7 号龛外右侧平整面力士像平、立、剖面图
1　剖面图　2　立面图　3　平面图

## 第十一节　第8号

### 一　位置

位于子母殿东侧第七岩体右端。左距第9号龛约210厘米，右距岩壁边缘约170厘米；上距岩顶约50厘米，下距现地坪约193厘米。龛口西南向，方向206°。

### 二　形制

单层方形龛（图51、图52、图53、图54、图56、图57；图版Ⅰ：79、图版Ⅰ：80、图版Ⅰ：81、图版Ⅰ：82）。

龛口　于岩壁直接凿建龛口。龛口横长方形，高170厘米，宽370厘米，至后壁最深180厘米。龛口上方及下部岩体部分残脱，龛口左上角残。龛口左右外侧刻仿木龛柱，左龛柱中上部毁，残高120厘米，柱身方形、抹棱，面宽约18厘米；右龛柱中下部毁，柱身形制与左同，柱顶刻栌斗，大部残，通高20厘米，宽18厘米，厚约13厘米。左右龛柱外侧各凿一方龛，高135厘米，宽60厘米，最深25厘米（图59、图60、图61）；龛制部分残损。

龛底　呈横长方形，内侧三面环壁凿低坛一级，高16厘米，最深23厘米。龛底中部后世竖直向下凿进形成一方形凹槽，长297厘米，最宽95厘米，深10厘米，槽底打磨不平整。

龛壁　壁面竖直，正壁与左右侧壁弧面相接；壁面与龛顶略成垂直相交。

龛顶　平顶，略呈方形，左前端部分残脱。

### 三　造像

龛刻像17身。据其位置，分为龛内和龛外造像两部分（图51、图55、图56、图57；图版Ⅰ：79、图版Ⅰ：81、图版Ⅰ：82）。

#### （一）龛内

刻像15身。正壁中刻主尊坐像1身，左右环壁各刻立式法师、真人像7身；其中正壁主尊左右各4身，左右侧壁各3身。

1. 主尊像

坐高84厘米，头长28厘米，肩宽32厘米，胸厚17厘米（图58；图版Ⅰ：83）。头后刻两朵如意头云纹，云尾左右斜飘。戴莲花束发冠，面方圆，眉细长，双眼微闭，鼻残，满腮长髯。内着翻领窄袖服，外着交领宽袖服，最外披氅；胸际系带，作结垂于身前，袖摆覆于座前。身前刻三足夹轼，腿残断；左手抚轼，右手残，置胸前握扇，扇柄毁；右肩存方形扇面，部分残，残长16厘米，宽12厘米，厚3.5厘米；盘腿坐于须弥座上。座通高69厘米，宽62厘米，深40厘米。上枋素平，束腰部分中刻壶门，内浮雕蹲狮一头，部分残，残高15厘米，身长27厘米；狮头刻于右端，阔口闭合，扭颈向外；壶门之外饰云纹。下枋正面饰羊角形云纹，存少许。

该像头部左侧竖刻"太上老君"4字，楷体，字径2.5厘米（图版Ⅱ：27）。

2. 法师、真人像

主尊像左右侧各7身，作前后交错布置。体量相近，高128厘米，头长24厘米，肩宽30厘米，胸厚16厘米。以主尊像为界，由内至外依次编为左第1—7像、右第1—7像。左第1像和右第1像为法师像，其余各像为真人像。其中，左、右前侧像（第1、3、5、7像）头后皆刻两朵如意头云纹，云头相拥，云尾斜向上飘；后侧像（第2、4、6像）未见刻出云纹。各像装束相近，皆梳髻、戴冠，上着翻领宽袖长服，下着裙，胸际束带，下垂蔽膝，腰带作结后长垂腿间，双手胸前持笏，足着鞋，直立于低台上。其相异特征列入表3。

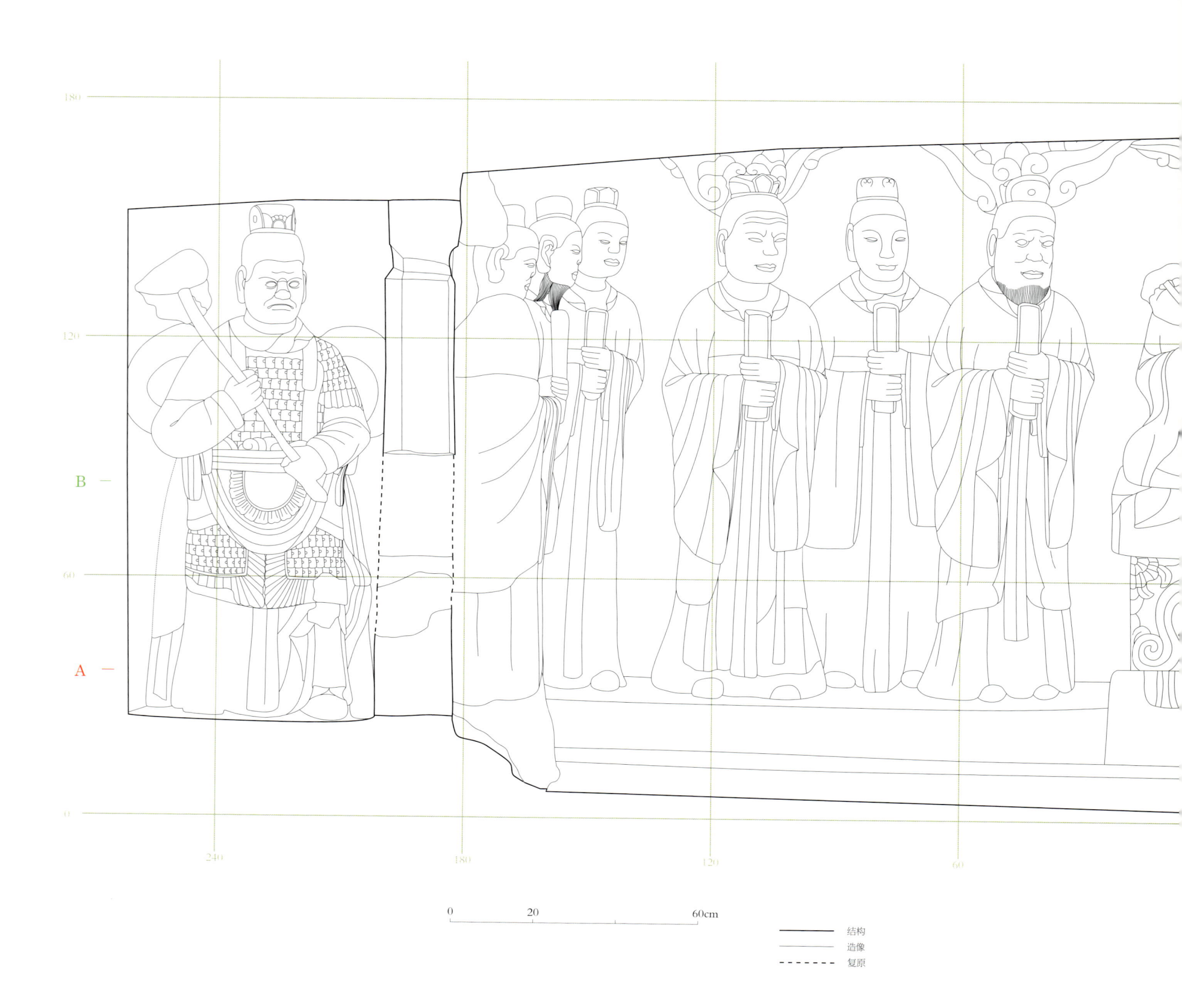

图51　石篆山石窟第8号龛立面图

第二章 石篆山石窟 67

**表3　石篆山第8号龛主尊左右法师、真人像特征简表**

| 左侧像 | 造像特征 | 题刻 | 右侧像 | 造像特征 | 题刻 |
|---|---|---|---|---|---|
| 1 | 面长圆，鼻梁残，腰系带作结，长服下摆略向左右外翻（图版Ⅰ：84）。 | 头左侧竖刻"玄中大法师[1]"5字，楷体，字径2厘米（图版Ⅱ：28）。 | 1 | 面方，前额线刻皱纹一道，双眼圆睁，鼻稍残，阔口半开，刻连鬓胡须（图版Ⅰ：91）。 | 头左侧竖刻"三天大法师"5字，楷体，字径2厘米（图版Ⅱ：33）。 |
| 2 | 面圆，鼻残，双足残蚀（图版Ⅰ：85）。 | 头左侧竖刻"太极真人[2]"4字，楷体，字径2厘米（图版Ⅱ：29）。 | 2 | 面方，显年轻（图版Ⅰ：92）。 | 头左侧竖刻"太乙真人"4字，楷体，字径2.5厘米（图版Ⅱ：34）。 |
| 3 | 面圆，鼻残，足残（图Ⅰ：86）。 | 头左侧竖刻"□□真人"4字，楷体，字径2厘米（图版Ⅱ：30）。 | 3 | 面方，前额线刻两道皱纹，眉骨略凸（图版Ⅰ：93）。 | 头左侧竖刻"定光[4]真人"4字，楷体，字径3厘米（图版Ⅱ：35）。 |
| 4 | 面方，略蚀，鼻残，足残蚀（图版Ⅰ：87）。 | 头左侧竖刻"妙光真人"4字，楷体，字径3厘米（图版Ⅱ：31）。 | 4 | 面圆，鼻稍残，显年轻（图版Ⅰ：94）。 | 头左侧竖刻"□□□人[5]"4字，楷体，字径3厘米（图版Ⅱ：36）。 |
| 5 | 面长圆，鼻尖残，左肩及双足略蚀（图版Ⅰ：88）。 | 头左侧竖刻"普得[3]真人"4字，楷体，字径4厘米（图版Ⅱ：32）。 | 5 | 面方圆，鼻残，两腮及下颌各刻一绺胡须（图版Ⅰ：95）。 | 头左侧竖刻"妙行真人[6]"4字，楷体，字径3厘米（图版Ⅱ：37）。 |
| 6 | 发髻及冠毁，面长圆，刻连鬓胡须，笏大部残（图版Ⅰ：89）。 |  | 6 | 面方，眉骨略凸，双唇紧闭（图版Ⅰ：96）。 | 头左侧竖刻"正一真人"4字，楷体，字径3厘米（图版Ⅱ：38）。 |
| 7 | 头毁，衣饰外另刻氅，笏上端残（图版Ⅰ：90）。 |  | 7 | 头毁，存头后云纹，衣饰之外另刻氅（图版Ⅰ：97）。 | 左肩上方竖刻"□□□人[7]"4字，存1字，楷体，字径2.5厘米（图版Ⅱ：39）。 |

### （二）龛外

左右龛柱外侧壁各凿一方龛，内刻护法立像1身。

**左护法像**　立像高129厘米，头长30.5厘米，肩宽32厘米，胸厚15厘米（图59；图版Ⅰ：98）。梳髻，戴束发冠，面长圆，略残蚀，双唇闭合，连鬓胡须。内着双层翻领长服，里层紧袖，外层袖摆上扬，下着裙。长服前摆于腿间圆角下垂，腰带显露部分。肩饰披膊，外着裲裆甲，腿裙止于双膝处，甲叶呈方块形。腰系革带，刻抱肚和圆形鹘尾。飘带呈"U"形垂于腹前，折叠后过腰带垂于体侧，止于双足。左手握剑身中部，右手握剑柄；剑尖残断，残长46厘米，剑身宽4.5厘米。着鞋（大部残）直立。

**右护法像**　立像高133厘米，头长31厘米，肩宽37厘米，胸厚13厘米（图61-2；图版Ⅰ：99）。面方，双颊略丰满，阔口闭合，双手略残，于身前持斧，斜置右肩，斧头略残，全长约68厘米；斧头与壁面间饰云纹；其余特征与左护法像同。

该像头部左侧竖刻"虎将军"3字，楷体，字径4厘米（图版Ⅱ：40）。

## 四　铭文

佚名镌太上老君龛残记，北宋元丰六年（1083年）。位于右侧壁右上端方碑内。碑高27厘米，宽13厘米。文左起，竖刻2行，存16字，楷体，字径2厘米（图版Ⅱ：41）。

---

1　此5字现已风化不识，据《大足石刻铭文录》录写。见重庆大足石刻艺术博物馆编：《大足石刻铭文录》，重庆出版社1999年版，第316页。
2　此4字现已风化不识，据《大足石刻铭文录》录写。同前引。
3　此"得"字《大足石刻铭文录》录为"德"字。同前引。
4　此"光"字《大足石刻铭文录》录为"法"字。同前引。
5　此则题刻《大足石刻铭文录》录为"□□□□"4个字位。同前引。
6　《大足石刻铭文录》未录写此4字，记为"像、字泯灭"。同前引。
7　《大足石刻铭文录》未录写此则题名，记为"像、字泯灭"。同前引。

图 52　石篆山石窟第 8 号龛剖面图

01　昌州〔镌〕（凿）
02　元□□年岁次癸亥闰六月二十日记

## 五　晚期遗迹

左侧第4身像左侧纵向墨书"道法"2字，字径5.5厘米。

龛内存灰白色涂层。

龛顶中部前侧凿二圆孔，大小相近，孔径4厘米，深5厘米。

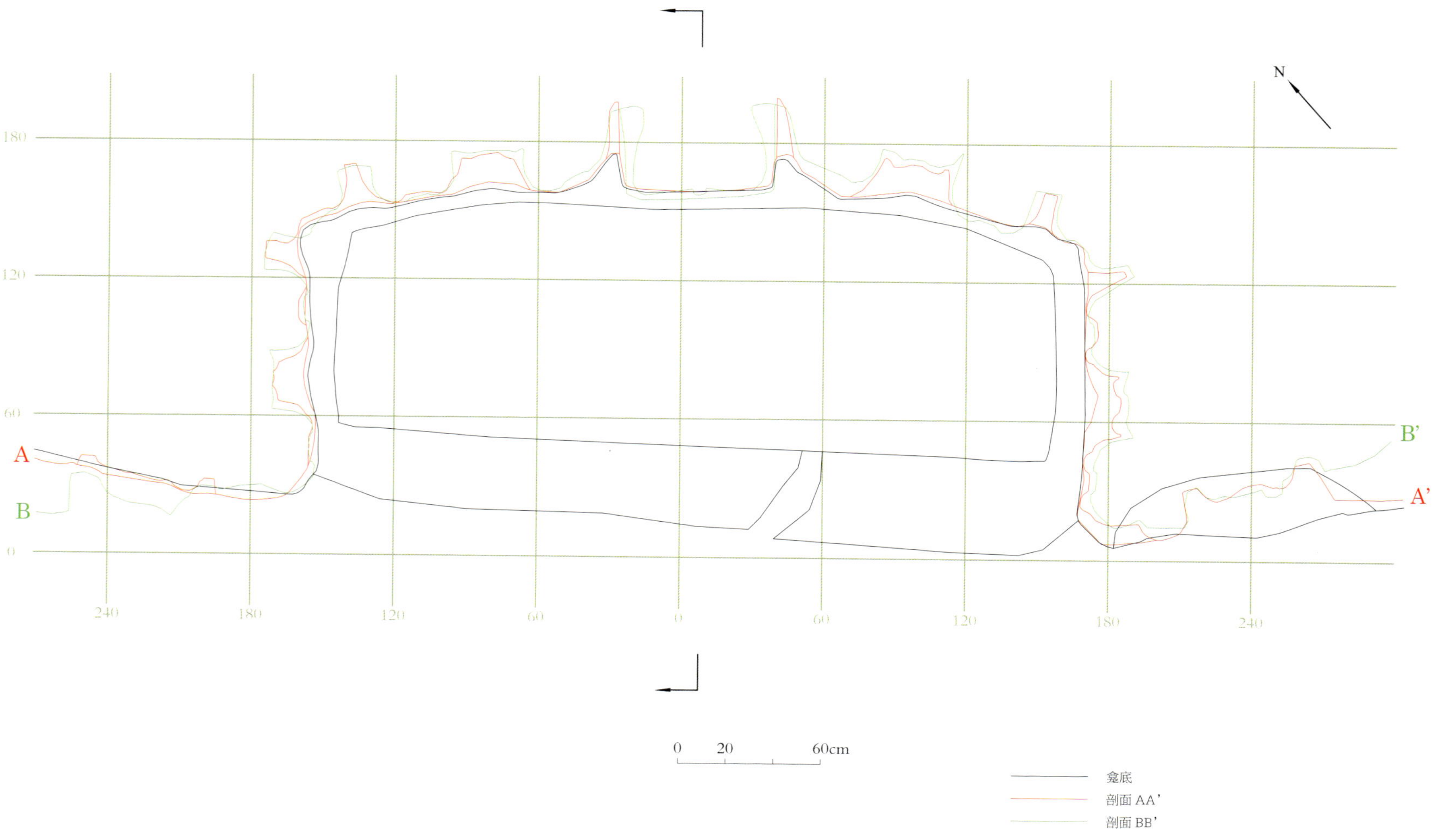

图 53 石篆山石窟第 8 号龛平面图

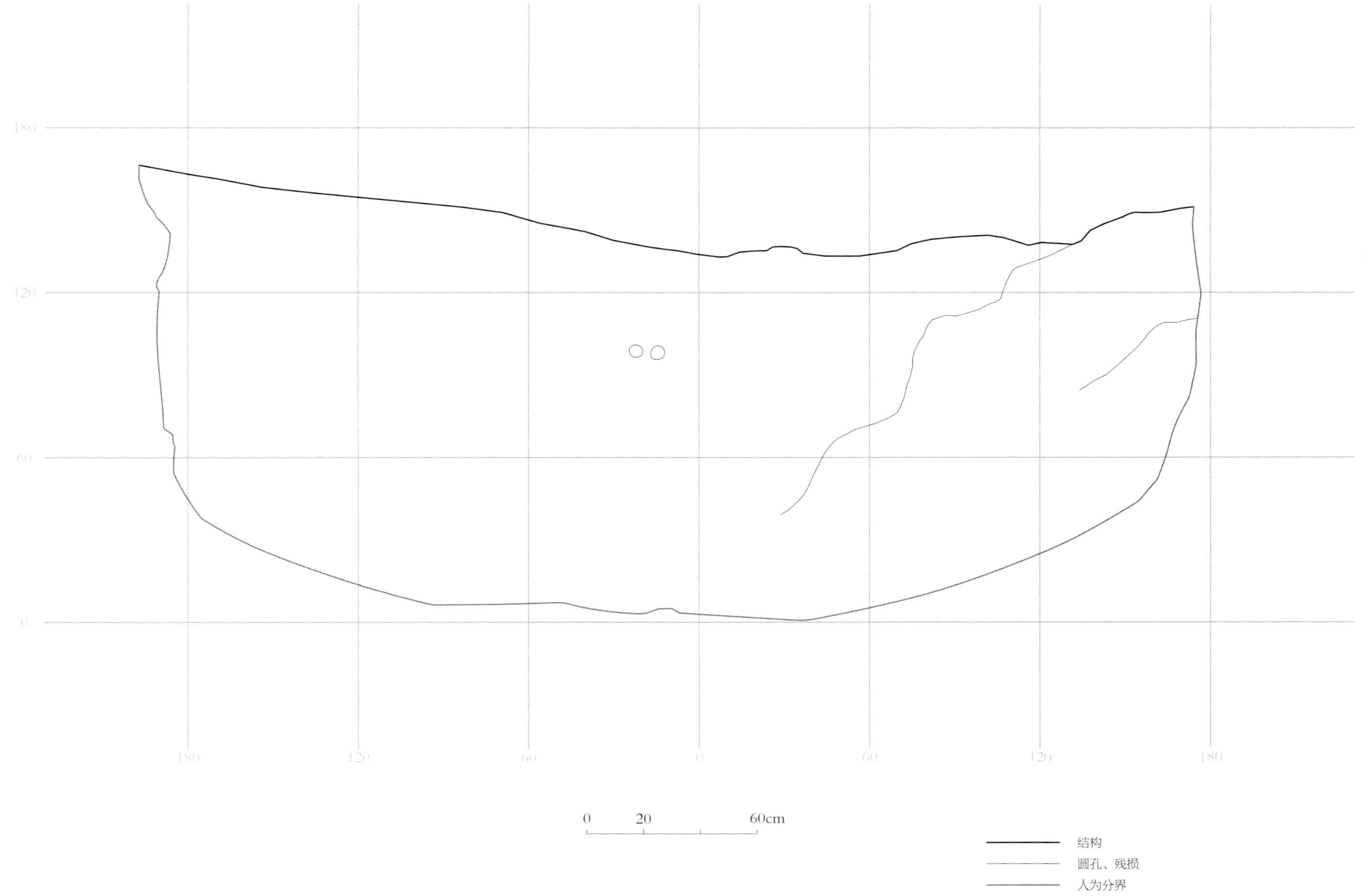

图 54　石篆山石窟第 8 号龛龛顶仰视图

图 55　石篆山石窟第 8 号龛造像展开及编号图

第二章　石篆山石窟

图 56　石篆山石窟第 8 号龛左壁立面图

图 57　石篆山石窟第 8 号龛右壁立面图

图 58　石篆山石窟第 8 号龛主尊像等值线图

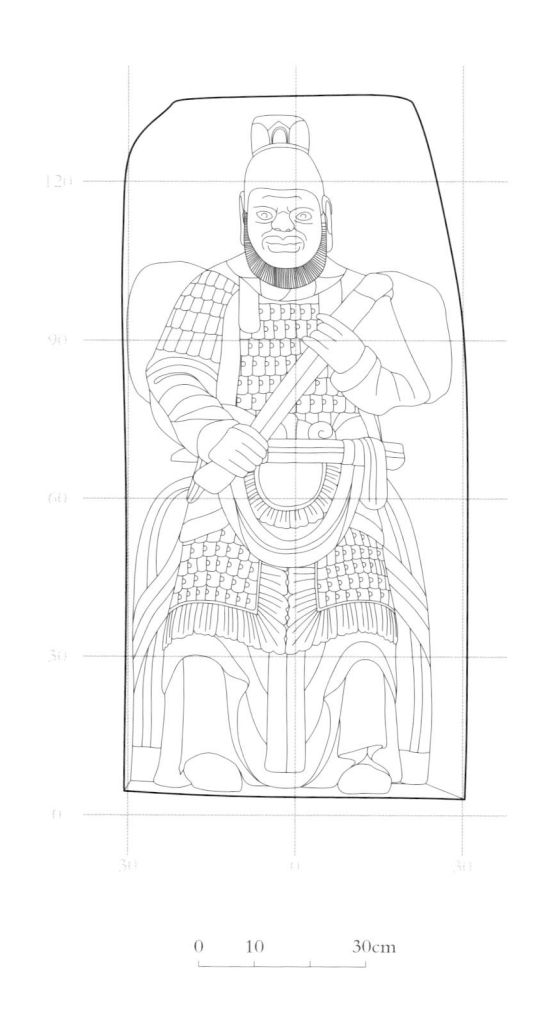

图 59　石篆山石窟第 8 号龛外左护法像立面图

76　大足石刻全集　第五卷（上册）

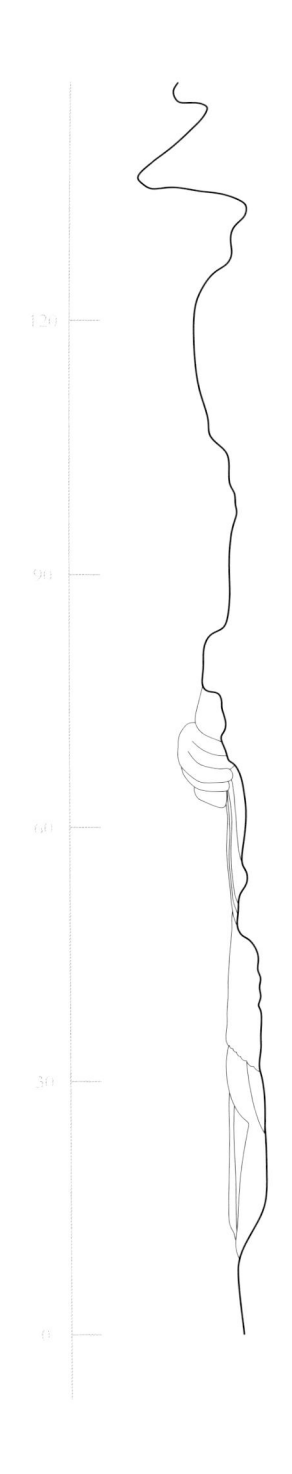

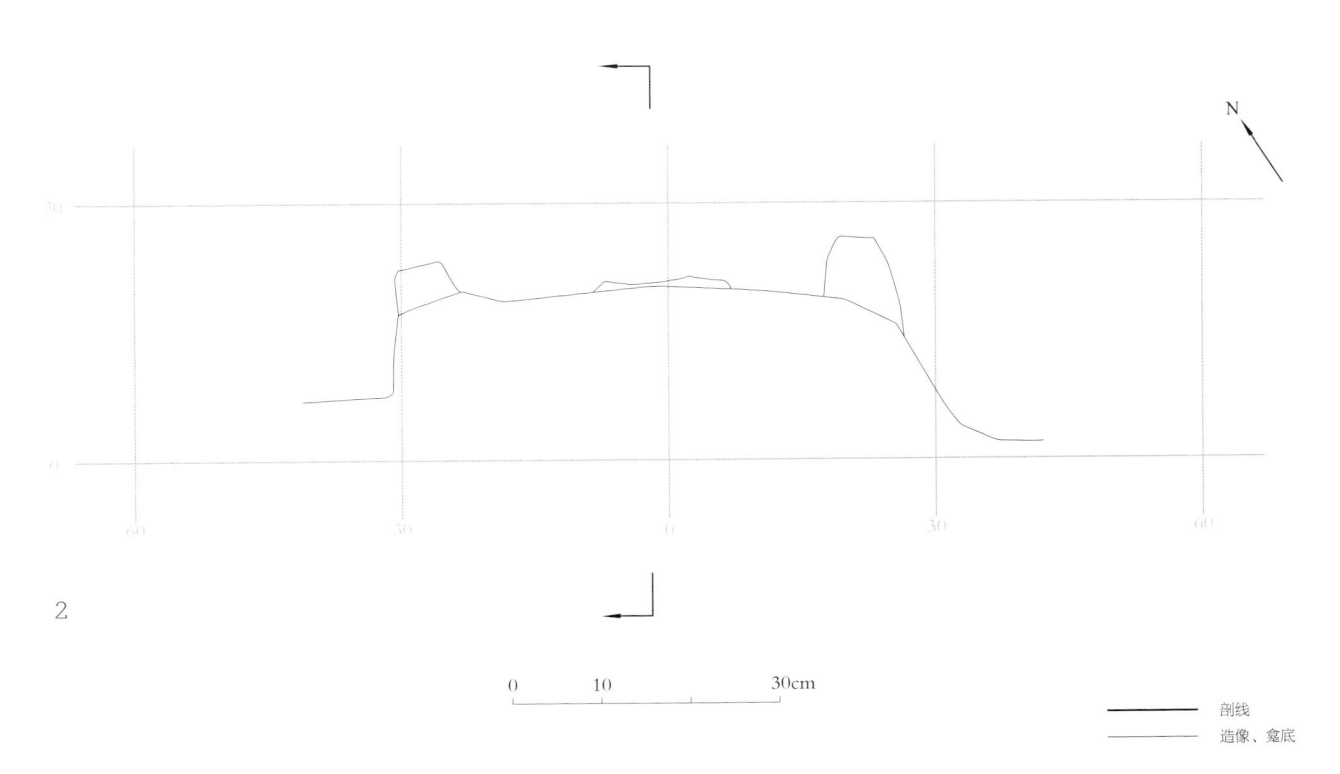

图 60 石篆山石窟第 8 号龛外左护法像平、剖面图
1 剖面图  2 平面图

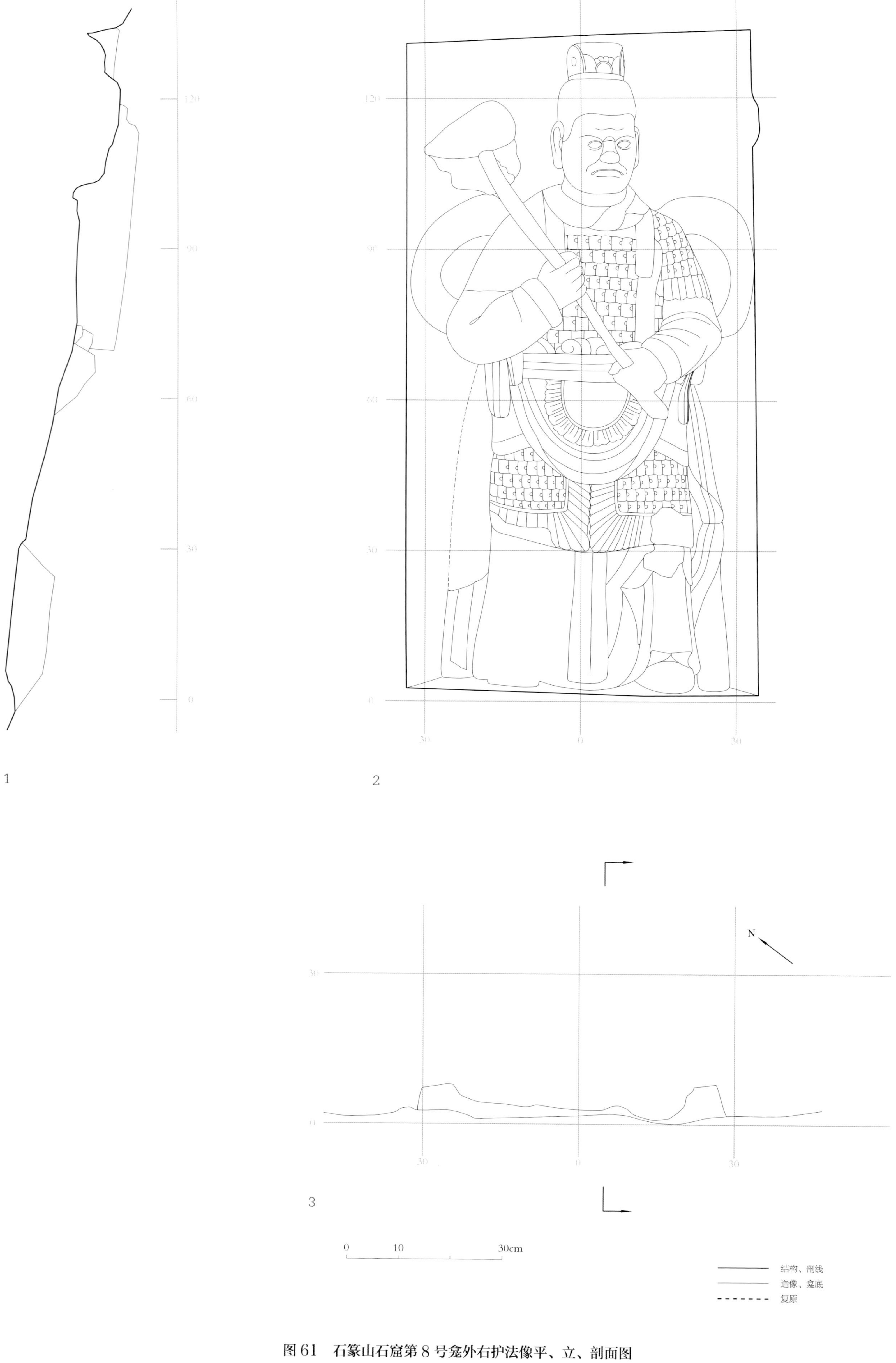

图61 石篆山石窟第8号龛外右护法像平、立、剖面图
1 剖面图 2 立面图 3 平面图

## 第十二节　第9号

### 一　位置

位于子母殿东侧第七岩体右端。右距第8号龛约210厘米，左为崖壁；上距岩顶125厘米，下距地坪107厘米。

龛口东南向，方向154°。

### 二　形制

单层方形龛（图62、图63、图64、图65、图67、图68；图版Ⅰ：100、图版Ⅰ：101、图版Ⅰ：102、图版Ⅰ：103）。

龛口　于岩壁表面直接凿建龛口。龛口横长方形，高178厘米，宽324厘米，至后壁最深135厘米。龛口上部岩体部分残脱，左侧向龛内凿一宽5.5厘米的平整面。龛左沿宽13厘米。龛口左外侧凿一方形龛，高160厘米，宽98厘米，深35厘米。龛口右外侧凿一平整面，高182厘米，宽133厘米，其内造像（图71、图72）。龛口下部壁面存斜向的粗大凿痕。

龛底　呈横长方形，内侧三面环壁建低坛一级，高23厘米，最深35厘米。龛底中部后世竖直向下凿一方形凹槽，长313厘米，最宽90.5厘米，深17厘米，槽底打磨不平整，槽口左端与龛口之间凿一宽8厘米、深15厘米的沟槽。

龛壁　壁面竖直，正壁与左右侧壁弧面相接；壁面与龛顶略成垂直相交。

龛顶　平顶，略呈方形，前端部分残脱。

### 三　造像

龛刻像31身。按其位置，分为龛内和龛外造像两部分（图66、图67、图68；图版Ⅰ：100、图版Ⅰ：102、图版Ⅰ：103）。

#### （一）龛内

刻像29身。正壁居中刻主尊菩萨坐像1身，其身后左右各刻立式侍者像2身；主尊两侧及左右侧壁刻像20身，作前后两排对称布置，后排立像分别为前排坐像的侍者像；左、右壁外侧对称各刻立像2身。造像均置于低坛上。

1. 主尊及侍者像

主尊像　坐高80厘米，头长24厘米，肩宽36厘米，胸厚22厘米（图69；图版Ⅰ：104）。光头，前额尖凸，面长圆，双眼微闭，鼻稍长，嘴角略上扬，耳稍残。头后刻云纹两朵，云尾交绕上飘至龛顶。内着僧祇支，系带作结。外着双领下垂式袈裟，下着裙，腰带长垂座前。左手横置腹前，手大部残；右手举于胸前，手大部残，手与胸之间饰云纹。盘左腿，垂右腿，跣足稍残，踏莲台，坐于山石方台上。台高54厘米，宽65厘米，深31厘米。座前刻并蒂仰莲、莲蕾，皆部分残。莲蕾高22厘米，长28厘米；仰莲高21厘米，直径29厘米。

侍者像　4身。分列于主尊左右，作前后两排站立。

前排左侍者像显露高92厘米，头长20厘米，肩宽28厘米，胸厚13厘米。光头，头顶稍残，前额尖凸，脸略方，弯眉小眼，鼻残，闭口。内着交领窄袖服，外披袒右式袈裟，双手拱于胸前，双足不现。前排右侍者像显露高82厘米，头长17厘米，肩宽27厘米，胸厚10厘米。梳髻，头顶稍残，圆脸，细眼小口，内着窄袖服，外着翻领宽袖服，下着裙，双手于胸前持十二环锡杖。杖柄靠于左肩，杖首呈葫芦形。锡杖全长117厘米，杖柄宽2.5厘米。双足不现。

后排左侍者像显露高54厘米，头长20厘米，肩宽24厘米，胸厚5厘米。戴交脚幞头，冠带于头后上扬，面方，鼓眼，嘴和右脸颊稍残，着圆领服，双手于胸前持叉，斜靠左肩，叉全长69厘米，叉首悬挂幡，幡向左飘飞，呈"U"字形。后排右侍者像显露高54厘米，头长21厘米，肩宽28厘米，胸厚8厘米，戴交脚幞头，冠带于头后上扬，面方，蹙眉鼓眼，鼻稍残，闭口，着圆领服。左手屈于胸前，略残，右手于身前持叉，叉长66厘米，斜靠右肩，叉首悬幡。

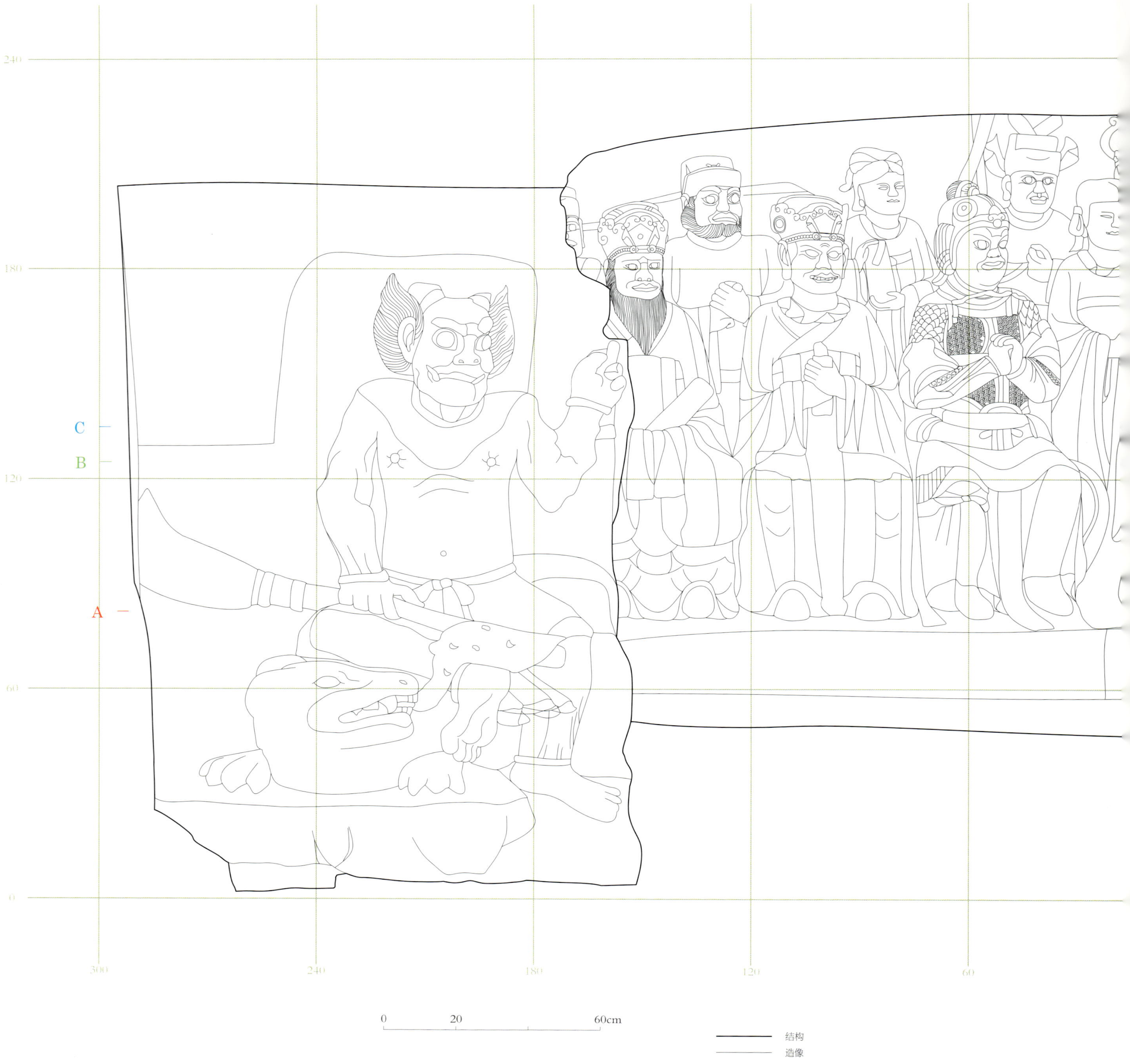

图 62 石篆山石窟第 9 号龛立面图

第二章 石篆山石窟 81

图 63　石篆山石窟第 9 号龛剖面图

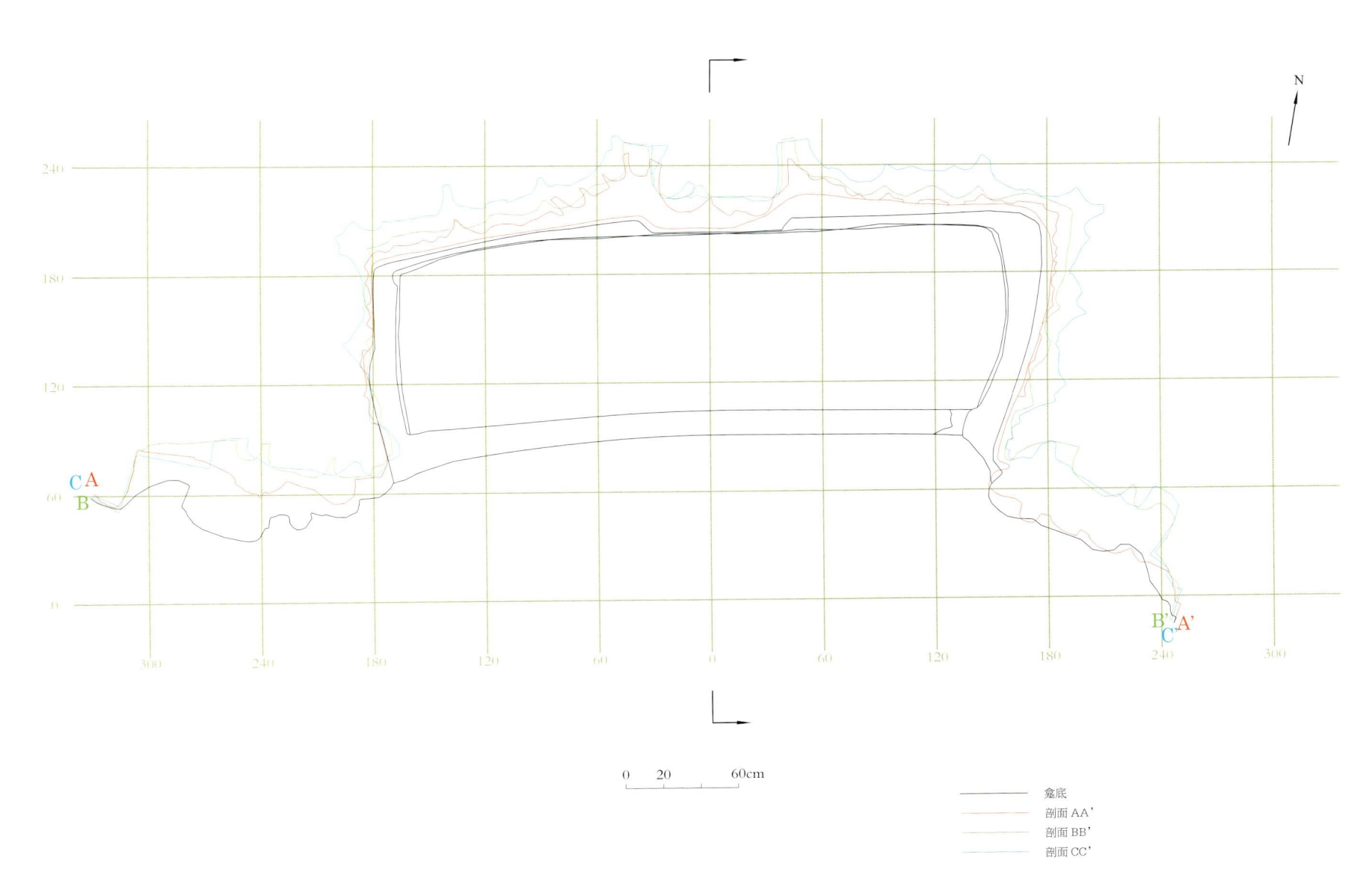

图 64　石篆山石窟第 9 号龛平面图

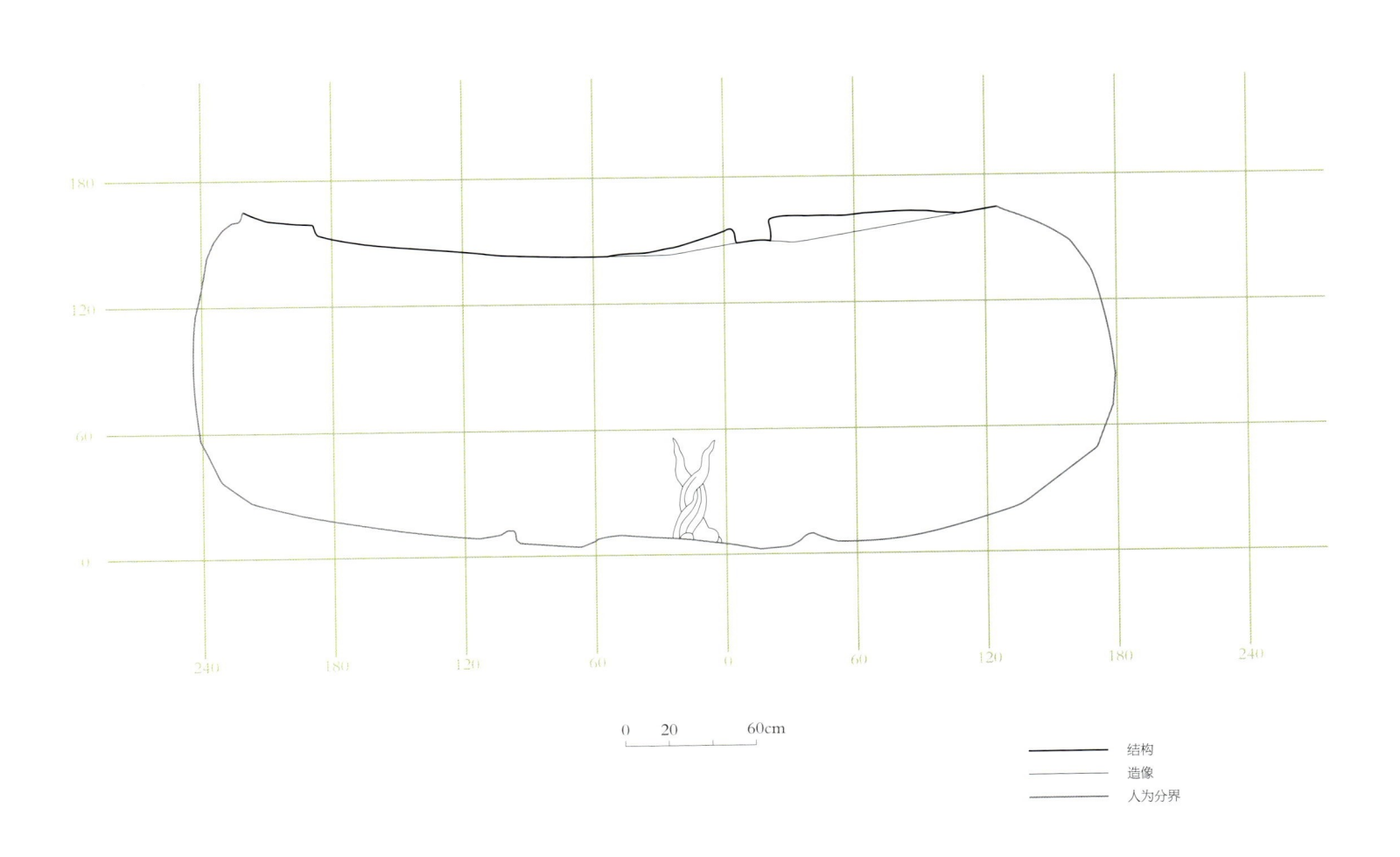

图 65　石篆山石窟第 9 号龛龛顶仰视图

图66　石篆山石窟第9号龛造像展开及编号图

2. 主尊左右坐像及侍者像

坐像10身，对称分列主尊像左右侧，各像体量相当，坐高74厘米，头长21厘米，肩宽32厘米，胸厚19厘米。以主尊为界，由内至外，左侧5身编为左第1—5坐像，右侧5身编为右第1—5坐像。

前排坐像身后立侍者像10身。由内至外，左侧5身编为左第①—⑤侍像，右侧5身编为右第①—⑤侍像。

上述造像中，左、右第1—3坐像及其侍者像位于正壁，左、右第4、5坐像及其侍者像位于左、右侧壁。

左第1坐像　戴冕冠，冕板与帽额齐平，刻十二道冕旒，充耳呈叶形，下垂两道珠串（图版Ⅰ：105）。面长圆，略蚀，内着交领服，外着翻领宽袖服，胸部系带，束蔽膝，下着裙，腰带垂至足间，双手于胸前捧笏，笏上端残，残长10厘米，宽5厘米，右向侧身，着鞋，倚坐。

左第①侍像　立于左第1坐像身后左侧。为女像，显露高66厘米，头长19厘米，肩宽25厘米，胸厚10厘米。头梳髻，面长圆、略蚀，戴桃形耳饰，着翻领服，双手于胸前持案卷，卷长22厘米，直径6厘米，下部身躯隐于前排像身后。

左第2坐像　戴通天冠，面方，浓眉短鼻，颧骨微凸，阔口闭合，下颌稍残，刻连鬓胡须，鬓毛掩耳后飘（图版Ⅰ：106）。内着翻领窄袖服，外着交领宽袖服，下着裙，胸部系带，束蔽膝，腰带垂至足间。左手抚膝，右手置右腿上，双手大部残。着如意头鞋，倚坐，足稍残。

左第②侍像　立于左第2坐像身后左侧。显露高90厘米，头长20厘米，肩宽26厘米，胸厚7厘米。戴展脚幞头，面方圆、略蚀，左耳残，内着交领服，外着圆领宽袖服，双手于胸前捧笏，笏上端大部残，残长17厘米，宽4厘米。下部身躯大部隐于前排像身后。

左第3坐像　戴通天冠，面方，鼓眼，短鼻，阔口，双手于胸前捧笏，笏残长14厘米，左膝稍残，余同左第2坐像（图版Ⅰ：107）。

左第③侍像　立于左第3坐像身后左侧。显露高94厘米，头长20厘米，肩宽28厘米，胸厚10厘米。戴交脚幞头，两幞脚于头后上

84　大足石刻全集　第五卷（上册）

扬。面方，眼眶略内陷，鼻残，闭口，着圆领服，胸下系带，双手于胸前似持物，手及物残，侧身站立。

左第4坐像　戴通天冠，面长圆，眼角上挑，鼻、嘴、下颌稍残，左手于腹前持笏，笏长21厘米，宽5厘米，右手似置右膝上，前臂及手残，余同左第2坐像（图版Ⅰ：108）。

左第④侍像　立于左第4坐像身后右侧。显露高84厘米，头长19厘米，肩宽22厘米，胸厚6厘米。戴交脚幞头，两幞脚于头后上扬。面方，阔口，着圆领服，胸际束带，腰束带，长服前摆右向上撩折入腰际，左手置于胸下，右手置于胸前，似持物，双手皆部分残。

左第5坐像　戴通天冠，面长圆，浓眉，眼角上挑，短鼻，阔口，露齿，刻八字形连鬘胡须，鬘毛掩耳后飘，内着翻领窄袖服，外着交领宽袖服，下着裙。左手置于左腿，右手于胸前似持物，手及物残，余同左第2坐像（图版Ⅰ：109）。

左第⑤侍像　立于左第5坐像身后右侧。显露高63厘米，头长22厘米，肩宽33厘米，胸厚9厘米。戴展脚幞头，面方，浓眉、鼓眼、短鼻、阔口，两腮及下颌刻一卷曲连鬘胡须，身略风蚀，着圆领服。双手于胸前持案卷，卷长24厘米，宽9厘米。

右第1坐像　戴凤翅盔，盔顶出缨，下颌系带（图版Ⅰ：110）。面长圆，眉斜竖，鼓眼，鼻残，口微张，内着袍服，袖口于肘部翻卷，披幅覆肩，戴护项，肩饰披膊，外着裲裆甲，胸际束甲索，腰际系带，束抱肚、鹘尾，腰带作结长垂足间；前臂刻臂甲，缚裤。身饰飘带，飘带环于腹前，两端折入腰际后长垂体侧。双手于胸前结印，手指略残，着鞋，左向侧身，倚坐。

右第①侍像　立于右第1坐像身后右侧，为女像。显露高61厘米，头长20厘米，肩宽23厘米，胸厚8厘米。头梳髻，扎巾，巾带作结下垂，脸长圆，刻花钿，仅存少许遗迹。细眼小口，鼻略残。着翻领宽袖服，胸际系绳带，双手于胸前持案卷，卷长17厘米，宽6.5厘米，身躯下部隐于前排像身后。

右第2坐像　戴通天冠，面长圆，蹙眉鼓眼，鼻稍残，露齿，双手于胸前捧笏，笏残长20厘米，宽5.5厘米（图70；图版Ⅰ：111）。余同左第2坐像。

右第②侍像　立于右第2坐像身后右侧。显露高83厘米，头长22厘米，肩宽31厘米，胸厚9厘米。戴展脚幞头，面方，浓眉鼓眼，短

第二章　石篆山石窟　85

图 67　石篆山石窟第 9 号龛左侧壁立面图

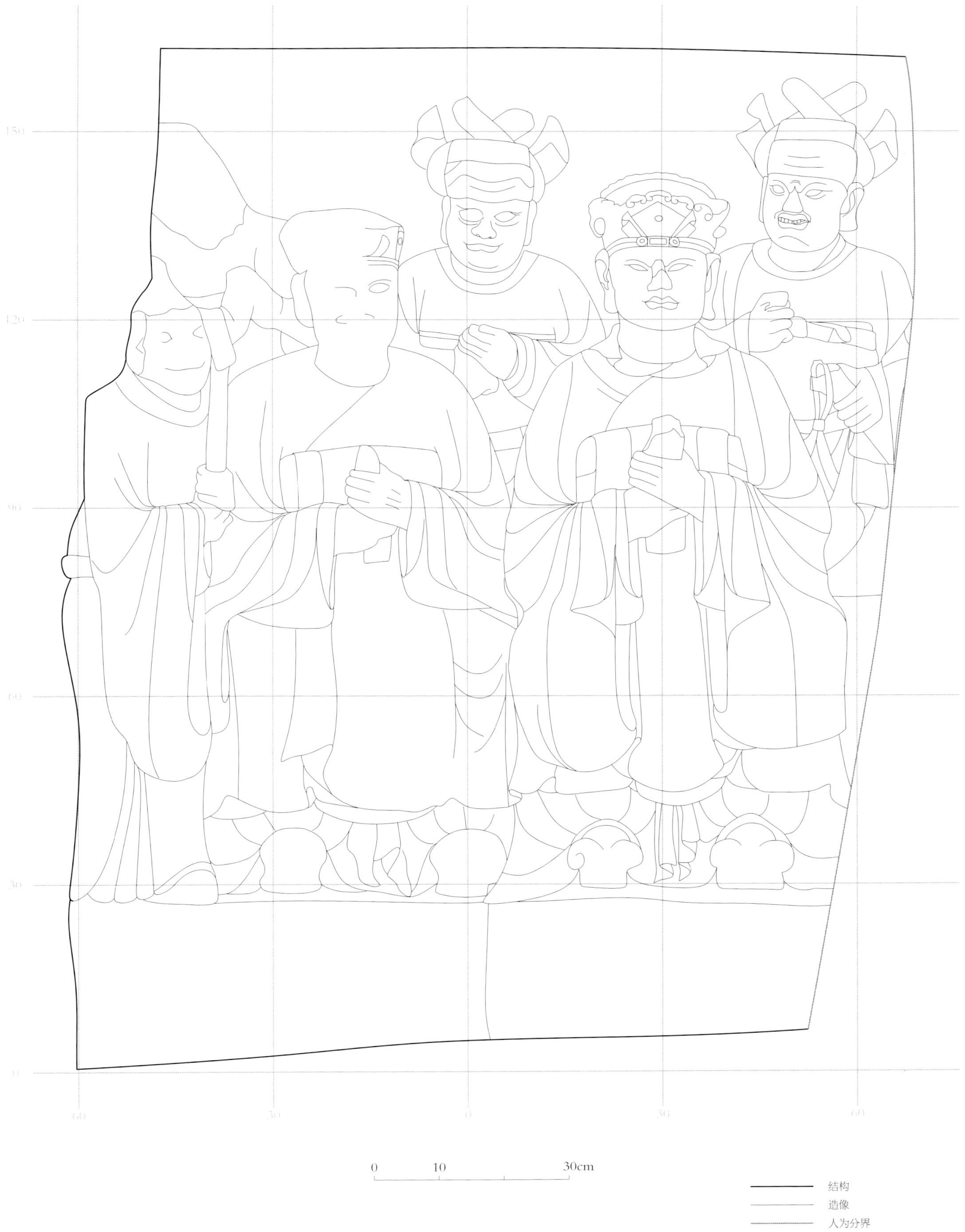

图 68　石篆山石窟第 9 号龛右侧壁立面图

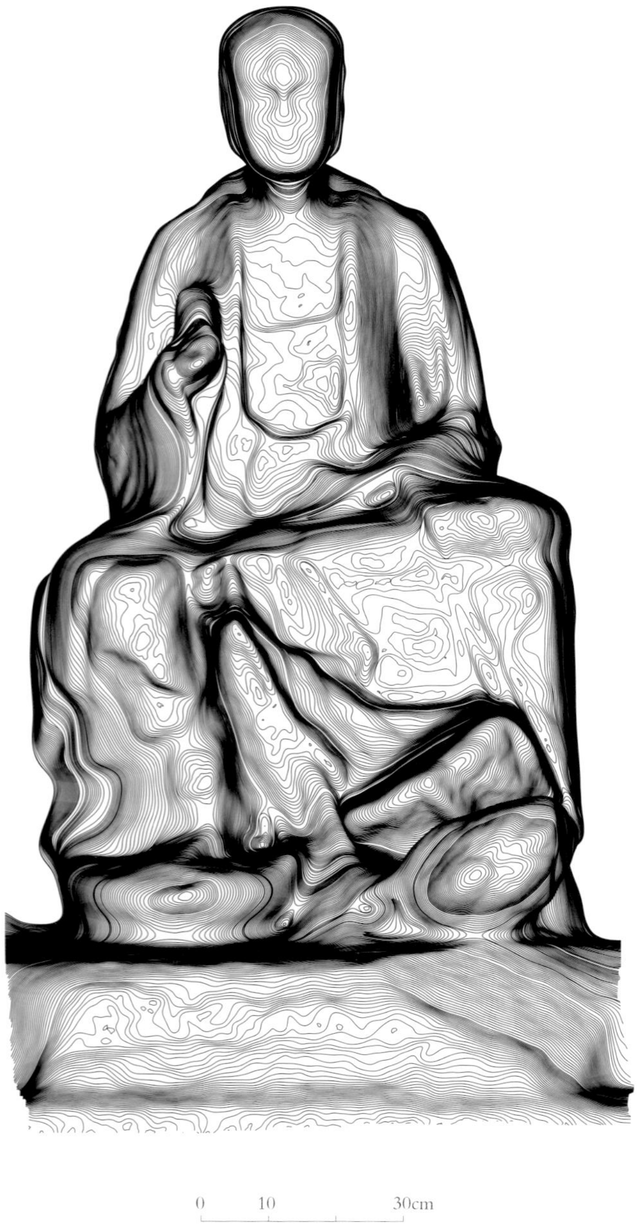

图 69　石篆山石窟第 9 号龛主尊像等值线图 　　　　　　　　　　　　　图 70　石篆山石窟第 9 号龛主尊右侧第 2 坐像效果图

鼻，颧骨微凸，阔口闭合，刻连鬓胡须，鬓毛掩耳后飘。短颈，着圆领宽袖服，腰束带，双手于胸前似持物，下部身躯隐于前排像身后。

右第3坐像　戴通天冠，脸形方圆，刻浓密的连鬓胡须，鬓毛掩耳后飘。内着窄袖服，外着交领宽袖服，双手腹前笼袖内，夹持笏。笏长22厘米，宽6.5厘米。余同左第2坐像（图版Ⅰ：112）。

右第③侍像　立于右第3坐像身后右侧。显露高83厘米，头长20厘米，肩宽27厘米，胸厚11厘米。戴展脚幞头，面方，鼓眼，短鼻，阔口。内着窄袖服，外着圆领宽袖服，双手于胸前持笏，斜靠左肩。笏长30厘米，宽5厘米。

右第4坐像　戴通天冠，脸长圆，细眼，眼角上挑，鼻残，闭口，双手于胸前捧笏。笏残长21厘米，宽5.5厘米，余同左第2坐像（图版Ⅰ：113）。

右第④侍像　立于右第4坐像身后左侧。显露高80厘米，头长20厘米，肩宽27厘米，胸厚10厘米。戴交脚幞头，两幞脚于头后上扬，蹙眉，鼻稍残，露齿，下颌略残，着圆领服，胸际系带，腰束带，饰飘带，飘带环于身前，两端折入腰际后下垂。左手于左腰际持剑，右手于胸前持物，物残难辨。部分身躯隐于前排像身后。

右第5坐像　戴通天冠，面风蚀，双手于胸前捧笏。笏残长21厘米，宽5.5厘米。余同左第2坐像（图版Ⅰ：114）。

右第⑤侍像　立于右第5坐像身后左侧。显露高55厘米，头长21厘米，肩宽28厘米，胸厚8厘米。戴交脚幞头，两幞脚于头后上扬，面圆，鼓眼，鼻、嘴稍残，着圆领服，胸际系带，腰部束带，左腰处扎有下垂的一段飘带，双手于胸前似持物，物残，大部身躯隐于前排像身后。

3. 左右壁外侧

4身。左右壁外侧各立2身，均作前后排列（图67、图68；图版Ⅰ：115、图版Ⅰ：116）。

左壁前像　立像高102厘米，头长21厘米，肩宽32厘米，胸厚10厘米。戴硬脚幞头，面方，鼓眼，短鼻，阔口，下颌稍残，内着窄袖服，外着圆领宽袖服，腰束带。双手于胸前持一展开的簿册，簿册高18厘米，宽22厘米；身右侧，面向龛内站立，双足不现。

左壁后像　为兽首人身像。立像高39厘米，兽首高13厘米，长21厘米，扭首向龛内。兽首部分残蚀，可辨两角上竖，着圆领服，左前臂敷搭一段披帛，腕镯，双手于胸前合十，手略残。

右壁前像　立像高98厘米，头长19厘米，肩宽25厘米，胸厚11厘米。头部分残，戴硬脚幞头，存幞头右脚遗迹，圆脸，面蚀，内着窄袖服，外着宽袖服，腰束带，下着裙，双手于胸前持笏，斜靠左肩。笏长20.5厘米，宽4.5厘米，侧身向龛内站立。左足着鞋，仅现少许。

右壁后像　为兽首人身像。显露高40厘米。兽首残蚀甚重，仅辨轮廓，身风蚀，衣饰不明，可辨双手拱于胸前，侧身朝向龛内。

（二）龛外

刻护法神像2身（图62）。左像刻于龛外左侧的方龛内，右像刻于龛外右侧的平整面内。

左护法神像　坐高98厘米，头长27厘米，肩宽47厘米，胸厚20厘米（图71-2；图版Ⅰ：117）。垂发于头后呈飘散状，面方，前额刻发饰，浓眉、鼓眼、短鼻、阔口露齿，作啮齿状，嘴角斜出獠牙，下颌稍残，双耳略内卷，颈肌凸显，项下刻环帛，胸剥蚀，上身袒露，下着短裙，腰带作结下垂。腕镯，左手按大腿，右手屈于体侧握二股叉，叉全长152厘米。足环，盘左腿，右腿斜蹬，坐于龙身上。龙头宽扁呈三角形，下颌刻须，颈大部残；龙身粗大蜷曲，刻背鳍腹甲，尾现于正面。龙身左下角刻山石。

右护法神像　坐高110厘米，头长34厘米，肩宽40厘米，胸厚20厘米（图72-1；图版Ⅰ：118）。头顶出二尖角，垂发分两片左右上扬，面方，隆眉鼓眼，鼻残，阔口大开，略残，嘴角斜出獠牙，下颌残，项下戴环帛，装束与左护法神像同。腕镯，左手屈举于体侧，食指上竖，余指弯曲，右手置大腿，右手握短柄刀，刀全长127厘米。垂左腿，盘右腿，坐于兽背上。足环，跣足。兽高43厘米，身长108厘米；扭颈向左，口半开，露齿，自舌尖吐出烟气，漫于护法像腿上；小耳，弯角，前身伏地，后腿直立，尾上竖，略卷曲。

## 四　铭文

文惟简镌地藏十王龛造像记，北宋绍圣三年（1096年）。位于龛左内侧平整面。刻石面高95厘米，宽6厘米。竖刻1行19字，楷体，字径3厘米（图版Ⅱ：42）。

绍圣三年丙子岁[7]岳阳文惟简镌男居安居礼记

## 五　晚期遗迹

（一）墨书

龛内正壁上方残留零星墨书遗迹。

（二）构筑

龛口上方约18厘米处凿一凹槽，大致横贯龛口，通长500厘米，高10厘米，最深22厘米。

凹槽上方刻6个方孔，均匀布置，间距约83厘米；孔大小相近，高25厘米，宽30厘米，最深32厘米；左右端二方孔被石块、水泥填塞。

龛左浅龛上方26厘米处凿二圆孔，间距78厘米；孔大小一致，孔径12厘米，深12厘米。

（三）妆绘

龛内存灰白色涂层。

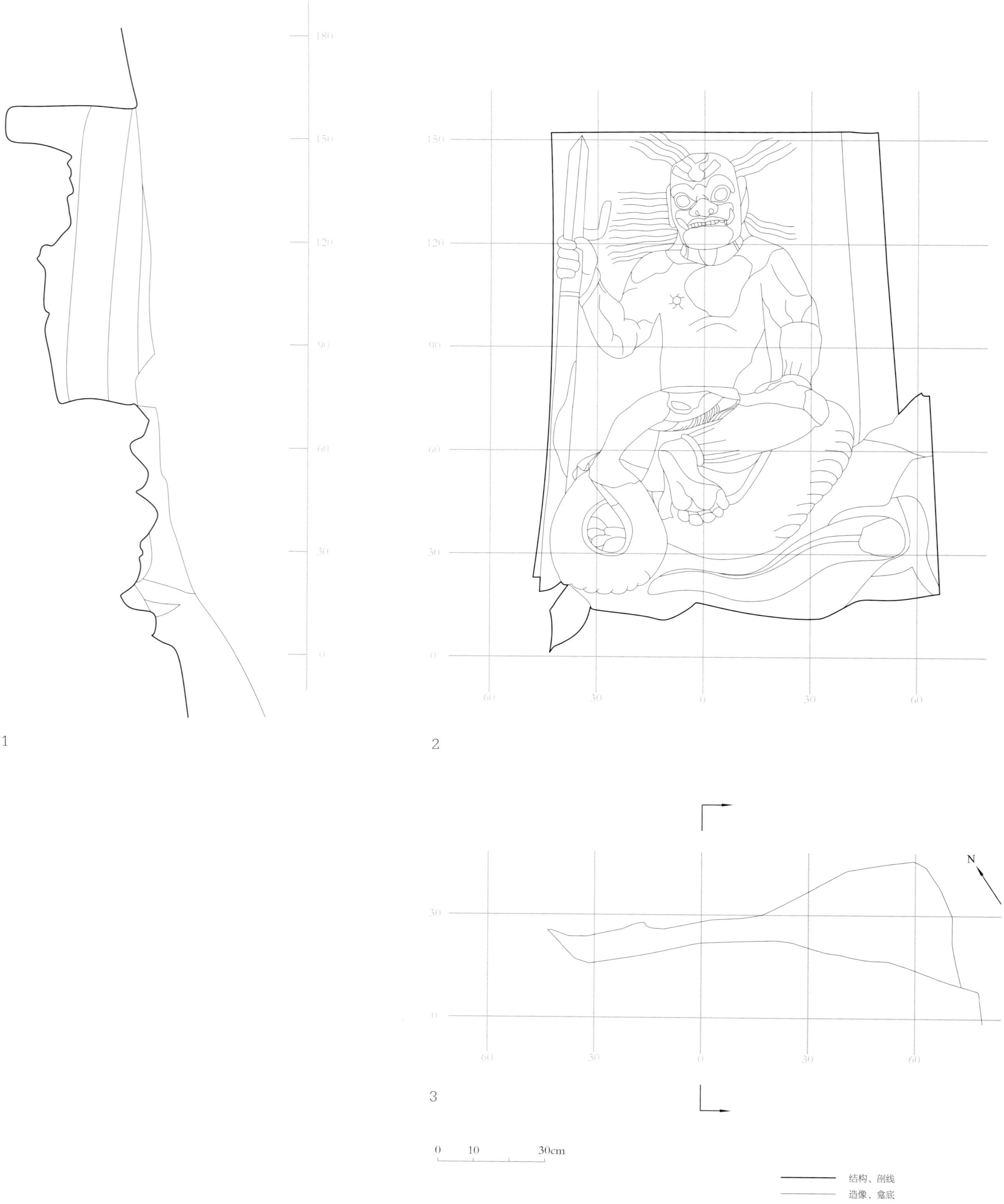

图 71 石篆山石窟第 9 号龛外左护法像平、剖、立面图
1 剖面图 2 立面图 3 平面图

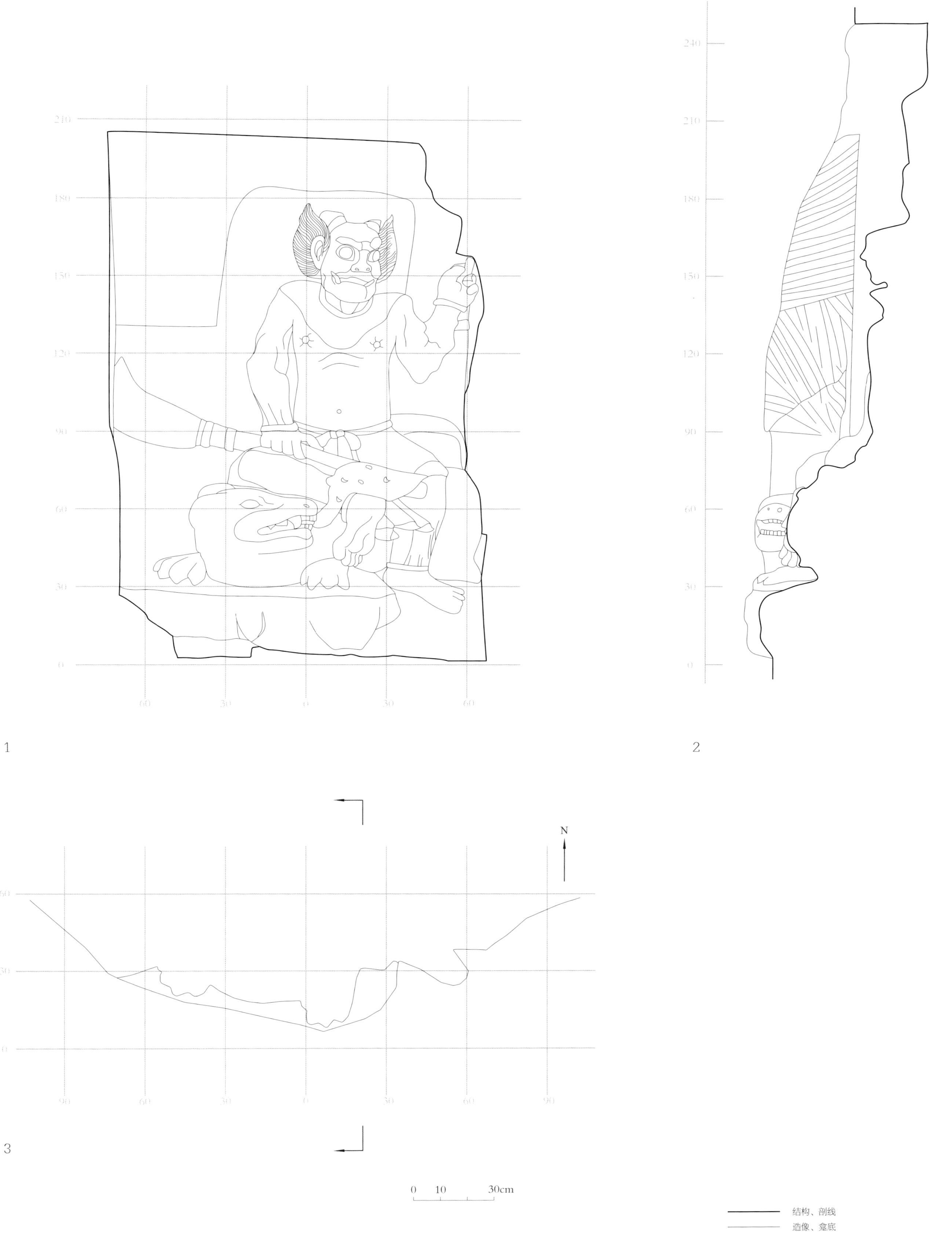

图 72　石篆山石窟第 9 号龛外右护法像平、立、剖面图
1　立面图　2　剖面图　3　平面图

## 第十三节　第10号

### 一　位置

位于石篆山罗汉湾右侧山腰独立岩体右下方。左上方为第11号龛，竖直相距22厘米；右距岩体边缘56厘米；上部岩体毁，距现岩顶46厘米，下距现地坪33厘米（图8）。

龛口东南向，方向146°。

### 二　形制

方形龛（图73、图74、图75；图版Ⅰ：119、图版Ⅰ：123）。

龛口　于崖壁直接凿建龛口。龛口方形，残毁甚重，仅存左侧大部、上部左端和下方中左部。现龛口高145厘米，宽284厘米，至后壁最深95厘米。龛口左侧向龛内凿有竖直平整面，残毁甚重，残存最宽4厘米。

龛底　横长方形，右端毁。龛底内侧宽252厘米，外侧宽180厘米，深84厘米。龛底环内侧壁面建低坛一级，高17厘米，最深12厘米，右端毁。

龛壁　正壁竖直，与左壁略垂直相交，右壁毁。正壁左上方与龛顶之间出两阶叠涩，通高14厘米，外挑壁面13厘米。叠涩左下方存"T"字形遗迹。左壁上方与龛顶之间出一阶叠涩，大部毁。

龛顶　平顶，大部毁，仅存左端内侧少许。

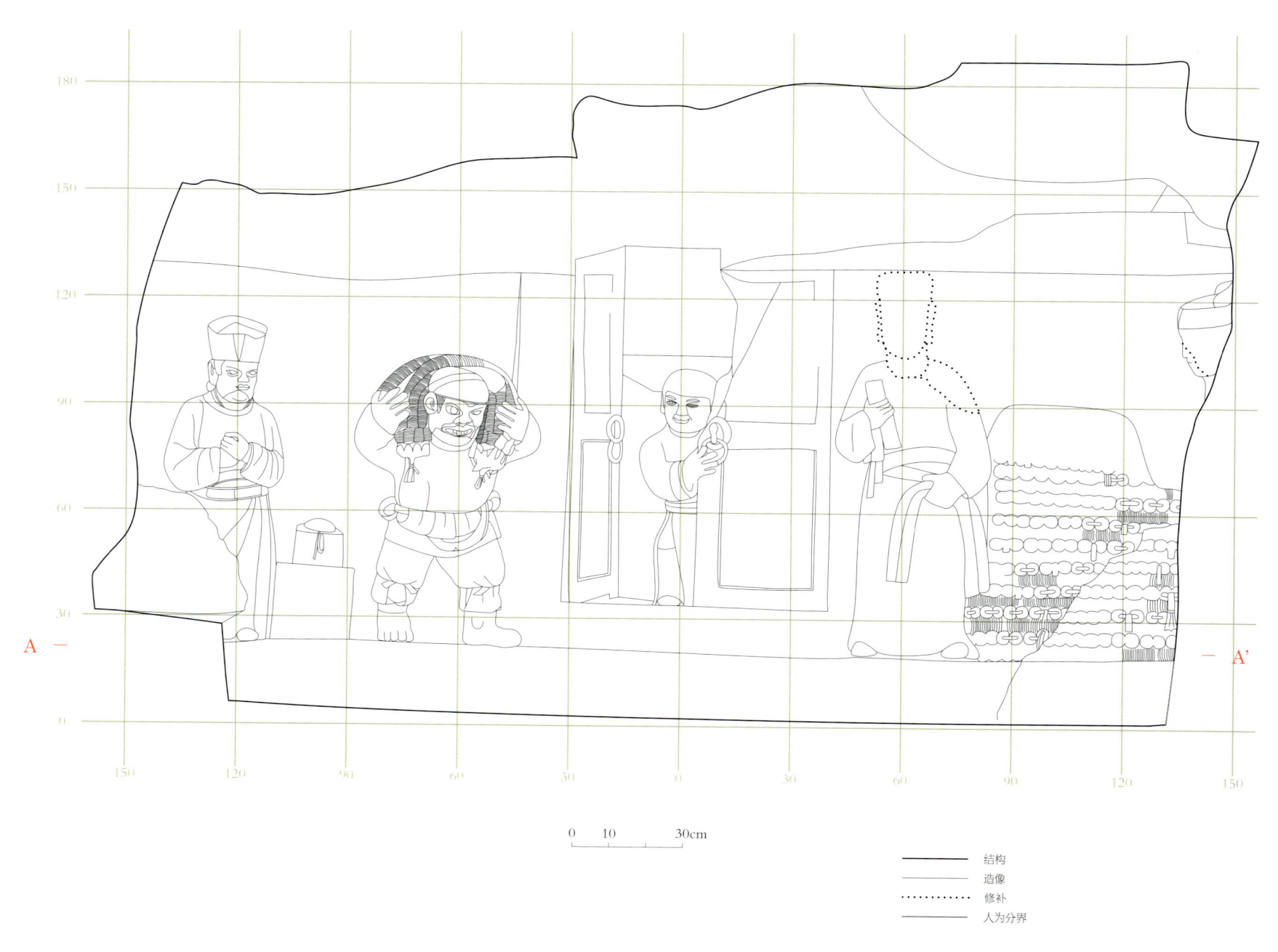

图73　石篆山石窟第10号龛立面图

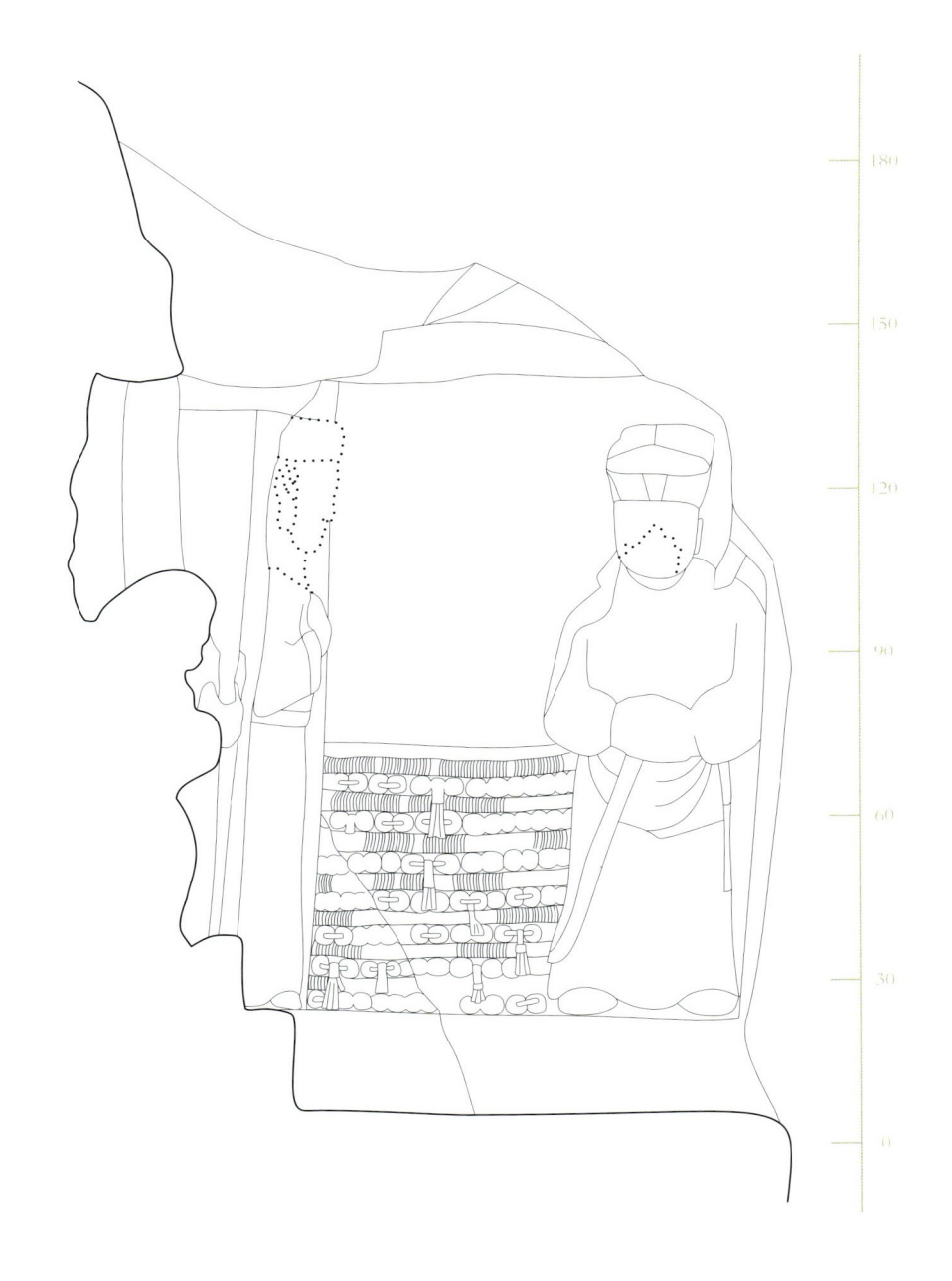

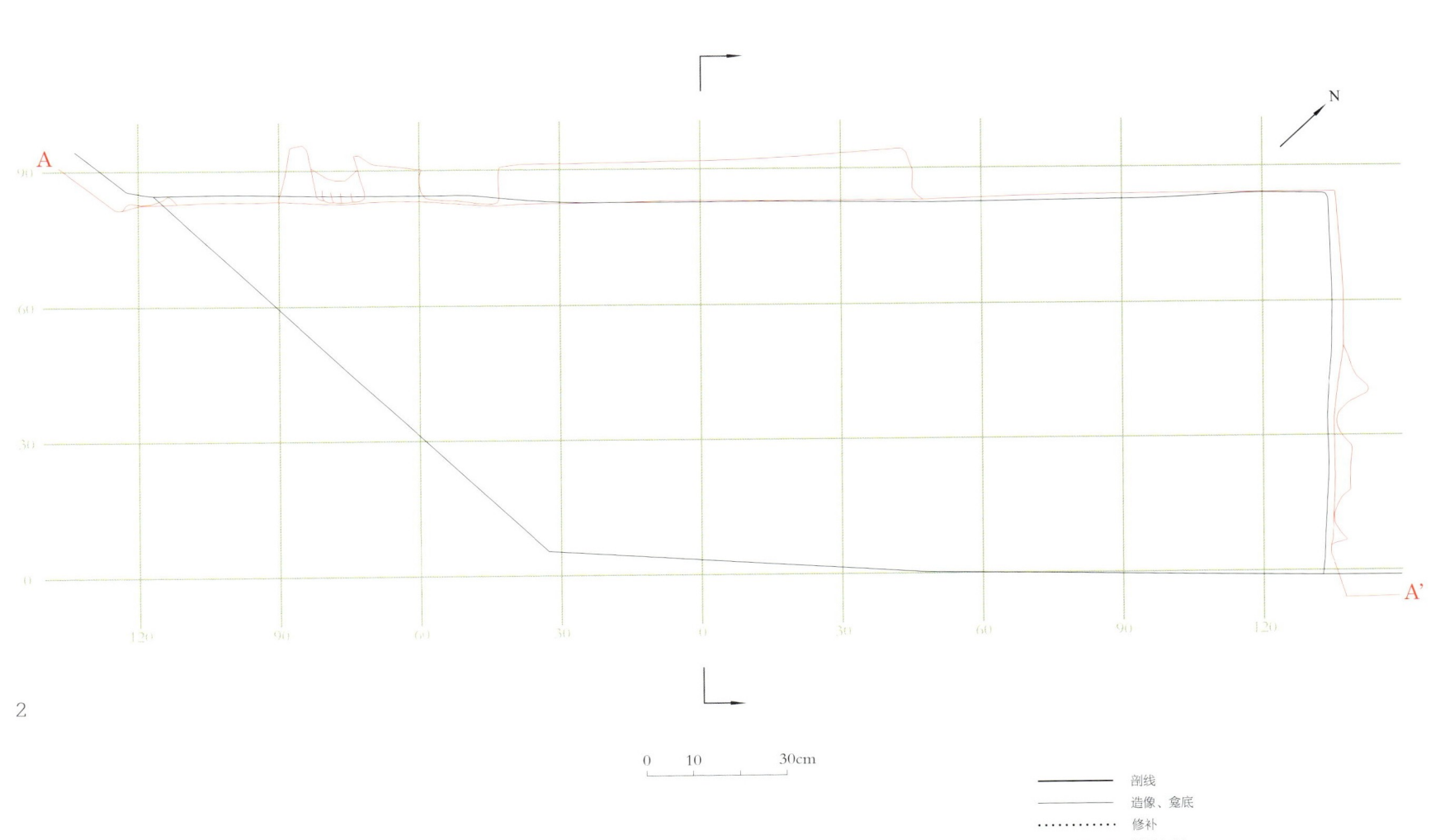

图 74 石篆山石窟第 10 号龛平、剖面图
1 剖面图　2 平面图

## 三 造像

存像5身，刻于正壁及左壁低坛上（图73、图75；图版Ⅰ：119）。

### （一）正壁

刻像4身。

壁面中刻一双扇板门，高110厘米，宽93厘米。门槛高13.5厘米，立颊宽13.5厘米，门扇宽35厘米，门枋宽7.5厘米；刻出圆形门环，环径7厘米。左扇右上部残，右扇内开。

板门内刻立像1身，高71厘米，头长17厘米，显露右侧身躯（图版Ⅰ：120）。似光头，额刻一道皱纹，圆脸，细眼，鼻残，闭口，上着圆领窄袖服，下着裤，腰束带，右手扶左门扇，着鞋立于门后。

板门左侧刻立像1身，头毁（现头像为近年补），残高82厘米（图版Ⅰ：121）。着窄袖长服，腰束带，腰带上部刻出革带；左手斜垂左腰际，握持钱串；右手于胸前持物，物残，残长20厘米，最宽5厘米，袖口下部刻有作结的绳带；着鞋立于低坛上。该立像左侧低坛上堆砌钱堆。钱堆最高69厘米，宽92厘米，左右侧均作14层纵横相间码放。

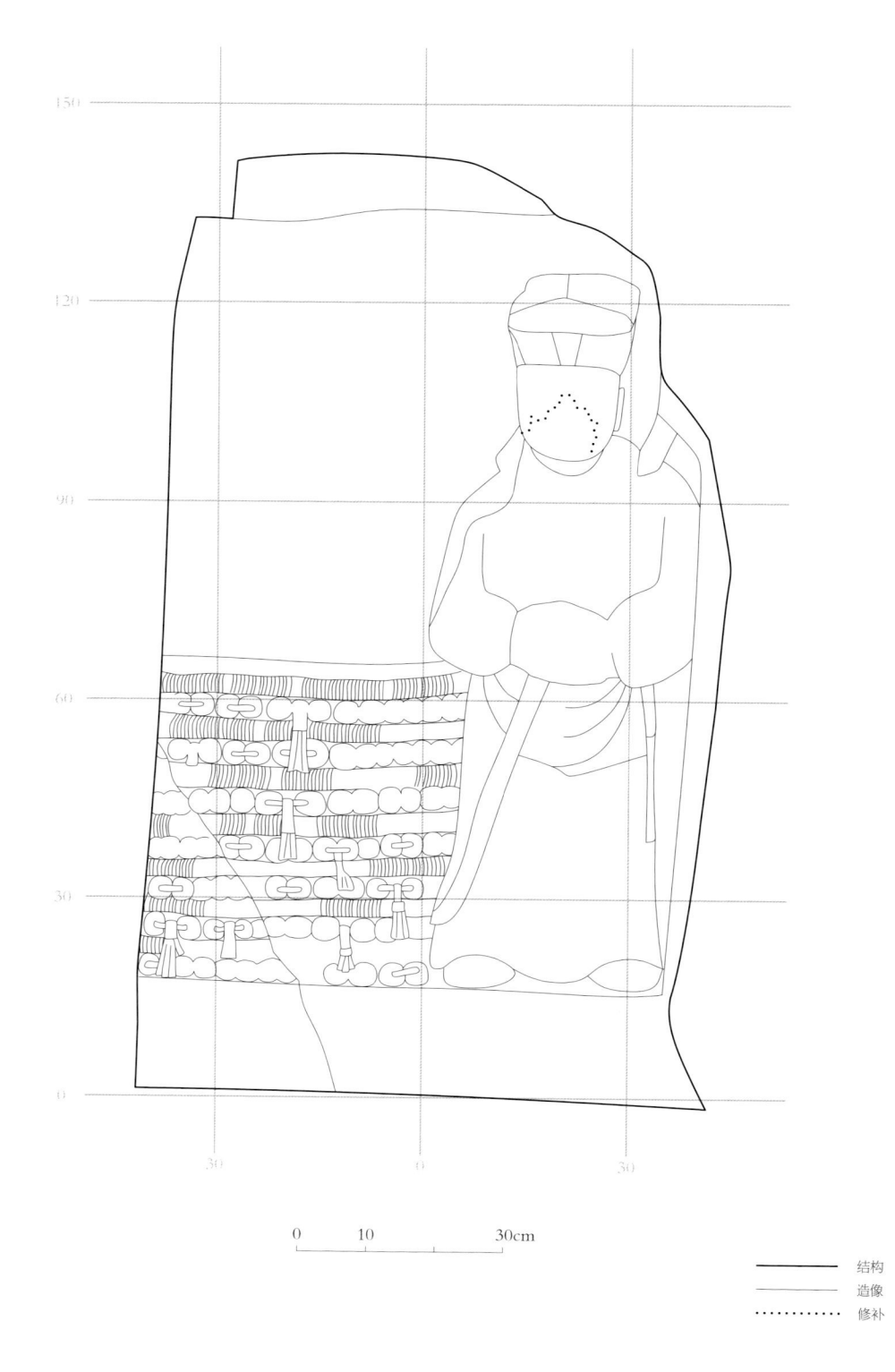

图75　石篆山石窟第10号龛左壁立面图

板门右侧壁面刻立像2身（图版Ⅰ：122）。左像高78厘米，头长21厘米。头裹巾，刻出压带，面方，鼓眼，短鼻，阔口，露齿，颧骨微凸。上着双层窄袖短衫，腰束带，下摆上撩扎于腰带内，下着裤，缚裤；飘带环于腹下，两端扎于腰际。双手上举抱持扛于肩上的钱串，左膝微躬，跣足站立。右像高90厘米，头长22厘米，肩宽25厘米，胸厚9厘米。身躯右下部毁。头巾，面圆，鼓眼，鼻、嘴残。着圆领窄袖服，腰束革带，带头垂于左腰际，腰带上方刻出弧形的革带。双手置于胸前，左手握右手手指，着鞋站立。其左侧刻方印、印盒。印带现于正面，印高9厘米，宽14厘米。印盒方形，高22厘米，宽21.5厘米。

### （二）左壁

刻立像1身，高107厘米，头长27厘米，残肩宽30厘米（图75；图版Ⅰ：123）。双肩及躯体上部部分残蚀。头巾，面蚀。着窄袖长服，双手下部刻出弧形下垂的外衣下摆，双手于胸前持棍状物，斜靠左肩；双手及物残，物残长83厘米，宽3厘米，着鞋站立。其身右侧亦码砌钱堆，上端钱串与正壁左像身侧钱堆相接。

## 四 晚期遗迹

板门左侧立像头部为近年重塑，以水泥粘接。板门右侧二立像及左壁立像下颔，近年均以水泥修补。

龛内造像眼、嘴近年以墨色、红色颜料描绘。

# 第十四节 第11号

## 一 位置

位于罗汉湾第10号龛左上方。右为岩体边缘，左紧邻第12号龛，右下方为第10号龛，竖直相距22厘米；上方岩体残毁甚重，距现岩顶45厘米，下距现地坪192厘米。

龛口东南向，方向145°。

## 二 形制

单层方形龛（图76、图77、图79、图80；图版Ⅰ：124、图版Ⅰ：125、图版Ⅰ：126）。

龛口 于岩壁表面直接凿建龛口。龛口横长方形，残毁甚重。左侧部分岩体和右侧岩体残脱[1]，右侧残脱岩体可辨部分龛口，其内侧凿出宽12厘米的平整面。龛口上部毁，下部右侧少许残。现龛口残高181厘米，宽428厘米。

龛底 为横长方形，右外侧少许残，长385厘米，宽155厘米。内侧环三壁建云台一级，高24厘米，最深22厘米，右侧毁。

龛壁 存正壁、左壁大部，右壁毁，正壁与左壁弧面相交。

龛顶 毁。

## 三 造像

刻像17身。正壁中刻主尊坐佛1身，其身后左右各刻弟子立像1身。正壁主尊身侧及左、右侧壁对称各刻立像6身；龛口左右外侧各刻力士像1身。按其位置，分为龛内和龛外造像两部分（图78、图79、图80；图版Ⅰ：124、图版Ⅰ：125、图版Ⅰ：126）。

---

[1] 左侧残脱岩体位于龛左下方，高135厘米，宽68厘米，厚50厘米。右侧残脱岩体位于现保护建筑右前方的地坝内，高168厘米，宽190厘米，厚70厘米。

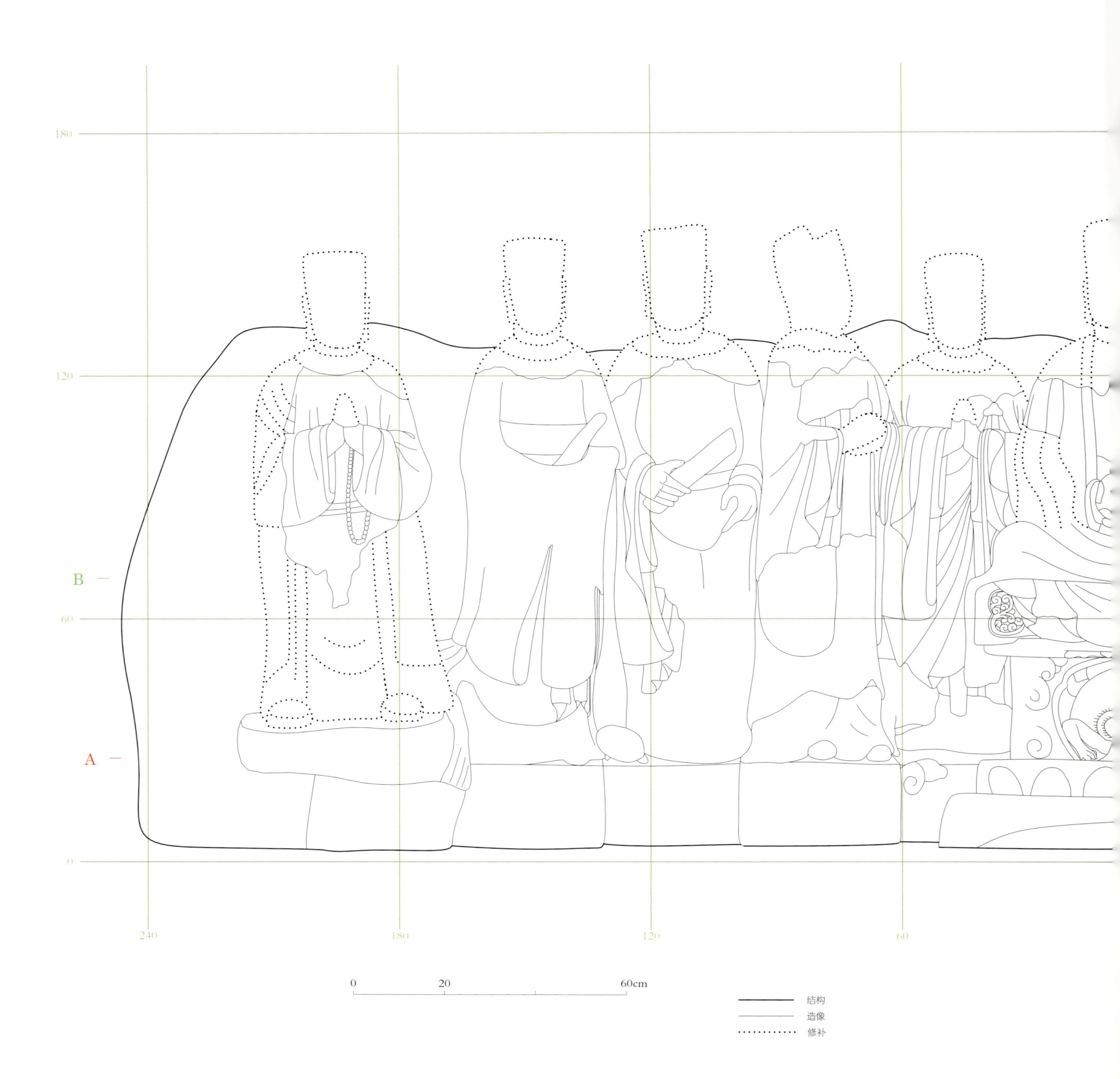

图 76　石篆山石窟第 11 号龛立面图

第二章 石篆山石窟　97

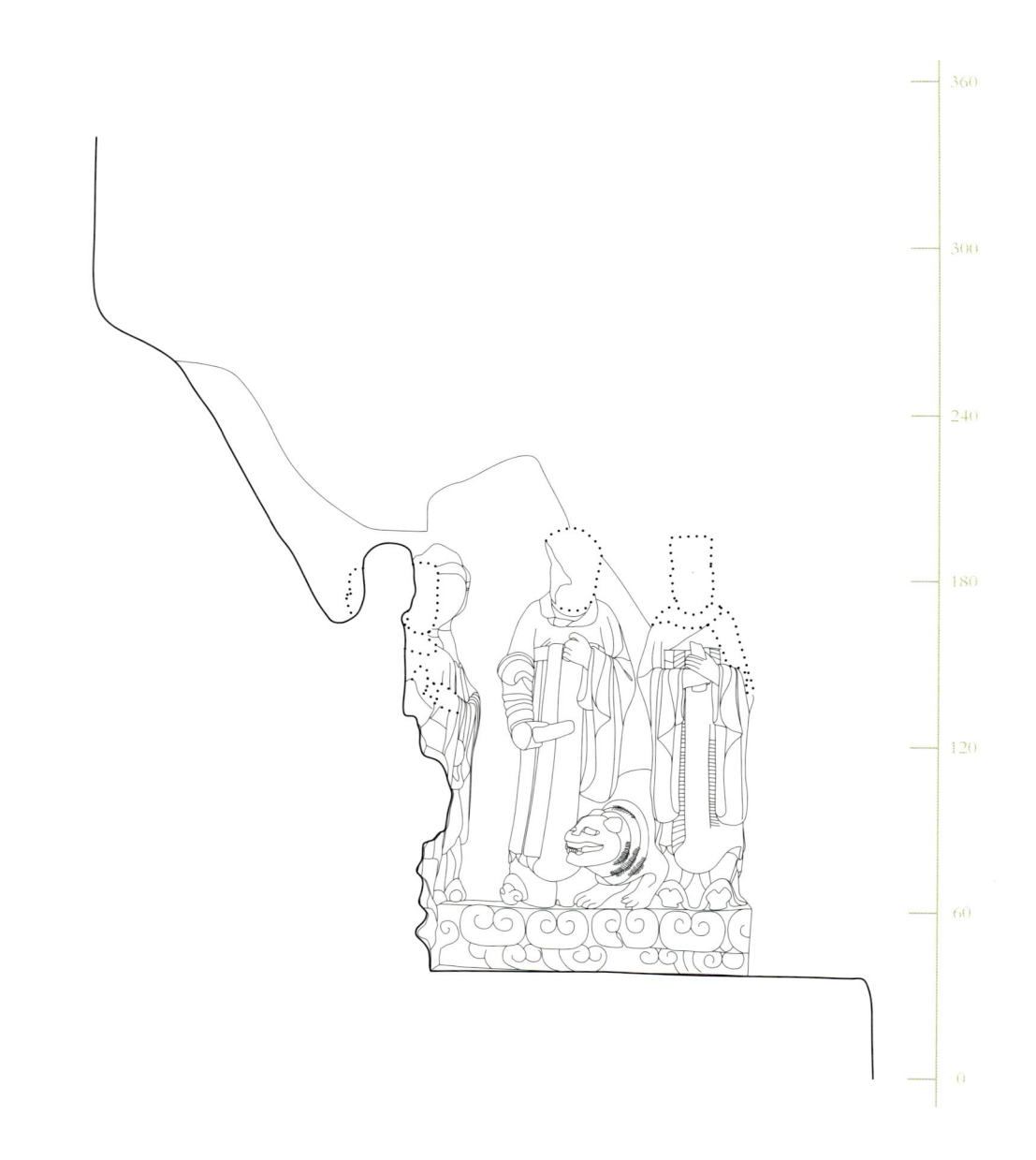

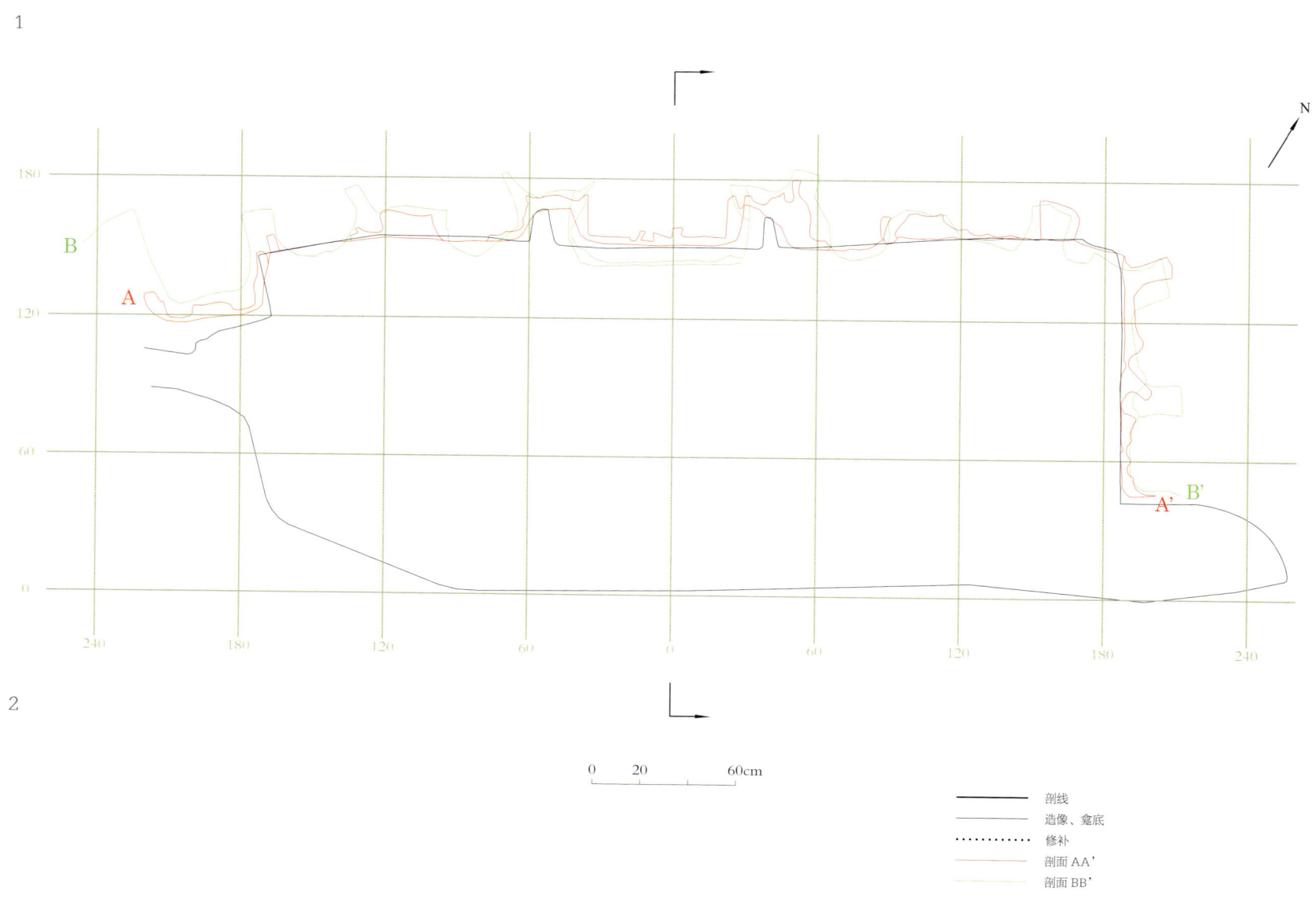

图77 石篆山石窟第11号龛平、剖面图
1 剖面图 2 平面图

## （一）龛内

### 1. 主尊及弟子像

**主尊像**　头为近年重塑。原迹残坐高55厘米。内着僧祇支，系带作结，外着双领下垂式袈裟，下着裙；袖摆及裙摆敷于座。左手腹前托法轮，轮部分残，最宽13厘米；右臂至肘部毁，现以水泥补接，结跏趺坐于须弥座上。座通高64厘米，宽67厘米，深35厘米。座上枋正面剔地起突卷草纹，上枋下部刻仰莲瓣，束腰部分饰云纹，中刻一壸门，内刻一狮；狮前腿触地，头下尾上，扭身作倒立状，左前足大部残，托珠，狮口衔带；下枋上部刻仰覆莲瓣，部分残，高13厘米。

**左弟子**　头为近年重塑。原迹残高98厘米。内着窄袖服，外披袒右式袈裟，下着长裙。双手置于胸前，手残，现以水泥补接，着鞋站立。

**右弟子**　头为近年重塑。原迹残高98厘米。内着窄袖服，外披袒右式袈裟，袈裟一角系于左肩，下着裙。双手于胸前合十，手指残，现以水泥补接。足鞋略残。

### 2. 主尊左右侧立像

12身。分立主尊身侧及左右侧壁云台上。以主尊左右弟子为界，由龛内至龛外编为左第1—6像和右第1—6像；其中左第5像、第6像位于左侧壁，右第5像、第6像存于残脱的右侧壁岩体上。其造像特征列入表4。

**表4　石篆山第11号龛主尊左右侧立像特征简表**

| 左侧立像 | 造像特征 | 右侧立像 | 造像特征 |
| --- | --- | --- | --- |
| 第1像 | 头毁，现为近年重塑。原迹残高94厘米，肩宽31厘米，胸厚16厘米。内着圆领长服，胸际系带，外披袈裟，袈裟于胸下系结，下着裙，双手于胸前持长柄香炉，手及炉身残，近年以水泥补塑，柄残长10厘米，右手与胸之间饰云纹，足履，右向侧身站立。像右下方刻一兽，显露部分高38厘米，长23厘米，兽头部分残，右耳下垂，左前腿微屈站立。 | 第1像 | 头毁，近年重塑。原迹残高106厘米。双肩毁，近年补塑。可辨上着宽袖服，下着裙，裙腰上束至胸，身前刻有蔽膝，双手横置胸下，手毁，近年补塑，足履，侧身向左站立。像左腿外侧残存一兽，大部残，残高21厘米，仅存外侧一腿。 |
| 第2像 | 高130厘米，头长27厘米，残肩宽32厘米，胸厚15厘米。束发戴冠，冠体略残，下颌系带，面略残蚀，露齿。内着翻领袍服，外罩裲裆甲，胸际横束束甲索。腰系带作结，束抱肚、鹘尾，腰带垂于腿间，下着裙。笏于胸前捧笏，笏残长18厘米，宽5厘米，足鞋站立。该像身前刻一蛇，蛇昂首双足间，蛇身弯曲水平向左，尾止于第3像之左下方。 | 第2像 | 头毁，近年重塑。原迹残高104厘米，双肩残，近年补塑，可辨上着宽袖服，下着裙，腰束带，腰带作结垂至腿间，身饰飘带，可见胸前"U"形下垂。左手腹前握飘带，右手持笏，笏部分残，残长27厘米，宽5.5厘米，双足大部残。该像右足前侧刻一兽，似龟，部分残蚀，高7厘米，身长13厘米。 |
| 第3像 | 高135厘米，头长29厘米，肩宽30厘米，胸厚15厘米。头后刻云纹，存部分遗迹，梳髻戴卷草冠，冠体略残。头左侧，面大部残，耳饰下垂至胸，罩云肩。上着翻领宽袖长服，臂间刻半袖，下着裙，裙腰上束至胸。身前刻蔽膝，腰带于腹前作结后下垂，带头刻于左小腿外侧。飘带自后腰环出，敷搭双手前臂后绕于身后。腕镯，左手横置胸前持笏，手及笏部分残。笏残长20厘米，宽5厘米。右手斜置体侧握腰带，足履。 | 第3像 | 头毁，近年重塑。原迹残高105厘米，肩宽31厘米，胸厚13厘米。上身略蚀，可见臂间刻半袖，身右刻下垂的飘带，其余装束与右第1像同。双手腹前笼袖内，夹持笏，笏大部残蚀，仅辨外形。右足毁，左足略蚀，着履。该像左腿外侧刻一立兽，高25厘米。兽大部残，仅辨轮廓。 |
| 第4像 | 高135厘米，头长28厘米，残肩宽33厘米，胸厚12厘米。头后刻圆形云纹，略残蚀。梳髻，部分残。面长圆，眉、眼近年描画，鼻残，小口微启，下颌残，双肩残蚀。上着宽袖长服，下着裙，裙腰上束至胸，胸前刻蔽膝长垂，双手腹前笼袖内，夹持笏。笏上端略残，显露高18厘米，宽6厘米，足履。该像身前刻一猕猴，高63厘米，头部分残，两前腿于胸前捧持一物，手及物部分残，两后腿略屈，作向右行进状，大后腿大部残，尾斜垂。 | 第4像 | 头部及身躯下部皆毁，近年重塑，原迹残高65厘米。可辨着圆领窄袖服，腰束带，双手置胸前，手残，近年补塑，左前臂垂挂念珠。 |
| 第5像 | 高134厘米，头长27厘米，肩宽31厘米，胸厚14厘米。头后残留少许云纹遗迹，头、面残，近年补塑。上着翻领宽袖长服，右手袖摆内卷至肘部，其余装束与左第4像略同。左手横于胸前作手握状，右手下垂斜持笏，笏显露长14厘米，宽5厘米。该像左前刻一虎，高46厘米，身长33厘米。头略右侧，鼓眼、阔口半开，露齿，刻两列颈毛，身前俯，两前腿弯曲、弓背，尾不现。 | 第5像 | 头毁，近年重塑，原迹残高115厘米，肩宽33厘米，胸厚16厘米。左手腹前斜持笏，右手置于右腰处，手残；其余特征与右第2像同。该像右下方刻一犬形兽，显露高55厘米，身长30厘米，头左侧，胸略硕大，两前腿直立，尾不现。 |
| 第6像 | 头毁，近年重塑。原迹残高105厘米，左肩毁，后世补塑完整。身着装束与左第4像略同。蔽膝边缘线刻带褶装饰。双手胸前持笏，笏上部残，残高19厘米，宽5厘米，足履。 | 第6像 | 高140厘米，头长27厘米，肩宽25厘米，胸厚15厘米。头后刻云纹，部分残，梳髻戴卷草冠，面残，后世补塑完整。上着翻领宽袖长服，臂间刻半袖，下着裙，腰带上束至胸，前刻长垂蔽膝。双手前臂刻有敷搭的飘带，隐于身后，右腿外侧刻有下垂的带头，双手于胸前持笏，手及笏残。足履。 |

图 78　石篆山石窟第 11 号龛造像展开及主尊左右侧立像编号图（复原）

第二章 石篆山石窟 101

图 79 石篆山石窟第 11 号龛左侧壁立面图

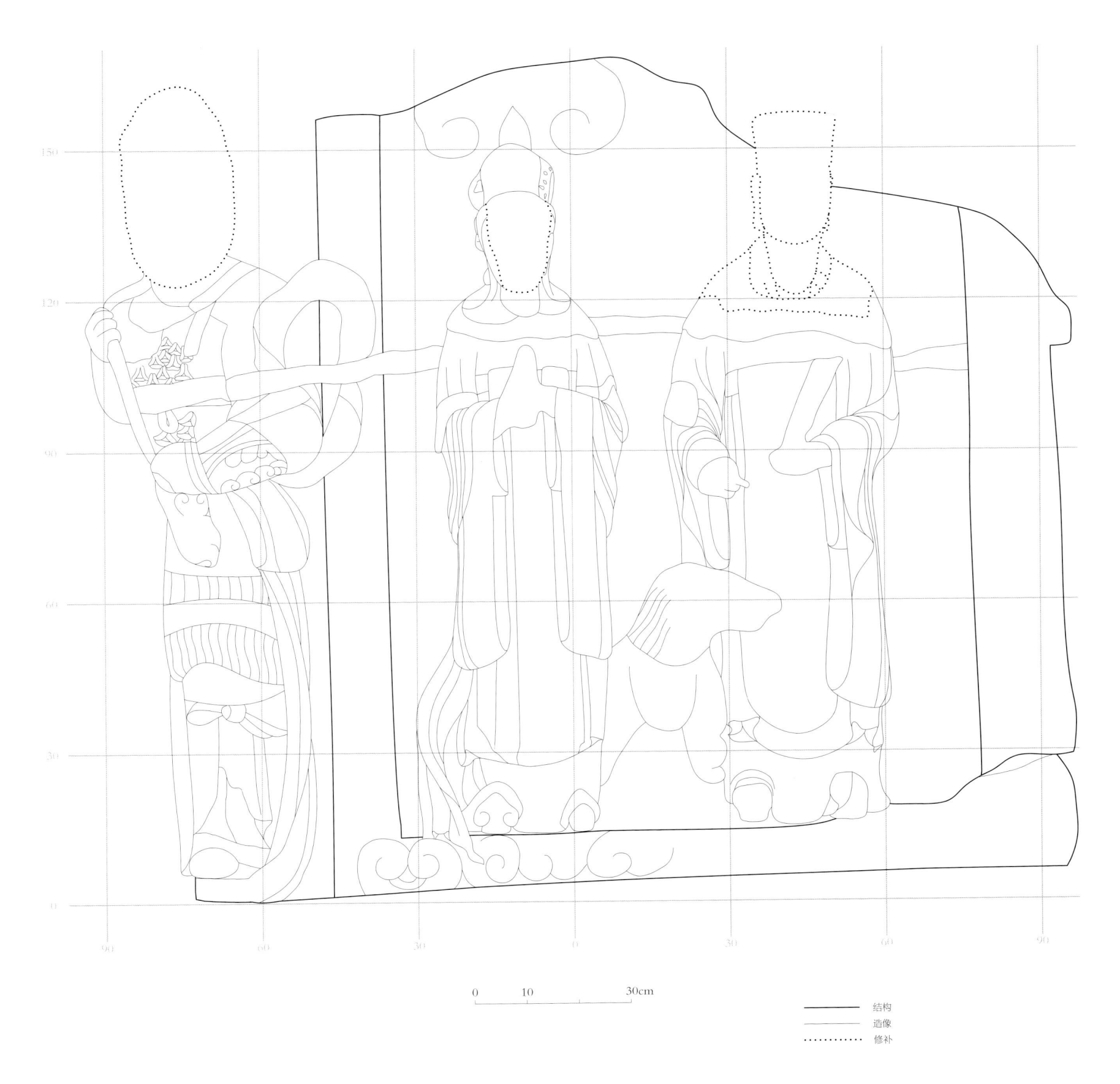

图 80　石篆山石窟第 11 号龛右侧壁立面图

## （二）龛外

刻护法神像2身（图81）。左像刻于龛左侧外，所在岩体残脱，置于龛外左下方地坪；右像刻于龛右侧外，所在岩体残脱，置于保护建筑右前方的地坝内。

左护法神像　头毁，近年重补。原迹残高125厘米，肩宽48厘米，胸厚18厘米（图81-1；图版Ⅰ：127）。内着袍，袖摆宽大，于肘部上扬。身甲，腿裙正面开衩，止于双膝处。胸系束甲索，腰系革带，圆护，抱肚，下垂鹘尾，下着裤，缚裤。飘带于腹前呈"U"形下垂，折叠后折入腰际革带内，两端沿体侧长垂。两手前臂刻臂甲，双手持剑，右臂及剑大部残，剑残长约60厘米；小腿残断，近年以水泥补接，着靴直立。

右护法神像　头毁，近年重塑。原迹残高123厘米，肩宽48厘米，胸厚18厘米（图81-2；图版Ⅰ：128）。胸际断裂，近年补接，装束与左护法神像略同。双手于胸前持物，物残难辨，近年补塑呈方条形。左向侧身站立。

## 四　铭文

文惟简镌像题名，北宋元丰五年至绍圣三年（1082—1096年）。位于龛口右侧平整面下部。刻石面高53厘米，宽8厘米。上部竖刻1行9字，楷体，字径4厘米；下部左起竖刻3行，存5字，楷体，字径1.5厘米（图版Ⅱ：43）。

岳阳镌作处士文惟简（上）
男□□〔居〕仁〔居〕（漶）
居（漶）
（漶）（下）

## 五　晚期遗迹

本龛造像残毁甚重，主尊及其弟子，主尊左侧第1像，右侧第1、2、3、4、5像，以及龛外左右护法神像等皆头毁身残，2003年发现后被当地百姓以水泥、石块等重塑补接。

# 第十五节　第12号

## 一　位置

位于罗汉湾第11号龛左侧。左距壁面转折边缘30厘米，右紧邻第11号龛；上距岩顶50厘米，下距地坪约175厘米。
碑东南向，方向130°。

## 二　形制

摩崖碑刻（图82；图版Ⅰ：129）。

碑座为龟趺，头身大部毁，仅存右侧后腿和部分龟壳边缘。残高75厘米，宽190厘米。碑身方形，上部及两侧大部毁，残存最高85厘米，宽196厘米；下部刻有宽7厘米的碑框。框中部线刻一瓶，瓶口向左右横向伸出卷草。瓶高11厘米，腹径11厘米。

1  2

0  10  30cm

———— 造像
·········· 修补

**图81　石篆山石窟第11号龛外左、右护法神像立面图**
1　左护法神像　2　右护法神像

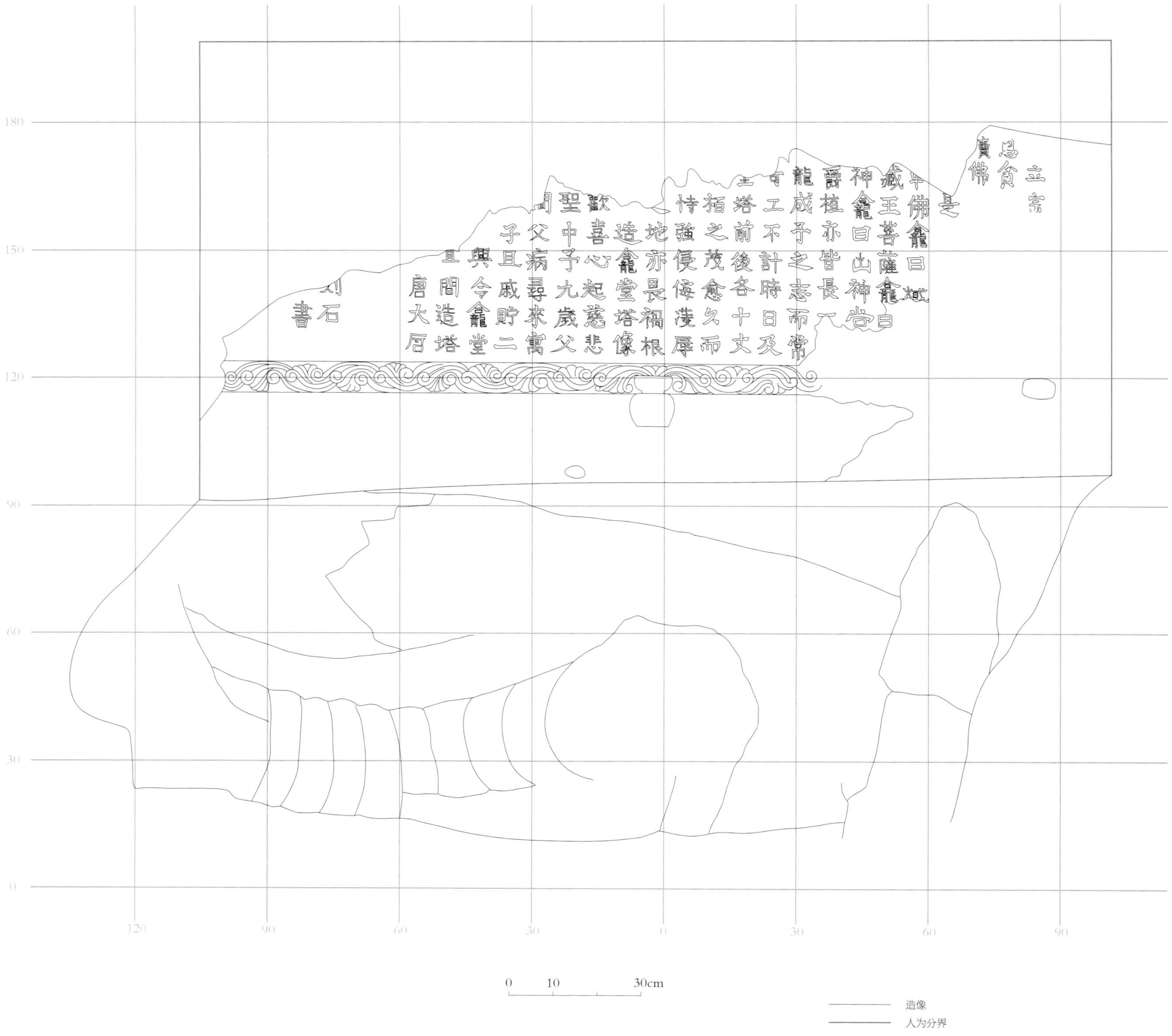

图 82　石篆山石窟第 12 号立面图

## 三　碑文[1]

僧希昼书严逊记碑，北宋元祐五年（1090年）。残存刻石面高54厘米，宽168厘米。碑文左起，竖刻，存245字，楷体，字径4.5厘米（图版Ⅱ：44）。

（漶）

（漶）释迦如来灭□□二千三十（漶）立〔宗〕□□□□□[2]

（漶）息贪□妒□□者□

（漶）读佛书□□□持□[3]

（漶）是称为复斯以

（漶）勒佛龛曰炽盛光

（漶）藏王菩萨龛曰太

（漶）神龛曰山神[4]常住

（漶）所植亦皆长茂春

（漶）能成予之志[5]而常

（漶）奇[6]工不计时日及

（漶）堂[7]塔前后各十丈

（漶）盖以谓屋宇之庇（漶）柏之茂愈久而

（漶）游礼之人皆善知识（漶）恃强侵侮凌辱

（漶）非予所造像之志苟（漶）之地亦长祸根

（漶）分明犹形影声响人（漶）所造龛堂塔像

（漶）丈地松柏花木得无（漶）欢喜心起慈悲

（漶）州润国人父应役（漶）圣中予九岁父

（漶）小溪方买旁居人（漶）闻父病寻来寓

（漶）松柏数十万余辛酉（漶）子且岁贮二

（漶）皆其余也子孙勿（漶）与今龛堂

（漶）分而折伐之以自（漶）其间造塔[8]

（漶）傅奉议耆于长松山（漶）得唐大历

（漶）安知百千年之后不（漶）

元祐庚午岁二月十五□严逊记　男驾　于□骥刻石[9]

甥逐（漶）书[10][8]

---

1　2003年重庆大足石刻艺术博物馆对罗汉湾造像进行调查记录，其时碑文尚存较多，计26行243字，但录文有个别遗误。见杨方冰：《大足石篆山造像补遗》，《四川文物》2005年第1期。本次调查时，碑文已漶蚀较重，计存24行115字。为全面、客观反映本碑文，本报告以2003年录文为基础，与碑文实物核对后进行录写。本卷报告下册的铭文图版为2003年拓本。

2　本行"立"字之前的字已不存，现据2003年录文录写。

3　第3、4两行2003年录文录为："息贪能使人贤者悟」读佛书年体修行持"。

4　此"神"字2003年录文录为"王"字。

5　此"志"字2003年录文录为"智"字。

6　2003年录文漏录"奇"字。

7　2003年录文漏录"堂"字。

8　2003年录文未录"其间造塔"4字。

9　此"石"字2003年录文未辨识。

10　2003年录文未录末字"书"。

## 第十六节　第13号

### 一　位置

位于罗汉湾左侧山腰岩体西南向壁面底部，西与第10、11、12号龛所在岩体相距约80米，北距佛会寺约280米，龛前为山沟。龛口西南向，方向210°。

### 二　形制

单层方形龛（图83、图84、图85；图版Ⅰ：130、图版Ⅰ：131）。

龛口　于自然崖壁竖直凿进最深约10厘米形成龛口。龛口方形，右侧及下部岩体毁，残高210厘米，残宽195厘米，至后壁最深约190厘米；存宽3厘米的左沿。左沿外侧后世凿出宽8厘米的凿面。龛口左上角作三角形斜撑结构，与岩面齐平，斜撑高8厘米，宽10厘米，斜边平直。

龛底　原龛底毁，仅存少许遗迹。后世向下竖直凿进80厘米形成方形平台，平台右前侧大部毁，残存台面形如三角形，台面下距地坪70厘米。龛底内侧建低坛一级，部分残。高19厘米，最深约40厘米。

龛壁　壁面竖直，略剥蚀；正壁与左侧壁弧面相接，右侧壁毁；壁面与龛顶弧面相交。

龛顶　左侧大部毁，残存龛顶呈方形，平顶。

### 三　造像

龛内存立像3身（图83、图85；图版Ⅰ：130）。其中，正壁中刻一主尊菩萨，其身右侧立一女侍像，左侧壁立一男侍像。

主尊像　立像高180厘米，头长38厘米，肩宽41厘米，胸厚22厘米。浮雕桃形火焰纹头光，残蚀略重，横径约95厘米，焰尖延至龛顶中部。梳高髻，鬟发绕耳，垂发分两缕覆肩；戴卷草冠，冠体两重，上重呈圆拱形，内刻坐式化佛1身，大部残，后侧与发髻间刻叶形饰物，大部残；下重冠体方形，垂挂四段珠串、坠饰。冠带作结后下垂双肩外侧。面方，眉眼细长，鼻残唇蚀，耳垂肥大，颈刻三道肉褶线。袒胸，上着披巾，下着裙，腰带作结长垂足间；外披袒右式袈裟，袈裟一角系于左肩哲那环上。左手胸前托珠，手略残，珠径约7厘米，右手屈肘外展，手臂风蚀，跣足，略蚀，立于双重仰莲台上。台略残蚀，高约25厘米，残宽约51厘米，深34厘米。

女侍像　立像高121厘米，头长23厘米，肩宽30厘米，胸厚14厘米。梳髻，戴花冠；面长圆，五官残蚀，短颈。着双层交领服窄袖长服，略显厚重，腰系绳带。左手屈于体侧持盏，内盛桃形物，盏及物略残。盏高4.5厘米，残宽21厘米；物残高7厘米，最宽9厘米。右手置于胸前，伸食指，余指弯曲。着鞋立于低坛上。

男侍像　立像高141厘米，头长20厘米，肩宽29厘米，胸厚15厘米（图85；图版Ⅰ：131）。戴进贤冠，面方圆，略蚀。内着窄袖服，外着圆领宽袖长服，胸际束带，下着裙，长服下摆及裙摆略风蚀。双手胸前持笏，笏残长19厘米，宽4厘米。双足毁。

### 四　铭文

2则。

第1则

位于左侧壁男侍像外侧。碑身方形，略残蚀，通高133厘米，宽64厘米，厚12厘米；碑座方形，高34厘米，宽69厘米，厚15厘米；上部饰莲瓣一层，残毁甚重。碑文漶。

图 83　石篆山石窟第 13 号龛立面图

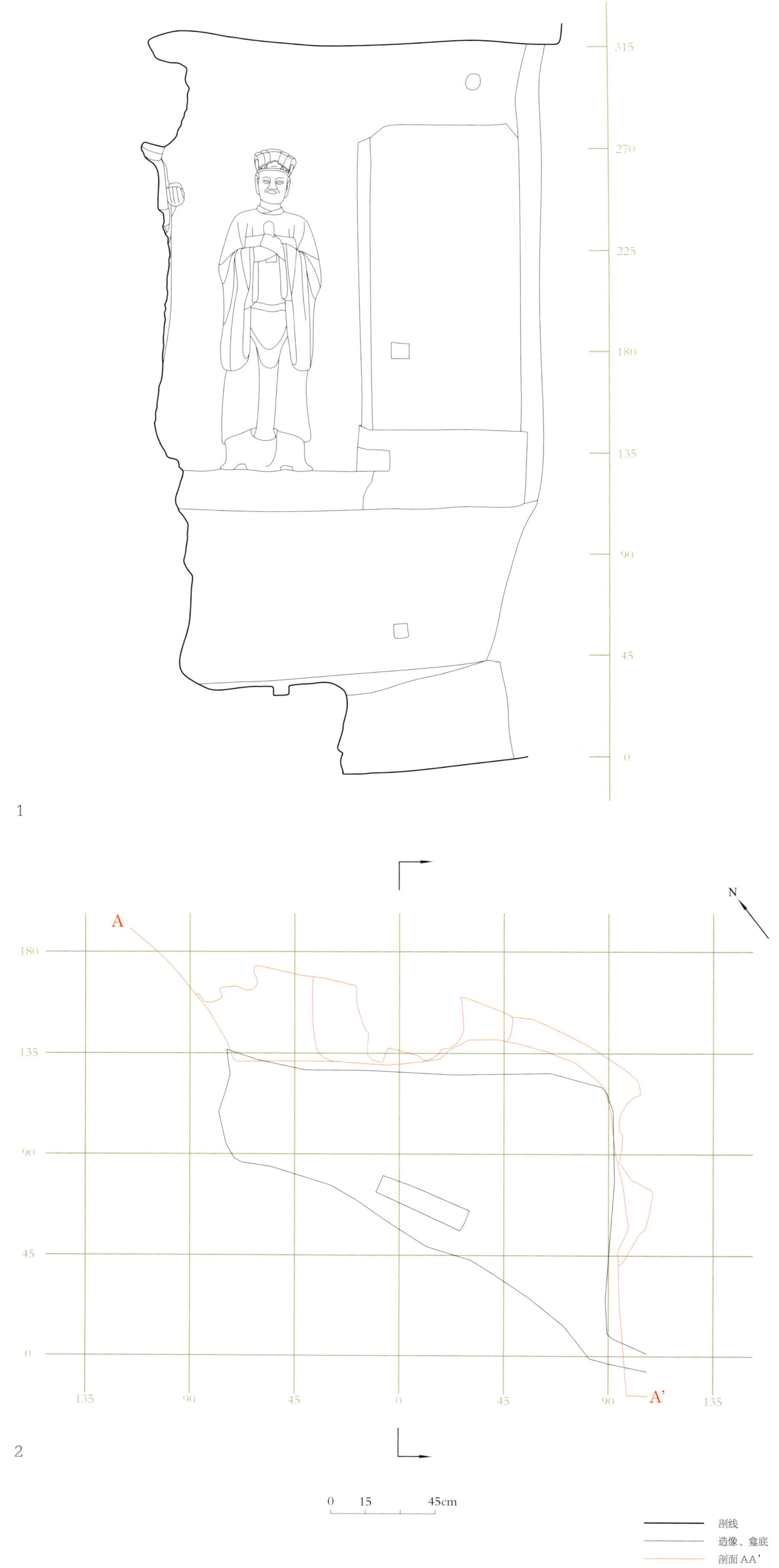

图 84　石篆山石窟第 13 号龛平、剖面图
1　剖面图　2　平面图

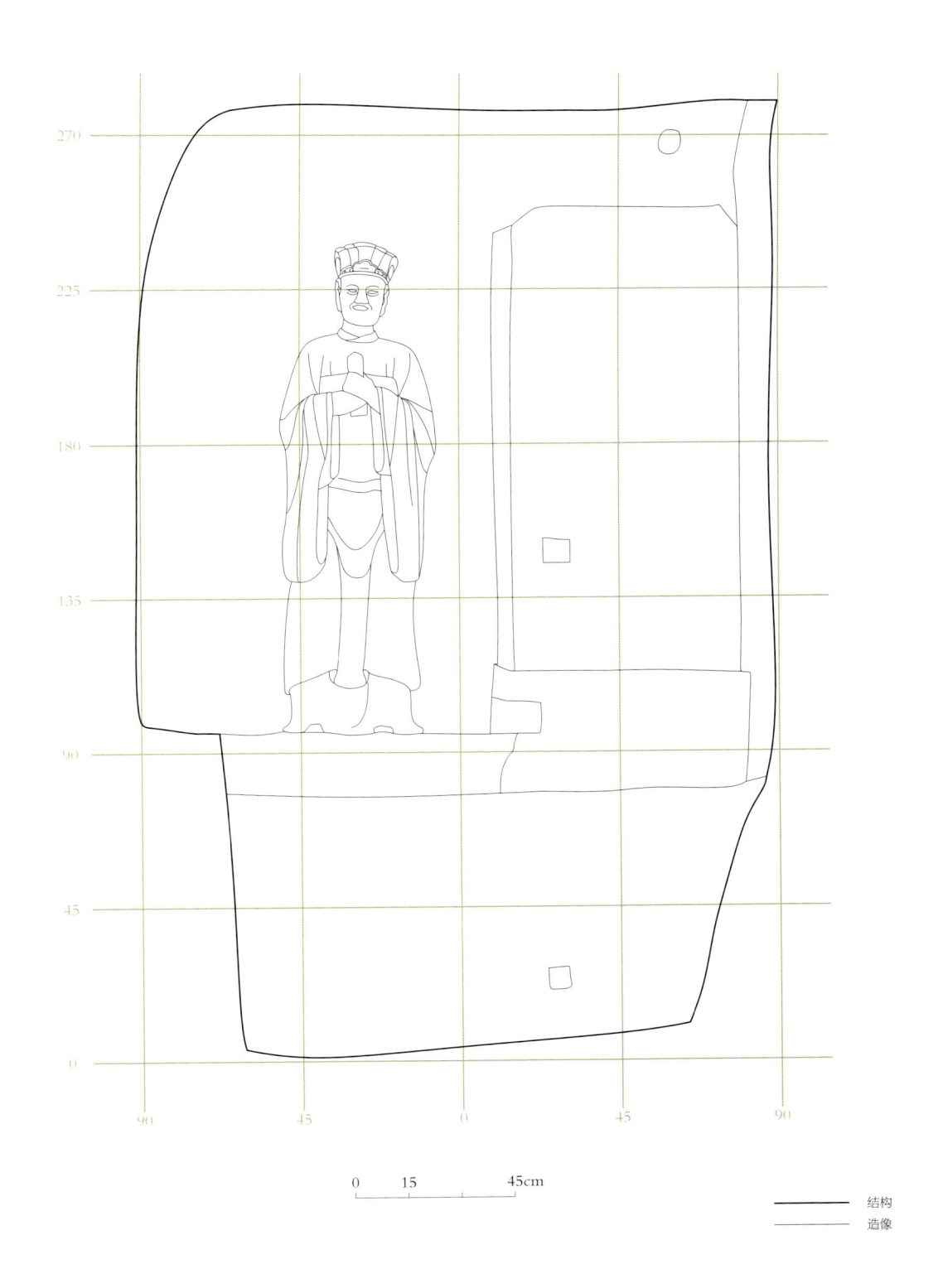

图 85　石篆山石窟第 13 号龛左侧壁立面图

第2则

位于主尊菩萨头光右侧方碑内。碑通高23厘米，碑首为覆莲叶，碑身方形，右下角残，残高15厘米，宽8厘米；未见碑座。碑文漶。

## 五　晚期遗迹

（一）铭文

2则。

第1则

僧志宣彩画记，清光绪年间（1875—1908年）。位于左侧壁男侍像头部右侧描画的方碑内。碑通高40厘米，碑座为仰覆莲，碑首为覆莲叶，碑身方形，高25厘米，宽13.5厘米。碑文左起墨书4行，楷体，存16字，字径1厘米。

01　（漶）请僧志宣（漶）

02　长（漶）侍神

第二章　石篆山石窟　111

03　自今彩画（漶）

04　光绪（漶）十六日（漶）

第2则

位于主尊菩萨像右肩外侧描画的方碑内。碑大部残，残通高17厘米，式样与第1则同。碑文漶。

### （二）构筑

龛左侧壁外侧方碑上方15厘米处凿一圆孔，孔径7厘米，深7厘米。方碑碑身右下方凿一方孔，高7厘米，宽8厘米，深9厘米。碑座右侧中部后世凿一方孔，大部残。碑座下方50厘米处存一方孔，高8.5厘米，宽9厘米，深10厘米。

主尊右侧女侍像右腰外侧凿一方孔，高7厘米，宽9厘米，深14厘米。该方孔下方40厘米处凿一不规则的圆孔，直径约7厘米，深7厘米。

龛外近年建有简易木瓦结构的保护建筑。

### （三）妆绘

主尊保存灰白色、蓝色、绿色三种涂层。左右立像保存绿色涂层，龛壁保存红色涂层。

## 第十七节　结语

### 一　形制特点

在石篆山石窟14个编号中，第2号为摩崖造像，第12号为摩崖碑，未设龛窟形，其余12号龛制基本完整，可分为两类。

第一类　单层方形龛。有第1、3、4、5-1、6、7、8、9、10、11、13号等11龛。龛口多为纵长方形或横长方形，皆未凿出龛沿。其中第3、4、13号龛口为纵长方形，第5-1号龛口为正方形。第7、8号龛有龛柱，断面分别为八角形、方形[1]，柱身外侧对称凿有龛像；其余龛口外侧无龛柱。部分龛口内侧向龛内凿出平整面，如第1、6、9、10、11号等5个龛。龛口左右上角有两种情况，其中第4、13号两龛凿有三角形斜撑结构，其余龛未见。龛底以横长方形为主，也有梯形或弦月形；除第3、4号两龛未建低坛，第11号于龛底建云台外，其余各龛龛底皆建有低坛。龛壁竖直，壁面间垂直或圆弧相接，壁面与龛顶垂直或圆弧相交。龛顶以平顶为主。

第二类　单层圆形龛。仅第5号龛。龛口呈圆形，有圆形龛沿，龛底为半圆形，龛壁为弧壁，与龛顶圆弧相接。

### 二　年代分析

在石篆山14个编号中，第2、5、6、7、8、9、12号等7龛有纪年造像记。其中第2号龛为北宋元丰八年（1085年）、第5号和第12号龛为北宋元祐五年（1090年）、第6号龛为北宋元祐三年（1088年）、第7号龛为北宋元丰五年（1082年）[2]、第8号龛为北宋元丰六年（1083年）、第9号龛为北宋绍圣三年（1096年）[3]。7个纪年龛像建造先后顺序依次为第7、8、2、6、5、12、9号。

其余7个龛像中，第11号龛有造像记，但纪年不存；第5-1号为残龛无像；第1、3、4、10、13号等5龛无纪年题刻。

《严逊记碑》载：严逊"以钱五十万购所居之乡胜地石篆山，镌崖刻像，凡十有四：曰毗卢释迦弥勒佛龛、曰炽盛光佛十一活曜龛、曰观音菩萨龛、曰长寿王龛、曰文殊普贤菩萨龛、曰地藏王菩萨龛、曰太上老君龛、曰文宣王龛、曰志公和尚龛、曰药王孙贞人

---

1　目前，在大足境内的龛窟中，设置龛柱的实例仅发现石篆山第7号、第8号两龛。

2　左侧龛柱柱身内侧刻"戊辰年十月七日修水陆斋庆赞讫"，右侧龛柱内侧刻"岁次壬戌八月三日记"，两则铭文时间不同，但左侧铭文为修水陆法会的时间，右侧铭文才是本龛建造时间，据此，本龛实际开凿于元丰五年（1082年）。

3　据佛会寺《严逊记碑》记载，元祐五年（1090年），包括子母殿、罗汉湾在内的龛窟像已全部完成。第2、5、6、7、8、12号等6个龛像完成于元丰五年至元祐五年之间，与碑文记载相合，但第9号龛纪年为绍圣三年（1096年），晚于元祐五年约6年时间，明显与《严逊记碑》不符，原因有待探讨。

龛、曰圣母龛、曰土地神龛、曰山王常住佛会塔，凡龛堂塔前后左右，并植松柏及花果杂木等，元祐五年诸像既就。"[1]意即上述龛像均开凿于元祐五年（1090年）之前。而根据下文题材内容的分析探讨可知，炽盛光佛十一活曜龛即现第11号龛，观音菩萨龛即第13号龛，长寿王龛即第10号龛，药王孙贞人龛即第4号龛，圣母龛即第1号龛，土地神龛即第3号龛，山王常住佛会塔记龛即第12号龛。据上述纪年题记及《严逊记碑》可以认为，除第5-1号外，包括子母殿、罗汉湾在内的石篆山石窟第1—13号龛窟均集中开凿于北宋元丰五年（1082年）至绍圣三年（1096年）之间。

### 三　题材内容

石篆山石窟14个编号中，除第5-1号为空龛、第12号为摩崖碑外，其余12个龛像保存较好，造像特征明显。据《严逊记碑》所载龛像，结合其造像特征及造像记等，对其题材内容简要探讨如下。

第1号　龛正壁刻戴凤冠的女像，左手抱一小孩，右手持物，其右侧刻一乳母，怀抱小孩哺乳，正壁及左右壁共刻小像9身，其造像组合与北山佛湾第122号、石门山第9号的诃利帝母龛大致相近。据此，本龛应为"诃利帝母龛"，即《严逊记碑》中所称"圣母龛"。

第2号　主尊戴披帽，左手持角尺，腕垂挂剪。右侧弟子负杖，悬挂斗、秤、扫帚等物。造像壁面上方方碑内刻"梁武帝问志公和尚药方"题记，据此，本龛主尊应为"志公和尚"，龛即《严逊记碑》中所称"志公和尚龛"。

第3号　龛内刻二立像，皆部分残蚀，着长服，腰束带，长服前摆上撩折入腰带内。据《严逊记碑》，本龛对应的应是"土地神龛"[2]。

第4号　龛内刻立像1身。梳髻扎巾，头略右侧，隆眉鼓眼，阔口露齿，长服袖摆于肘部上扬，双手握于腹前，着鞋站立。据《严逊记碑》，本龛对应的是"药王孙贞人龛"。

第5号　龛内左菩萨坐于青狮背负的莲台上，其左侧刻一狮奴；右菩萨坐于大象背负的莲台上，其右侧刻一象奴。据此，二主尊应为文殊、普贤菩萨，即为《严逊记碑》中所称"文殊普贤菩萨龛"。

第6号　龛内居中刻主尊坐像1身，其左右各刻立式弟子像5身。主尊右手持扇，左手置腿上，倚坐于方台上，头部左侧壁面刻"至圣文宣王"题记，左侧由内至外5身弟子像的头部左右侧分别刻"颜回""闵损""冉有""端木""言偃"，右侧由内至外5身弟子像的头部左右侧分别刻"仲由""冉耕""宰我""冉求""卜商"题记。据此，本龛主尊应为孔子，左右为其十大弟子，龛即《严逊记碑》中所称"文宣王龛"。

第7号　龛内正壁刻主尊坐佛3身，左右佛像外侧各刻菩萨像1身，佛像间以及左右壁共刻弟子像10身。居中佛像双手胸前结毗卢印；左佛像左手腹前结印，右手抚膝；右佛像左手抚膝，右手举胸前结印。据此，居中佛像为毗卢佛，左佛像为弥勒佛，右佛像为释迦佛，龛即《严逊记碑》中所称"毗卢释迦弥勒佛龛"。

第8号　龛内正壁居中刻主尊坐像1身，戴冠，左手抚平几，右手持扇，盘腿坐于须弥座上，身前刻三足平几，主尊头部左侧刻"太上老君"题记。主尊左右侧壁面各刻7身立像，皆双手持笏，左侧由内至外弟子像的头部左右侧壁面存有"玄中大法师""太极真人""□□真人""妙光真人""普得真人"，右侧由内至外弟子像的头部左侧分别刻"三天大法师""太乙真人""定光真人""□□□人""妙行真人""正一真人""□□□人"题记。据此，本龛主尊应为老子像，其左右立像应为法师、真人像[3]，龛即《严逊记碑》中所称"太上老君龛"。

第9号　龛内正壁刻主尊菩萨坐像1身，光头，右舒相坐于山石台上，左右侍者持锡杖、叉等。主尊左右，于正壁和左右壁内侧，环壁布置前后两排共计20身像，前排为坐像，后排为立像；左右壁外侧各刻2身立像。据此，本龛主尊应为地藏菩萨，左右为十王和两司像，龛即《严逊记碑》中所称"地藏王菩萨龛"。

第10号　龛正壁居中刻板门，门内刻立像1身，右手扶门扇。板门左侧刻立像1身，左手握持钱串，立像左侧刻堆砌的钱串。板

---

[1] 见本册附录二《石篆山石窟其他文物遗迹·佛会寺》。另见重庆大足石刻艺术博物馆编：《大足石刻铭文录》所载《严逊记碑》，重庆出版社1999年版，第326—327页。
[2] 见褚国娟：《石篆山3号龛人物形象辨析》，秦臻主编：《田野、实践与方法：美术考古与大足学研究》，重庆大学出版社2016年版，第3—14页。
[3] 李淞对法师、真人作了详细考证，指出"所谓'三天大法师'即道教创始者之一的张道陵""十二真人的原型是有名有姓的、不同朝代的十二位高人，北宋则升华为没有个性的真人。而石篆山的二法师和十二真人像，可能是现存最早的陪侍老君的大型组像"。见李淞：《以大足为中心的四川宋代道教雕塑——中国道教雕塑述略之六》，《雕塑》2010年01期，第50—55页。

门右侧刻像2身，其中，左像双手抱持扛于肩上的钱串，二像之间刻出方印、印盒。可见，本龛人物、场景的安排遵循了一定仪轨，应为经变相。而据考，龛内人物为"贪王""长寿王""长生太子""婆罗门"等。其中正壁板门右侧双手抱持钱串的可能是"贪王"[1]。据此，本龛应为《严逊记碑》所名的"长寿王龛"。

第11号　龛内刻像17身，正壁居中刻主尊坐佛1身，主尊左右侧及左右侧壁对称各刻立像6身，龛口左右外侧各刻力士像1身。主尊佛像内着僧祇支，外着双领下垂式袈裟，下着裙，左手腹前托法轮，结跏趺坐于须弥座上，应为"炽盛光佛"，本龛即《严逊记碑》中所称"炽盛光佛十一活曜龛"。

第12号　为摩崖碑刻，所存碑文与佛会寺立《严逊记碑》文几乎一致，似为"严逊记碑"的摩崖刻本。据《严逊记碑》，疑为"山王常住佛会塔记龛"[2]。

第13号　龛内正壁刻立式菩萨像1身，梳髻，垂发覆肩，戴卷草冠，冠内刻化佛，上着披巾，下着裙，左手胸前托珠，右手屈肘外展，跣足立于莲台上。从其形象判断，应为"观音"像，本龛即《严逊记碑》所名的"观音菩萨龛"。

## 四　晚期遗迹

### （一）构筑遗迹

第1号龛左右壁上部、中部对称凿有纵向的圆孔和枋孔，龛口左右外侧平整面下部对称凿有一枋孔，龛口左右内侧平整面中部和下部亦各凿有一枋孔，此外，龛外左侧平整面凿有纵向的三个枋孔。这些圆孔和枋孔的存在，表明历史上曾于龛前建有保护设施。

第2号龛壁左右下部对称凿一方形槽口。第3号龛口上方、第4号龛口左右上角分别凿有方孔、圆孔。这些分布于龛内外的槽口和孔洞显示，历史上曾建有构筑物，用于遮覆保护龛像。

第6号龛内外、第7号龛外和第9号龛外壁面上，存有较多的孔洞和凹槽。其中第6号龛左右壁、龛顶分别凿有方孔、圆孔，龛外上方凿有横向的上下两道凹槽，龛口上方与横向凹槽之间的壁面布置有上下两排方孔，两道槽口的左侧另有一道斜向的凹槽；第7号龛外上方有横向凹槽，凹槽下部近龛口位置，凿有一排六个横向的方孔；第9号龛口上方亦凿有横向凹槽，槽口上方凿有一排六个方孔；这些孔洞及凹槽应为历史上建造构筑物时所凿。

### （二）修补及妆绘遗迹

石篆山罗汉湾造像出土后，当地百姓用水泥对第11、12号等龛头像和躯体残损部位进行了修补，补接痕迹清晰可辨。

石篆山石窟14个编号中，除第3、4、5-1、10、11号等5个龛像未见妆绘遗迹外，其余10个龛像中皆存妆绘涂层。其中，第1号龛存红色、灰白色、黑色、蓝色、黄色五种涂层，第6号龛存红色、灰白色、蓝色、绿色、黑色五种涂层，此二龛在所有龛像中保存涂层种类最多。第2、5号两龛内皆存红色、黑色、绿色、灰白色四种涂层，第7、8、9号龛内存灰白色一种涂层。第13号龛存灰白色、蓝色、绿色三种涂层。此外，第12号龛造像的眼、嘴等部位，近年以墨色、红色颜料描绘；第5、7、8、9、13号等5个龛内存墨书遗迹。

---

[1] 见陈灼：《大足石刻石篆山宋代造像及相关问题》，重庆大足石刻艺术博物馆编：《大足石刻研究文集》（5），重庆出版社2005年版，第352—356页。另见褚国娟：《北宋严逊与石篆山造像》，北京大学博士研究生学位论文，2014年。

[2] 据陈灼考证，本号为"山王常住佛会塔记龛"。见陈灼：《大足石刻石篆山宋代造像及相关问题》，重庆大足石刻艺术博物馆编：《大足石刻研究文集》（5），重庆出版社2005年版，第352—356页。

注释：

[1] 本则铭文第8行第4字"碍"；第8行第5字"曰"，铭文分别为：

[2] 本则铭文第1行第15字"赞"；第2行第11字"愿"；第3行第5字"聪"，铭文分别为：

[3] 本则铭文第3行第14字"朝"；第3行第15字"廷"；第3行第20字、第7行第17字"感"；第4行第25字、第6行第17字"哲"；第5行第25字"周"；第6行第25字"余"；第6行第27字"游"；第8行第11字"邃"；第8行第23字、第12行第23字"盛"；第8行第28字"荒"；第10行第23字"忘"，铭文分别为：

[4] 本则铭文第1行第15、21字及第12行第11字"县"；第2行第20字"龄"；第5行第14字"称"；第6行第2字"岩"；第6行第13字"岁"；第8行末字、第13行第4字"哗"；第9行第3字、第13行第5字"戏"；第9行第4字、第13行第6字"侮"；第9行第8字、第13行第10字"毁"；第9行第13字"炎"；第9行第20字、第13行第17字"渎"；第11行第5字"竖"；第11行第6字"碑"；第11行第10字"垂"；第11行第12字"远"；第11行第23字"除"；第17行第14字"晓"，铭文分别为：

[5] 此"修"字，铭文为：

[6] 此"岁"字，铭文为：

[7] 此"岁"字，铭文为：

[8] 本则铭文第9行第4字"皆"；第14行第12字"侮"；第15行第13字"祸"；第16行第13字"塔"；第18行第12字、第20行第11字"岁"；第19行第11字"寻"，铭文分别为：

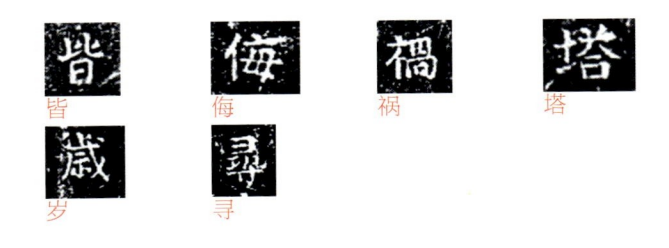

# 第三章　石门山石窟

## 第一节　石窟概况

### 一　地理状况

#### （一）位置与环境

石门山石窟位于大足城区东南约20公里的石马镇石门村石门山，地处北纬29°42′59″，东经105°42′17″（图86；图版Ⅰ：132、图版Ⅰ：133、图版Ⅰ：134）。石窟凿建于石门山山顶岩体崖壁上，顶点海拔374.1米。从大铜（大足至铜梁）公路下道后向东约400米，沿石板小道即可直达石窟区[1]。

石门山石窟西距石马镇街约3公里，东南距陈家岩石窟约1.2公里。石窟区建有内外两重围墙。外围墙略呈半圆，起自石窟区西侧，经西北侧的坡顶，延伸至圣府洞寺左后侧；于其西侧中部，设简易仿古门厅作为石门山石窟的进口（图版Ⅰ：135）；北面外侧为原石门村小学校址。内围墙环绕石窟核心区所在岩体及其所在坡地而建，大致呈圆形，其中东侧部分与外墙重叠共用。石窟核心区北面紧邻圣府洞寺大殿建筑，东侧为现管理用房和休憩廊亭，南侧30余米处为原管理用房[2]（图版Ⅰ：136、图版Ⅰ：137）。

#### （二）地形地貌

石门山石窟所在地为"坪状"丘陵地形（图版Ⅰ：132、图版Ⅰ：134）。西北面为平地或低矮坡地，植被较茂密。西南及东面地势陡峭，下切形成沟谷。由遂宁组泥岩构成丘体，水平状砂岩构成丘顶。丘陵顶部由巨厚层状砂岩形成陡崖，崖高3.4—5米，崖面全长71.8米，石窟造像均分布在该层砂岩之中。丘陵斜坡由砂、泥岩叠置而成，向四周逐渐变缓，岩层产状近水平。砂岩在地形上形成陡崖或陡坡，泥岩组成缓坡。山顶处以砂岩为主，地形坡度陡，约60°—80°。山体下部以泥岩为主，坡度变缓，山脚处坡度为20°—30°。石门山顶部为地表分水岭，区内沟谷发育[3]。

#### （三）地层岩性

根据中国地质大学（武汉）文化遗产和岩土文物保护工程中心的调查，石门山石窟区内出露的地层为侏罗系中统遂宁组（$J_{2s}$）的紫红色泥岩与紫灰、灰白色砂岩不等厚互层，以及第四系的残积物（$Q^{el}$）和残坡积物（$Q^{el+dl}$）。

#### （四）地质构造

石门山石窟区地质构造属新华夏系第三沉积带四川沉降褶带。其总体特征为构造较平缓、岩层倾角小，地层单一，岩性简单。石窟区地层缓倾，为近水平状岩层，倾向15°—25°，倾角为3°—5°。砂岩内具交错层理，岩层产状变化较大。区内岩体完整性好，未发现断裂构造，主要以构造裂隙为主。根据裂隙统计调查结果，区内主要发育二组构造裂隙和一组层面裂隙[4]。除构造裂隙外，岩体内还发育有层间裂隙和风化卸荷裂隙。构造裂隙、卸荷裂隙和层面裂隙互相交切，将区内岩体切割成巨块状。这些巨块石在重力作用下，易产生向临空方向的崩塌。

---

1　清代进入石窟区的小道位于石窟东北侧，现仍存少许石阶。见（清）李型廉：《游石门山记》，载道光《大足县志》卷一《舆地志·山川》《民国重修大足县志》卷一《山脉》。
2　南侧管理用房建于20世纪80年代。
3　2004年4月，受重庆大足石刻艺术博物馆委托，中国地质大学（武汉）文化遗产和岩土文物保护工程中心对石门山石窟进行了现场地质勘查和病害调查，采取岩样和水样进行测试分析，在室内外研究的基础上，形成了《大足石门山石刻区环境地质病害防治对策研究报告》。
4　两组构造裂隙的产状分别为：①SE150°—175°＜76°—85°；②NW305°—325°＜75°—85°。裂隙最大张开度在近地表处为2—15cm，往深处渐变闭合。石窟区内裂隙中有泥质充填和植物根系生长，根劈作用是使裂隙加宽的主要原因之一。见中国地质大学（武汉）文化遗产和岩土文物保护工程中心所编：《大足石门山石刻区环境地质病害防治对策研究报告》。

## 二 石窟构建

石门山石窟分刻于山顶东侧、西侧和南侧三个相对独立的岩体崖壁上（图87、图88、图89、图90；图版Ⅰ：138）。三个岩体之间的原地坪未作发掘观察，现地坪均铺设石板，较为平整。其中，东侧岩体与西侧岩体相距约700厘米，现以墙体相连；西侧岩体与南侧岩体呈南北夹峙，形成一狭长巷道（图版Ⅰ：139、图版Ⅰ：140）。巷道全长994厘米，地坪宽132—273厘米。巷道两端（西南端和东北端）各设三阶石阶，通高约48厘米。巷道西南端建有一石门，高248厘米，宽109厘米。门左以10级条石砌筑，形成门柱，宽27厘米；门右直接与条石墙体相接；门楣以二级条石砌筑，高48厘米。巷道顶部建券拱，西侧略宽大。拱高128厘米，宽235—263厘米，全长1000厘米（图版Ⅰ：141）。拱外以长1058厘米，宽487厘米，高190厘米的方形条石墙体包围[1]。拱顶东端刻"乾隆五十四年己酉岁夏月建"12字[2]，字径5厘米。

东侧岩体高373厘米，东西长790厘米，南北宽1030厘米（图版Ⅰ：142、图版Ⅰ：143）。岩体西北侧形成坡度大约30°的坡面，坡面上凿有踏步；岩顶边缘设置石板护栏。东北面与后世砌筑的条石堡坎相接，西南侧底部岩体掏空内凹，东南方前侧为石阶、石香炉以及保护管理用房和廊道。岩体西南面与西侧岩体之间，建有"八"字形墙体，中设椭圆形门洞（图版Ⅰ：138），门洞西北距圣府洞寺[3]大殿1370厘米。

西侧岩体西北面为平坝和坡地，东北面和东南面形成两个壁面，并于转折处圆转相接。东北壁面左侧（西北侧）略有倾斜，右侧（东南侧）较为竖直，壁面通高394厘米，全长约1030厘米（图版Ⅰ：144）。此段岩体顶部后世建有混凝土岩檐。壁面的左端（西北端）隐于后世修筑的条石墙体之内，墙体向西北延伸后转向西南方向，于顶部与围合岩顶西北面和西南面边缘的砖体围墙相接，全长约2100厘米，高533厘米。东南壁面高411厘米，全长2350厘米（图版Ⅰ：145），左侧较为竖直，中部略呈弧形，右端（西南端）岩体塌毁，后世以条石加固处理平整，条石面高470厘米，宽918厘米。东南壁面的最东端顶部与南侧岩体顶部现以混凝土檐板相接。

南侧岩体为一独立岩体，东西略宽，南北略窄。岩体高约456厘米，东北—西南宽约1260厘米，西北—东南宽约510厘米（图版Ⅰ：146、图版Ⅰ：147、图版Ⅰ：148、图版Ⅰ：149）。岩体下部软弱夹层带发育，局部掏空内进，导致岩体底部略窄小，上部略宽大；下部周长约3195厘米。岩体东北壁面下部残毁甚重，现以条石填塞加固；东南壁面上部略向内倾斜，壁面较为平整，壁面下部和右端则残毁甚重，后世亦以条石修补，壁面不甚平整；西南壁面中下部不甚规整，存有凹槽；西北壁面上部略呈弧形壁面，下部壁面则较为竖直。

石门山石窟造像主要开凿于西侧岩体的东北向壁面和东南向壁面、南侧岩体的四向壁面，以及东侧岩体的东南向壁面。

## 三 石窟编号及相互位置关系

1954年，四川省文管会第一调查组与大足县文管所联合组成"大足县文物调查小组"，对大足部分地区50余处石刻造像及其文物进行了调查，但在其调查成果《大足县文物调查小结》中，未见石门山石窟之记载，更未见编号。1985年《大足石刻内容总录》将其通编为13号[4]。为使编号保持基本一致，本次调查，主号仍沿用1985年《大足石刻内容总录》编号，而将此前未编号的龛像、摩崖碑刻等作为9个附号编入，总编号共为22号。

### （一）西侧岩体

本岩体共有11个编号，其中主号10个，附号1个，分布于岩体的东北向壁面和东南向壁面（图88）。

东北向壁面大致横向从左侧（西北侧）向右侧（东南侧）依次布置第1、2、3、4、5、5-1号等6个编号。其中第1号位于壁面最

---

[1] 券拱于清乾隆年间建成，后世曾修缮。清时在券拱上覆盖瓦屋亭宇，20世纪60年代，改成矮亭宇，1985年拆除亭宇，在拱顶上铺混凝土封护层。

[2] 此则铭文《大足石刻铭文录》共收录11字，漏录"建"字。重庆大足石刻艺术博物馆编：《大足石刻铭文录》，重庆出版社1999年版，第366页。

[3] 圣府洞寺始建年代不详。据石门山石窟现存铭文推断，最迟应在清乾隆之前。1998年，对石门山进行环境整治时，将寺庙前殿和配殿拆除，改作绿化地。现仅剩大殿，左距后世砌的条石堡坎580厘米，为悬山式单层屋顶建筑，台基高45厘米，四柱三间，面阔1610厘米，进深675厘米，设前廊，宽140厘米。

[4] 分别为：第1号药师琉璃光佛龛、第2号玉皇大帝龛、第3号释迦佛与香花菩萨龛、第4号水月观音龛、第5号阿弥陀佛龛、第6号西方三圣和十圣观音像、第7号独脚五通大帝、第8号佛母大孔雀明王经变相、第8-1号残像龛、第9号诃利帝母像、第10号三皇洞、第11号炳灵公夫妇龛、第12号《邓枢纪行诗》碑及《妆塑韦陀金身募化名》碑、第13号山王地母龛。见四川省社会科学院、大足县文物保管所等编：《大足石刻内容总录》，四川省社会科学院出版社1985年版，第313—333页。

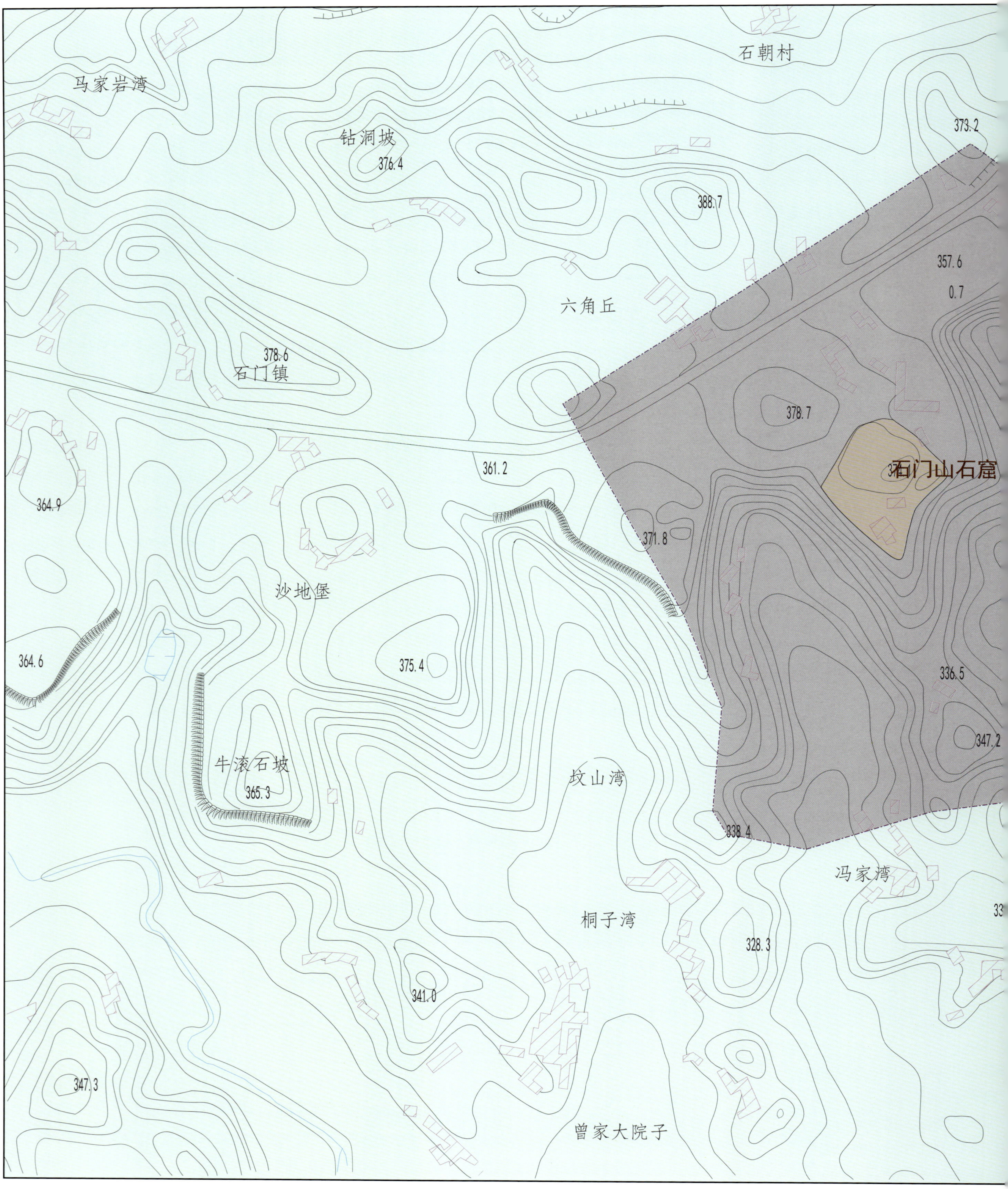

图86 石门山石窟地形图

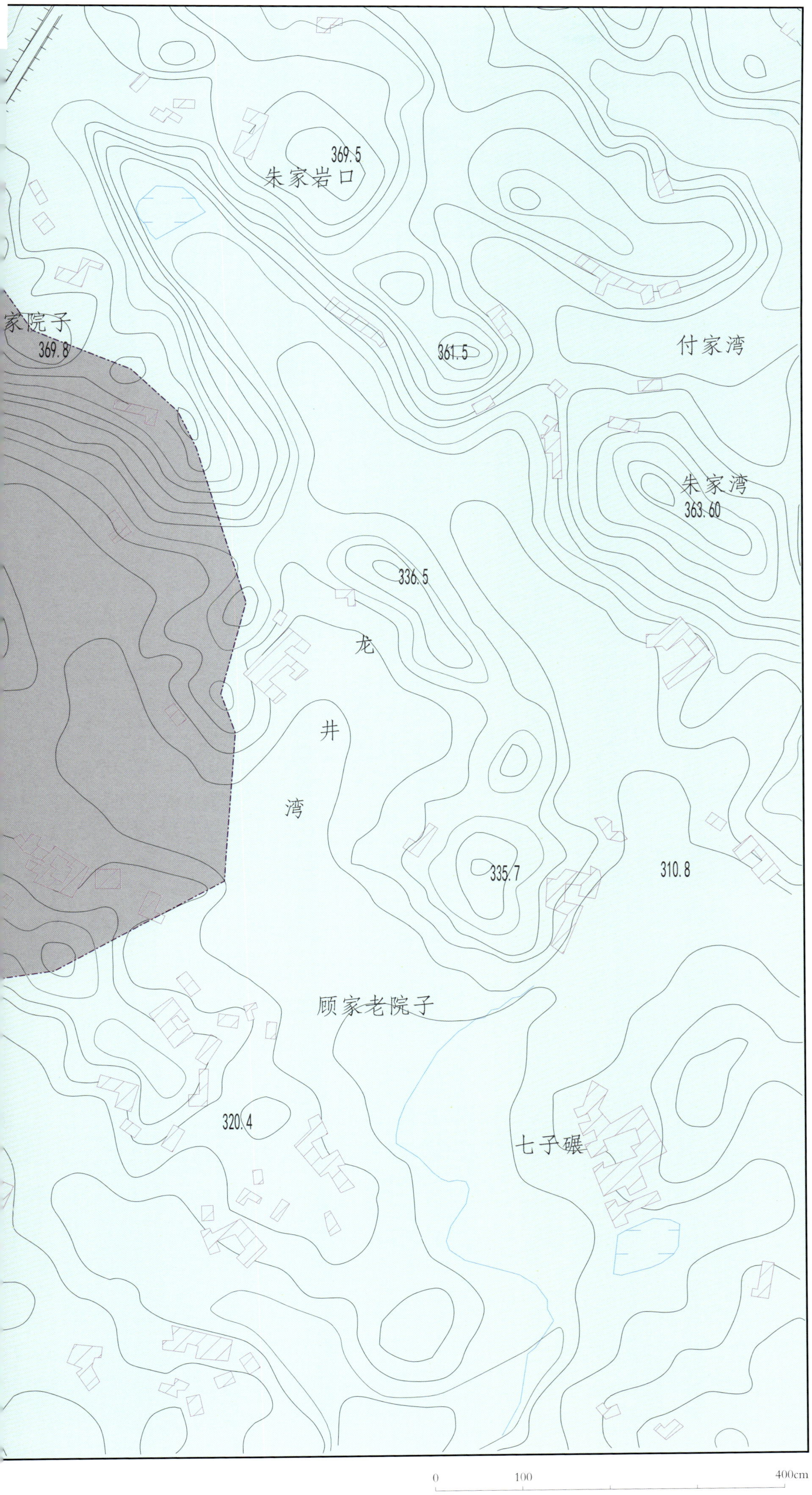

朱家岩口 369.5

家院子 369.8

付家湾

361.5

朱家湾 363.60

336.5

龙井湾

335.7  310.8

顾家老院子

320.4  七子碾

0　　100　　　　　400cm

第三章　石门山石窟　119

全长340厘米。第二条裂隙为纵向裂隙，位于东北向壁面中部，上部起自岩体顶部软弱夹层带上缘，向下纵向发育，经第3号龛正壁左侧，底端止于第2号龛下平台右侧，全长414厘米。第三条裂隙为横向裂隙，起自第3号龛正壁右侧，水平向右发育至第4号龛正壁最右端，全长270厘米。第四条裂隙为纵向裂隙，位于壁面东南侧，上部起自第5号龛上部后世补砌的条石右下侧，经第5号龛壁左侧，向下纵向发育，止于龛壁左下侧，全长183厘米。

东南向壁面第一条裂隙为横向裂隙，起自第6号窟窟口右上方70厘米处，水平向右发育，折入第8号窟内，横贯窟壁上部，止于窟口右外侧，与后世修补的墙体相接，全长1141厘米。第二条裂隙为纵向裂隙，上端起自第8号窟外上方券拱底端，先竖直向下发育，折入第8号窟顶后，再沿左壁向下延展，止于左壁中上部，全长230厘米。第三、四、五条裂隙均分布于第6号窟内，其中第三条裂隙，起自窟正壁与左壁相交处下部，向上发育，右斜向贯穿窟顶，止于顶部外侧近窟口处，全长760厘米。第四条裂隙起自窟左壁内侧第1尊菩萨所立莲台下方，经窟壁向上延至窟顶，于窟顶中部与第三条裂隙相接，全长395厘米。第五条裂隙起自窟正壁与右壁相交处下方，沿窟右壁内侧向上延至窟顶，于窟顶中部与第三条裂隙相接，全长437厘米。第六条裂隙位于第10号窟内，上端起于窟顶内部左侧，经正壁和左壁相交处向下发育，止于左壁内侧底端，全长417厘米。第七条裂隙，位于第10号窟左壁中上部，为横向裂隙，全长490厘米。

南侧岩体存三条裂隙（图88）。第一条裂隙位于第11号龛正壁左侧，起于正壁左上方，右斜向向下发育，于龛正壁下部偏左位置处与横贯南侧独立岩体中下部的软弱夹层带相接，全长250厘米。第二条裂隙位于第11号龛正壁下部偏右位置，起于横贯南侧独立岩体的软弱夹层带，右斜向上升后再水平向右延展，经壁面转折处发育至独立岩体西北向壁面左下方，与西北向壁面上部裂隙相接，全长357厘米。第三条裂隙左端起于西北向壁面和西南向壁面相交处的中下部，先右斜向上发育，再水平向右延展，贯穿西北向壁面中部，于壁面右侧折而向下，右端与岩体中下部的软弱夹层带相接，该裂隙发育程度较深，致岩体上下两部分分离明显，全长960厘米，最宽20厘米。

## 第二节　前期保护维修与调查研究

### 一　保护维修

据现有遗迹和史料判断，石门山石窟主要开凿于宋。南宋淳熙年间，"因石高下周以屋室盖黄冠栖息之所"[1]。未见元明培修、装绚题记。清时僧俗曾先后砌筑券拱、修葺庙宇和妆銮造像。如清乾隆二十二年（1757年），重修大殿[2]；乾隆五十年（1785年），塑南无西方接引阿弥陀佛金容一尊[3]；乾隆五十四年（1789年），石砌券拱，后因漏水，又在券拱上覆盖瓦屋亭宇[4]。道光十五年（1835年），妆塑玉皇龛像[5]；道光年间培修庙宇[6]；光绪七年（1881年），妆塑韦陀金身[7]；光绪年间，妆点石门山神像[8]。

20世纪50年代以后，石门山石窟得到较好保护[9]；60年代，大足文管所将券拱上覆盖的瓦屋亭宇改为矮亭宇。1985年，拆除亭宇，在拱顶上面铺混凝土表层封护。

1982年，为便于管理，修建围墙隔离石窟区。

1985年，实施岩体基础软弱层条石加固，此次加固主要对南侧岩体东北面和东南面下部进行加固[10]；在第1号龛至第5-1号龛上方

---

1　《邓棁纪行诗碑》，见本册第264、265页；另见重庆大足石刻艺术博物馆编：《大足石刻铭文录》，重庆出版社1999年版，第359页。
2　《张子华等重修大殿记碑》，见本册第273页；另见重庆大足石刻艺术博物馆编：《大足石刻铭文录》，重庆出版社1999年版，第365页。
3　《赵子元捐刻阿弥陀佛像镌记》，见本册第152页；另见重庆大足石刻艺术博物馆编：《大足石刻铭文录》，重庆出版社1999年版，第357页。
4　《修建巷道券拱镌记》，见本册第117页；另见重庆大足石刻艺术博物馆编：《大足石刻铭文录》，重庆出版社1999年版，第366页。
5　《众姓同立妆塑玉皇碑记》，见本册第141页；另见重庆大足石刻艺术博物馆编：《大足石刻铭文录》，重庆出版社1999年版，第366页。
6　《僧弘明立道众小引碑》，见本册第270页；另见重庆大足石刻艺术博物馆编：《大足石刻铭文录》，重庆出版社1999年版，第366页。
7　《僧宏济装塑韦驮金身记碑》，见本册第266页；另见重庆大足石刻艺术博物馆编：《大足石刻铭文录》，重庆出版社1999年版，第366页。
8　《募化装塑佛菩萨像镌记》，见本册第196、197页；另见重庆大足石刻艺术博物馆编：《大足石刻铭文录》，重庆出版社1999年版，第366页。
9　陈明光：《大足石刻档案（资料）》，重庆出版社2012年版，第221页；邓之金：《大足石刻维修工程四十年回顾》，重庆大足石刻艺术博物馆编：《大足石刻研究文集》（2），重庆出版社1997年版，569—584页；王金华主编：《大足石刻保护》，文物出版社2009年版，第133页；王庆煜：《大足石窟维修保护概况》，重庆大足石刻研究会编：《大足石刻研究》2002年创刊号（内刊），第65页。
10　南侧岩体东北面和东南面下部以条石叠砌加固，补砌面自东北面向右延伸至东南面右下方，东北面下部最宽，共叠7级条石，东南面下方最窄，仅1级条石，补砌面最高184厘米，通宽1400厘米。南侧岩体东南向壁面右侧残毁处以19级条石填塞修补，修补面高460厘米，宽317厘米。

岩顶建造岩檐[1]，加固第5号龛右上方岩体；并将学校搬出圣府洞寺，在东侧岩体前方空地建廊亭，东南面坎下建三间管理用平房。

1986年，加固第10号窟右壁，窟顶用钢筋混凝土复原，用条石安砌窟门。

1998年，三皇洞西侧基础沉降，第8号孔雀明王龛和第9号诃利谛母龛之间渗水严重，石拱顶面渗水严重，危及造像安全，为此对其窟顶进行加固防渗治理；在渗水部位人工凿石沟槽、砌筑条石堡坎，组合护壁柱，拱顶采用刚性柔性防水层，并用环氧树脂进行填堵，渗水病害得到有效治理[2]。

同年，针对石门山圣府洞寺单层木穿斗排架结构古建筑年久失修，进行了落架维修：整体拆除穿斗房屋，制安穿斗排架及构件，铺安屋面木基层、小青瓦，制安木装板、仿古门窗，竹编抹灰墙等，使其保存状况得到一定改善[3]。

1999年，加固第10号窟，第9号龛壁除险，修建进口山门和围墙。

2000年，针对石门山石窟顶部裸露岩面起壳、块状脱落、渗水严重等情况，实施防渗覆土治理。人工清洗岩面后，用细石混凝土SNA—210防水剂做找平层，涂刷水基型环氧树脂做防渗层，用SNA—210防水剂配1∶3水泥砂浆做保护层，碎石做滤水层，再覆盖土方，种植植被，使窟顶岩体得到有效保护，渗水治理效果较好[4]。

2005年至2006年，修建石窟区围墙195米。

## 二 调查研究

有关石门山石窟的最早记载，见于清道光邑人李型廉《游石门山记》[5]。该游记按行进路线，记录了石门山石窟的布局和造像现状、铭文以及石窟前的构筑物等。其后，《金石苑》收录《宋石门洞诗碑》[6]；道光《大足县志》《民国重修大足县志》等亦收录该碑文。

1945年，杨家骆所率"大足石刻考察团"在对北山、宝顶山、南山石窟考察后，在返程前往铜梁途中，考察了石门山石窟[7]。

20世纪50年代，陈习删记录了石门山石窟中的碑碣、雕像，并对部分造像题材加以考释；陈习删共收录碑碣1通、雕像12部、题记1则[8]。1962年，阎文儒率中国佛教协会石窟调查组对石门山石窟进行调查，惜未见详细的调查资料公布，仅在调查总结中，提及石门山石窟的部分题材[9]。1985年，《大足石刻内容总录》单列石门山石窟，从名称、时代、形制、内容、石质等五个方面，对其龛窟、碑刻等，首次作了全面刊布。1989年，胡其畏《大足道教摩崖造像》，介绍了石门山石窟中的道教造像[10]。1995年，重庆大足石刻艺术博物馆组成课题组对石门山石窟铭文进行捶拓、测量、考订和记录，共计捶拓碑刻、题记等36件[11]。2001年至2003年，重庆大足石刻艺术博物馆《大足石刻内容总录》课题组对石门山石窟进行调查，所形成的调查资料，后于2004年作为全国重点文物保护单位石门山石窟的记录档案备案存档[12]。2004年10月下旬至11月初，北京大学马世长教授率"大足石刻考察团"对石门山石窟进行了实地考察。

20世纪80年代以来，对石门山石窟的研究不断深入。除相关研究成果外[13]，还有造像源流、图像考释等方面的专题研究成果。如

---

1 其左端起自第1号龛上方岩顶，右端止于第6号窟右上方，并置于南侧岩体顶部，全长1330厘米，最宽挑出岩体约150厘米。
2 大足石刻研究院工程档案资料：《石门山石刻窟顶加固防渗治理工程》，档案号：2—75。
3 大足石刻研究院工程档案资料：《石门山圣府洞寺古建维修工程》，档案号：2—99。
4 大足石刻研究院工程档案资料：《石门山石刻窟顶防渗覆土工程》，档案号：2—97。
5 载（清）道光《大足县志》卷一《舆地志·山川》，另见《民国重修大足县志》卷一《山脉》、陈习删：《大足石刻志略》，1955年油印本，第222—224页。
6 见（清）刘喜海《金石苑》卷二。
7 大足石刻考察团于1945年5月5日离开大足县城前往铜梁途中，顺道对石门山石窟进行了考察，将龛像编为"三洞六龛"。见吴显齐《大足石刻考察团日记》，载《民国重修大足县志》卷首；杨家骆：《大足龙岗宝顶以外各区石刻略》，载《文物周刊》第22期。
8 陈习删：《大足石刻志略》，1955年油印本，第222—231页。
9 见阎文儒：《中国石窟艺术总论》，天津古籍出版社1987年版。
10 该书由大足县政协文史资料委员会主编，1989年编印。
11 重庆大足石刻艺术博物馆编：《大足石刻铭文录》，重庆出版社1999年版，第350—366页。
12 未出版刊行，调查资料现存大足石刻研究院资料室。
13 主要相关研究成果有王家祐、丁祖春：《四川道教摩崖石刻造像》，《四川文物》1986年石刻研究专辑；邓之金：《大足石刻中的道教造像》，《四川文物》1990年第4期；李远国：《四川大足道教石刻概述》，《东洋文化》1990年第70号；李远国、王家祐：《天蓬元帅考辨》，《四川文物》1997年第3期；胡文和：《大足石篆山石门山妙高山宋代石窟与文氏镌匠世家的关系研究》，《中华佛学学报》（第14期），台北中华佛教研究所，2001年；童登金、胡良学：《南山、石门山、石篆山等石窟概述》，重庆大足石刻艺术博物馆：《大足石刻研究文集》（4），中国文联出版社2002年版，第494—514页；李小强：《南宋的"天蓬元帅"造像》，《文史知识》2005年第10期；赵伟：《从大足四圣真君造像看图像的生成及流变》，大足石刻研究院编：《2009年中国重庆大足石刻国际学术研讨会论文集》，重庆出版社2013年版，第555—567页；胡文和：《大足宋代道教造像的神祇图像源流再探索》，大足石刻研究院编：《大足学刊》第一辑，重庆出版社2016年版，第243—257页。

胡文和《大足南山三清古洞和石门山三皇洞再识》[1]，苏默然《石门山摩崖造像：12世纪四川艺术中宗教折衷主义的典型》[2]；李淞《对大足石门山石窟宋代10号窟的再认识》[3]、李俊涛《南宋大足圣府洞道教三帝石刻造像的图像分析》[4]、李小强《大足三皇洞研究简述及浅识》[5]等。

此外，《大足石刻雕塑全集》第四卷、《中国石窟雕塑全集》大足卷等多种图录，公布了石门山石窟的部分图片。

## 第三节　第1号

### 一　位置

位于西侧岩体东向壁面最左端。左距壁面边缘65—102厘米，右距第2号龛约35厘米；上方60厘米处岩体外挑约200厘米，形如岩檐；下距现地坪81厘米（图88；图版Ⅰ：144）。

龛口东北向，方向45°。

### 二　形制

单层方形龛（图91、图92、图93；图版Ⅰ：150、图版Ⅰ：152、图版Ⅰ：153）。

龛口　于岩壁表面直接凿建龛口。龛口方形，高110.5厘米，宽112厘米，至后壁最深86厘米。龛口左右上角凿三角形斜撑，斜边平直，高17.5厘米，宽19厘米，低于龛口约2.5—6厘米。

龛底　略呈半圆形，略剥蚀。龛底前侧向下凿出方形平台。台面宽121厘米，深75厘米，上距龛底62.5厘米。平台内侧三面建低坛一级，高24.5厘米，深9.5—11厘米。

龛壁　弧壁，与龛顶弧面相交。

龛顶　平顶，呈半圆形，深（半径）约40厘米。

### 三　造像

龛刻像共19身（图91；图版Ⅰ：150）。据其位置，分为龛上部和龛底前侧低坛造像两部分。

#### （一）龛上部

龛上部共刻像9身。中刻主尊坐佛1身，其左右两侧至龛口各刻立像4身（图94；图版Ⅰ：151）。

主尊像　坐高51厘米，头长18.5厘米，肩宽20厘米，胸厚15厘米（图95）。浅浮雕桃形素面头光，横径45厘米；内圆素平，直径29厘米；外刻火焰纹，焰尖延至龛顶前侧，略残。螺发，刻髻珠。面方，眉间刻白毫，略残。弯眉细眼，鼻残，抿唇闭合，耳垂略蚀，颈刻三道肉褶线。溜肩胸厚，内着僧祇支，系带作结，外披双领下垂式袈裟。左手于腹前托钵，手及物残；右手戴镯，屈肘于胸前，齐腕残断，结跏趺坐于束腰仰莲座上。座通高42厘米。上部为三重仰莲台，高20厘米，直径43厘米；中部束腰为三瓣圆轮，高8厘米，通宽26.5厘米；其下为四段圆弧低台，高3.5厘米，通宽38厘米；最下为三面方台，高10.5厘米，面宽21厘米。

左右侧像　主像左右侧共刻立像8身（图版Ⅰ：152、图版Ⅰ：153）。从内至外依次编为左第1—4像和右第1—4像。其特征列入表5。

---

1　载《四川文物》1990年第4期。
2　载《亚洲艺术档案》，2007年，第51—94页。
3　大足石刻研究院编：《2009年中国重庆大足石刻国际学术研讨会论文集》，重庆出版社2013年版，第483—500页。
4　载《宗教学研究》2012年第2期。
5　载《中国道教》2005年第6期。

图91 石门山石窟第1号龛立面图

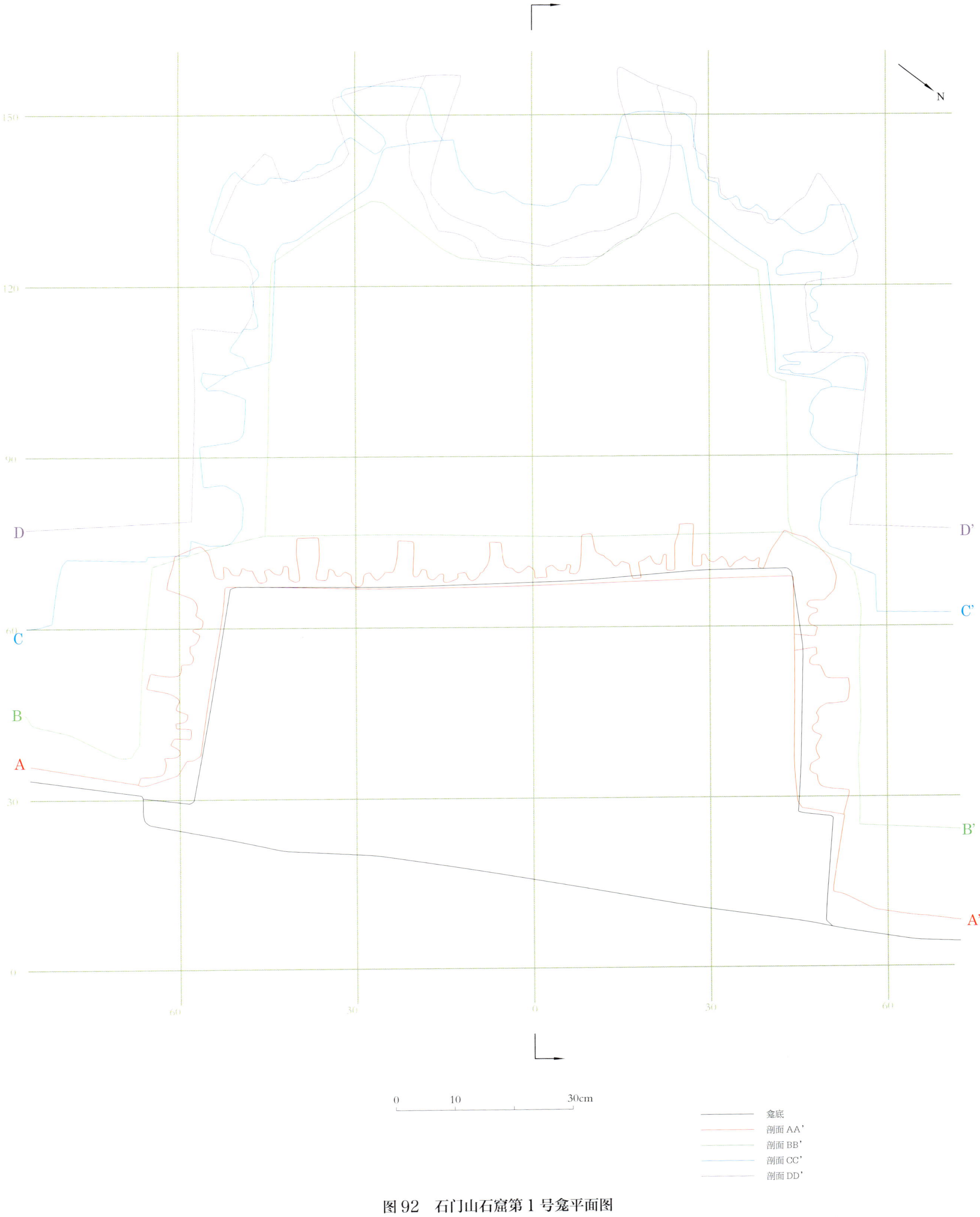

图 92 石门山石窟第 1 号龛平面图

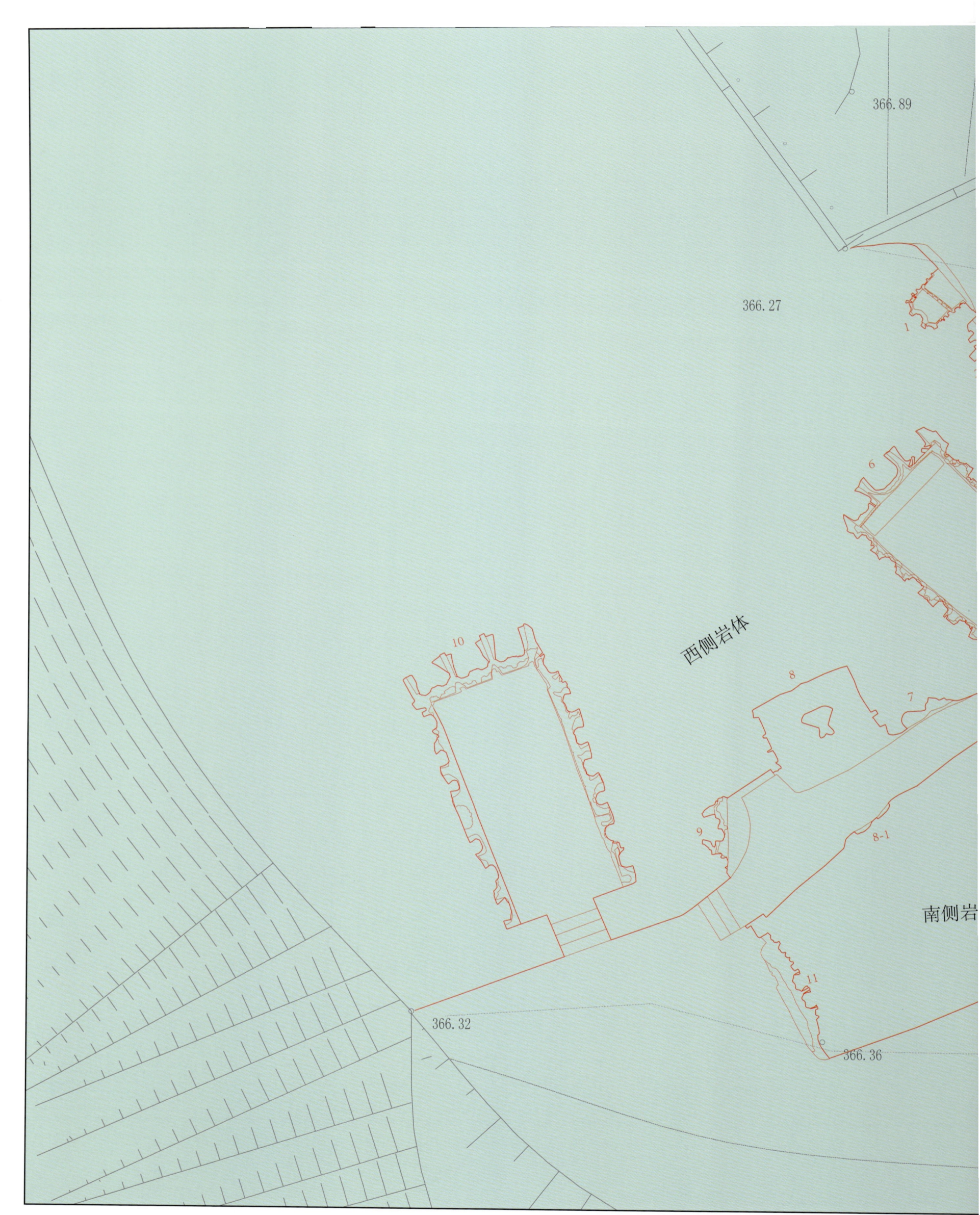

图 87 石门山石窟平面图

东侧岩体

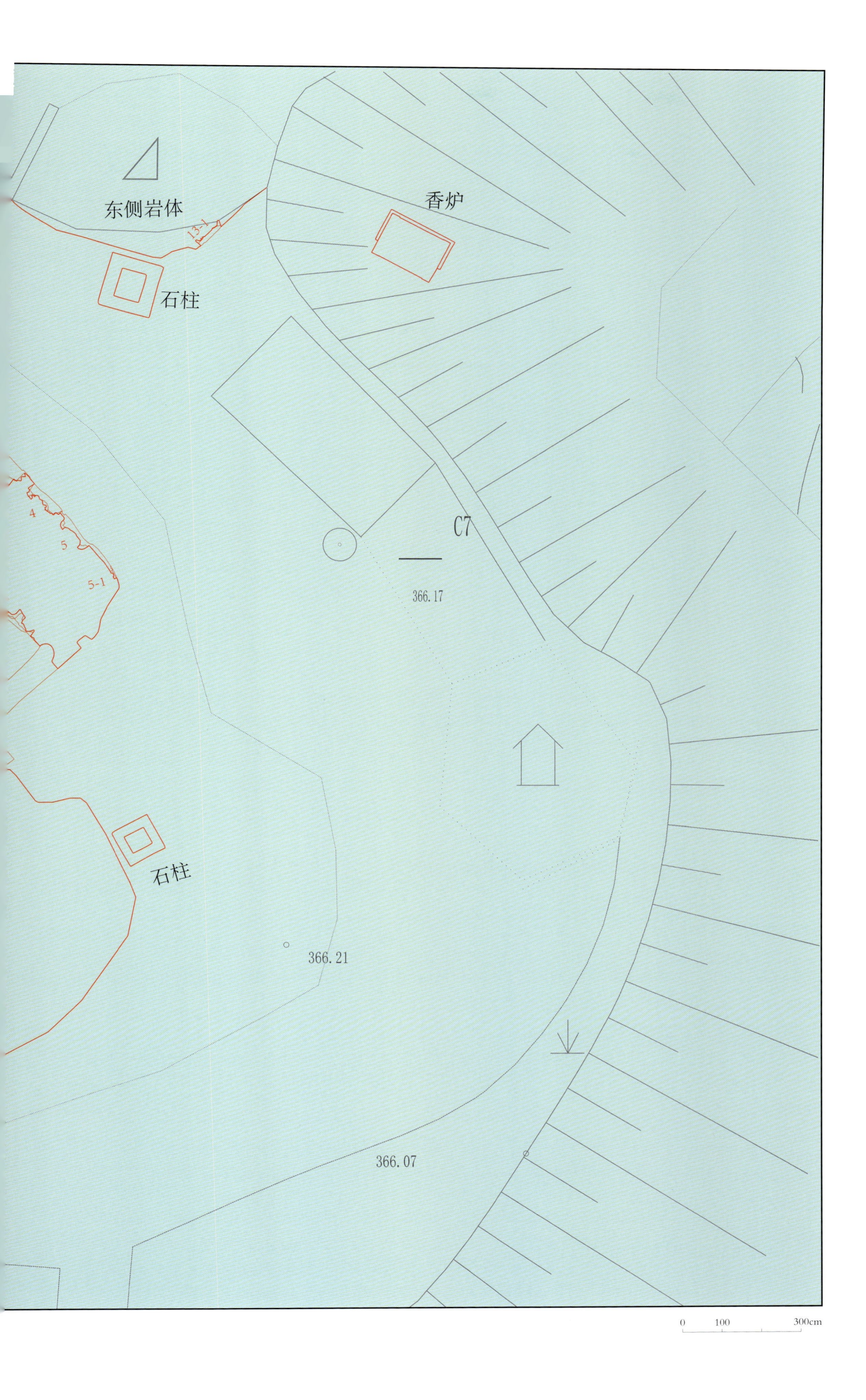

香炉

石柱

C7
366.17

石柱

366.21

366.07

0　100　300cm

第三章 石门山石窟　121

图 88　石门山石窟西侧岩体造像立面图

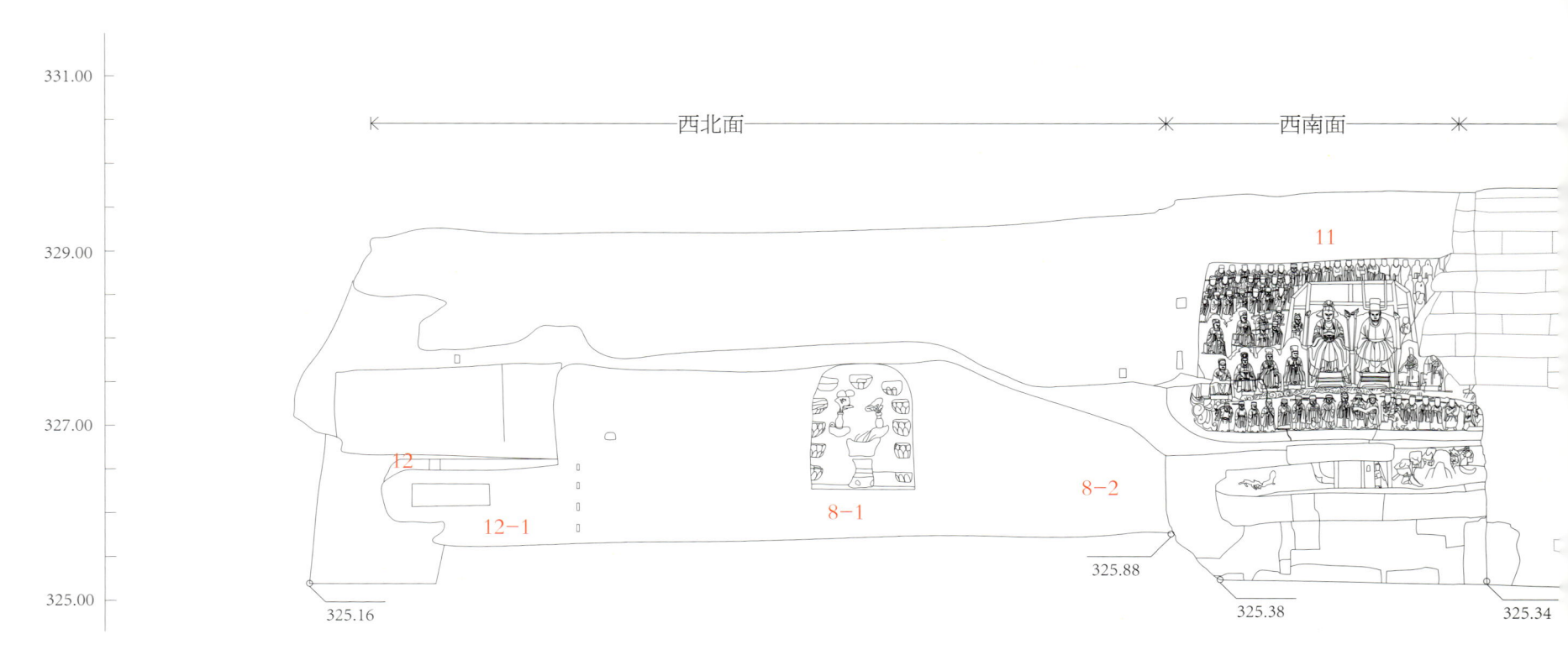

图 89　石门山石窟南侧岩体造像立面图

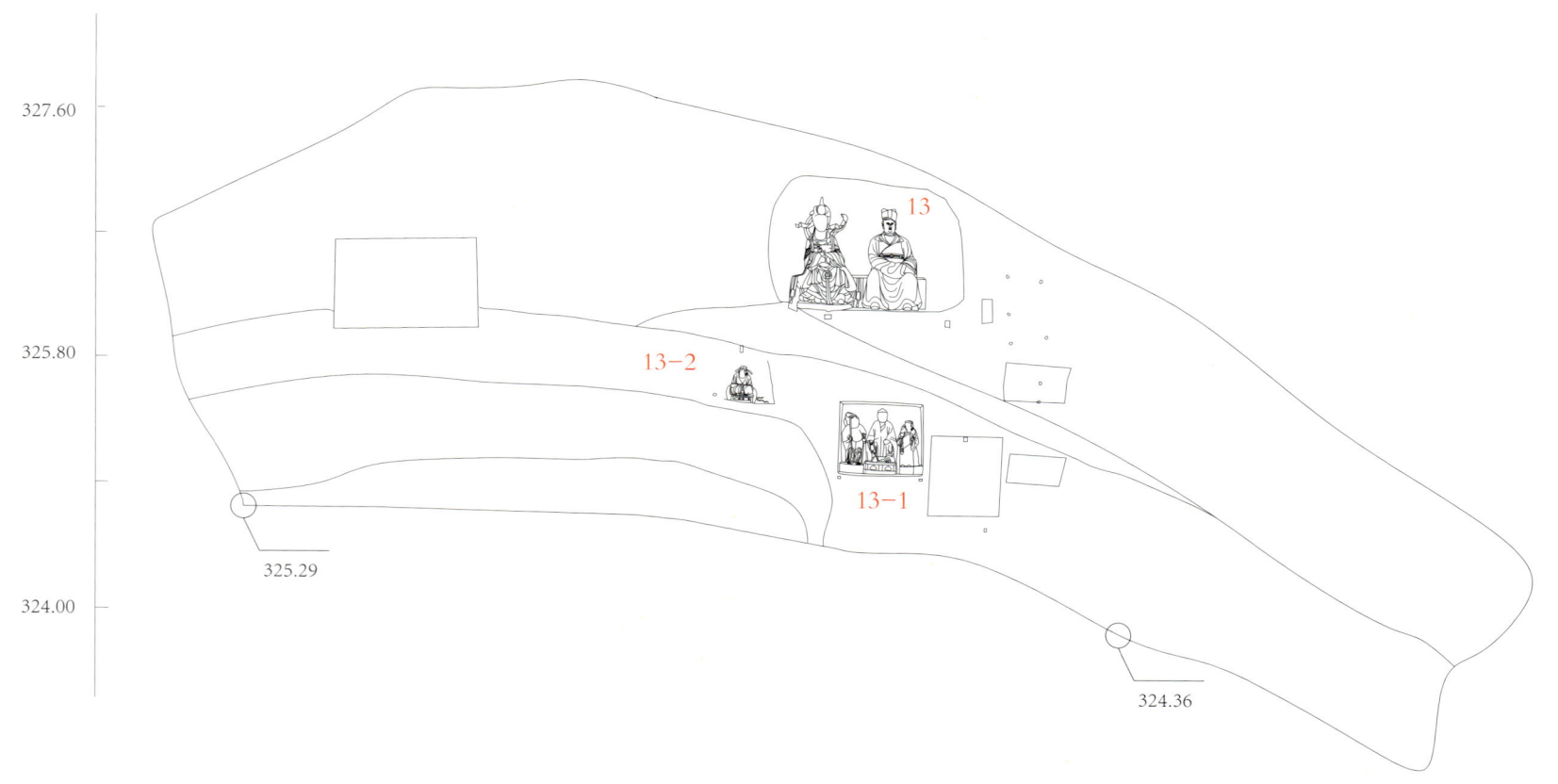

图 90　石门山石窟东侧岩体造像立面图

东南面　　　　　　　　　东北面

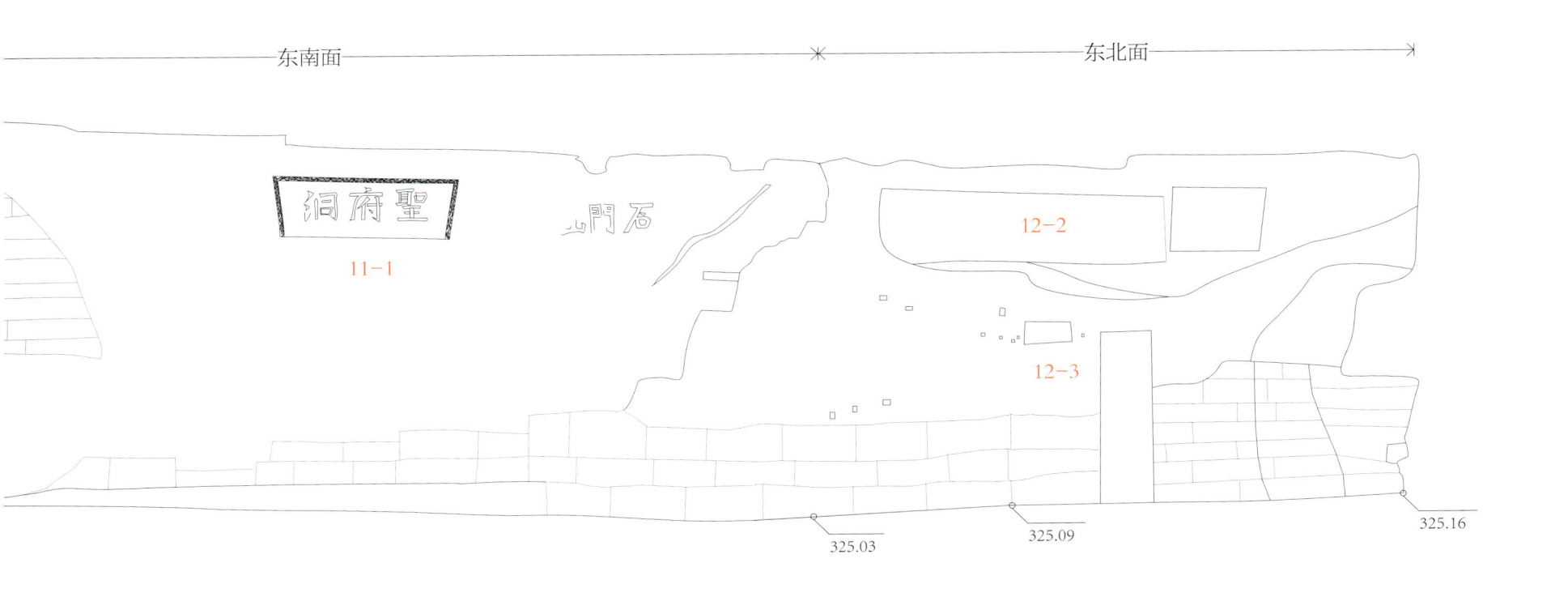

第三章　石门山石窟

左端（西北端），第5-1号位于壁面最右端（东南端）转折边缘处。

东南向壁面亦大致横向从左侧（东北侧）向右侧（西南侧）依次布置第6、7、8、9、10号等5个编号。其中第6号位于壁面最左端（东北端），窟底与地坪相接；第7号紧邻第6号，龛底略高于第6号窟窟底；第8号位于所在壁面的中部位置，第9号位于第8号右侧向南转折突出的壁面中部；第10号位于第9号右侧，处于壁面最右（西南）端。

### （二）南侧岩体

本岩体共有8个编号，其中主号2个，附号6个，分布于岩体的四向壁面（图89）。

在西北向壁面，布置第8-1、8-2号。其中，第8-1号位于所在壁面中下部，第8-2号位于第8-1号左侧，靠近壁面左端（西南端）位置。在西南向壁面上，布置第11号，占据整个壁面。在东南向壁面中上方布置第11-1号。在西北向壁面和东北向壁面布置第12、12-1、12-2、12-3号等4个编号。其中，第12号位于西北向壁面右侧与东北向壁面相交处的中下部，第12-1号位于第12号下方，第12-2号位于东北向壁面上部，第12-3号位于第12-2号下方。

上述8个编号中，仅第8-1、11号等两个编号为造像龛，余均为摩崖碑。

### （三）东侧岩体

本岩体共布置第13、13-1、13-2号等3个造像龛，集中分布于岩体东南向壁面；其中，第13号位于壁面上部，第13-1号位于第13号的正下方，第13-2号位于第13号右下方（图90）。

此外，石窟区南侧岩体东北向壁面下方地坪立一方形石柱；东侧岩体前方石阶外侧立一香炉，西南向壁面下方地坪立一方形石柱，均未编号。石窟区附近圣府洞寺大殿明间后侧前凸的巨石堡中下部有两龛窟像，分别编为大殿第1、2号；大殿明间左右后世砌筑的隔断墙体后侧下部，有两通捐资人碑。上述遗迹，均收录于本卷报告附录三《石门山石窟其他文物遗迹》中。

## 四 石窟岩体软弱夹层带及裂隙

### （一）软弱夹层带

石门山石窟造像所在壁面存有四条软弱夹层带，主要分布于西侧和南侧岩体（图88、图89）。

西侧岩体存三条软弱夹层带，分别位于东北向壁面和东南向壁面。第一条位于东北向壁面上部，左端起自岩体左侧（西北侧）外挑的岩檐底部，部分隐于后世砌筑的保护围墙内，水平向右发育，止于第5号龛上方后世修补的条石左侧中上部，全长850厘米，宽12厘米。第二条位于东南向壁面左侧下方，左端起自壁面边缘，向右水平发育，折入第6号窟内，横贯窟壁下部，止于窟外右侧竖直壁面右下方；软弱夹层带两端发育较为明显，中段发育程度较轻，全长1837厘米，最宽17厘米。该软弱夹层带上方10厘米和50厘米处，另分布有两条细小的软弱夹层带，其起止、走势与软弱夹层带同，局部发育为细小的裂隙。第三条起自第7号龛龛口左下方，水平向右横向发育，经第7号龛、第8号窟壁面下部，止于第8号窟口右外侧，全长884厘米，最宽13厘米。

南侧岩体存有一条软弱夹层带。位于岩体下部，大致横向绕岩体一周，全长约3130厘米，最宽35厘米，下距现地坪175厘米。

### （二）裂隙

石门山石窟造像岩体受多条构造裂隙、近水平状层面裂隙及卸荷裂隙的切割[1]，龛窟像所在壁面共有14条裂隙，主要集中分布于东侧、西侧和南侧岩体。

东侧岩体存有一条裂隙（图90），起自东南向壁面左侧（东侧）中下部，先横向贯穿整个壁面，再折向岩体西南向壁面，止于北向壁面右端（北端）中部，与东侧岩体和西侧岩体之间的"八"字形墙体相接。裂隙全长1110厘米，宽4厘米。

西侧岩体共存有11条裂隙（图87），其中东北向壁面存有4条裂隙，东南向壁面存有7条裂隙。

东北向壁面第一条裂隙为横向裂隙，位于壁面西北侧中部，起自第1号龛外壁面边缘，右向横贯龛壁中部，止于第1号龛外中部，

---

[1] 见王金华主编：《大足石刻保护》，文物出版社2009年版，第114页。

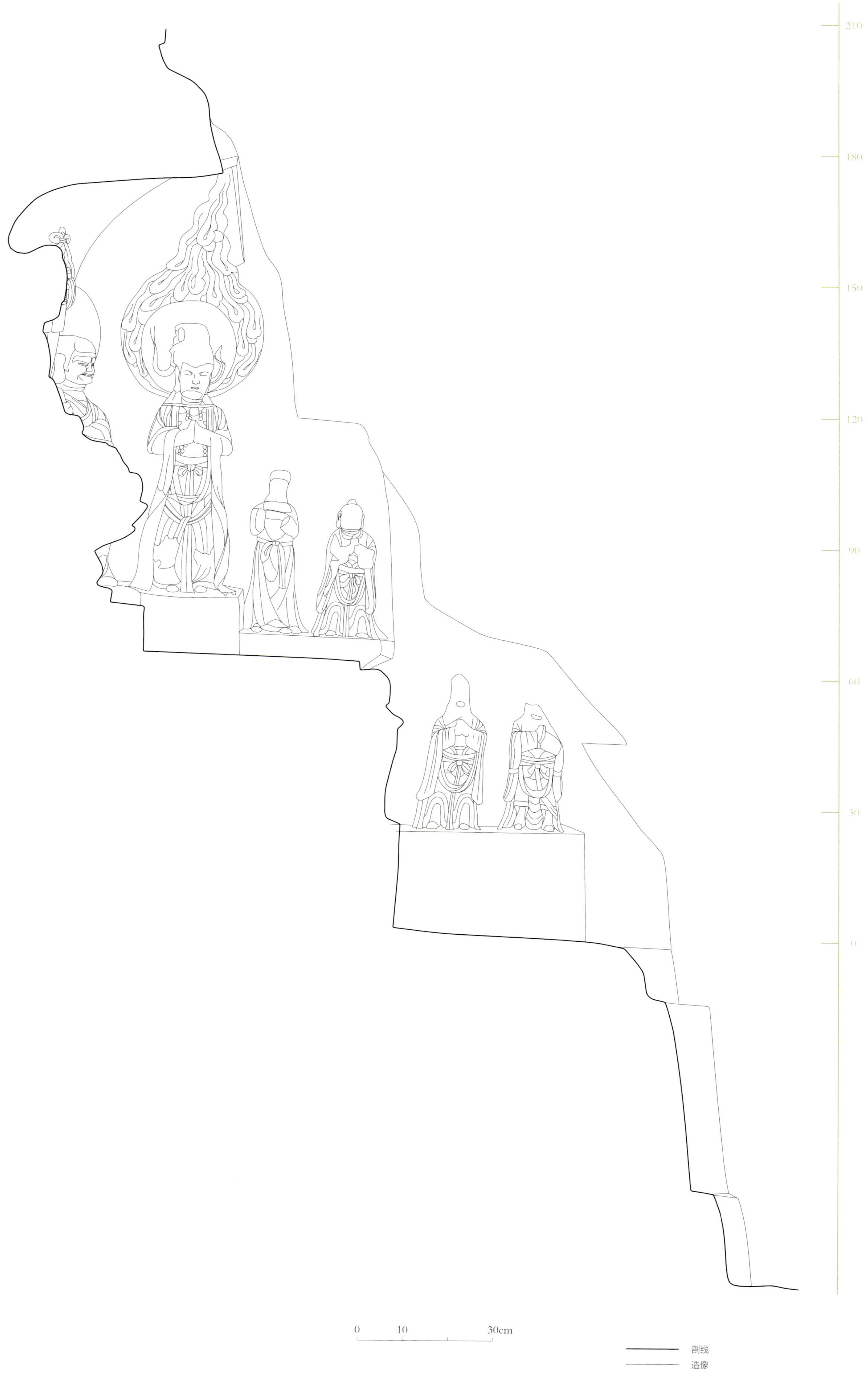

图 93 石门山石窟第 1 号龛剖面图

图94　石门山石窟第1号龛上部造像展开及编号图

**表5　石门山第1号龛主尊像左右侧立像特征简表**

| 左侧壁 | 造像特征 | 右侧壁 | 造像特征 |
| --- | --- | --- | --- |
| 1 | 立像高57.5厘米，头长13厘米，肩宽16厘米，胸厚9厘米。浮雕圆形素面头光，横径25.5厘米。光头，额前刻白毫妆，面方正，隆眉垂梢，眉骨突起，小眼略微内凹，鼻略残，下颌略蚀，耳垂肥大，略残。颈部略蚀。内着双层交领服，外披袒右式袈裟，下着裙。腰带上束至胸，长垂足间。双手于右胸握持六环锡杖，杖长81厘米，杖首作桃形，杖柄中上部残断。足鞋，立于方台上。方台现出三面，高17厘米，面宽约17厘米，最深17厘米。 | 1 | 头毁，存残痕。立像残高39厘米，肩宽11厘米，胸厚7.5厘米。浮雕圆形素面头光，横径25厘米。胸、腹间饰璎珞，略蚀。内着抹胸，外着披帛，下着裙；腰带下垂足间。披帛下垂腹前，再敷搭前臂长垂体侧。腕镯，双手合十于胸前，立于方台上。台高19厘米，面宽20厘米，深15厘米。 |
| 2 | 立像高63厘米，头长17厘米，肩宽12.5厘米，胸厚10.5厘米。浮雕桃形头光，横径31厘米；内圆素平，直径20厘米；边缘饰火焰纹，焰尖延至龛顶。头顶残蚀，梳髻戴冠，冠带于头后呈"U"形上扬。面长圆，略蚀，下颌残，颈及双肩部分体，肩部存两绺披发；胸饰璎珞，上着披巾，下着长两层裙。披巾两端腹前交绕敷搭前臂后，沿体侧下垂，覆于方台上。腰束带，作结下垂止于双足间。自行腰斜出一带于大腿间交绕后斜垂。双手略残，于胸前似合十。足残，立于方台上。台高16厘米，宽21厘米，深15.5厘米。 | 2 | 立像高61厘米，头长15厘米，肩宽12厘米，胸厚8.5厘米。浮雕桃形头光，横径35厘米；内圆素平，直径22厘米；边缘饰火焰纹，焰尖延至龛顶。梳髻，戴冠，冠带作结下垂，呈"U"形上扬于头光内；冠前刻发饰，略蚀。面长圆，略蚀。眉眼清晰，鼻残，下颌蚀。左耳蚀，有耳肥大。颈刻三道肉褶线，左肩残，右肩有垂发一道。胸前饰项圈，下坠网状璎珞，略蚀。上着披巾，下着长短两层裙。腰带作结后下垂膝间，再次作结后止于足间。余与左第2像同。方台高16厘米，宽19.5厘米，深12厘米。 |
| 3 | 立像高39厘米。胸以上残，后世略改刻。可辨着窄袖长服，腰系带作结。双手于胸前似持物，手及物残。着鞋，立于方台上。台高7厘米，宽32.5厘米，深10厘米。 | 3 | 头毁，存残痕。立像残高31厘米，肩宽8.5厘米，胸厚7.5厘米。内着抹胸，外着对襟窄袖长衫，下着裙。双手残，置胸前。着鞋，立于方台上。台高5.5厘米，宽32厘米，深10厘米。 |
| 4 | 立像高33厘米，头残长7.5厘米，肩宽10厘米，胸厚5厘米。头残，面蚀。内着翻领窄袖袍服，外着交领宽袖长服，腰系抱肚，腰带作结长垂足间。身饰飘带，中段垂于双膝间，两端沿体侧下垂于低台。双手残，似当胸合十。足靴，立于方台上。该方台与左第3像所立方台为同一方台。 | 4 | 头毁。立像残高26厘米，肩宽10厘米，胸厚7.5厘米。身略蚀，特征与左第4像略同。 |

（二）龛底前侧低坛

共刻立式神将像10身。其中，正面6身，左右侧面各2身。从左至右依次编为第1—10像（图96；图版Ⅰ：154、图版Ⅰ：155、图版Ⅰ：156）。

第三章　石门山石窟　131

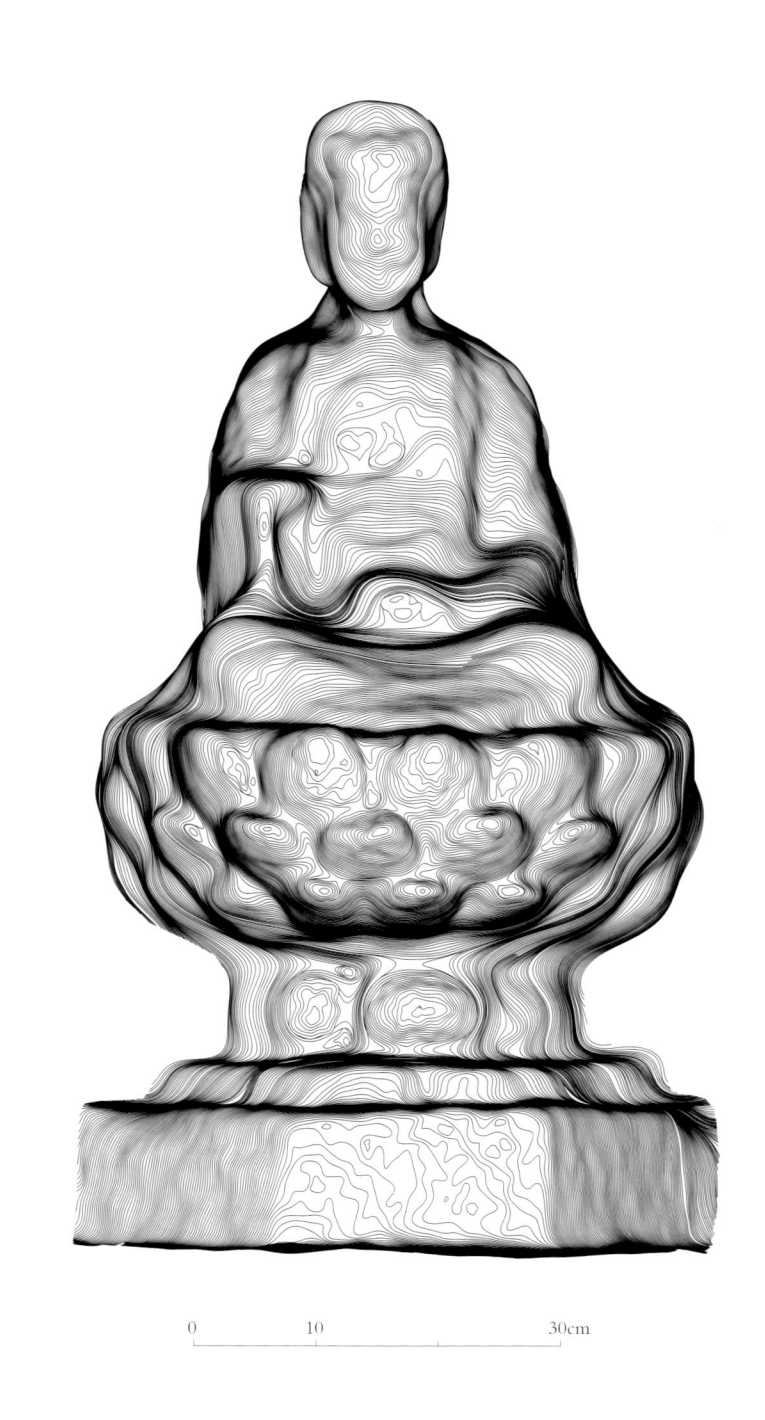

图 95　石门山石窟第 1 号龛主尊佛像等值线图

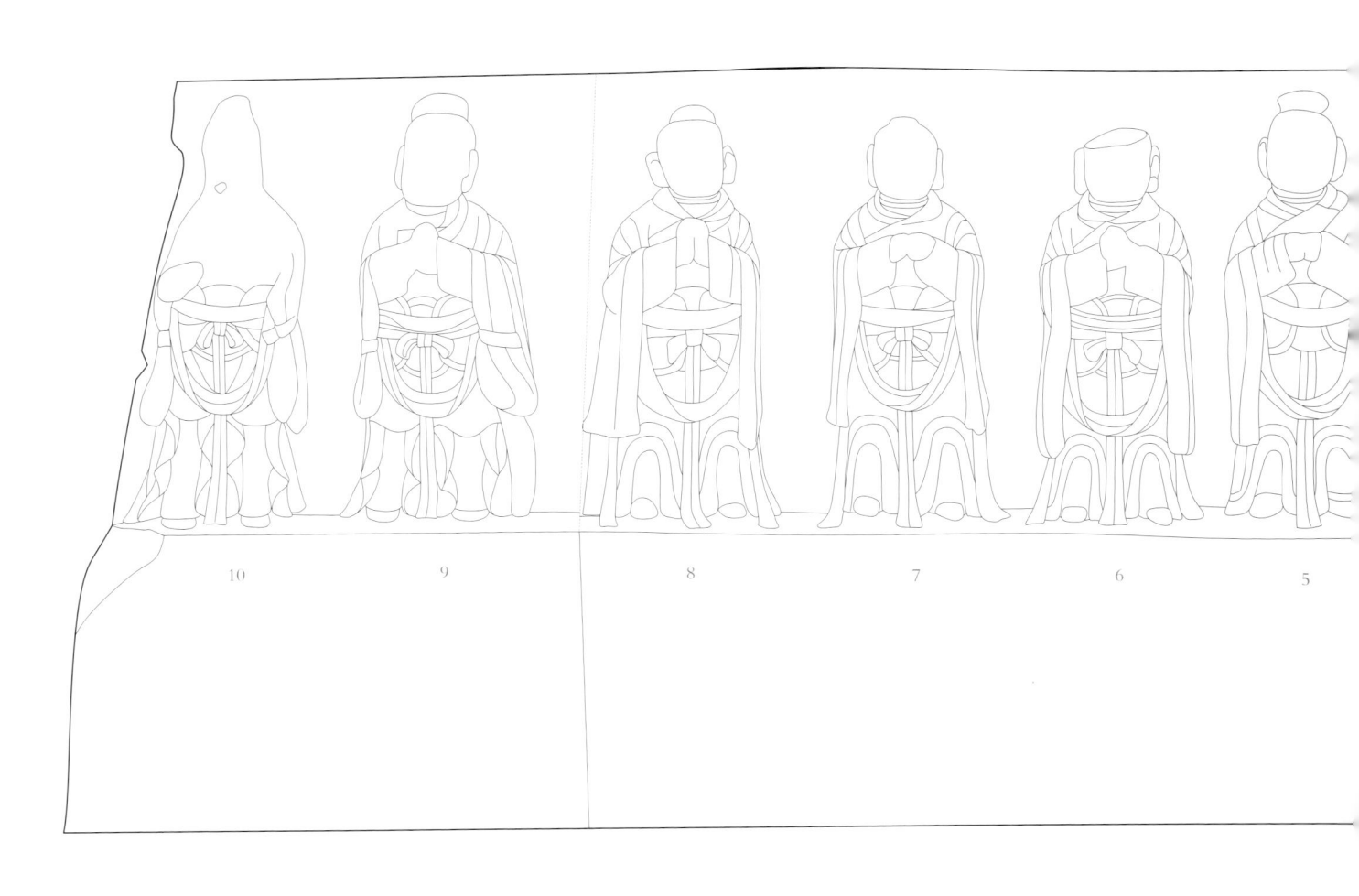

图 96　石门山石窟第 1 号龛前侧低坛神将像展开图

132　大足石刻全集　第五卷（上册）

第1像　头毁，残立高28厘米。左肩毁，内着窄袖服，外着宽袖长服，袖摆以带扎束。腰束带，系圆护、抱肚，腰带作结斜垂于左小腿外侧。身饰飘带，中段呈"U"形垂于腹前，两端于体侧下垂；双手残，似胸前合十，着靴直立。

第2像　头毁，残立高28厘米，肩宽11厘米，胸厚9厘米。内着窄袖服，外着交领宽袖长服，前襟于腿间呈锐角下垂。腰束带，系圆护、抱肚，腰带作结斜下垂于足间。身饰飘带，中段呈"U"形垂于腹前，两端于体侧下垂于低坛；双手残，似胸前合十，着靴直立。

第3像　立像高35厘米，头长8厘米，肩宽9厘米，胸厚8厘米。戴冠，面残，内着翻领窄袖服，外着交领宽袖长服；余与第2像同。

第4像　立像高34厘米，头长7.5厘米，肩宽9.5厘米，胸厚8厘米；余与第2像同。

第5像　立像高35厘米，头长8厘米，肩宽9.5厘米，胸厚8厘米；余与第2像同。

第6像　立像高32.5厘米，头残长6.5厘米，肩宽9.5厘米，胸厚8厘米；头顶残，余与第2像同。

第7像　立像高33.5厘米，头残长7厘米，肩宽9厘米，胸厚7.5厘米；头顶残，面蚀，余与第2像同。

第8像　立像高35厘米，头长8厘米，肩宽9.5厘米，胸厚8厘米；余与第2像同。

第9像　立像高35厘米，头长9厘米，肩宽10厘米，胸厚7厘米。头冠，面蚀，内着翻领窄袖服，外着宽袖长服，前襟于腿间呈八字形下垂；袖摆宽大，以带扎束。腰束带，系圆护、抱肚，腰带作结下垂止于足间；身饰飘带，中段于腹前呈"U"形下垂，两端于体侧下垂于低坛；双手胸前合十，略残；着靴直立。

第10像　立像残高31厘米。头毁，肩残，双手毁；余与第9像同。

## 四 铭文

蹇忠进镌像记，南宋绍兴二十一年（1151年）。位于龛口左侧中上部。刻石面高35厘米，宽25.5厘米，最深12厘米；内作方碑形，高28.5厘米，宽21厘米，外凸约0.5厘米。碑文左起竖刻9行，存52字，楷体，字径2厘米（图版Ⅱ：45）。

01　（漶）
02　（漶）
03　自〔贤〕（漶）
04　妆[1]此（漶）
05　药师佛一龛祈乞见存安乐
06　往生天世〔世世生生福报无尽〕
07　岁辛未绍兴〔十一月二十七日记〕
08　镌匠蹇忠进刻
09　住持文道盛书

## 五 晚期遗迹

### （一）铭文

佚名培修残记，明崇祯元年（1628年）。位于龛左方碑上方。刻石面高47厘米，宽10厘米；文左起竖刻2行，存12字，楷体，字径5厘米（图版Ⅱ：46）。

01　崇祯元年□月初一日（漶）
02　修□洞永为（漶）[1]

### （二）维修

右第1像头部残毁处存一圆形小孔，直径1厘米，深1厘米。

右第2像颈部残毁处凿一竖直的圆形小孔，直径1.5厘米，深2厘米。该像头部右上方壁面线刻一回首的蹲兽，高12厘米，身长约11厘米。

右第4像颈部残毁处凿有竖直的圆形小孔，直径1.8厘米，深2厘米。该像头部残毁处的壁面线刻人面。

龛前低坛第1、2、10神将像颈部残毁处凿一竖直的圆孔，直径约2厘米，深1厘米。

龛口上方约6厘米处凿两方形小孔，形制相近，孔高3厘米，宽5厘米，深4.5厘米。

龛外左侧中部及下部，平台前侧均有后世凿刻的现象，壁面存凿痕及凹槽，用途不明。

### （三）妆绘

龛内造像保存灰白色、红色、蓝色、绿色、黑色五种涂层。

---

1　2001年重庆大足石刻艺术博物馆《大足石刻内容总录》课题组调查时首次发现本则铭文，录文为"崇祯元年□月初一日□修□洞□□□□"。资料现存大足石刻研究院资料室。

# 第四节 第2号

## 一 位置

位于第1号龛右侧。左距第1号龛35厘米，右距第3号龛70厘米；上距外挑的岩檐约50厘米，下距现地坪197厘米。龛口东北向，方向46°。

## 二 形制

单层方形龛（图97、图98、图99；图版Ⅰ：157）。

龛口　于岩壁表面向内凿进最深约13厘米形成龛口。龛口方形，高86厘米，宽93厘米，至后壁最深39.5厘米。龛口左侧上部向外凿出延展平面，形如龛沿，宽11厘米。龛口右侧中上部亦向外凿出延展平面，宽10厘米。龛口左右内侧凿出高73厘米、宽11厘米的平整面。龛口左上角存三角形斜撑结构，斜边平直，斜撑正面与延展平面齐平。龛口中部以下壁面竖直向下打磨，形成一弧形壁面，壁面高197厘米，宽约251厘米。壁面下缘与岩壁之间形成平台，台面略呈弦月形，最深约75厘米。

龛底　略呈方形。

龛壁　壁面竖直，正壁与左右侧壁弧面相接。龛壁与龛顶弧面相交。

龛顶　平顶，略呈方形；中部及右上角毁。

## 三 造像

本龛共刻像6身。据其位置，分为龛内和龛外下方弧形壁面两部分（图97；图版Ⅰ：157）。

### （一）龛内

共刻像3身。其中，中刻主尊坐像1身，左右各刻侍者立像1身（图100；图版Ⅰ：158）。

主尊像　坐高53厘米，头长23厘米，肩宽18厘米，胸厚9厘米。戴冕冠，冕板前低后高，前端残，后端略宽，缨带下颌作结；冕板中部刻天河带，下垂隐于双耳后侧。冠体下沿正面刻方形饰物，其上刻"珪"形金博山，再上左右似刻日、月圆轮，略残；自冠体玉笄两端下垂袋状充耳，流苏垂于双肩。面方，眉眼细长上挑，直鼻，略残；下颌刻一绺细长胡须。内着翻领窄袖服，外着圆领宽袖长服，下着裙，腰带垂露于小腿外侧。身前刻蔽膝长垂足间，腰带上束至胸，下垂双膝间作结，再止于足间。双手胸前持笏，笏大部残；着云头履踏方形足踏，坐于方形靠背椅上。足踏高4.5厘米，宽34厘米，深15厘米，面线刻帷幔。椅通高55厘米，宽47厘米，深25.5厘米；靠背中部刻出敷搭的背垫，背垫左右露出两道靠椅横枋；靠背左右上端刻内卷的如意头，其下坠圆环，悬挂细长的珠串两道。

左侍者像　立像高50厘米，头长13厘米，肩宽12厘米，胸厚5厘米。戴无脚幞头，面方，前额刻白毫妆。身细长，着交领内衣，外着圆领窄袖长服，腰系革带，革带当中线刻菱形饰物。左手屈于胸前，右手屈肘上举，共持长柄方扇。扇柄细长，顶端呈如意头式；扇柄长35厘米，扇面长21厘米，最宽12厘米。扇面上部刻"星"形图案，中部左右分刻云纹承托的"日、月"图案[1]，直径约3厘米；扇面边缘线刻折褶一周。着鞋立于低台上，台高5厘米，宽25厘米，深6厘米。

右侍者像　立像高51厘米，头长14厘米，肩宽10.5厘米，胸厚4厘米。戴交脚幞头，腰系革带，当中刻圆形纹饰；余同左侍者像。

### （二）弧壁壁面

壁面中刻立式神将像2身，左下侧刻立式男像1身。

左神将像　立像高182厘米，头长35厘米，肩宽42厘米，胸厚22厘米（图101、图102；图版Ⅰ：159）。短发，束宽扁发带，正

---

[1] 现场比对，此"星、日、月"图样与绘制于冕服上的十二章图案式样相同，故采用此名称记录。详见（明）王圻等：《三才图会》（中），上海古籍出版社1988年版，第1507页。

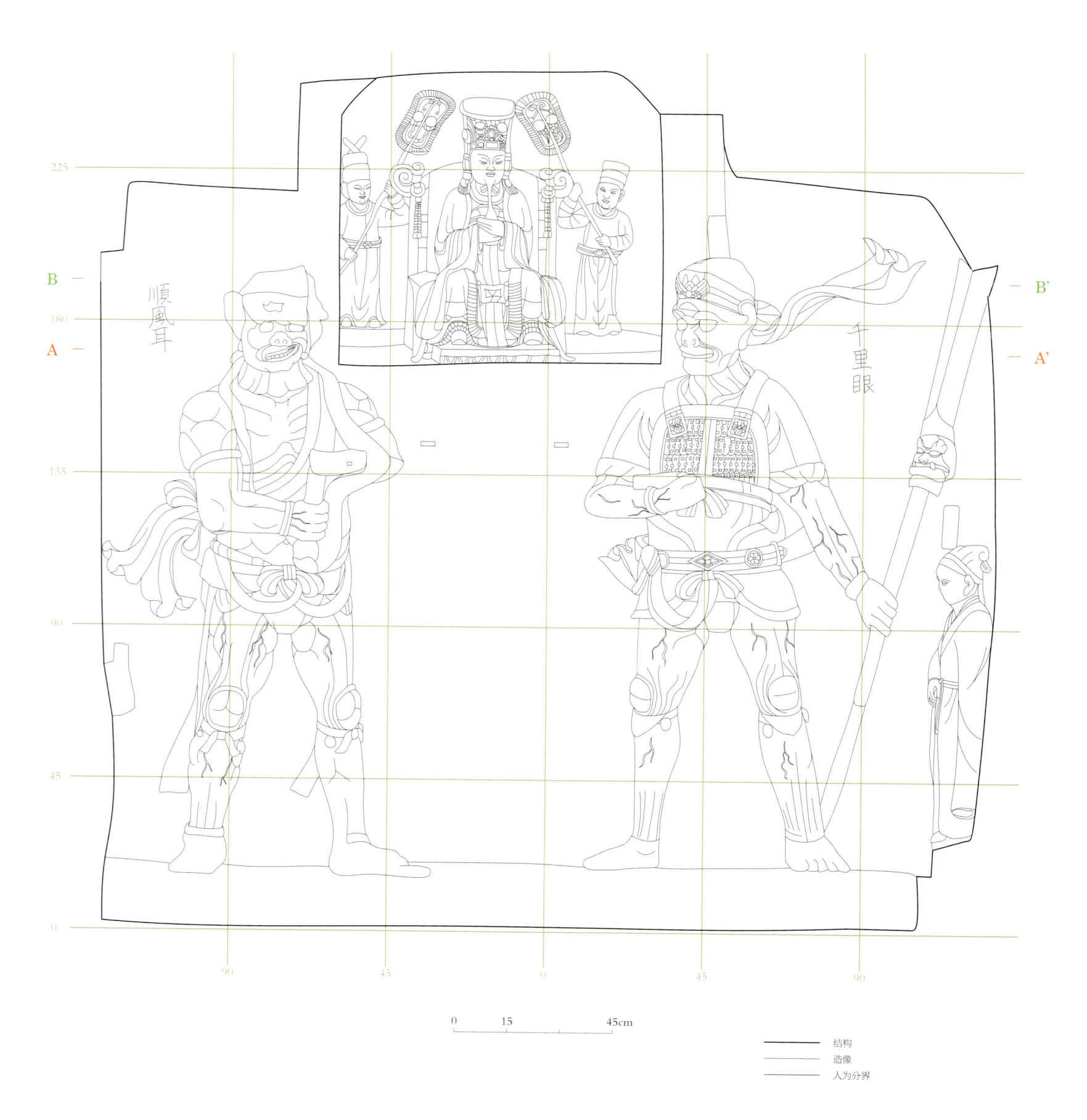

图 97　石门山石窟第 2 号龛立面图

图 98 石门山石窟第 2 号龛剖面图

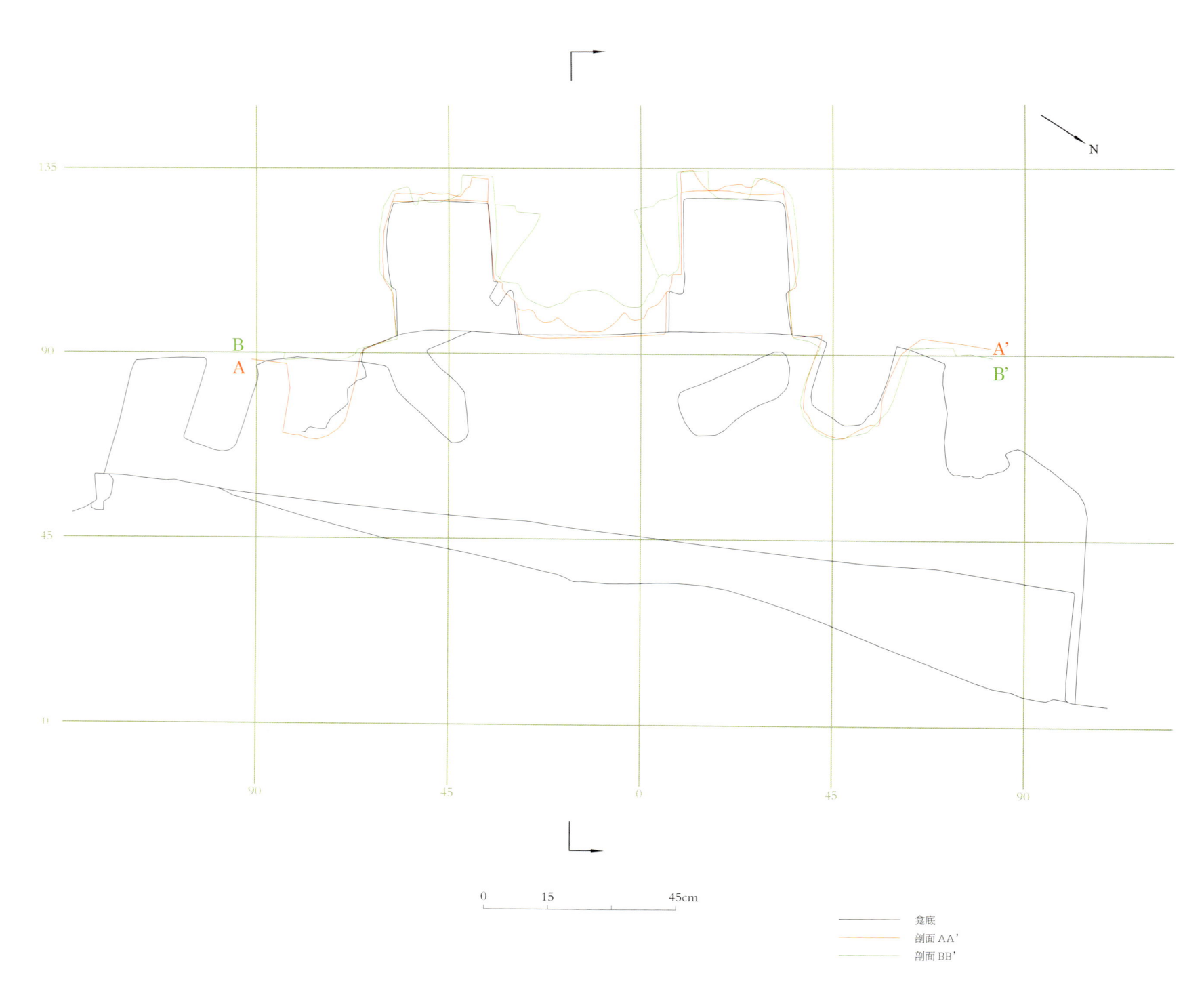

图 99　石门山石窟第 2 号龛平面图

面饰放焰珠及双翅，发带于头后以巾作结，巾斜向上飘。面方，前额线刻一道皱纹，隆眉，眼眶深陷，眼球鼓凸，鼻残，阔口大开，左耳略残，扭颈，颈肌凸显。身躯健硕，肌肉遒劲，血脉显露。上着圆领短衫，挽袖至上臂，外着裲裆甲，甲叶呈 "8" 字形，相互叠压，以铆钉铆接，包边略宽。裲裆甲下部腰间刻筒裙，上部以带作结束缚，下部与大腿根部齐平。腰间刻抱肚，系革带和腰带。革带当心刻菱形纹饰，两侧刻团花装；带头略微外扬。腰带作结后右向上撩，绕系于革带上，带头后飘。下身袒露，仅着犊鼻裤；膝下系带，正面舌状外翻，左右各垂刻一枚铃铛。腕镯，左臂斜伸握持三叉矛，矛全长180厘米，柄下端残断，柄格刻露齿兽面，矛脊外凸；右手横于胸前托方形物，手前臂底部及方形物左端残；物残长18厘米，宽6厘米，高4厘米。跣足略残，立于平台上。该像左肩后侧壁面竖刻 "千里眼" 3字，字径6厘米（图版Ⅱ：47）。

右神将像　立像高178厘米，头残长32厘米，肩宽49厘米，胸厚28厘米（图103、图104；图版Ⅰ：160）。头顶残，卷发。隆眉，眼眶深陷，眼球鼓凸，略残。短鼻梁，鼻端残。龇牙咧嘴，下颌残。左耳毁，后世改刻，存凿痕；右耳上竖，耳廓宽大，形如兔耳。颈肌凸显，锁骨、胸骨凸显。上身袒露，斜披飘带于右腰处作结下垂。小腹略外凸，腰系带作结后交叉上撩，穿过腰带贴大腿外侧下垂。下身仅着犊鼻裤，膝下系带作结，左右各垂刻一枚铃铛，略蚀。臂环，腕镯。左手横于胸前，肘部及手掌残毁；右手横置腹

图 100　石门山石窟第 2 号龛龛内造像立面图

前握一圆柄，圆柄底部刻蛇状物，沿胸向上绕颈下垂止于右胸。圆柄长22.5厘米，直径约5厘米；蛇状物直径渐次缩小，最大直径约6.5厘米。足环，略蚀；跣足，略残，立于平台上。该像头部右侧竖刻"顺风耳"3字，字径6厘米（图版Ⅱ：48）。

供养人像　立像高84厘米，头长17厘米，肩宽26厘米，胸厚8厘米（图105；图版Ⅰ：161）。头巾，发带于头后作结下垂。面方，略蚀；着三层交领窄袖长服，腰系绳带作结下垂；左手笼袖内贴体下垂，袖筒长垂，止于小腿外侧；右手屈垂腹前握持念珠，珠略蚀；着鞋立于低台上。台高9厘米，宽50厘米，最深13厘米。

第三章　石门山石窟　139

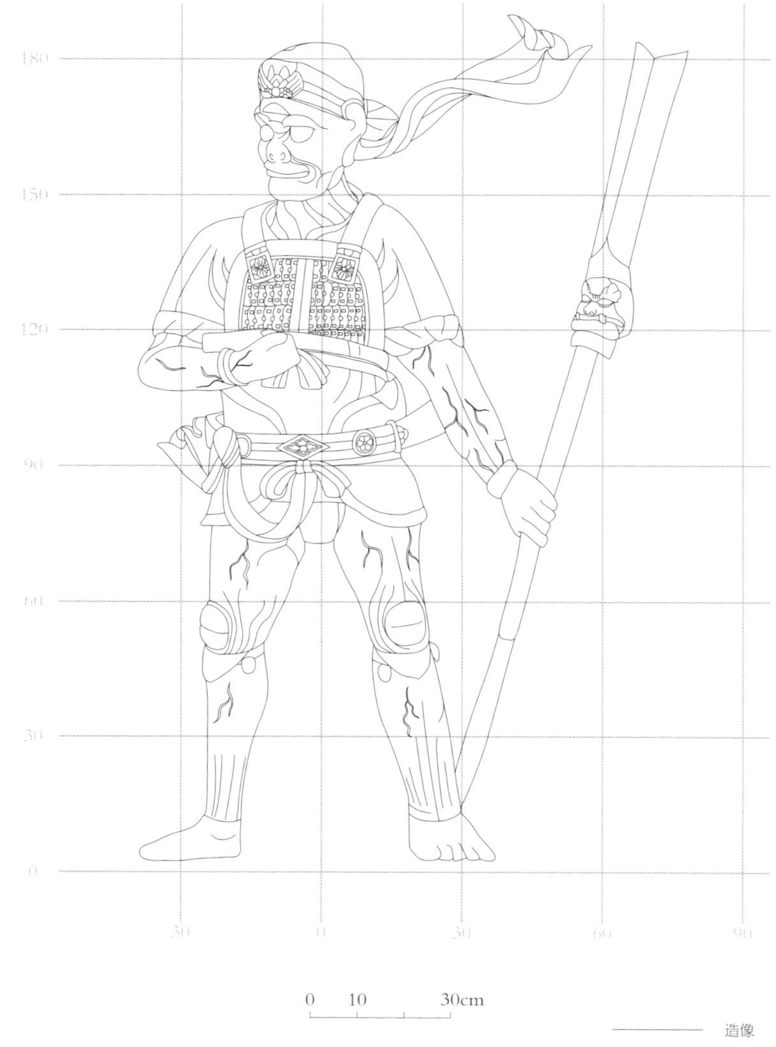

图101　石门山石窟第2号龛左神将像立面图

图102　石门山石窟第2号龛左神将像等值线图

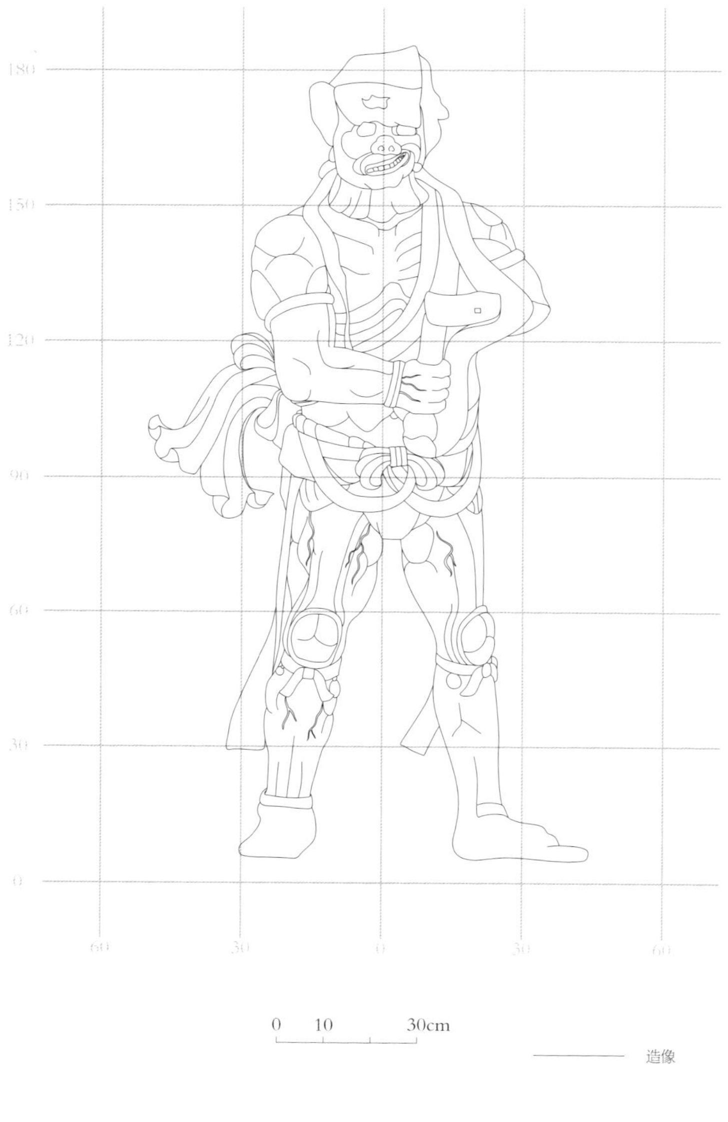

图103　石门山石窟第2号龛右神将像立面图

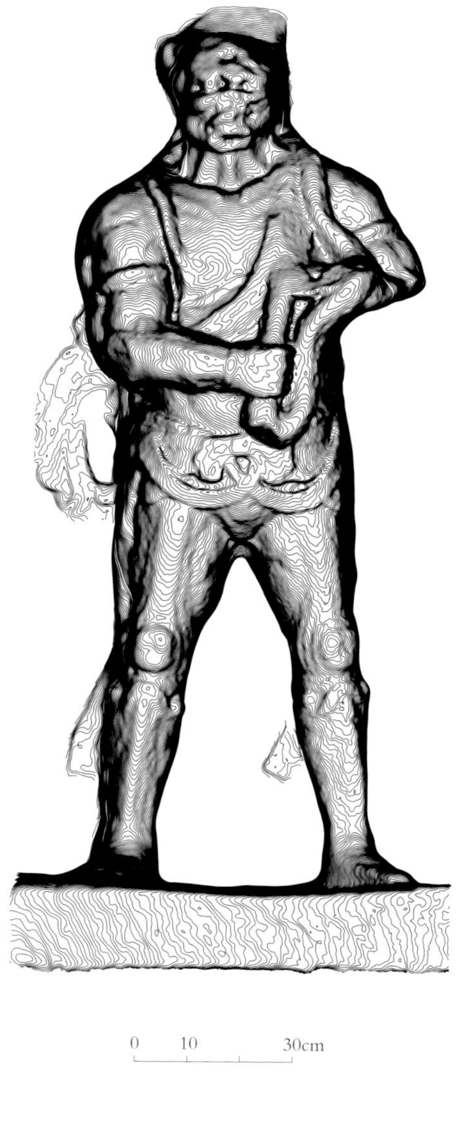

图104　石门山石窟第2号龛右神将像等值线图

## 四　铭文

2则。

### 第1则

杨伯高造杨文忻真容像镌记，南宋绍兴十七年（1147年）。位于龛外弧壁左侧立式男像头部右上方方框内。框高19厘米，宽12厘米，外凸壁面0.8厘米。框内左起竖刻6行，存41字，楷体，字径3厘米（图版Ⅱ：49）。

01　男杨伯高（湮）
02　故先考杨文忻（湮）
03　容一身（湮）
04　年[2]八十岁于丙寅绍兴
05　十六年十月二十六日
06　辞世丁卯二月十三日记

### 第2则

杨伯高造二神将像镌记，南宋绍兴十七年（1147年）。位于龛外弧壁右神将像右肩后侧。刻石面高24厘米，宽12厘米；文左起竖刻4行，存31字，楷体，字径2厘米（图版Ⅱ：50）。

01　弟子杨伯高为〔故〕父
02　杨文忻存日造此二
03　大将□向上[1]界至丁
04　卯十月二十六日庆

## 五　晚期遗迹

### （一）铭文

众姓同立妆塑玉皇碑记，清道光十五年（1835年）。位于龛口下方弧壁左端外侧方碑内。碑高63厘米，宽27厘米，最深8厘米。碑额左起横刻"装塑玉皇碑记"6字，字径5厘米；碑文竖刻，存123字，楷体，字径3厘米（图版Ⅱ：51）。

　　装[2]塑玉皇碑[3]记（碑额）

　　大清道光十五年众姓同立（首行）

　　（捐资人名和捐资额，略）

### （二）维修

龛口左右上角外侧30厘米处各凿一方形孔洞，对称布置。左孔高6厘米，宽5厘米，深9厘米；右孔高8厘米，宽6厘米，最深11厘米。

龛口下方21厘米处弧壁凿有二方孔，处于同一水平线，孔大小相近，高2.5厘米，宽4厘米，深4厘米。

本龛与第1号龛之间的岩体纵向凿五个较为明显的凹槽，大小不一；最大者高33厘米，宽6厘米，深8厘米；最小者高7厘米，宽5厘米，深4厘米。

龛口下部弧壁平台外侧后世略经打磨，存斜向凿痕。打磨面高15厘米，通宽257厘米。

---

1　此"上"字《大足石刻铭文录》录为"正"。重庆大足石刻艺术博物馆编：《大足石刻铭文录》，重庆出版社1999年版，第355页。
2　此"装"字《大足石刻铭文录》录为"妆"。同前引书，第366页。

图 105  石门山石窟第 2 号龛供养人像立面图

（三）妆绘

龛内主尊像残留少许金箔，存红色、黑色、灰白色、蓝色、绿色五种涂层。左右侍者像存黑色、绿色、灰白色、红色等五种涂层。左右神将像保存红色、灰白色、蓝色、黑色四种涂层。

龛壁保存红色涂层。

## 第五节　第3号

### 一　位置

位于第2号龛右下侧。左距第2号龛70厘米，右距第4号龛33厘米；上距上方外挑岩檐135厘米，下距现地坪101厘米。

龛口东北向，方向47°。

### 二　形制

外方内圆双重龛（图106、图107；图版Ⅰ：162）。

龛口　于岩壁平直凿进40厘米形成第一重方形龛口。其左沿与第2号龛下部弧壁相接，分界不明；右沿宽9厘米，上沿宽9.5厘米，下沿未刻出；下部为竖直平整面，高31厘米，宽95厘米；左右端被后世改凿为凹槽；内缘高97厘米，宽108厘米，至第二重龛口深35厘米。第二重龛口呈圆拱形，高89厘米，宽101厘米，至后壁深16厘米。龛口外左右上角及右侧的壁面竖直平整，下部壁面凿出竖直的两道凹槽分隔成三段，形如低台。

龛底　呈弦月形，最深15厘米。

龛壁　呈弧壁，与龛顶弧面相接。

龛顶　券顶。

## 三　造像

共刻像6身（图106；图版Ⅰ：162）。其中，内龛刻像5身，两重龛口之间的左侧竖直壁面刻像1身。

### （一）内龛

刻像5身。中刻主尊坐佛1身，左右各刻立式弟子和供养菩萨像1身。

主尊像　坐高53厘米，头长16厘米，肩宽21厘米，胸厚9厘米。浅浮雕桃形头光，横径30厘米；内圆素平，直径23厘米；边缘刻火焰纹，焰尖延至上方龛口之间的平整面。螺发，刻髻珠，面长圆，眉间刻白毫。五官略蚀，耳垂肥大，颈细长，刻三道肉褶线。内着僧祇支，系带作结，外着双领下垂式袈裟，下着裙；袈裟一角系于左肩钩钮上，袖摆及裙摆垂搭座前。左手抚膝；右手举至胸前结印，手指部残。手与胸之间线刻卷云，结跏趺坐于须弥座上。座通高30厘米，宽40厘米，深12厘米；上枋素平，底部横刻阴线一道；中部束腰部分正面刻相对蹲狮2身，身高约14厘米，头顶上枋，两前腿上举，两后腿略成弓步，咬牙露齿，作托举状，尾上竖；下枋饰刻如意头卷云。座台置于低台上，台高7厘米，宽49厘米，深8厘米。

左弟子像　立像高59厘米，头长11厘米，肩宽14厘米，胸厚6厘米。浅浮雕圆形素面头光，直径20厘米。光头，面方圆，前额刻白毫妆，眉目清晰，显年轻，细颈窄肩，身细长，内着交领长服，外着袒右式袈裟，下着裙。双手胸前合十，足鞋，左足立于山石台上。台高13厘米，最宽18厘米，深6厘米。

右弟子像　立像高56厘米，头长12厘米，肩宽13厘米，胸厚5厘米。浅浮雕圆形素面头光，直径20厘米。光头，方脸，前额线刻两道皱纹，眼眶略深，颧骨略凸，鼻残，嘴角后收。身略向右倾，双手拱于胸前，现双足；余与左弟子像同。山石低台高13.5厘米，最宽22厘米，深5厘米，正面饰3粒圆珠。

左供养菩萨像　立像高55厘米，头长12厘米，肩宽12厘米，胸厚7厘米。浅浮雕桃形头光，横径21厘米；内圆素平，直径17厘米；边缘刻火焰纹。梳髻，垂发披覆右肩。戴单重卷草冠，略蚀；冠带作结沿肩后飘。面方，双颊丰满，五官略蚀。戴桃形花钿耳饰，似戴项圈。上着袒右式袈裟，下着裙。双手胸前捧盘，内置假山。盘高4.5厘米，宽11厘米，径10厘米；跣足立于线刻的仰莲台上。莲台置于低台上，台高7厘米，宽15.5厘米，深6.5厘米。

右供养菩萨像　立像高55厘米，头长15厘米，肩宽13厘米，胸厚4厘米。浅浮雕桃形头光，横径22厘米；内圆素平，直径18厘米；边缘刻火焰纹。梳髻，垂发分两绺披覆右肩。戴双重卷草冠，冠带作结后垂于肩后。面圆，眉目清晰，下颌略残，细颈。腕镯，双手胸前捧持一盘，内置花卉，略残，跣足立于双重仰莲台上；余与左供养菩萨像同。莲台高7厘米，宽19厘米，深8厘米。莲台置于低台上，台高7.5厘米，宽32厘米，深6厘米。

### （二）两重龛口竖直壁面

两重龛口之间的左侧竖直壁面上刻立式供养女像1身。像高36厘米，头长18厘米，肩宽6厘米，胸厚0.8厘米（图108；图版Ⅰ：163）。梳球状高髻，面方圆，细颈；内着抹胸，外着对襟窄袖长服，下着裙；双手置于胸前，其上敷搭帛带，帛带长垂至双足，着鞋直立。

该像上方18厘米处线刻云纹，略呈"U"形，大部已蚀。该像头部左上方5厘米处线刻飞禽1只，略蚀。

此外，两重龛口之间的右侧竖直壁面中部线刻云纹，略蚀。

图 106 石门山石窟第 3 号龛立面图

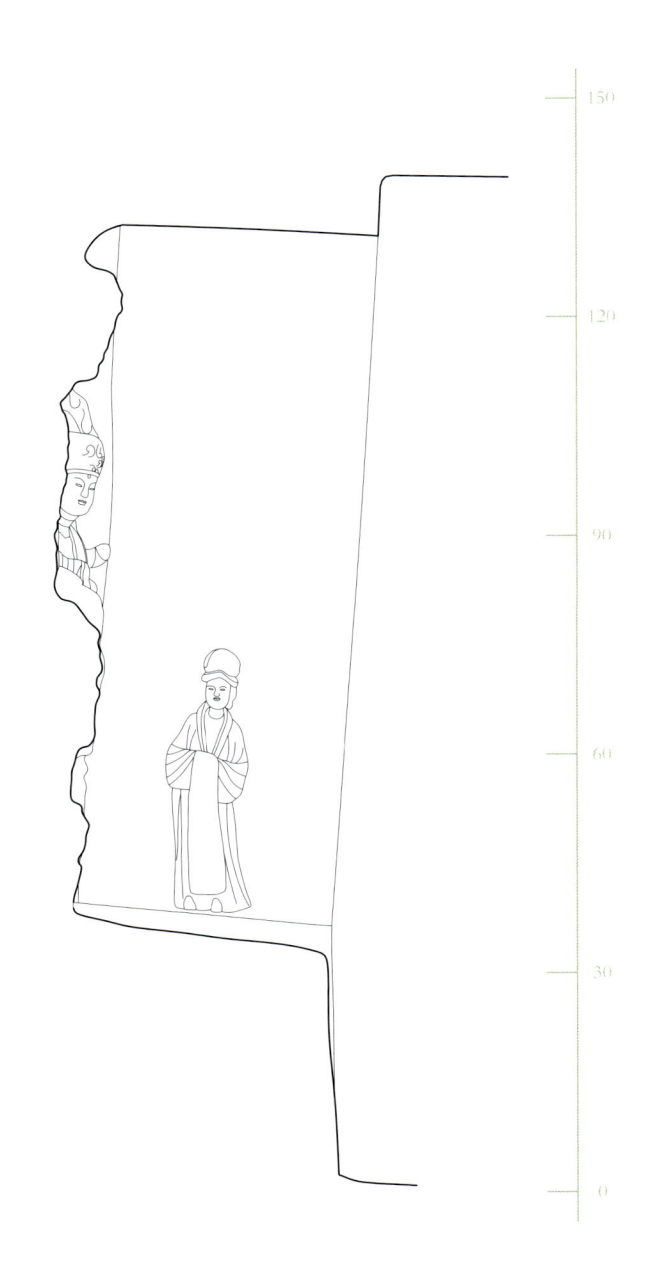

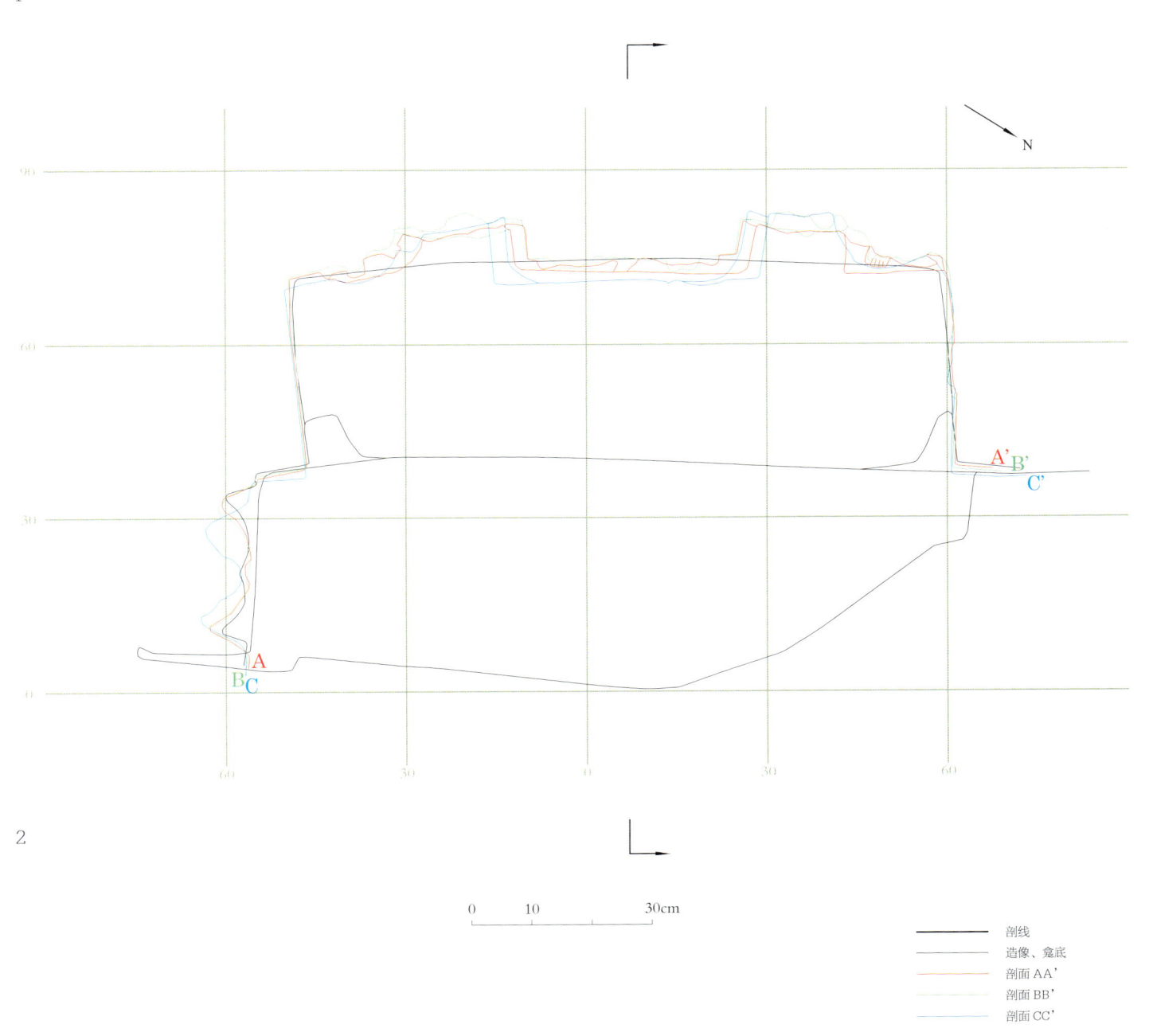

图 107 石门山石窟第 3 号龛平、剖面图
1 剖面图　2 平面图

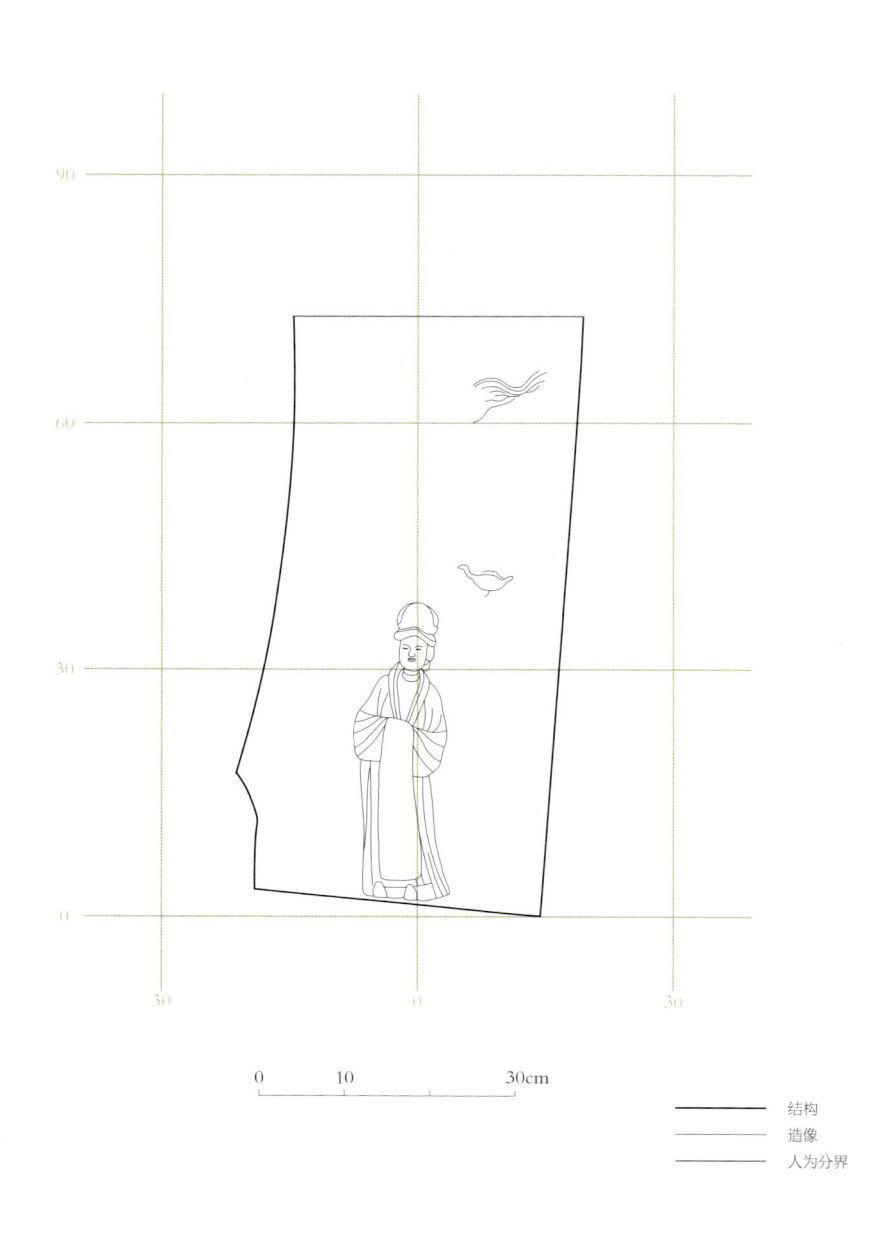

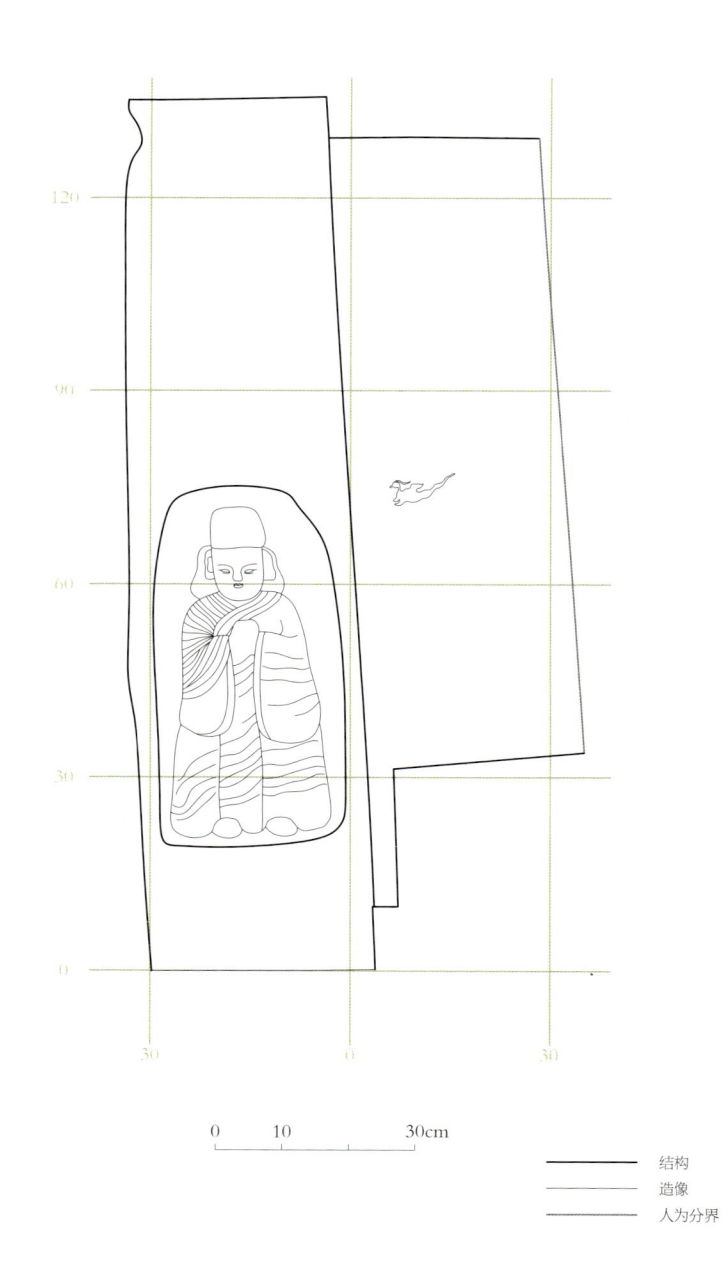

图 108　石门山石窟第 3 号龛女供养人像立面图　　　　图 109　石门山石窟第 3 号龛圆拱浅龛立面图

## 四　铭文

赵氏一娘子镌释迦佛龛记及匠师题名，北宋绍圣三年（1096年）。位于龛口下方竖直平整面。刻石面高30厘米，宽95厘米；文左起，竖刻19行，存171字，楷体，字径4厘米（图版Ⅱ：52）。

01　昌州大足县长溪里本
02　旁所居奉佛女弟子赵氏
03　一娘子与男女等发心镌造
04　释迦佛香花菩萨阿难迦
05　叶一龛永为万世之瞻仰祈
06　保一家之安宁增寿算以退
07　长保子孙而吉庆先亡□□
08　沾此德乃生天后誓前□□
09　祈恩而解脱又愿亡夫□
10　早生人世别得超升更□
11　□延禄衰[1]别益灾星退舍

---

1　此"衰"字《大足石刻铭文录》录为"衮"。重庆大足石刻艺术博物馆编：《大足石刻铭文录》，重庆出版社1999年版，第351页。

146　大足石刻全集　第五卷（上册）

12　福曜进宫十二时中
13　诸佛加备伏乞
14　三宝证知谨记
15　以绍圣三年丙子四月十四日
16　奉佛女弟子赵氏一娘子与
17　男吴逢吴信之吴舜之吴
18　节之
19　镌作文惟一男居道刻[4]

### 五　晚期遗迹

第一重龛口外右侧竖直壁面中下部开圆拱浅龛，高55厘米，宽28厘米，深9厘米（图109；图版Ⅰ：164）。内刻立像1身，凿痕粗糙，细节模糊；立像高51厘米，可辨戴冠，面方圆，着交领服；双手似胸前合十，着鞋直立。

龛口下方平整面左右端改刻为凹槽。左端凹槽高23厘米，宽6厘米，深9厘米；右端凹槽高22厘米，宽8厘米，深7厘米。左凹槽外侧另凿一方孔，部分残；孔高14厘米，宽5厘米，深4厘米。

龛内保存灰白色、红色、蓝色、绿色、黑色五种涂层。

## 第六节　第4号

### 一　位置

位于第3号龛右侧。左距第3号龛33厘米，右距第5号龛19厘米；上距上方外挑岩檐162厘米，下距现地坪103厘米。

龛口东北向，方向48°。

### 二　形制

单层方形龛（图110；图版Ⅰ：165）。

龛口　于岩壁表面凿进8厘米形成方形龛口。龛口外缘高125厘米，宽106厘米；左沿宽8.5厘米，右沿宽7.5厘米，上沿宽7厘米，部分残，下沿未刻出；内缘高119厘米，宽93厘米，至后壁最深29厘米。

龛底　后世改刻，竖直向下开凿8厘米形成方形平台；台面宽99厘米，最深26厘米。

龛壁　壁面竖直，正壁与左右侧壁略垂直相接；壁面与龛顶亦垂直相接。

龛顶　平顶，呈方形。

### 三　造像

龛内刻像4身（图110-2；图版Ⅰ：165）。其中，中刻主尊坐式菩萨像1身，左刻立式女像1身，头部左右各刻飞天像1身。

主尊菩萨像　坐高71厘米，头长23厘米，肩宽24厘米，胸厚11厘米。浅浮雕圆形素面头光和身光；头光横径50厘米，身光横径75厘米。梳髻，垂发分三绺披覆双肩。戴单重卷草冠，正面垂坠饰，冠带作结后各分长短两道下垂，较短一道垂于双肩后侧，较长一道沿胸下垂。面圆，白毫残，双眼略鼓，左眼残，直鼻，双唇闭合，嘴角后收，似戴桃形花钿耳饰。颈刻三道肉褶线。身细长，戴圆环项圈，其下坠三重"U"形璎珞，纵横相接，密蔽胸腹。上身斜披络腋，下着长短两层裙，裙腰外翻，双膝下长裙表面饰圆弧

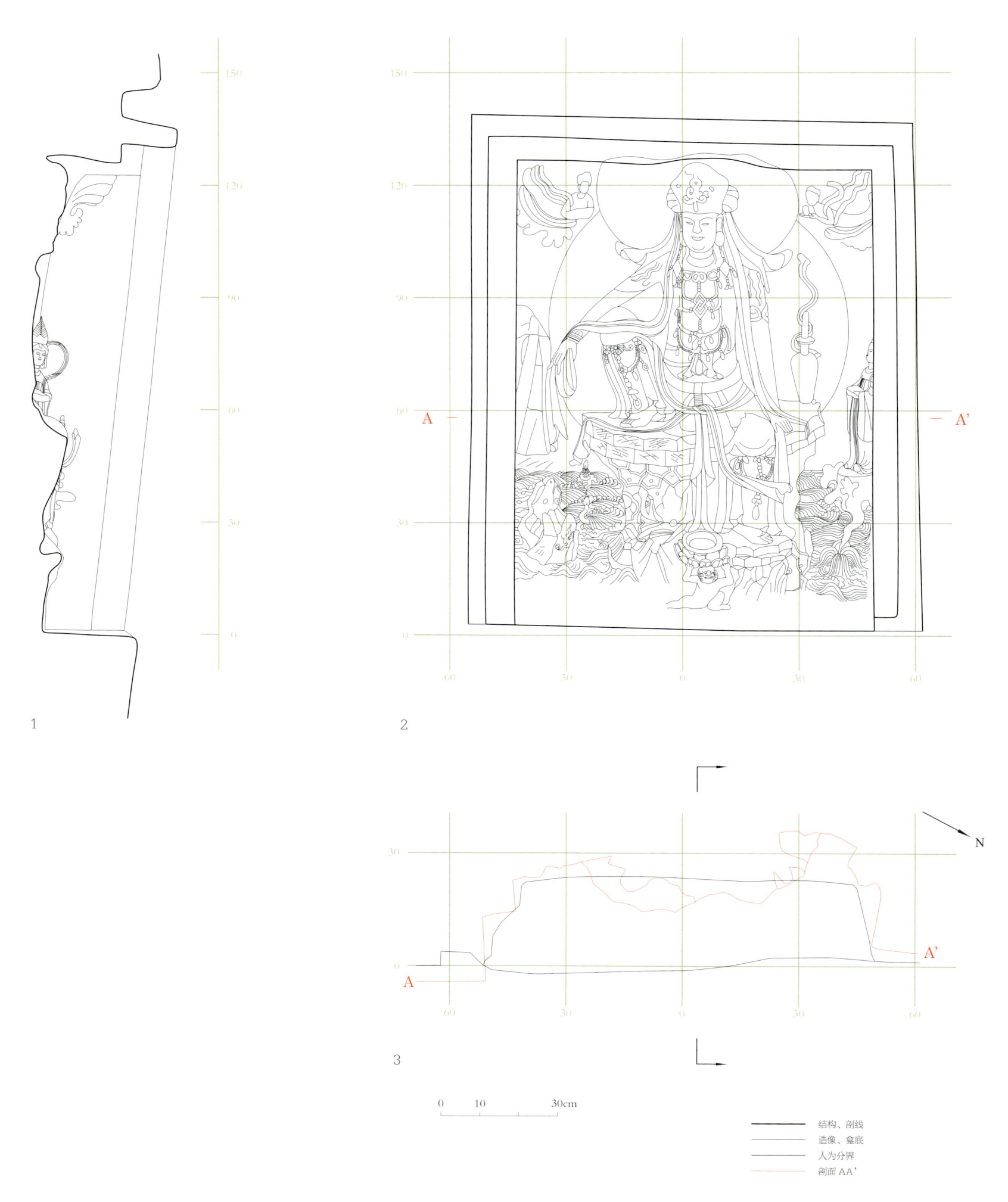

图 110　石门山石窟第 4 号龛平、立、剖面图
1　剖面图　2　立面图　3　平面图

下垂的珠串坠饰。腰带作结下垂座前。自后腰斜出一带于腹前交绕后斜向飘垂。臂钏，腕镯。左手斜伸撑台，掌压冠带（左侧较长冠带），右手斜置右膝上，捻右侧较长冠带。垂左腿踏山石，右腿屈膝上竖于台面，跣足（略残），坐于波涛中的山石台上。台高41厘米，最宽62厘米，深21厘米。台面略向下倾斜，其左后侧刻一带瓶塞的净瓶。瓶高24.5厘米，细颈，鼓腹，口径4.5厘米，腹径7厘米；自瓶身左肩刻出竖直向上蜿蜒的飘带。

山石座正面下部刻一蹲兽，高12厘米，两前腿上举，两后腿作弓步，直身挺腰向上托举三重仰莲台（图版Ⅰ：166）。莲高5厘米，直径12厘米；莲台被后世凿出空洞，形如香炉。

山石座右侧另刻两块山石，上块略大，与右侧壁相接；下块略小，饰放焰珠一粒，现于波涛中。波涛中另刻一龙，昂首直立，显露部分高7厘米；龙嘴吐云烟，内刻单重亭阁一座，高约3.5厘米（图版Ⅰ：167）。

立式女像　位于主尊左侧，即正壁与左侧壁相交处。立像高37厘米，头长6厘米，肩宽7厘米，胸厚4厘米（图111；图版Ⅰ：168）。梳髻，戴凤冠，凤尾上竖头顶。面方圆，眉目清晰，脸颊丰满，细颈。内着翻领宽袖长服，臂间刻出半臂，胸际系带，下垂帛带，下着裙，腰带作结长垂足间。身饰飘带，环状绕于头后左侧，沿胸下垂，于身后上扬于身体左侧。双手身前捧持盏盘，部分残，盘高2.5厘米，宽3厘米，径约5.5厘米。着鞋立于云台上，云台升起于水波之中。云头高9厘米，直径12厘米。

左飞天像　身长约21厘米（图版Ⅰ：169）。梳髻，圆脸。上身衣饰不明，下着裙。披帛环状绕于头后，经腋下斜飘身后。双手身前捧盏，内置物。左腿屈膝上抬，右腿略微后翘，向右作飞翔状。飞天置身于云纹内。云纹高23厘米，宽27厘米。

右飞天像　身长约19厘米，向左作飞翔状；特征与左飞天像略同（图版Ⅰ：170）。云纹高20厘米，宽约22厘米。

## 四　铭文

僧法顺镌水月观音龛记，北宋绍圣元年（1094年）。位于龛外下方竖直平整面。刻石面高33厘米，宽110厘米，文左起，竖刻13行，存53字，楷体，字径4厘米（图版Ⅱ：53）。

01　（漶）〔施主〕僧法顺
02　（漶）〔德〕发心为
03　（漶）物镌造此
04　（漶）一龛伏冀
05　（漶）人□千秋
06　（漶）法轮常转
07　□施主咸愿安宁
08　师□存（漶）
09　□道一切有情同出苦
10　□见性成佛绍〔圣元年〕甲戌
11　□月□日造
12　（漶）
13　（漶）[1]

## 五　晚期遗迹

龛外上方5厘米处凿出横向的凹槽，宽出龛口。凹槽宽约150厘米，高9厘米，最深14厘米。

龛口左侧6厘米处凿出纵向的凹槽，高约178厘米，宽6.5厘米，深5厘米；上端与上方横向凹槽相接。

龛口右侧4厘米处凿出纵向的凹槽，高约163厘米，宽7厘米，深6厘米；上端与上方横向凹槽相接。

龛内主尊及立式女像贴金。

龛内保存灰白色、红色、黑色、蓝色、绿色五种涂层。

---

[1] 最后两行现已漶不识，邓之金补为"同物供刻何承贵□杨（漶）吉庆」（漶）文居道"。见重庆大足石刻博物馆编：《大足石刻铭文录》，重庆出版社1999年版，第351页。

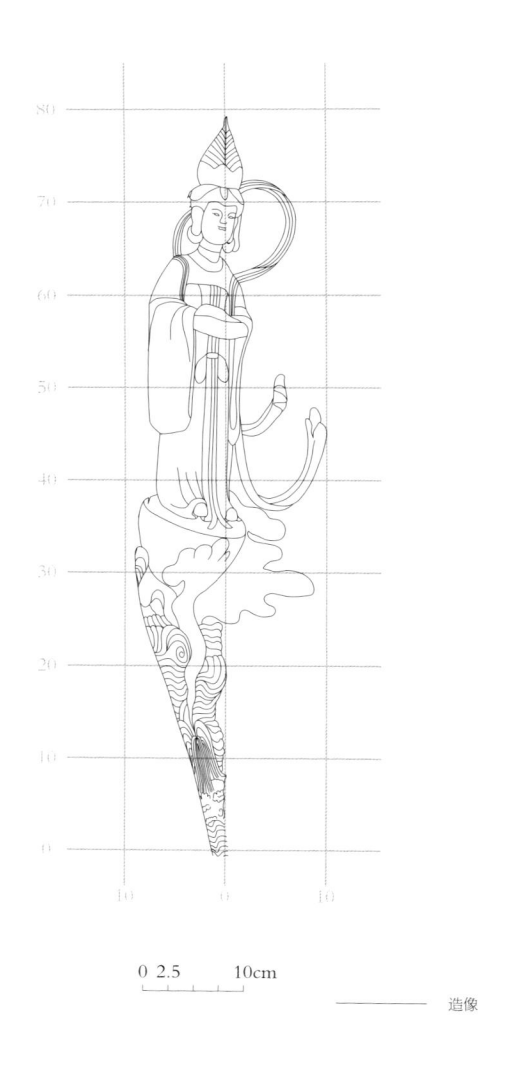

图111　石门山石窟第4号龛主尊左侧女像立面图

## 第七节　第5号

### 一　位置

位于第4号龛右侧。左距第4号龛19厘米，右距第5-1号龛85厘米；上距后世补接的岩檐177厘米，下距现地坪65厘米。龛口东北向，方向52°。

### 二　形制

单层圆拱龛（图112；图版Ⅰ：171）。于岩壁表面直接凿建龛口。龛口呈圆拱形，高177厘米，宽94厘米，至后壁最深27厘米。龛口下部残。龛底大部被后世凿毁，仅存内侧少许，估计原龛底略呈弦月形。龛壁为弧壁，与龛顶弧面相接。龛顶为券顶。

### 三　造像

龛内刻立式佛像1身（图112-1；图版Ⅰ：171）。高174厘米，头长33厘米，肩宽40厘米，胸厚17厘米。头顶刻圆珠状肉髻，略残，布细密珠状螺发，刻髻珠。脸形长圆，上额刻白毫，弯眉，眼睑略宽，眼半睁，鼻残，嘴角略上翘，耳垂肥大，颈刻三道肉褶线。当胸凿一方孔，高9厘米，宽7厘米，深7厘米。上着偏衫式袈裟，下着长裙，腰束带。腕镯，左手横置胸前托圆状物，似钵，手及物略残；右手贴体下垂，作结引印。双足毁。

150　大足石刻全集　第五卷（上册）

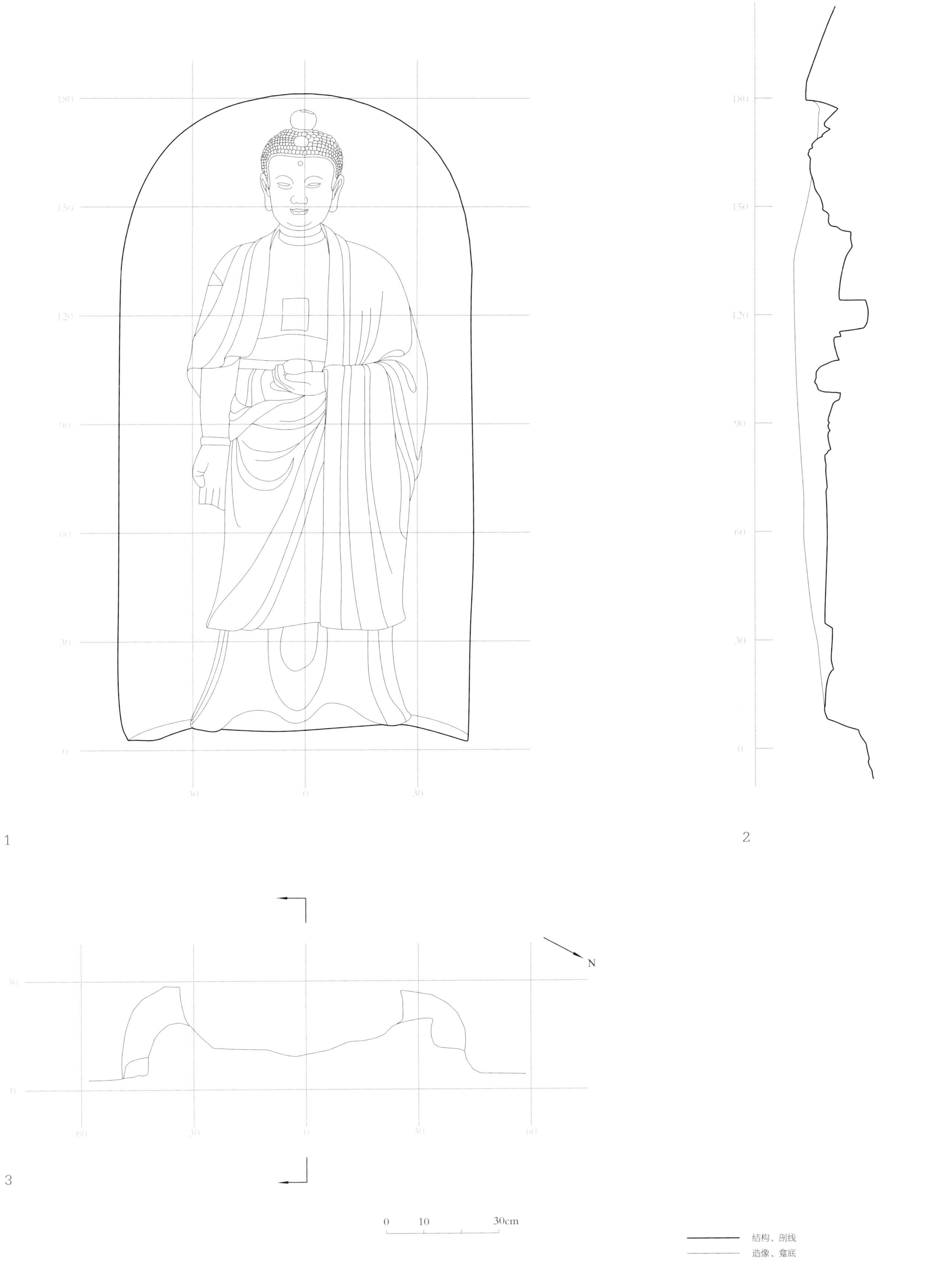

图 112　石门山石窟第 5 号龛平、立、剖面图
1　立面图　2　剖面图　3　平面图

第三章　石门山石窟

## 四　铭文

赵维元捐刻阿弥陀佛像镌记，清乾隆五十年（1785年）。位于龛外右侧中下部平整面。平整面高46厘米，宽41厘米，外距岩壁3.5厘米；文左起，竖刻9行103字，楷体，字径3厘米（图版Ⅱ：54）。

01　十万里中四甲地名古桐村
02　信士赵维元法名祥显于乾隆
03　戊寅年二月十六申文起引
04　各院礼拜录计功勋圆满周
05　隆以民发心于古志石门山
06　捐资雕塑
07　南无西方接引阿弥陀佛金容一尊祈保
08　家门清吉人眷平安谨意
09　大清乾隆五十年岁次乙巳五月初三吉旦[5]

## 五　晚期遗迹

造像保存少许绿色涂层。

# 第八节　第5-1号

## 一　位置

位于第5号龛右侧。左距第5号龛85厘米，右距壁面转折边缘29厘米；上距后世补接的岩檐259厘米，下距现地坪142.5厘米。龛口东北向，方向64°。

## 二　形制

单层圆拱龛（图113；图版Ⅰ：172）。于岩壁表面平直凿进1厘米形成龛口。龛口呈圆拱形，高30厘米，宽22厘米，至后壁最深6厘米。龛口上方部分脱落，右侧略经打磨形成高31厘米、宽2.5厘米的平整面。龛底呈方形。龛正壁竖直，与左右侧壁、龛顶均垂直相接。左右侧壁与龛顶券面相接。龛顶为弧面。

## 三　造像

龛内刻坐像1身，残毁甚重，仅辨轮廓，残高约14厘米（图版Ⅰ：172）。座台为须弥座，高12厘米，宽14厘米，深5厘米，部分残。

## 四　铭文

"观音龛"题刻，年代不明。位于龛外左侧21厘米处。刻石面高58厘米，宽20厘米，竖刻"观音龛[6]"3字，楷体，字径18厘米（图版Ⅱ：55）。铭文下部线刻仰覆莲一朵，通高13厘米，宽25厘米。

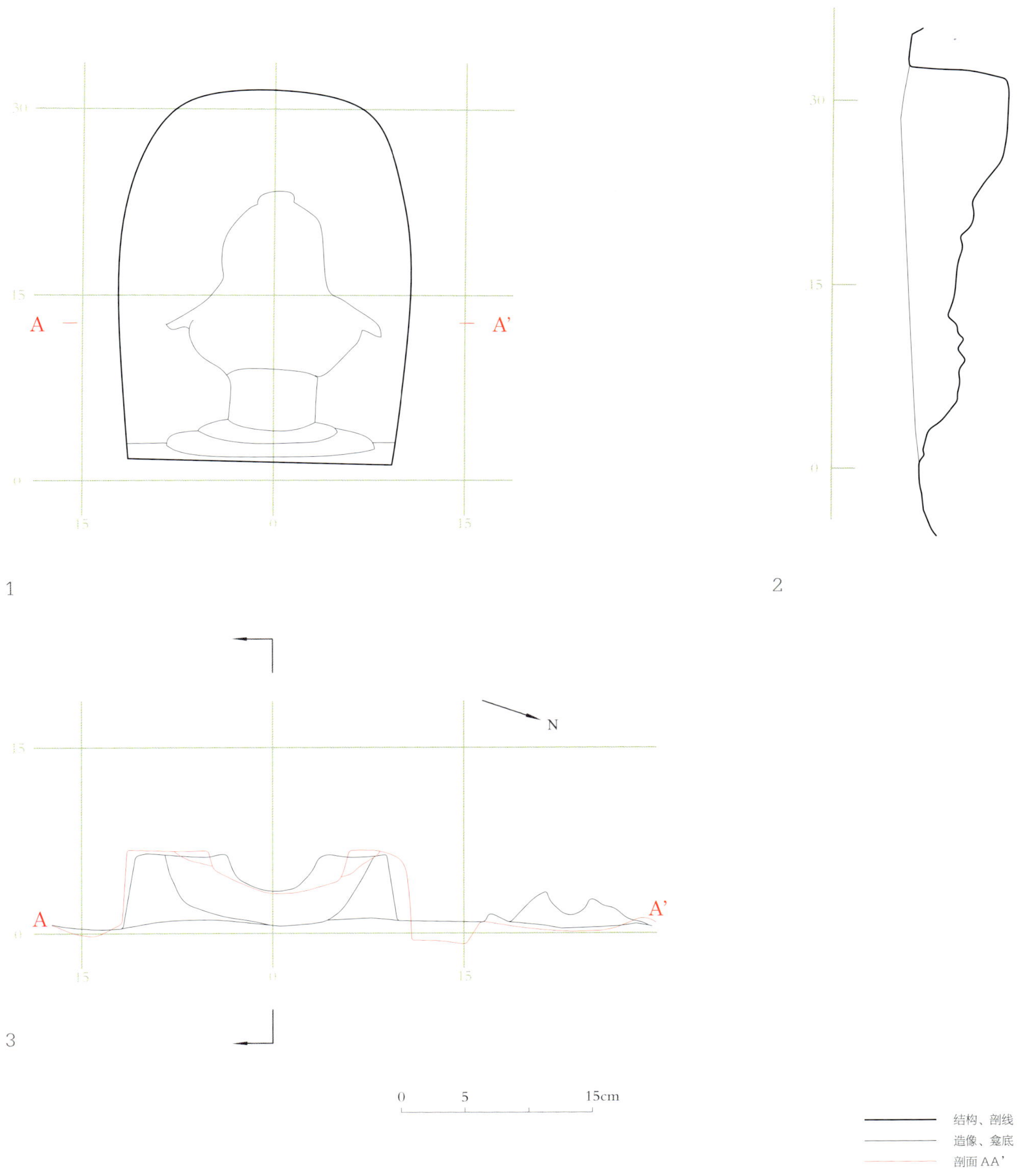

图113　石门山石窟第5-1号龛平、立、剖面图
1　立面图　2　剖面图　3　平面图

### 五　晚期遗迹

龛外左侧5厘米处凿圆拱浅龛，高32厘米，宽15厘米；内刻立像1身，高约27厘米；凿痕粗糙，可辨双手置胸前和站立的姿势。龛内保存灰白色涂层。

## 第九节　第6号

### 一　位置

位于西侧岩体东南向壁面左端。左距壁面转折边缘约260厘米，右距第7号龛205厘米；上距后世补接的岩檐120厘米，下距窟前地坪13厘米。

窟口东南向，方向138°。

### 二　形制

方形平顶窟（图114、图115、图116、图117、图118、图119、图121、图122、图130；图版Ⅰ：173、图版Ⅰ：174、图版Ⅰ：

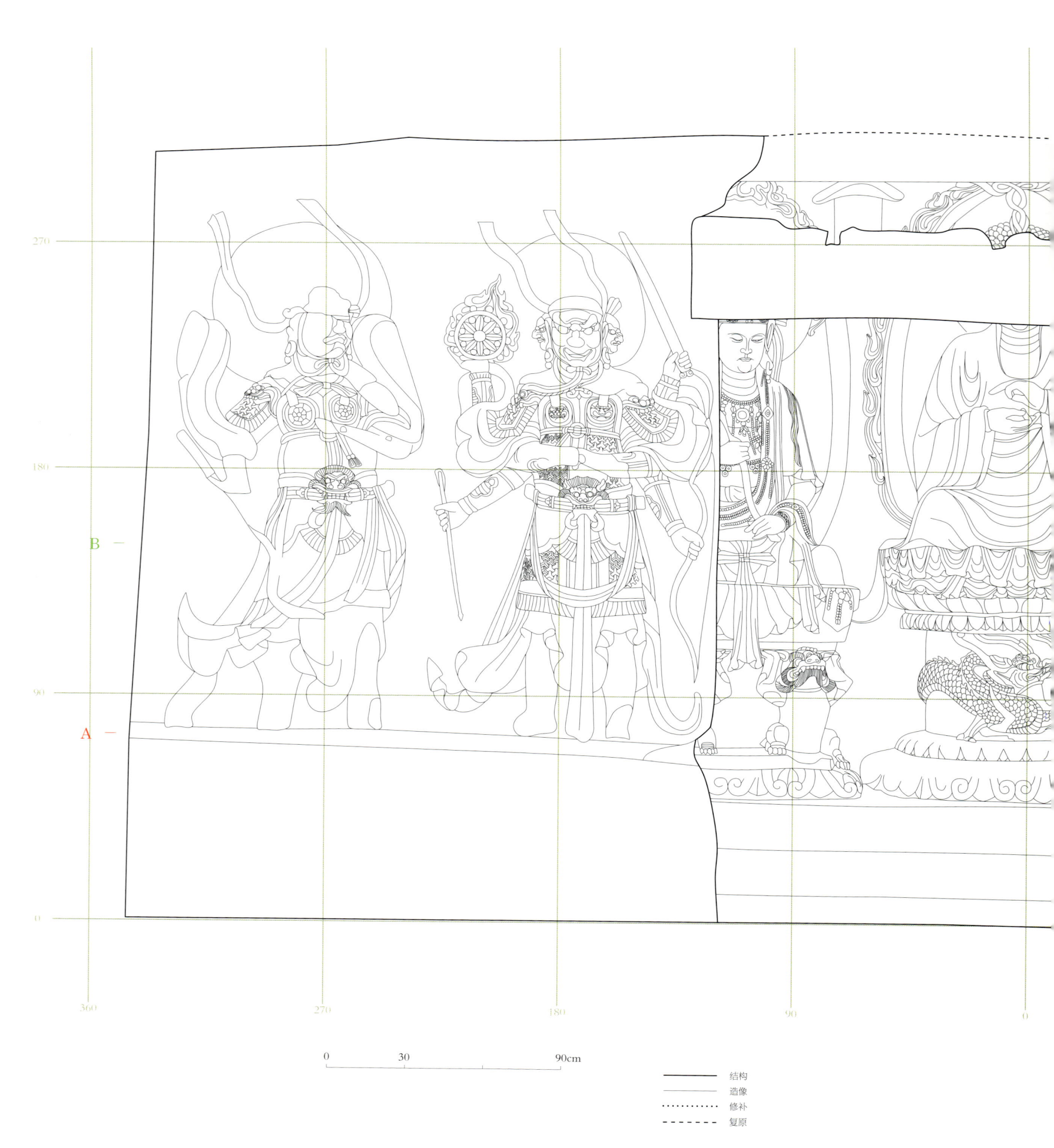

图114 石门山石窟第6号窟立面图

第三章 石门山石窟 155

图115 石门山石窟第6号窟纵剖面图（向东北）

第三章 石门山石窟

图 116　石门山石窟第 6 号窟横剖面图（向西北）

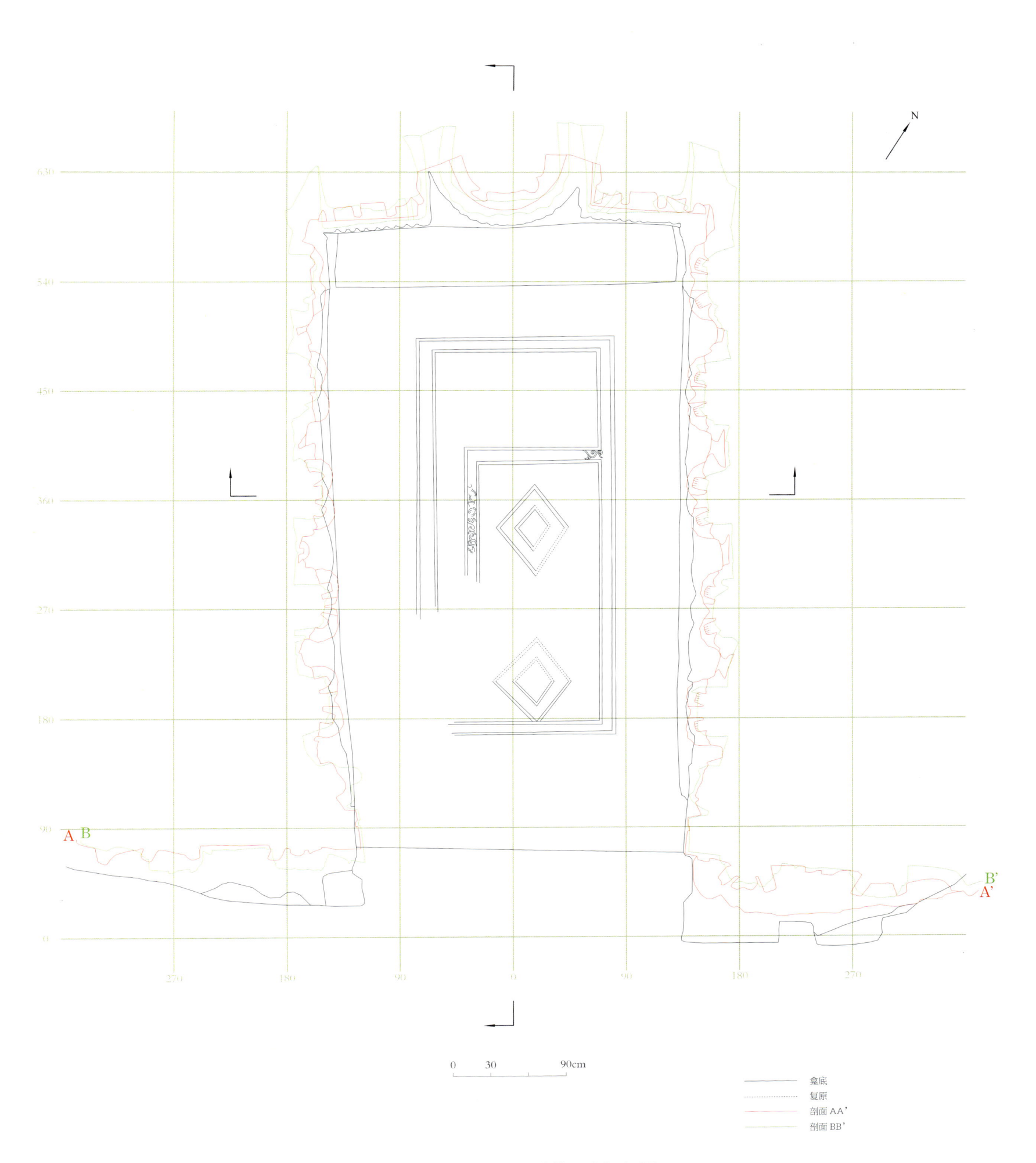

图 117　石门山石窟第 6 号窟平面图

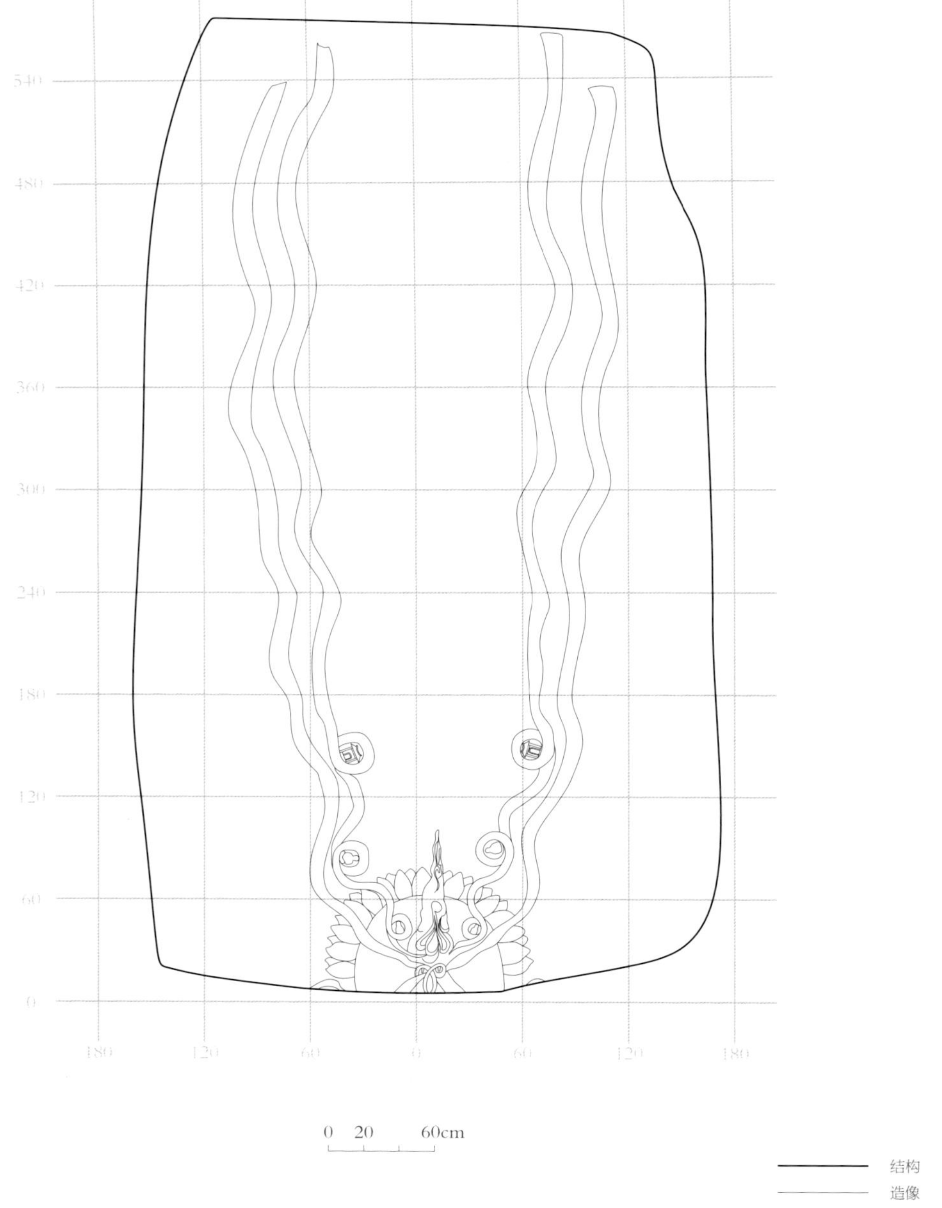

图 118　石门山石窟第 6 号窟窟顶仰视图

175、图版Ⅰ：180、图版Ⅰ：189）。

窟口　于岩壁平直凿进73厘米形成窟口。窟口方形，高296厘米，宽260厘米，深33厘米。窟口左右上角残毁，下部部分残；左右侧上部（自窟口底部向上222.5厘米处）向外凿出凹槽，高43厘米，宽27厘米，深11厘米；凹槽间横向安置条石一块，形如门楣；条石长283厘米，高42厘米，厚17厘米。条石上部凿出五个方孔，大致作均匀分布，形制相近；孔高10厘米，最宽约8厘米，深10厘米。窟口左右外侧凿出高220厘米、宽210厘米的弧形平整面，其下部与岩壁间形成平台，台面宽215厘米，最深62厘米。

窟底　呈方形，宽270厘米，深474厘米，至窟顶高287厘米。窟底后侧建三级低坛，自下而上第一级低坛高20厘米，宽265厘米，深51厘米；第二级低坛高37厘米，宽305厘米，最深55厘米；第三级低坛高113厘米，宽337厘米，最深25厘米。窟底左右侧各建低坛一级，左侧低坛高6—15厘米，宽450厘米，最深9厘米；右侧低坛高8—14厘米，宽480厘米，最深9厘米。

窟壁　壁面竖直，皆高275厘米。正壁宽340厘米，左右侧壁宽557厘米；壁面间弧面相接。壁面与窟顶略成垂直相接。

窟顶　平顶，方形，宽355厘米，深约610厘米，略剥蚀。

## 三　造像

共刻像21身（图114、图120；图版Ⅰ：173）。据其位置，分为窟内和窟口左右壁造像两部分。

### （一）窟内

窟内共刻像17身（图120）。据其位置，可分为正壁、左壁、右壁、窟底造像四部分。

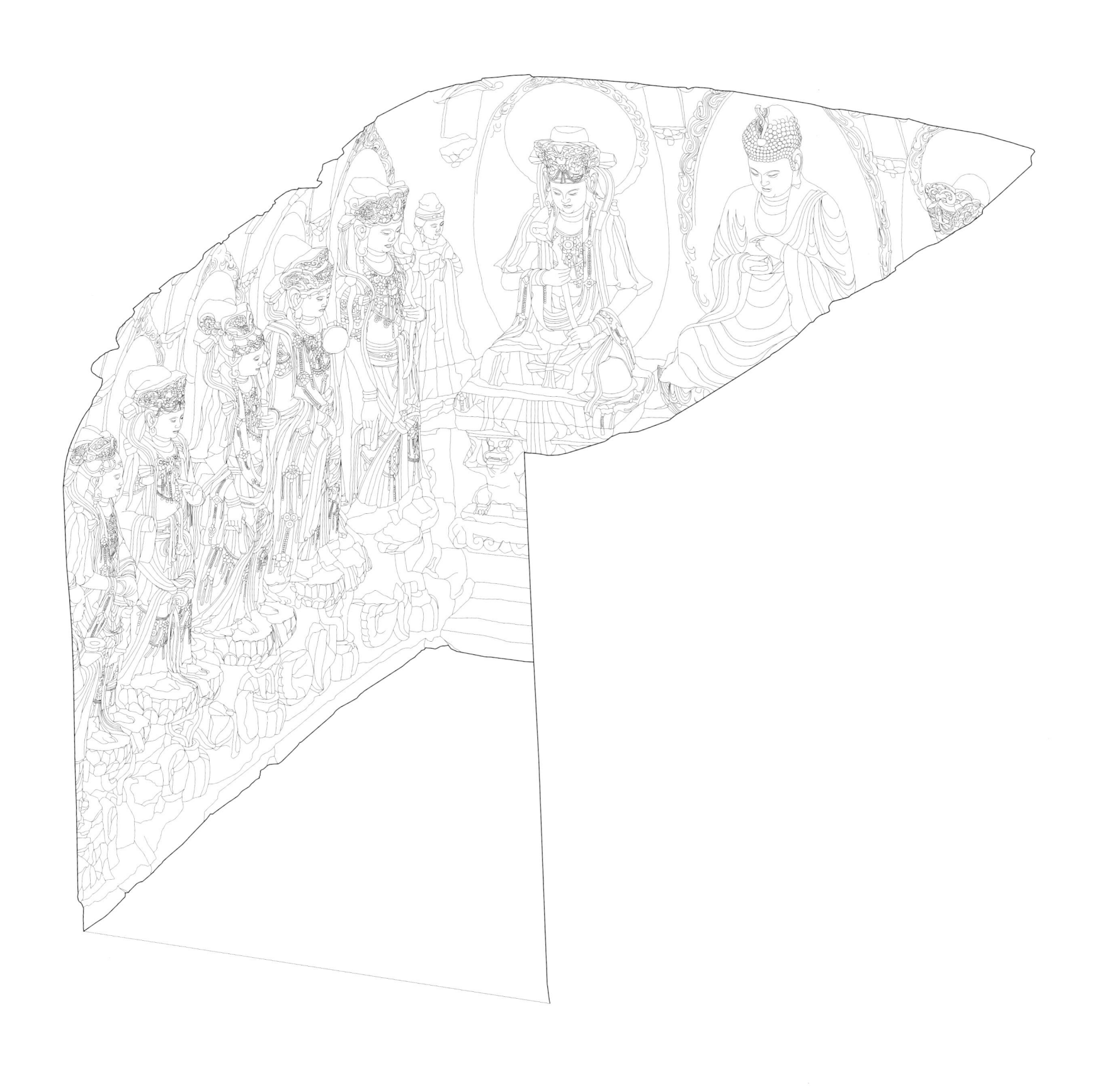

图119　石门山石窟第6号窟透视图

1. 正壁

正壁刻一佛二菩萨坐像3身（图121；图版Ⅰ：175）。

主尊佛像　坐高133厘米，头长45厘米，肩宽53厘米，胸厚26厘米。浮雕椭圆形背光，内素平，横径96厘米；边缘刻火焰纹，宽9厘米，焰尖延至窟顶华盖前端。背光内绘出圆形头光，直径55厘米。螺发，肉髻高凸，刻髻珠，自髻珠发出四道毫光，内侧两道交绕上升，贴窟顶后向外延至窟口，其间各绕四匝；外侧两道升起后残断，再贴窟顶外飘延至窟口。面方圆，弯眉、细眼，直鼻，闭口，耳垂残断，颈刻三道肉褶线。上着双领下垂式袈裟，下着裙，袈裟及裙摆覆于座上；袈裟和裙摆间露出斜垂的腰带。两腋下衣纹密集，呈"U"形；胸腹衣纹圆弧下垂，较为疏朗，两前臂衣纹呈泥条状。腕镯，双手部分残，于胸前结印，拇指与中指相捻，上下作扣合状，结跏趺坐于束腰仰覆莲座上。座通高103厘米，置于第二级低坛上。座上部为仰覆莲台，通高32厘米。仰莲两重，直径103厘米，置于第一级低坛上；覆莲一重，直径82厘米。中部束腰为圆柱，高44厘米，直径57厘米。柱身刻一蟠龙，龙头位于正面，左向，龙角分叉，龙须下垂，闭口露齿，龙嘴前侧7厘米处刻一放焰珠，珠径5.5厘米，曲颈，龙身修长，刻龙鳞，覆甲、背鳍，右绕圆柱，兽形龙尾刻于柱身左侧，现两前腿，爪残。柱身左侧另刻两阶方台，线刻三面，显露高15厘米，上置三粒圆珠，当中一粒向上发出四道毫光。柱身右侧亦刻两阶方台，现出三面，通高9.5厘米，上置七粒圆珠发出七道毫光。方台左右下部各刻一宝珠，由宝珠斜向升起两道毫光。下部为两

6 号窟内造像展开图

图120 石门山石窟

图 121　石门山石窟第 6 号窟正壁立面图

第三章　石门山石窟　165

阶圆台，通高27厘米；上阶饰覆莲瓣，直径92厘米；下阶刻覆莲及羊角形云纹，直径126厘米，略残。

佛像髻珠发出的内侧两道毫光各绕四匝，内径渐次增大，分别为4、8、12、13厘米。其中，前三匝内可辨结跏趺坐的坐像1身，残毁甚重，细节不明；最外一匝内刻单层庑殿顶建筑一座，略剥蚀，通高13厘米；面阔两柱一间，通宽7.5厘米；屋身开圆拱门洞，高4厘米，宽3厘米；屋脊略呈"U"形，两端内翘（图118；图版Ⅰ：174）。

佛像头顶上方刻覆莲华盖，莲蕊素平，直径80厘米，边缘刻宽约17厘米的两重覆莲瓣（图版Ⅰ：176）。

佛像背光左上方刻方碑一通。

左菩萨像　坐高129厘米，头长48厘米，肩宽42厘米，胸厚25厘米（图版Ⅰ：177）。浮雕圆形头光及椭圆形背光，头光内圆素平，直径65厘米，边缘刻宽6厘米的火焰纹，焰尖延至窟顶；背光横径92厘米，后世彩绘呈四层。梳髻，垂发作结后分三绺覆肩，鬓发绕耳；戴冠，冠体两重，冠翼外展，下缘垂五枚桃形坠饰；冠体底重正面饰两支花卉，其余饰卷草；底重正面刻立式化佛1身，高8厘米，有舟形背光，最宽4.5厘米；可辨双手胸前笼于袖内，立于花卉根部。菩萨冠带作结后成圆环下垂，沿胸外侧过大腿垂搭于座台。面长圆，弯眉，细眼，鼻高直，双唇闭合，下颌外凸，耳垂肥大，戴耳环，垂一粒圆坠。内着僧祇支，以带围系，戴珠串项圈，中垂菱形坠饰，下端垂四条短珠串，左右端坠"品"字形圆珠坠饰，其间以两条珠串相连，并呈"U"形下垂。上着宽博披巾，下着长短两层裙。长裙裙摆覆于座前，披巾于腹前交叠后敷搭双手前臂，垂至座台左右边缘，向前延展垂至座台正面，其上饰团花、菱形纹、三角坠饰、珠串等；其间以较长的两条珠串相接，各饰物左右侧另垂一道较短的珠串。短裙腰带于腿间作结后斜垂座前。长短裙摆间垂长腰带。腕镯，中部内凹，刻团花链一条；左手屈于胸前，右手置腹前握持莲梗，顶端分叉为莲包、莲叶，全长76厘米。结跏趺坐于须弥座上，座通高87厘米，最深73厘米，置于第二级低坛上。座上枋为两阶素面方台叠涩，上阶高20厘米，宽84厘米；下阶高6厘米，宽73厘米。中部束腰为方柱，高43厘米，宽约68厘米；正面刻蹲狮两只，狮身高约43厘米，阔口露齿，颈下系铃，两前腿屈肘上举，直身蹲坐于下枋，作托举状（图版Ⅰ：178）。下枋为两阶方台叠涩，上阶素面，高7厘米，宽90厘米；下阶饰刻覆莲和羊角形云纹，高11厘米，宽96厘米。

菩萨像背光左上方刻方碑一通。

右菩萨像　坐高128厘米，头长43厘米，肩宽46厘米，胸厚24厘米（图版Ⅰ：179）。浮雕圆形头光及椭圆形背光，头光内圆素平，直径65厘米，边缘刻宽6厘米的火焰纹，焰尖延至窟顶；背光横径92厘米，后世彩绘呈四层。梳髻，垂发于肩部作结后分三绺覆肩，鬓发绕耳；戴单重卷草花卉冠，冠顶稍残，冠翼外展，中部上方刻一瓶，高8厘米，瓶口升起毫光一束；瓶下刻团花，自团花中部下垂两条短珠串，左右侧各弧形下垂两条长珠串，并与冠翼团花相接，再竖直下垂。冠带作结后圆环下垂，沿胸外侧过大腿垂搭于座台。面长圆，特征与左菩萨像同。内着僧祇支，以带围系，戴珠串项圈，中垂环形坠饰，下端垂三条短珠串，左右端各垂坠饰及珠串，底部另刻两道弧形下垂的细珠串，部分隐于披巾内。左手置腹前，右手屈胸前握持如意，如意长69厘米，中上部残断；其余装束、特征同左菩萨像。座台通高84厘米，宽85厘米，最深73厘米，式样与左菩萨像略同。

菩萨像背光左上方刻方碑一通。

2. 左壁

壁面刻像7身。从内至外，依次编为第1—7像（图122；图版Ⅰ：180）。

第1像　立身高113厘米，头长21厘米，肩宽21厘米，胸厚8厘米（图123；图版Ⅰ：181）。头巾，巾角作结后垂于头后两侧，前额束带作结后垂于颈后。面方，下颌稍尖，面刻皱纹，睁眼、直鼻，鼻尖残，双唇闭合。身着双层交领窄袖长服，腰系带，下垂止于膝间。双手屈于左侧斜向握持长柄香炉，着鞋立于低台上。香炉柄长33厘米，炉身高9.5厘米，直径10厘米；自炉心升起火焰。低台高14厘米，宽43厘米，最深8厘米。

该像左上方刻方碑一通。

第2像　立身高180厘米，头长42厘米，肩宽44厘米，胸厚23厘米（图124；图版Ⅰ：182）。浮雕圆形头光和椭圆形背光。头光内圆素平，直径63厘米，边缘饰火焰纹，宽6厘米；背光下起仰莲台，最大横径94厘米，后世彩绘呈四层。头戴卷草冠，冠正面刻结跏趺坐化佛1身，高约5厘米，浮雕圆形背光，直径7厘米；冠下缘垂五粒桃形饰物。冠带作结沿胸下垂敷搭手臂后再斜垂体侧。面方圆，弯眉，细眼，鼻、唇略残，颈刻三道肉褶线，显露部分圆形耳环。戴珠串项圈，中垂两菱形饰物，下垂团花坠饰。两菱形饰物转角处横向各施珠串一条，珠串下垂短珠串，部分隐于袈裟内。上着双领下垂式袈裟，袈裟一角经左肩向上覆于花冠上，并下垂披覆右肩；下着长短两层裙。腰带于腿间下垂覆于仰莲上，短裙止于双膝处，长裙于膝下饰三道横向的珠串璎珞，当中下垂菱形团花等饰物及珠串。腕镯。左手垂至体侧握持念珠，念珠略残；右手屈于胸前提握净瓶。瓶高22厘米，口径5厘米，腹径9厘米。窟底低坛处刻一瓜瓣形坛，高24厘米，口径18厘米，腹径25厘米，自坛口左右各生出一带茎莲叶，左莲闭合，右莲舒张内凹；向上生出两朵并蒂带茎双重仰莲，高19厘米，直径32厘米。像跣足分踏于莲台上。

该像头光左上方刻方碑一通。

第3像　立身高177厘米，头长43.5厘米，肩宽43厘米，胸厚25厘米（图125；图版Ⅰ：183）。浮雕圆形头光和椭圆形背光。头光内圆素平，直径65厘米，边缘饰火焰纹，宽6.5厘米；背光下起仰莲台，最大横径86厘米，后世彩绘呈四层。梳高髻，垂发于肩部作结分三绺覆肩，鬓发绕耳。戴单重卷草花卉冠，中部刻立式化佛1身，高10厘米，浮雕舟形背光，宽7厘米，双手于腹前笼于袖内，直身站立；冠下横饰两道珠串，其下另垂团花坠饰以珠串相连。冠带作结沿胸下垂敷搭手臂，再垂于体侧。面长圆，弯眉，细眼，直鼻，唇闭合，耳垂肥大，戴耳环，垂两粒圆坠，颈刻三道肉褶线。戴项圈，中接团花圆环，其下横刻团花、珠串相接，部分隐于袈裟内。上着双领下垂式袈裟，下着长短两层裙，短裙止于双膝处，长裙膝下饰两道横向的珠串，下垂团花、菱形等坠饰及短珠串，腰带长垂至莲台。腕镯。左手指部分残，曲于胸前结印；右手微曲垂于体侧提篮，篮通高15厘米，最宽24.5厘米，厚14厘米；篮内盛圆珠、钱币等，饰刻毫光及火焰纹。窟底低坛处刻一瓜瓣形坛，高20厘米，口径22厘米，腹径28厘米，自坛口左右各生出一带茎莲叶，左莲舒张内凹，右莲闭合；向上生出两朵并蒂带茎双重仰莲，高19厘米，直径32厘米。像跣足分踏于莲台上。

此像头光左上方刻一方碑。

第4像　立身高178厘米，头长39厘米，肩宽42厘米，胸厚24厘米（图126；图版Ⅰ：184）。浮雕圆形头光和椭圆形背光。头光内圆素平，直径58厘米，上缘饰放焰珠，直径5厘米，边缘饰火焰纹，宽6.5厘米，焰尖延至窟顶；背光下起仰莲台，最大横径80厘米，后世彩绘呈四层。梳髻，垂发作结后分三绺覆肩，鬓发绕耳。戴单重卷草花卉冠，冠翼外展，中刻立式化佛1身，高9厘米，浮雕舟形背光，横径6厘米，可辨着双领下垂式袈裟，双手笼于胸下袖内。化佛下方刻放焰珠一粒，珠径3.5厘米。冠体上缘呈连续的圆弧状，尖角向下。冠下刻七段弧形珠串，并垂圆珠。冠带作结后沿胸下垂敷搭前臂后，垂于体侧，冠带装饰团花、菱形物、三角饰等饰物，饰物间以珠串相接，两端下垂较短的细珠串。面长圆，弯眉，细眼，直鼻，唇闭合，耳垂肥大，戴耳环，垂两粒圆坠，颈刻三道肉褶线。戴珠串项圈，其下垂挂菱形、团花、圆璧等坠饰及珠串，密蔽胸前。上着双领下垂式袈裟，下着长裙，膝以下横刻三道珠串，并垂坠饰及短珠串。腕镯。左手于腹前捻提巾带，右手托经函，手指及经函少许残，经函高4厘米，长20.5厘米，宽11厘米，其中部束扎巾带。窟底低坛处刻一瓜瓣形坛，高22厘米，口径21厘米，腹径29.5厘米；自坛口左右各生出一带茎莲叶，左莲舒张，中部内凹，右莲闭合；向上生出两朵并蒂交绕双重仰莲。像跣足分踏于莲台上。

像头光左上方刻方碑一通。

第5像　立身高173厘米，头长40厘米，肩宽41厘米，胸厚18厘米（图127；图版Ⅰ：185、图版Ⅰ：186）。浮雕圆形头光及椭圆形背光。头光内圆素平，直径55厘米，上缘刻放焰珠一粒，直径3.5厘米；边缘饰火焰纹，宽6厘米，焰尖延至窟顶；背光下起仰莲台，最大横径88厘米，后世彩绘呈四层。梳高髻，垂发于肩部作结分三绺覆肩，鬓发绕耳。戴单重卷草花卉冠，中部刻立式化佛1身，高11厘米，浮雕舟形背光，宽7厘米，双手腹前笼于袖内，直身站立；冠下横饰两道珠串，其下另垂团花坠饰以珠串相连。冠带作结沿胸下垂敷搭手臂，再垂于体侧。面长圆，弯眉，细眼，直鼻，唇闭合，耳垂肥大，戴耳环，垂两粒圆坠，颈刻三道肉褶线，戴珠串项圈，下坠坠饰及圆璧，其下再施以两道弧形下垂的珠串，并垂坠饰及短珠串；该两道珠串向右延伸呈弧形垂挂于右肩，并下垂坠饰。上着袒右式袈裟，腹前衣纹密集，斜向收拢于左腋；下着长短两层裙，短裙于左膝上部显露少许，长裙垂挂三道横向珠串，并垂有坠饰及短珠串。袈裟之下于两腿间露出腰带垂至莲台前。腕镯，中部内凹，饰团花链。左手于腹前斜持长柄扇，全长45厘米，扇面呈椭圆形，边缘线刻褶皱，顶缘刻须，上端刻"心"形图案，其下刻云纹承托的"日、月"图案；右手贴体下垂，掌心向外，手指部分残。窟底低坛处刻一瓜瓣形坛，高24厘米，口径20厘米，腹径27厘米，部分残蚀；自坛口左右各生出一片带茎莲叶，左莲舒张外凸，右莲闭合；向上生出两朵并蒂带茎双重仰莲，高19.5厘米，直径34厘米。像跣足分踏于莲台上。

该像头光左上方刻方碑一通。

第6像　立像残高137厘米，肩宽34厘米，胸厚30厘米（图128；图版Ⅰ：187）。头被盗毁[1]，存残痕。浮雕圆形头光及椭圆形背光。头光内圆素平，直径58厘米，边缘饰火焰纹，宽6厘米，焰尖延至窟顶；背光下起仰莲台，最大横径85厘米，后世彩绘呈四层。垂发于肩部作结后分三绺覆肩，冠带沿胸下垂后敷搭双臂垂于体侧。冠带饰团花及其他饰物，其间以珠串相连。戴团花链项圈，中部

---

[1] 2004年3月，该菩萨像头部被盗，未破案追回。

图 122　石门山石窟第 6 号窟左壁立面及造像编号图

第三章 石门山石窟 169

图123　石门山石窟第6号窟左壁内起第1像立面图

下垂坠饰及短珠串，两端下垂一道"U"形珠串。上着双领下垂式袈裟，腹前衣纹呈"U"形疏朗下垂，双臂衣纹呈密集的泥条状；下着长短两层裙，短裙止于双膝，长裙于膝下横向饰两条珠串，自珠串中部下垂坠饰及短珠串，两端下垂如意头饰物，再以"U"形珠串相连。腰带长垂足间，覆于莲台前。腕镯。左手腹前托莲钵，钵高9厘米，口径13厘米；右手胸前持柳枝。窟底刻一坛，高12厘米，腹径34厘米，部分残蚀，自坛口左右各生出一带茎闭合莲叶，向上生出并蒂带茎双重仰莲，高18厘米，直径29厘米。像跣足分踏于仰莲台上。

　　该像头光左上方刻方碑一通。

　　第7像　立身高132厘米，头长25厘米，肩宽31厘米，胸厚16厘米（图129；图版Ⅰ：188）。浮雕圆形素面头光，直径43厘米，厚1厘米。梳球状高髻，扎巾，巾带斜垂头后。面方，满面皱纹，浓眉垂梢，眼眶较深，颧骨略凸，鼻尖残，口闭合，刻连鬓胡须。内着双层交领长服，外披氅，氅缘于胸下系带作结，胸前刻蔽膝以带围系，斜垂腹前作环结后垂至小腿间；下着长裙，腰带垂至足间。双手于胸前捧三瓣盏，内置假山，通高14厘米，最宽12厘米，厚7.5厘米，正面饰放焰珠一粒；着鞋（略残）立于山石台上。台高42厘米，最宽47厘米，深23厘米，置于第一级低坛上。

　　该像头光上方刻方碑一通。

　　3. 右壁

壁面刻像7身。从内至外，依次编为第1—7像（图130；图版Ⅰ：189）。

　　第1像　立身高110厘米，头长23厘米，肩宽21厘米，胸厚8厘米（图131；图版Ⅰ：190）。头顶残，梳髻，发带于正面作结，下方横饰一列珠串。面长圆，满脸皱纹，弯眉、细眼，直鼻，鼻尖残，口微闭。戴耳饰，下垂两条珠串。身蚀较重，可辨身着对襟长服，下着裙，似刻腰带，双臂间环出一条飘带，左端飘带敷搭前臂下垂身前，右端亦垂身前。双手残，于胸前持方盒，盒高6.5厘米，宽10.5厘米，厚4厘米，面作瓜瓣状，线刻三道横纹。足残，立于低台上，台高8厘米，宽40厘米，深7厘米。

　　该像头左上方刻方碑一通。

　　第2像　立身高180厘米，头长38厘米，肩宽42厘米，胸厚20厘米（图132；图版Ⅰ：191）浮雕圆形头光和椭圆形背光。头光内

图 124 石门山石窟第 6 号窟左壁内起第 2 像立面图

图 125　石门山石窟第 6 号窟左壁内起第 3 像立面图

图 126　石门山石窟第 6 号窟左壁内起第 4 像立面图

图 127　石门山石窟第 6 号窟左壁内起第 5 像立面图

图128 石门山石窟第6号窟左壁内起第6像立面图

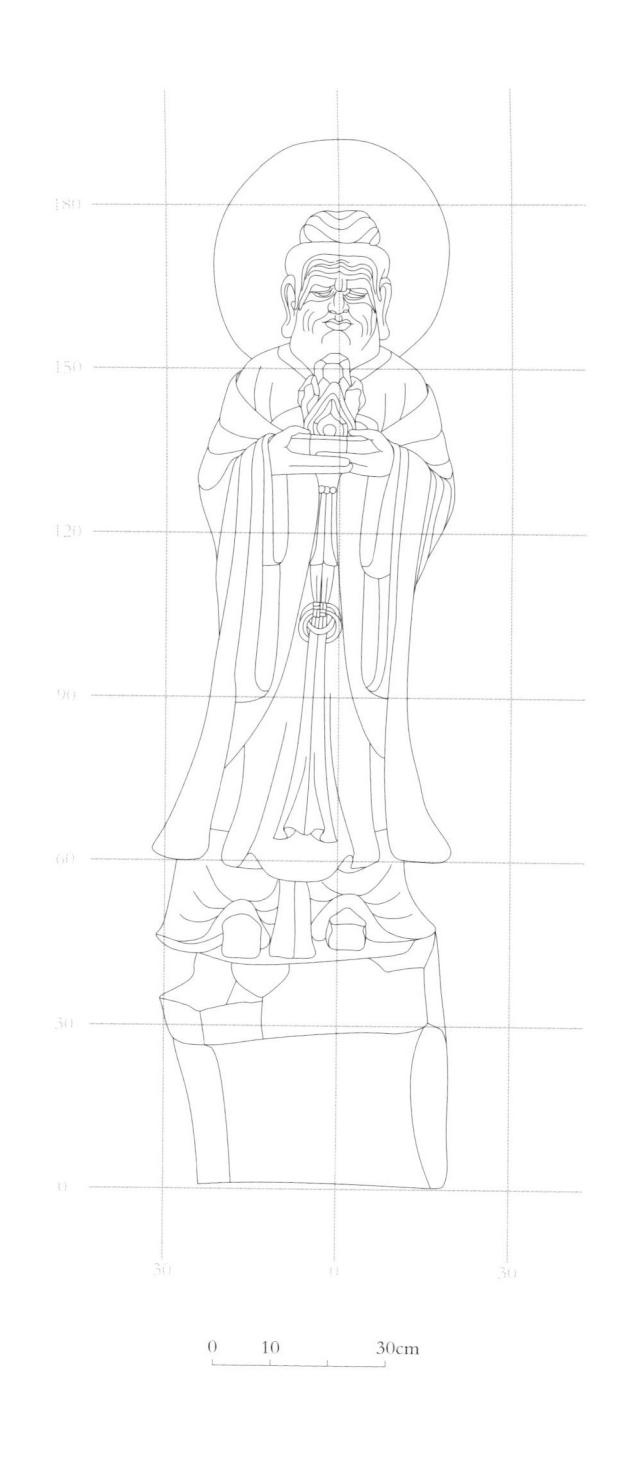

图 129　石门山石窟第 6 号窟左壁内起第 7 像立面图

圆素平，直径60厘米，上缘中饰一粒放焰珠，直径5厘米，边缘饰火焰纹，宽6厘米，焰尖延至窟顶；背光下起仰莲台，最大横径92厘米，后世彩绘作四层。梳髻，垂发于肩部作结后分三绺覆肩，鬓发绕耳。戴单重卷草花卉冠，冠翼外展，冠体中部刻立式化佛1身，高7.5厘米，浮雕舟形背光，最宽6.5厘米，边缘饰两层共十粒圆形坠饰；可辨着双领下垂式袈裟，双手腹前笼于袖内。冠体底部正中饰一放焰珠。冠带作结沿胸下垂，于胸际再次作结后敷搭手臂，下垂至小腿两侧。面长圆，鼻尖稍残。戴珠串项圈，中部垂两层方台、三叶草、菱形图案组成的饰物链，两侧垂团花、短珠串和圆璧等饰物，胸部再施两道横向的珠串与饰物链的三叶草、菱形饰物相接；璎珞延伸至双肩。中部饰物链的方台通高6厘米，下层宽7.5厘米，上层宽5.5厘米，正面刻团花，方台上置一粒放焰珠，直径2.5厘米。上身斜披络腋，络腋一段向外翻出垂至大腿间，下着长短两层裙，短裙止于膝间。腰带作结后下垂至膝间作"田"字结后，垂于仰莲间；腰带自腿间下垂，覆于仰莲台。络腋饰团花、三叶草等坠饰；中部以两串珠串相连，坠饰两侧各坠一条短珠链；长裙正面饰两道横向的珠串，中垂团花、三角圆珠、菱形组成的饰物链，两侧另垂饰物及短珠串；璎珞向腿两侧延伸。腕镯。左手屈肘于胸前持带茎莲，全长77厘米；莲上刻一粒放焰珠，直径6.5厘米；右手贴体下垂握持冠带。窟底低坛处刻一瓜瓣状坛，高22厘米，口径18厘米，腹径25厘米；自坛口左右各生出一带茎莲叶，略残，均闭合；向上生出两朵并蒂带茎双重仰莲，大部毁，高19厘米，直径33厘米。像跣足分踏于莲台上。

菩萨像头光右上方刻方碑一通。

第3像　立身高177厘米，头长39厘米，肩宽37厘米，胸厚22厘米（图133；图版Ⅰ：192）。浮雕圆形头光及椭圆形背光。头光圆形素面，直径55厘米，边缘饰火焰纹，宽6厘米，焰尖延至窟顶；背光下起仰莲台，最大横径82厘米，后世彩绘作四层。梳髻，垂发分两绺覆肩。戴双重卷草花卉冠，冠翼外展。上重冠体正面刻结跏趺坐化佛1身，坐高5厘米，浮雕圆形头光及椭圆形身光，头光直径3.5厘米，身光最宽5.5厘米，细节难辨。下重冠体底部正中饰放焰珠一粒，边缘饰五粒桃形坠饰。冠带作结后各分两道下垂，后侧一道沿身后下垂至大腿外侧，前侧一道垂至双肩外侧作结后沿上臂外侧下垂，绕肘敷搭前臂斜垂至双膝外侧。面长圆，略蚀。戴珠串项圈，中垂双环、团花、菱形等饰物。上着披巾，下着长短两层裙，披巾饰菱形、团花、三角圆珠等饰物，其间以两道珠串相接；饰物两端各下垂两道较短的珠串；腰带作结下垂至双膝间作"田"字结后垂搭于仰莲台；长裙膝下正面刻三角圆珠、菱形物、团花组成的饰物链，并垂三叶饰物及短珠串。自后腰斜出一道飘带于膝间交绕后斜垂小腿外侧。腕镯。左手曲于胸前持圆镜，镜直径15.5厘米，厚2厘米；右手于腹前握圆镜长带，长带斜垂至右小腿外侧。窟底低坛处刻一瓜瓣状坛，高22厘米，口径18厘米，腹径26厘米；自坛口左右各生出一带茎莲叶，左莲舒张，中部内凹，右莲闭合；向上生出两朵并蒂带茎双重仰莲，高19厘米，直径33厘米。像跣足（残）分踏于莲台上。

菩萨像头光右上方刻方碑一通。

第4像　立身高172厘米，头长37厘米，肩宽36厘米，胸厚22厘米（图134；图版Ⅰ：193）。浮雕圆形头光及椭圆形背光。头光圆形素面，直径60厘米，边缘饰火焰纹，宽6厘米，焰尖延至窟顶；背光下起仰莲台，最大横径85厘米，后世彩绘作四层。梳髻，垂发于肩部作结后分三绺覆肩，鬓发绕耳。戴卷草花卉冠，冠后左右另刻卷草一枝，冠体饰团花珠串和放焰珠两粒，正面中刻立式化佛1身，高9厘米，浮雕舟形背光，最宽5.5厘米；可辨着双领下垂式袈裟，双手腹前笼于袖内。菩萨冠带作结后各分两道下垂，后侧一道沿背斜垂至大腿外侧，前侧一道下垂至胸，再次作结后斜垂体侧。面长圆，弯眉，细眼，鼻高直，口微闭，下颌略凸，戴耳环，垂两粒圆坠。颈刻三道肉褶线。戴珠串和四瓣花项圈，自四瓣花下垂圆环、团花组成的饰物链；项圈左右另垂坠饰及珠串；胸下再施一道呈弧线下垂的珠串，部分隐于披巾内。上着披巾，下着长短两层裙。披巾饰菱形、团花、三叶等饰物，其间以两道细珠串相接；饰物两端各下垂一道较短的细珠串；腰带作结下垂至双膝间作圆环结后，垂搭仰莲台上；长裙膝下璎珞由珠串和菱形饰物组成，璎珞下垂团花及三叶坠，并垂挂珠串。自后腰斜出一道飘带于膝间交绕后斜垂小腿外侧。腕镯。左手曲于胸前握持莲梗，莲梗顶端分出细茎莲包、莲叶，全长约75厘米；右手置于大腿外侧，握持披巾。窟底低坛处刻一瓜瓣状坛，高22厘米，口径19.5厘米，腹径29厘米；自坛口左右各生出一带茎莲叶，左莲舒张，中部内凹，左莲闭合；向上生出两朵并蒂带茎双重仰莲，高19厘米，直径33厘米。像跣足分踏于莲台上。

菩萨像头光右上方刻方碑一通。

第5像　立身高169厘米，头长35厘米，肩宽42厘米，胸厚24厘米（图135；图版Ⅰ：194）。浮雕圆形头光及椭圆形背光。头光圆形素面，直径56厘米，边缘饰火焰纹，宽6厘米，焰尖延至窟顶；背光下起仰莲台，最大横径85厘米，后世彩绘作六层。梳髻，垂发于肩部作结后分三绺覆肩，鬓发绕耳。戴单重卷草花卉冠，冠翼外展，装饰珠串及放焰珠两粒，正面上部刻结跏趺坐化佛1身，座高6厘米，浮雕椭圆形背光，最宽5厘米，可辨着双领下垂式袈裟，双手腹前笼于袖内。菩萨冠带作结后各分两道下垂，后侧一道沿身后斜垂至大腿外侧，前侧一道于胸再次作结后，敷搭前臂，斜垂至小腿外侧，左前侧冠带部分残断。面长圆，弯眉，细眼，鼻高直，口微闭，下颌略凸，戴耳环（右耳环毁），垂两粒圆坠。颈刻三道肉褶线。戴珠串项圈，中部下垂两菱形、三叶、团花组成的饰物链，两端垂挂团花、饰物及珠串，胸下再横施一道珠串与中部饰物链团花相接，璎珞延伸至双肩。上身斜披络腋，端头外翻垂于腹前，表面饰团花、三叶组成的珠串链，下着长、短两层裙。腰带作结后下垂至膝间，再次作"田"字形结后交垂足间，覆于仰莲台上。自后腰斜出一道飘带于膝间交绕后斜垂小腿外侧。腕镯。左手曲于胸前似结印，食指及中指残毁，右手曲于体侧，至腕残断。窟底低坛处刻一瓜瓣状坛，高29厘米，口径17.5厘米，腹径30厘米；自坛口左右各生出一带茎莲叶，左莲闭合，右莲舒张，中部内凹；向上生出两朵并蒂带茎双重仰莲，高19厘米，直径33厘米；像跣足分踏于莲台上。仰莲左侧另刻一坛，式样相近，显露高22.5厘米，口径16.5厘米，腹径26厘米，自坛口生出三道毫光蜿蜒向上，长约52厘米，宽4—9厘米。

该像头光右上方刻方碑一通。

第6像　立身高167厘米，头长34厘米，肩宽38厘米，胸厚19厘米（图136；图版Ⅰ：195）。浮雕圆形头光及椭圆形背光。头光内圆素平，直径55厘米，边缘饰火焰纹，宽6厘米，焰尖延至窟顶；背光下起仰莲台，最大横径83厘米，后世彩绘呈四层。头梳髻，垂发于肩部作结后分三绺覆肩，鬓发绕耳。戴单重卷草花卉冠，冠体饰珠串、坠饰及放焰珠两粒；正面刻立式化佛1身，高8.5厘米，浮雕椭圆形背光，最宽6厘米，可辨身着双领下垂式袈裟，双手于腹前笼于袖内。菩萨冠带作结后各分两道下垂，后侧一道斜垂至大腿外侧，前侧一道下垂至胸，再次作结后斜垂体侧。面长圆，弯眉，细眼，鼻高直，口微闭，下颌略凸，戴耳环，垂两粒圆坠。颈刻

图 130 石门山石窟第 6 号窟右壁立面及造像编号图

第三章 石门山石窟

图131　石门山石窟第6号窟右壁内起第1像立面图

三道肉褶线。戴珠串项圈，中部下垂一道菱形、圆形组成的饰物链，并垂挂较短的珠串。项圈左右下垂两道弧形的珠串饰物，并与中部饰物链相接，部分隐于披巾内。内着僧祇支，外着宽博披巾，下着长短两层裙。披巾两端于腹前交叠后敷搭前臂，长垂仰莲左右；上饰团花、三叶坠饰组成的珠串链。腰带自腿间下垂，覆于仰莲台。短裙置于双膝处，长裙自膝下饰两道圆弧下垂的珠串，均垂坠饰物链及珠串。自后腰斜出一道飘带于膝间交绕后斜垂小腿外侧。腕镯，宽4厘米，中部内凹，饰团花链。双手置腹前，左手握右手腕，右手握持念珠，大部残。窟底低坛处刻一坛，高24.5厘米，口径18厘米，腹径29厘米，部分残蚀；自坛口左右各生出一带茎莲叶，左莲闭合，右莲舒张，中部内凹；向上生出两朵并蒂带茎双重仰莲，高19.5厘米，直径34厘米。像跣足分踏于莲台上。

该像头光右上方刻方碑一通。

第7像　立身高137厘米，头长27厘米，肩宽28厘米，胸厚15厘米（图137；图版Ⅰ：196）。梳双环高髻，发环垂于头后。戴冠，正面饰一粒放焰珠，直径3厘米；冠带作结后斜垂至上臂外侧。脸长圆，弯眉、细眼，直鼻，鼻端稍残，双唇闭合，戴耳饰，垂两串珠串。罩云肩、半臂，内着翻领宽袖服，外着交领宽袖长服，身前刻出蔽膝，止于足背；下着裙。胸际系带，垂于腹前结环后再垂于小腿两侧。腰带垂于低台。腹前呈"U"形垂一条飘带向上敷搭双肩后，沿体侧下垂止于小腿外侧。双手置于胸前覆巾，巾上置瓣形盏，盏高3厘米，直径15.5厘米，盏内置物已毁。着云头履，立于山石台上。台高42厘米，最宽51厘米，深22厘米；台置于第一级低坛上。

该像头上方刻方碑一通。

4. 窟底

窟底中部线刻一方框，残蚀甚重，长约335厘米，宽162厘米。框边线刻双线，通宽10厘米，内素平（图138；图版Ⅰ：197）。框内图案大致作前、中、后三部分。前侧刻菱形纹饰，部分残蚀。后侧纹饰毁，估计原刻有与前侧相同的纹饰。中部另刻方框，长宽不明，保存右侧、后侧框边；框内刻菱形纹，存右侧两边。

0　10　　30cm

造像

图 132　石门山石窟第 6 号窟右壁内起第 2 像立面图

图 133　石门山石窟第 6 号窟右壁内起第 3 像立面图

图 134 石门山石窟第 6 号窟右壁内起第 4 像立面图

图 135　石门山石窟第 6 号窟右壁内起第 5 像立面图

图 136 石门山石窟第 6 号窟右壁内起第 6 像立面图

图137　石门山石窟第6号窟右壁内起第7像立面图

此外，后世于窟底后侧、第一级低坛中部前侧，置方石一块，长103厘米，宽53厘米，高20厘米；石面与低坛大致齐平。方石被改凿，正面保存部分壸门图样。方石之上置一座台[1]，上部不存，通高65厘米；中部呈圆柱体，高44厘米，直径68厘米，刻二龙戏珠，略残，珠径6厘米，饰云纹；龙首现于正面，龙尾绕于石柱后侧，龙头长扁，闭口露齿，咬衔飘带，短角，曲颈，龙身刻龙甲，兽形尾；现四腿、四爪。底部为二阶叠涩，通高21厘米，上阶刻覆莲瓣一周，最大直径84厘米，下阶为八边低台，面宽40厘米，正面刻壸门，转角处饰心形纹（图版Ⅰ：197）。

（二）窟口左右壁

窟口左右外侧弧形壁面各刻立式天王像2身（图114；图版Ⅰ：173）。从左至右，依次编为第1—4像。

第1像　立身高175厘米，头长33厘米，肩宽50厘米，胸厚23厘米（图139；图版Ⅰ：198）。浮雕圆形素面头光，直径63厘米，厚1厘米。梳髻，垂发，分三道呈尖角上扬，鬓发绕耳。戴冠，下颌系带作结后斜至两腋处，冠带作结后斜向上飘。面方，额残，双眼部分残，外鼓，鼻残，阔口半张，舌外露。戴耳环，部分残。戴护项，形如肩巾，饰线刻条纹，刻兽面护肩和披膊，披膊甲叶呈不规则的四边形甲片，相互镶结。内着宽袖长袍，袖摆宽大上扬，前襟呈锐角垂于腿间，后摆向左斜向上扬。外着裲裆甲，下着腿裙，正面开衩，止于双膝处。身甲和腿裙甲叶为山文甲，镶包边垂打褶的坠饰。两前臂刻臂甲。当胸饰兽面圆护，胸际系束甲索，腰间刻圆护、鹘尾、抱肚，围系革带、腰带，腰带作结沿腿间下垂斜向左飘。身饰飘带，中段腹前呈"U"形下垂，两端折入革带后斜垂体侧。左手（前臂及手残）置于腹前握持右手袖摆，右手斜置大腿处似持物，手及物残。双足残蚀，似有胫甲，立于平台上。

---

1　本次调查之后，本座台移至大足石刻博物馆展陈。

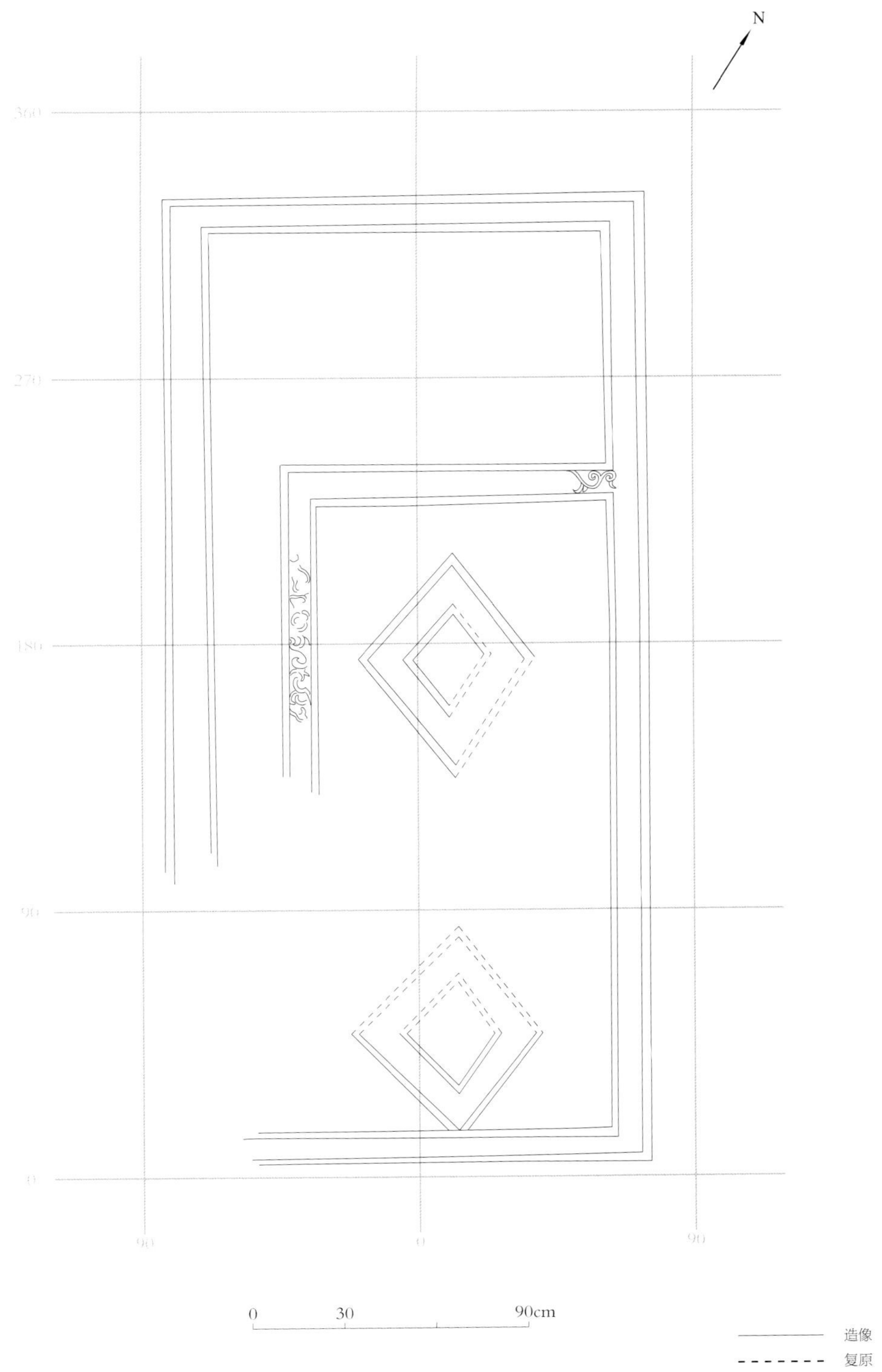

**图 138　石门山石窟第 6 号窟底造像**

第2像　立身高167厘米，头长27厘米，肩宽44厘米，胸厚22厘米（图140；图版Ⅰ：199）。浮雕圆形素面头光，直径61厘米，厚2厘米。头顶残，戴盔，顿项翻卷，下颔系带作结后，呈"八"字形斜垂。面方，浓眉上竖，双眼外鼓，鼻残，双唇闭合。兽面护肩之下未刻披膊。袍服袖摆沿上臂上飘，后摆自然下垂，略外展，下着长裙，鹘尾下部垂露长垂足间的腰带；余装束与第1像略同。身甲甲叶为山文甲，腿裙甲叶为鱼鳞甲，飘带腹前呈"U"形下垂，折叠折入革带内，两端体侧斜飘置于平台上。身六臂：上两臂当胸作拱；中两臂腹前交握，似挂长柄物，物残难辨；左下手斜伸握持羂索，右下手斜伸握鞭，鞭全长约79厘米，径6厘米，顶端饰放焰珠；足残，立于平台上。

第3像　立身高178厘米，头长29厘米，肩宽44厘米，胸厚19厘米（图141；图版Ⅰ：200）。浮雕圆形素面头光，直径64厘米。头顶稍残，戴冠，下颔系带作结后斜垂至右腋，冠带作结后右向上飘。三面六臂。正面脸方，略蚀，浓眉上扬，双眼鼓凸，鼻残，阔口顶舌，戴耳环。左面鼓眼，弓鼻，闭嘴。右面与左面略同。袍服后摆向右斜飘，下着裤，缚裤作结；束甲索于胸际系于圆环上作结，腰间革带左面刻兽面吞，其余装束与第1像同。披膊、身甲、腿裙甲叶均为山文甲。腰带腹前呈"U"形下垂，两端绕系冠带上，端头沿体侧下飘上扬。左上手屈肘上举握剑，全长66厘米，略蚀；右上手屈肘托持八辐圆轮，边缘饰火焰纹，轮径20厘米，轮辐间刻

第三章　石门山石窟　187

圆珠，轮沿均匀装饰8粒圆珠。中两手横于胸下，皆自前臂残毁。左下手斜伸握弓，全长99.5厘米，线刻弓弦；右下手斜伸握箭，长约62厘米，箭身略残。足大部残，立于平台上。

第4像 立身高177厘米，头长29厘米，肩宽40厘米，胸厚15厘米（图142；图版Ⅰ：201）。浮雕圆形素面头光，直径68厘米，厚1厘米。头大部残，下颌系带作结后斜向飘至上臂，冠带作结后略向右上飘，面部分残，向左微扬，嘴上翘，戴耳环。装束与第3像略同。披膊甲叶为山文甲，身甲和腿裙为六边方环以皮条穿编而成。腰带向右斜飘，飘带于腹前呈"U"形下垂，两端折入革带后外翻沿身后右飘。左臂屈肘至胸，自肘部残；右臂外展体侧，自肘部毁，似持物，物残难辨，仅存后端少许圆柄，长21厘米，径4厘米。足残立于平台上。

## 四 铭文

窟内保存铭文17则，分布于正壁及左右壁。

第1则

位于正壁主尊佛像背光左上方方碑内。碑通高47厘米，碑身高28厘米，宽19厘米。碑首为覆莲叶，碑座为双重带茎仰莲，碑身方形，后世改凿，铭文不存。

第2则

佚名造正法明王观音像镌记，南宋绍兴十一年（1141年）。位于正壁左侧菩萨像背光左上方方碑内。碑通高57厘米，碑身高31.5厘米，宽20厘米。碑首为覆莲叶，碑座为双重带茎仰莲，碑身方形。文左起，竖刻，存39字，楷体，字径1.5厘米（图版Ⅱ：56）。

昌州大足县陵山乡奉佛
□□□发心就洞镌此
正法明王观音一尊只乞今
（漶）安
辛酉绍兴十一年上元日题[1]

第3则

位于正壁右侧菩萨背光左上方方碑内。碑通高48厘米，碑身高28厘米，宽19厘米。碑首为覆莲叶，碑座为双重带茎仰莲，碑身方形，后世改凿，题写墨书，剥蚀难辨。

第4则

杨作安造大势至菩萨镌记，南宋绍兴十一年（1141年）。位于正壁右侧菩萨背光右上方方碑内。碑通高58厘米，略蚀，碑身方形，高32厘米，宽20厘米。碑首为覆莲叶，碑座为双重带茎仰莲，碑身方形。文右起，竖刻8行，存52字，楷体，字径1.5厘米（图版Ⅱ：57）。

01 奉善弟子杨作安□氏夫妇长男
02 杨谦新妇梁氏次男杨诏杨
03 女□□娘□一娘一宅等发心镌此□
04 圣盒□□□势至菩萨一位□□
05 （漶）

---

[1] 本则铭文现漶蚀甚重，大多不可读，本报告据1999年《大足石刻铭文录》录写。重庆大足石刻艺术博物馆编：《大足石刻铭文录》，重庆出版社1999年版，第352页。

图 139　石门山石窟第 6 号窟窟外左起第 1 身天王像立面图

图 140　石门山石窟第 6 号窟窟外左起第 2 身天王像立面图

图 141　石门山石窟第 6 号窟窟外左起第 3 身教天王像立面图

图142 石门山石窟第6号窟窟外左起第4身天王像立面图

06 （漶）

07 （漶）

08 辛酉年二月八日丁□庆讫

第5则

岑忠用修造十圣观音洞镌记，南宋绍兴十年（1140年）。位于左壁内起第1像头部左上方。刻石面高61厘米，宽48厘米。文左起，竖刻11行，238字，楷体，字径2厘米（图版Ⅱ：58）。

01 诱化修造十圣观音洞岑忠用意者如念生居浮世幸处人伦
02 叨天地之恩赖[1]日月之德立身处世多有妖讹不作善因虚过
03 光景忠用自甲寅岁巳来见天忽亢旱雨不应时民食不足
04 于是遂兴丹恳大建良因集远近信心就此石门山上建观音
05 大洞一所无量寿佛并十圣菩萨祈风雨顺时五谷丰盛始
06 自丙辰兴工至庚申残腊了毕上愿皇图永固佛日增辉
07 舍财信士所作契心三会龙华皆得受记山神土地灵作匠
08 人天受遮但忠用虽三代贫苦实无一贯之本（漶）
09 （漶）儿孙之冤与众作仇恨他年限满堕落阴司
10 日受万死一身常□言儿孙自有儿孙计莫为儿孙作马
11 牛时庚申十二月□日化首岑忠与□氏夫妇等镌建[7]

第6则

位于左壁第2像左上方方碑内。碑通高51厘米，碑身高32厘米，宽20厘米。碑首为覆莲叶，碑座为双重带茎仰莲，碑身方形素平。铭文不存。

第7则

岑忠志造宝蓝手观音镌记，南宋绍兴十一年（1141年）。位于左壁内起第3像左上方方碑内。碑通高49厘米，碑身高32厘米，宽18.5厘米。碑首为覆莲叶，碑座为双重带茎仰莲，碑身方形。文左起，竖刻8行86字，楷体，字径1.5厘米（图版Ⅱ：59）。

01 苏严镇在郭居住奉善
02 佛弟子岑忠志同政薛氏洎长男文贵新
03 陈氏和男文贤杨氏文胜文后文尽一宅等伏睹
04 石门山舍财造
05 宝蓝[2]手观音一尊祈乞一家安泰四序康
06 宁二六时中诸
07 圣加备
08 时以辛酉岁上春休日庆△△记[8]

第8则

岑忠用造宝经手观音镌记，南宋绍兴十年（1140年）。位于左壁内起第4像左上方方碑内。碑通高57厘米，碑身高34厘米，宽19

---

1 此"赖"字《大足石刻铭文录》录为"亲"。重庆大足石刻艺术博物馆编：《大足石刻铭文录》，重庆出版社1999年版，第352页。
2 此"蓝"字《大足石刻铭文录》录为"兰"。同前引书，第353页。

厘米。碑首为覆莲叶，碑座为双重带茎仰莲，碑身方形。文左起，竖刻8行，存96字，楷体，字径2厘米（图版Ⅱ：60）。

01　奉佛修龛化主岑忠用合家等发

02　心镌此观音菩萨一尊并妆金祈乞

03　举家安乐动用得道夫妇齐眉

04　膝下康泰上祝△国太民安风调

05　雨顺大劝善缘□□一□

06　观善化众十观音□□□磨好黄金

07　惟有阴功年年□不见取金旧主人

08　戊午季夏兴工至庚申年季冬工毕[9]

第9则

岑忠信造宝扇手观音镌记，南宋绍兴十一年（1141年）。位于左壁内起第5像左上方方碑内。碑通高60厘米，碑身高35厘米，宽19厘米。碑首为覆莲叶，碑座为双重带茎仰莲，碑身方形。文左起，竖刻5行50字，楷体，字径2厘米（图版Ⅱ：61）。

01　奉善弟子岑忠信夫妇一家等

02　发心造

03　观音菩萨一尊祈乞一宅安泰四

04　贵康和十二时中保安清畅时以

05　辛酉年正春末日庆讫[10]

第10则

庞休造甘露玉观音镌记，南宋绍兴十一年（1141年）。位于左壁内起第6像左上方方碑内。碑通高61厘米，碑身高33厘米，宽20厘米。碑首为覆莲叶，碑座为双重带茎仰莲，碑身方形。文左起，竖刻6行46字，楷体，字径2.5厘米（图版Ⅱ：62）。

01　奉佛弟子庞休一宅等造甘

02　露玉

03　观音一位祈乞尊少安泰四序

04　康宁永世今生常逢

05　佛会

06　时以辛酉岁上春休日庆△讫[11]

第11则

侯惟正造善财功德像镌记，南宋绍兴十一年（1141年）。位于左壁内起第7像头后右上方方碑内。碑通高44厘米，碑身高24厘米，宽18厘米。碑首为覆莲叶，碑座为双重带茎仰莲，碑身方形。文左起，竖刻6行59字，楷体，字径2.5厘米（图版Ⅱ：63）。

01　奉佛道弟子侯惟正崔

02　氏夫妇念心认造此

03　功德一位祈乞惟正夫妇一

04　家眷属寿算延长公私清

05　泰先祖㖦[1]誓咸乞赦除债主

06　冤家并赀和释辛酉载庆[12]

第12则

甄典□造宝莲手观音镌记，南宋绍兴十一年（1141年）。位于右壁内起第2像头光右上方方碑内。碑通高51厘米，碑身方形，高32厘米，宽19.5厘米。碑首为覆莲叶，碑座为双重带茎仰莲，碑身方形。文左起，竖刻6行，存42字，楷体，字径1.5厘米（图版Ⅱ：64）。

01　奉善弟子甄典□与夫妇

02　长女大金娘小金娘一宅等

03　□□□姚崔氏二娘于〔此〕[2]□特

04　□造圣容祈乞先□乐果□

05　（漶）

06　辛酉岁□月□日□□□题

第13则

赵勤典造宝镜观音镌记，南宋绍兴十一年（1141年）。位于右壁内起第3像头光右上方方碑内。碑通高53厘米，碑身高31.5厘米，宽19.5厘米。碑首为覆莲叶，碑座为双重带茎仰莲，碑身方形。文左起，竖刻7行75字，楷体，字径1.5厘米（图版Ⅱ：65）。

01　昌州在城左厢界居住奉

02　佛男弟子赵勤典男赵觉赵恭

03　合宅舍财造上件

04　宝镜观音一位乞保一家安泰四季

05　康和今世来生常为

06　佛之弟子次乞冤家解释债主

07　生天时以辛酉岁正月望日庆[13]

第14则

陈充造莲花手观音镌记，南宋绍兴十一年（1141年）。位于右壁内起第4像头光右上方方碑内。碑通高54厘米，碑身方形，高33厘米，宽19.5厘米。碑首为覆莲叶，碑座为双重带茎仰莲，碑身方形。文左起，竖刻6行67字，楷体，字径1.5厘米（图版Ⅱ：66）。

01　昌州大足县陕山乡奉佛承信郎

02　陈充一宅长少等于绍兴十年

03　内命工就此洞镌造莲花手

04　观音一尊乞自身

05　禄位高崇阖宅寿年永远

06　凡[3]向公私吉无不利辛酉上元日题[14]

---

1　此"㖦"字《大足石刻铭文录》录为"㖦"。重庆大足石刻艺术博物馆编：《大足石刻铭文录》，重庆出版社1999年版，第353页。

2　此"于此"2字《大足石刻铭文录》录为"舍山"。同前引书，第353页。

3　此"凡"字《大足石刻铭文录》录为"亿"。同前引书，第354页。

第15则

庞师上造如意轮观音镌记，南宋绍兴十一年（1141年）。位于右壁内起第5像头光右上方方碑内。碑通高59厘米，碑身方形，高32厘米，宽21厘米。碑首为覆莲叶，碑座为双重带茎仰莲，碑身方形。文左起，竖刻4行35字，楷体，字径3.5厘米（图版Ⅱ：67）。

01　奉佛庞师上父子造此
02　如意轮观音一位冀永
03　世康宁四时吉庆时
04　以辛酉上春休日庆讫[15]

第16则

侯良造数珠手观音镌记，南宋绍兴十一年（1141年）。位于右壁内起第6像头光右上方方碑内。碑通高60厘米，碑身方形，高33厘米，宽21厘米。碑首为覆莲叶，碑座为双重带茎仰莲，碑身方形。文左起，竖刻6行67字，楷体，字径1.5厘米（图版Ⅱ：68）。

01　奉佛弟子侯良夫妇与子孙
02　发心造此数珠手观音一尊
03　意祈△国泰民安风调雨顺
04　辛酉绍兴十一年三月初十日
05　侯良严氏男惟芝惟显惟霖
06　惟海各夫妇以己酉本命日庆[16]

第17则

谢继隆造献珠龙女镌记，南宋绍兴十一年（1141年）。位于右壁内起第7像头后左上方碑内。碑通高50厘米，碑身高26厘米，宽17厘米。碑首为覆莲叶，碑座为双重带茎仰莲，碑身方形。文左起，竖刻5行，存43字，楷体，字径2厘米（图版Ⅱ：69）。

01　奉善弟子谢继隆何氏夫
02　妇一家等为女茶娘发心造
03　献珠龙女一身祈乞一宅安
04　泰常逢□□
05　〔太岁〕辛酉正月□□庆记

## 五　晚期遗迹

### （一）铭文

募化装塑佛菩萨像镌记，光绪年间（1875—1908年）。位于窟口上部横向安置的石面中部。刻石面高39厘米，宽290厘米。文左起，竖刻，存68字（除人名外），楷体，字径3厘米[1]（图版Ⅱ：70）。

石门山旧有毗
卢洞释迦佛□
□十二圆觉洞

---

1　本则铭文《大足石刻铭文录》录文共计21行，与实物略异。重庆大足石刻艺术博物馆编：《大足石刻铭文录》，重庆出版社1999年版，第366页。

□外四天王及

　　独[1]脚五通大帝

　　（漶）

　　（漶）

　　（漶）

　　住持僧

　　（功德主人名，略）

　　鸠工装[2]点佛[3]像焕然

　　□新庶几可以妥[4]神

　　灵矣增塑南岳大

　　帝并装彩东岳金

　　容募化名[5]刻于左

　　（功德主人名，略）

　　光绪（漶）

（二）构筑

窟门内侧对称凿纵向凹槽，通高209厘米，宽5厘米，深2厘米。凹槽底部和顶端各凿一方槽，对应布置。底部方槽高17厘米，宽10厘米，深6厘米；顶部方槽高10厘米，宽11厘米，深5厘米。凹槽中部外侧另凿对应的枋孔，大小相近，高11厘米，宽5厘米，深2厘米。

窟底前端左侧凿一方槽，长35厘米，宽23厘米，深6厘米；其右侧亦凿一对应的方槽，残损过半。

（三）妆绘

窟内造像存灰白色、红色、蓝色、绿色、黑色等五种涂层，表面存留金箔。龛壁保存灰白色、红色、黑色三种涂层。龛顶保存灰白色、黑色、红色三种涂层。

## 第十节　第7号

### 一　位置

位于第6号窟右侧。左距第6号窟205厘米，右距第8号窟48厘米；上距条石券顶底部约140厘米，下距现地坪14厘米。

龛口东南向，方向155°。

### 二　形制

单层圆拱龛（图143、图144；图版Ⅰ：202）。

于岩壁表面凿进约5厘米形成龛口。龛口呈圆拱形，龛沿仅左右侧中上部分明，宽16厘米，其余部分与岩壁分界不明；左沿底部

---

[1] 此"独"字《大足石刻铭文录》录为"触"。重庆大足石刻艺术博物馆编：《大足石刻铭文录》，重庆出版社1999年版，第366页。
[2] 此"装"字《大足石刻铭文录》录为"妆"。同前引。
[3] 此"佛"字《大足石刻铭文录》录为"神"。同前引。
[4] 此"妥"字《大足石刻铭文录》录为"安"。同前引。
[5] 此"名"字《大足石刻铭文录》录为"遍"。同前引。

图143 石门山石窟第7号龛立面图

198　大足石刻全集　第五卷（上册）

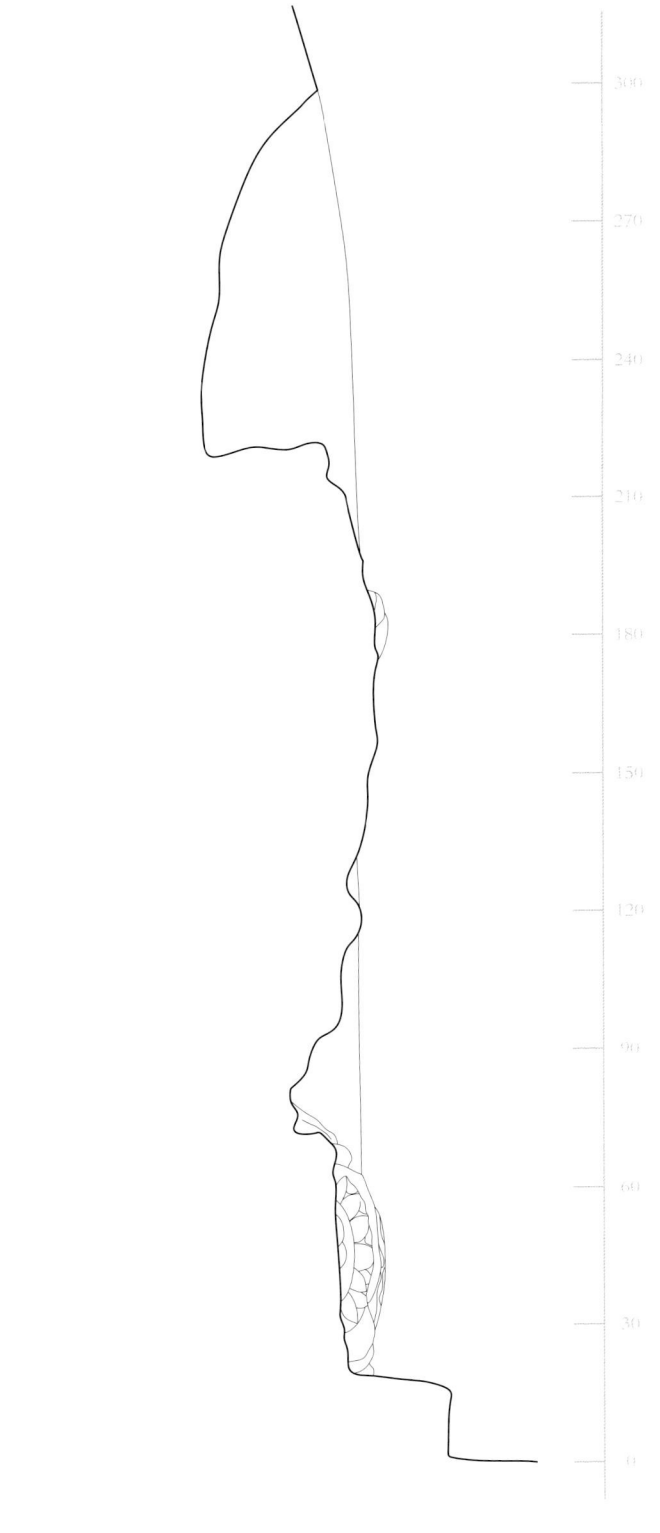

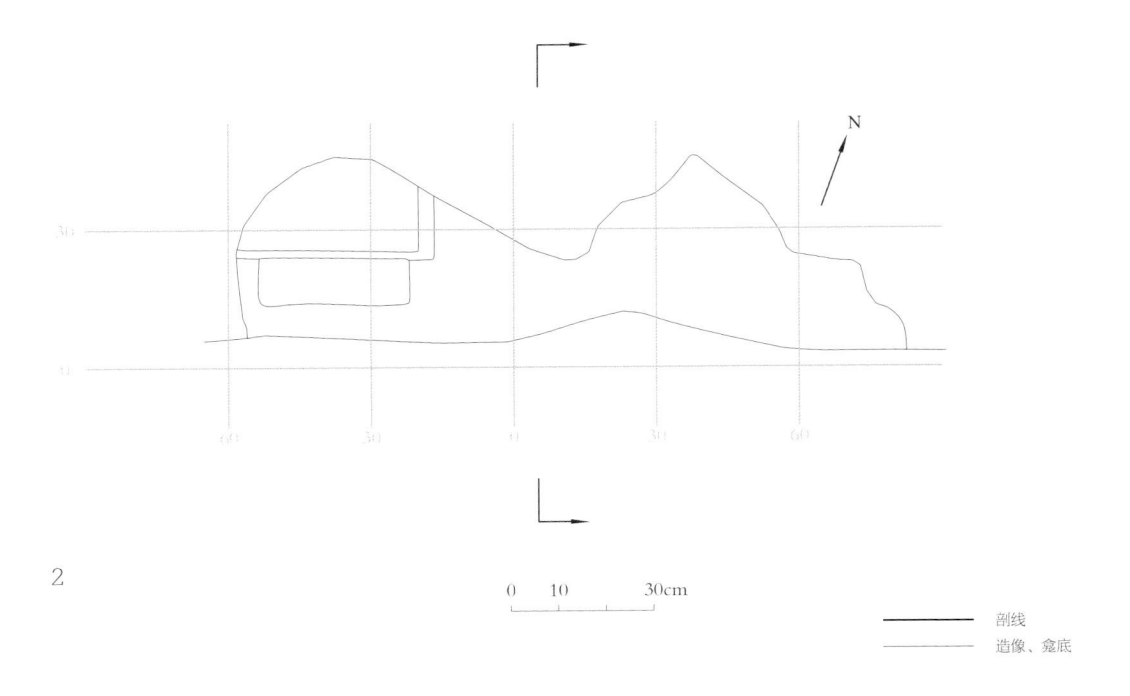

图144 石门山石窟第7号龛平、剖面图
1 剖面图 2 平面图

图145 石门山石窟第7号龛主尊像效果图

内进20厘米。龛口内缘高281厘米，宽124厘米，至后壁最深37厘米。龛底略呈半圆形，前端略残。龛壁竖直，弧壁，与龛顶弧面相接。龛顶为券顶。

## 三 造像

龛内刻立像1身。头毁[1]，残高151厘米，肩宽51厘米，胸厚33厘米（图145）。头毁处壁面存少许外凸的遗迹。肩宽、腰圆。着交领窄袖长服，领外翻，形如肩巾，衣角向右斜飘。腰系革带，正面饰三朵团花。圆护，抱肚，下垂鹘尾。腰带作结后斜向右飘。身饰飘带，腹前部分呈"U"形下垂右向飘扬，两端折叠折入革带内，端头下垂体侧上扬。下着裤。左手横置胸前，小臂残断；右手斜置体侧，至腕残断，似握剑，剑大部残，存少许剑身和斜向上飘于龛外的剑穗。仅刻左腿，跣足踏风火轮上，身向左前侧，作迎风状。轮径47厘米，厚25厘米，轮辐16枚，刻作莲瓣形，其间饰圆珠一粒，轮缘饰火焰纹，略残。

## 四 晚期遗迹

造像衣领以泥补塑完整，妆绘涂层。颈部残毁处凿一圆孔，直径8.5厘米，深7厘米。右手腕残毁处凿一圆孔，直径4厘米，深4厘米。

龛沿左右上角各刻一方孔，高8厘米，宽6厘米，深11厘米。

龛右沿中部外侧6厘米处刻一方孔，高7厘米，宽6厘米，深4厘米。

龛口下部右外侧24厘米处纵向凿一凹槽，残高53厘米，宽6厘米，最深7厘米。

龛口下部左外侧6—10厘米处纵向凿出一列五个方形小孔，大小相近，高7厘米，宽2厘米，深4厘米。

龛底右前端凿一凹槽，长15厘米，宽12厘米，最深13厘米；该凹槽内侧凿有纵横相接的浅凹槽，宽3.5厘米，深3厘米，全长约54厘米。

龛内保存红色、灰白色、蓝色、黑色、绿色五种涂层，壁面残存少许金箔。

---

1 该头像原为后世以泥补塑，2004年3月被盗。图145效果图据2004年之前图片绘制。

## 第十一节　第8号

### 一　位置

位于第7号龛右侧。左距第7号龛48厘米，右距第9号龛168厘米；上距岩顶券拱底部40厘米，下距巷道地坪52厘米。窟口东南向，方向159°。

### 二　形制

中心柱窟（图146、图147、图148、图149、图150、图156、图157、图158；图版Ⅰ：203、图版Ⅰ：204、图版Ⅰ：211、图版Ⅰ：212、图版Ⅰ：215、图版Ⅰ：218）。

窟口　于自然弧形崖壁表面直接向内凿进形成窟口。窟口呈方形，与弧形壁面自然走势一致，窟口上部和下部略向内倾，中部略向外凸。窟口竖直高314厘米，宽303厘米，至后壁最深233厘米。窟口左右上角作弧形处理。窟口左右上角及右侧部分残毁。

窟底　略呈方形。内侧宽282厘米；外侧作弧形，弧长307厘米。窟底部分残蚀，右外侧部分残毁。窟底中部建中心柱，下起窟底，上抵窟顶，通高315厘米。中心柱形状不规则，左右最宽98厘米，前后最厚86厘米；底部略呈扇形，周长222厘米，后距正壁78厘米，前距窟底外侧90厘米，左右分别距左右壁85、102厘米。

窟壁　窟壁竖直，正壁与左右壁略垂直相交；窟壁与窟顶略垂直相交。

窟顶　平顶，呈方形。外高内低，略倾斜，右外侧部分残脱。

### 三　造像

窟内共刻像47身。为记述方便，按其大体位置，分为中心柱、窟壁顶部、正壁、左壁、右壁造像五部分（图151、图152；图版Ⅰ：203）。

#### （一）中心柱

中心柱正面刻菩萨坐像1身（图146、图153、图154；图版Ⅰ：205）。

菩萨像　坐高108厘米，头长35厘米，肩宽32厘米，胸厚15厘米。浮雕圆形素面头光，直径64厘米；边缘饰火焰纹，内侧后世以颜料描绘放射状装饰层。梳髻，垂发作结后分三绺披覆双肩。戴卷草花卉冠，冠翼外展，正面中刻一坐佛，高4.5厘米，略蚀，结跏趺坐于圆台上，台高1厘米，直径5厘米。冠带于头后作结下垂，于双肩再次作结后沿胸长垂，敷搭莲座前。脸椭圆，眉间白毫，双眼微睁，直鼻，小口微闭，戴桃形耳饰，下缀两条珠串（部分残断），颈刻三道肉褶线。胸部饰两道横向的璎珞，均下垂坠饰，中以珠串相接。内着僧祇支，系带作结。上着宽博披巾，下着长短两层裙。披巾两端于腹前相叠后敷搭前臂，经莲座两侧长垂下方孔雀腿部外侧。腰带于两小腿处作结后垂于莲座前，长裙裙摆覆于莲座上。四臂，均腕镯，宽3厘米，中部内凹，饰珠串一条。左上手屈肘上举，于体侧托经函，函高4厘米，长18厘米，宽10厘米；左下手于腿上持扇，扇面左右线刻云纹承托圆轮，轮径3厘米，扇全长31厘米，最宽10厘米；右上手屈肘上举，于体侧托圆珠，直径6厘米；右下手于腿上持带茎莲，莲梗上方再分出莲梗、莲叶，部分残，全长53厘米。结跏趺坐于孔雀背负的三层仰莲台上。台高38厘米，直径75厘米。

孔雀尾部上翘，直抵窟顶，如叶形背屏，通高199厘米，最宽92厘米，最厚16厘米。背屏边缘及顶部存有以黑色颜料描绘的火焰纹。孔雀高153厘米。头部分残，饰冠宇，嘴、喙不存，颈部略显粗大，腹部浑圆，双翅半开外展，小腿细直[1]，四趾，略残，双足分立于双层仰莲台上，台高18厘米，直径30厘米。

---

[1] 李型廉谓孔雀一足折断，后人重新修补，经现场观察，无明显修补痕迹。见（清）李型廉：《游石门山记》，道光《大足县志》卷一《舆地志·山川》。

(二) 窟壁顶部

共刻像21身（图155），分为左壁顶部外侧、左壁顶部内侧至右壁顶部外侧造像两部分。

1. 左壁顶部外侧

共刻像5身。从左至右依次编为第1—5像，其中第2、3、4像为坐佛像，第1、5像为立式弟子像（图版Ⅰ：206）。

第1像 立像高28厘米，头长8厘米，肩宽10厘米，胸厚5厘米。线刻圆形素面头光，左侧残，直径15厘米。头面蚀。内着交领窄袖服，外着交领宽袖服，下着裙。左手于腹前持长柄香炉，炉身残，长7.5厘米；右手举胸前。着鞋，身略右侧，立于云朵上，高4厘米，宽20厘米，厚8厘米。

第2像 坐高29厘米，头长7厘米，肩宽11厘米，胸厚6厘米。线刻圆形素面头光，直径19厘米。头面蚀，脸长圆。内着交领窄袖服，外着交领宽袖服，下着裙。双手胸前托单层塔，通高10厘米；塔基圆形，直径5.5厘米；塔身方形，于正面和右侧各开一圆拱龛，内各刻一坐像，风蚀甚重，细节难辨，像高2厘米；塔檐、塔刹均残蚀。像盘左腿，垂右腿（足鞋），右舒相坐于山石座上，高17厘

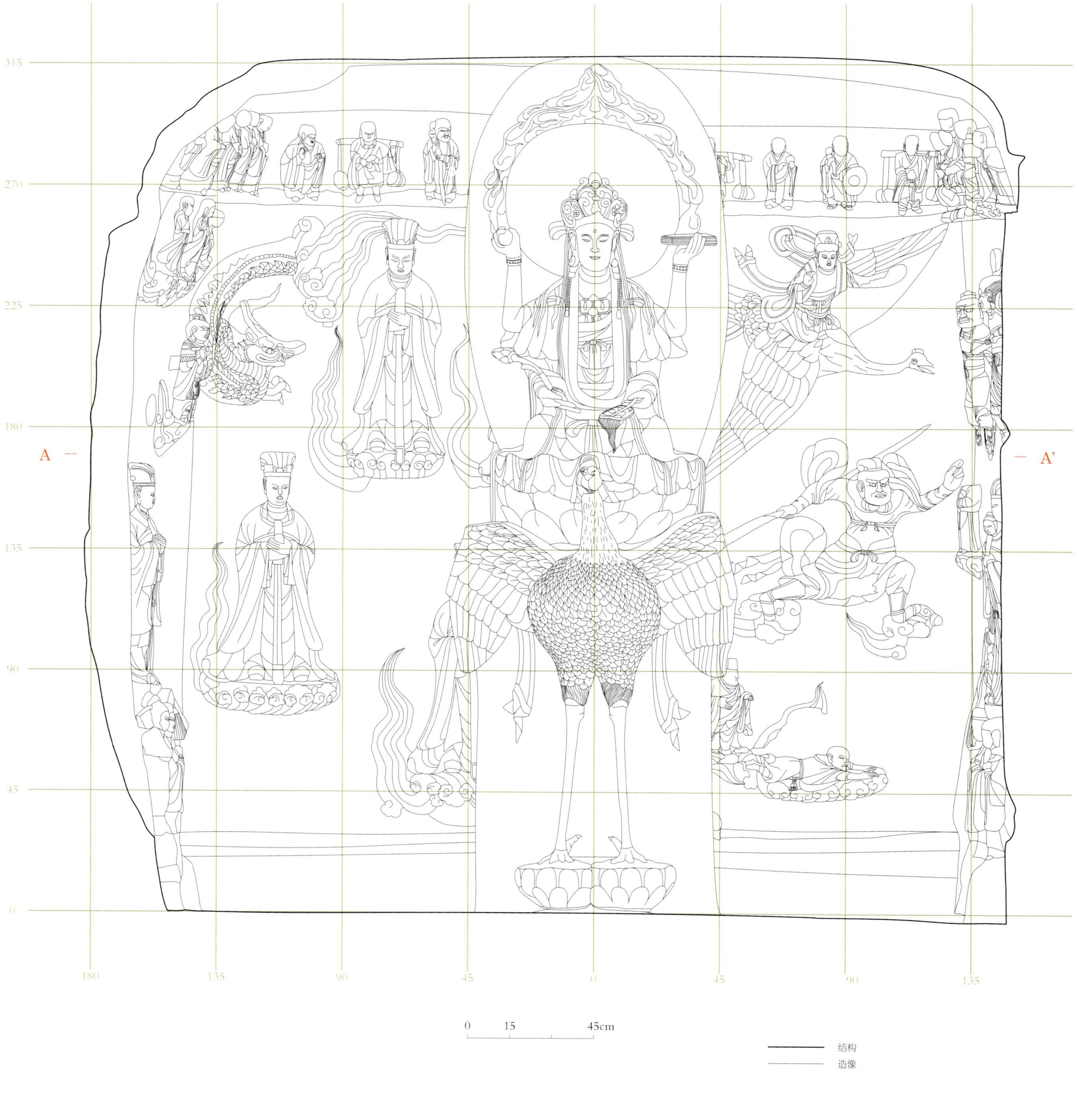

图146 石门山石窟第8号窟立面图

图 147　石门山石窟第 8 号窟纵剖面图（向东北）

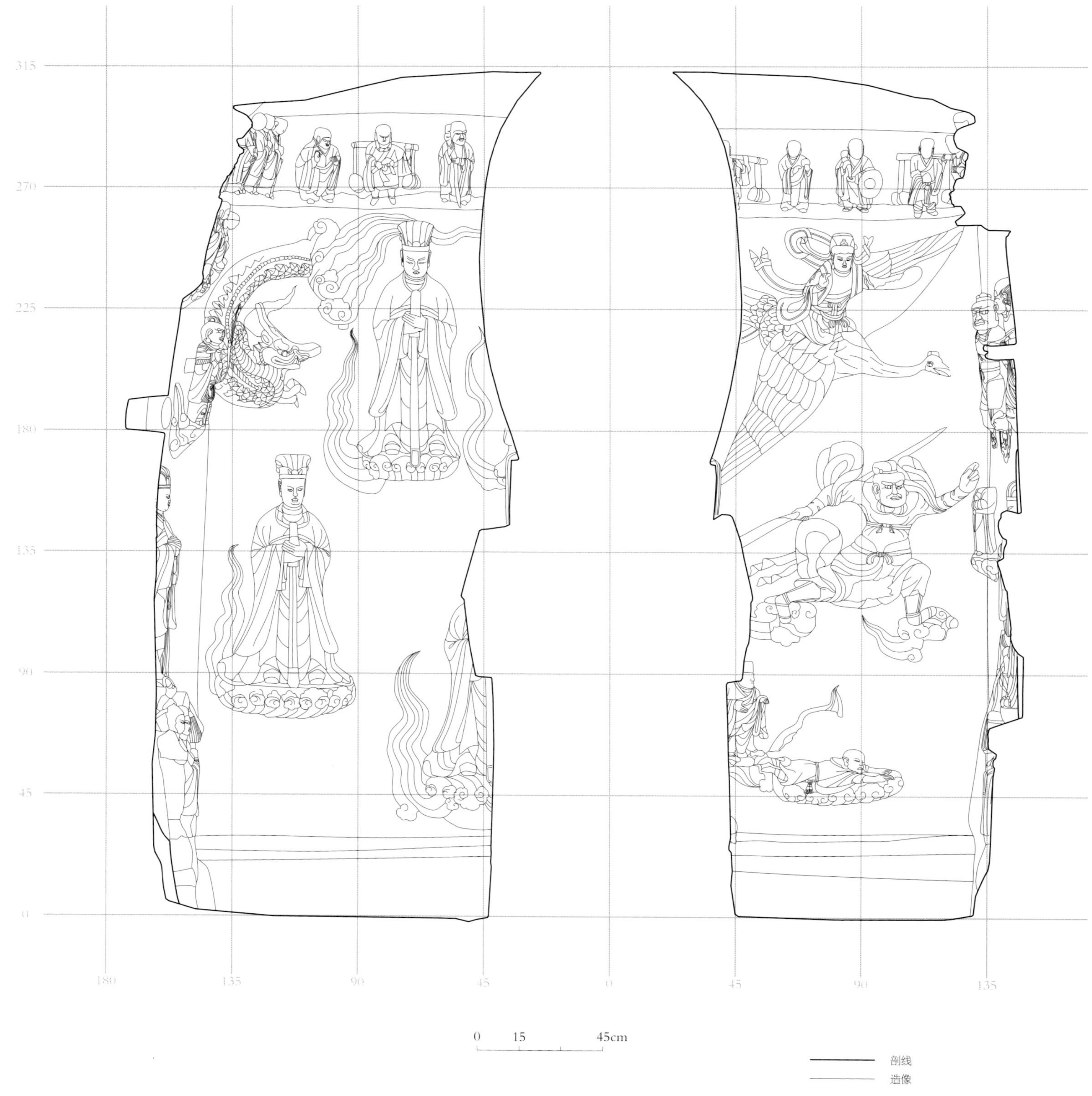

图148　石门山石窟第 8 号窟横剖面图（向西北）

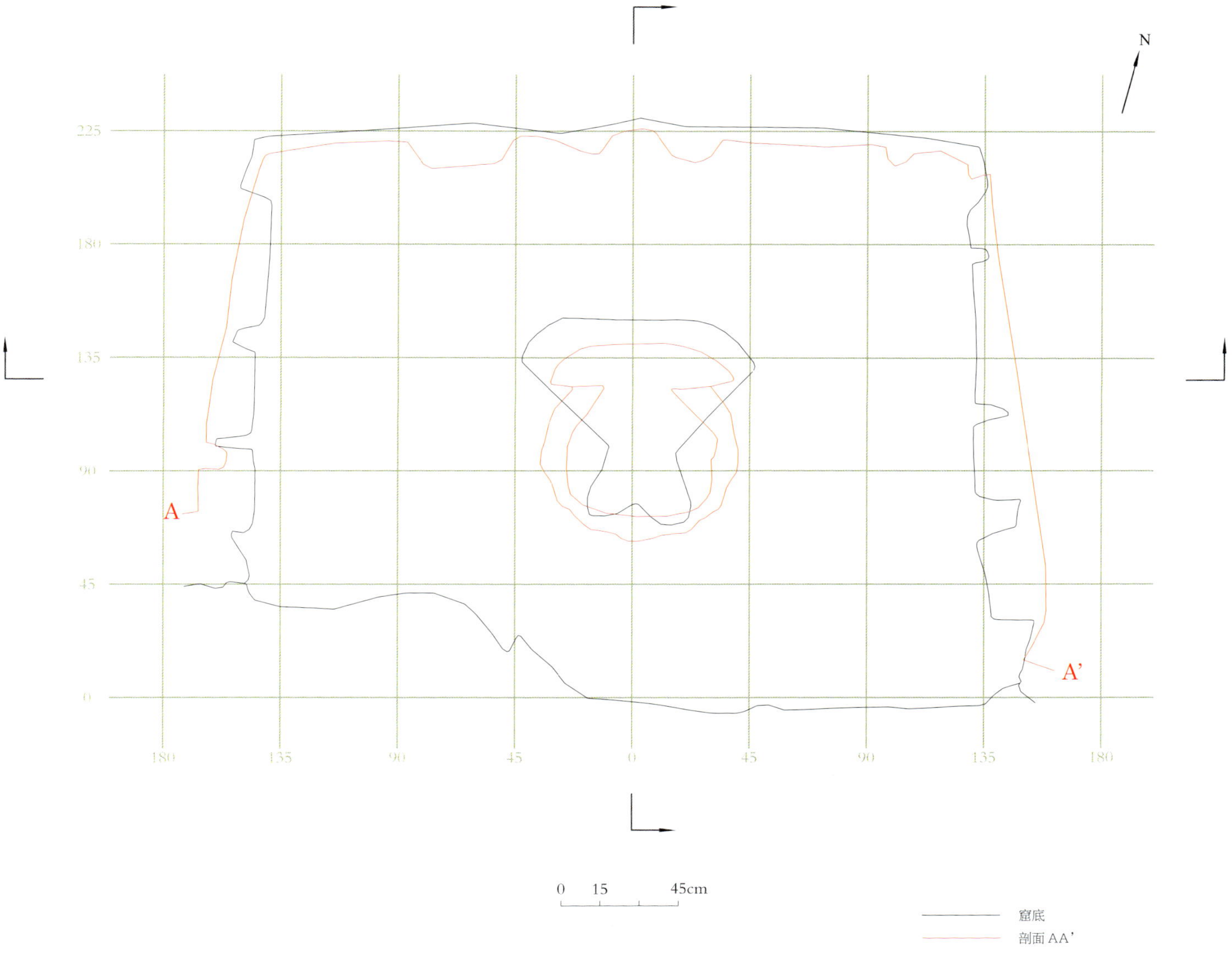

图 149　石门山石窟第 8 号窟平面图

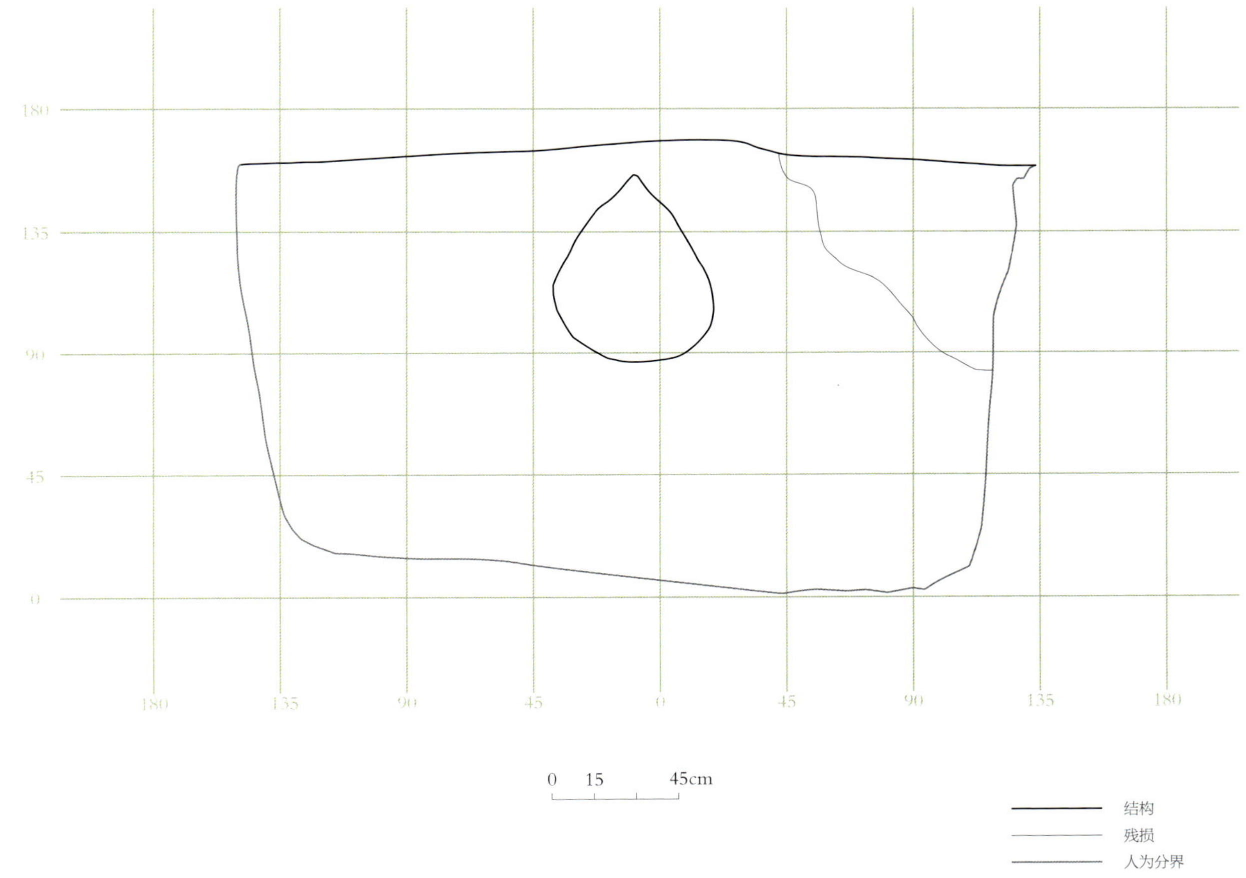

图 150　石门山石窟第 8 号窟窟顶仰视图

第三章　石门山石窟　205

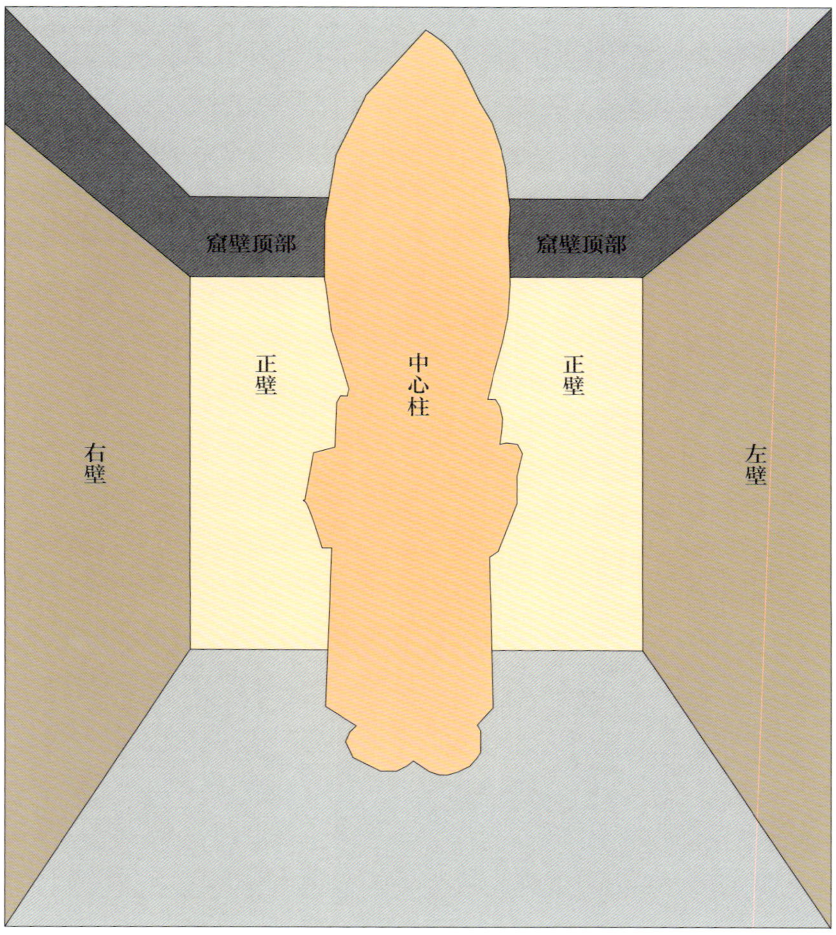

图151　石门山石窟第8号窟造像布局结构示意图

米，宽23厘米，深17厘米。

第3像　坐高25厘米，头长10厘米，肩宽11厘米，胸厚7厘米。线刻圆形素面头光和椭圆形素面身光。头光直径17厘米，身光最宽23厘米。螺发，脸长圆，面蚀。内着僧祇支，外着双领下垂式袈裟，袈裟一角敷搭左肩，下着裙。袈裟下摆敷搭莲座上，长裙下摆敷搭座前。左手抚膝，右手举于胸前，手略残，结跏趺坐于束腰仰覆莲座上。莲座高17厘米，直径24厘米。莲座上部为仰莲台，高7厘米，其下为圆轮，高1厘米，直径15厘米；束腰部分呈瓜瓣状，宽12厘米；其下为八边形方台，高0.5厘米，边宽8.5厘米；最下为覆莲。仰覆莲座置于圆台上，略残，高3厘米，直径26厘米。

第4像　坐高23厘米，头长9厘米，肩宽11厘米，胸厚6厘米。线刻圆形素面头光，直径21厘米，上部残。头面蚀，脸长圆。内着翻领服，外着双领下垂式袈裟。袈裟一角系于左肩，袖摆及下摆覆于座前。双手腹前笼袖内，结跏趺坐于须弥座上。座通高15厘米，宽22厘米，深16厘米，下枋底部略残，其上部刻鞋一双，长4厘米，宽2厘米。

第5像　立像高28厘米，头长7厘米，肩宽10厘米，胸厚5厘米。光头，脸圆，眼眶深陷，颧骨微凸，鼻残，闭口。内着窄袖服，外着双领下垂式袈裟，下着裙。双手拱于胸前，着鞋，身略左侧，立于低台上，低台底部刻云朵，宽33厘米。

2. 左壁顶部内侧至右壁顶部外侧

从左壁顶部内侧至右壁顶部外侧，环壁外挑石栏，部分残，高4厘米，外挑壁面10.5厘米。石栏上刻像16身。从左至右，编为第1—16像。

第1像　立身高30厘米，头长8厘米，肩宽9.5厘米，胸厚4.5厘米。光头，头面蚀。内着窄袖服，外着宽袖服，外披袒右式袈裟，下着裙。双手胸前合十，着鞋，身略左侧，立于低台上。

第2像　立身高27.5厘米，头长7.5厘米，肩宽11厘米，胸厚7厘米（图版Ⅰ：207）。面蚀。内着双层交领服，外披袒右式袈裟，下着裤。腹部鼓凸，腰系带，作结下垂。左手腕镯，屈肘握担，担长25厘米，担左右垂挂什物，物高5厘米，宽9厘米，厚4.5厘米；右手斜垂体侧笼袖内，着木屐而立。

第3像　立身高26厘米，头长7厘米，肩宽10厘米，胸厚7厘米。圆脸，略蚀。内着交领窄袖服，外着交领宽袖服，下着裤。双手于胸前持如意，略蚀，残长10.5厘米；右手悬挂斗笠一顶，直径9.5厘米。着木屐而立，略蚀。

206　大足石刻全集　第五卷（上册）

第4像　立身高26.5厘米，头长5.5厘米，肩宽10厘米，胸厚6.5厘米。圆脸，略蚀，内着交领窄袖服，外着交领宽袖服，下着裙。左手屈肘托圆形物，物残；右手曲于胸前，似结印。着鞋而立。

第5像　立身高25.5厘米，头长6厘米，肩宽10厘米，胸厚6厘米（图版Ⅰ：208）。面蚀，内着交领窄袖服，外着交领宽袖服，下着裤，腰系带，系葫芦形物。左手屈肘托担，担长26厘米，担下左右垂挂什物，什物高4厘米，宽6厘米，厚6厘米；右手胸前结印，略残。着木屐而立。

第6像　立身高26厘米，头长6.5厘米，肩宽10厘米，胸厚6厘米。面略蚀，眉骨突出，眼眶深陷，鼻残，闭口。内着交领窄袖服，外着交领宽袖服，下着裙。双手拱于身前，夹持棍状物，着鞋而立。

第7像　立身高28厘米，头长7.5厘米，肩宽11厘米，胸厚5厘米（图版Ⅰ：209）。眉骨微凸，眼眶深陷，颧骨鼓凸，阔口微闭。内着交领窄袖服，外着交领宽袖服，下着裤。左手屈肘置胸前，右手于右腰际握持左袖摆，着鞋而立。左上部刻一龙，可辨龙角、龙耳，龙口微启露齿，龙颈两折，龙身右绕，现两前腿及右后腿，均残蚀。

第8像　立身高29厘米，头长7厘米，肩宽10厘米，胸厚6.5厘米（图版Ⅰ：210）。面略蚀。内着交领窄袖服，外着交领宽袖服，最外披袒右式袈裟，下着裤。双手交于腹前，左手握右手腕，右手持一环状物，物残，着鞋而立。右下方刻一兽，高9.5厘米，身长14厘米，前腿伏地，头微抬，曲后腿，伏坐。

第9像　立身高29厘米，头长8厘米，肩宽10厘米，胸厚6厘米。脸方圆，眉骨高突，眼眶深陷，眉梢长垂，颧骨微凸，短鼻，略蚀，阔口微闭。内着窄袖服，外着宽袖服，下着裙。双手于胸前持杖，杖全长30厘米，杖首弯曲，靠于头部右侧。着鞋而立。

第10像　立身高29厘米，头长7厘米，肩宽10厘米，胸厚6厘米。圆脸，面蚀。内着翻领窄袖服，外着宽袖服，下着裤。腰际束带作结，带于左腰际系物，物残难辨。左手屈肘上握担杆，右手斜置腹前，握一物，物残，长5.5厘米。担杆左右垂挂什物，物高5.5厘米，宽5厘米，厚7厘米。着鞋而立。

第11像　立身高27厘米，头长7厘米，肩宽10厘米，胸厚6厘米。脸长圆，略蚀，眼眶深陷，高鼻，闭口。内着交领窄袖服，外着交领宽袖服，披袒右式袈裟，下着长裙。左手于胸前托一盘状物，高1.5厘米，径5厘米；右手举于胸前，结印，手略残蚀。着鞋而立。

第12像　立身高31厘米，头长7厘米，肩宽9厘米，胸厚6.5厘米。面长圆，略蚀。内着交领窄袖服，外着交领宽袖服，下着长裙。左手斜于左腰际，似持物，手及物残；右手举于胸前结印。着鞋而立。

第13像　立身高32厘米，头长7厘米，肩宽10.5厘米，胸厚6厘米。圆脸，面蚀。内着交领窄袖服，外着交领宽袖服，下着长裙。双手于胸前托法轮。轮蚀，径4厘米。着鞋而立。

第14像　立身高31厘米，头长7厘米，肩宽10厘米，胸厚7厘米。面方圆，略蚀。内着交领窄袖服，外着交领宽袖服，下着长裙。双手叠于腹前，手略残。着鞋而立。

第15像　立身高31.5厘米，头长8厘米，肩宽10.5厘米，胸厚6.5厘米。脸长圆，面略蚀。内着翻领窄袖服，外披袒右式袈裟，下着裙。左手斜垂笼袖内，右手于胸前持拂子，拂子长11厘米。着鞋而立。

第16像　立身高32厘米，头长8厘米，肩宽11厘米，胸厚6厘米。脸长圆，眉骨微凸，眼眶深陷，短鼻，略残。内着交领窄袖服，外着交领宽袖服，外披袒右式袈裟，着裙而立。双手于胸前持带茎莲，略蚀，全长15厘米。

（三）正壁

共刻像9身。为记述方便，将其编为第1—9像（图156；图版Ⅰ：211、图版Ⅰ：212）。

第1像　坐高40厘米，头长14厘米，肩宽16厘米，胸厚8厘米。梳髻，鬓发绕耳，垂发覆肩，戴冠，冠带作结后于头后左右上扬。脸方圆，饰圆形耳饰。内着僧祇支，系带作结。上披巾，环状绕于头后，左侧经腋下右飘于身后，右侧沿胸下垂，敷搭前臂后绕孔雀尾部下飘。下着长裙，腰系带。左手前伸（手臂略残）作指引状；右手腕镯，举于胸前，屈膝坐于孔雀背上。孔雀身长132厘米，喙尖，刻冠宇，细颈微曲，俯身展翅作俯冲状，展翅宽130厘米。

第2像　立身高60厘米，头长15厘米，肩宽20厘米，胸厚8厘米。梳髻戴冠，面方正，浓眉鼓眼，阔口闭合。内着紧袖服，外着翻领宽袖服，袖口翻卷，系肩巾，胸部系带作结，腰部系带束抱肚，下着短裤。左手前伸，右手于身后握持一长柄状物，物长89厘米，右端略残。足靴，弓步踏云朵，作行进状。左云头高11厘米，宽18厘米；右云头高13厘米，宽13厘米。

第3、4像　位于第2像下方（图版Ⅰ：213）。其中，第3像立身高33厘米。头顶残，面蚀，口微启。内着交领服，外披袒右式袈

第三章　石门山石窟　207

图152　石门山石窟第 8 号窟窟壁造像展开图

第三章 石门山石窟 209

图 153　石门山石窟第 8 号窟中心柱造像立面图

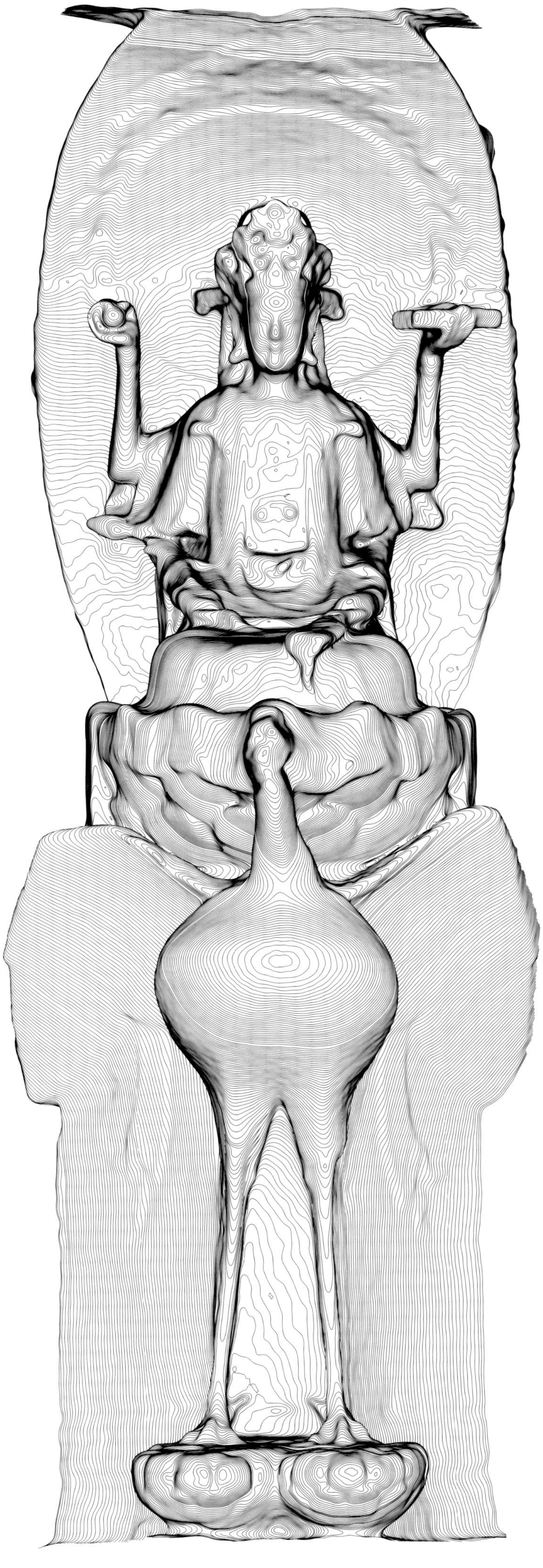

袋，下着裙。左手屈于体侧，右手横于胸前。着鞋，侧身面向第4像立于云台上，台高7厘米，宽24厘米，厚7厘米。

第4像　卧于第3像身前，身长48厘米。光头，脸形方圆，面蚀。内着窄袖服，外着宽袖服，腰系带，小腿线刻行缠。双臂前伸，双足微抬，头微仰，匍匐于云台上。云头高9厘米，宽43厘米，厚9厘米。

第3、4像右侧刻一枯树，高130厘米。树干遒劲，枝干稀少，树叶疏朗。树根处刻一蛇，显露部分长27厘米，最宽6厘米。树干左侧刻一斧，长18.5厘米。

第5像　为男像。立身高54厘米，头长12厘米，肩宽14厘米，胸厚7厘米。梳髻束带，脸长圆，面略蚀。内着窄袖服，外着翻领宽袖服，下着长裙，胸系带，束蔽膝，带长垂足间。双手胸前合十，着鞋立于云朵上。云朵高7厘米，宽24厘米，厚8厘米；云尾线刻，于右侧上飘。

第6像　为文官像。立身高80厘米，头长16厘米，肩宽21厘米，胸厚7厘米。梳髻戴小冠。脸长圆，面略蚀，嘴微启。内着窄袖服，外着翻领宽袖服，下着长裙，胸系带束蔽膝，带长垂足间。双手胸前捧笏，笏长17厘米，宽3厘米。着鞋立于云朵上，云朵高10厘米，宽33厘米，厚11厘米；云尾线刻，于右侧上飘。

第7像　为文官像。立身高83厘米，头长18厘米，肩宽21厘米，胸厚10厘米。戴进贤冠，脸长圆。内着交领窄袖服，外着交领宽袖服。双手胸前持笏，笏长18.5厘米，宽3.5厘米。着鞋立于云朵上，云朵高13厘米，宽36厘米，厚13厘米，云尾线刻，于右侧上飘。

该像右侧壁面转折处刻一龙，自祥云内穿出，全长约153厘米（图版Ⅰ：214）。龙身两折，前吻略残，露齿，刻出龙角（分叉）、龙鬣，颌下刻龙须，现两前腿，四趾，刻出龙鳞、腹甲。

第8像　为文官像。立身高83.5厘米，头长17厘米，肩宽22厘米，胸厚8厘米。戴进贤冠。脸长圆，细眼，眼角上挑，直鼻，小口微启。内着翻领窄袖服，外着交领宽袖服，下着裙，裙摆外展。胸部束带系蔽膝，带长垂足间。双手胸前持笏，顶端残，残长16厘米，宽3.5厘米。足履，立于云朵上，云朵高13厘米，宽49厘米，厚14厘米，云尾于右侧上飘。

图154　石门山石窟第8号窟中心柱造像等值线图

图155　石门山石窟第8号窟壁顶部造像展开及编号图

第9像　为文官像。立身高84.5厘米,头长17.5厘米,肩宽22厘米,胸厚8.5厘米。双手胸前持笏,顶端残,残长15厘米,宽3.5厘米。云朵高21厘米,宽47厘米,厚12厘米。余同第8像。

（四）左壁

共刻像9身。为记述方便,将其编为第1—9像（图157；图版Ⅰ：215）。

第1、2、3像　该3身像应为一组造像（图版Ⅰ：216）。其中,第1像立身高57厘米,头长13厘米,肩宽20厘米,胸厚11厘米。一面六臂,发丝后飘,面方,浓眉鼓眼,短鼻,厚唇,阔口微启。内着窄袖服,外着宽袖长服,袖口上扬,系肩巾,下着裤,缚裤。胸束带作结,腰系带束抱肚,腰带作结下垂后右飘；饰飘带,带垂于腹下,向上抄入腰带后,左端垂于身下,右端右飘体侧。六臂均腕镯；上两臂屈肘上举托圆轮,轮径8厘米,厚4厘米；左中手斜伸持羂索,右中手屈肘上举持剑,剑长29厘米；下两手于身前横持戟,戟全长70厘米。左腿屈膝,右腿后蹬呈弓步,着鞋踏云朵,面向第2像,作与之交战格斗状；云头高约9厘米,宽10厘米,厚4厘米,云尾线刻。

第2像位于第1像身前。立身高49厘米,头长15厘米,肩宽20厘米,胸厚10厘米。戴冠,面方,额皱纹,蹙眉,鼓眼,短鼻,阔口紧闭。内着窄袖服,外着宽袖长服,系肩巾,下着裤。胸束带作结,腰系带束抱肚。腰带作结下垂后右飘身后。左手屈肘持剑,剑靠于第1像所持戟上,剑残长22厘米；右手屈肘上举头后持剑,剑长25厘米。左腿前伸屈膝,右腿后蹬作弓步,着鞋踏云朵,面向第1像与之作交战格斗状。云头高8厘米,宽10厘米,厚5厘米,云尾线刻,右飘。

第3像位于第1像身后。立身高34厘米,头长8厘米,肩宽8厘米,胸厚5厘米。因裂隙致头部左侧、左臂分离。圆脸,蹙眉,鼓眼,阔口露齿,上着窄袖服,系肩巾,下着裤,胸部束带,腰带束抱肚。左手于体侧提剑鞘,鞘长16.5厘米,最宽3.5厘米；右手举于体侧,手略残。扭头仰面向第1像,身左倾,作弓步,赤足分踏祥云上,云尾右飘。云朵高7厘米,宽6厘米,厚4厘米。

第4像　头、颈毁,残高26厘米,肩宽11厘米,胸厚5.5厘米。着交领窄袖长服,胸束带,腰系带束抱肚,刻出鹊尾。身饰飘带,于腹前交叠,抄入腰带后垂于体侧。双手于胸前持物,似鞭,残长13厘米。足履（略蚀）立于云朵上,云朵高10厘米,宽17厘米,厚10厘米。

第5像　为女像。立身高46厘米,头长10厘米,肩宽13厘米,胸厚8厘米。梳髻,脸椭圆,略蚀。内着翻领窄袖长服,外着交领宽袖服,右肩刻出半臂、云肩,下着长裙,腰带长垂足间。身饰飘带,环于后背,敷搭双肩后长垂体侧。双手于胸前持瓶,高9厘米,瓶内升出带茎莲。足履,立于云朵上,云朵高9厘米,宽23厘米。

第6像　为文官像。立身高85厘米,头长17厘米,肩宽20厘米,胸厚11厘米。戴进贤冠。脸长圆,细眼,眼角上挑,鼻略残,闭口,颌下刻胡须。内着翻领窄袖服,外着交领宽袖长服,下着长裙,胸系带束蔽膝,带作结长垂足间。双手胸前持笏,笏长17.5厘米,宽3.7厘米。足履,立于云朵上,云朵高10厘米,宽44厘米,厚14厘米。

第7像　立身高55厘米,头长13厘米,肩宽17厘米,胸厚12厘米。戴凤翅盔,略蚀,盔顶出缨,顿项披覆双肩。脸长圆,竖眉,

212　大足石刻全集　第五卷（上册）

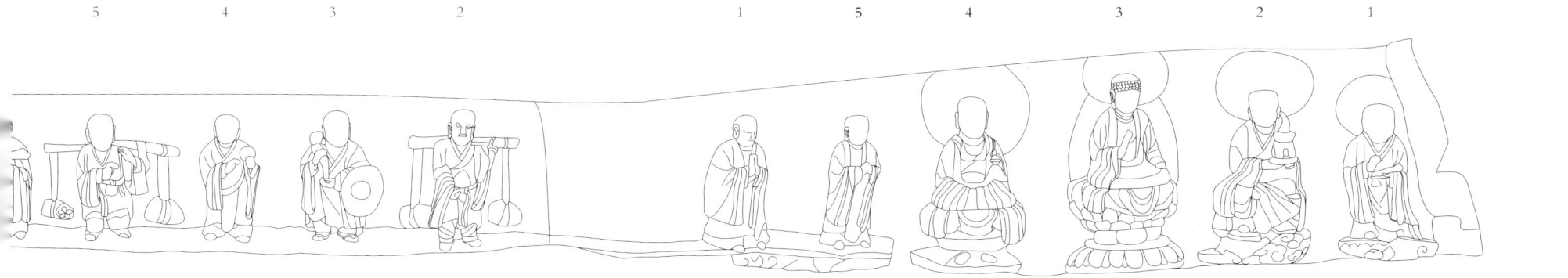

鼓眼，鼻残，闭口，下颌略残。内着窄袖服，外着宽袖服，下着裤，腰系带作结长垂腿间，身飘带，于腹前交叠，向上折入腰带后，长垂体侧。双手拱于胸前，足鞋，立于方台上，略残；台高20厘米，宽31厘米，深17厘米。

第8像　立身高56厘米，头长13厘米，肩宽17厘米，胸厚10厘米。戴进贤冠，面长圆，细眼，鼻蚀，小口微闭，下颌及两腮各刻一绺胡须。内着翻领窄袖服，外着交领宽袖服，下着长裙，腰束带系蔽膝，带作结长垂足间。双手胸前持笏，顶端残，残长约9厘米，宽2厘米。足履（略残蚀），立于方台上，台高20厘米，宽27厘米，深15厘米。

第9像　左壁底部右侧一方台上立一单层建筑，两柱一间，通高54厘米，面阔52厘米，进深9厘米（图版Ⅰ：217）。柱身方形，抹棱，高36厘米，宽2.5厘米；柱间施横枋，上下高2.5厘米，左右宽46厘米。屋身正面为双扇门，板门内开，门高34厘米，宽40厘米；左右立颊宽度不等，宽约2.5—4厘米。立柱上承撩檐枋，显露部分高1厘米；再上为屋顶，高17.5厘米，檐口平直；屋面刻出瓦垄瓦沟，正脊呈弧形，高1.5厘米，中部饰构件，残蚀难辨，残高3.5厘米，宽5厘米。

在该建筑门内，刻一坐像，高26厘米，头长8厘米，肩宽10厘米，胸厚4厘米。圆脸，面略蚀，口微启，内着窄袖服，外着翻领宽袖服，下着裙。双手胸前合十，足鞋，倚坐于圆台上，双足踏于方踏下。圆台高11.5厘米，方踏高3厘米，宽10.5厘米。像左侧设一方案，高10厘米，宽8.5厘米。案上覆巾，巾上置一方台，高3厘米，台上置展开的簿册及一物，物残难辨。

该建筑右侧刻一树，通高102厘米。树干遒劲，略向左倾，树冠掩于建筑上方，树叶似蕉叶，叶面朝下。树干中部右侧刻一放焰珠，径2厘米；树干上部悬挂织物。

（五）右壁

共刻像8身。为记述方便，将其编为第1—8像（图158；图版Ⅰ：218、图版Ⅰ：219）。

第1像　跪身高24.5厘米，头长6厘米，肩宽11厘米，胸厚7厘米。脸长圆，面蚀。内着窄袖服，外着宽袖服，腰带长垂。双手拱于胸前，略蚀。足鞋，胡跪于云台上。云台高9厘米，宽28厘米，厚7厘米。

第2像　立身高31厘米，头长7.5厘米，肩宽11厘米，胸厚5厘米。面圆，细眉，小口。内着圆领窄袖服，外着交领宽袖服，腰带长垂足间。双手胸前合十。身略右侧，面微仰，着鞋立于云朵上。云朵高15厘米，宽48厘米，厚4厘米。

第3像　立身高30厘米，头长7.5厘米，肩宽11厘米，胸厚4.5厘米。特征同第2像。与第2像立于同一云朵上，云尾于右侧上飘。

第4像　立身高41厘米，头长11厘米，肩宽13厘米，胸厚8厘米。戴冠。面方，蹙眉，鼓眼，短鼻，闭口，戴耳环。内着翻领宽袖长服，下着裤，缚裤，外罩甲衣甲裙，披膊。腰部束带系抱肚，腰带作结垂于足间。双手拱于胸前，夹持金刚杵，杵长12厘米。足鞋，立于云朵上。云朵高14厘米，宽23厘米，厚9厘米；云尾于右侧上飘。

第5像　立身高49厘米，头长11厘米，肩宽15厘米，胸厚6厘米。梳髻，面圆，细眼小口。内着窄袖服，外着翻领宽袖服，下着长裙。胸部束带系蔽膝，带作结垂至足间。饰飘带，环于后背，敷搭双肩后沿体侧长垂。双手腹前托盘，内盛叠置的圆形物，物略蚀。足履，立于云朵上。云朵高9厘米，宽32厘米，厚4厘米。

图156　石门山石窟第8号窟正壁造像立面及编号图

214　大足石刻全集　第五卷（上册）

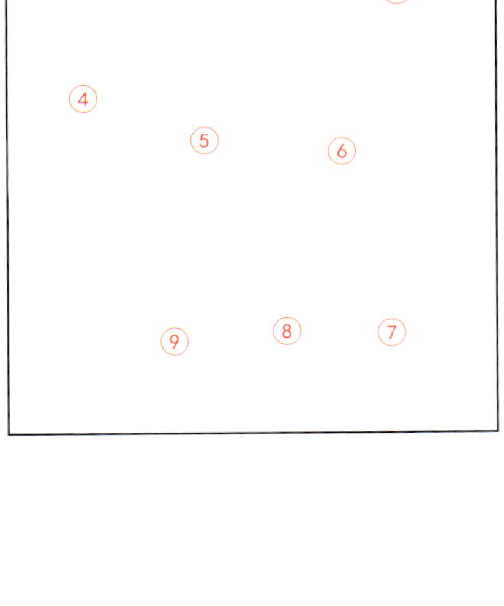

图 157　石门山石窟第 8 号窟左壁造像立面及编号图

图 158　石门山石窟第 8 号窟右壁造像立面及编号图

216　大足石刻全集　第五卷（上册）

第6像　立身高83厘米，头长18厘米，肩宽19厘米，胸厚8厘米。戴进贤冠。面长圆，细眉小口。内着双层交领窄袖服，外着交领宽袖服，下着长裙，胸部束带系蔽膝，带作结后垂至足间。双手胸前捧笏，笏残高12厘米，宽3厘米。足履，立于云朵上。云朵高9厘米，宽41厘米，厚14厘米。

第7像　立身高53厘米，头长12厘米，肩宽21厘米，胸厚13厘米。戴软脚幞头。面长圆，细眼小口，刻连鬓胡须。内着窄袖服，外着宽袖服，腰带饰菱形饰物，小腿以下蚀。双手胸前捧笏，顶端略残，残长12厘米，宽2.5厘米。立于方台上，台高24厘米，宽34厘米，深14厘米。

该像左侧刻山墙向外的单层歇山式屋顶建筑一座（图版Ⅰ：220）。屋身底部及下部台基残蚀。两柱一间，通高61厘米，面阔46厘米，进深11厘米。立柱圆形，残高22厘米，径5.5厘米；柱首卷杀，上置栌斗，斗高3厘米，宽4厘米。柱间施横枋一道，上下高3厘米，左右宽36厘米。横枋中部设人字形补间铺作一朵，高4厘米，宽10厘米。屋身正面设双扇板门，残高22.5厘米，宽21厘米，立颊宽3.5厘米，板门闭合。栌斗上承撩檐枋，再上为屋顶，高21厘米。屋面刻出瓦垄、瓦沟及博风板、悬鱼。正脊高3厘米，宽3厘米，显露长7厘米；垂脊宽1.5厘米，戗脊宽2.5厘米。右侧屋身上部刻出上下两道横枋，分别高2.5、3厘米。左侧屋身素平，略蚀。建筑置于方形基台上，台高19厘米，宽50厘米，深14厘米。

第8像　立身高54厘米，头长16厘米，肩宽17厘米，胸厚10厘米，部分剥落。戴凤翅盔，略蚀，冠顶出缨。面长圆，细眼，眼角上挑，鼻、唇及下颌残。内着窄袖服，外着翻领宽袖服。右腿外侧残存一段飘带。双手胸前合十。足鞋立于方台上，左足残，台高27厘米，宽28厘米，深15厘米。

## 四　晚期遗迹

正壁右侧中上部凿一圆形小孔，径4厘米，深5厘米。

右壁中部凿一圆孔，直径13.5厘米，深15厘米。

中心柱菩萨像头冠及上身存少许金箔。

窟内壁面及造像存灰白色、红色、黑色、蓝色、绿色五种涂层。

# 第十二节　第8-1号

## 一　位置

位于第8号窟相对的南侧岩体西北壁中部下方。西北距第8号窟150厘米，左距第8-2号龛187厘米，右距第12号龛410厘米；上距岩顶券拱底部约173厘米，下距巷道地坪62厘米。

龛口西北向，方向325°。

## 二　形制

单层方形龛（图159；图版Ⅰ：221）。

从自然崖壁向内凿进形成龛口。龛口圆拱形，高164厘米，宽117厘米，至后壁深28厘米。龛口上部及右侧部分残。龛底为横长方形，残毁甚重。龛正壁竖直，与左、右壁略垂直相交。左、右壁与龛顶弧面相交。龛顶为券顶，右侧外端残毁。

## 三　造像

正壁中下部存一束腰状座台，残毁甚重，残高57厘米；上部宽42厘米，下部宽32厘米，最厚19厘米。台底部右侧刻一卷曲物，

图 159 石门山石窟第 8-1 号龛平、立、剖面图
1 剖面图　2 立面图　3 平面图

最宽8厘米；台顶部凿一凹槽，长27厘米，最宽9厘米，深2厘米。台上方左右各刻一净瓶，高19厘米，腹径8.5厘米，口径7厘米。瓶内各升出枝叶，残蚀较重，可辨左侧叶闭合。瓶置于云朵上，云朵高10厘米，宽24厘米，厚5厘米。正壁上部、正壁与左右壁相交处共刻双层仰莲11朵，其中左右5朵对称布置。仰莲部分蚀，高18厘米，宽18厘米，显露厚10厘米。

### 四　晚期遗迹

龛内存黑色、灰白色两种涂层。

## 第十三节　第8-2号

### 一　位置

位于南侧岩体西北向壁面左下方。西北距第9号龛210厘米，左距壁面转折边缘165厘米，右距第8-1号龛187厘米；上距岩顶券拱底端238厘米，下距巷道地坪120厘米。

西北向，方向314°。

### 二　形制

摩崖石刻。现存刻石幅面高42厘米，宽34厘米。

### 三　铭文

达荣修理功字镌记，清乾隆三十五年（1770年）。文左起，竖刻6行，存42字，楷体，字径4.5厘米（图版Ⅱ：71）。

01　信士
02　达荣室人李氏□□
03　修理功字出艮三钱
04　其保长命富贵
05　石匠郭正坤一钱二分
06　乾隆卅[1]五年十二初八日吉[17]

## 第十四节　第9号

### 一　位置

位于第8号窟右侧。左距第8号窟168厘米，右距后世条石砌筑的门洞54厘米；上距岩顶120厘米，下距现地坪111.5厘米。

龛口东向，方向88°。

---

1　此"卅"字《大足石刻铭文录》录为"三十"。重庆大足石刻艺术博物馆编：《大足石刻铭文录》，重庆出版社1999年版，第365页。

## 二　形制

单层方形龛（图160、图161；图版Ⅰ：222）。

龛口　于岩壁直接凿建龛口。龛口略呈方形，高168厘米，宽210厘米，至后壁最深87厘米。龛口左右上角略作弧形。龛口左侧残，残毁处与后世砌筑的条石壁面边缘相接。

龛底　略作梯形，外宽内窄。内宽119厘米，外宽210厘米，深30厘米；建低坛一级，高48厘米，坛面略呈弦月形，最深约39厘米。龛底前为后世砌筑的石台，台面最深80厘米。

龛壁　弧壁，与龛顶略垂直相接。

龛顶　平顶，呈半圆形，半径72厘米。

## 三　造像

龛内刻像11身（图160-1；图版Ⅰ：222）。其中，中刻主尊女坐像1身，右膝前立小孩1身。主尊左侧刻乳娘坐像1身，怀抱小孩1身，其右肩外侧及身前左侧各立小孩1身。主尊右刻男侍坐像1身，身后立小孩2身；再右立女侍像1身，其身前立小孩1身。

主尊女坐像　坐高107厘米，头长43厘米，肩宽36厘米，胸厚22厘米。梳髻，戴凤冠，凤首残，双翅外展，尾上竖。冠下饰珠串并垂一粒桃形坠饰，冠带作结后斜垂及肩后呈"U"形上扬。面长圆、细眼、直鼻，鼻尖稍残，双唇微闭，稍残。耳垂肥大，戴花钿耳饰，下垂两条细珠串及胸。罩云肩，半臂。内着翻领窄袖服，外着交领宽袖长服。胸系革带，正面刻圆饰。身前刻出蔽膝。腰系带，作结后垂至双足间。下着裙。身饰飘带，绕于头后沿胸下垂，于腹前交叉后，敷搭前臂再垂于低台前。左手屈肘上举，自腕残断；右手置膝上，握身前小孩左手。着履，略残，倚坐于低坛上。

主尊女坐像右膝前侧立小孩1身，高66厘米，头长17厘米。光头，圆脸，仰面，鼻尖稍残，戴项圈，着窄袖短衫，下着裤。左手屈肘上举，前臂被主尊右手握持，自腕毁；右手作上举前伸状，前臂毁。左腿直立，右腿屈膝上抬，着向上攀爬状。跣足，略残。

乳娘像　坐高87厘米，头长18厘米，肩宽34厘米，胸厚16厘米。梳球状髻，扎巾，巾带横向右飘，端头刻两枚饰物，略残。面方圆，略残，颈短，体胖。着内衣，遮覆右乳，外着对襟窄袖长服，下着裙。怀抱小孩，露左乳作哺乳状，盘腿坐于低坛上。怀中小孩仰面卧于乳娘怀中，身长50厘米，光头，圆脸，面残，戴项圈，着窄袖短衫，下身衣饰不明；双手前伸抚乳。

乳娘左前侧刻立式小孩1身，头毁，残高57厘米，上身衣饰不明，下着裤，右肩外侧存一段下垂的飘带，小腹外凸，双手毁，着鞋直立于低台上。台残高5厘米，宽23厘米，最深15厘米。

乳娘右肩外侧刻立式女童1身，高61厘米，头长13厘米，肩宽12厘米，胸厚7厘米。梳髻，圆脸，额前刻白毫妆，鼻残，下颌脱落，着抹胸，外着对襟窄袖长服，下着裙，左手抚乳娘右肩，右臂似置身前，小臂毁；着鞋立于低台上。台高17厘米，最宽22厘米，深8厘米。

男侍像　坐高52厘米，头长20厘米，肩宽22厘米，胸厚10厘米。头巾，面方，鼻及下颌残。着双层交领窄袖服，下着裙。双手残，于胸前交握。盘腿坐于低坛上，足残。

男侍像身后立小孩2身。左小孩高58厘米，头长12.5厘米，肩宽14厘米，胸厚10厘米。面方圆，微胖，面向左微扬，眉目稍残。内着双层交领窄袖衫，下着裤。左手曲于左肩，似拈物；右手斜置腹前握一物，物残难辨；着鞋屈膝立于低台上。台高25厘米，最宽13厘米，深7厘米。右小孩高53厘米，头长13厘米，肩宽12厘米，胸厚9厘米。光头，方脸，鼻残。身着交领窄袖长服，下着裙。左手屈肘于左胸处，手残；右手屈肘外展捉一鸟，鸟残，仅辨其形；着鞋立于低台上。台高21厘米，最宽20厘米，深5厘米。

女侍像　立து高147厘米，头长28厘米，肩宽32厘米，胸厚15厘米（图162；图版Ⅰ：223）。梳髻，戴冠，冠带斜垂头后。面长圆，稍残，额前刻白毫妆。戴花钿耳饰，下垂两条细珠串；披云肩，上着翻领宽袖长服，胸下系带，下垂蔽膝；下着裙，腰带作结后长垂足间。身饰飘带，环状绕于头后左侧，两端沿胸下垂，隐于体后。左手横置腹前，齐腕残断；右臂屈肘置于体侧，小臂残毁。足残，立于龛底。

女侍像身前刻立式女童1身，高56厘米，头长12厘米。梳髻，面长圆，眉目清晰。戴项圈，内着交领窄袖短衫，外着短褂，下着裤。左手屈肘上举，手掌毁；右手屈肘上举抓握女像袖摆。抬左腿，右腿直立，侧面向外作向上攀爬的姿势。

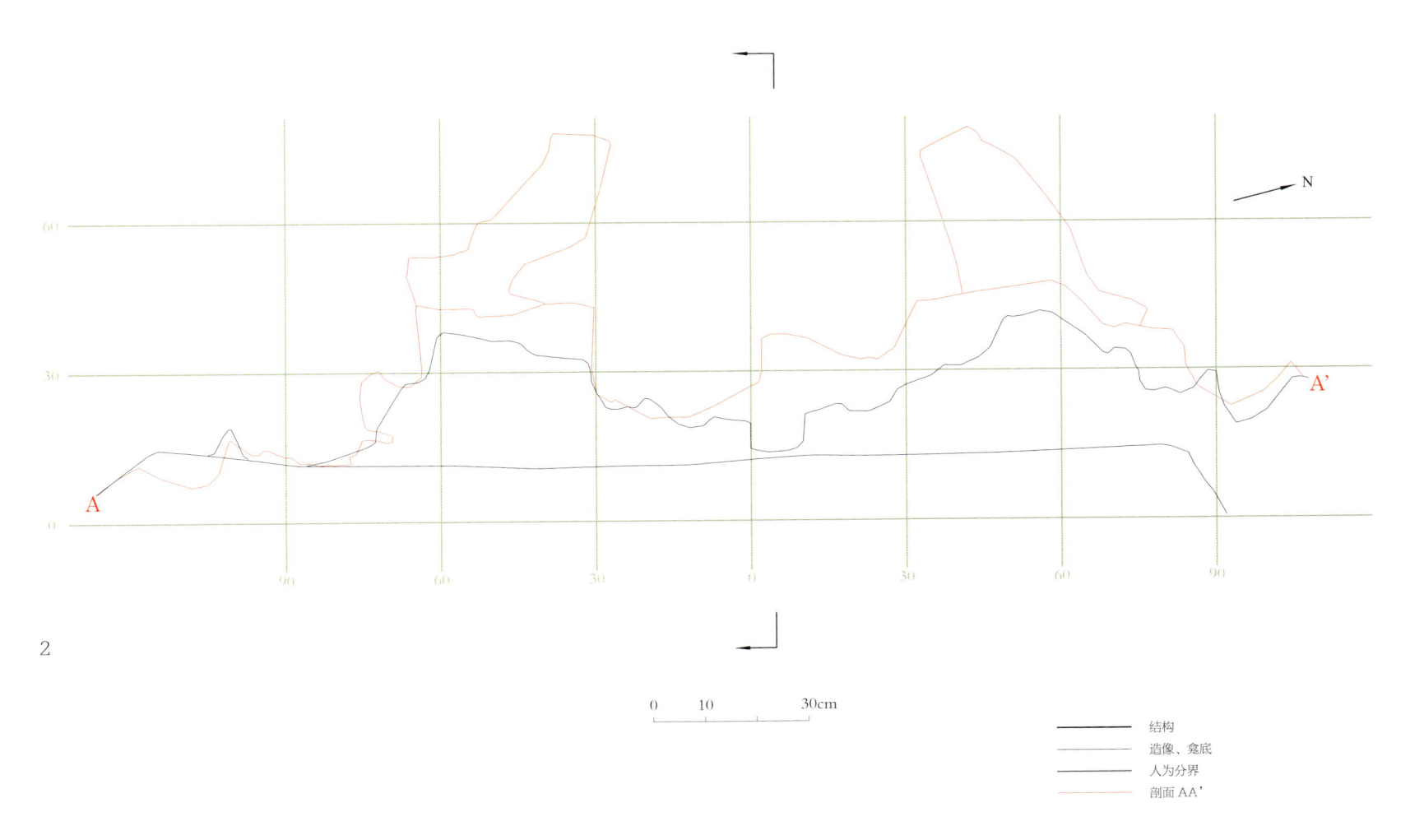

图 160　石门山石窟第 9 号龛平、立面图
1　立面图　2　平面图

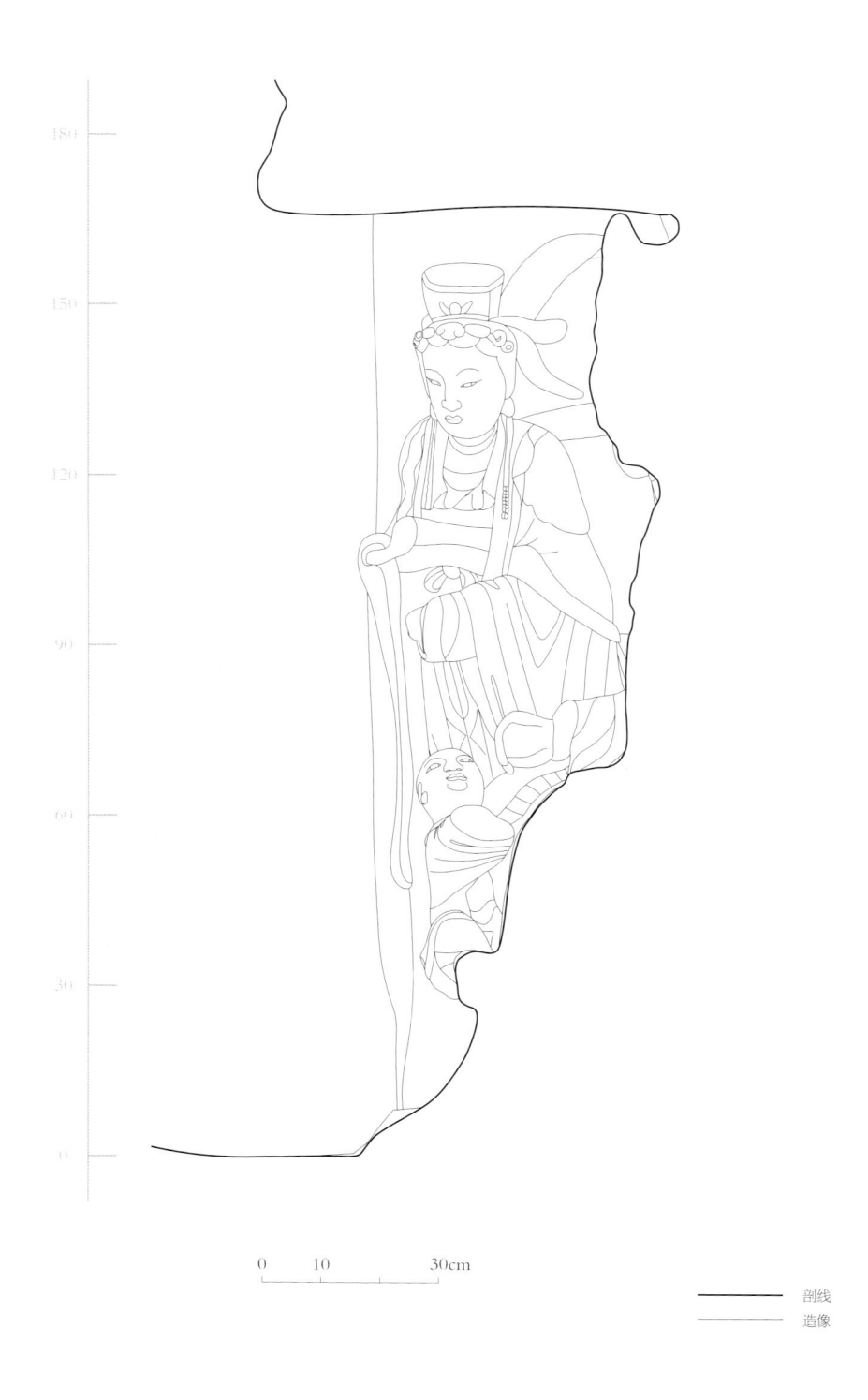

图 161　石门山石窟第 9 号龛剖面图

## 四　铭文

位于主尊头部右侧壁面方碑内。碑高23厘米，宽24厘米。文漶。

## 五　晚期遗迹

主尊像左手腕部残毁处凿一方孔，高2厘米，宽3厘米，深4.5厘米。乳娘身前左侧小孩头部残毁处凿一不规则方孔，长7厘米，最宽4厘米，深2厘米。

龛外上方15厘米处左右端各凿上、下布置的二方孔，左右对应，孔大小相近，高7厘米，宽5厘米，深7厘米。

龛口右外侧16厘米处为后世砌筑的石墙。

龛口上方25厘米处横向凿一排水浅沟，全长约210厘米，高4厘米，最深4厘米。

龛内保存灰白色、红色、蓝色、绿色、黑色五种涂层，主尊等部分造像存留金箔。

图 162　石门山石窟第 9 号龛女侍像立面图

## 第十五节　第10号

### 一　位置

位于西侧岩体南向壁面最右端。左距巷道门洞310厘米，右距后世砌筑的围墙墙体421厘米；上距壁面顶端125厘米，下与窟前地坪相接。

窟口东南向，方向166°。

### 二　形制

方形平顶窟（图163、图164、图165、图166、图167、图168、图170、图184；图版Ⅰ：224、图版Ⅰ：225、图版Ⅰ：226、图版Ⅰ：229、图版Ⅰ：242）。

窟口　原窟口已毁，现以条石砌筑，左与巷道门洞外侧石壁相接，右与石窟围墙墙身相接。石壁高470厘米，宽868厘米。中部设窟门，略呈方形，高344厘米，宽133厘米，深125厘米。窟口上方28厘米处设置外凸9.5厘米的月形门楣，高12厘米，弧长165厘米；再上57厘米处设方形明窗，高50厘米，宽280厘米，深125厘米。窟口下部设四阶石梯，连接窟室和窟前地坪，通高72厘米。

窟底　呈方形，后世以石板平铺，原状不明；宽286厘米，深555厘米，至窟顶高334厘米。窟底后侧设低坛两级，由下及上，第一阶低坛高19厘米，宽290厘米，深125厘米；第二阶低坛高85厘米，宽346厘米，深75厘米。窟室左右侧壁各建低坛一级，左低坛最高72厘米，通长692厘米，最深54厘米；右低坛毁，后世以条石重新砌筑，最高69厘米，通长651厘米，最深47厘米。

窟壁　正壁高222厘米，宽380厘米，右上角毁，后世以条石补砌平整。左侧壁竖直，高262厘米，宽768厘米；右侧壁毁，后世以条石叠砌，高290厘米，宽742厘米。三壁间略垂直相接，与窟顶垂直相接。

窟顶　方形，平顶。仅保存左侧约三分之一部分，右侧约三分之二部分毁，后世以水泥板修缮完整，与原窟顶齐平。

## 三　造像

窟内造像依其壁面布置，可分为正壁、左侧壁、右侧壁三部分。

### （一）正壁

刻像7身。其中，壁面中下部刻主尊坐像3身；中主尊头顶正上方及左右侧各刻一体量较小的坐像；左主尊头顶左上方刻一立像（图168、图169；图版Ⅰ：226）。

中主尊像　坐高171厘米，头长62厘米，肩宽72厘米，胸厚33厘米（图版Ⅰ：227）。戴通天冠，缨带下颌作结，颜题横向饰一列四瓣花。冠体正面中刻金博山，高10厘米，最宽9厘米，其下刻圆珠及仰月，左右侧饰云纹；金博山上方两侧刻云纹承托的圆轮，轮径7厘米。冠体左右侧钮孔内刻玉笄。充耳中段绕颜题后再绕系玉笄贴耳下垂，带头沿胸下垂敷搭前臂后，垂至小腿外侧；带头呈三角形，饰团花，垂流苏；右侧充耳耳垂下部部分残断。面方，眉眼细长上挑，隆鼻，鼻端残，双唇闭合，嘴角微翘，耳垂肥大。内

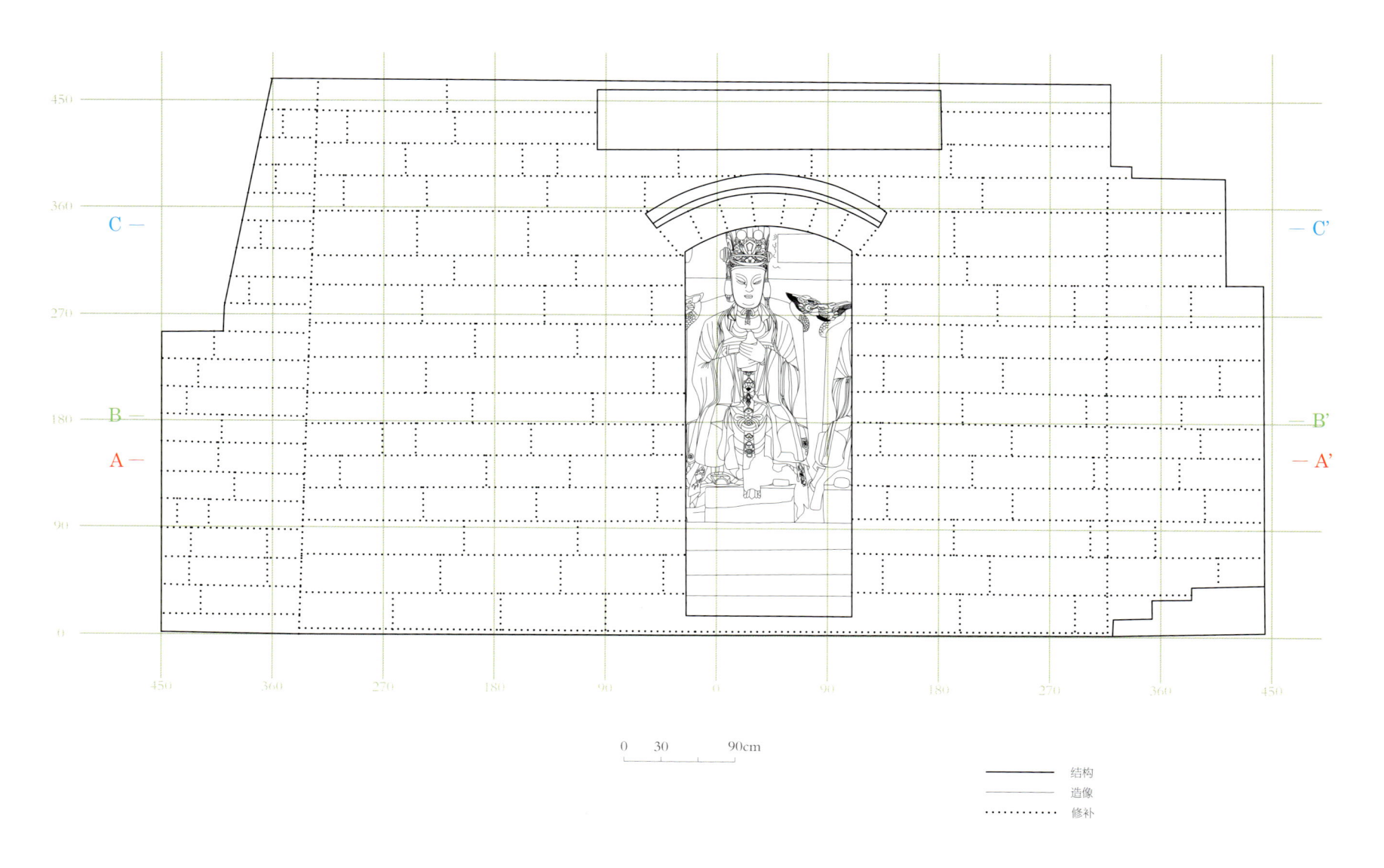

图163　石门山石窟第10号窟外立面图

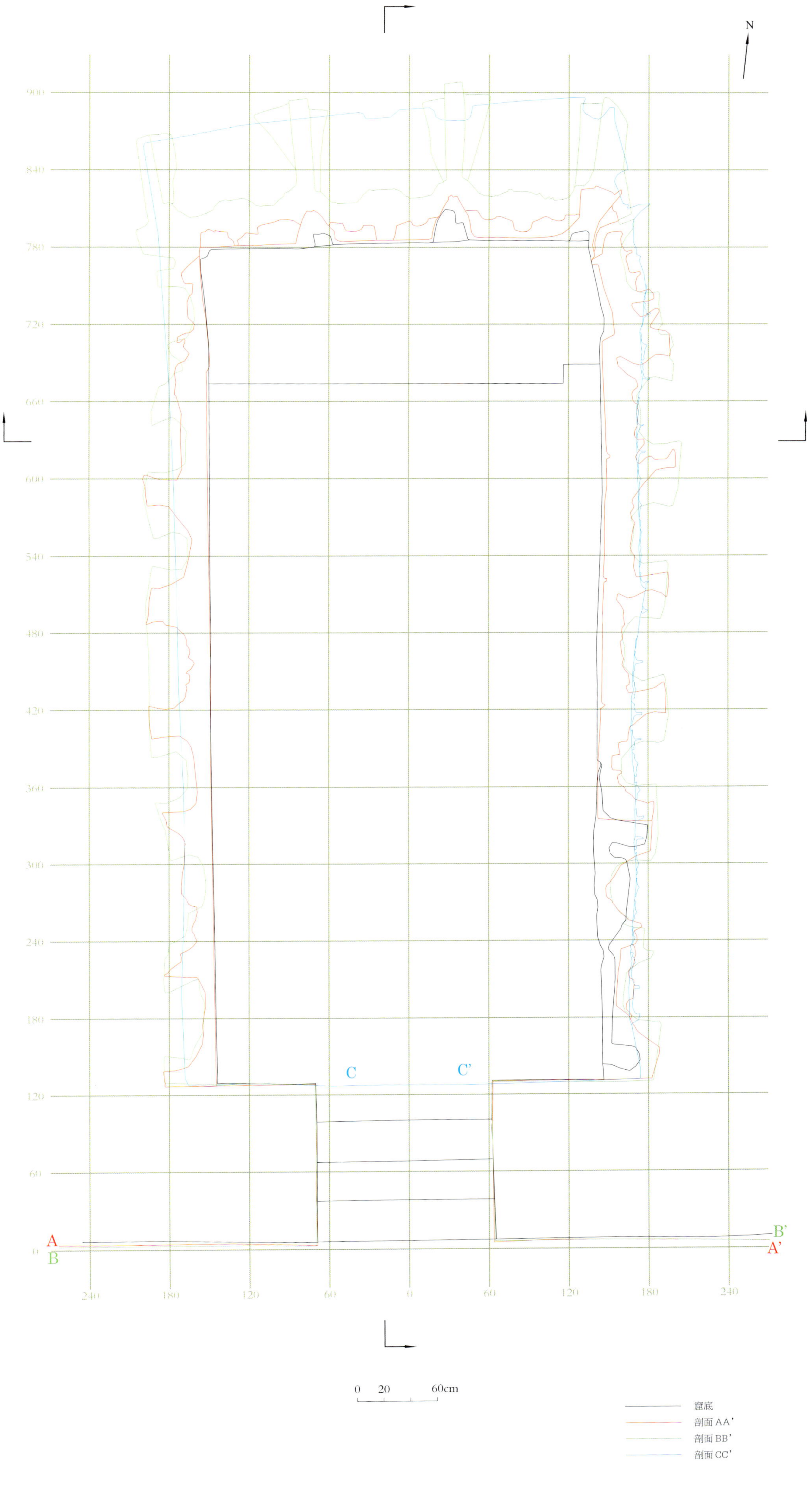

图 164　石门山石窟第 10 号窟平面图

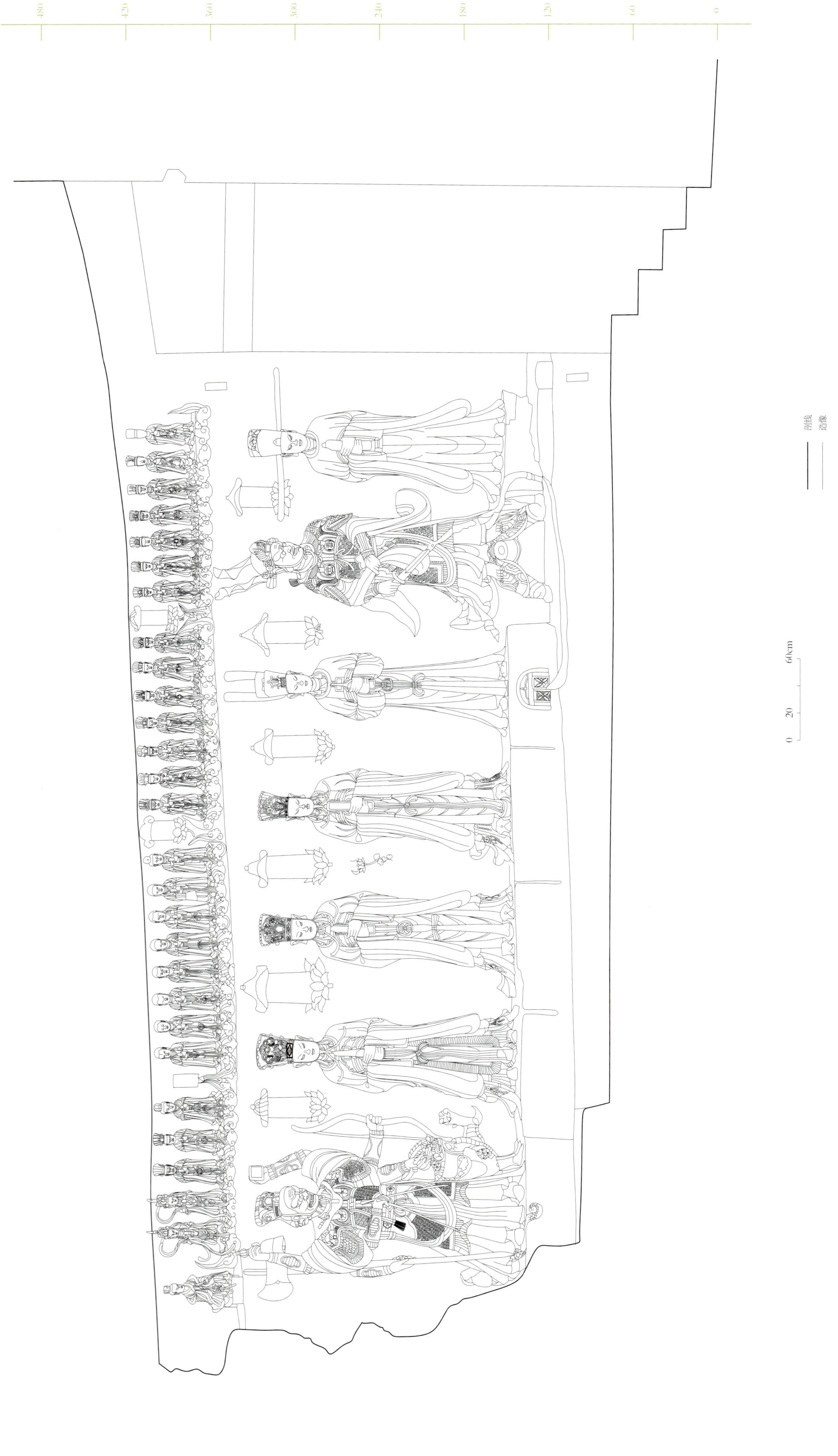

图165 石门山石窟第10号龛纵剖面图（向东北）

图166　石门山石窟第10号窟横剖面图（向西北）

着翻领窄袖长服，外着交领宽袖长服，下着裙；戴方心曲领，胸束革带，下垂蔽膝，垂至足间，部分残。腰带饰饰物若干，部分残，沿胸下垂双膝间作结后垂足踏上；袖摆与裙摆间露一段飘带，上饰饰物，部分残，下垂至足踏左右端。双手胸前持笏，顶端残，残高24厘米，宽13厘米，厚约4厘米；倚坐于龙首靠椅上。足履，踏方形足踏。龙首靠椅置于第二级低坛上，通高135厘米，宽95厘米，椅背厚6.5—11厘米。椅背左右上端刻外凸的龙首，龙吻前凸，闭口露齿，眼、耳、角可辨，曲颈。足踏置于第一级低坛上，高31厘米，宽76厘米，显露部分厚31厘米。

中主尊像头顶正上方浅刻一圆龛，直径42厘米，外凸壁面最厚约12厘米。龛内刻一坐像，坐高25厘米，头长9厘米，肩宽8厘米，胸厚6厘米。有桃形头光，横径17厘米；内圆素平，直径11.5厘米；边缘饰火焰纹，焰尖延至窟顶。梳髻，戴莲花冠。面方圆，略蚀。内着交领宽袖长服，外披氅，下着裙，袖摆及裙摆垂搭座前。胸际系带，作结后长垂座前。腰带两端自袖摆下缘斜出。身前刻三足兽面平几。左手置腹前，右手置平几上持如意，盘坐于须弥座上。坐高13厘米，宽19厘米，最深10厘米。

中主尊像头顶上方左侧亦浅刻一圆龛，直径44厘米，最厚6厘米。龛内坐一像，坐高25厘米，头长9厘米，肩残宽7.5厘米，胸厚6厘米。有桃形头光，横径17厘米；内圆素平，直径11.5厘米；边缘饰火焰纹，焰尖延至窟顶。头残，左肩毁。左手曲置，似结印；右手横置握平几，盘坐于须弥座上。座通高12厘米，宽19厘米，最深10厘米。其余特征与中主尊头顶正上方像略同。

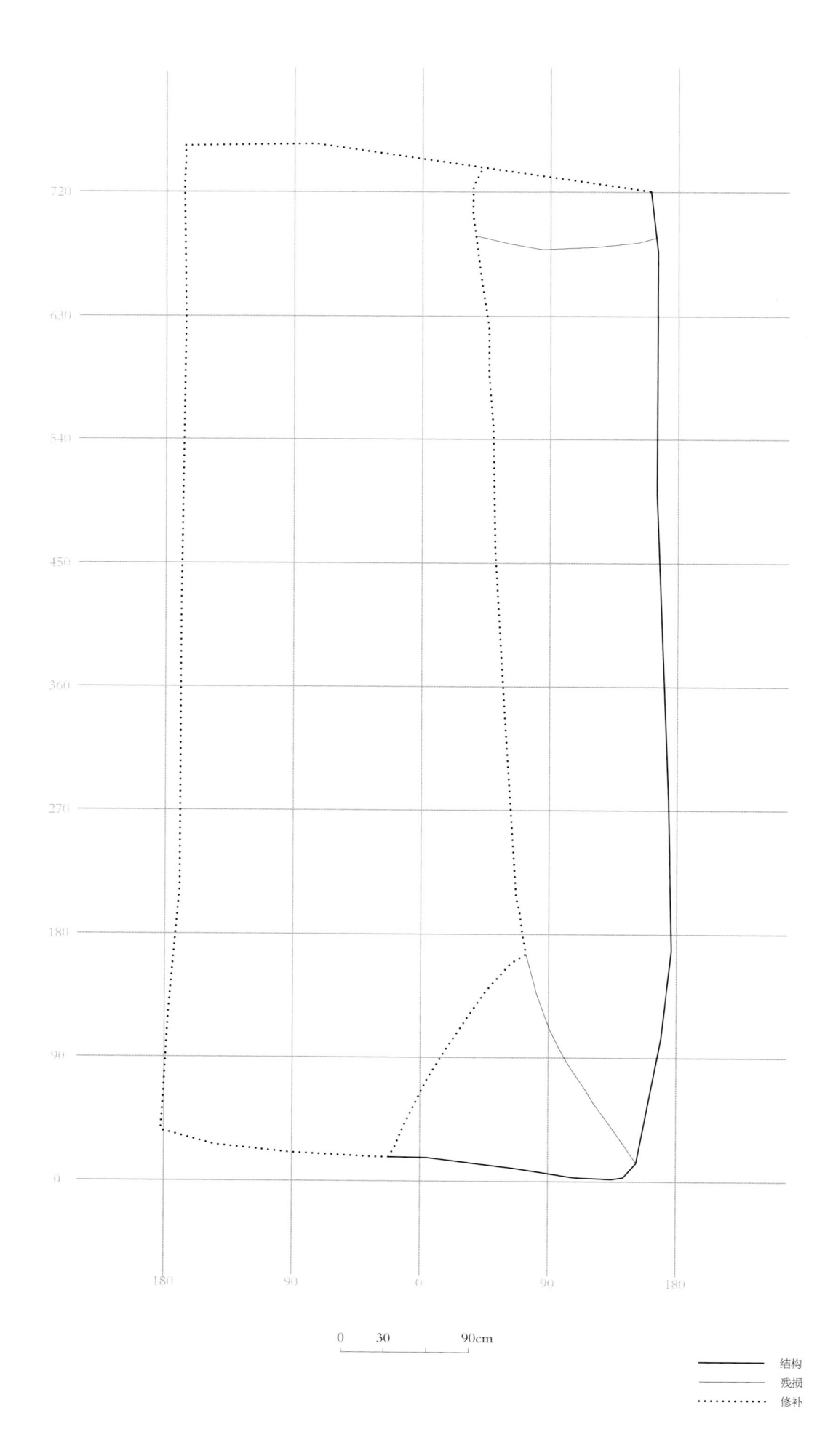

图 167　石门山石窟第 10 号窟窟顶仰视图

中主尊像头顶右上方像已毁不存。

左主尊像　坐高153厘米，头长60厘米，肩宽61厘米，胸厚32厘米。戴通天冠，缨带下颌作结，颜题刻卷草花卉。冠体正面饰圆珠及仰月，左右侧饰如意头云纹。仰月上方左右刻云纹承托的圆轮，轮径6.5厘米。面方，后世以墨描画眉眼及胡须。双手胸前持笏，顶端残，残高32厘米，宽11厘米，厚约4厘米；倚坐于龙首靠椅上，椅通高127厘米，宽97厘米，椅背厚6—9厘米。足履，踏方形足踏。足踏高30厘米，宽76厘米，显露深30厘米。其余特征与中主尊像略同。

左主尊像左上角刻一立像，立身高64厘米，头长19厘米，肩宽115厘米，胸厚9厘米（图版Ⅰ：228）。戴冠，下颌系带作结。面方，略蚀，鼻残，浓眉上扬，张口。身残，可辨着宽袖长服，腰带于腹前作结后交绕垂至足间。双手胸前持笏，笏略残，高9厘米，最宽4厘米。足残，立于云朵上。云朵最宽51厘米，上下高10厘米，厚8厘米。

右主尊像　坐高152厘米，头长60厘米，肩宽58厘米，胸厚33厘米。戴通天冠，略蚀，冠带下颌作结，"八"字斜垂于双肩。颜题饰团花及珠串。冠体正面中刻金博山，两端上方刻相对展翅衔环的双凤。冠体左右侧外端刻云纹衬托的圆轮，轮径约8厘米。玉笄略残。充耳绕系下垂，耳袋毁，两端沿胸下垂敷搭前臂后，垂至小腿外侧；端头呈三角形，坠流苏，略蚀。面方，眉眼上挑，鼻残，下颌刻一绺尖角胡须；双耳毁。长服袖缘饰戏珠龙纹，部分残蚀；蔽膝刻出带褶的边缘，腰带腹前作结后，于两小腿间再做环结，下垂至双足间，端头呈三角形，略残，坠圆珠；蔽膝与长裙间垂露两段飘带，垂搭足踏前。双手胸前持笏，顶端残，残高21厘米，宽10.5厘米，厚3厘米。倚坐于龙首靠椅上，椅通高133厘米，宽107厘米，椅背厚4厘米。椅背中部似垂搭织物，两侧显露靠椅横枋，靠椅上方两端刻龙首，龙颈圆环卷曲。足履，踏方形足踏。足踏高37厘米，宽73厘米，显露深36厘米。其余特征与中主尊像略同。

### （二）左侧壁

刻像35身。大致可分作壁面上下两部分。下部刻立像7身，上部刻体量较小的立像27身和坐像1身（图170；图版Ⅰ：229）。

#### 1. 壁面下部

7身。自窟口向窟内（从左至右）依次编为第1—7像。

第1像　立身高176厘米，头长39厘米，肩宽37厘米，胸厚22厘米（图171；图版Ⅰ：230）。戴展脚幞头，帽山正面上部饰花卉一朵，幞脚全长111厘米。面长圆，眉眼细长上挑，鼻、唇稍残。内着直领窄袖衫，外着圆领宽袖长服。胸下刻出一段圆弧向上的帛带。腰系革带，左后腰处悬挂鱼符，符形如"B"形，全长35厘米，最宽6.5厘米（图172）。腹前三道衣纹呈"U"形，袖摆衣纹呈阶梯状。双手胸前持笏，笏略残，长32厘米，宽7厘米，厚3.5厘米。着鞋立于方台上。台置于低坛上，略残，高37厘米，残宽77厘米，深36厘米。

该像右侧幞脚前端刻方碑一通。

第2像　立身高175厘米，头长38厘米，肩宽44厘米，胸厚26厘米（图173、图174；图版Ⅰ：231）。蓄发，长发斜飘至腰部右侧。鬓发绕耳。戴冠，正面中刻方饰，上刻圆珠及火焰纹，左右刻双翅。下颌系带作结，带绕颈右飘。冠带作结后右上斜飘。面长方，向左微侧。额现两道皱纹，浓眉上扬，双目圆睁，鼻粗大，口半开，露齿，耳垂肥大。内着宽袖长袍，袖摆宽大，下摆向右上扬；下着裤。肩刻护项，有龙头护肩和披膊，甲叶为山文甲。外着裲裆甲，腿裙垂于双膝之下，甲叶亦为山文甲。当胸刻兽面圆护，胸系束甲索作结。腰系革带，抱肚、鹘尾，腰带作结后斜垂足间。腿裙刻出包边，垂带褶的装饰。身饰飘带，腹前呈"U"形下垂，两端折入革带后，沿体侧斜垂至双足外侧。两前臂刻臂甲，左手斜置身前握右臂袖摆，右手曲置腰间握剑。剑身斜置，前端残，残长49厘米。跣足踏于龟背上。龟置于低坛上，头毁，露前半身和两前腿，通高44厘米，最宽83厘米。龟背线刻裂纹，两前腿部分残。龟左侧刻一蛇，自第3像下方所刻圆拱门洞内串出。

该像右肩外侧刻方碑一通。

第3像　立身高179厘米，头长38厘米，肩宽34厘米，胸厚23厘米（图175；图版Ⅰ：232）。梳髻，戴朝天幞头，幞脚长44厘米，余两脚反系于帽山作结。冠正面刻方形额花，上饰圆珠及倒置的八字形云纹，珠升起三道毫光；再上刻金博山，转角处饰圆珠。面方，双颊丰满，双眼细长上挑，后世以墨描绘，鼻残，小口微闭，耳垂残。身修长，戴方心曲领，着翻领内衣，外着圆领窄袖长服，胸际系革带，当中刻菱形纹；革带下系长带，于腹前作环结，再垂至大腿间作蝴蝶结后，下垂至足间。双手胸前持笏，上端残，残长19.5厘米，宽7厘米，厚3厘米，正面线刻边框线；着鞋，部分残，立于低坛上。

该像前侧低坛正面刻圆拱门，部分残，残高35厘米，宽31厘米；内刻双扇四瓣花板门，左扇半开，门枋上刻壸门。

图168 石门山石窟第10号窟正壁立面图

　　该像右肩外侧刻方碑一通。

　　**第4像** 立身高181厘米，头长39厘米，肩宽40厘米，胸厚23厘米（图176；图版Ⅰ：233）。梳髻，鬓发绕耳。戴通天冠，缨带下颔作结后斜飘双肩。颜题饰菱形花瓣一列，冠正面饰金博山，转角处饰圆珠，内刻放焰珠一粒。金博山底部左右饰草叶，上方刻三朵团花。冠顶横一带，与玉笄左右端相系；上饰九粒圆珠，其中正面七粒，左右各一粒。面方，鼻尖稍残；两腮及下颔各垂一绺胡须。戴方心曲领。内着翻领服，外着圆领宽袖长服，下着裙。胸际系革带，革带之下系长带，身前刻蔽膝；长带作结后于腹下再作结，长垂置于足间。腰带垂于低坛坛面，部分残；裙摆小腿正面饰珠串，露两条。小腿外侧，自长服下摆和裙摆间各垂一带，饰团花和菱形饰物链，部分残。双手胸前持笏，正面线刻边框，笏长34厘米，宽7厘米，厚2.5厘米。足着云头履，立于低坛上。

　　该像右肩外侧刻方碑一通。

　　该像手肘右外侧线刻三朵如意头云纹，其上刻长枝花卉一枝。

　　**第5像** 立身高184厘米，头长40厘米，肩宽37厘米，胸厚25厘米（图177；图版Ⅰ：234）。梳髻，戴通天冠，冠正面中刻金博山，其余部分刻长枝花卉。冠顶横带正面饰十粒圆珠。长带腹前作环结，垂至双膝处作蝴蝶结，长垂足间。自裙摆两侧下垂的飘带饰

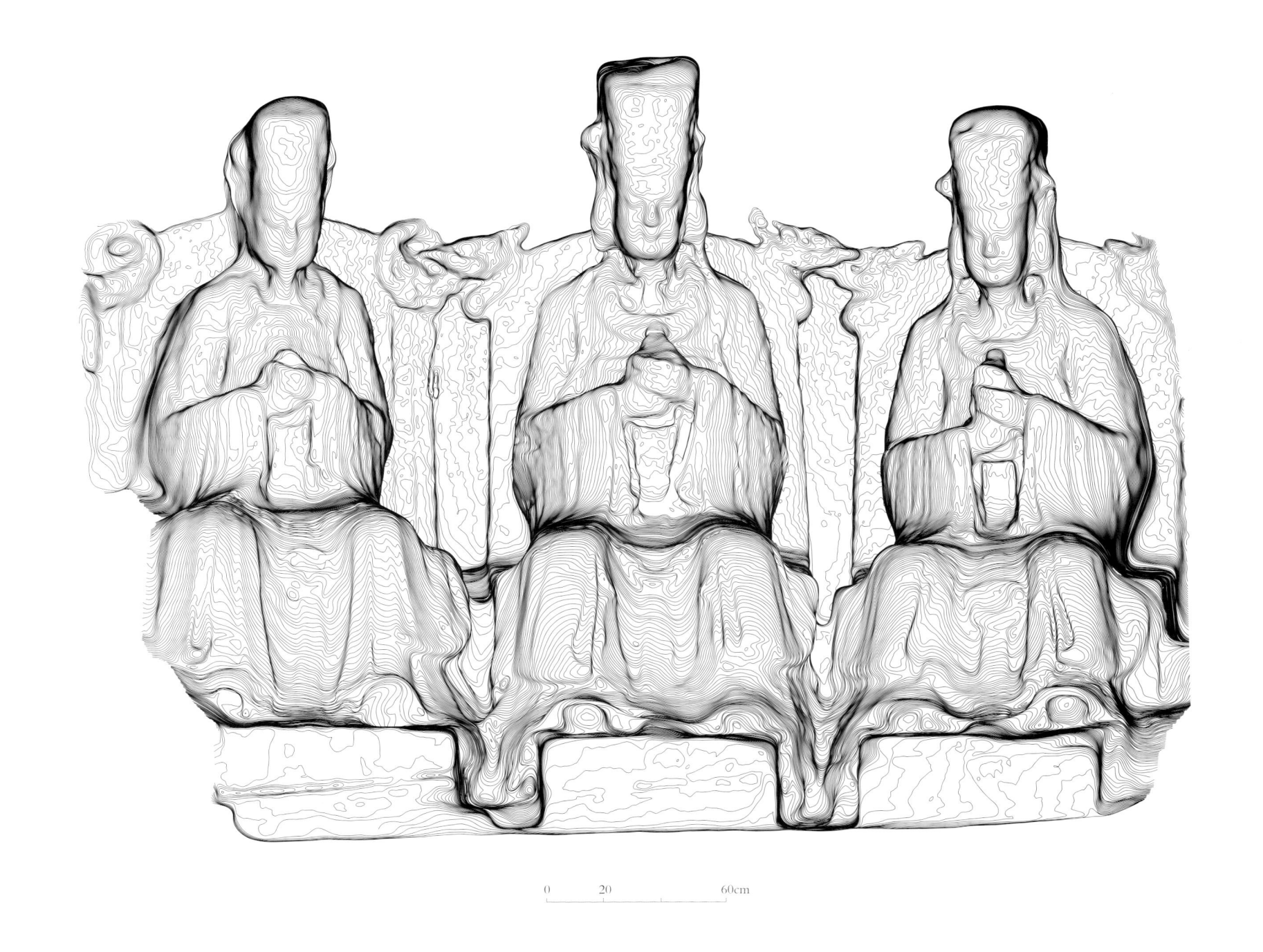

图 169　石门山石窟第 10 号窟正壁三主尊像等值线图

菱形饰物，略残。双手胸前持笏，顶端残，正面线刻边框，笏高31厘米，宽7厘米，厚3厘米。其余冠饰、面相、衣饰、姿势等与第4像略同。

该像右肩外侧刻方碑一通。

第6像　立身高182厘米，头长42厘米，肩宽37厘米，胸厚22厘米（图178、图179；图版Ⅰ∶235）。梳髻，戴通天冠，缨带下颌作结后斜垂双肩。颜题中刻外方内菱形饰物，饰物当中及两侧饰团花；颜题上置放焰珠，左右饰花、叶；再上刻相对展翅的双凤衔环。冠体左右外侧刻出祥云承托的二圆轮，轮径5厘米。冠顶横刻一带，与玉笄左右端相系（略残），饰八粒圆珠；其中，正面四粒，左右各二粒。身前蔽膝边缘刻出褶纹。双手胸前持笏，上部残，残高31厘米，宽7.5厘米，厚1.5厘米；正面线刻边框。其余冠饰、面相、衣饰、姿势等与第4像略同。

该像右肩外侧刻方碑一通。

第7像　立身高194厘米，头长48厘米，肩宽44厘米，胸厚23厘米（图180；图版Ⅰ∶236）。梳髻，戴通天冠，缨带下颌作结后交叠外拂。颜题中刻方饰，前端饰放焰珠一粒，左右饰团花一列。冠体正面刻金博山，转角处饰圆珠。冠顶向前翻卷，冠体左右显露玉笄两端。三面六臂，正面方脸，浓眉上扬，双眼鼓凸，鼻翼宽大，阔口露齿，顶舌；左面作愤怒状，鼓眼，露齿，长发尖角上扬；右面作愤怒状，鼓眼，阔口闭合，特征同左面。颈肌显露，身躯魁梧。着肩巾，内着宽袖袍服，袖摆宽大，下摆右扬，下着裙。外着裲裆甲，腿裙置于双膝处，肩刻兽面护肩、披膊，甲叶为山文甲。当胸刻圆护，饰团花，胸际束甲索系于方环上作结后斜垂右腰。腰系革带，左面饰菱形纹，左右各饰团花一朵。革带束抱肚、圆护、鹘尾，革带之下，腰带作结后长垂足间。身甲和腿裙为皮条环状穿编而成，腿裙刻包边，垂带褶的装饰。身饰飘带，于腹前呈"U"形下垂，折入革带作结后长垂体侧。六臂，前臂刻臂甲。左上手屈

图170 石门山石窟第10号窟左侧壁立面图

第三章 石门山石窟

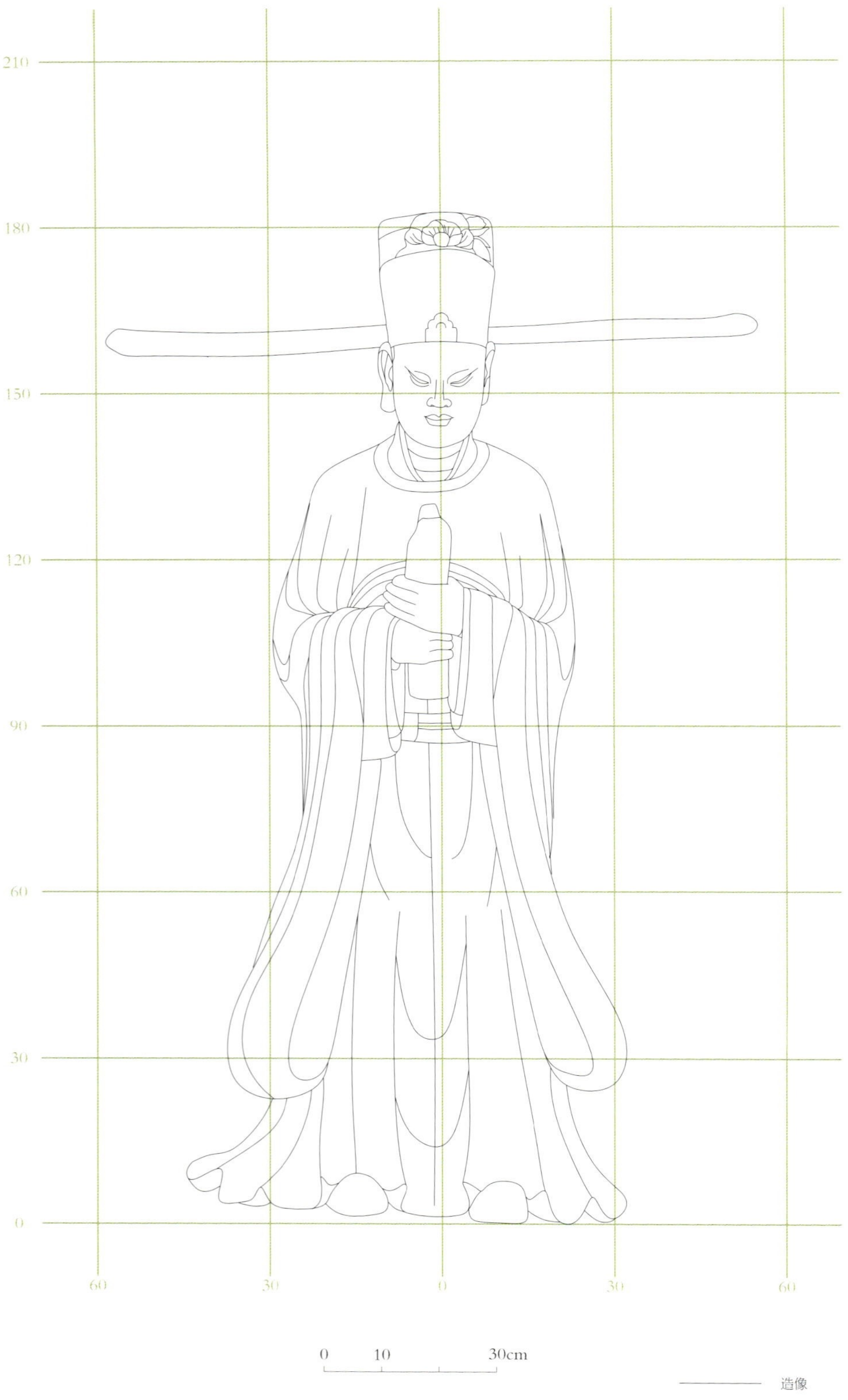

图171　石门山石窟第10号窟左壁左起第1像立面图 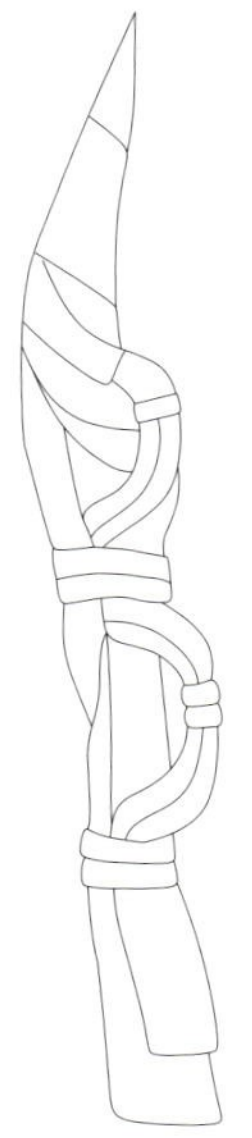　　　　图172　石门山石窟第10号窟左壁左起第1像所配鱼符立面图

图 173　石门山石窟第 10 号窟左壁左起第 2 像立面图

肘上举握方印，边宽10.5厘米，厚3厘米，线刻边框；右上手屈肘上举握铃，通高32厘米，口外径14厘米，刻有铃舌。左中手屈肘前伸握弓，全长115厘米，弦毁；右中手横置身前，握二羽箭，部分残，箭长64厘米。左下手斜伸握持龙角，右下手于体侧握长柄斧，斧全长约190厘米，高24厘米，厚7厘米。足残，立于低坛上。该像身后下刻一龙，龙头现于身左侧，龙尾刻于身前侧低坛正面。龙闭口露齿，鼻稍残，刻龙须，龙角分叉，右角部分残断，鬘毛圆环覆于龙颈，颈卷曲，身两折，刻龙甲、腹甲和背鳍，现两前腿，刻肘毛；左前腿上举，四爪握宝珠，右前腿踏低坛，部分残；兽形龙尾反卷。

2. 壁面上部

共刻像28身，从窟口向窟内（从左至右）依次编为第1—28像（图170；图版Ⅰ：229）。

第1—27像立于由云纹组成的4组云台上，间以三通方碑相隔（图181、图182；图版Ⅰ：237、图版Ⅰ：238、图版Ⅰ：239、图版Ⅰ：240）。云台呈舟形，云尾于两端斜飘。第1组云台高11厘米，宽154厘米，厚9.5厘米，由11朵如意头云纹组成，上立第1—7像等7身；第2组云台高12厘米，宽157厘米，厚9厘米，由10朵如意头云纹组成，上立第8—14像等7身；第3组云台高13厘米，宽189厘米，厚9.5厘米，由13朵如意云头组成，上立第15—22像等8身；第4组云台高12厘米，宽136厘米，厚10厘米，由9朵如意头云纹组成，上立第23—27像等5身。各像体量相近，立身高约47—51厘米，头长14—16厘米，肩宽12—14厘米，胸厚7—8厘米。双手皆于胸前持笏，笏高约8.5厘米，宽2.5厘米，厚1厘米。

第28像位于壁面上部最右端（图183；图版Ⅰ：241）。现将各像特征列入表6。

**表6　石门山第10号窟左侧壁上部造像特征简表**

| 组别 | 编号 | 造像特征 |
| --- | --- | --- |
| 1 | 1 | 戴进贤冠。面长圆，略残蚀，右耳残。内着翻领窄袖服，外着交领宽袖服，下着裙。胸系带，束蔽膝，带作结后长垂云台上。足残。 |
| | 2 | 蔽膝下端显露少许长裙腰带，胸际系带作结右向斜垂，足略残。余同第1像。 |
| | 3 | 胸际系带，两次作结后分作两道交叉垂至云台上。余同第1像。 |
| | 4 | 胸际系带，腹前环节后作两道垂至云台上。余同第1像。 |
| | 5 | 胸际系带，作三道下垂系于方环上，再作结后分作两道交叉下垂，带头坠桃形坠饰。余同第1像。 |
| | 6 | 胸际系带，分作两道五次交叉垂至云台。余同第1像。 |
| | 7 | 胸际系带，系于圆环上，再作结后分作两道交叉两次垂至云台上，带头坠桃形坠饰。余同第1像。 |
| 2 | 8 | 戴进贤冠，冠正面饰放焰珠。面方，略蚀。内着翻领窄袖服，外着宽袖服，下着裙。胸系带，束蔽膝，带于腹前作结后，交叉下垂云台上。足履。 |
| | 9 | 冠正面刻金博山，胸际系带，带于腹前作结后垂于云台上。余同第8像。 |
| | 10 | 冠正面刻放焰珠，胸系带，带于腹前系于圆环上，圆环下端系带作结长垂足间，带上饰巾帕。余同第8像。 |
| | 11 | 冠正面刻金博山，胸系带，分两道下垂交叉三次后垂于云台上。余同第8像。 |
| | 12 | 冠正面刻金博山，胸系带，于腹前作垂于云台上。余同第8像。 |
| | 13 | 胸系带，于腹前系于圆环上，圆环下端系一带，作结后交叉一次垂于云台上。余同第8像。 |
| | 14 | 冠正面刻金博山，胸系带，分两道交叉一次垂于云台上，带上部覆一巾帕。余同第8像。 |
| 3 | 15 | 束球状高髻，戴冠。面长圆，略蚀。内着交领窄袖服，外着对襟宽袖服，下着裙。胸系带，束蔽膝，带分两道下垂交叉三次后垂于云台上。足履。 |
| | 16 | 长发后梳，于左右肩各下垂一绺。面方圆，内着交领窄袖服，外着对襟宽袖长服，下着裙。胸系带，束蔽膝，带分两道下垂交叉后垂于云头上。双手胸前持笏，于左胸前夹持一物，现如意头顶端。足履。 |
| | 17 | 胸系带，于腹前作结后分两道交叉一次下垂于云台上。余同第16像。 |
| | 18 | 同第17像。 |
| | 19 | 胸系带，分两道交叉两次下垂云台上。余同第16像。 |
| | 20 | 胸系带，下垂腹前系于方环上，环下端系一带作结后分两道交叉两次垂于云台上。余同第16像。 |
| | 21 | 胸系带，于腹前环节后，分两道交叉两次垂于云台上。余同第16像。 |
| | 22 | 略同第19像。 |

续表6

| 组别 | 编号 | 造像特征 |
|---|---|---|
| 4 | 23 | 戴莲花冠，冠体略残。面方圆，细眼，鼻尖稍残，双唇闭合；后世以墨描绘眉眼。内着圆领窄袖服，外着交领宽袖服，外披氅，于胸下以带系结，下着裙。身前刻出蔽膝，手下显露一长带，两次作结后分两道交叉两次垂于云台上。足履。 |
| 4 | 24 | 戴进贤冠，冠正面下方刻一圆珠，圆珠上方刻金博山。面方，眼骨外凸，眼眶凹陷，短鼻，唇厚阔口，刻连鬓胡须，后世以墨描绘眉眼。内着窄袖服，外着交领宽袖服，下着裙，胸系带，束蔽膝，带于腹前系双环结后分两道，交叉三次垂于云头上。足履。 |
| 4 | 25 | 戴进贤冠，冠带系于下颌。面方，浓眉上扬，细眼，眼角上挑，鼻尖稍残，唇厚阔口，耳垂稍残。内着翻领窄袖服，外着交领宽袖服，下着裙；胸系带，束蔽膝，带于腹前作环结后，分两道交叉三次下垂于云台上。足履。 |
| 4 | 26 | 梳髻，戴凤冠，凤首残，翅外展，凤尾上竖至窟顶，顶端稍残。面长圆，略蚀，戴珠串耳饰下垂至胸。罩云肩，臂间刻出半臂；内着翻领窄袖服，外着宽袖服，下着裙；胸系带，束蔽膝，带下垂胸间，系于圆环上，圆环下端系一带，带作结后分两道交叉两次，垂于云台上；身饰飘带，环于头后右向飘飞，带沿胸下垂腹前，再向上敷搭前臂垂于体侧，止于云台前。双手置于胸前覆巾，持笏。足履。 |
| 4 | 27 | 胸际长带下垂小腿前，两次作结后垂至云台，飘带环于头后右侧沿胸下垂，腹前交叠后敷搭前臂，斜飘体侧，余与第26像同。 |
| 最右端 | 28 | 坐像高35厘米，头长15厘米，肩宽13厘米，胸厚11厘米。梳髻，戴莲花冠。面方圆，鼻残，小口微启。内着交领长服，外披氅，氅于胸下作结，以带系结；胸际系带下垂膝间，两次作结后交叉垂至足间。双手曲至胸前持物，手及物残。足履，稍残，踏足踏，足踏高7厘米，宽21厘米，深6厘米；倚坐于方台上。台高14厘米，宽25厘米，深13.5厘米。 |

图174 石门山石窟第10号窟左壁左起第2像等值线图

图 175　石门山石窟第 10 号窟左壁左起第 3 像立面图

图 176 石门山石窟第 10 号窟左壁左起第 4 像立面图

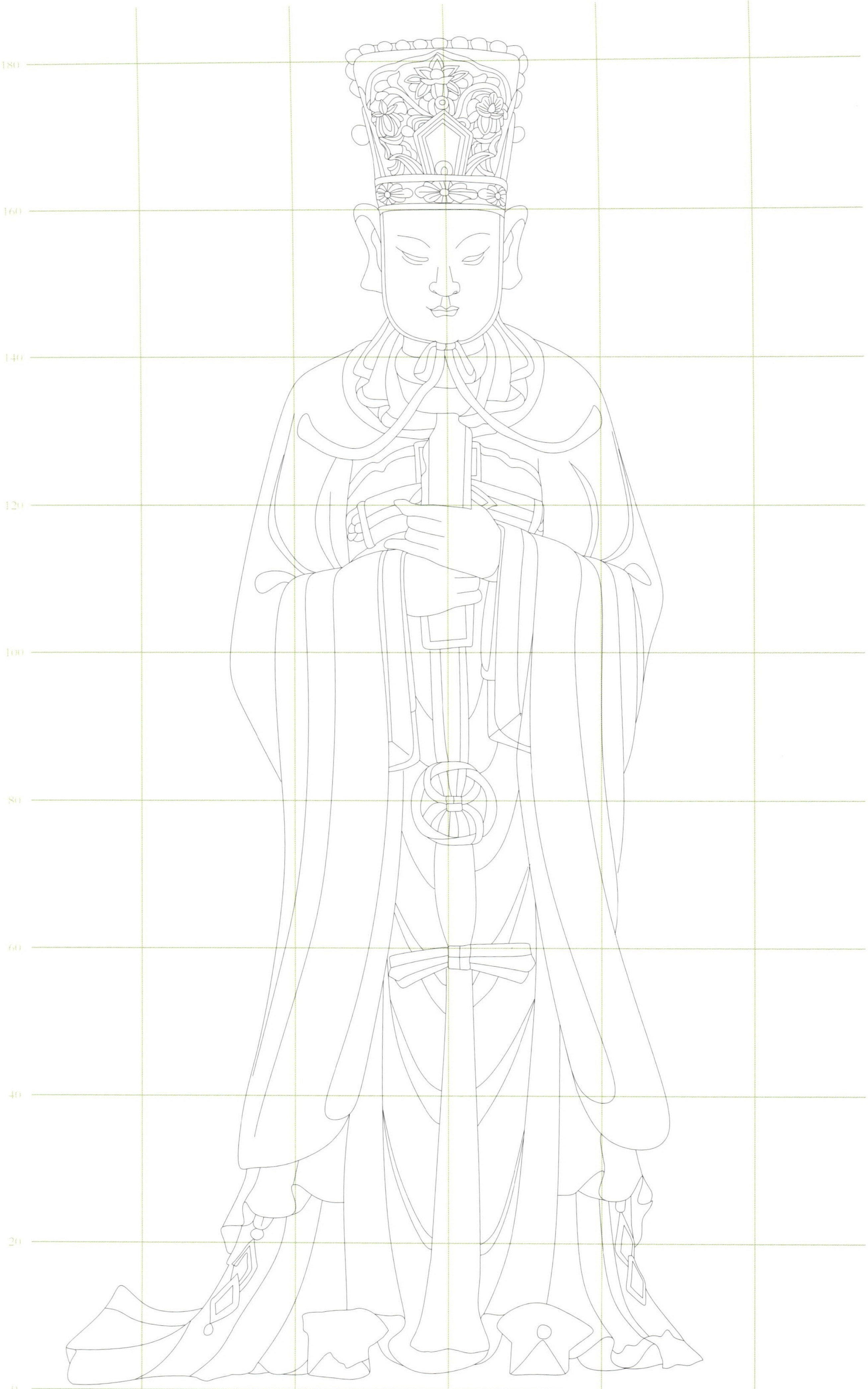

图 177　石门山石窟第 10 号窟左壁左起第 5 像立面图

图 178 石门山石窟第 10 号窟左壁左起第 6 像立面图

## （三）右侧壁

推测右侧壁造像应与左侧壁相对应。但因右侧壁毁，后世以条石补砌，上部造像已不存。下部现存像8身，多为圆雕，从窟口至窟内（从右至左）依次编为第1—8像。从风格判断，与左侧壁下部像大同，推测系壁毁后存像，后世将其安置于此，或嵌入补砌的石壁内，但是否系原位置已不可考[1]（图184；图版Ⅰ：242）。

第1像 头毁。立像残高144厘米，肩宽36厘米，胸厚18厘米（图185；图版Ⅰ：243）。胸前存三绺胡须，着圆领宽袖长服，腹前刻三道"U"形衣纹。双手身前持展开的卷轴，左手部分残，右手至腕残断；卷轴宽58厘米，高30厘米。足鞋直立，右足残。为圆雕，系后世置于低坛上。

第2像 立身高177厘米，头长32厘米，肩宽35厘米，胸厚26厘米（图186、图187；图版Ⅰ：244）。身断裂为5段，且残毁甚重。可辨其梳髻，戴卷草冠，略残，下颌系带作结，正面饰放焰珠。冠带大部残，于头后作结。内着袍，袖摆上扬，下着裙。刻护项、兽面护肩和披膊。身裲裆甲，腿裙垂于双膝下。右胸刻圆护，胸束甲索系于圆环上。腰间革带中刻柿蒂纹，左右饰团花一朵。革带围系抱肚、圆护和鹘尾。腰带作结后斜垂至左膝，披膊、身甲、腿裙为皮条环状穿编而成。腿裙正面开裂，边缘刻带褶的装饰。身饰飘带，于腹前呈"U"形下垂，两端绕革带作结后斜飘体侧。双臂毁，足残。像身后刻一龙，残损甚重，可辨少许龙头刻于右足前侧，龙身卷曲，刻龙甲、腹甲、背鳍，兽形龙尾现于左足外侧。该像系后世嵌入补砌的石壁内。

第3像 头毁，肩残。残高125厘米（图188-1；图版Ⅰ：245）。胸部部分残，可辨着窄袖长服，胸系革带，双手横置胸前，似持物，手及物残。自双手下部刻长垂的帛带，于腹前作结，上饰饰物链一条。着鞋，部分残。为圆雕，系后世置于低坛上。

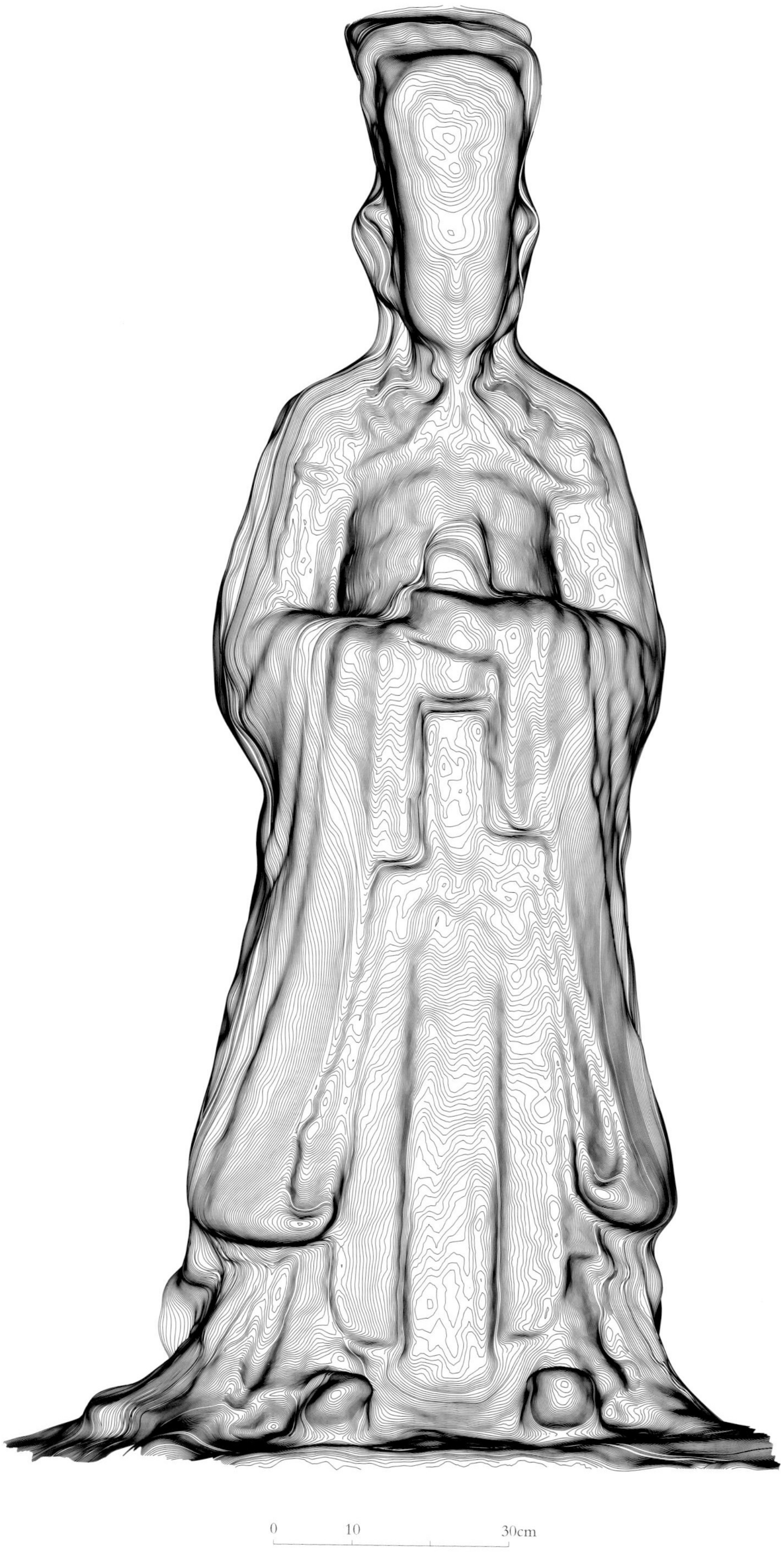

图179 石门山石窟第10号窟左壁左起第6像等值线图

第4像 残毁甚重，仅存胸腹部分（图188-2；图版Ⅰ：246）。残高约51厘米。可辨胸前存少许方心曲领，着窄袖服，胸际系革带，双手胸前持笏，笏上部残，下垂帛带，饰团花并作结。胸部身躯置于双足残毁面上。双足着鞋，部分残。为圆雕，系后世置于低坛上。

第5像 头毁。身躯断裂为4段，残高126厘米，肩宽32厘米，胸厚18厘米（图188-3；图版Ⅰ：247）。戴方心曲领，内着翻领窄袖服，外着窄袖长服，胸系革带。双手胸前持笏，手大部残，笏仅现底端。自双手下部刻长垂的帛带，于腹前环结后下垂，在膝间再次作环结后长垂足间，上饰饰物链（残蚀）一条。足残。为圆雕，系后世置于低坛上。

---

1 陈习删先生认为系后人配刻，与原刻不类。陈习删：《大足石刻志略》，1955年油印本，第230页。

图180 石门山石窟第10号窟左壁左起第7像立面图

图181 石门山石窟第10号窟左壁上部左起第1、2组云台造像立面图
1 第1组 2 第2组

**图 182　石门山石窟第 10 号窟左壁上部左起第 3、4 组云台造像立面图**
1　第3组　2　第4组

图 183　石门山石窟第 10 号窟左壁上部最右端坐像立面图

第6像　肩以上毁。残高129厘米，残肩宽40厘米（图188-4；图版Ⅰ：248）。身躯断裂为5段。戴方心曲领，仅存方心。内着窄袖服，外着宽袖服，胸际系革带，身前刻出蔽膝，下着裙。自胸长垂帛带，于腹前作结后下垂，下端残断；自宽袖服与长裙间小腿外侧各垂一道飘带，右带残毁甚重，左带缀饰物链。双手置胸前似持物，手及物残。足履，略残。为圆雕，系后世置于低坛上。

第7像　立像高180厘米，头长29厘米，肩宽42厘米，胸厚23厘米（图189；图版Ⅰ：249）。身躯断裂为7段。梳髻，戴冠，冠大部残，冠带下颌作结后呈"U"形上扬。三面，正面面方，浓眉上扬，双眼鼓凸，鼻翼微张，厚唇闭口，下颌稍残；左面略残，眼角上挑，双唇微闭，嘴角略上翘，长发尖角上扬；右面浓眉鼓眼，鼻稍残，闭口，嘴角下撇，长发尖角上扬。内着袍服，袖摆上扬；下着裙，裙摆向左外展。戴护项、兽面护肩、披膊，身着裲裆甲，胸前刻圆护；胸际束甲索系于圆环上，作结下垂；腰系革带，饰团花，革带下束抱肚、圆护、鹘尾，腰带作结后向左斜垂。下着甲裙，边缘起褶。身饰飘带，于身前呈"U"形下垂，两端折入革带后作结垂至小腿外侧。披膊，甲叶为皮条环状穿编，甲衣及甲裙的甲叶以皮革穿编而成，形如盾形。四臂，着臂甲。左上手置于胸前似结印，手略残；右上手置于腹前挂物，物残，残长16厘米，最宽5厘米。左下手下垂体侧握棍状物，部分残断，残长165厘米；右下手垂于体侧，握拳按龙首。着鞋立于低坛上，足略残。像右下刻一龙，龙头现于像右侧，龙尾现于像左足外侧，大部残。龙头上扬，闭口露齿，刻龙角、龙鬣，颈蜷曲，身两折，刻龙甲、腹甲和背鳍，现两前腿，立于低坛上，刻肘毛，足残，似刻四爪。该像系后世嵌入补砌的石壁内。

第8像　为女侍像。身断裂为5段，左肩残，残高99厘米，头长20厘米，肩宽25厘米，胸厚8厘米（图190；图版Ⅰ：250）。梳球状高髻，罩巾，发饰团花。方脸，眉眼细长上挑，鼻残，小口微闭，戴桃形花钿。罩云肩，内着翻领窄袖服，外着交领宽袖服，下着裙。胸系革带，其下另系长带于胸前作结后，垂至腹前再次作结下垂，端头残。身饰飘带，沿胸下垂腹前呈"U"形，敷搭前臂后下垂体侧。双手身前持一柱状物，高26厘米，直径8厘米。左足残，着鞋站立。该像系后世嵌入补砌的石壁内。

## 四　铭文

窟内存铭文残迹9则。

第1则

位于正壁中主尊与左主尊头部之间的"风"字匾额内。匾额高43.5厘米，宽79厘米。匾框为线刻的云纹，匾心方形，高30.5厘米，宽66.5厘米。文不存。

第2则

位于左侧壁下部第1像头右侧。作碑形，通高48厘米；碑首为覆莲叶，碑身方形，高24厘米，宽15.5厘米，碑座为两重仰莲。碑内仅右下角残存"藏与故"3字，楷体，字径2厘米。

第3则

位于左侧壁下部第2像头右侧。式样同第2则，碑通高61厘米，碑身高30厘米，宽16厘米。内素平。

第4则

位于左侧壁下部第3像头右侧。式样同第2则，碑通高60厘米，碑身高32厘米，宽16厘米。内素平。

第5则

位于左侧壁下部第4像头右侧。式样同第2则，碑通高63厘米，碑身高33厘米，宽17.5厘米。内素平。

第6则

位于左侧壁下部第5像头右侧。式样同第2则，碑通高66.5厘米，碑身高32厘米，宽23厘米。内素平，残留墨色。

第7则

位于左侧壁下部第6像头右侧。式样同第2则，碑通高58厘米，碑身高31厘米，宽15厘米。内素平，残留墨色。

第8则

位于左侧壁上部第1、2组云台造像之间。作碑形，碑通高36厘米，碑首为覆莲叶，碑身毁，后世改凿为一方孔，孔高20厘米，宽10厘米，深16厘米，碑座为双重仰莲。文不存。

第9则

位于左侧壁上部第2、3组云台造像之间。作碑形，式样同第8则，碑通高36厘米，碑身高19厘米，宽15厘米。文漶。

## 五　晚期遗迹

此窟右壁及窟顶于清乾隆时崩圮。1985年《大足石刻内容总录》亦记其窟内造像暴于露天。1986年，以条石叠砌加固该窟右壁，用钢筋混凝土复原窟顶，用条石安砌窟门[1]。

正壁后世以灰浆涂抹，现大部斑驳脱落。左主尊头上方灰浆层存留少许墨迹图案和纵向墨书的"崔特"两字。

正壁右主尊笏残毁处向下凿有不规则的方孔，长6厘米，宽4厘米，深3厘米；左履前刻一方孔，长9厘米，宽3.5厘米，深3厘米。

---

1　王金华主编：《大足石刻保护》，文物出版社2009年版，第133页；王庆煜：《大足石窟维修保护概况》，《大足石刻研究》2002年创刊号（内刊），第65页。

图 184　石门山石窟第 10 号窟右侧壁立面图

第三章 石门山石窟　249

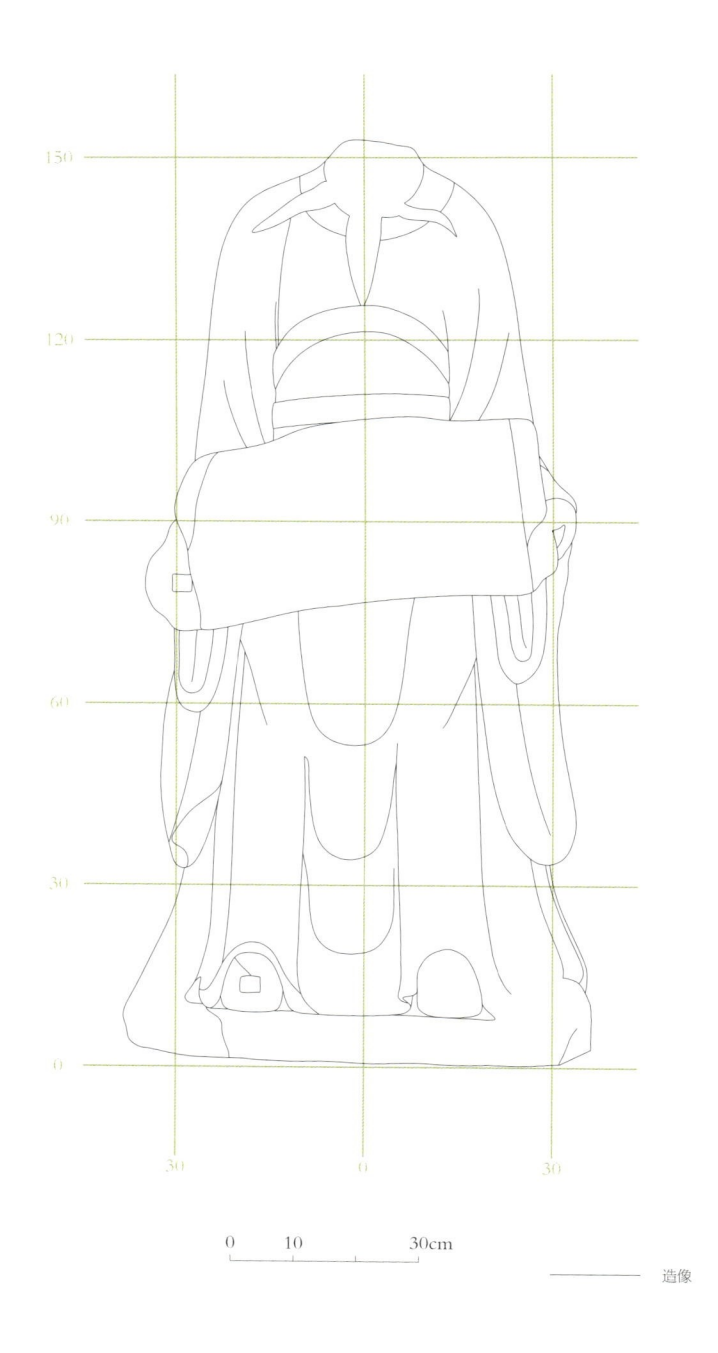

图 185　石门山石窟第 10 号窟右壁右起第 1 像立面图

图 186　石门山石窟第 10 号窟右壁右起第 2 像效果图

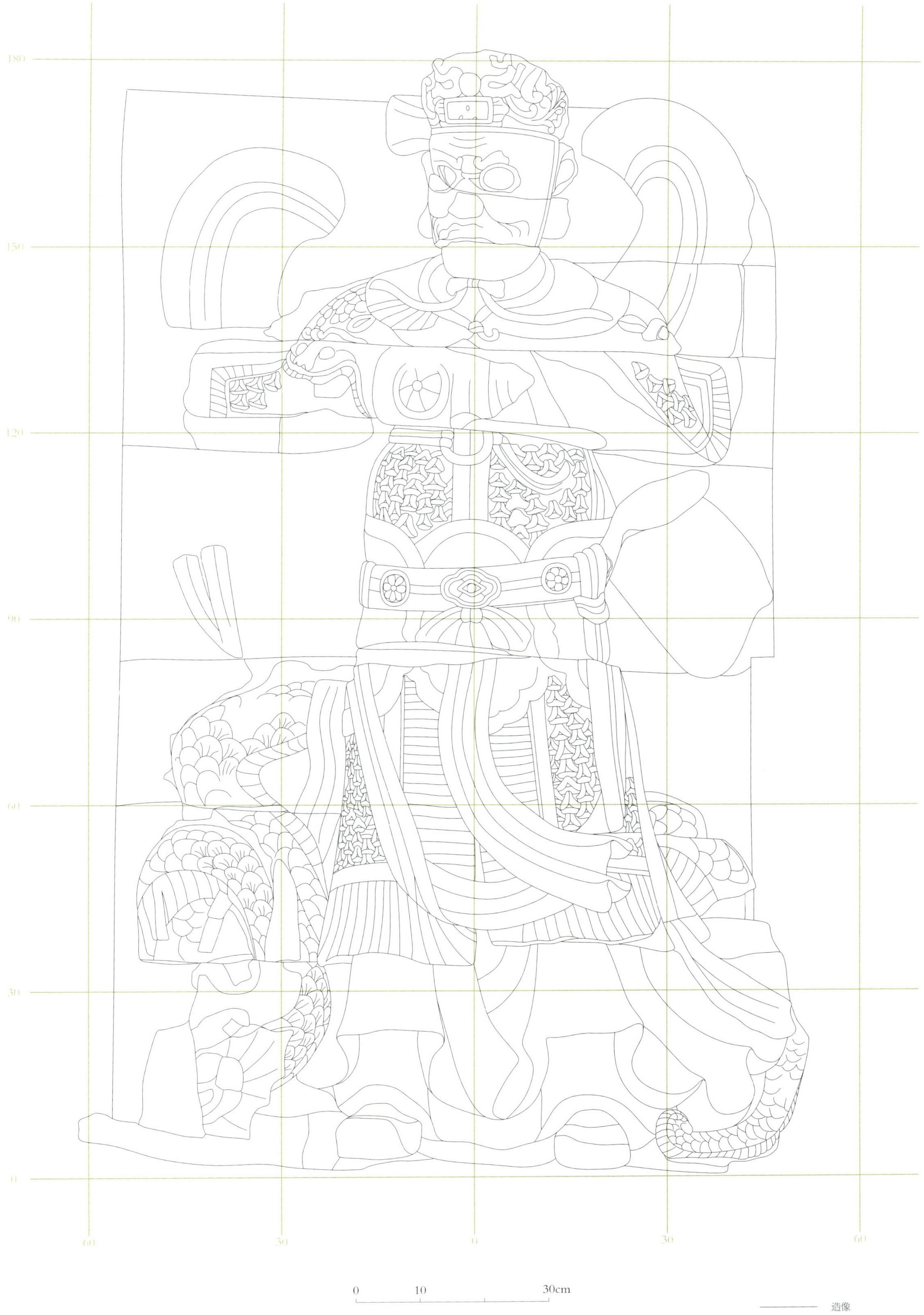

图 187　石门山石窟第 10 号窟右壁右起第 2 像立面图

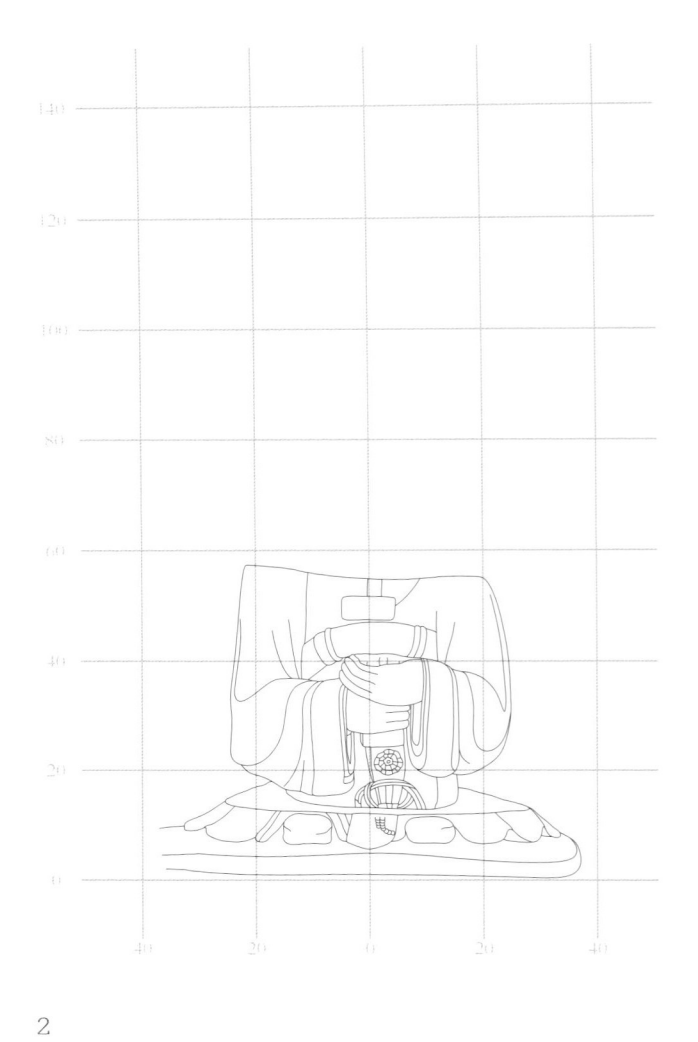

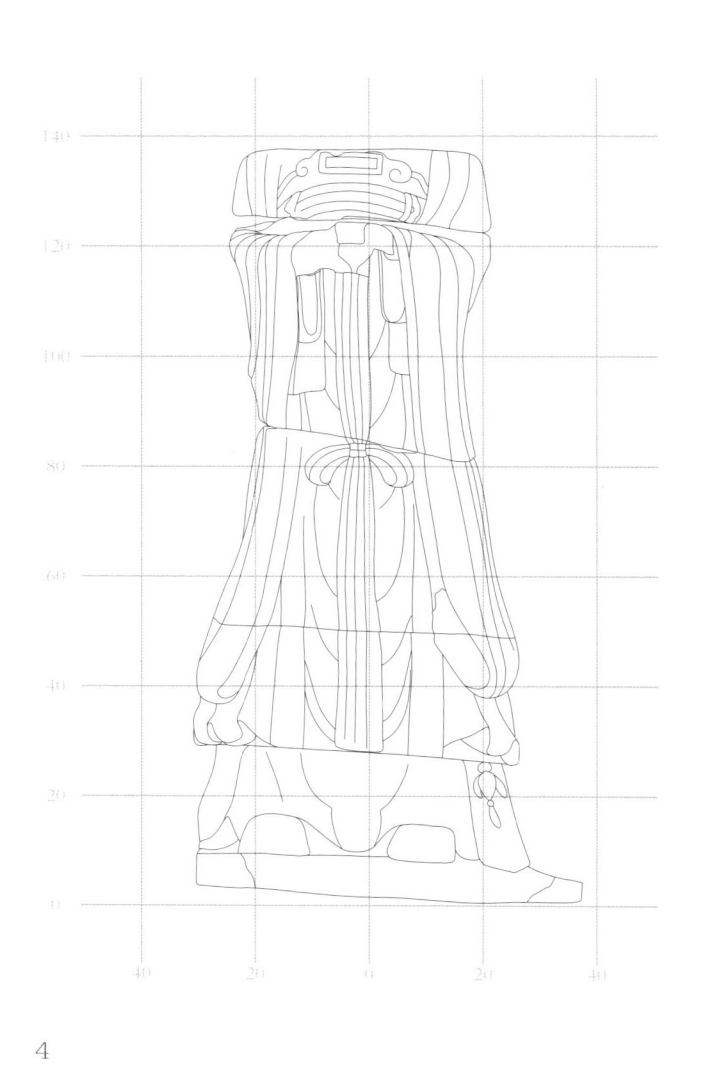

图188　石门山石窟第10号窟右壁右起第3—6像立面图
1　第3像　2　第4像　3　第5像　4　第6像

图 189　石门山石窟第 10 号窟右壁右起第 7 像立面图

图 190　石门山石窟第 10 号窟右壁右起第 8 像立面图

正壁中主尊与右主尊足踏之间凿一方孔，部分残，长15厘米，宽9厘米，深7厘米。

窟左壁低坛前端凿一圆孔，部分残，孔径24厘米，深12厘米。圆孔下部凿一凹槽，高16厘米，宽6厘米，深6厘米。

左壁下部第1像头部左上方凿一方孔，高18.5厘米，宽6.5厘米，深6厘米；第2像剑身中部凿一圆孔，直径2厘米，深2厘米；其下龟头残毁处凿一不规则的空洞，直径约5厘米，深7厘米；第3、4、5像右前侧坛面各纵向凿有浅沟，大小相近，高33厘米，宽2.5厘米，深3厘米。

左壁上部第3、4组造像之间凿一方孔，高18厘米，宽10厘米，深18厘米。

右壁下部第1像右手腕和右足残毁处各凿一方孔，大小相近，边宽3.5厘米，深4厘米；第4像笏残毁处凿一方孔，长6厘米，宽2.5厘米，深4厘米；第5像笏残毁处凿一方孔，部分残，长5厘米，宽3厘米，深4厘米；第7像双膝间凿一方孔，边宽3厘米，深3.5厘米。

窟后侧第一级低坛坛面左端存一条斜向的浅沟，长约56厘米，最宽5厘米，深2.5厘米；该低坛与左壁低坛之间凿一条浅沟，长约88厘米，最宽7厘米，深6厘米。低坛坛面中前侧后世改凿为一方形平台，长142厘米，宽38厘米，深2厘米。

正壁存灰浆涂层，左壁保存红色涂层。

造像保存灰白色、红色、黑色、蓝色、绿色五种涂层。

## 第十六节　第11号

### 一　位置

位于南侧独立岩体西南向壁面，占据壁面大部位置。龛左侧大部残毁，现以条石补砌。龛右距壁面转折边缘37厘米；上距岩顶100厘米，下距地坪113厘米（图89；图版Ⅰ：148）。

龛口西南向，方向245°。

### 二　形制

单层方形龛（图191、图192、图193；图版Ⅰ：251）。

龛口　从自然崖壁表面向内凿进约30厘米形成龛口。龛口方形，左侧残毁，上部以六级条石修补；右下角残毁；上部部分残毁。龛口高290厘米，残宽348厘米，至后壁深86厘米。

龛底　略呈横长方形，因左右端残毁，与壁面分界不明。

龛壁　正壁作上下两部分。上部壁面竖直，左侧大部毁，右侧与右壁略垂直相交。下部壁面高62厘米，外凸上部壁面31厘米，右侧残毁。正壁与龛顶略垂直相交。左壁毁，右壁存上部少许。

龛顶　平顶，方形，左侧毁，右侧大部残脱。

### 三　造像

分布于龛正壁上部和下部。

#### （一）龛上部

现存像76身。其中，中部壁面为两主尊及两侍者像；主尊像上方及左右壁面存像52身，其中，坐像9身，立像43身；下方壁面存立像20身（图194；图版Ⅰ：251、图版Ⅰ：252）。

1. 中部壁面

左主尊像　坐高92厘米，头长26厘米，肩宽30厘米，胸厚12厘米。戴翘脚幞头，幞脚向左右水平横展7厘米后，直上延伸35厘米。面长圆，细眼微突，眼角上挑，直鼻，小口。内着交领服，外着圆领宽袖服。腰系带。双手于腹前笼袖内，露右手一指。着如意头履，倚坐龙首靠椅，双足踏方形足踏上。椅通高93厘米，宽46厘米，深20厘米。靠背上部左右刻外凸的龙首，龙闭口、曲颈。足踏

图191　石门山石窟第11号龛立面图

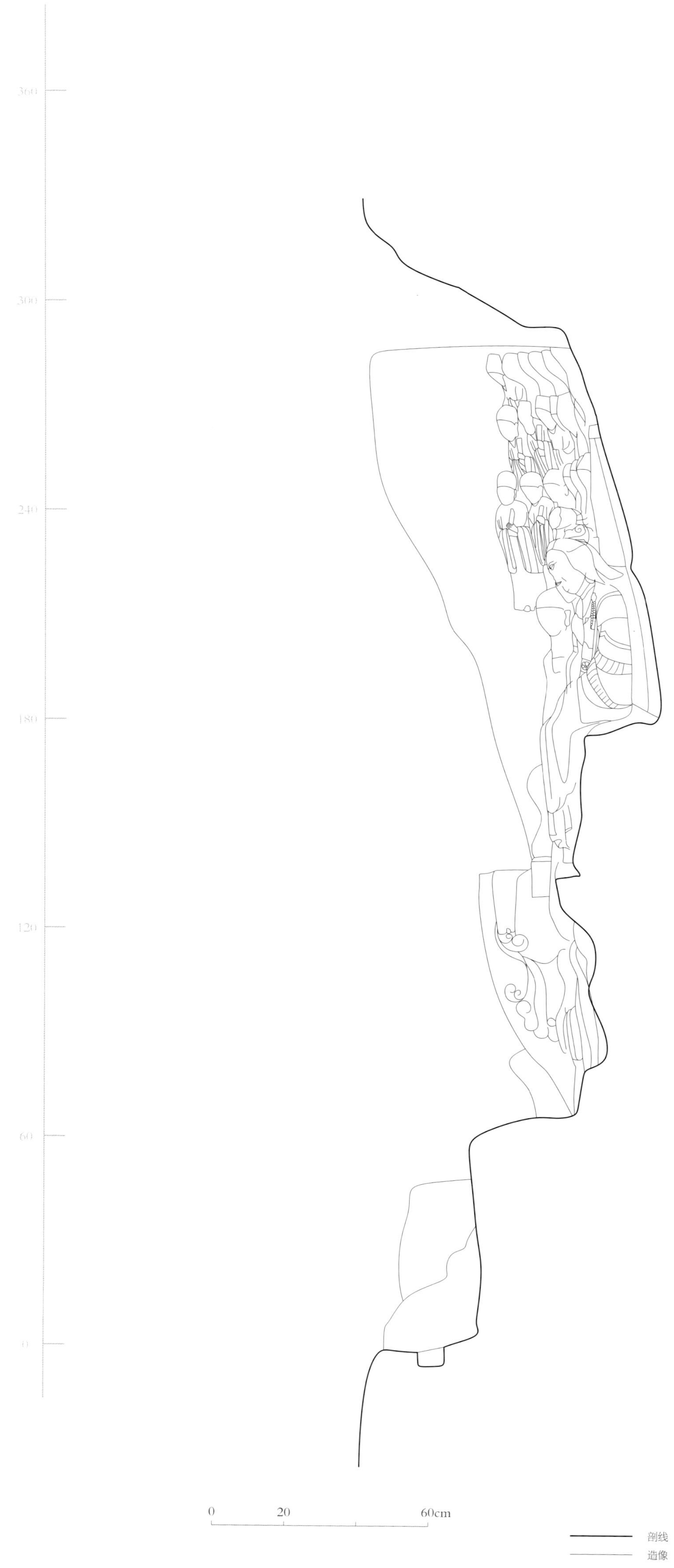

图 192　石门山石窟第 11 号龛剖面图

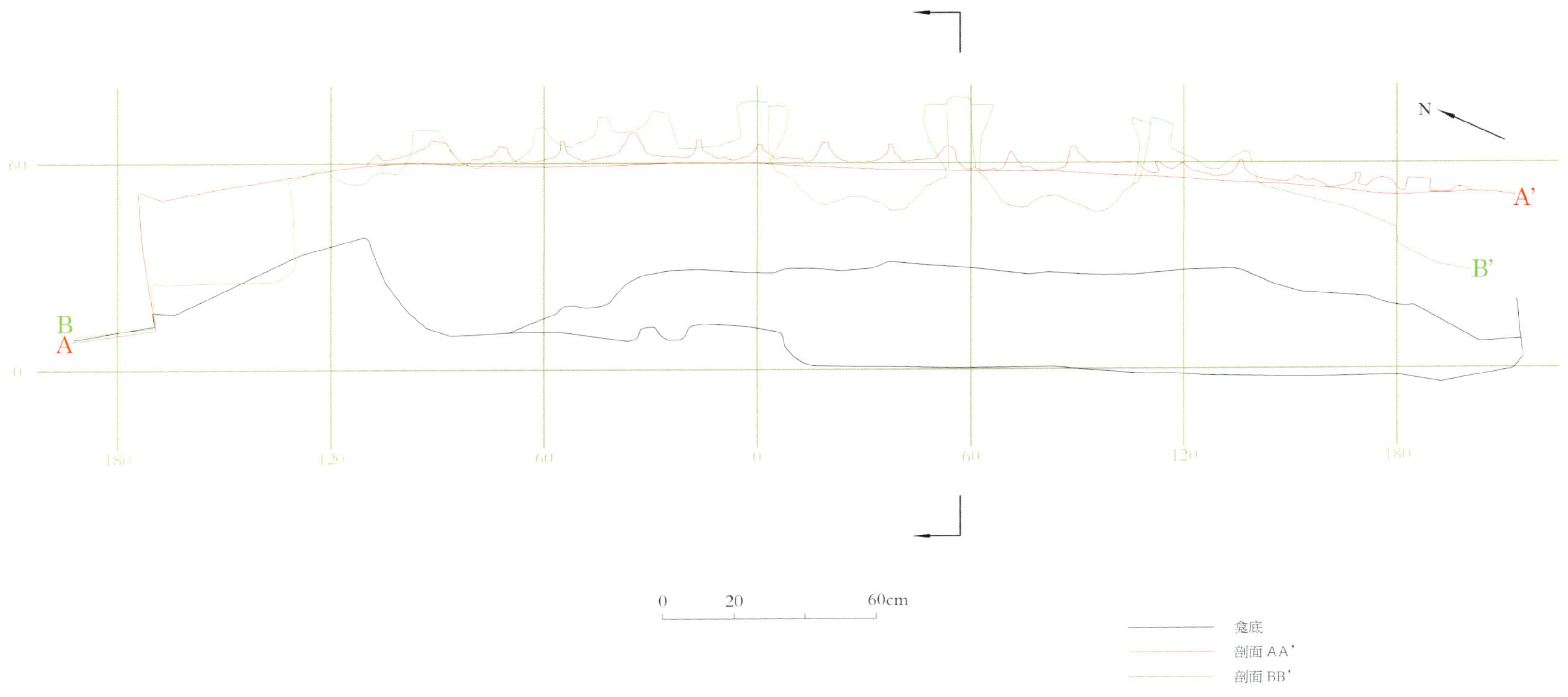

图193　石门山石窟第11号龛平面图

高20厘米，宽39厘米，深8.5厘米，中部束腰，下部正面凹进刻作桃尖形。

该像左侧，即靠背椅左侧边缘，立一侍者像，仅存上半身轮廓，可辨双手置于胸前。立像残高34厘米，头残长8.5厘米，肩宽11厘米，胸厚4厘米。

右主尊像　坐高90厘米，头长27厘米，肩宽30厘米，胸厚11厘米。高髻，束发带下垂。戴凤冠，首下尾上，双翅微展；凤身长9厘米，宽7厘米；凤首两侧饰长枝花卉。像脸长圆，饰桃形花钿。细眼微鼓，眼角上挑，鼻残，小口微闭；戴耳饰，下垂两条细珠串，中部残断。内着翻领窄袖服，外着翻领宽袖服，再外着半臂，罩云肩，披帔帛，下着裙。帔帛环于后背，敷搭双肩后长垂座前足踏两侧。胸下刻革带，饰团花和菱形纹；其下另系带作结。双手腹前笼袖内，倚坐于龙首靠椅上，足履，踏于方形足踏上。椅通高94厘米，宽52厘米，深21厘米，左右刻闭口曲颈的龙首。足踏高19厘米，宽35厘米，深5厘米，中部束腰，下部正面凹进刻作梯形。

该像右侧，即靠背椅右侧边缘，立一侍者，为女像，高39厘米，头长9.5厘米，肩宽10.5厘米，胸厚4厘米。梳双丫髻，椭圆脸，略蚀，着圆领窄袖长服，腰束带；双手胸前似持物，手及物残。

上述4像身后置屏风，显露部分高93厘米，宽157厘米，厚3厘米；左右上角抹角，内线刻骨架；两侧略微内收外敞。

2. 主尊像上方及左右壁面

共存像52身，大致分为6排。为记述方便，按从上至下、从左至右顺序，将其通编为第1—52像。第1排为第1—20像，第2排为第21—30像，第3排为第31—38像，第4排为第39、40像，第5排为第41—44像，第6排为第45—52像。因左壁面毁，仅存第21—23、31、45—47像等7身，且残毁甚重。从布局看，造像应为对称布置。其中，第1—42及第52像为立像，除第38、41像为全身外，余均显露部分身躯，体量相近，完整者高约35厘米，头长10厘米，肩宽10厘米，胸厚4厘米；第43—51像为坐像，完整者高约32厘米，头长12.5厘米，肩宽15厘米，胸厚6厘米。各像特征列入表7。

图 194　石门山石窟第 11 号龛正壁上部造像立面及编号图

第三章　石門山石窟

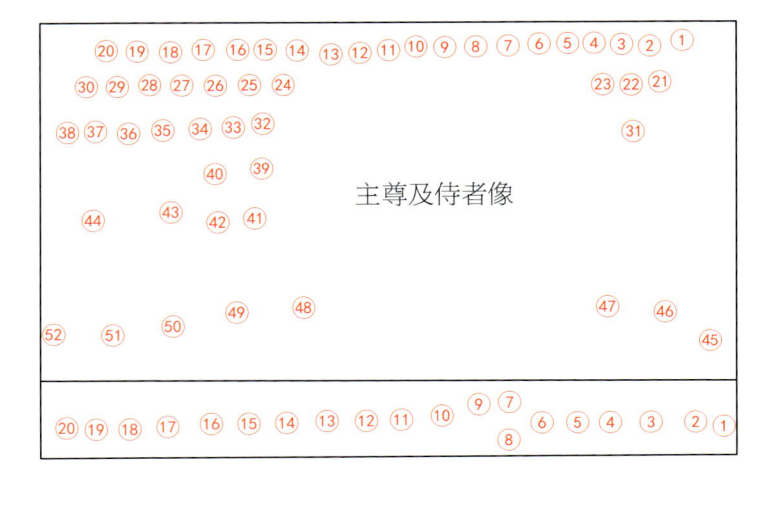

**表7　石门山第11号龛主尊上方及左右壁面造像特征简表**

| 排号 | 序号 | 造像特征 |
|---|---|---|
| 1 | 1 | 残毁甚重，仅辨少许轮廓，残高15厘米。 |
| | 2 | 可辨长服下摆。 |
| | 3 | 可辨长服下摆。 |
| | 4 | 可辨头戴冠。 |
| | 5 | 可辨长服下摆。 |
| | 6 | 仅辨长服下摆。 |
| | 7 | 头面残蚀，可辨展脚幞头，下颌刻胡须，身着长服，双手于胸前持物，物残。 |
| | 8 | 头毁，上身残，可辨身着长服，双手胸前持笏，笏长8.5厘米，宽1.5厘米。 |
| | 9 | 风蚀略重，可辨冠体，身着长服，双手胸前捧笏，笏残长7厘米。 |
| | 10 | 头面残损，身风蚀，可辨身着长服。 |
| | 11 | 可辨身着长服，双手于左胸前似持笏。 |
| | 12 | 戴冠，面残，身着宽袖长服，双手左胸前似持笏，残长7厘米。 |
| | 13 | 身略左侧，戴冠，脸长圆，细眼上挑，小口微闭。内着窄袖服，外着宽袖服，双手左胸前持笏，笏长9厘米，宽1.5厘米。 |
| | 14 | 戴冠，面方圆，略蚀，内着窄袖服，外着圆领宽袖服，双手左胸前持笏。 |
| | 15 | 戴冠，面蚀，脸长圆，略蚀，衣饰同第14像，双手左胸前持笏。 |
| | 16 | 戴冠，浓眉鼓眼，短鼻，阔口微闭，身略风蚀，可辨身着长服，双手腹前笼袖内。 |
| | 17 | 头面蚀，身着圆领宽袖服，双手左胸前持笏。 |
| | 18 | 戴冠，略蚀，细眼上挑，鼻以下残脱，余同第17像。 |
| | 19 | 头面蚀。身着圆领宽袖服，双手胸前笼袖内，夹持笏。 |
| | 20 | 戴冠，面、身蚀。可辨身着长服，双手似左胸前持笏。 |
| 2 | 21 | 残毁甚重，可辨轮廓。残高约21厘米。 |
| | 22 | 残毁甚重，可辨轮廓。残高约21厘米。 |
| | 23 | 残毁甚重，可辨轮廓。残高约21厘米。 |
| | 24 | 头、面残蚀。存软脚幞头幞脚遗迹，身着圆领宽袖服，双手左胸前持笏。 |
| | 25 | 戴展脚幞头，面蚀，身着圆领宽袖服，双手左胸前持笏。 |
| | 26 | 戴展脚幞头，面部分残脱，余同第25像。 |
| | 27 | 同第25像。 |
| | 28 | 双手腹前笼袖内，夹持笏，笏斜靠右肩，余同第25像。 |
| | 29 | 双手左胸前持笏，余同第25像。 |
| | 30 | 略同第29像。 |
| 3 | 31 | 残毁甚重，可辨轮廓，残高24厘米。 |
| | 32 | 戴展脚幞头，面蚀，内着窄袖服，外着圆领宽袖服。 |
| | 33 | 戴展脚幞头，面方，隆眉鼓眼，颧骨微凸，阔口微启，右腮下刻胡须，余同第32像。 |
| | 34 | 戴展脚幞头，脸长圆，面蚀，身着宽袖长服，腰系革带。 |
| | 35 | 戴展脚幞头，面长圆，略蚀，余同第32像。 |
| | 36 | 戴软脚幞头。面长圆，细眼小口，余同第32像。 |
| | 37 | 戴展脚幞头，面方圆，细眼，鼻残，小口微闭，余同第2像。 |
| | 38 | 显露全身，身高40厘米，头长9厘米，肩宽12厘米，胸厚4.5厘米。戴展脚幞头，身略左侧，面长圆，腮下刻八字形胡须，着鞋站立，余同第2像。 |

续表7

| 排号 | 序号 | 造像特征 |
|---|---|---|
| 4 | 39 | 戴展脚幞头，面方，隆眉，鼓眼，两腮下刻八字形胡须。着圆领宽袖服。双手左胸前持笏。 |
| | 40 | 身略左侧，面长圆，细眼，小口。余同第39像。 |
| 5 | 41 | 显露全身，高约37厘米，头长11厘米，肩宽10厘米，胸厚4厘米。头略右侧，戴展脚幞头，面长圆，略蚀。内着窄袖服，外着宽袖长服。双手左胸前持笏。着鞋站立。 |
| | 42 | 面长圆，细眼，小口，着圆领宽袖服。余同第41像。 |
| | 43 | 戴冠，略蚀，面长圆，细眼上挑，鼻蚀，闭口，下颌残。内着翻领窄袖服，外着宽袖服，下着裙，腰带长垂足间。双手胸前合十，掌残；足残，倚坐于方台上。台高25厘米，宽25厘米，深7厘米。 |
| | 44 | 戴冠，脸长圆，略蚀；内着窄袖服，外着宽袖服，下着裙；胸系革带，下垂长带至足间。双手胸前持笏，顶端残，残长7厘米，宽1.5厘米。足履，倚坐于方台上。台高12厘米，最宽27厘米，深10厘米。 |
| 6 | 45 | 大部毁，可辨座台及足踏。足踏宽17厘米，残高4.5厘米，深1厘米；座台残高12厘米，宽28厘米，深9厘米。 |
| | 46 | 头毁，左肩残，残座高22厘米。可辨着宽袖长服，胸系革带，其下另系带作结，带长垂足腿间。左手置膝上，略残；右手举胸前，略残。足毁，倚坐于方台上。台高20厘米，宽25厘米，深9.5厘米。台前刻方形足踏，略残，高5厘米，宽16.5厘米，深1.5厘米。 |
| | 47 | 头、右肩毁，残座高29厘米。内着翻领服，外着交领长服，下着裙。胸系革带，其下系带作结，长垂足间。双手置腹前，略残。足履，略蚀，倚坐于方台上。台及足踏同第46像。 |
| | 48 | 戴冠，略蚀。面圆，细眼上挑，鼻残，小口闭合。戴放心曲领，内着翻领窄袖服，外着宽袖服，下着裙。身前刻蔽膝，长带垂至足间。双手胸前持笏，长11厘米，宽2.5厘米。足履踏足踏，倚坐于方台上。足踏高5.5厘米，宽16厘米，深1.5厘米；台高16厘米，宽25厘米，深13厘米。 |
| | 49 | 戴冠，顶残。面长圆，眉骨微凸，细眼上挑，腰系革带束蔽膝，其余与第3像略同。左手抚膝，右手于胸前持笏，笏长13厘米，宽1.5厘米。足履踏足踏，倚坐于方台上。足踏高4厘米，宽15厘米，深1.5厘米；台高19.5厘米，宽25厘米，深13厘米。 |
| | 50 | 戴冠，隆眉细眼，鼻嘴稍残。戴方心曲领，内着翻领，外着宽袖服，下着裙。胸束革带，其下系带作结，于腹前再次作结后垂至足间。左手持笏置膝上，右手抚膝，笏部分残，长9厘米，宽2厘米。足履踏足踏，倚坐于方台上。足踏高5厘米，宽14厘米，深度不明；台高17厘米，宽24厘米，深14厘米。 |
| | 51 | 头巾，面圆，双眼圆鼓。着圆领长服，左手残，似置膝上，右手胸前结印，略残。足鞋踏足踏，倚坐于方台上。足踏高5厘米，宽16厘米，厚度不明；台高17厘米，宽26厘米，深10厘米。 |
| | 52 | 头毁，立像残高38厘米，上身残毁甚重，中部残断，下部可辨长服下摆，足鞋，立于云纹上。 |

3. 主尊像下方壁面

共刻立像20身，位于主尊下方横向凹进壁面上，从左至右编为第1—20像（图194），其特征详见表8。壁面上方石垠线刻云纹，左侧残，右侧线刻云尾。壁面高46厘米，残宽323厘米，凿进最深9.5厘米；云尾高40厘米，宽37厘米。

**表8　石门山第11号龛主尊下方壁面造像特征简表**

| 序号 | 造像特征 |
|---|---|
| 1 | 存左侧少许及下部躯体，立像残高21厘米。梳髻，束带，面蚀。可辨右手腕镯，屈肘上举。 |
| 2 | 立身高36厘米，头长11厘米，肩宽10厘米，胸厚3厘米。梳髻，面残蚀。上着对襟窄袖长服，露双乳，胸部系带作结；下着裤。左手屈肘上举，似抚发髻；右手屈肘上举，似持物，手及物残。左腿部分残，右足着鞋。仰面站立。 |
| 3 | 立身高39厘米，头残长10厘米，肩宽14厘米，胸厚5厘米。戴软脚幞头，面残。内着窄袖服，外着圆领宽袖服，右袖口上挽至肩部，腰系带。双手抱持胸前，左手似抚右手臂，右手抚左肩，手残。着鞋站立。 |
| 4 | 立身高41厘米，头长11.5厘米，肩宽12厘米，胸厚5厘米。戴展脚幞头，面蚀。内着交领窄袖服，外着圆领宽袖服，下着裙。双手胸前似持物，物残。着鞋站立。 |
| 5 | 立身高42.5厘米，头长11.5厘米，肩宽11厘米，胸厚5厘米。戴展脚幞头，面蚀。双手胸前持笏，长12厘米，宽1厘米。双足风蚀，余同第4像。 |
| 6 | 立身高44厘米，头长13厘米，肩宽12.5厘米，胸厚4厘米。戴展脚幞头，面蚀，脸长圆，内着交领窄袖服，外着圆领宽袖服，腰系革带，下着裙，裙略蚀。双手胸前似持物，手及物残，足鞋。 |
| 7 | 露大部身躯，高43厘米，头长13厘米，肩宽13厘米，胸厚3厘米。戴展脚幞头，面蚀，着圆领宽袖服，双手胸前持笏，笏靠头部右侧。 |
| 8 | 位于第7像身前，为一兽头人身像，高25.5厘米。头部略残，可辨长嘴尖耳，长服下摆后飘，左手握棍状物扛于左肩，物残长18厘米，屈膝，侧身向右，身微躬，腿部分残。 |

续表8

| 序号 | 造像特征 |
| --- | --- |
| 9 | 立身高44.5厘米，头长13厘米，肩宽13厘米，胸厚4厘米。头戴展脚幞头，面蚀。内着交领窄袖服，外着圆领宽袖服，双手胸前持笏，斜靠右肩，足蚀。 |
| 10 | 立身高43厘米，头长12厘米，肩宽12厘米，胸厚5厘米。头戴软脚幞头，面圆、细眼、小口微启。内着交领窄袖服，外着圆领宽袖服，腰系革带。左手于胸下，右手于体侧与第11像共持展开的簿册，簿长35厘米，宽4.5厘米。足履。 |
| 11 | 体量与第10像相近。戴软脚幞头，隆眉鼓眼，短鼻阔口，腮下刻八字形胡须。内着窄袖服，外着圆领宽袖服。左手于胸下，右手于体侧与第10像共持展开的簿册，足履。 |
| 12 | 为女像。立身高44厘米，头长11.5厘米，肩宽11厘米，胸厚4厘米。梳双丫髻，内着交领窄袖服，外着翻领宽袖服，腰系带，长垂身前。双手胸前持物，物残难辨，足蚀。 |
| 13 | 立身高43厘米，头长12厘米，肩宽13厘米，胸厚5厘米。戴软脚幞头、细眼上挑，小口微闭。内着交领窄袖服，外着圆领宽袖服。双手腹前笼袖内，夹持案卷，卷长7.5厘米，宽3.5厘米。足履，略蚀。 |
| 14 | 立身高43厘米，头长12厘米，肩宽13厘米，胸厚4.5厘米。头戴展脚幞头，圆领、细眼小口。内着交领窄袖服，外着圆领宽袖服。双手胸前笼袖内，托卷轴，足履。 |
| 15 | 腰系革带。双手左胸前持笏。笏残长10厘米，宽1厘米。余同第14像。 |
| 16 | 立身高40厘米，头长12厘米，肩宽13厘米，胸厚4厘米。戴无脚幞头，面方，隆眉细眼，厚唇闭口，刻连鬓胡须。双手左胸前持笏，笏长11厘米，宽1厘米，余同第14像。 |
| 17 | 立身高38.5厘米，头长11厘米，肩宽12厘米，胸厚4厘米。因裂隙斜向经过，致躯体上部分裂。戴无脚幞头，脸右部残，隆眉鼓眼，短鼻，颧骨微凸，颔下胡须八字外拂。身着宽袖服，双手右胸前持笏。笏残长15厘米，宽1厘米。足履。 |
| 18 | 立身高38厘米，头长11厘米，肩宽12厘米，胸厚6厘米。戴无脚幞头，面圆、细眼小口。内着交领窄袖服，外着圆领宽袖服。双手胸前持笏，笏长10.5厘米，宽1.5厘米。足履，身略左侧。 |
| 19 | 立身高38厘米，头长10厘米，肩宽11厘米，胸厚5.5厘米。像头戴展脚幞头，仅刻出右侧幞脚，面圆，隆眉鼓眼，口微闭，内着交领窄袖服，外着圆领宽袖服，胸下束带系裁膝，双手腹前笼袖内，足履。 |
| 20 | 立身高36厘米，头长10.5厘米，肩宽11厘米，胸厚4厘米。戴软脚幞头，面side略蚀。内着交领窄袖服，外着圆领宽袖服，腰系革带束蔽膝。左手于左胸抱持案卷，卷高9.5厘米，宽2厘米；右手举于体侧，食指上竖，余指相握，作指引状，足履。 |

### （二）龛下部

龛下部刻场景图像，皆风蚀甚重，从左至右大致分为二组（图195；图版Ⅰ：251）。

1. 第一组

造像壁面宽187厘米（图版Ⅰ：253）。左侧刻山石、人物等像，右侧刻双扇门和立柱等。

左侧　居中位置刻一山石，形如草垛，底端残蚀，残高40厘米，最宽36厘米。山石左下方外凸的山石内刻一蛇，曲身抬头，显露身长23厘米。

山石左侧刻像2身，右侧刻像3身。从左至右，第1像显露高19厘米，头长11厘米，肩宽8厘米。梳髻，脸长圆。着窄袖对襟服，左手上举抚头，右手屈肘上举挡叉；腹部刻一纵向的小口。第2像显露高22厘米。为马面人身像，头略蚀，扭头向左，身着圆领短袖服。左手腕镯，握拳置胸前，右手不现，肩扛三叉。叉首置于第1像头上方。第3像高21厘米。残损较重，可辨颈戴枷，下身刻出"丁"字形刑具。第4像头面残，残高30厘米。身残蚀，可辨着窄袖服（开衩），颈戴枷，左手略残，置枷上，侧身向右。第5像高32厘米。头面残，戴枷，上身衣饰不明，下着裤，左手略残，置身前，右手不现，左腿跪地，右腿后蹬，侧身向右。

右侧　在第5像右侧刻一半开的门洞，内设双扇门。榑柱高30厘米、宽6厘米，立颊宽3厘米，门扇宽12厘米。左门内开，前刻一立像，残毁甚重，残高29厘米，可辨像梳双丫髻，戴枷，右手残，置枷上。右门上部刻一凹槽（似后世改刻），高10厘米，宽6厘米，深1.5厘米。双扇门右侧刻一立柱，上宽下窄，高29厘米，宽2.5—4厘米。立柱右侧存宽22厘米的造像遗迹，残蚀甚重；再右侧60厘米的壁面无造像遗存。

2. 第二组

造像壁面宽约51厘米（图版Ⅰ：254）。上部内凹，下部左刻一像，右刻一兽。像身长约30厘米，残蚀甚重，可辨仰头，足鞋，双手撑地，屈膝斜卧于地。兽部分残，残高8厘米，身长29厘米。兽头左尾右，两前腿屈膝撑地，两后腿分叉后蹬，伏头咬左像小腿。

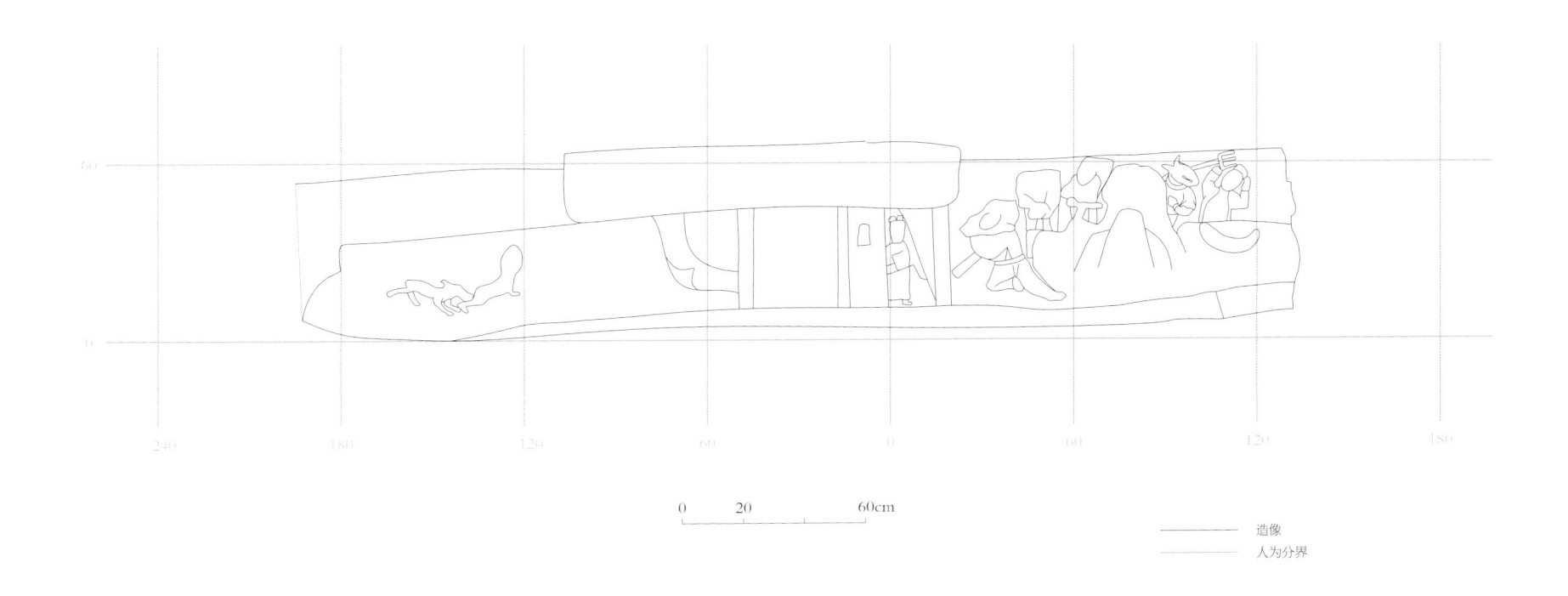

图195　石门山石窟第11号龛正壁下部造像立面图

## 四　晚期遗迹

龛左侧中上部残毁处以十级条石叠砌修补。修补面高256厘米，最宽68厘米。

龛底中部凿一方槽，长29厘米，宽10厘米，深6厘米。

龛外右侧中部存上下两个方孔，上孔高13厘米，宽11厘米，深19厘米；下孔高20厘米，宽7厘米，深11厘米。

龛内存灰白色、红色、蓝色、黄色、绿色五种涂层。

# 第十七节　第11-1号

## 一　位置

位于南侧独立岩体南向壁面中上部。左距壁面转折边缘475厘米，右距后世补接的壁面转折边缘约550厘米；上距岩顶45厘米，下距现地坪357厘米。

题刻东南向，方向155°。

## 二　形制

于岩面竖直凿进最深约15厘米形成梯形匾额（图88；图版Ⅰ：255）。匾额上宽224厘米，下宽210厘米，高82厘米，厚3厘米；左右侧及上方匾框宽6厘米，内线刻卷草纹。匾心亦呈梯形，上宽210厘米，下宽190厘米，高70厘米。

### 三 题刻

宋以道书"圣府洞"题刻，南宋淳熙五年（1178年）刻石，清乾隆六十年（1795年）复刻。作匾形，匾心左起横刻"圣府洞"3字，楷体，字高48厘米，宽44厘米，深2厘米。匾心左竖刻署款3行，刻石面最高70厘米，宽15厘米；文左起，46字，楷体，字径4厘米。右竖刻署款6行，刻石面最高32厘米，宽21厘米；文左起，存48字，楷体，字径4厘米（图版Ⅱ：72）

左款：

01　戊戌淳熙五年中元从事佛皇监判官宋以道书
02　石门山王道士文道盛造修于
03　乾隆乙卯年七月廿一崩颓是年复修[18]

右款：

01　（漶）△郑之林
02　贺维典△贺国麒
03　张国龙△住持僧宏位僧宏明
04　胡思知钱二△匠师朱时祯
05　王文林△贺圣朝敬书
06　黄文畅每名下各出二钱[19]

## 第十八节　第12号

### 一　位置

位于南侧独立岩体北向和东向壁面相交处中下部，即巷道由西向东入口的左侧。左距外凸的壁面转折边缘140厘米，右距壁面转折边缘55厘米；上距外挑的岩体底部17厘米，下距现地坪188厘米。

龛口北向，方向352°。

### 二　形制

摩崖方碑。

从岩壁向内竖直凿进最深约125厘米形成平整壁面。其左右岩体向外突出，上方岩体形如外挑的岩檐，下部左侧岩体向外突出，顶部形成一平台；右侧岩体毁，后世以条石砌筑壁面。

壁面中部刻方碑一通，最深约10厘米。碑高93厘米，宽222厘米；碑面略起伏。

### 三　碑文

邓柽纪行诗碑，南宋淳熙九年（1182年）。碑文刻石面高85厘米，宽212厘米；文左起，竖刻32行，存457字，隶书，字径4厘米（图版Ⅱ：73）。

01　石门洞

02　壬寅之春二月既望余被台檄检视流

03　殍由米粮趋石门洞皆赈济所也石门

04　居众山最高处盘数大石凿为洞府因

05　石高下周以屋室盖黄冠栖息之所像

06　无定刻或仙或释或诸鬼神千百变见

07　混为壹区有贰道士仪状甚野怪而诘

08　之嗫不能答亦无为发明者晋王氏设

09　圣教老庄异同之问于阮瞻瞻对以将

10　无同叁语向之刻者抑将有取于此哉

11　赋诗三十韵纪行并寄此意于其末

12　行役正春仲驾车出城东简书良可畏

13　此檄能愈风谁无天下思每叹吾道穷

14　遂令活国人忧端齐华嵩壹饱犹已出

15　百吏奔走中我来视疲癃王事起匪躬

16　造物非不仁共感枯槁容匍匐孩提童

17　伛偻百岁翁饥妇更啾唧蕙面头蓬蓬

18　悲啼雨垂泪枵腹雷转空朝谋不及夕

19　戢戢鱼唅嗽敢辞[1]拾橡苦幸免易子凶

20　此极谁使之肉食嗟[2]无庸要凭稽古力

21　与物同所蒙伟哉便宜节太仓发陈红

22　一寒或呻吟药付医术工一死即封树

23　蚁散鸟声慵及兹麦青青饼饵香已浓

24　天人因庇处此念诚可通农夫相告言

25　生意回春葱扶携归迳险影灭山叠重

26　我等鹿鹿余赤寸初何功徒能抚磐石

27　独笑摩霜松凌虚揖苍翠致爽吞洪濛

28　迟迟竟何如倚策看飞鸿向令心事在

29　倘可诗情钟裴徊阴壑下云气留踪

30　但□黄冠术仙释纷壹宫鬼穆眩奇怪

31　金□□□□兹理或暗合圣教将无同

32　□□□□九年昌南郡从事邓柽作[3][20]

## 四　晚期遗迹

壁面保存墨迹。

---

1　此"辞"字《大足石刻铭文录》录为"辥"。重庆大足石刻艺术博物馆编：《大足石刻铭文录》，重庆出版社1999年版，第360页。
2　此"嗟"字《大足石刻铭文录》录为"叹"。同前引。
3　《金石苑》首录此碑，本行第3、4漫字录为"淳熙"。（清）刘喜海：《金石苑》"宋石门洞诗"条，道光丙午来凤堂本。

## 第十九节　第12-1号

### 一　位置

位于第12号龛前侧外凸的岩体北向壁面，即巷道自东向西入口的左侧。左距第8-1号龛409厘米，右距壁面转折边缘32厘米；上距上方平台面13厘米，下距巷道地坪63厘米。

龛口西北向，方向341°。

### 二　形制

摩崖方碑。

于壁面向内竖直凿进最深约6厘米形成方碑。碑高26厘米，宽90厘米。

### 三　碑文

僧宏济装塑韦驮金身记碑，清光绪七年（1881年）。碑文左起竖刻，存31字（除捐资人名和捐资额外），楷体，字径3厘米（图版Ⅱ：74）。

装[1]塑

韦驮金身募化名列于后

（捐资人和捐资额，略）

光绪七年辛巳阳月吉旦

住持僧宏济徒宗清立

## 第二十节　第12-2号

### 一　位置

位于南侧独立岩体东向壁面右上方。左与第12号龛水平相距约145厘米，右距壁面转折边缘约60厘米；上距岩顶约40厘米，下距地坪约320厘米。

碑东北向，方向70°。

### 二　形制

摩崖方碑。

于岩壁竖直凿进最深约10厘米形成方碑。碑高90厘米，宽370厘米；碑面略起伏，右下部后人改凿，存斜向凿痕。

---

1　此"装"字《大足石刻铭文录》录为"妆"。重庆大足石刻艺术博物馆编：《大足石刻铭文录》，重庆出版社1999年版，第366页。

## 三　碑文

但道玄撰建修劝善所叙碑，民国九年（1920年）。碑文刻石面高87厘米，宽267厘米；左起竖刻，存492字（除人名外），楷体，字径2—4厘米（图版Ⅱ：75）。

建修劝善所叙
宣皇逊位民国初立岁在壬子玄任初小学
校教育于斯见夫山石嵯峨庙貌威严有神
出鬼没之妙乃知志所谓石门鬼工信不诬
也明年癸丑得善侣曾黎僧等设坛口诵经
凡祈晴祷雨屡获奇效至甲寅信善之士始
鲜而益伙乃有创修劝善所之议倡首则有
李义生曾春霖王子钦邓永观邓作民黎价
侯黎道生及住持僧宗清广洲与玄为之倡
共事则有杨培禔罗上达杨海北杨品三品
三又捐匾料一张庀材鸠工越乙卯而告厥
成功然天下事创者难守者亦不易众协
王承熙等禀县立案请示禁止浪败为久
远计蒙
县知事李主少樵批云查核来案设立
斯举名义洵属嘉善办法亦极正当已
准扩张进行除禀批示外合行示谕为
此示仰该会及诸色人等一体知悉自
示之后倘有不肖之徒假公济私侵蚀
会赀破坏善举藉此所为别项公所及
在此所演戏赌博滋扰等情一经被人
控发即予提案重究决不姑宽云云
后之览者纵不体建修之意亦当知示
禁之恩孟子曰待文王而后兴者凡民
也若夫豪杰之士虽无文王犹兴窃有
厚望焉即后无豪杰不破坏善举亦不
□为一乡之善士善人多而恶人自少
虽有恶人亦将劝勉而同归于善末劫
频临可以庆鸠安而乐燕处太平再见
得以尽人事而合天心此不劝之劝也
劝于何有故不揣拿鄙而乐为之序
附录从信善名列后[21]
（功德主人名20行，略）
中华民国九年庚申夏月望日南阳但道玄撰△豫章罗（湛）

## 第二十一节　第12-3号

### 一　位置

位于南侧独立岩体东西壁面中部右侧。左距第12号龛245厘米，右距壁面转折边缘71厘米；上距第12-2号龛80厘米，下距地坪213厘米。

碑东北向，方向75°。

### 二　形制

摩崖方碑。

于岩壁竖直凿进最深约5厘米形成方碑。碑高29.5厘米，宽63厘米；碑左侧略残。

### 三　碑文

"杏林宫"题刻，年代不明。碑文刻石面高24厘米，宽56厘米；左起横刻"杏林宫"3字，楷体，字径15厘米（图版Ⅱ：76）。

### 四　晚期遗迹

碑存黑色、白色、黄色三种涂层。上部以白色、蓝色、绿色等颜料描画云纹，最高20厘米，最宽85厘米。

## 第二十二节　第13号

### 一　位置

位于东侧岩体南向壁面右上角。左距壁面转折边缘约60厘米，右距壁面转折边缘约150厘米；上距岩顶约50厘米，下距现有地坪196厘米。

龛口南向，方向175°。

### 二　形制

单层方形龛（图196；图版Ⅰ：256）。

龛口　于岩壁表面直接凿建龛口。龛口方形，高108厘米，宽170厘米，至后壁最深36厘米。

龛底　呈不规则方形，左端略上翘。

龛壁　略呈竖直壁面。正壁与左侧壁垂直相接，与右侧壁弧面相交；壁面与龛顶略作垂直相交。

龛顶　方形，平顶，中部剥蚀；外挑形如岩檐。

### 三　造像

龛内刻坐像2身（图196-2；图版Ⅰ：256）。

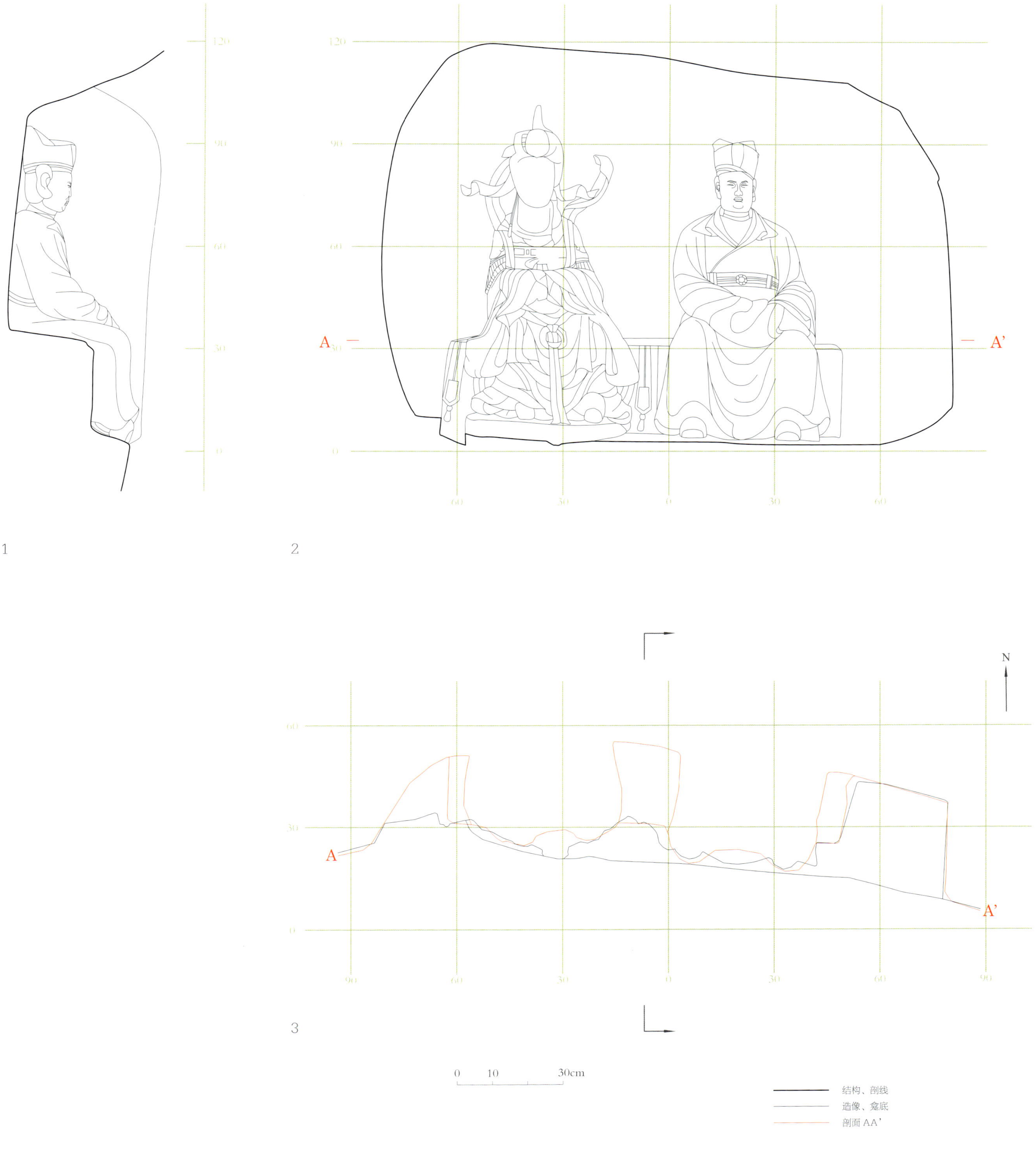

图196　石门山石窟第13号龛平、立、剖面图
1　剖面图　2　立面图　3　平面图

左像　坐高66厘米，头长22厘米，肩宽26厘米，胸厚14厘米。裹巾。面方，脸颊略显丰满，鼻尖残，厚唇小口，双耳略残。着交领窄袖胡服，领呈三角形外翻；胸下束革带，当中饰团花。双手笼袖内置于左大腿上，着鞋倚坐于方台上。双足下部线刻足踏，左侧残蚀，高15.5厘米，宽52厘米。

右像　坐高64厘米，头长22厘米，肩宽21厘米，胸厚13厘米。梳髻，戴凤冠，略蚀；冠带作结后斜飘头后两侧。面残，存珠串耳饰，下垂至胸。罩云肩，上着翻领宽袖长服，臂间刻出带褶的半臂，下着裙。胸系带作结下垂至膝间，再作结后垂至足间。小腿外侧袖摆和裙摆间刻出一段下垂的腰带。身饰飘带，环于头后沿肩下垂腹前交叠后敷搭前臂，垂至座前，端头呈三角形，垂圆珠流苏。双手腹前笼袖内，着鞋，大部残，踏足踏，倚坐于方台上。足踏部分残，高6厘米，宽42厘米，最深14厘米。

二像并坐于同一方台上。台宽112厘米，高26厘米，最深24厘米。

龛口外左下角线刻相对的二虎。左虎存身躯前侧部分，头向右，可辨圆眼，前额线刻"王"字，短颈，身微躬，两前腿半曲，作咆哮状。右虎大部残毁不辨。

## 四　晚期遗迹

（一）铭文

僧弘明立道众小引碑，清道光年间（1821—1851年）。位于龛左侧下方34厘米处转折壁面。由壁面向内凿进约5厘米，形成高31厘米、宽53厘米的刻字面。文左起，竖刻11行，存68字，楷体，字径3厘米（图版Ⅱ：77）。

01　道众小引

02　众议同一僧遵立记

03　大树五根永不擅枝

04　勒石书铭戒后无私

05　凡庙有务经众公议

06　僧遵出钱贰千刻石

07　众□□□□鉴无归

08　仍□□□培庙宇垂

09　后不朽僧徒遵示

10　住持僧弘明立

11　道光（漶）[22]

（二）构筑

龛外左下方凿一方孔，高20.5厘米，宽9厘米，深9厘米。

龛下方左端凿一方孔，高6厘米，宽4厘米，深8厘米；该方孔下方27厘米处另凿一方孔，部分残，高6厘米，宽4厘米，深10厘米。

龛下方右部凿一方孔，高9厘米，宽6厘米，最深14厘米。

龛顶外端左侧和右侧各凿一槽口，左槽口宽8—30厘米，深25厘米，厚10厘米；右槽口宽13厘米，最深20厘米，厚16厘米。

龛左下方铭文所在的壁面纵向凿一列五个不规则方孔，间距相当，大小相近；皆高6厘米，宽3.5厘米，深3厘米。

（三）妆绘

龛内保存灰白色、红色、蓝色、黑色四种涂层，表面残留金箔。

## 第二十三节　第13-1号[1]

### 一　位置

位于第13号龛下部内进壁面。左侧为顺山体倾斜延展的石壁，右距壁面转折边缘55.5厘米；上距第13号龛72厘米，下距现地坪62厘米。

龛口东南向，方向166°。

### 二　形制

单层方形龛（图197；图版Ⅰ：257）。

龛口　于壁面直接凿建龛口。龛口方形，高65厘米，宽70厘米，至后壁最深24厘米。龛口上方6厘米处横刻阴线一道，形如上沿。

龛底　略长方形，建低坛一级，高8厘米，深11厘米，与龛口等宽。

龛壁　竖直，壁面间垂直相交。壁面后世改凿存凿痕。

龛顶　方形，平顶，亦被后世改刻，存凿痕。

### 三　造像

龛内刻像3身（图197-2；图版Ⅰ：257）。中刻主尊坐像1身，左右各刻胁侍坐像1身。三像皆被后世改刻，仅辨少许原迹。

主尊像　坐高31厘米。可辨左手曲置腿上，右手抚膝，倚坐方台上，双足踏方形足踏。方台高26厘米，宽31厘米，深9厘米；足踏高11厘米，宽27厘米，深4厘米。正面线刻二方框，内各饰一壶门图案。

左侧像　坐像残高40厘米。可辨双手于胸前斜持展开的卷轴，卷轴高9厘米，宽10厘米。着鞋立于低坛上。

右侧像　坐像高44厘米。可辨腕镯，左臂握拳置于腰部外侧，右手于右腰握长柄斧，斧全长32厘米。小腿赤裸，足环，跣足立于低坛上。

### 四　铭文

本龛保存铭文2则。

第1则

杨才友造山王龛镌记及匠师镌名，北宋绍圣元年（1094年）。位于龛外右侧上部方框内（右侧框边未见刻出）。框高35.5厘米，宽21厘米。内左起竖刻10行，146字，楷体，字径2厘米（图版Ⅱ：78）。

01　仰启△圣众咸具遍知道眼他心甫垂洞
02　鉴今有昌州大足县长溪里居住弟子杨
03　才友同寿女弟子冯氏与男女等启心
04　镌造△山王一龛用据前㑒[2]后誓诸杂
05　邪魔各去他邦莫为仇执去离门庭愿
06　先亡离苦债主生天见在子孙皆蒙吉

---

[1] 《大足石刻内容总录》将本龛归属为第13号龛之"下龛"，现场观察本龛与第13号龛处于不同进深的竖直壁面，内容无关，故本次调查将其编为第13-1号龛。四川省社会科学院、大足县文物保管所编：《大足石刻内容总录》，四川省社会科学院出版社1985年版，第332页。

[2] 此"㑒"字《大足石刻铭文录》录为"喙"。重庆大足石刻艺术博物馆编：《大足石刻铭文录》，重庆出版社1999年版，第350页。

图197 石门山石窟第13-1号龛平、立、剖面图
1 剖面图 2 立面图 3 平面图

07　庆伏冀△弥勒龙花亲蒙受记以乙亥
08　岁绍圣二年二月二十四日清明节造
09　弟子杨才友女弟子冯氏长男杨文忻小
10　男杨文秀△镌作匠人文居道[23]

**第2则**

杨才友修斋庆赞记，北宋绍圣元年（1094年）。位于第1则右侧壁面。刻石面高35厘米，宽20厘米。文左起，竖刻5行，50字，楷体，字径4厘米（图版Ⅱ：79）。

01　弟子杨才友一家等以二月
02　十五日本命之晨命僧修
03　斋庆赞山王土地祈乞一
04　家安乐大小康安凡在公
05　私万皆吉庆鬼神退散[24]

## 五　晚期遗迹

### （一）铭文

2则。

**第1则**

佚名立重□荡荡碑，清乾隆二十二年（1757年）。位于龛左侧6厘米处的方碑内。碑凿进壁面5.5厘米，高67厘米，宽56厘米。碑额横书"重□荡荡"4字，楷体，字径4厘米。碑文左起竖刻，楷体，字径2厘米（图版Ⅱ：80）。

　　重□荡荡（碑额）
　　（功德主人名和捐资额，略）
　　乾隆贰拾贰年丁丑六月△吉旦立[25]

**第2则**

张子华等重修大殿记碑，清乾隆二十二年（1757年）。位于第1则左侧6厘米处的方碑内。碑高24厘米，宽42厘米。碑文左起竖刻，存25字（除人名、捐资额外），楷体，字径2厘米（图版Ⅱ：81）。

　　重修大殿同结善缘
　　会首张子华二钱
　　（功德主人名和捐资额，略）
　　乾隆丁丑年孟秋月吉旦[26]

### （二）构筑

龛顶右前侧凿一不规则的缺口，高5.5厘米，宽6—19厘米，深6厘米。

龛口右上方凿一方孔，高10厘米，宽5厘米，深15厘米。

龛口左右下端各凿一方孔，大小相近，边长4厘米，深6厘米。

龛左侧第1则晚期铭文碑内中上部凿一方孔，高7.5厘米，宽6厘米，深3厘米。

第1则晚期铭文左侧下方凿一方孔，高8厘米，宽10厘米。

龛左右侧下方及第1则晚期铭文中部上下方各存粗大的纵向凿痕。

（三）妆绘

龛内保存红色、灰白色两种涂层。龛内及铭文均存墨色。

# 第二十四节　第13-2号

## 一　位置

位于第13-1号龛右上方向北转折的竖直壁面。左与第13-1号龛水平相距约65厘米，右侧为向北延展的竖直壁面；上距第13号龛约38厘米，相距地坪122厘米。

龛口西南向，方向211°。

## 二　造像

无龛制。在弧形竖直壁面直接浅浮雕坐像1身（图198；图版Ⅰ：258）。像坐高18厘米，头残长11厘米，肩宽12厘米，胸厚2厘米。戴软脚幞头，部分残。面残，缩颈，下颌垂至胸前，刻连鬓胡须。着圆领宽袖袍服，下着裙。双手腹前笼袖内。臀部及大腿分辨不清，着鞋踏足踏，倚坐于圆台上。台高13厘米，最宽26厘米；足踏高5厘米，残宽17.5厘米，深3厘米。足踏正面线刻二方框，内各刻一壸门。壸门右侧3厘米处线刻一蛇，尖头向右前伸，身曲，细尾，作行进状。

像头部上方2.5厘米处竖刻楷体"龙王"2字，字径4厘米。

图198　石门山石窟第13-2号龛立面图

## 三　铭文

文惟一题名镌记，北宋绍圣元年（1094年）。位于坐像头部左上方。刻石面高30厘米，宽10厘米。文左起，竖刻2行，20字，楷体，字径4厘米（图版Ⅱ：82）。

01　绍圣元年甲戌岁五月五日记
02　岳阳文惟一施手镌

## 四　晚期遗迹

坐像头部右上方15厘米处凿一方孔，顶端残，残高约15厘米，宽6厘米，最深9厘米。

坐像水平右侧30厘米处凿一方孔，高3厘米，宽8厘米，最深4厘米。

坐像存红色、黑色两种涂层。

# 第二十五节　本章小结

## 一　形制特点

本章22个编号中，第8-2、12、11-1、12-1、12-2、12-3、13-1号等7号为摩崖题刻或碑刻，第13-2号为浮雕像。除上述8个编号未表现出龛窟形制外，其余14个龛窟形制保存完整，特征明显，大体可分为五类。

第一类　方形平顶窟。有第6、10号窟，其中第10号窟窟口为后世重砌。此二窟在石门山石窟中规模最大，窟底、窟顶均为方形；环窟底建低坛一级，后侧分别建三级、二级低坛；窟壁竖直，壁面垂直相交。

第二类　仿中心柱窟。仅第8号窟。于窟底后侧建石柱，上下分别与窟顶、窟底相连。石柱与窟壁之间形成回廊，可供绕行，窟底未建低坛。窟壁竖直，壁面垂直相交。

第三类　单层方形龛。有第1、2、4、9、11、13号等6龛。龛口方形，仅第4号龛有龛沿，其余皆无。第1、2号龛龛口左右上角凿三角形斜撑结构低于龛口，第9号龛龛口略作弧形，其余未作斜边或凿三角形斜撑结构。除第13号龛龛底不规整外，第1号龛为半圆形，第2、4、11号龛为方形，第9号龛为梯形。除第9号龛底建低坛一级外，其余各龛未建低坛。龛壁为弧壁或竖直壁面，与龛顶弧面或竖直相接。

第四类　单层圆拱龛。有第5、5-1、7、8-1号等4龛。从岩壁直接凿建圆拱形龛口，无龛沿。第5、7号龛壁为弧壁，壁面与龛顶券面相交。

第五类　外方内圆双重龛。仅第3号龛。外重龛口为方形，有龛沿；内重龛口为圆拱形。龛底为弦月形，龛壁为弧壁，与龛顶券面相交。

## 二　年代分析

本章22个编号中，有6个编号为碑刻题记，除第12-3号无纪年外，第8-2号纪年为乾隆三十五年（1770年）、第11-1号纪年为乾隆六十年（1795年）、第12号纪年为南宋淳熙九年（1182年）、第12-1号纪年为光绪七年（1881年）、第12-2号纪年为民国九年（1920年）。

另外16个编号中，第1、2、3、4、5、6、13-1、13-2号等8个龛窟有明确纪年。其中，第4、13-2号等两龛为北宋绍圣元年（1094年），第13-1号龛为北宋绍圣二年（1095年），第3号龛为北宋绍圣三年（1096年），第6号窟为南宋绍兴八年至十一年（1138—1141年），第2号龛为南宋绍兴十七年（1147年），第1号龛为南宋绍兴二十一年（1151年），第5号龛为清乾隆五十年

（1785年）。

其余8个龛窟中，第5-1号龛位于第5号龛右侧，处于西侧岩体东北向壁面的最右端，空间不足，龛型浅小，系利用剩余壁面而为，应晚于第5号龛，即清乾隆五十年（1785年）之后开凿。

第6、7、8、9、10号等5个龛窟同处于西侧岩体东南向壁面。其中，第6、8、10号等3个窟分别位于崖壁的两端和中部，居于最佳位置。第10号窟右壁外侧即为坡地，基础不够坚固，右壁曾于清代坍塌，其位置选择的理想程度则次于第6、8号窟，应是在第6、8号窟之后所营造[1]。而第7、9号两龛规模相对较小，应是在第6、8、10号等3个窟建成之后，选择剩余的壁面而建。由此推测，此5龛窟造像的开凿顺序依次为第6、8、10、7、9号。但从其所处位置、造像特征等整体情况分析，均属南宋时期造像。

第11号龛位于南侧独立岩体西南向壁面，占据该岩体的最佳壁面，且造像风格与相邻的第8、9、10号龛窟大体一致，推测亦为南宋时期开凿。而处于同一岩体西北向壁面下部的第8-1号龛，规模较小，残毁甚重，从其所处位置和开凿次第等综合因素推断，应晚于邻近的第6、7、8、9、10号龛窟，也晚于第11号龛。

第13号龛位于东侧岩体南向壁面上部。其下部为第13-1、13-2号龛，分别开凿于北宋绍圣二年（1095年）和绍圣元年（1094年）。从其位置和造像风格判断，第13号龛与第13-1、13-2号龛开凿的时间应大体一致。

综上所述，石门山石窟16个龛窟造像中，除第5、5-1号两龛为清乾隆五十年（1785年）或其后开凿外，其余14个龛窟均开凿于宋。其上限为北宋绍圣元年（1094年），下限为南宋绍兴末年（1162年）。可分为两个阶段，即第一阶段为北宋绍圣年间（1094—1098年），开凿的龛窟有第4、13、13-1、13-2、3号等5个；第二阶段为南宋绍兴年间（1131—1162年），开凿的龛窟有第1、2、6、7、8、8-1、9、10、11号等9个龛窟。

### 三　题材内容

本章22个编号中，第8-1、13-1号两龛残毁较重，题材不可辨；其余第1、2、3、4、5、6、7、8、9、10、11、13、13-1、13-2号等14个龛窟和第8-2、11-1、12、12-1、12-2、12-3号等6个碑刻题记，保存较好，特征较为明显，内容大致可辨。

第1号　龛内主尊头布螺发，身着袈裟，左手腹前托钵，右手屈胸前，结跏坐于束腰莲座上，为佛像；其左右对称刻弟子、菩萨、供养人和神将，其中左侧弟子持六环锡杖；龛底下方低坛上刻十身神将像。据龛刻造像记，应为"药师佛龛"。

第2号　龛内主尊戴冕冠，着云头履坐于靠背椅上，左右侍者持长柄扇，扇面刻日、月、星等图案，据其龛刻《妆塑玉皇碑记》，应为"玉皇龛"。龛下刻二神将，分别为"千里眼""顺风耳"。

第3号　龛内主尊头布螺发，身着袈裟，左手抚膝，右手胸前结印，结跏趺坐于须弥座上；其左右各刻一弟子和一供养菩萨像。据龛刻造像记，应为"释迦佛与香花菩萨龛"。

第4号　龛内主尊戴卷草冠，上披络腋，下着裙，呈游戏坐式坐于山石台上；台左侧刻一净瓶，台下水波环绕，并有龙及放焰珠。据其特征，应为"水月观音龛"。

第5号　龛内主尊上着袈裟，下着裙，左手胸前持物，右手下垂作结引印。据龛外造像记，应为"阿弥陀佛龛"。

第5-1号　龛内刻坐像1身，仅辨轮廓。据龛外刻"观音龛"铭文，应为"观音龛"。

第6号　窟内正壁刻主尊头布螺发，身着袈裟，双手胸前结印，结跏趺坐于束腰莲座上；其左右刻结跏趺坐二菩萨像。视其特征，主尊像为阿弥陀佛，左右像为观音、大势至菩萨，即西方三圣像。据造像记及造像特征分析，左壁第1像为供养人，第2—6像依次为净瓶观音、宝蓝手观音、宝经手观音、宝扇手观音、甘露玉观音，第7像为善财；右壁第1像为供养人，第2—6像依次为宝莲手观音、宝镜观音、莲花手观音、如意轮观音、数珠手观音，第7像为龙女。据此，将此窟定为"西方三圣与十圣观音窟"。

第7号　龛内主尊着戎服，持剑，左足独立于风火轮上。据龛口妆銮记，此龛为"五通大帝龛"。

第8号　窟内中心柱上刻主尊，跏趺坐于孔雀背负的莲台上，四臂，持经函、宝扇、宝珠和带茎莲等，为孔雀明王菩萨像。窟左壁顶部外侧为三佛二侍者像，内侧至右壁为十六罗汉像。窟正壁刻朽木出蛇、莎底卧地、阿难念诵、武士踏云、官员站立等，其与唐义净三藏所译《佛说大孔雀明王神咒经》中所记莎底遇蛇咬伤，阿难依佛所示修持念诵《大孔雀明王神咒》，莎底得救的内容相吻合。左壁刻二武士斗战，应为帝释天斗战阿修罗图，其余像为官员、武士等。右壁亦刻武士、官员、侍者等像。此窟内容复杂，尚需

---

[1] 李凇先生考证第10号窟的开凿时间约在1147—1178年间；见李凇：《对大足石门山石窟宋代10号窟的再认识》，大足石刻研究院编：《2009年中国重庆大足石刻国际学术研讨会论文集》，重庆出版社2013年版，第483—500页。胡文和先生认为第10号窟应在1178年之前建造，或许介于1131—1162年之间；见胡文和：《大足宋代道教造像的神祇图像源流再探索》，大足石刻研究院编：《大足学刊》（第一辑），重庆出版社2016年版，第251—265页。

探讨[1]。依现辨识内容，将其定名为"孔雀明王经变窟"。

第8-1号　龛内造像残蚀较重，主像不明，为"残像龛"。

第8-2号　摩崖碑刻，依其内容，为《达荣修理功字镌记碑》。

第9号　龛内主尊梳髻戴凤冠，倚坐于低坛上，身前刻小孩1身。主尊左侧刻乳娘怀抱小儿1身，右侧刻一男一女2身像。龛内另刻小孩像6身。据造像组合，此龛应为"诃利帝母龛"。

第10号　窟内正壁刻主尊坐像3身，皆戴通天冠、持笏、足履，倚坐于龙首靠椅上，为三皇像[2]。从现存遗迹判断，左右壁造像应对称布置。左壁上部刻立像27身，坐像1身，疑为二十八星宿。下部由外至内第1像戴展脚幞头，着圆领服；第2像着裲裆甲，持剑，脚踏龟蛇；第3像戴朝天幞头，着圆领服，持笏；第4、5、6像均戴通天冠，持笏；第7像着裲裆甲，六臂，持印、铃、弓、箭、斧，左下手握持龙角。右壁上部毁，下部存像除第8像为一侍者外，其余七像由外至内为：第1像着圆领服，持卷轴；第2像着裲裆甲，身后刻一龙；第3像着窄袖服，似持物；第5像戴方心曲领，持笏；第6像戴方心曲领，足履；第7像着裲裆甲，四臂，右下手按身右侧龙首。上述造像，除左壁第2像、第7像，以及右壁第2像、第7像分别被公认是真武、天蓬、翊圣、天猷"四圣"外，其余造像身份待考[3]。故此，暂将本窟定为"三皇洞"。

第11号　龛上部刻两主尊皆坐于龙首靠椅上，分别戴朝天幞头和凤冠。其左右及上下部壁面，刻或坐或立的造像72身，皆戴冠或戴展脚幞头。下部刻山石、门洞、蛇、戴枷受刑人等，应为地狱场景。据考，两主像为东岳大帝和淑明皇后，全龛为"东岳大生宝忏变相龛"[4]。

第11-1号　摩崖题刻。据其内容，为"宋以道书圣府洞题刻"。

第12号　摩崖碑刻，据其内容，为"邓椊纪行诗碑"。

第12-1号　碑刻，据其内容，为"僧宏济装塑韦驮金身记碑"。

第12-2号　碑刻，据其内容，为"但道玄撰建修劝善所叙碑"。

第12-3号　据其内容，为"杏林宫题刻"。

第13号　龛左刻男坐像，右刻女坐像，并坐于方台上，据其造像记，为"山王龛"。

第13-1号　龛刻3像，皆残毁其重，为残像龛。

第13-2号　浮雕坐像1身，足踏上刻一龙，像头部上方刻"龙王"2字，应为"龙王龛"。


## 四　晚期遗迹

### （一）构筑遗迹

在第1号龛左下方凿竖直槽口。第1号龛与第2号龛之间的岩体纵向凿五个较为明显的凹槽。第3号龛下方左右端存凹槽。第4号龛

---

[1] 见王惠民：《论〈孔雀明王经〉及其在敦煌、大足的流传》，《敦煌研究》1996年第4期。

[2] 多数学者考论本窟主尊的身份为道教三皇像。见王家祐、丁祖春：《四川道教摩崖石刻造像》，《四川文物》1986年石刻研究专辑；胡文和、刘长久：《大足石窟中的宋代道教造像》，《世界宗教研究》1987年第3期；胡文和：《大足南山三清洞和石门山三皇洞再识》，《四川文物》1990年第4期；郭相颖：《大足石刻中的道教和三教合一造像》，重庆大足石刻艺术博物馆编：《大足石刻研究文集》（4），中国文联出版社2002年版，第69—70页。

[3] 学界从造像特征、组合、服饰等方面，与文献和实物比对，对本窟造像的身份和宗教派别提出不同认识。陈习删认为三主尊为儒家三皇，见陈习删：《大足石刻志略》，1955年油印本，第230页。王家祐、丁祖春认为本窟造像是一套巴地道教神系，龛左右壁10身文官像分别是六部天官、丁甲神、天曹判官，见王家祐、丁祖春：《四川道教摩崖石刻造像》，《四川文物》1986年石刻研究专辑。李远国结合《道藏》有关文献考释，认为本窟造像属北帝派神系，主尊为"紫微、玉皇、后土"，左右壁四尊护法神为北极四圣，左壁上层28身造像为二十八星君，见李远国：《四川大足道教石刻概述》，《东洋文化》1990年第70号。李凇根据传世文献和实物，结合主尊头冠考论主尊为天、地、水府"三官"，两壁为"四圣"和三官的侍官属僚，左壁上部28尊小像部分属于二十八宿，见李凇：《对大足石门山石窟宋代10号窟的再认识》，大足石刻研究院编《2009年中国重庆大足石刻国际学术研讨会论文集》，重庆出版社2013年版，第483—500页；胡文和根据宋代文献、石窟和壁画实物遗存考辨，认为主尊为"紫微、天一、太一"，左壁上部28尊造像为"二十八宿"，并指出窟内造像是出自宋代官方整合了的道教神灵系统，见胡文和：《大足宋代道教造像的神祇图像源流再探索》，大足石刻研究院：《大足学刊》第一辑，重庆出版社2016年版，第251—265页。李小强以造像服饰为据，结合道教文献考证，左右壁10身文官像可能为"八帝"和两位侍者，见李小强：《大足三皇洞研究简述及浅识》，《中国道教》2005年第6期。李俊涛认为，三位主神为"夜明、北极紫微大帝、大明"，尤其是紫微大帝和北极四圣像，是同类题材最古者，可谓道教雷法的神圣道场，见李俊涛：《南宋大足圣府洞道教三帝石刻造像的图像分析》，《宗教学研究》2012年第2期。

[4] 陈习删记其"龛下刻地狱，标'铁围城'字样"，见陈习删：《大足石刻志略》，1955年油印本，第230页。1985年《大足石刻内容总录》亦记"龛外正下方壁上，浮雕有地狱变相，内有山、蛇、鬼卒等，及'铁围城'字样，全图现已风化剥蚀"。胡文和先生实地调查后结合道典比对，认为两主像是东岳大帝和淑明皇后，官员形象为辅佐东岳大帝的"七十五司"；龛下部为"三十六狱"，将此龛定名为"东岳大生宝忏变相"，见胡文和：《大足篆山石门山妙高山宋代石窟与文氏镌匠世家的关系研究》，《中华佛学学报》第14期，台北中华佛教研究所，2001年。

上方、左侧、右侧分别凿凹槽。此外，在第1号龛口上方，第2号龛口外侧左右上角各凿一方形孔洞，第2号龛口下方弧壁凿二方孔。上述遗迹表明，第1号龛至第4号龛所在岩体前历史上曾建构筑物[1]。

在第13号龛外左侧、下方壁面上凿方孔，龛口上方左右存槽口，据此推测，第13号龛所在岩体曾建构筑物。

第6号窟窟门内侧对称凿纵向凹槽和对应的方孔，另于窟底前端左右侧凿方槽，推测该窟窟门曾建构筑物。

第7号龛底右前端后世凿有凹槽，以作插放香烛所用。

第1号龛内右侍女像头部、右供养人颈部、右侧神将、龛前低坛第1、2、10神将像颈部残毁处，第7号龛主尊颈部、手腕残毁处，第9号龛主尊像左手腕残毁处、奶娘身前左侧小孩头部残毁处，第10号窟内造像以及造像持物残毁部位等处均凿方孔或圆孔，推测为后世所凿，以作插接榫头补接塑像所用。

### （二）妆绘遗迹

本章22个编号中，第1、2、3、4、5、6、7、8、8-1、9、10、12-3、13号等13个龛窟均存妆绘遗迹。其中，第5号龛内存灰白色涂层，第8-1号龛内存黑色、灰白色两种涂层，第13号龛内壁面及造像存灰白色、红色、蓝色、黑色四种涂层，其余10个龛窟内壁面及造像存灰白色、红色、蓝色、绿色、黑色五种涂层。此外，第7号龛壁、第8号窟主尊造像残存金箔，表明历史上曾作贴金处理。

**注释：**

[1] 此"妆"字，铭文为：

[2] 此"年"字，铭文为：

[3] 此"碑"字，铭文为：

[4] 第1行第9字"本"；第2行第3字、第19行第7字"居"；第3行第7字"等"；第4行第9字"难"；第8行第1字"沾"；第9行第5字"脱"；第9行第7字"愿"；第10行第8字"升"；第11行第4字"衰"，铭文分别为：

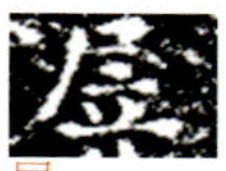

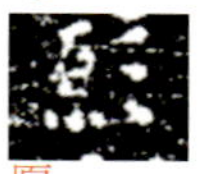

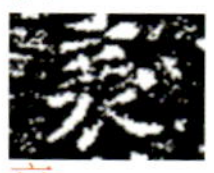

[5] 第2行第9字"显"；第4行第4字"拜"；第4行第10字"满"；第4行第11字"周"；第5行第2字"以"，铭文分别为：

[6] 此"龛"字，铭文为：

[7] 第1行第3字"修"；第1行第22字、第2行第13字"处"；第2行第6字"赖"；第2行第24字"过"；第6行第10字"腊"；第7行第1字"舍"；第7行第11字"龙"；第7行第13字"皆"；第7行第21字"灵"；第8行第4字"遮"；第8行第18字"本"；第9行第5字、第11行第13字"与"；第9行第11字"年"；第9行第13字"满"；第9行第16字"阴"；第11行第19字"等"，铭文分别为：

---

1 清道光时，李型廉游石门山初至山门处即见"山王土地"造像龛，再自山门进入，见岩体"上覆以屋……横悬一匾曰通明殿……凡四龛"，并详细记载屋内"玉皇、药师佛、释迦佛、观音"等4龛造像的位置关系和基本内容，见李型廉：《游石门山记》，载道光《大足县志》卷一《舆地志·山川》。

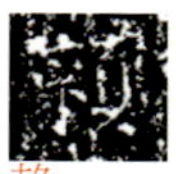

[8] 第1行第1字"苏"；第3行第17字"等"；第3行第19字"睹"；第4行第4字"舍"；第5行第4字"观"；第5行第7字"尊"，铭文分别为：

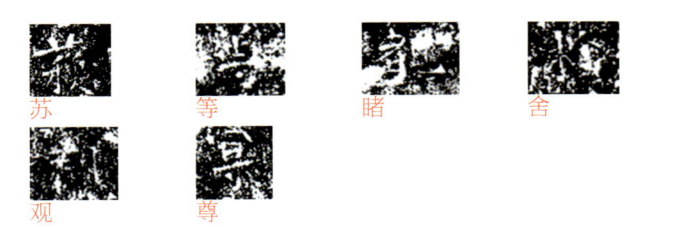

[9] 第1行第3字"修"；第5行第6字"缘"，铭文分别为：

[10] 第3行第1字"观"；第3行第4字"萨"；第5行第3字"年"，铭文分别为：

[11] 第3行第1字"观"；第5行第2字"会"，铭文分别为：

[12] 第4行第5字"算"；第4行第9字"私"，铭文分别为：

[13] 第3行第3字"舍"；第4行第3字"观"；第7行第7字"岁"，铭文分别为：

[14] 第2行第10字"兴"；第2行第12字、第5行第8字"年"；第4行第1字"观"；第5行第7字"寿"；第5行第10字"远"；第6行第1字"凡"；第6行第4字"私"；第6行第5字"吉"，铭文分别为：

[15] 第2行第8字"冀"；第3行第6字"吉"，铭文分别为：

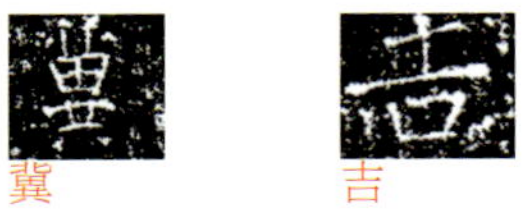

[16] 第1行第5字、第5行第1字"侯"；第1行第9字"与"；第2行第5字"数"；第2行第8字"观"；第4行第4字"兴"；第4行第7字"年"；第5行第3字"严"，铭文分别为：

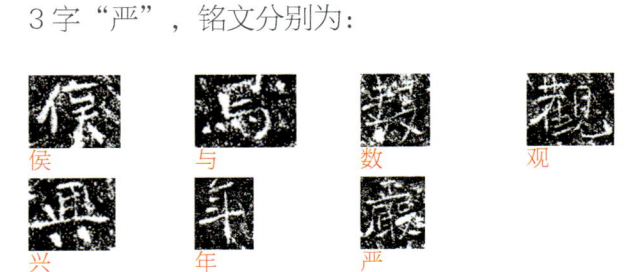

[17] 第3行第8字、第5行第7字"钱"；第5行第9字"分"；第6行第11字"吉"，铭文分别为：

[18] 第1行第6字、第3行第5字、第3行15字"年"；第2行第11字"修"；第3行第4字"卯"；第3行第10字"崩"，铭文分别为：

[19] 第2行第6字"麒"，第4行第4字、第6行第10字"钱"，铭文分别为：

[20] 第4行第1字"居"；第4行第4字"最"；第6行第5字、第30行第5字"仙"；第7行第6字"贰"；第7行第13字"怪"；第8行第15字"设"；第9行第2字、第31行第8字"教"；第9行第9字、第10行第13字、第11行第12字"于"；第9行第14字"以"；第10行第3字"叁"；第10行第12字"取"；第11行第1字"赋"；第12行第5字"仲"；第13行第12字"叹"；第15行第3字"奔"；第15行第7字"来"；第15行第8字"视"；第15行第13字"起"；第17行第4字"岁"；第17行第12字"面"；第18行第4字"垂"；第19行第6字"敢"；第19行第7字"辞"；第20行第8字"嗟"；第20行第12字"凭"；第21行第3字"同"；第21行第6字"伟"；第21行第7字"哉"；第22行第11字"一"；第23行第2字"散"；第23行第4字"声"；第23行第8字"麦"；第24行第4字"庇"；第24行第10字"通"；第24行第11字"农"；第25行第8字"归"；第25行第9字"遥"；第25行第10字"险"；第25行第11

字"影";第27行第7字"虚";第27行第11字"致";第27行第12字"爽";第30行第12字"穆";第32行第14字"作",铭文分别为:

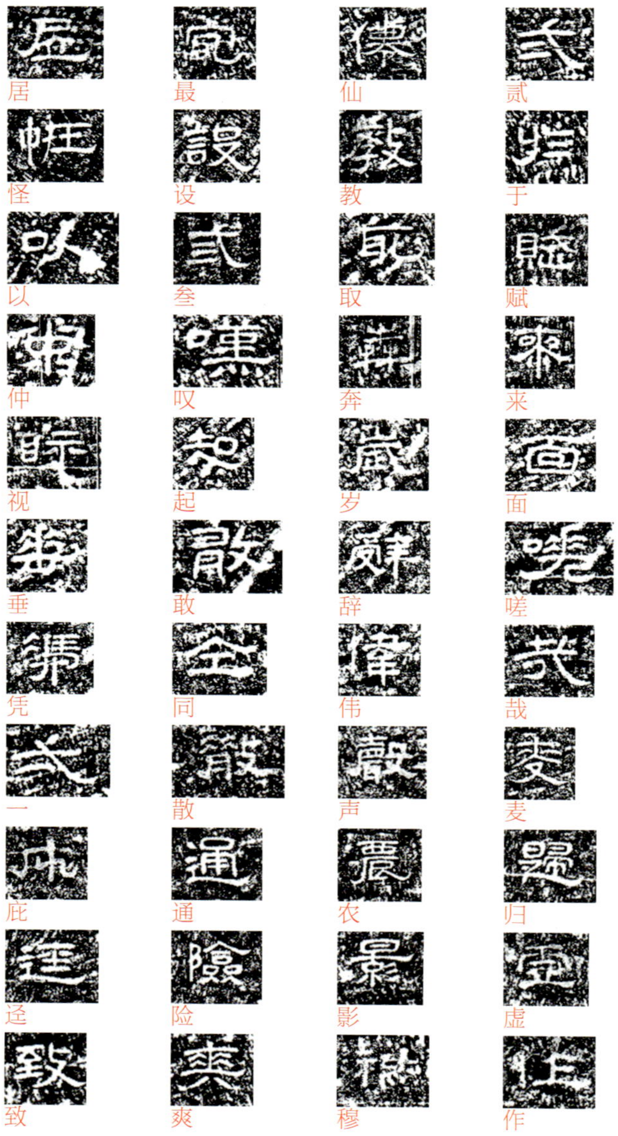

[21] 第1行第3字"劝";第1行第6字"叙";第2行第9字"岁";第2行第17字"学";第3行第2字"教",第4行第6字"乃";第6行第4字"祷";第6行第14字、第27行第6字、第27行第8字"善";第7行第1字"鲜";第7行第4字"伙";第7行第7字"创";第9行第1字"侯";第11行第14字"卯";第13行第16字"久";第14行第1字"远";第18行第3字"仰";第21行第5字"戏";第28行第11字"归";第28行第15字"劫";第29行第1字"频",第31行第2字"于";第31行第5字"故",铭文分别为:

[22] 第4行第8字"私";第5行第1字"凡";第6行第4字"钱";第6行第5字"贰";第6行第7字"刻";第7行第6字"鉴";第7行第8字"归";第8行第8字"垂";第9行第3字"朽",铭文分别为:

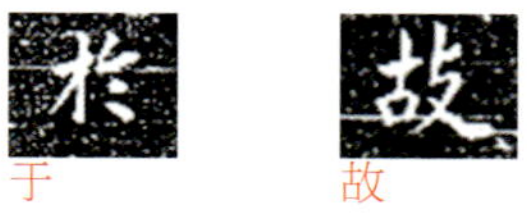

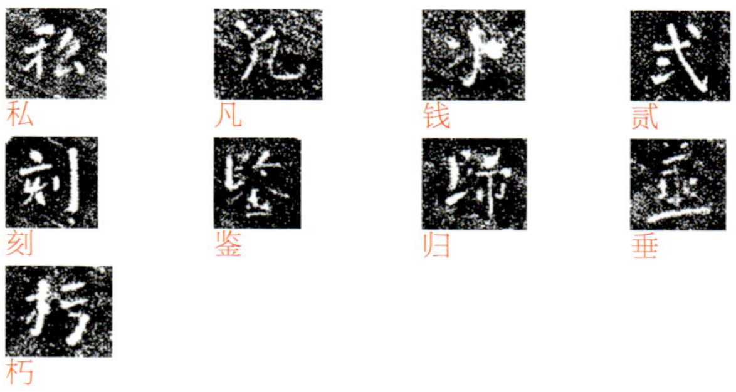

[23] 第1行第14字"垂";第2行第1字"鉴";第3行第4字"寿";第3行第8字"冯";第3行第13字"等";第5行第9字"仇";第5行第14字"庭";第5行第15字"愿";第7行第3字"冀";第7行第5字"勒";第8行第1字"岁",铭文分别为:

[24] 第1行第8字"等";第2行第4字"本";第2行第7字"晨";第2行第10字"修";第3行第1字"斋";第3行第3字"赞";第4行第8字"凡";第5行第1字"私";第5行第3字"皆";第5行第4字"吉",铭文分别为:

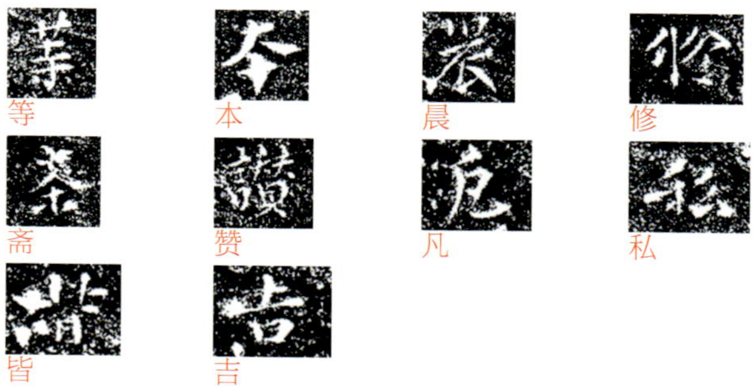

[25] 第18行第3字、第18行第5字"贰";第18行第6字"年",铭文分别为:

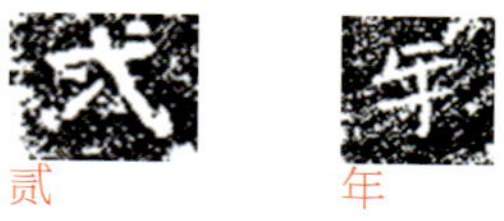

[26] 第2行第5字"华";第2行第7字"钱";第16行第2字"隆";第16行第5字"年",铭文分别为:

# 第四章　南山石窟

## 第一节　石窟概况

### 一　地理状况

(一) 位置与环境

南山石窟位于大足城区南面2公里处的南山山顶。地处北纬29°42′59″，东经105°42′17″（图199；图版Ⅰ：259、图版Ⅰ：260、图版Ⅰ：261、图版Ⅰ：262）。其东面为插旗山，西面为坡地和山湾，南面为山坳和坡地，北面与北山隔城相望。

南山西南面至北面的坡地，原为南山果园，现辟为南山公园。20世纪90年代末，大足石刻申报世界文化遗产时，于西面山腰修建公路和停车场，与原大邮公路（大足至邮亭镇）相接。自西面的停车场南侧，沿上山的石板小道可直达石窟区（图版Ⅰ：263）。距石窟西面约2公里处的山顶上，有清代修建的文峰塔。除南面为坡地外，南山其余各面山脚均有公路经过，交通便利。其中西面和北面的山脚，为近年新建的南环二路，经山脚的南山隧道由西至东通过；东面山脚为新大邮公路（大足城区至邮亭镇），由北至南经过；西北面山腰有原大邮公路，向南由山顶蜿蜒至山脚，于原城南公社处与新大邮公路相接。

南山植被茂密，风景宜人，历来为文人雅士休闲避暑胜地。

(二) 地形地貌

南山石窟造像区为"坪状"丘陵地形，平均海拔高度为500米左右，相对切割深度50—100米。由遂宁组泥岩构成丘体，水平状砂岩构成丘顶。区内至高点位于南山山顶，标高519.68米。丘陵顶部由巨厚层状砂岩形成陡崖，崖高8—12米。丘陵斜坡由砂、泥岩叠置而成，向四周逐渐变缓，岩层产状近水平。砂岩在地形上形成陡崖或陡坡，泥岩组成缓坡。靠近山顶处砂岩所占比例较大，地形坡度陡，约50°—60°。山体下部以泥岩为主，坡度变缓，山脚处坡度为20°—30°。南山顶部为地表分水岭，区内沟谷不发育[1]。

(三) 地层岩性

根据中国地质大学（武汉）土木工程系的调查，南山石窟区出露的底层为侏罗系中统遂宁组（J2a）的紫红色泥岩与紫灰、灰白色砂岩不等厚互层，以及第四系的残积物（Q4el）和残坡积物（Q4el+dl）。

(四) 地质构造

南山石窟区地质构造属新华夏系第三沉积带四川沉降褶带。其总体特征为构造平缓、岩层倾角小，地层单一，岩性简单。石窟区地层缓倾，为近水平状岩层，倾向300°—325°，倾角为5°—9°。砂岩内具交错层理，岩层产状变化较大。区内岩体完整性好，未发现断裂构造，主要以构造裂隙为主。区内主要发育三组构造裂隙和一组层面裂隙[2]。除较大裂隙外，岩体内还发育有数十条层间裂隙和卸荷裂隙。构造裂隙和层面裂隙互相交切，将区内岩体切割成巨块状。这些巨块石在重力作用下，易产生向临空方向的崩塌。构造裂隙、层面裂隙和风化卸荷裂隙相互交切，构成了区内的渗水裂隙网络系统，成为地下水的渗流通道和储存空间。

---

[1] 2002年2月至4月，受重庆大足石刻艺术博物馆委托，中国地质大学（武汉）土木工程系对南山石窟进行了现场地质勘查和病害调查，采取岩样、土样和水样进行测试分析，在室内外研究的基础上，形成了《大足南山石刻区环境地质病害防治对策研究报告》。

[2] 三组构造裂隙的产状分别为：①NW310°—320°∠70°—85°；②NE50°—55°∠76°—85°；③NE20°—30°∠71°—85°。裂隙最大张开度在近地表处为2—15cm，往深处渐变闭合。石刻区内裂隙中有泥质充填和植物根系生长，根劈作用是使裂隙加宽的主要原因之一。

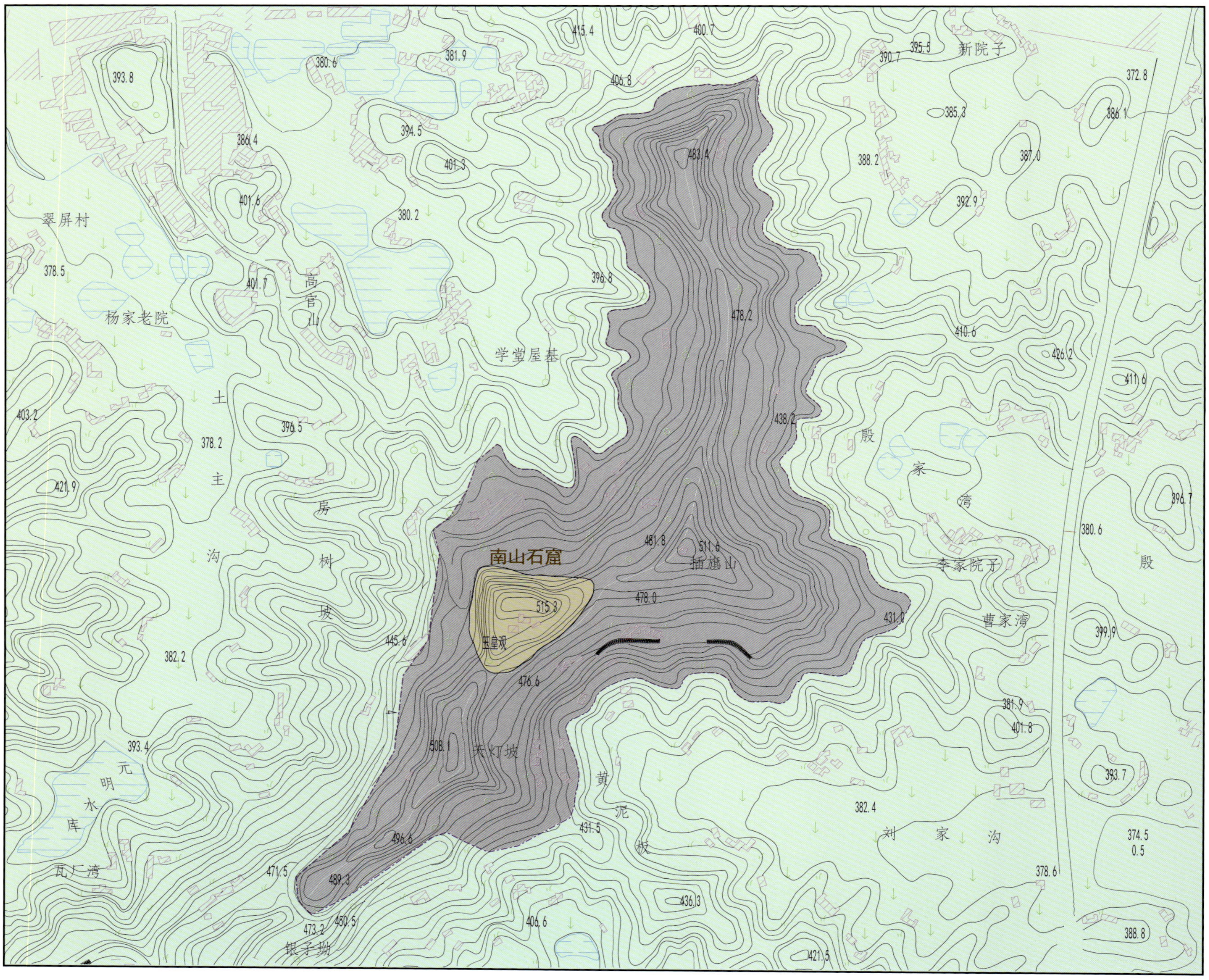

图 199　南山石窟地形图

## 二 石窟构建

南山石窟建于南山山顶略呈椭圆形的岩体上。岩体高3.5—10.2米，南北最长约100米，东西最宽约80米（图200、图201；图版Ⅰ：264、图版Ⅰ：265、图版Ⅰ：266、图版Ⅰ：267）。其顶部（坡顶）平坦，大致亦呈椭圆形，未作勘探发掘，由遗存的柱础遗迹推测，原应有建筑物；现东南边缘设置石墩护栏。岩体各向壁面皆竖直，且圆弧相接，无明显分界。其中西北向和西南向壁面相交处的岩石残蚀剥落甚重，导致壁面凹凸不平。南山石窟造像即集中开凿于岩体西北向、西南向、南向和东南向壁面上。龛像前的地坪未作发掘，现均铺设石板。

自岩体西北向壁面北端至东南向壁面东侧，建石板小道（图版Ⅰ：268）。西南向壁面龛像前方地坪设石阶，共八级，通高170厘米，宽120厘米，长230厘米。南向壁面前建"三清殿"（图版Ⅰ：269），其正前下方建有玉皇殿[1]（图版Ⅰ：270）。南向壁面和东南向壁面相交处，即三清殿左后侧，自地坪至岩体顶部设石阶相连。东南向壁面前从右至左分别建"太清亭"[2]和廊道。廊道前侧地坪铺设石板，边缘设置条石栏杆（图版Ⅰ：271、图版Ⅰ：272）。

南山石窟龛像的岩体之下，分别为缓坡和陡崖，近年于山脚修建条石围墙，将南山石窟区全部围闭。石窟区南面的围墙中部设门厅，为现进出口。门厅至石窟间的缓坡地带设石阶（图版Ⅰ：273）。

## 三 石窟编号及相互位置关系

1954年，四川省文管会第一调查组与大足县文物保管所联合组成"大足县文物调查小组"，对南山石窟进行调查。在其调查成果《大足县文物调查小结》中，将龛像通编为6号。1985年《大足石刻内容总录》则按从西崖至南崖再至东崖的顺序，沿逆时针方向将其编定为15号。本次调查，主号仍沿用1985年《大足石刻内容总录》编号，而将此前未编号者作为附号编入，总编号共21个（图200、图201）。具体分布为：

西北向壁面布置第1、2、2-1号等3个编号。其中，第1号位于壁面的最右端下部，窟底接近现地坪；第2号位于壁面最左端，是3个龛像中体量最大者；第2-1号位于第2号龛外右侧壁面中部。

西南向壁面布置第3、3-1、4号等3个编号。其中，第3号位于壁面的上部，其下方为第3-1号，第4号位于第3号左侧壁面中部。

南向壁面布置第5、5-1号等2个编号。其中，第5号位于壁面中部略偏左侧位置，自地坪向上，占据了绝大部分壁面；第5-1号位于第5号窟外左侧壁面下部。

东南向壁面布置第6—15号等13个编号，由西至东分别位于壁面的中上部和下部。第6、6-1、8、8-1号等4个编号位于太清亭后侧岩壁，其中第6号位于壁面右侧，即太清亭后壁右侧上部，系本壁面位置最高者；第6-1号位于第6号右下方；第7号位于第6号右侧壁上部，处于连接地坪和山顶的石阶上方；第8号龛位于第6号龛左侧壁上部；第8-1号位于第8号正下方。第9—13号等6个编号位于碑廊内的岩壁下部，其中第9号位于最右端，靠近太清亭左侧屋身；第10号位于第9号左侧；第10-1号位于第10号上方；第11、12号2个编号居于本壁面中部略靠右位置；第13号位于第12号左侧，居于本壁面左侧位置；第14号位于本壁面向东突出的西南向壁面下部；第15号居于东南向壁面最左端，即位于第14号左侧东南向壁面的下部。

## 四 石窟岩体软弱夹层带及裂隙

### （一）软弱夹层带

石窟所在岩体共分布四条较为明显的软弱夹层带（图200）。

第一条　位于西北向壁面下部，右端起于西壁右端转折处，水平向左，横贯第1号龛中下部，沿第2-1号龛下方，横贯第2号龛后，经壁面左端转折处，再延至第3号龛右下部。从右至左，距地坪高度逐渐升高，下距地坪57—200厘米，宽20—45厘米，全长约

---

[1] "三清殿"原为玉皇观后殿，现明间悬挂匾额，内题"三清殿"。建筑为重檐歇山式屋顶，面阔四柱三间，宽12米；进深三柱两间，深7.1米；两山墙外分别接屋室，作为办公用房。其下方玉皇殿原为玉皇观中殿，于1992年在原中轴线上向前迁移。现建筑为单层歇山式，面阔四柱三间，宽10.7米，进深三柱两间，深5.7米。

[2] 太清亭为重檐歇山式屋顶，面阔四柱三间，宽8.3米，进深四柱三间，深5.4米。

1940厘米。西壁软弱夹层带以条石嵌入修补，经壁面转折向南的软弱夹层带未作处理。

第二条　位于南向壁面中部，左端与第5号窟左侧残毁修补处相接，水平横贯第5号窟窟壁，右向延伸，止于第5号窟右侧残毁修补处。发育宽度约45厘米，全长约1020厘米。

第三条　位于第12、13号之间，上端与廊道天花板相接，下端止于地坪，全长约300厘米，最宽约160厘米；自地坪50厘米以上部分，已用条石嵌入修补。

第四条　位于第13、14号所在壁面转折处，上端与廊道天花板相接，下端止于地坪，全长约300厘米，最宽约60厘米。

（二）裂隙

石窟所在岩体共分布十余条较为明显的裂隙（图200）。

第一条　位于第1、2号龛之间的崖壁上，上端起于崖顶，下部止于地坪，全长约425厘米，最宽约22厘米。

第二条　位于第7号龛上方，左斜向纵贯壁面，止于地坪，全长约1200厘米，最宽约40厘米。

第三条　位于第8号龛下方，左端与太清亭左侧墙体相接，右斜下延伸，与第二条裂隙下部相接。全长约950厘米，最宽约20厘米。

第四条　位于第8号龛左侧，起于上部崖顶残毁修补处，纵贯壁面，止于地坪，全长约400厘米，最宽约80厘米；中部岩体脱落，以条石嵌入修补。

此外，第9—14号龛所在壁面，大致分布有较为明显的七条纵向裂隙，上部起于廊道天花板，下部止于地坪，高约300厘米，最宽约15厘米。

## 第二节　前期保护维修与调查研究

### 一　保护维修

南山石窟在元、明两代的状况，因缺乏史料记载，无从考察。清康熙六十年（1721年），曾装修玉皇古洞天尊像[1]。但至清嘉庆二十三年（1818年），仍是"刹宇荒凉，僧房卑庳"，"石像数十，断裂横卧"[2]。

1952年大足县石刻保管所成立后，南山石窟保护得到加强。在石窟造像方面，1965年，治理三清洞浸水，做钢筋混凝土抬梁一根加固窟口；石砌三圣母洞券拱[3]。1981年，再次治理三清洞浸水，于其后山开凿竖井导水，次年完工，效果甚佳；同时修砌石龙洞券拱[4]。1992年，为了防止雨水对石窟造像的直接冲刷，有效保护石刻造像，在第1、2、3、4、14号等龛外上方壁面新建钢筋混凝土仿古窟檐，在龛像前地坪铺设石板，窟檐长16.7米，宽5米[5]。2010年，实施南山石窟综合抢险加固工程：一是对三清洞、龙洞、碑洞、石窟区北面等区域危岩体进行加固修复；二是对造像进行防风化保护处理；三是对三清洞、碑洞、龙洞等区域开展防渗排水等水害治理；四是对石窟区局部进行基岩补砌、道路恢复、防水设施设置等。这是南山石窟历史上实施的一次最全面的综合性保护工程，有效治理了南山石窟存在的主要病害[6]。

在古建筑保护修缮方面，1992年，针对三清殿木构件腐朽、屋面坍塌等病害，对其进行修缮，更换腐朽的柱、挑、枋、椽，翻盖屋面[7]。1993年，将三清殿正下方的玉皇殿按构架原样，在中轴线上前移，并新配两山檐廊成四合檐歇山式殿堂，与上方的三清殿形成庭院布局[8]。2004年为了防止古建筑物遭受雷击，在山顶建两座15米高避雷铁塔[9]。2006年对太清亭落架维修，加固或更换腐朽的木

---

[1] 《唐子俊装修玉皇古洞天尊碑记》，本册报告第353页；另见重庆大足石刻艺术博物馆编：《大足石刻铭文录》，重庆出版社1999年版，第311页。
[2] 《张澍重九日偕友登高记》，本册报告第299页；另见重庆大足石刻艺术博物馆编：《大足石刻铭文录》，重庆出版社1999年版，第303页。
[3] 见大足石刻研究院工程档案资料：《南山三清洞保护工程》，1965年。
[4] 见大足石刻研究院工程档案资料：《南山三清洞浸水治理和修砌石龙洞券拱工程》，1981年。
[5] 见大足石刻研究院工程档案资料：《南山石刻新建窟檐工程》，1992年。
[6] 见大足石刻研究院工程档案资料：《南山石窟综合抢险加固工程》，2010—2011年。
[7] 见大足石刻研究院工程档案资料：《南山文物区三清殿后殿维修及环境整治工程》，1992年。
[8] 见大足石刻研究院工程档案资料：《南山文物区三清殿迁建工程》，档案号2—37。
[9] 见大足石刻研究院工程档案资料：《南山文物区古建筑物防雷工程》，档案号2—144。

构件、翻盖屋面等；对保护长廊、三清殿、玉皇殿屋面进行除险维修。2008年"汶川大地震"后对震后受损古建筑房盖、构件等进行抢险维修。2011年实施南山文物区古建筑及保护建筑维修工程，对产生险情的三清殿、玉皇殿、碑廊等建筑进行抢险维修[1]。

此外，1993年，修建南山石窟区生活用房。1999年，于南山西北面山腰新建公路和停车场。2001年，修建总长736.7米、高2.5米的南山石窟保护围墙。

## 二　调查研究

南山石窟的最早记述始于南宋。王象之《舆地纪胜》载："南山在大足县南五里，上有龙洞醮坛。"另录诗两首[2]。

在清代，相关文献对南山石窟铭文进行广泛收录。大足知县张澍在嘉庆二十三年（1818年）游览探访南山石窟后，于其编撰的《大足金石录》中共收录南山石窟铭文11则，并收载于嘉庆《大足县志》[3]。清道光时，刘喜海《金石苑》收录南山《宋大足令何光震等饯郡守王梦应记碑》一通[4]。

1945年春，中国辞典馆馆长杨家骆率"大足石刻考察团"考察大足石刻。是年5月2日，马衡、庄尚严、傅振伦等考察团部分成员对南山石窟进行实地考察，后撰文记录南山石窟基本概况，探析石窟艺术风格、价值地位和营造背景等[5]。

20世纪50年代至60年代，南山石窟最重要的考察记录有三次。一是陈习删在《大足石刻志略》中收录碑碣3通、雕像4洞、题记11则，首次比较全面地刊布了南山石窟资料[6]。二是1954年6月，四川省文管会和大足县文管所开展联合调查，将南山石窟通编为6号，辑录于《大足县文物调查小结》中[7]。本次调查编号系南山石窟首次编号，调查记录资料为南山石窟第一份档案资料。三是1962年，阎文儒率中国佛教协会石窟调查组对南山石窟进行编号，一一详加记录，并对部分题材作了考证[8]。

20世纪80年代以后，南山石窟的调查工作日渐增多。1985年，《大足石刻内容总录》将南山石窟通编为15号，从名称、时代、形制、内容、石质等五个方面，首次作了全面刊布。1989年，胡其畏《大足道教摩崖造像》用较大篇幅对南山石窟道教造像作了记述和初步研究探讨[9]。1995年，重庆大足石刻艺术博物馆共计捶拓、测量、考订和记录南山石窟碑刻、题记等33件，均收载于《大足石刻铭文录》中。2002年，重庆大足石刻艺术博物馆《大足石刻内容总录》课题组，对南山石窟进行编号，绘制示意图，记录造像、铭文以及晚期碑刻等，所形成的调查资料后于2004年作为全国重点文物保护单位南山石窟的记录档案备案存档[10]。

自1980年以来，较多研究成果都对南山石窟有所涉及[11]。专题研究南山石窟的代表性成果主要有：李远国、王家祐《大足三清洞十二宫神考辨》[12]、景安宁《三清古洞的主神位次与皇家祭祖神位》[13]、耿纪朋《大足南山三清洞主尊身份考》[14]、李淞《对宋代道教图像志的观察——以大足北山111龛和南山6龛、安岳老君岩造像为例》[15]、陈世松《试论南山淳祐十年碑记的价值》等[16]。

---

1　见大足石刻研究院工程档案资料：《南山文物区古建筑及保护建筑维修工程》，2011年。
2　（南宋）王象之：《舆地纪胜》卷一百六十一《昌州·景物上》，中华书局2003年影印本，第4363页、第4377—4378页。
3　（清）张澍《大足金石录》第四篇"大足县金石考"中，详细记录了南山三清古洞内、外壁11则宋代题记的具体内容，每一则题记均独立成段，并注明镌刻位置、书体等。据1999年《大足石刻铭文录》，南山石窟共有南宋题记12则，张澍收录了11则，足见其收录之广。见张安兴、张彦：《西安碑林博物馆藏张澍〈大足金石录〉考略》，大足石刻研究院编：《2014年大足学国际学术研讨会论文集》，重庆出版社2016年版，第491—499页。
4　（清）刘喜海：《金石苑》卷三。
5　见吴显齐：《大足石刻考察团日记》，载《民国重修大足县志》卷首；杨家骆：《大足龙岗宝顶以外各区石刻记略》，《文物周刊》第22期；傅振伦：《大足南北山石刻之体范》，载《民国重修大足县志》卷首。
6　陈习删：《大足石刻志略》，1955年油印本，第201—213页。
7　南山石窟的调查资料和大足其他石窟资料共同辑为《大足县文物调查小结》，现存大足石刻研究院资料室。
8　见阎文儒：《中国石窟艺术总论》，天津古籍出版社1987年版。
9　见胡其畏：《大足道教摩崖造像》，《大足文史》第五辑，1989年编印。
10　未出版刊行，调查资料现存大足石刻研究院资料室。
11　如胡文和：《四川道教佛教石窟艺术》，四川人民出版社1994年版；李远国：《四川大足道教石刻概述》，《东洋文化》1990年70号；胡文和、刘长久：《大足石窟中的宋代道教造像》，《世界宗教研究》1987年第3期。童登金、胡良学：《南山、石门山、石篆山等石窟概述》，重庆大足石刻艺术博物馆：《大足石刻研究文集》（4），中国文联出版社2002年版。
12　载《四川文物》1997年第2期。
13　载重庆大足石刻艺术博物馆编：《2005年重庆大足石刻国际学术研讨会论文集》，文物出版社2007年版，第345—354页。
14　载大足石刻研究院编：《2009年中国重庆大足石刻国际学术研讨会论文集》，重庆出版社2013年版，第542—554页。
15　载大足石刻研究院编：《2014年大足学国际学术研讨会论文集》，重庆出版社2016年版，第39—51页。
16　载《四川文物》1986年石刻研究专辑。

图 200　南山石窟立面图

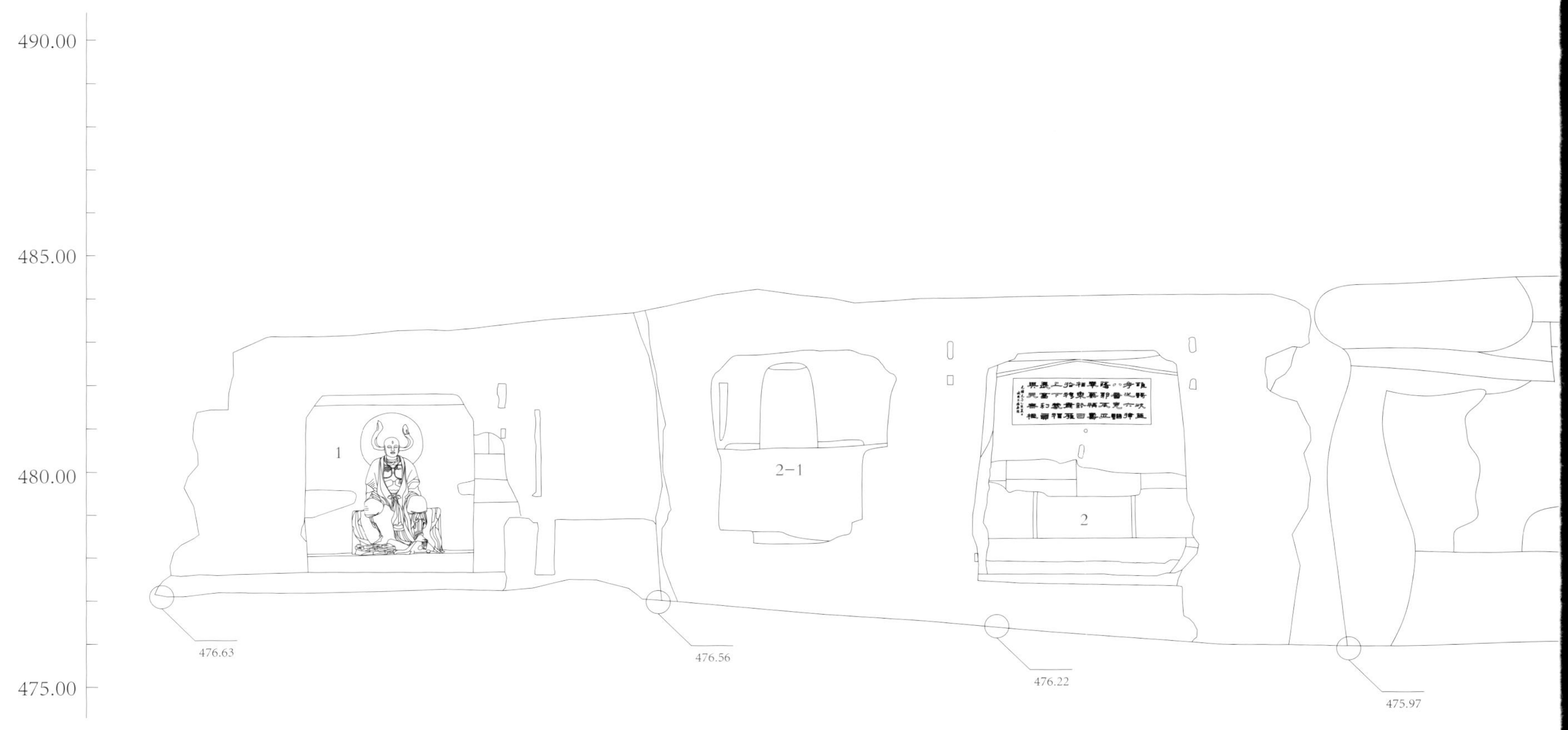

490.00

485.00

480.00

1

2-1

2

475.00

476.63　　　　　　　　476.56　　　　　476.22　　　　　475.97

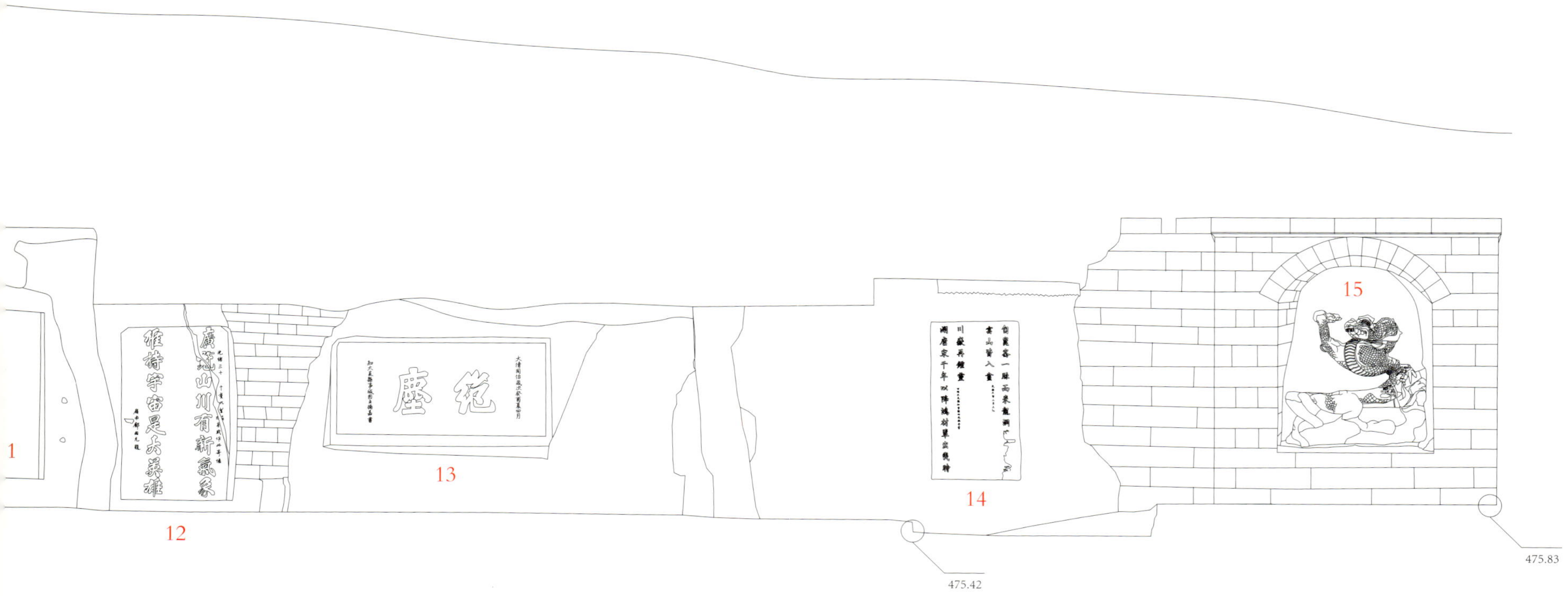

范
塵

12　　　　　13　　　　　　　　　　14　　　　　　　　　　　15

475.42　　　　　　　　　　　475.83

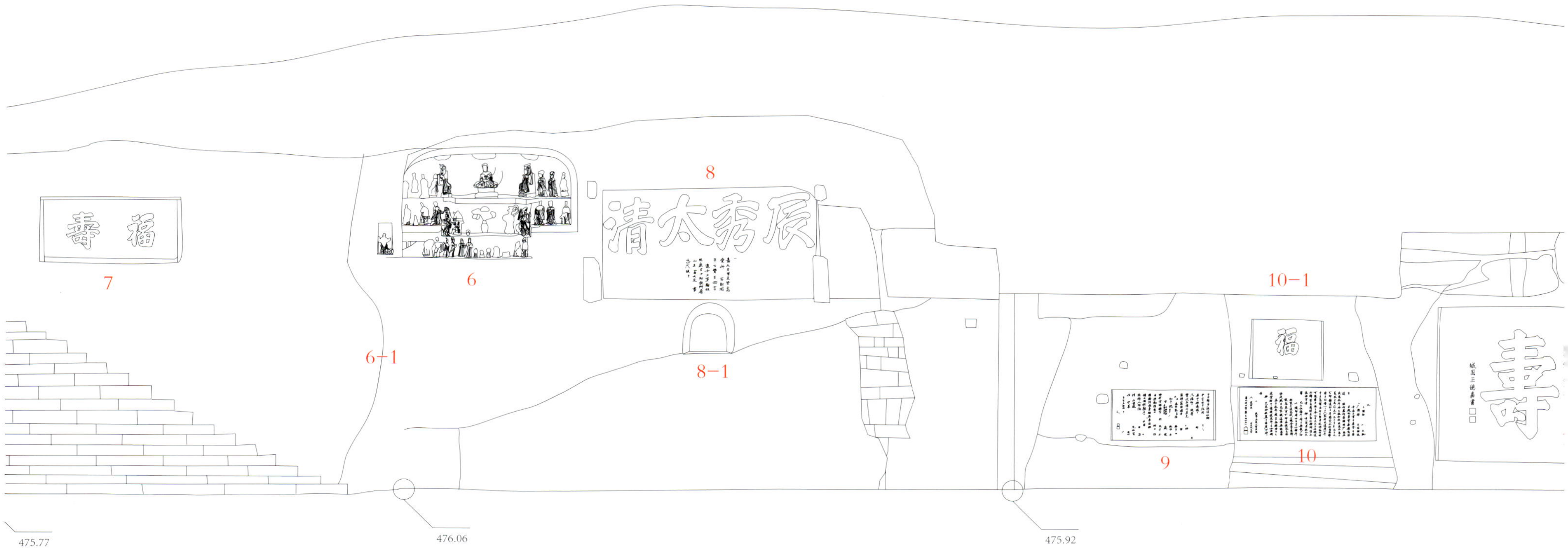

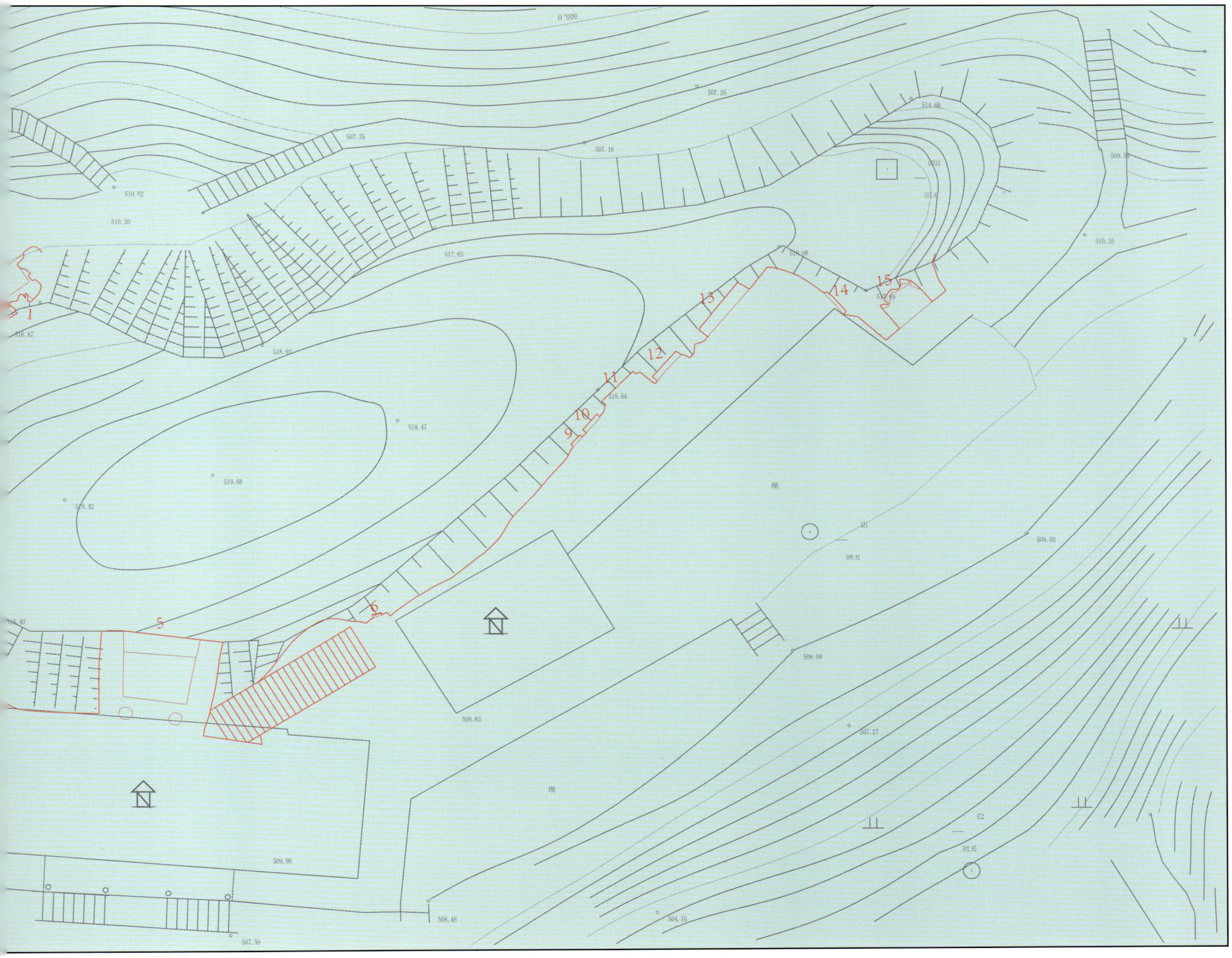

图 201　南山石窟平面图

## 第三节 第1号

### 一 位置

位于西壁北端。左为竖直壁面，右距壁面转折边缘141厘米；上距岩顶110厘米，下距现地坪21厘米。龛口西北向，方向310°。

### 二 形制

单层方形龛（图202、图203、图204、图205、图207、图209；图版Ⅰ：274、图版Ⅰ：275）。

龛口　从岩壁表面凿进最深28厘米形成龛口。龛口方形，左侧中部、下部毁，现以条石叠砌修补；右侧被后世改刻，存粗大凿痕，仅上部存宽3厘米的龛沿。龛口残高233厘米，宽216厘米，至后壁最深179厘米。龛口内侧凿宽30厘米的平整面，左侧中部毁，右侧部分残。龛口左右上角存斜撑结构，斜边平直。

龛底　略呈方形，环壁建低坛一级，高21厘米，最深90厘米；低坛正面宽208厘米。

龛壁　壁面竖直，正壁与左右壁圆弧相接；龛壁与龛顶垂直相交。

龛顶　略呈方形，平顶，部分剥蚀。

图202　南山石窟第1号龛立面图

图 203　南山石窟第 1 号龛剖面图

图 204　南山石窟第 1 号龛平面图

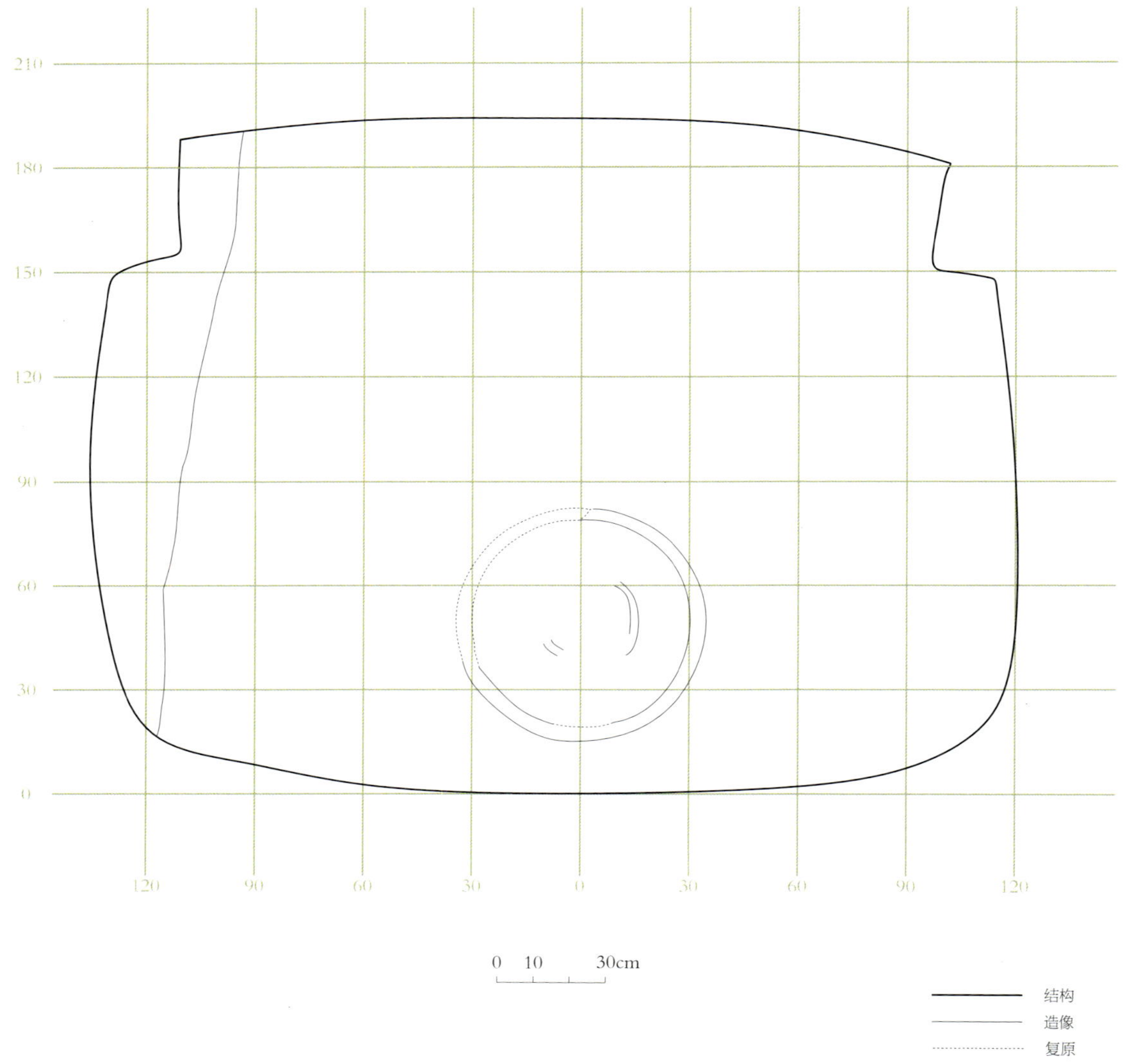

图 205　南山石窟第 1 号龛龛顶仰视图

## 三　造像

龛内刻像3身。其中，正壁刻主尊坐像1身，左右侧壁各刻立像1身，均置于低坛上（图202；图版Ⅰ：274）。

主尊像　坐高98厘米，头长26厘米，肩宽55厘米，胸厚21厘米（图206）。浮雕圆形素面头光，直径81厘米，厚2厘米。披发垂肩，罩巾，巾带于头后呈"U"形上扬。面方圆，额竖刻天目，双眼微睁，鼻略蚀，闭口，颈粗短。内着翻领宽袖服，袖摆垂于座侧。外罩甲，略蚀；可辨圆形胸护及胸下束甲索和腹部的兽头吞；再外罩披巾，于腹前作结相系。下着裤、缚裤，腰带长垂足间，小腿胫甲；飘带于腿间呈"U"形下垂，两端折叠敷搭前臂后长垂座前。前臂皆毁，左臂残毁处以水泥修补，倚坐于方台上。台高58厘米，宽114厘米，深48厘米。跣足，左足踏龟蛇，右足略毁，踏山石低台上。龟高14厘米，身长43厘米，背宽30厘米，头毁，两前足前伸伏地；其右刻一蛇，身长38厘米，最宽6厘米。山石低台高14厘米，最宽65厘米，深40厘米。

左立像　为女像。立身高131厘米，头长20厘米，肩宽32厘米，胸厚14厘米（图207、图208；图版Ⅰ：276）。梳髻，圆脸，细眼上挑，鼻略残，小口微闭，戴桃形耳饰，下坠两道带饰。罩云肩，内着翻领宽袖长服，左袖摆残，现以水泥修补。臂间刻半臂，腰带长垂足间。身饰飘带，两端长垂体侧。双手胸前托方形物，物高14厘米，宽16厘米，厚11厘米。着鞋直立。

右立像　为男像。立身高135厘米，头长24厘米，肩宽39厘米，胸厚14厘米（图209；图版Ⅰ：277）。梳髻，戴冠，冠大部残。面长圆，额微凸，眼角上挑，张口，露舌、齿，连鬓胡须卷曲，略蚀。内着窄袖服，外着交领宽袖服，下着裙。长服下摆及右侧裙摆残，现以水泥修补。胸束带，交叠长垂足间。双手身前斜持一剑，手及剑略残。剑残长40厘米，最宽5.5厘米。着鞋站立。

## 四　铭文

王伯富造真武龛香炉镌记，明正德十六年（1521年）。位于右侧壁立像头部右侧。刻石面高22厘米，宽18厘米。文左起，竖刻6行，存34字，楷体，字径2.5厘米（图版Ⅱ：83）。

图206　南山石窟第1号龛主尊像等值线图

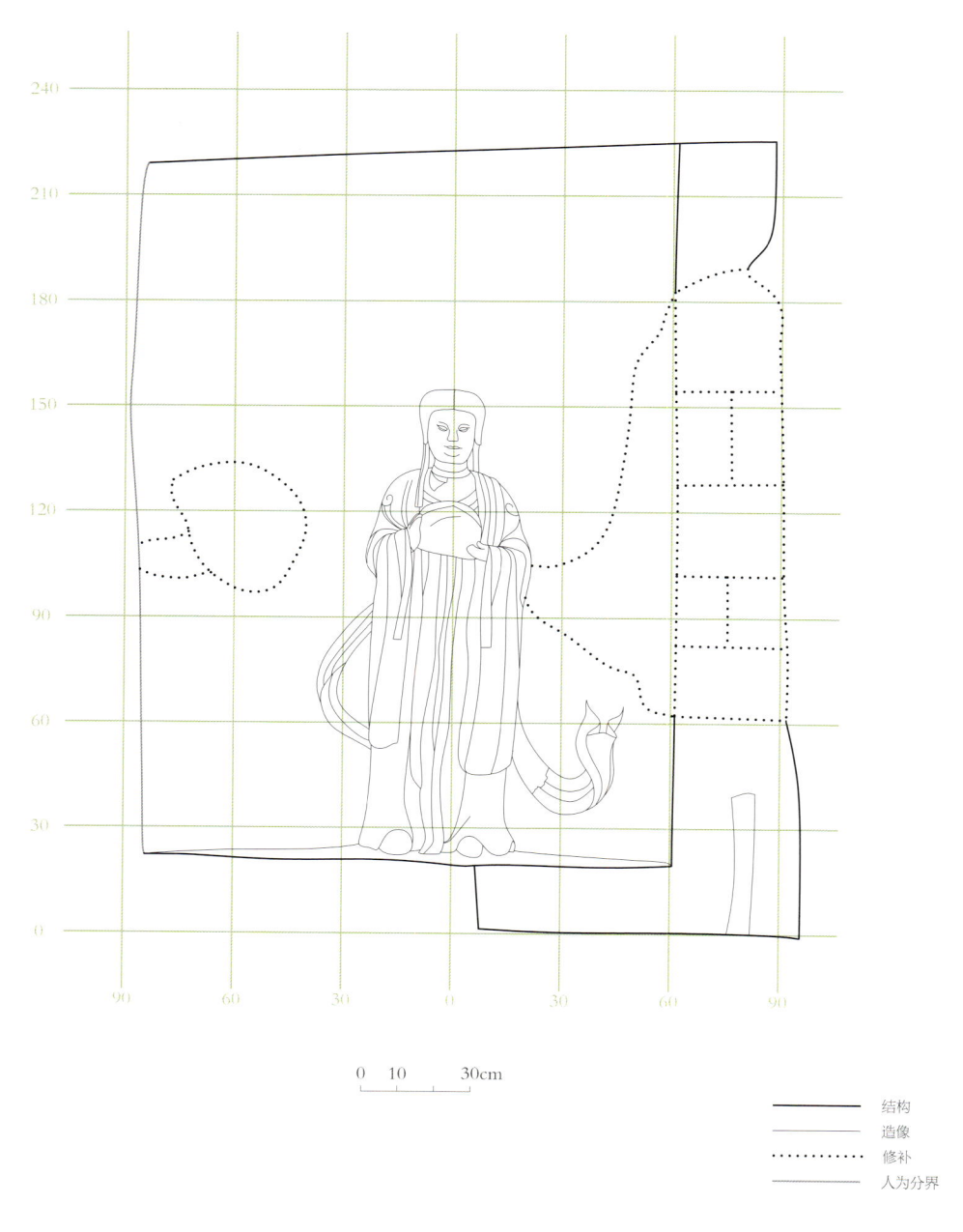

图207　南山石窟第1号龛左侧壁立面图

图208　南山石窟第1号龛左侧壁立像效果图

01　舍[1]财信士王伯富谨立
02　正德十六年夏五月
03　□十五日焚香建立
04　修炉石匠△黄相
05　黄□
06　钱国用

## 五　晚期遗迹

### （一）维修

龛口左侧中部毁，现以四级条石叠砌修补。修补面高128厘米，最宽69厘米。龛正壁左上方纵向裂隙、左侧中部横向裂隙，均以水泥封护。正壁与左右壁相交处中部、正壁右侧中下部残毁处均填塞补砌平整。

龛口下方与地坪之间安砌条石一级，高21厘米，宽319厘米，与龛底齐平。

龛外左上角凿二方孔，竖直相距28厘米。上孔略大，高32厘米，宽10厘米，深16厘米；下孔略小，高12厘米，宽6厘米，深9厘米。龛外左下方凿上窄下宽的两条凹槽，上槽高115厘米，宽6厘米，深10厘米；下槽高71厘米，宽28厘米，深26厘米。龛外上方68厘米处建混凝土挑檐，高17厘米，外挑岩壁50厘米，最宽440厘米。

图 209　南山石窟第 1 号龛右侧壁立面图

龛口右侧平整面中上部存一方孔，高5厘米，宽1.5厘米，深4厘米。

龛口内侧平整面底部对称各凿一方槽，形制相近，皆高43.5厘米，宽7厘米，深3厘米。

## （二）妆绘

龛内保存红色、黑色、绿色、灰白色四种涂层。

壁面及龛顶后世以石灰层涂抹并墨书，石灰层现已部分脱落。龛顶中部后侧以颜料描出大小二圆轮，略残。

# 第四节　第2号

## 一　位置

位于第1号龛左侧。左距岩壁转折边缘约160厘米，右距第1号龛630厘米；上距后世补接的挑檐55厘米，下距地坪70厘米。窟口西北向，方向303°。

## 二　形制

方形平顶窟（图210、图211、图212、图213；图版Ⅰ：278、图版Ⅰ：279）。

窟口　从岩壁表面竖直凿进最深约30厘米形成窟口。窟口方形，左沿、上沿毁，右沿保存中上部分，残宽15厘米，未见凿出下沿。窟口残高310厘米，宽285厘米。

窟底　呈方形，内宽266厘米，外宽285厘米，最深365厘米。窟底后侧略残，后世凿凹槽、方孔等。窟底前端凿两阶平台，竖直相距14厘米，台面略呈方形，上阶台面深76厘米，下阶台面深18—40厘米。窟底下距上阶平台30厘米。

窟壁　壁面竖直，壁面间垂直相接，与窟顶垂直相接。正壁高240厘米，宽265厘米，中上部向内凿方碑。左壁高235—250厘米，宽330厘米，外侧凿方碑。右壁高240厘米，最宽325厘米，外侧凿方碑。

窟顶　平顶，呈方形，内侧和前端部分残脱。

## 三　铭文

窟内保存铭文3则。

第1则

王德嘉隶书碑，清光绪元年（1875年）。位于正壁方碑内。碑高62厘米，宽180厘米，最深8厘米，左右及下部刻出宽2厘米的边框，打刻粗糙。左起竖刻10行40字，隶书，字径10厘米；署款竖刻2行14字，行书，字径8厘米（图版Ⅱ：84）。

01　雅歌吹笙
02　考之六律
03　八音克谐
04　荡邪反正
05　奉爵称寿
06　相乐终日
07　于穆肃雍
08　上下蒙福
09　长享利贞
10　与天无极
11　光绪元年乙亥夏日
12　城固王德嘉临[2]

署款下方竖刻方形印章两方，形制相同，高、宽皆3厘米。上方印章篆刻"德嘉名章"4字，下方印章篆刻"字宗甫号小垣"6字。

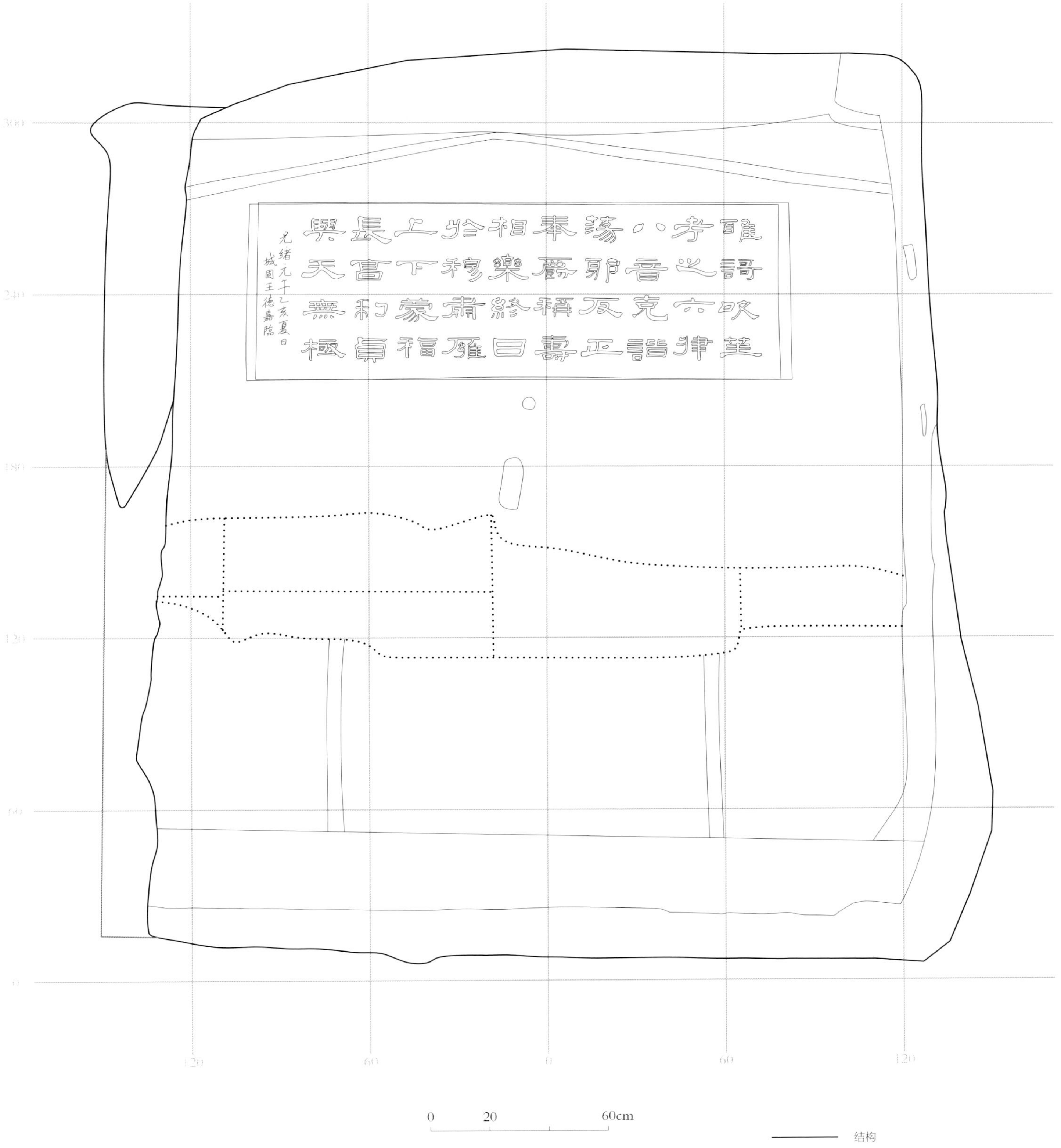

图 210　南山石窟第 2 号窟立面图

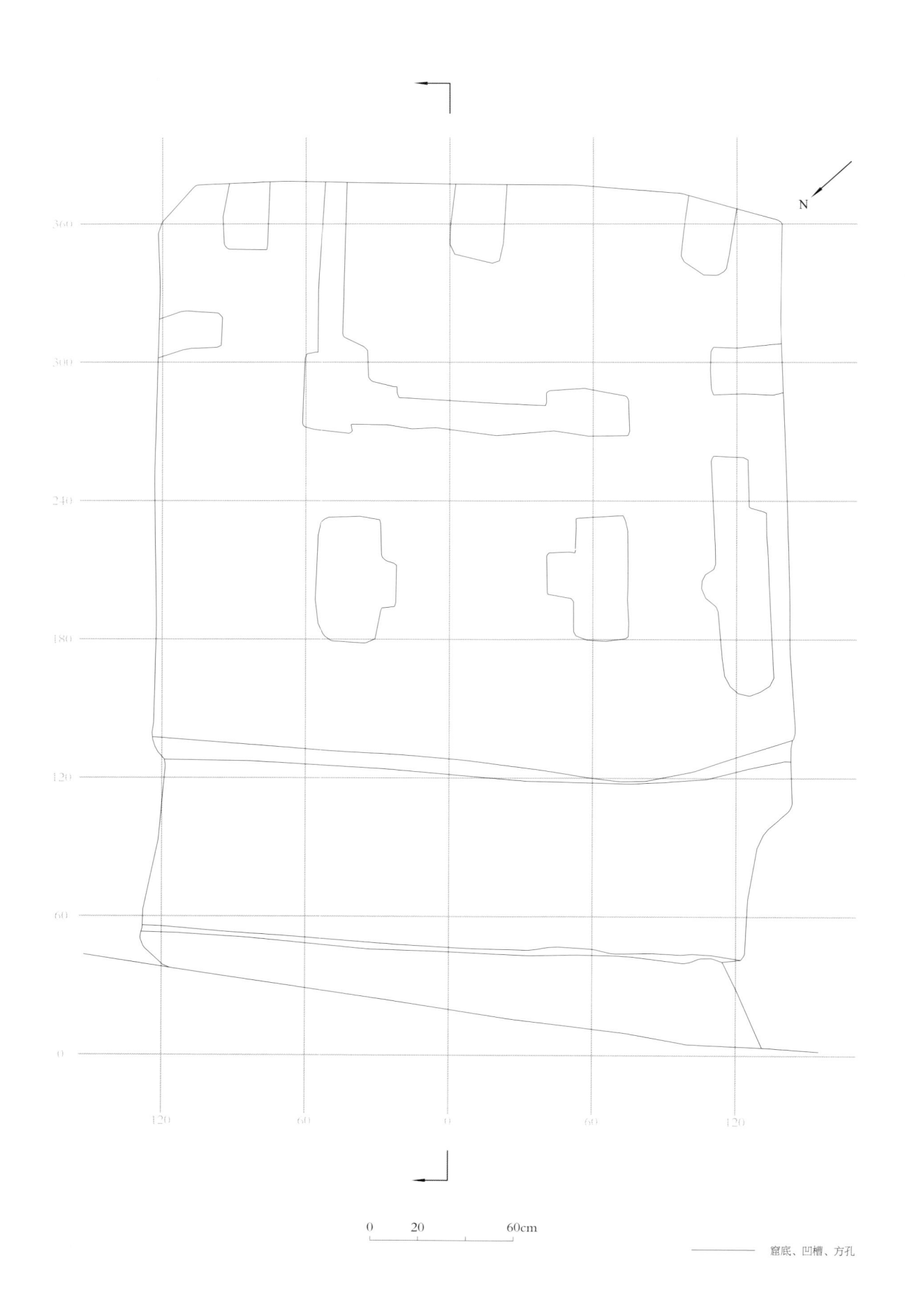

图 211　南山石窟第 2 号窟平面图

图 212　南山石窟第 2 号窟剖面图

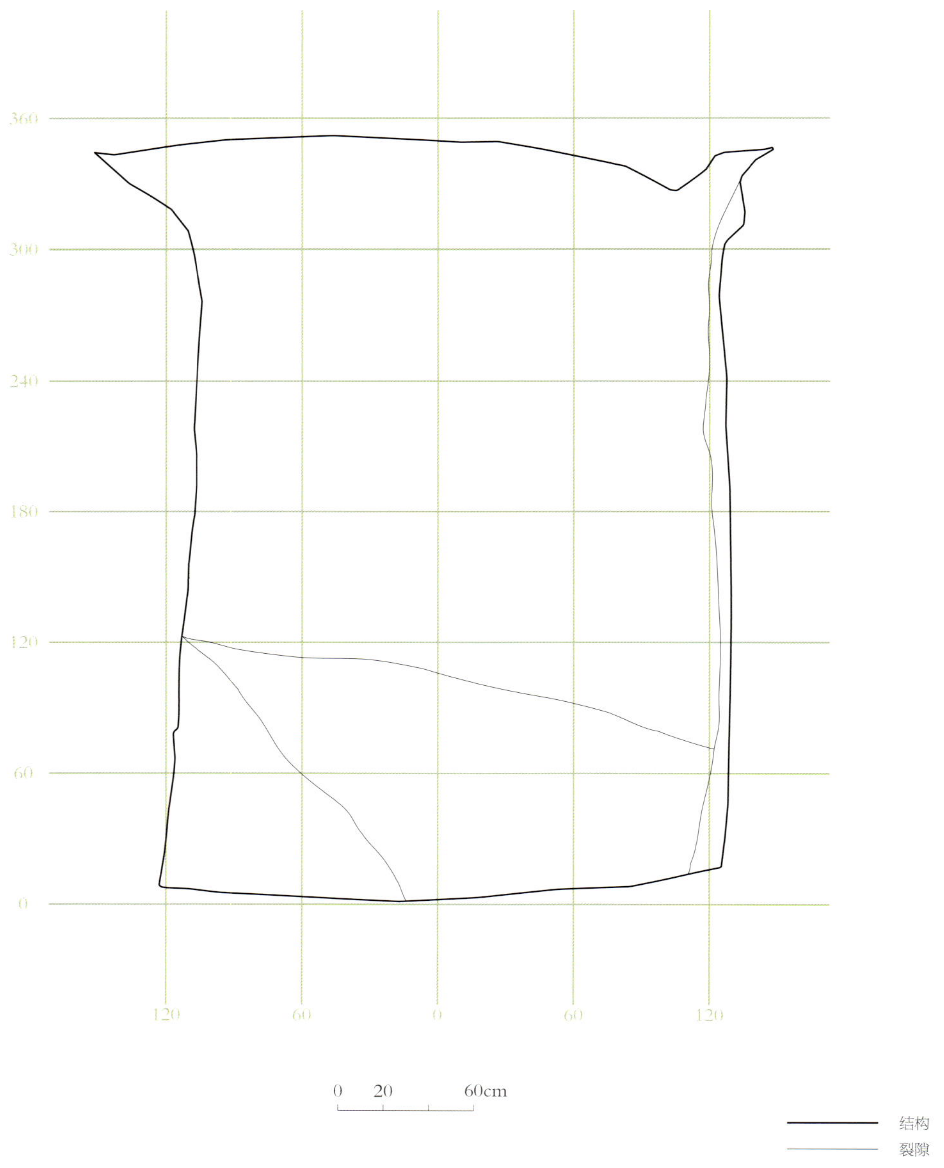

图 213　南山石窟第 2 号窟窟顶仰视图

第2则

张澍重游南山诗并跋，清嘉庆二十三年（1818年）。位于左壁。刻石面高135厘米，宽110厘米，最深7厘米；内左起竖刻12行172字，行书，字径7厘米（图版Ⅱ：85）。

01　春云雪溪澹如消斗觉霜蹄踏磴[1]骄柳色青来莺
02　舌滑菜花黄处酒旗飘刑清无事官疏嬾僧
03　俗何知佛家寥半载昌州渐抚字怀音试听泮
04　林鸦△磨崖藓字又来寻乾道淳熙岁月深毁
05　党籍碑青史泣小朝廷币白头吟仅多避暑
06　消闲客谁抱忧时活国[2]心读罢张何唱和句
07　晴天一鹤响瑶音
08　岁行尽矣余将卸篆官舍清寂重游遣兴
09　摩挲宋刻倍增感吁口占二诗以志踪迹
10　嗜古君子或有取诸时

---

1　此"磴"字《大足石刻铭文录》录为"蹬"。重庆大足石刻艺术博物馆编：《大足石刻铭文录》，重庆出版社1999年版，第303页。
2　此"国"字《大足石刻铭文录》录为"囶"。同前引书，第304页。

11　嘉庆二十三年腊月二十四日西凉介
12　侯张澍题[3]

第3则

张澍重九日偕友登高记，清嘉庆二十三年（1818年）。位于右壁。刻石面高129厘米，宽157厘米，最深2.5厘米。内左起竖刻32行，存681字，行书，字径4厘米[1]（图版Ⅱ：86）。

01　重九日偕幕友胡梓川宋树亭少尉蔡峻峰内弟何晴霞游南禅
02　寺遂至玉皇观登高记
03　鸿雁北来节逢九日簿书少暇选地登高城南三里有南禅
04　寺佥曰幽胜肃驾游焉刹宇荒凉僧房卑庳不足邑裣惟
05　门外松桧橚掺颇堪延赏遂呼驺赴玉皇观路渐曲仄延缘而
06　上约里许乃至搽饮少憩入三清洞浏览凿空岩石雕镌法
07　像非自然者抚视洞门右刻隶书二十字笔意甚雄杰乃谁人曹
08　（漶）侧面刻楷书
09　（漶）疆飨其先考妣
10　（漶）书二十三字乃申
11　国吕元锡挈家寻仙于□□淳熙戊戌六月十三日也寻
12　仙下凿毁三字出洞摸左石壁为屋棚遮拥甚黝黑然火烛之寻七
13　律诗四首倡者为左朝请大夫知剑州军州事张宗彦和者为左朝
14　请大夫知昌州军州事何格非无岁月旁刻草书四行甚
15　模糊审视乃辛未初冬邓早跂张何二公诗者知其诗作
16　于淳熙辛酉岁邓早跂张大成书丹也旁有南山留题七律一
17　首乃淳熙五年〔六月〕十二日吕无锡挈家登南山回少憩南禅寺所作也下
18　刻和韵诗署款处数十字极小驳落不可辩仍循至右石壁有淳熙[2]
19　七年冬十月大足县令何光震同教授主簿等官刻石纪事者
20　文凡六百九十字旁有端平二年六月六日江原樊允季领
21　客资阳王熙避暑于此凡三十二字数百年苔封藤覆之物一旦出于
22　人间喜极欲颠百冯是获饬吏人撤木栏涤尘土将拓以饷知好也遂登
23　老君阁石像数十断裂横卧臂视阁[3]外野烟寘树时露颓阳孤鹜飞
24　处白塔出尖缦田水满皓同积雪矣呼镫剧饮联骑而归濡墨作记
25　并赋二诗
26　夹路松声涌翠涛丛篁秀色上霜袍偷闲来问空王法仰首
27　呼通帝座高幂地寒云迷窣堵摩天健鹘觑林皋登峰欲咒
28　石龙雨洗尽苔斑好吮毫△攀萝挏葛费冥搜赵宋
29　诗篇石壁留已到红羊劫火日谁悲白雁荆襄秋感怀
30　我欲唾壶击欷岁民偏鼓腹游严申酒禁米价甚贱黄[4]鞠苿黄循例

---

1　据《民国重修大足县志》，现将第8行补为："伟卿公余侍亲游此为庆元庚申冬雪后三日也侧面刻楷书"。第9行补为："七十字字有阙落系后人凿削乃知昌州陈伯疆飨其先考妣"。第10行补为："者为乾道己丑冬至日也循视洞门左刻楷书二十三家乃申"。第11行补为："国吕元锡挈家寻仙于此为淳熙戊戌六月十三日也寻"。
2　此"熙"字《大足石刻铭文录》录为"佑"。重庆大足石刻艺术博物馆编：《大足石刻铭文录》，重庆出版社1999年版，第303页。
3　此"阁"字《大足石刻铭文录》录为"客"。同前引。
4　此"贱黄"2字《大足石刻铭文录》录为"践贡"。同前引。

第四章　南山石窟　299

31　醉△严城寒漏下更筹△△嘉庆戊寅岁嘉平之月
32　赐进士出身前翰林院庶吉士知屏山县署大足县事西凉介侯张澍呵冻书[4]

## 四　晚期遗迹

正壁上端凿"人"字形浅沟，左右端沿壁面转折横向延伸至左右侧壁外端，全长约1100厘米，宽5厘米，深2.5厘米。

左壁存二条明显、宽大的纵向裂隙。一条位于壁面内侧，现以条石嵌入修补，上端与浅沟相接，下端与软弱夹层带相连，全长约132厘米，修补面最宽31厘米；一条位于壁面中部，已黏合修补，全长约155厘米。

右壁前端存一条纵向裂隙，上端与浅沟相接，下端与软弱夹层带相连，全长约207厘米。

左右壁前侧上部对称各水平凿一圆孔和方孔。内侧圆孔直径10厘米，最深13厘米；外侧方孔高10厘米，宽6厘米，最深7厘米。在外侧方孔下部，亦对称各纵向凿二方孔，形制相近，高11厘米，宽6厘米，深6厘米。

左右壁前侧下部各对称凿二方孔，形制有异，且部分受损。孔最高13厘米，宽8厘米，最深20厘米。

窟底后端凿三个均匀布置的凹槽，间距约75厘米；形制相近，高33厘米，宽19厘米，深3厘米。

窟底后侧中部凿方形凹槽，槽口宽9厘米，深2厘米；前端左右内侧角另凿对称方孔，高16厘米，宽33厘米，深4厘米；后端与正壁纵向凿出的凹槽相接。正壁凹槽宽6厘米，高60厘米，最深7厘米。

窟底左右侧中部对称各凿二方孔，孔高26厘米，宽16厘米，深3厘米。其中，左壁前侧方孔另凿一不规则的凹槽，形如"刀"形，最长100厘米，最宽21厘米，深11厘米。

窟底中部纵向凿二方孔，相距83厘米，孔高52厘米，宽19厘米，深8厘米。其中，左方孔前端25厘米处另凿一方孔，边宽18厘米，深6厘米。

窟外左右上角对称各纵向凿二方孔，相距约38厘米。上孔略大，高22厘米，宽7厘米，最深20厘米；下孔略小，高14厘米，宽6厘米，最深10厘米。

窟内方碑存黑色墨迹。

# 第五节　第2-1号

## 一　位置

位于第2号窟右侧上方。左距第2号窟91厘米，右距第1号龛295厘米；上距岩顶约80厘米，下距地坪230厘米。

龛口西北向，方向335°。

## 二　形制

单层方形龛（图214；图版Ⅰ：280）。于岩壁表面直接凿建方形龛口。龛口残损略重，残高约260厘米，宽228厘米，至后壁深65厘米。龛底略呈方形，部分残，且中部被后世改刻。正壁打磨粗糙，中部另凿一方龛，龛高115厘米，宽71厘米，最深36厘米；左右端各凿一凹槽，形制相近，高57厘米，宽约10厘米，最深24厘米。左右壁竖直，与正壁略作垂直相接。龛顶大部毁，残存少许。

## 三　造像

无。

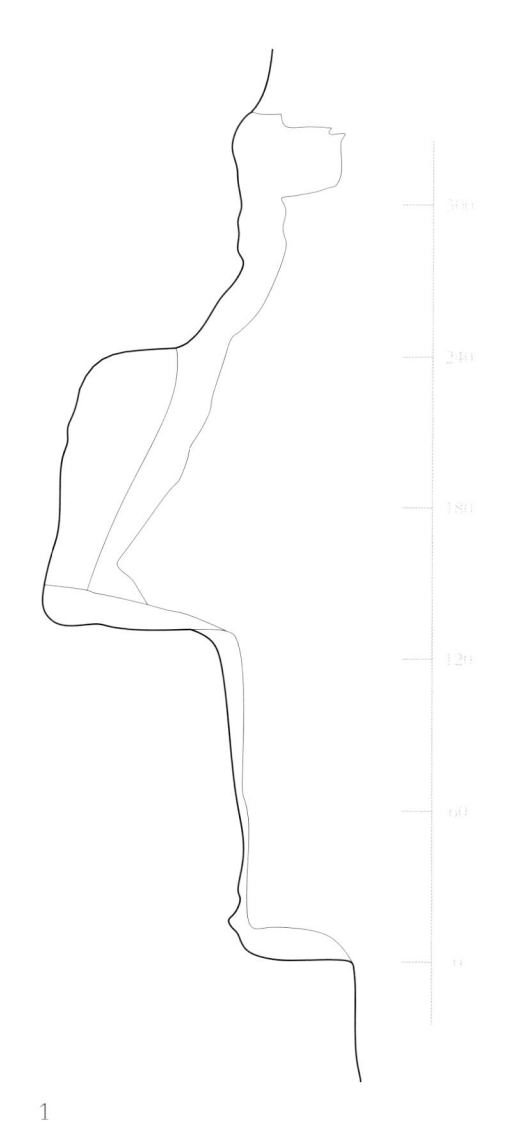

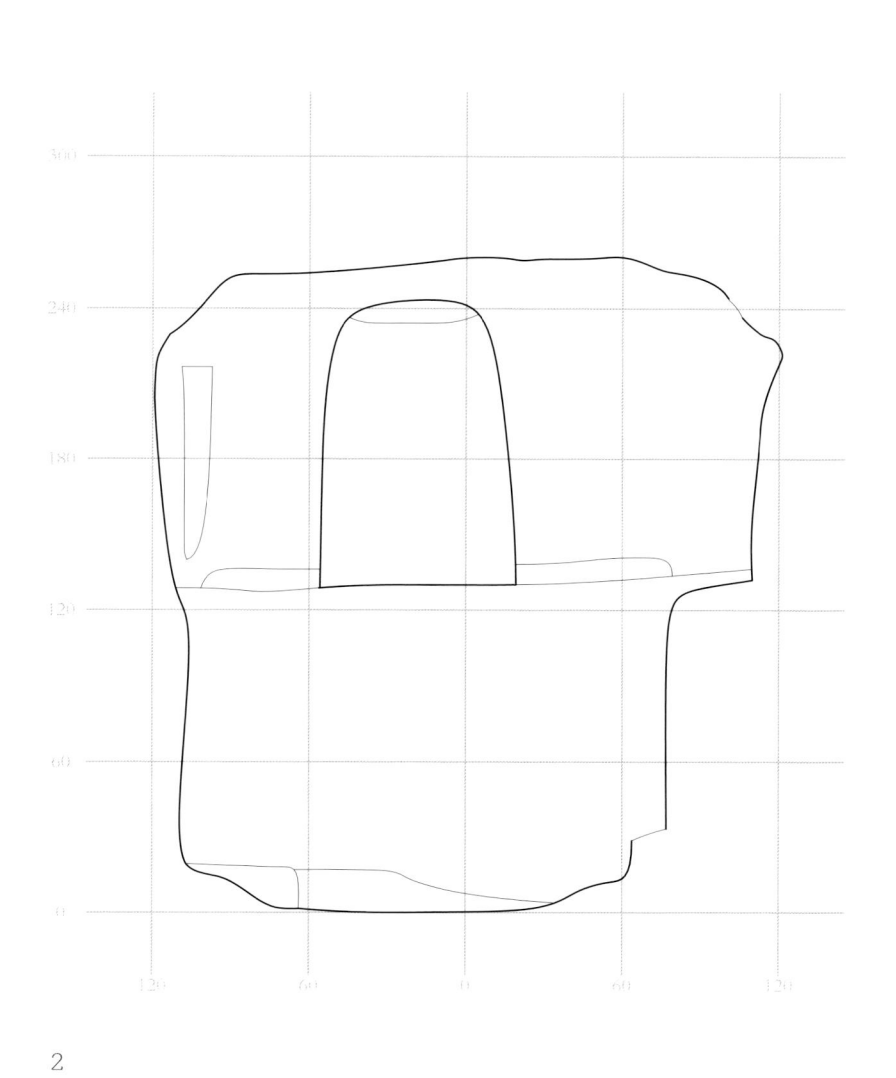

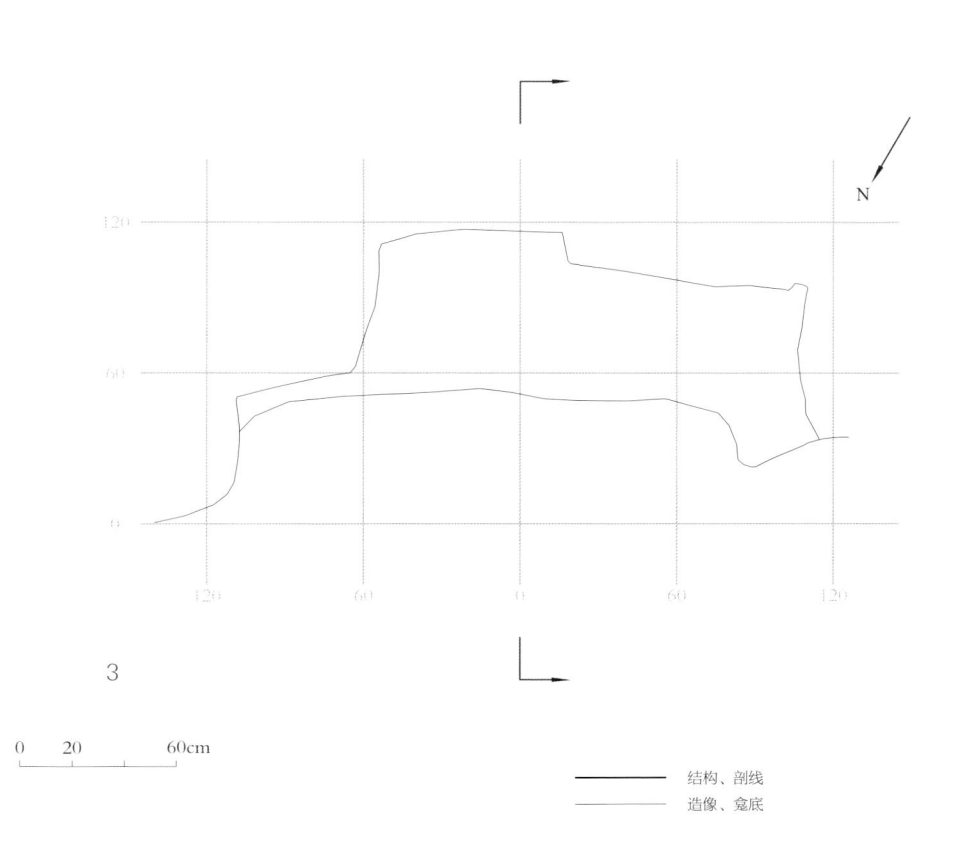

图 214　南山石窟第 2-1 号龛平、立、剖面图
1　剖面图　2　立面图　3　平面图

## 第六节　第3号

### 一　位置

位于第2号窟左侧向南转折壁面的上部。左距第4号龛240厘米，右距岩壁转折处630厘米；上距后世补接的挑檐25厘米，下距地坪350厘米。

碑西南向，方向220°。

### 二　形制

从岩壁直接凿建方碑。碑高92厘米，宽225厘米，最深10厘米。碑心局部剥落。

### 三　题刻

张澍书"蓊然云起"题刻，清嘉庆二十三年（1818年）。碑心横刻"蓊然云起"4字，楷书，字径42厘米。左、右各竖刻署款1行，共9字，楷体，字径8厘米（图版Ⅱ：87）。

蓊然云起
戊寅涂月（左款）
武威张澍书[1][5]（右款）

## 第七节　第3-1号

### 一　位置

位于第3号龛下方外凸壁面。左邻后世砌筑的条石壁面10厘米，右距壁面转折处约40厘米；上距第3号龛210厘米，下距地坪65厘米。

龛口西南向，方向191°。

### 二　形制

单层圆拱龛（图215；图版Ⅰ：281）。从岩壁竖直凿进最深约10厘米形成龛口。龛口呈圆拱形，高93厘米，最宽62厘米，至后壁深45厘米。龛底内宽外窄，略呈梯形，存斜向凿痕；内宽70厘米，外宽62厘米；前端中部凿一方槽，高6厘米，宽20厘米，最深8厘米。龛正壁竖直，存凌乱凿痕，与左右壁垂直相接；左右壁竖直，存较规整的横向凿痕；三壁与龛顶弧面相接。龛顶为券顶，存纵向规整凿痕。

### 三　造像

无。

---

1　铭文部分残脱，据《大足石刻铭文录》录写。重庆大足石刻艺术博物馆编：《大足石刻铭文录》，重庆出版社1999年版，第304页。

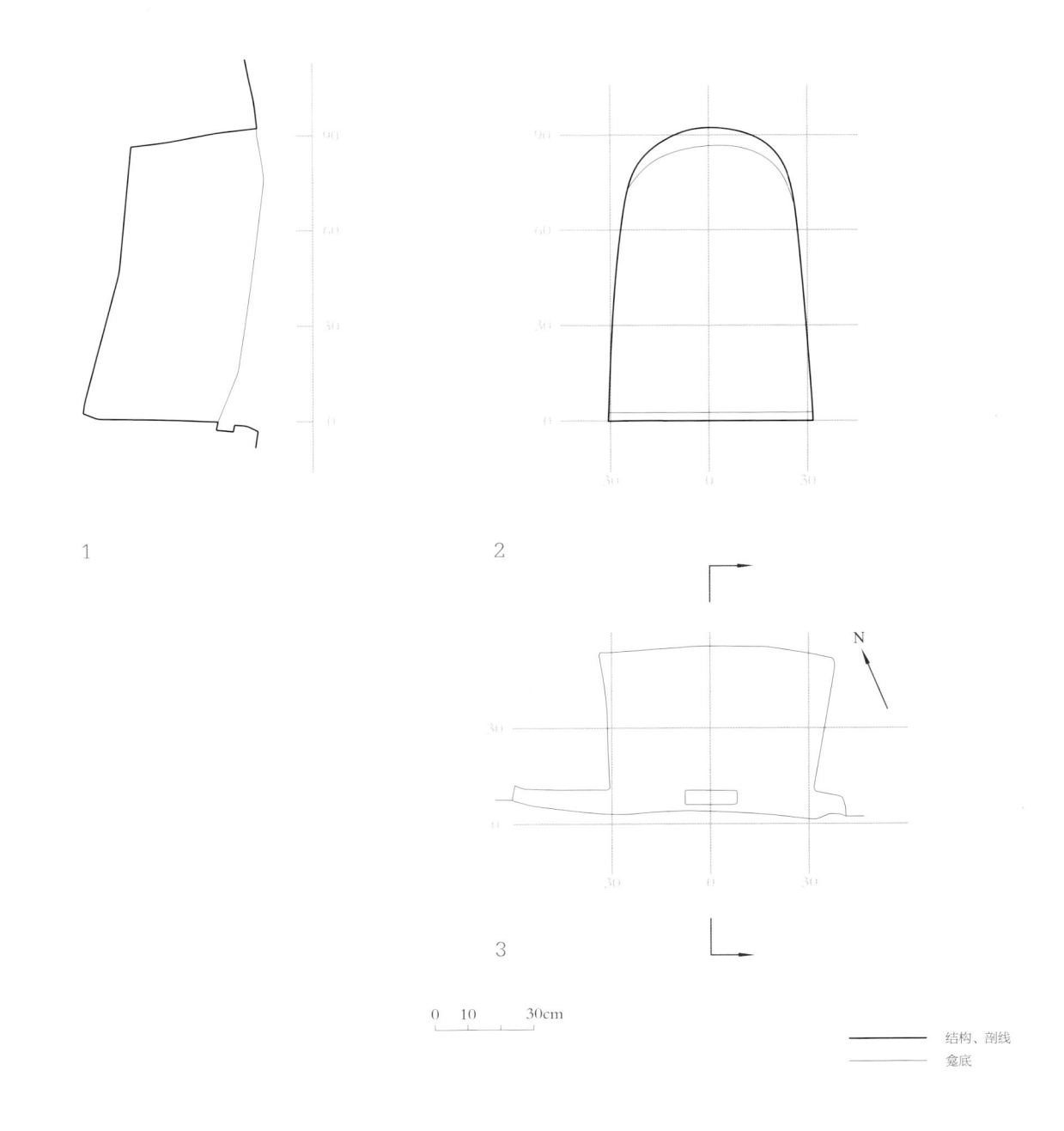

**图215　南山石窟第3-1号龛平、立、剖面图**
1　剖面图　2　立面图　3　平面图

## 第八节　第4号

### 一　位置

位于第3号龛左侧。左距第5号窟735厘米，右距第3号龛240厘米；上距后世补接的挑檐38厘米，下距龛前台面22厘米。龛前存外凸的岩体台面，断面形如三角形，前端设八级石阶，与地坪相接。

龛口西南向，方向235°。

### 二　形制

单层圆拱龛（图216、图217、图221；图版Ⅰ：282、图版Ⅰ：286、图版Ⅰ：287）。

龛口　原龛口大部毁，存左沿中部少许，沿面宽24厘米。龛口下部部分残，其余龛口后世以条石修补。现龛口呈圆拱形，高316厘米，宽265厘米，至后壁最深182厘米。龛口左侧中部存宽15厘米的平整面，内侧与龛壁弧面交接。

图216 南山石窟第4号龛立面图

龛底　呈方形，左端残，后世嵌入石板修补。后壁建三级低坛，与龛口等宽。自下而上，第一级低坛高50厘米，深51厘米；第二级低坛高54厘米，深40厘米；第三级低坛高18厘米，深25厘米。左右壁各建一级低坛，残损甚重，后世以条石修补，现高88厘米，宽97厘米，最深21厘米。

龛壁　为弧壁，外端皆毁，后世以条石叠砌修补，与原龛壁大致在同一弧面。龛壁与龛顶弧面相接。

龛顶　大部毁，存中部内侧少许，外侧以条石修补，呈券顶。

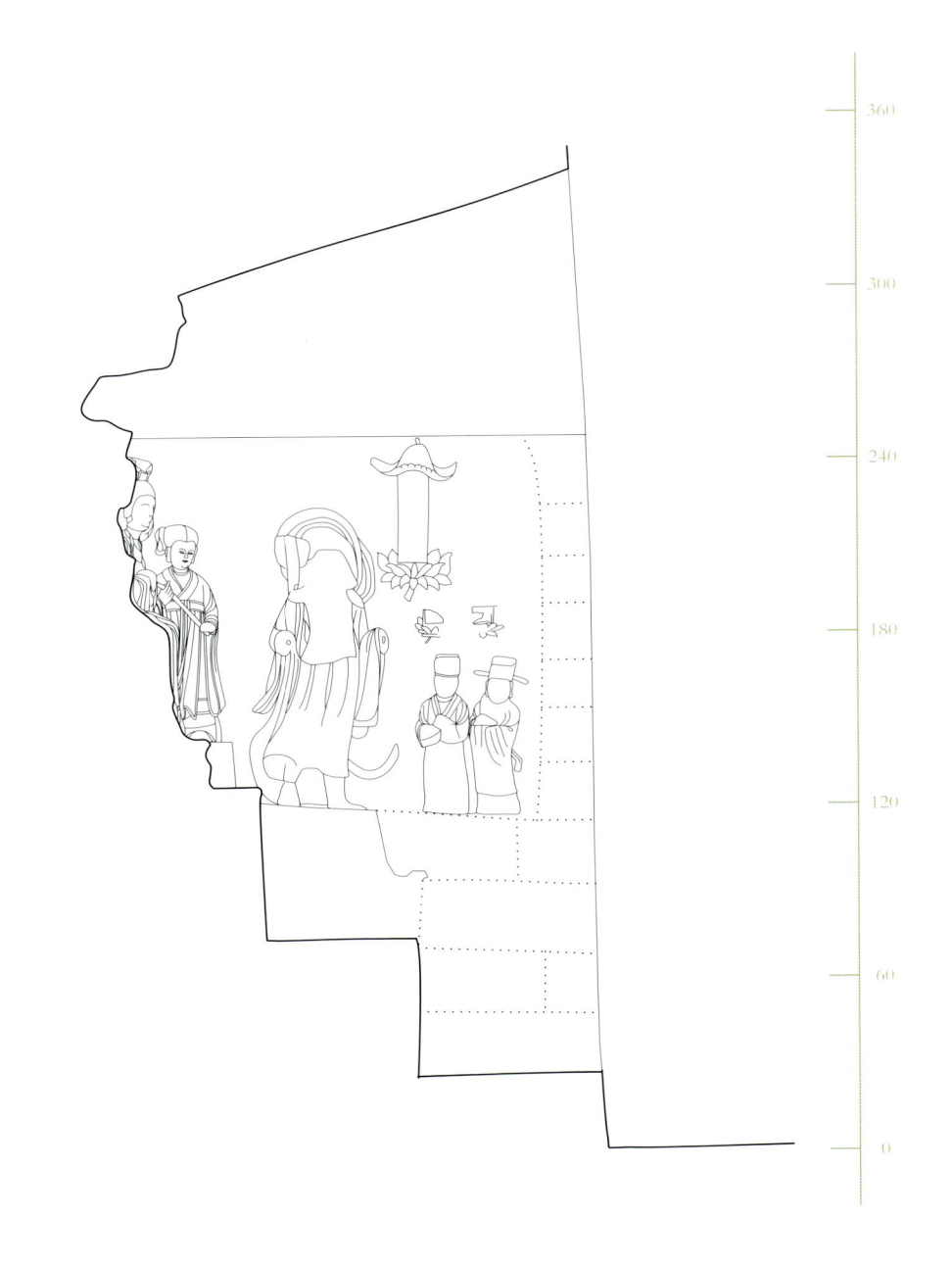

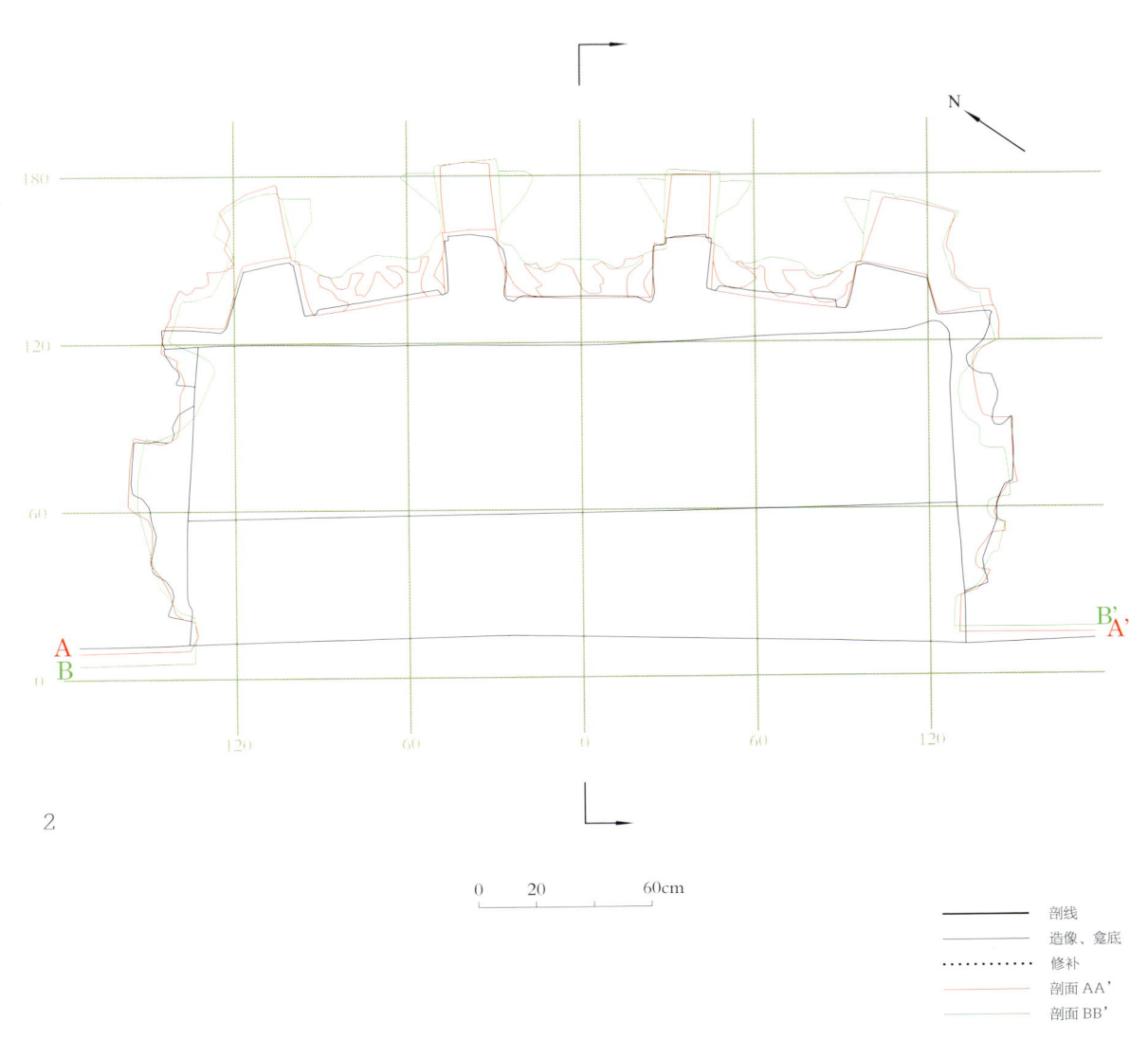

图 217　南山石窟第 4 号龛平、剖面图

1　剖面图　2　平面图

第四章　南山石窟

左　　　　　　　　　　　　　　　中　　　　　　　　　　　　　　　右

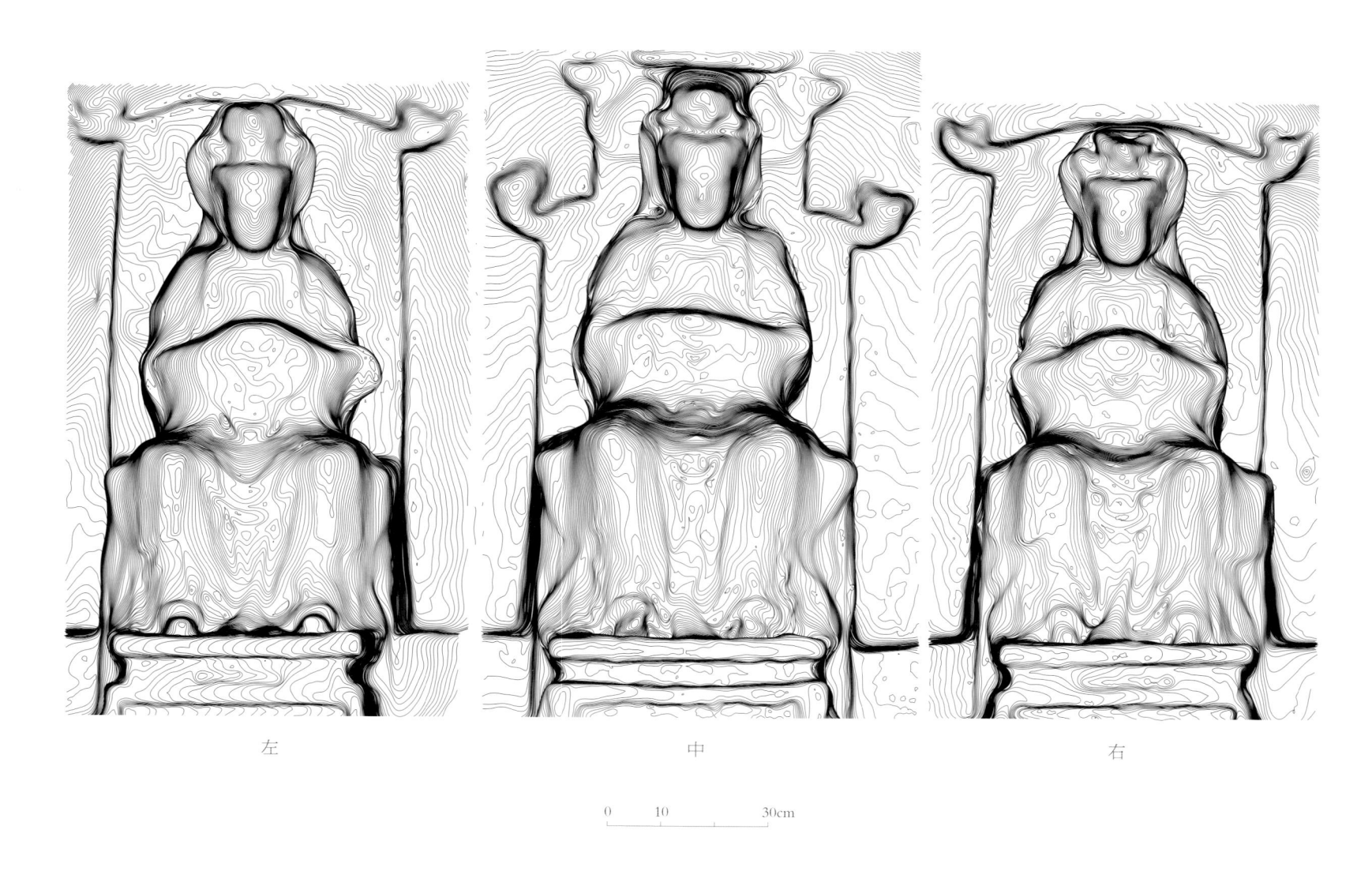

0　10　　30cm

图218　南山石窟第4号龛正壁三主尊像等值线图

## 三　造像

龛内刻像11身。根据造像位置，分为正壁、左右壁造像两部分（图216；图版Ⅰ：282）。

### （一）正壁

共刻像5身。其中，中刻主尊坐像3身（图216、图218），置于第二级低坛上；左右各立侍者像1身，置于第三级低坛上。

中主尊像　坐高71厘米，头长30厘米，肩宽30厘米，胸厚14厘米（图版Ⅰ：283）。梳高髻，鬟发绕耳，戴凤冠，凤鸟大部残，冠下垂珠串花钿，冠带作结后分作四道，两道斜垂肩后，两道呈"U"形上扬。面长圆，眉眼残，后世重刻；鼻高直，耳垂，后世补塑，其下垂带形珠串耳饰。罩云肩，上着翻领宽袖长服，下着裙，臂间刻出半袖，胸际系带束蔽膝，带长垂足间；霞帔沿肩下垂，止于双足外侧。双手置胸前覆巾，部分残。足履，略残，踏方形足踏，倚坐于双重龙首靠椅上。椅通高123厘米，宽55厘米，深27厘米；靠背分上下两重，分饰龙首。足踏高17厘米，宽51厘米，深20厘米，部分残，后世补塑完整；中部束腰处线刻云纹两朵。

中主尊头部上方刻外挑的华盖，残蚀甚重，残高15厘米，最宽67厘米，饰刻花卉；正面刻方形匾额，略残，残高16厘米，宽40厘米，匾框外敞，匾心左起竖刻"注生后土圣母"3行6字，楷体，字径4厘米[1]。

左主尊像　坐高65厘米，头长25厘米，肩宽30厘米，胸厚14厘米（图版Ⅰ：284）。造像特征与中主尊略同。座椅为单重靠背龙首椅，通高102厘米，宽50厘米，深25厘米；足踏高16厘米，宽47厘米，深17.5厘米；正面束腰处刻壶门。

主尊头顶上方华盖大部残，残高9厘米，最宽50厘米。

右主尊像　坐高70厘米，头长28厘米，肩宽28厘米，胸厚16厘米（图版Ⅰ：285）。造像特征与中主尊略同。座椅为单重靠背龙首椅，高104厘米，宽51厘米，深23厘米；足踏高18厘米，宽47厘米，深21.5厘米；正面束腰处刻壶门。

主尊头顶上方刻华盖，大部毁，残高10厘米，最宽56厘米。

左侍像　为女像。立身高74厘米，头长14厘米，肩宽20厘米，胸厚8厘米（图219、图220-1）。束双髻，面椭圆，略蚀，上着交

---

[1] 此则铭文现已漶不识，据《大足石刻铭文录》收录。见重庆大足石刻艺术博物馆编：《大足石刻铭文录》，重庆出版社1999年版，第290页。

图219　南山石窟第4号龛正壁左侍者像效果图

领宽袖服，下着裙，胸际系带束蔽膝。腕镯，双手握持长柄凤首拂尘，残长48厘米，足履。

右侍像　为女像。立身高77厘米，头长16厘米，肩宽20厘米，胸厚8厘米（图220-2）。面蚀，余与左侍像略同。拂尘柄残断，后世补塑完整，全长55厘米。

（二）左右壁

左右壁各刻像3身，对称布置。内侧为立像1身，外侧为供养人立像2身。从内向外，依次编为左第1—3像和右第1—3像（图221；图版Ⅰ：286、图版Ⅰ：287）。其特征详见表9。

**表9　南山第4号龛左右壁造像特征简表**

| 左壁 | 造像特征 | 右壁 | 造像特征 |
| --- | --- | --- | --- |
| 1 | 残毁甚重。立像残高86厘米。可辨着宽袖服，飘带环于头后，左臂屈肘外展，前臂毁，右臂自肘残断。像左上方刻一碑，通高45厘米，碑首为覆莲叶，碑身方形，高27厘米，宽9厘米，碑座为双重带茎仰莲，内竖刻"九天监生大神"6字，楷体，字径3.5厘米（图版Ⅱ：88）。 | 1 | 立身高104厘米，头长20厘米，肩宽23厘米，胸厚12厘米。梳髻戴冠，大部毁，冠带斜向上扬头后。面残，垂带形耳饰。胸剥蚀，上身衣饰难辨，下着裙，霞帔环于后头，沿肩长垂体侧，双手毁，似置胸前，足蚀。像头部右上方残存方碑，残高23厘米，宽8.5厘米，内存竖刻的"□天送生夫□[3]"6字，楷体，字径3.5厘米（图版Ⅱ：89）。 |
| 2 | 立身高55厘米。头巾，面残，双肩及胸为后世补塑。身残蚀，可辨双手残，置胸前，足蚀。头顶右上方残存方形碑身及带茎仰莲花，碑文现无存[1]。 | 2 | 残毁甚重，仅辨轮廓，残高42厘米。 |
| 3 | 立身高55厘米。戴展脚幞头，身面残蚀，似着圆领长服，腰束带，双手置胸前持物，手及物残，足蚀。像头顶上方残存方碑及仰莲花，内存"何浩"2字[2]，楷体，字径3厘米。 | 3 | 残毁甚重，仅辨轮廓，残高38厘米。 |

1　《大足石刻铭文录》录为"□开山化首张全一"。见重庆大足石刻艺术博物馆编：《大足石刻铭文录》，重庆出版社1999年版，第290页。
2　《大足石刻铭文录》录为"父何正言」男乡贡进士何浩｜"。同前引。
3　《大足石刻铭文录》录为"九天送生夫人"。同前引。

第四章　南山石窟　307

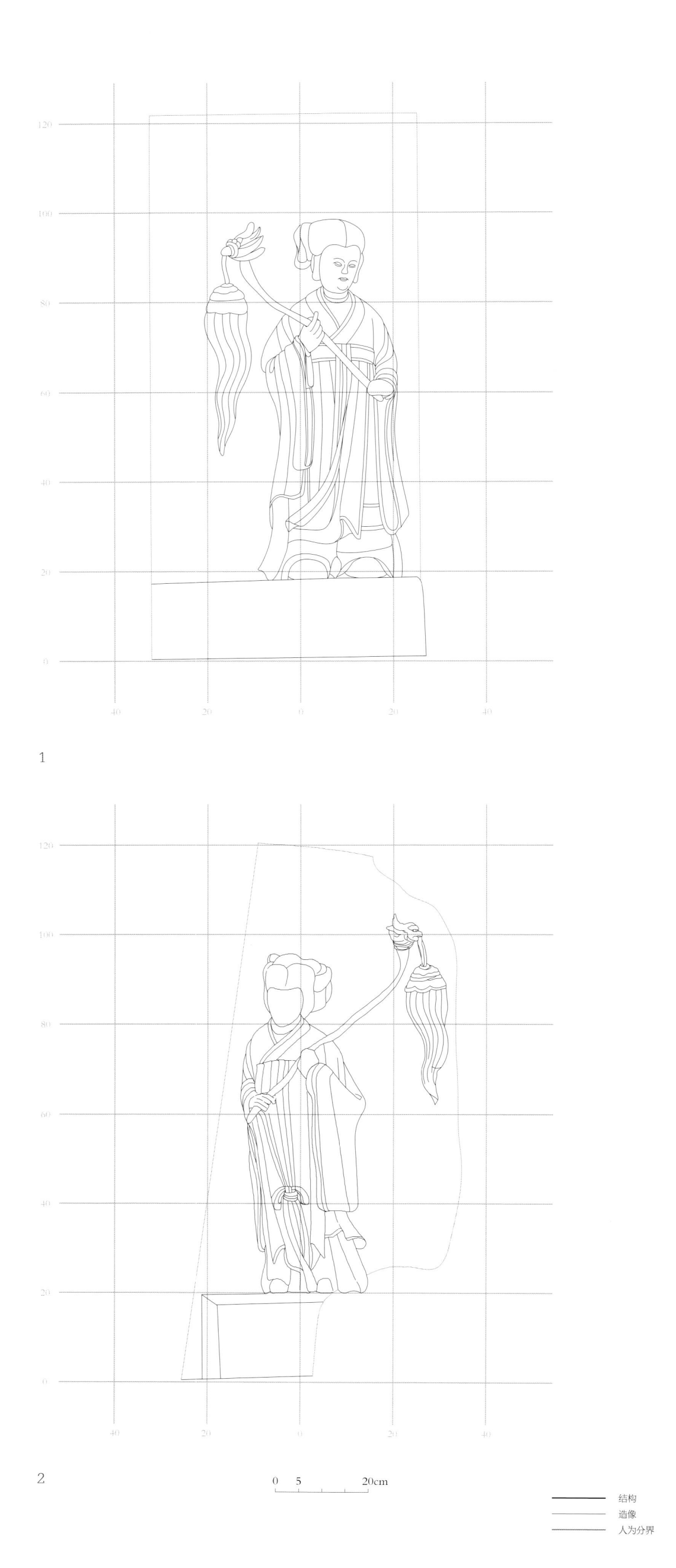

图 220 南山石窟第 4 号龛正壁左右侍者像立面图
1 左侍者　2 右侍者

308　大足石刻全集　第五卷（上册）

图 221　南山石窟第 4 号龛左右壁立面图
1　左壁　2　右壁

## 四　晚期遗迹

### （一）铭文

梅亭诗，清代（1644—1911年）。位于龛外右侧中部，相距龛口40厘米。刻石面残高74厘米，宽24厘米。文左起，竖刻4行，存21字，行书，字径3—8厘米（图版Ⅱ：90）。

01　未获登高去缘□□日
02　消前游人已散独听□〔潇〕
03　潇△予将（漶）
04　游此（漶）[1][6]

### （二）构筑

龛右沿存纵向的两枋孔。上孔高32厘米，宽9厘米，深13厘米；下孔高13厘米，宽7厘米，深10厘米。

龛口外侧16厘米处凿圆拱形浅沟，宽5厘米，深3厘米，弧长约480厘米。

### （三）妆绘

龛内保存灰白色、红色、绿色三种涂层。

## 第九节　第5号

### 一　位置

位于岩体南向壁面中部略偏左位置。右距第4号龛735厘米，左距壁面边缘残毁补接处270厘米；上距岩顶约580厘米，下部与窟前现地坪齐平。

窟口西南向，方向192°。

### 二　形制

中心柱窟（图222、图223、图224、图225、图226、图245、图246；图版Ⅰ：288、图版Ⅰ：289、图版Ⅰ：290、图版Ⅰ：291、图版Ⅰ：292、图版Ⅰ：327、图版Ⅰ：328、图版Ⅰ：333、图版Ⅰ：334）。

窟口　于岩壁表面直接凿建窟口。窟口左右外侧壁面打磨粗糙，存后世改刻的痕迹。上部后世嵌入方形钢筋混凝土横梁一根，高40厘米，长510厘米，厚27厘米，略低于窟口8厘米。窟口方形，高380厘米，宽510厘米，厚38厘米；左右内侧凿宽约35厘米的竖直平整面，并转折与窟壁垂直相接，转折面宽约40厘米。窟口中部左外侧壁面内进，凿建高125厘米，宽225厘米，最深15厘米的竖直壁面。

窟底　略呈方形，后世以石板铺设平整。外宽510厘米，内宽600厘米，深485厘米，至窟顶高380厘米。前侧左右各刻一龙柱，支撑窟顶前端。窟底中部设方坛，高53厘米，前侧宽303厘米，后侧宽380厘米，左右两侧各宽330厘米，后部与窟正壁相接；坛上立

---

[1]《大足石刻铭文录》根据《民国重修大足县志》将本则铭文校补为"未获登高去缘从此日」消前游人已散独听树潇」潇予将去棠城再」游此地感而吟此」梅亭」"。重庆大足石刻艺术博物馆编：《大足石刻铭文录》，重庆出版社1999年版，第308页。

方柱，后侧与窟正壁相连，上部与窟顶相接。方柱后侧后世凿出方形巷道，横向（东西）贯通，使方柱形如中心柱（图版Ⅰ：289、图版Ⅰ：290）。巷道高233厘米，宽105厘米，全长358厘米。巷道东、西两端对称凿纵向的凹槽，东端凹槽高70厘米，宽9厘米，深6厘米；西端凹槽高118厘米，宽9厘米，深8厘米。窟底左右环壁设方案，高109厘米，深40厘米，案面铺设帷幔；右侧方案毁，后世以条石修补。

窟壁　窟壁竖直，高275—300厘米。左壁与正壁左侧弧面相接，右壁内侧和正壁右侧皆毁，后世以条石叠砌修补，且垂直相接。窟壁与窟顶垂直相交。

窟顶　方形，平顶，后世以条石嵌入加固，使窟顶形如方形网格面；窟顶右后角毁，后世修补，现存留一方形孔洞，边宽89厘米，最深72厘米（图版Ⅰ：291、图版Ⅰ：292）。

## 三　造像

此窟规模较大，内容较丰富。据其布置，可分为窟口龙柱、窟内方柱、窟壁造像三部分。

### （一）龙柱

两根。立于窟前左右侧，相距215厘米（图227；图版Ⅰ：293、图版Ⅰ：294）。左龙柱距窟左壁76厘米，右龙柱距窟右壁78厘米。龙柱通高380厘米，下起窟底，上至窟顶。龙柱柱础为八面方台，高20厘米，面宽25—33厘米。柱身高360厘米，上、下部分略呈方形，中部略呈圆形，刻盘龙一条，刻石面高220厘米，龙首相对，现于正面。

左龙　龙首上扬，张口露齿。唇前端刻祥云一朵，大部毁。眼圆睁，龙角分叉，鬣毛上扬，曲颈，龙身修长，绕柱一周。龙身遍刻龙甲、腹甲、背鳍、四腿粗壮，刻肘毛，四爪；右前腿上举握圆珠一粒，珠径约7厘米，余三腿向下蹬踏云纹；兽形龙尾上扬卷曲。龙身底部饰云纹。

右龙　龙口闭合，龙身蜿蜒向下，龙尾下垂卷曲，余与左龙略同。

### （二）方柱

方柱高325厘米，下起窟底方坛，上至窟顶（图228、图229；图版Ⅰ：295）。正面宽约260厘米，外距方坛边缘77厘米，距窟口185厘米；左右壁面宽258厘米，外距方坛边缘40厘米，左距窟左壁118厘米，右距窟右壁116厘米。

方柱正面开龛造像；左壁面中上部内凹，造像两组；右壁面素平，中部左侧刻方碑一通。

#### 1. 方柱正面

中部开方形龛（图230、图231、图232；图版Ⅰ：295）。龛口高212厘米，宽201厘米，至后壁最深138厘米；左右上角被后世凿毁，估计原刻有斜撑结构。龛口左右沿，各纵向开四个圆拱形浅龛。龛口上沿刻一方形匾额，高28厘米，宽105厘米，外凸壁面5厘米，内左起横刻"三清古洞"4字，楷体，字径16厘米（图版Ⅱ：91）。匾额左右各刻仙鹤一只，左鹤高13厘米，身长28厘米，曲颈回首，敛翅，腿不现；右鹤高40厘米，身长60厘米，尖喙曲颈，展翅，右翅大部毁，蹬腿，向左作飞翔状。龛口下沿为高40厘米的竖直平整面。龛底、龛顶均略呈半圆形。龛底前侧下部内进刻一段重台勾栏。龛壁竖直，略垂直相交；中部设低台一级，最深26厘米，致龛壁分作上下两部分，进深差约30厘米。

为记述方便，将方柱立面造像分为龛内上部、龛内下部、龛底前侧立面、龛左右沿四部分。

（1）龛内上部

龛上部共刻像13身，布置于正壁和左右壁（图233）。

Ⅰ. 正壁

正壁中刻坐式主尊像3身，左右端（壁面转折处）各刻侍者立像1身（图版Ⅰ：296）。

中主尊像　坐高48厘米，头长17厘米，肩宽20厘米，胸厚10厘米[1]。浮雕桃形头光和圆形身光，边缘饰火焰纹。头光尖端毁，横

---

[1] 此像与左右二主尊像头部皆曾断离，后世重新粘接成现状。

图 222　南山石窟第 5 号窟立面图

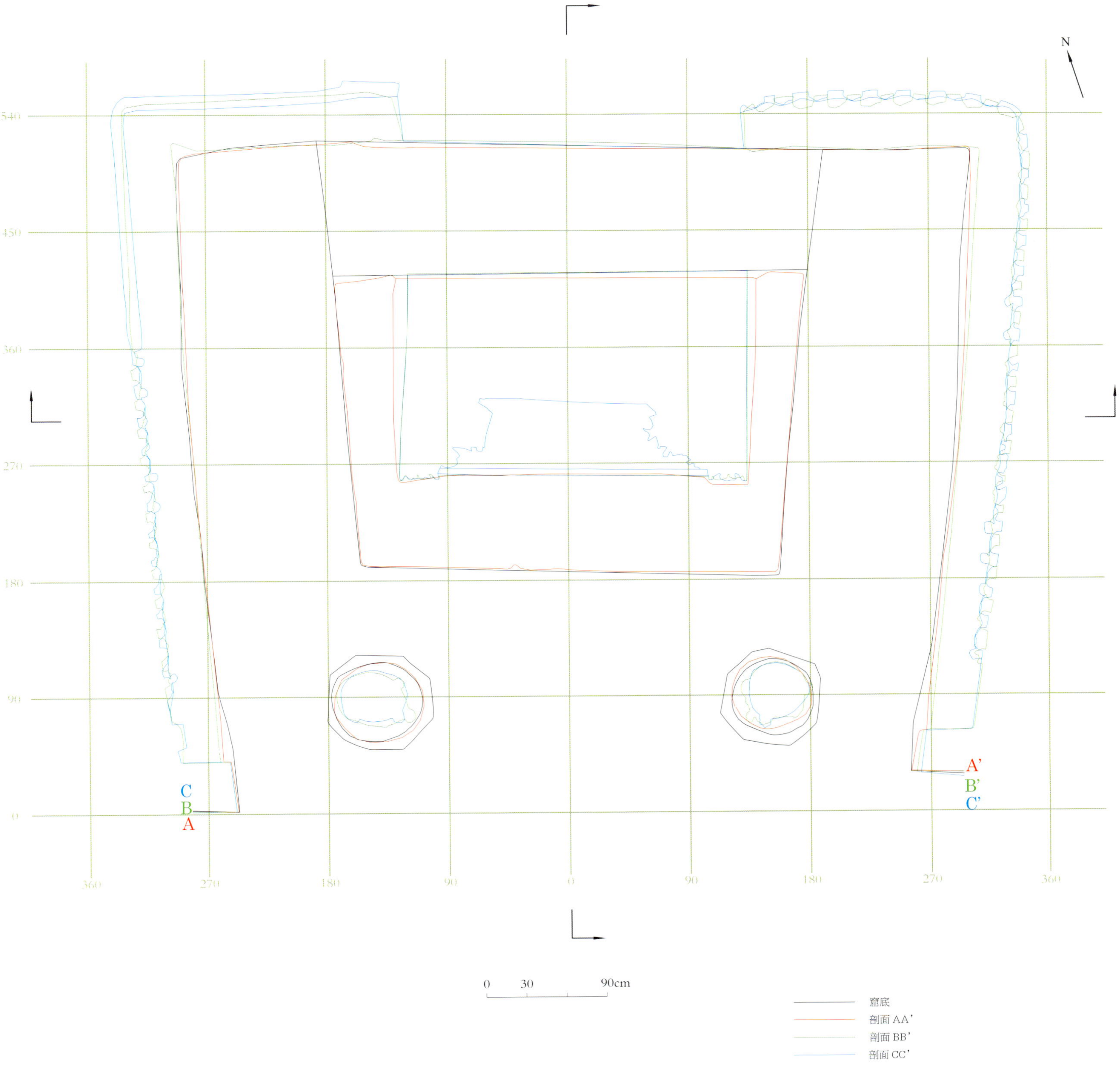

图 223　南山石窟第 5 号窟平面图

第四章　南山石窟

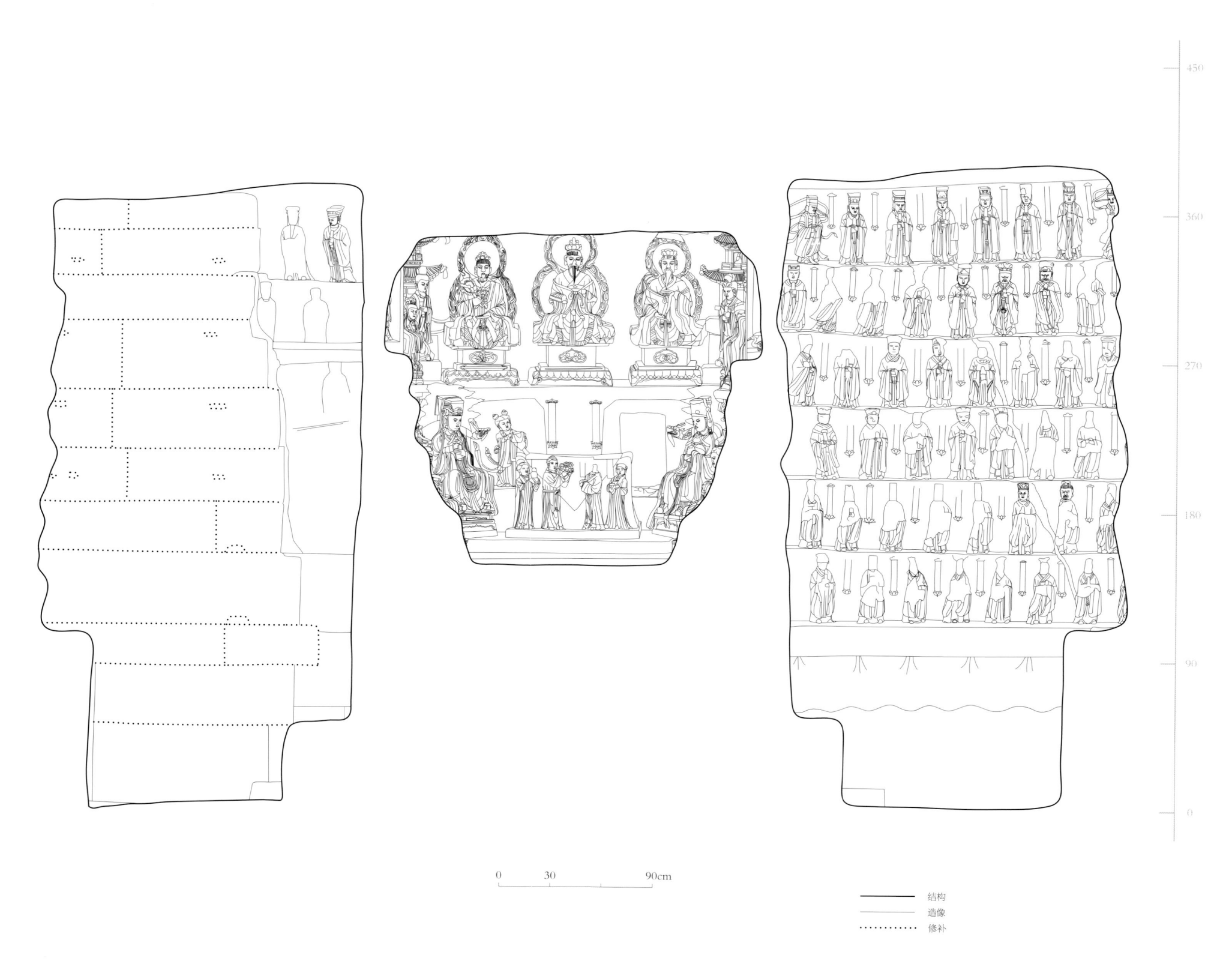

图 224 南山石窟第 5 号窟横剖面图（向北）

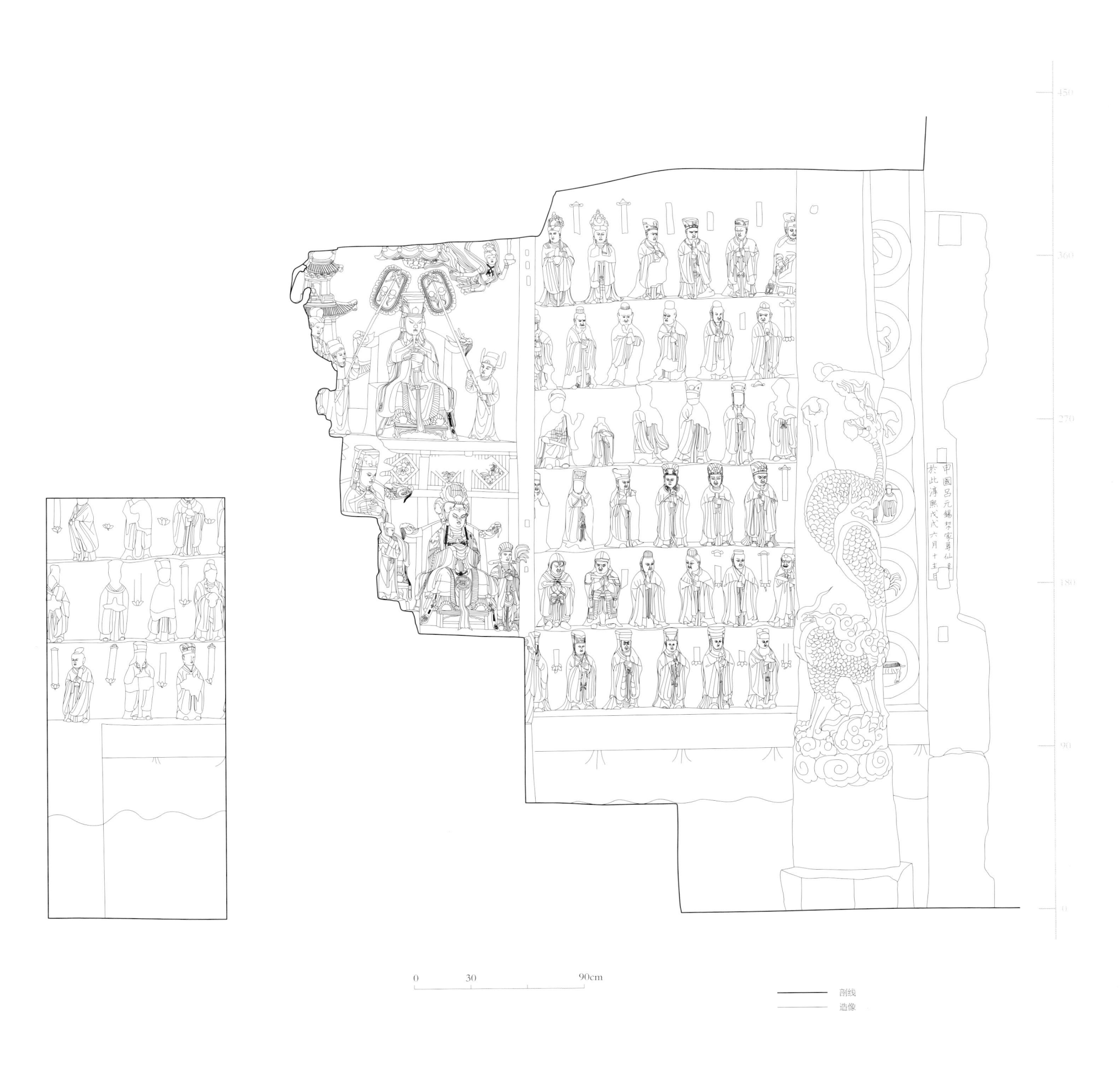

图 225　南山石窟第 5 号窟纵剖面图（向东）

第四章　南山石窟

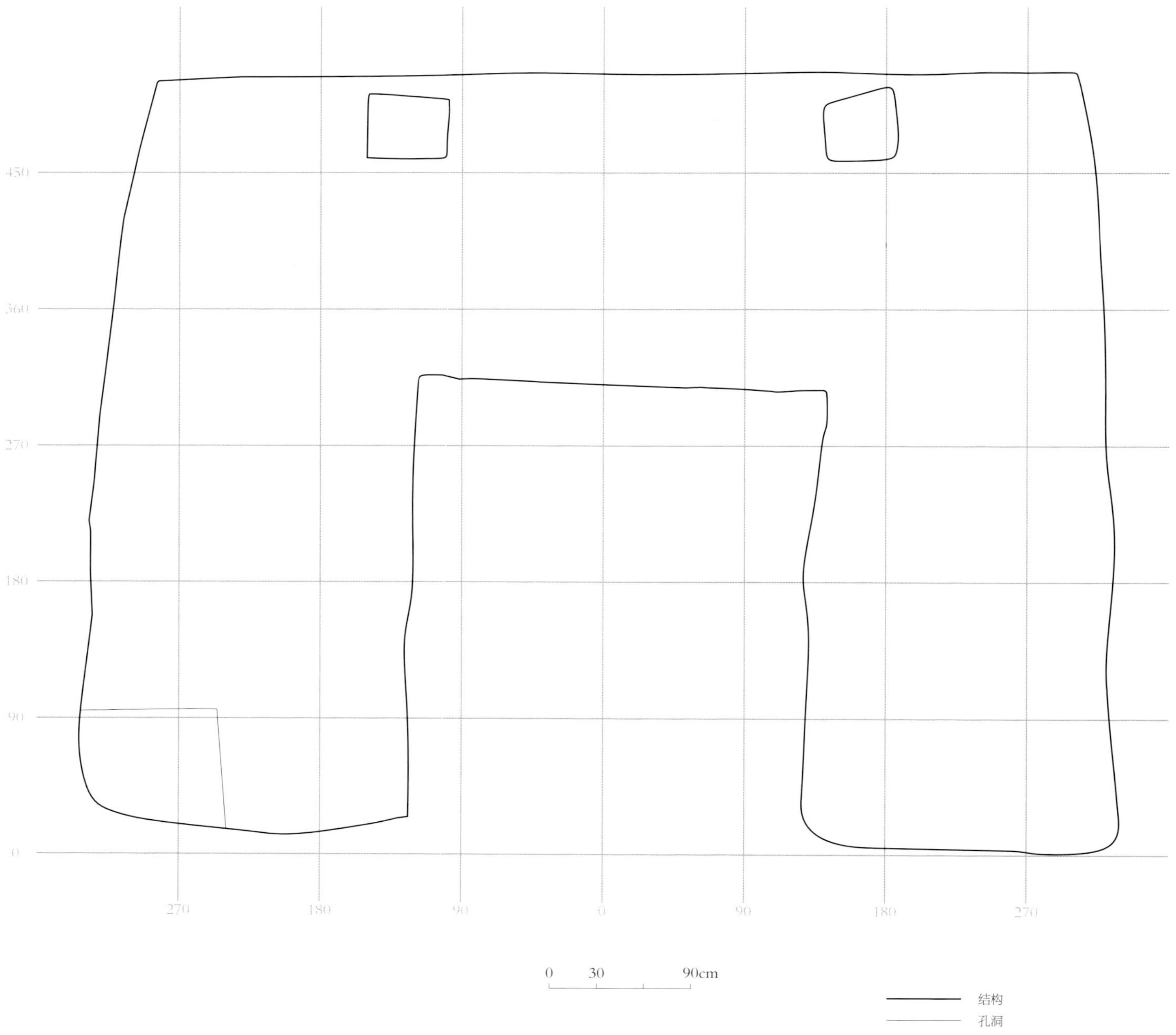

图 226　南山石窟第 5 号窟窟顶仰视图

径31厘米；身光最大直径42厘米。梳髻，戴莲花冠，冠正面饰羊角形云纹一朵。面圆，略蚀，眼微睁，鼻、嘴残，刻三绺胡须，中绺长垂至胸。内着交领宽袖服，胸部系带束蔽膝，带长垂座前。外披氅，氅服斜披上臂，于胸前作结后呈"八"字形下垂，带头呈尖角形，缀圆形坠饰。氅服袖摆及蔽膝分别覆于座侧及座前，蔽膝左右侧露少许下垂的腰带。身前刻三足夹轼，大部残。双手皆残，左手屈肘置于胸前，右手平置夹轼上，结跏趺坐于须弥座上。座通高34.5厘米，宽48厘米，深29厘米。上枋素平，其下为两阶方台叠涩，上阶饰仰莲瓣；中部束腰为方柱，高11.5厘米，宽28厘米，深18厘米，正面线刻壸门，壸门高8厘米，宽5厘米，内剔地起突花卉；束腰下部为一阶方台叠涩，各面均刻壸门，略残；圭脚饰覆莲，正面刻出壸门。

　　该像头顶上方刻华盖，大部毁，残宽47厘米。华盖左右侧各刻两道毫光。外侧两道斜向飘至窟口；内侧两道各绕三匝后延至窟口，光匝内各刻坐像1身，共6身，相对应者体量相当，由内至外坐高分别为8、12.5、13厘米；像皆残，可辨梳髻，双手胸前持笏，结跏趺坐。

　　左主尊像　坐高46厘米，头长14厘米，肩宽20厘米，胸厚11厘米。浮雕桃形头光和椭圆形身光，边缘饰火焰纹；头光尖端毁，横径26厘米，身光最宽37厘米。戴莲花冠，略残；面长圆，额稍残，嘴角及下颌刻三绺胡须。左手胸前持一物，手及物残，物残长14厘米；右手腹前结印，结跏趺坐于束腰须弥座上。余略同中主尊像。

　　该像头顶上方刻华盖，大部毁，残宽48厘米。

　　右主尊像　坐高44厘米，头长15厘米，肩宽20厘米，胸厚10厘米。浮雕桃形头光和椭圆形身光，边缘饰火焰纹；头光尖端毁，横径28厘米；身光最宽36厘米。梳髻，戴莲花冠，略残；面方圆，细眼微睁，鼻稍残，小口微闭，左耳稍残。氅服披于颈部，胸前以结相系，结带交叠垂于座前。左手置于腹前，掌心向上；右手胸前斜持团扇，扇全长20.5厘米，扇面宽9厘米。余略同中主尊像。

　　该像头顶上方刻华盖，大部毁，残宽47厘米。

316　大足石刻全集　第五卷（上册）

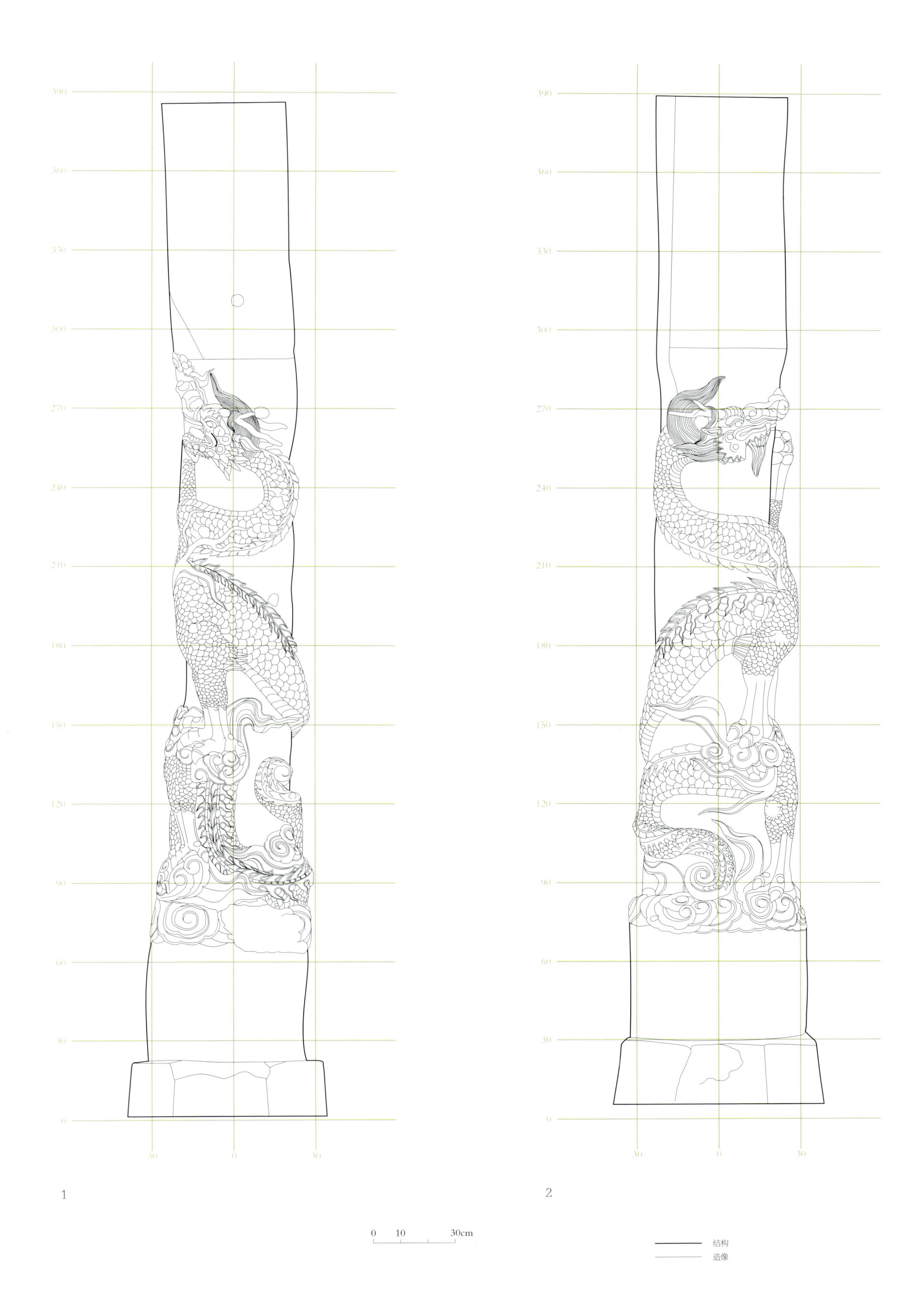

**图 227　南山石窟第 5 号窟口左右龙柱立面图**

1　左龙柱　2　右龙柱

第四章　南山石窟

图 228 南山石窟第 5 号窟方柱立面图

图 229 南山石窟第 5 号窟方柱平、剖面图
1 剖面图 2 平面图

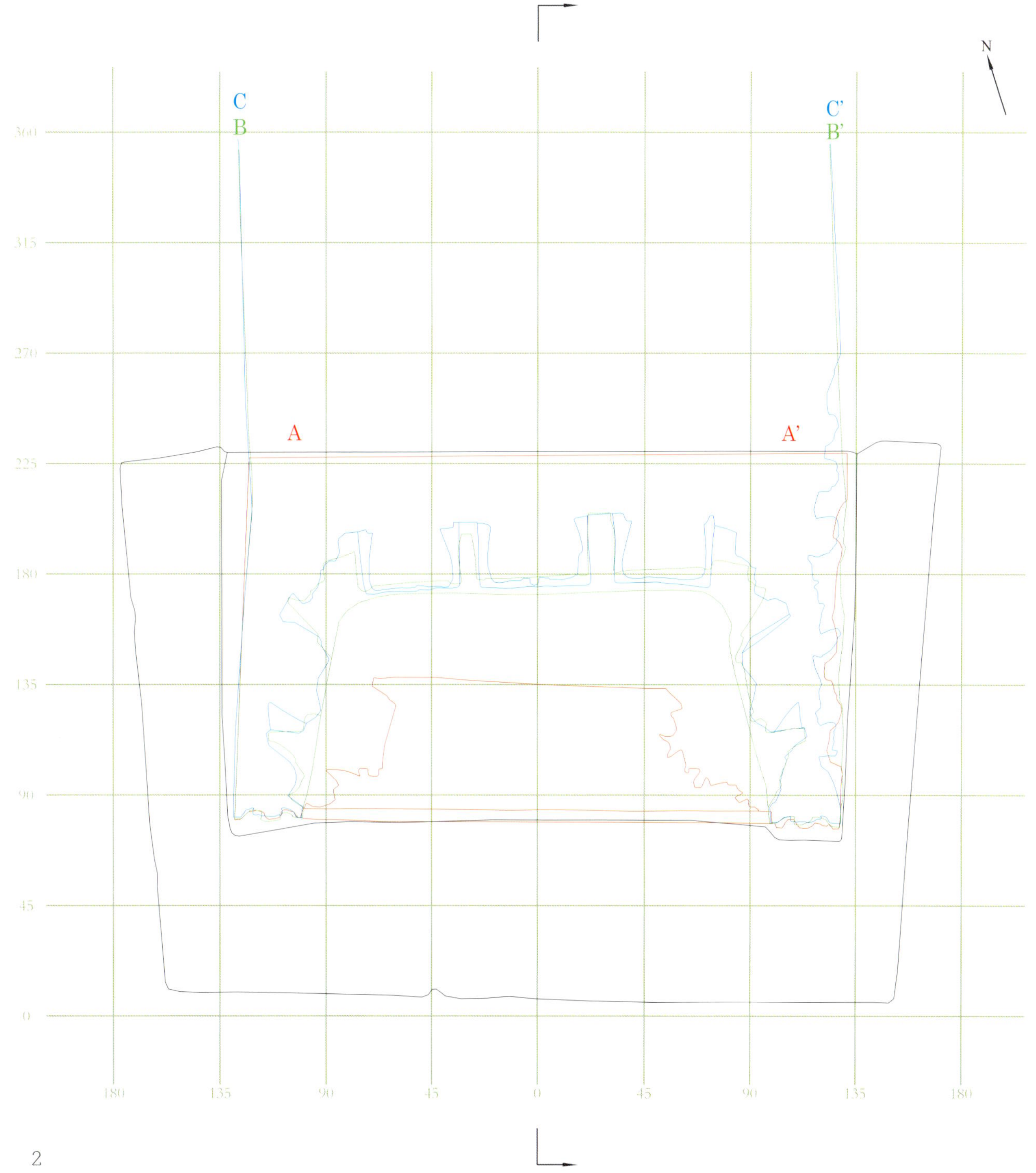

第四章 南山石窟

图230　南山石窟第5号窟方柱正面方龛立面图

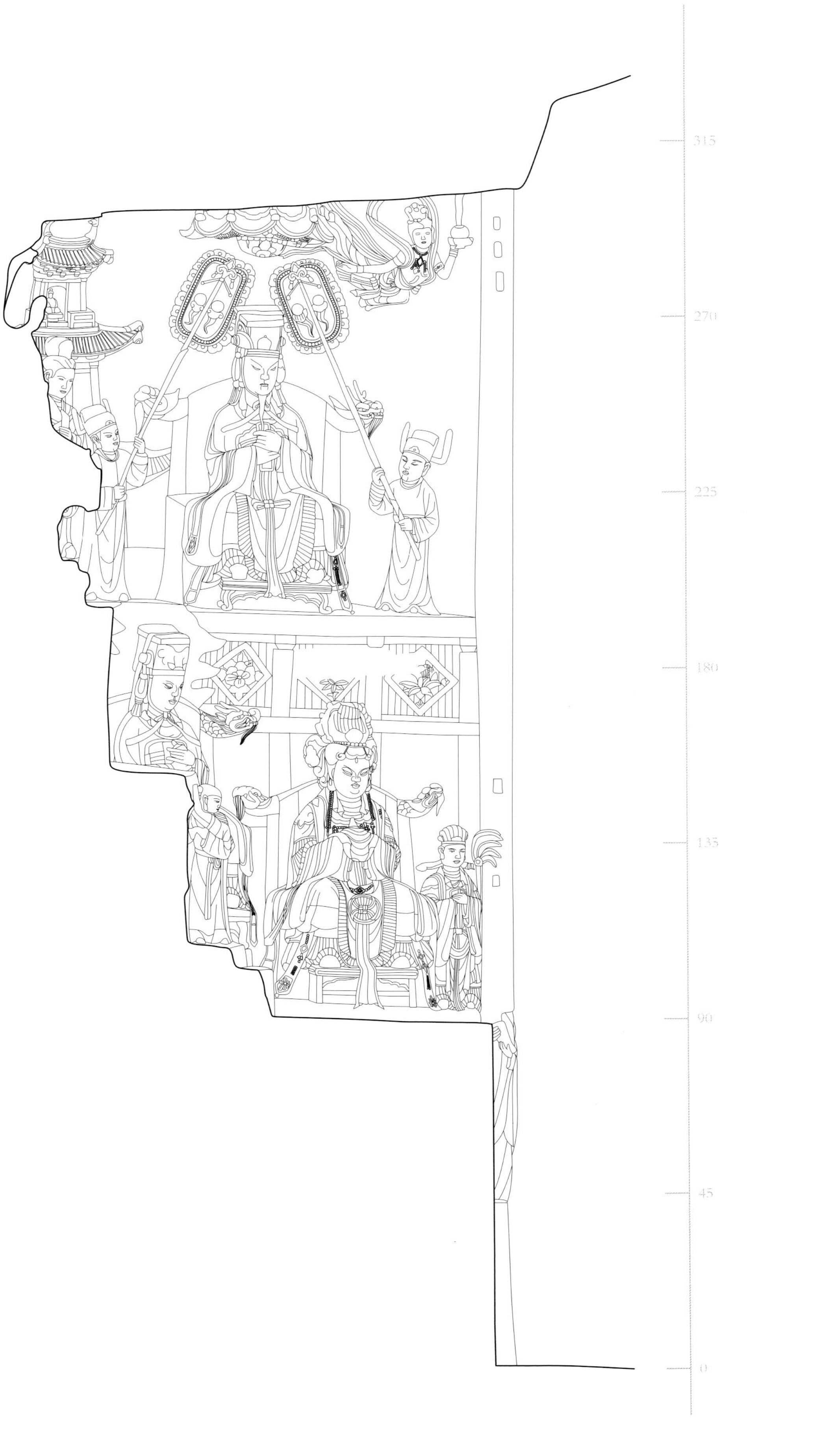

图 231　南山石窟第 5 号窟方柱正面方龛剖面图

第四章　南山石窟

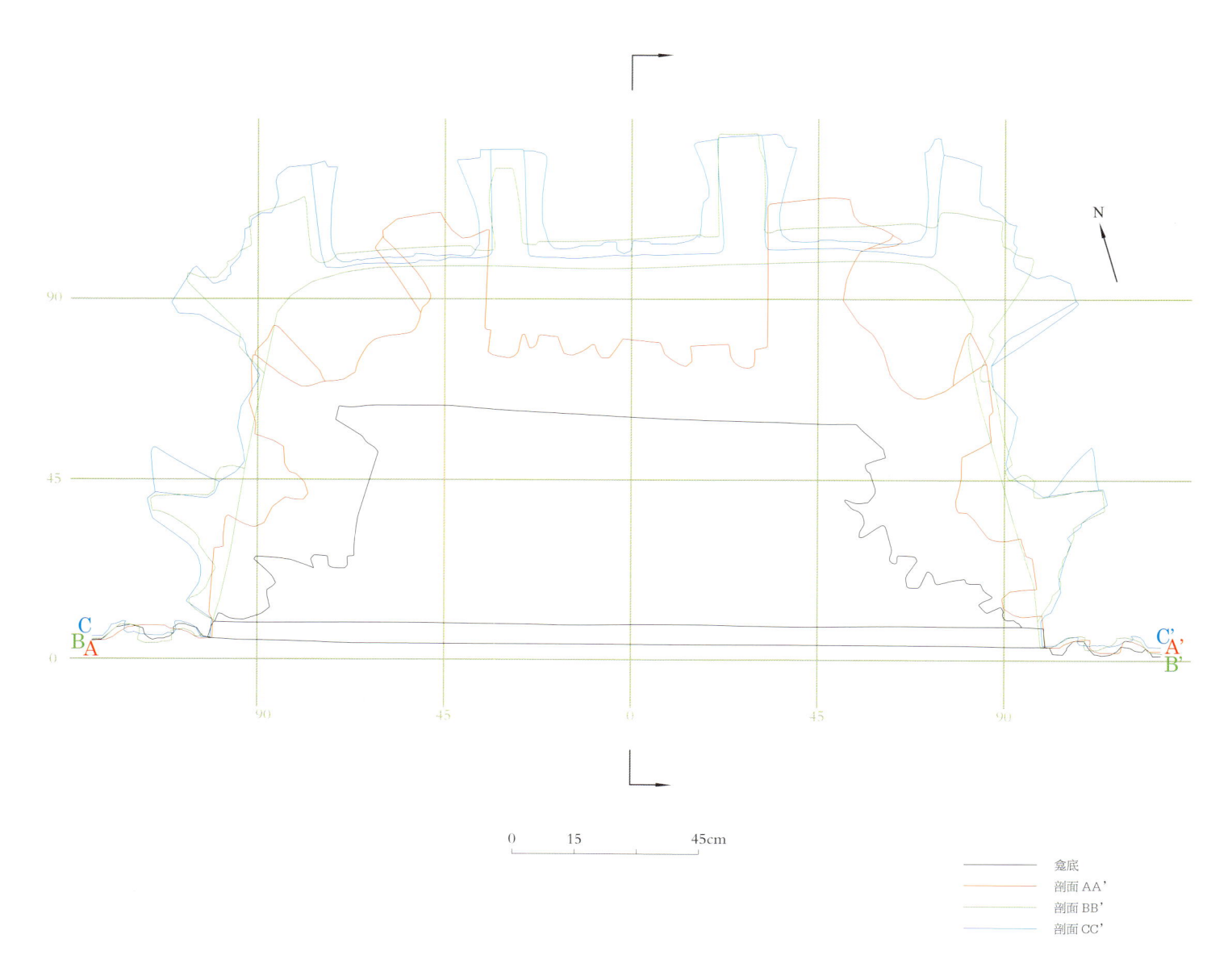

图 232　南山石窟第 5 号窟方柱正面方龛平面图

图 233　南山石窟第 5 号窟方柱正面方龛上部造像展开图

322　大足石刻全集　第五卷（上册）

左侍者像　立像高56.5厘米，头长15厘米，肩宽14厘米，胸厚6厘米（图234-1；图版Ⅰ：297）。梳高髻，戴小冠，面长圆，眼微睁，鼻稍残，闭口。内着双层交领长服，外披氅，双手胸前持笏，笏残长11.5厘米，宽3厘米；足履立于低台上。台高10厘米，宽21厘米，深15.5厘米。

立像身后刻三重楼阁1座，通高85厘米（图234-1；图版Ⅰ：297）。屋身面阔由下至上逐层递减，分别为41厘米、29厘米、18.5厘米。第一重屋身、屋面被立像遮挡，显露部分，素平；屋顶彩画瓦垄、瓦沟，翼角略微起翘。第二重屋身四柱三间，柱头置栌斗，柱间施阑额，明间阑额上置一散斗；栌斗上承普拍枋，其上承散斗，再上接第二层屋顶；屋顶高7厘米，檐口作弧线，翼角起翘，左右翼角各悬一铃铎；屋面刻出瓦垄、瓦沟。屋顶上承平座层，高1厘米，其上置勾栏，绕屋身一周，自明间断开，高3.5厘米，勾栏较平座边缘内进1厘米。第三重屋身四柱三间，中设一圆拱形门洞，高9厘米，宽6.5厘米，深3厘米。门内刻坐像一身，坐高6.5厘米，可辨似梳髻，左手胸前似持物，右手似置腹前，结跏趺坐于束腰座上。柱头置栌斗，斗间刻额枋，额枋左右下角施雀替。屋身上部刻三层外挑的铺作结构，细节难辨；最上为第三重屋顶，高7厘米，屋面同第二重屋顶，正脊左右端刻鸱尾，形如鳌鱼，张口吞脊，尾上翘内卷。

右侍者像　立像高58厘米，头长16厘米，肩宽15厘米，胸厚6厘米（图234-2；图版Ⅰ：298）。梳高髻，戴小冠，面长圆，细眉小眼，直鼻小口。内着翻领宽袖服，胸部束带束蔽膝，带长垂于左小腿外侧，外披对襟服，胸前以带系结，带交叠下垂腹前。双手胸前持笏。笏残长13厘米，宽2.5厘米。足履立于低台上。台高12厘米，宽15厘米，深8.5厘米。

立像身后刻三重楼阁1座，通高84厘米（图234-2；图版Ⅰ：298）。第一重屋身、屋顶大部被立像遮挡；面阔43厘米，高14.5厘米，屋身素平；屋顶高11厘米，檐口平直，翼角略微起翘，屋面素平。屋顶上承平座层，高1.5厘米，平座上置勾栏，高6.5厘米，显露宽13厘米。第二重屋身四柱三间，面阔31厘米，明间柱以横枋相连，中刻散斗一枚，下施雀替，内刻双扇板门和立颊。次间柱刻阑额和由额；立柱柱头均刻栌斗，其上刻出两层外挑的斗拱结构，上承第二重屋顶。屋顶式样与左侧楼阁第二重屋顶同，该屋顶上刻出一列散斗，上承平座层，高1厘米；平座内刻出勾栏，其式样与左侧楼阁平座勾栏同。第三重屋身四柱三间，面阔15.5厘米。明间设圆拱门洞，高7.5厘米，宽7厘米，深3.5厘米，内刻像3身。中为坐像，左右为立像，皆残甚重，仅辨轮廓；坐像残高6厘米，立像残高5.5厘米。自坐像头顶出毫光两道，略残，交绕后斜向上飘至第三重屋顶两侧。第三重屋身之上，出三层外挑斗拱，再上为第三重屋顶，高6厘米；正脊中部刻放焰珠，直径3厘米；两端刻鸱吻，其顶端刻作鸟首形，略残。余同左楼阁。

Ⅱ. 左右壁

左右壁中部各刻主尊坐像1身，其左右侧各刻立侍者像1身，外端上角刻飞天1身，呈对称布置（图233、图235；图版Ⅰ：299、

第四章　南山石窟　323

1　　　　　　　　　　　　　2

**图 234　南山石窟第 5 号窟方柱正面方龛上部左右端侍者像及楼阁立面图**
1　左端　2　右端

图版Ⅰ：300、图版Ⅰ：301、图版Ⅰ：302）。其特征列入表10。

**表10　南山第5号窟方柱正面方龛上部左右壁造像特征简表**

| 左壁 | 造像特征 | 右壁 | 造像特征 |
|---|---|---|---|
| 主尊像 | 坐高48厘米，头长21厘米，肩宽21厘米，胸厚10厘米（图版Ⅰ：299）。戴冕冠，缨带下颌作结，冕板素平，略残，前低后高，左右玉笄悬挂充耳。天河带沿双肩下垂，绕于肘部后，再敷搭前臂长垂左侧。脸形长圆，细眼，眼角上扬，直鼻小口，下颌刻一绺胡须。戴方心曲领，内着翻领服，外着圆领宽袖服，胸部系带束蔽膝，带作结后长垂座前。座前左右端各另刻一段下垂的腰带。双手胸前持笏，笏残长10厘米，宽3.5厘米。足履，踏足踏，倚坐于龙首靠背椅上。足踏高8厘米，宽28厘米，深6.5厘米，正面刻出壸门。椅通高57厘米，宽41厘米，深16厘米，靠背顶端呈弧形，左右侧上方刻菱形纹饰，穿插枋上悬垂一作结下垂的饰物。像头顶上方刻十六角形华盖，高13厘米，最宽38厘米，外挑壁面22厘米。华盖上重转角处各饰圆珠一粒，下重饰团花、珠串饰物链一周，底部呈球状，饰展翅衔璧的双凤，圆璧下方刻团花一朵。 | 主尊像 | 坐高42厘米，头长13厘米，肩宽21厘米，胸厚13厘米。戴冕冠（图版Ⅰ：301）。面方，弯眉细眼，鼻高直。内着交领宽袖服，外披氅，氅于胸际作结相系，身前刻蔽膝，下着裙；袖摆覆于座侧。双手胸前持笏，上端残，残长12厘米，宽5厘米。足履，踏足踏，倚坐于龙首靠背椅上。足踏高8.5厘米，宽24.5厘米，深7.5厘米。束腰处饰壸门一列。椅通高62厘米，宽40厘米，深23厘米，式样与左壁靠椅同。像头顶上方刻八角形华盖，高15厘米，最宽42厘米，外挑壁面23厘米。华盖边缘饰帷幔一周，其上刻团花、珠串等。华盖底部刻覆莲一朵。 |

324　大足石刻全集　第五卷（上册）

续表10

| 左壁 | 造像特征 | 右壁 | 造像特征 |
| --- | --- | --- | --- |
| 左侍者像 | 立身高47厘米，头长13厘米，肩宽11厘米，胸厚5厘米。戴翘脚幞头，面长圆，略蚀。着圆领窄袖服，腰束革带。双手身前斜持长柄团扇，柄全长83厘米，扇面高25厘米，宽17厘米。扇面内刻星和祥云承托的日、月，边缘饰莲瓣一周。侧身向右，足履直立。 | 左侍者像 | 立身高52厘米，头长14厘米，肩宽12厘米，胸厚7厘米。面长圆，鼻残。梳髻戴冠，冠顶后侧上竖二山角，冠带下颔作结。内着翻领宽袖服，下着裙，胸际系带作结长垂，身前刻长垂的蔽膝。双手斜持长柄团扇，柄全长69厘米，式样与左壁侍者团扇同。侧身向右，足履直立。 |
| 右侍者像 | 立身高51厘米，头长12厘米，肩宽11厘米，胸厚7厘米。身略左侧，双手斜持长柄团扇，柄全长80厘米，扇面高25.5厘米，宽17厘米。余同左侍者像。 | 右侍者像 | 立身高52厘米，头长16厘米，肩宽13厘米，胸厚7厘米。余同左侍者像。 |
| 飞天像 | 身略呈"U"形，长34厘米（图版Ⅰ：300）。梳山形高髻，面丰圆，略蚀。胸饰璎珞，袒上身，下着长裙，腰带腹前交绕后飘，飘带环于头后，顺两腋长飘身后。臂钏，腕镯，左手屈肘外展，托盏，部分残，内置圆珠，珠径5厘米，升起毫光一束；右手垂体侧。左腿屈膝上抬，右腿上翘，跣足向龛外飘飞。 | 飞天像 | 跪身高27厘米。梳髻戴冠，面残（图版Ⅰ：302）。着交领宽袖长服，下着裙，胸际系带，飘带环于头后，顺两腋长飘身后。双手于体侧捧一盏，内置博山炉，炉身大部残，残高5厘米，内升烟一束。侧身向龛外胡跪于云内，云高9厘米，最宽30厘米，厚8厘米；云尾斜向上飘。 |

（2）龛内下部

龛内下部共刻像12身，亦布置于正壁和左右壁（图236；图版Ⅰ：303）。

Ⅰ．正壁

中刻一方案，敷垂帷布，呈倒三角状。案高43厘米，宽68厘米，最深28厘米。现场观察，案台面完整，无改凿或岩石断层剥落。案台后侧壁面亦平整，中刻方碑。案台前侧正面刻供养人立像4身，从左至右编为第1—4像（图237；图版Ⅰ：303）。

第1像 立像高40厘米，头长6厘米，肩宽10厘米，胸厚4厘米。头为后世补接，时代不明。内着翻领长服，腰带长垂足间，外着对襟长服，饰飘带，环于后背，绕肘敷搭前臂长垂体侧。双手置身前，上覆巾，巾上置圆形物，物直径5厘米。足鞋，身右侧直立。

第2像 头毁，存方形补接孔洞。立像残高35厘米，肩宽11厘米，胸厚6厘米。着三层交领窄袖服，腰束带，作结长垂身前，双手

图235 南山石窟第5号窟方柱正面方龛上部左右壁造像立面图
1 左壁　2 右壁

第四章 南山石窟 325

图 236　南山石窟第 5 号窟方柱正面方龛下部造像展开图

置于身前似持物，手及物残。足鞋，身右侧直立。

第3像　立像高45厘米，头长9厘米，肩宽9厘米，胸厚6厘米。头为后世补接，时代不明。着双层交领窄袖服，双手于体侧托盘，内盛花。足鞋，身左侧直立。

第4像　立像高41厘米，头长10厘米，肩宽10厘米，胸厚6厘米。梳高髻，面长圆，细眉，鼻残，小口微闭。双手屈肘胸前上举，上覆巾，巾上置净瓶，瓶高6厘米，腹径3.5厘米。足鞋，身左侧直立。余与第1像同。

案台后侧，即方碑左右各开一方形浅龛，高53厘米，宽44厘米，深12厘米，内各立女侍像1身（图版Ⅰ：303）。

左女侍像　毁，仅存少许裙摆及鞋遗迹。龛像残毁处后世凿一方框，高44厘米，宽26.5厘米，最深5厘米，打磨较为粗糙。

右女侍像　立像高43厘米，头长10厘米，肩宽11厘米，胸厚5厘米。梳双髻，圆脸上仰，细眼，鼻残，小口微启。内着翻领宽袖长服，腰带于右腰际作结，外着半臂，罩云肩，身前刻蔽膝，饰飘带，呈"U"形垂于腹下，再右扬于身后。双手胸前捧盘状物，上覆巾，内置物，物残。足鞋。侧身向左作敬奉状。

Ⅱ. 左右壁

左右壁各刻像3身，对称布置。从内至外编为左第1—3像和右第1—3像。其中第1、2像为主尊像，第3像为侍者像；左右第2、3像后刻勾栏和门扇（图238）。其特征列入表11。

**表11　南山第5号窟方柱正面方龛下部左右壁造像特征简表**

| 左壁 | 造像特征 | 右壁 | 造像特征 |
| --- | --- | --- | --- |
| 1 | 坐高48厘米，头长22厘米，肩宽21.5厘米，胸厚11厘米。（图239-1；图版Ⅰ：304）头后饰云纹，尖部残，左右略呈锯齿状，残高25厘米，最宽38厘米。戴冕冠，脸方圆，面净无须，余特征略同龛上部左壁主尊坐像。足踏高9.5厘米，宽27厘米，深6厘米；足踏置于低台上，台高4厘米；靠椅通高50厘米，宽36.5厘米，深17厘米。 | 1 | 坐高49厘米，头长21厘米，肩宽20厘米，胸厚11厘米（图239-2；图版Ⅰ：306）。头后饰云纹，略呈锯齿状，高27厘米，最宽47厘米。戴冕冠，余与左壁第1像同。足踏高12厘米，宽26厘米，深5厘米；靠椅通高55厘米，宽40厘米，深20厘米。 |
| 2 | 坐高48厘米，头长25厘米，肩宽21厘米，胸厚9厘米（图238-1；图版Ⅰ：305）。梳高髻，插步摇，戴凤冠，冠略残。面圆，戴耳饰，下垂两条短珠串，罩云肩，内着窄袖服，外着翻领宽袖长服，下着裙，臂间刻出半臂，胸际系带，束蔽膝。霞帔敷搭双肩，长垂体侧。双手覆胸前，上覆巾，巾上置物，物毁。足履，略残；足踏，倚坐于龙首靠背椅上。足踏高10厘米，宽27厘米，深7.5厘米；靠椅通高56厘米，宽39厘米，深19厘米。 | 2 | 坐高49厘米，头长22厘米，肩宽18厘米，胸厚10厘米（图238-2；图版Ⅰ：307）。双手置于胸前，覆巾，握持笏，上端残，残长3厘米，余特征与左壁第2像略同。足踏高10厘米，宽25厘米，深9厘米；靠椅通高61厘米，宽35厘米，深21厘米。 |
| 3 | 立高48厘米，头长10厘米，肩宽13厘米，胸厚7厘米。头为后世重刻补接，时代不明。装束与女坐像同。双手交握胸前似持物，物残。身左侧刻竖直的长圆柄状物（似拂尘），顶端刻弯曲的四片叶，物全长37厘米（图版Ⅰ：305）。 | 3 | 立高47厘米，头长10厘米，肩宽11.5厘米，胸厚7.5厘米。双手胸前握长柄拂尘，柄稍残，全长28厘米。余与左壁第3像略同（图版Ⅰ：307）。 |

第四章　南山石窟　327

图 237　南山石窟第 5 号窟方柱正面方龛下部正壁立面图

左第2、3像身后上方刻重台勾栏，高49厘米，显露宽72厘米。勾栏刻出三段，瘦项为方柱加栌斗式样，其间刻五枚直棂，镶嵌菱形花卉框，盆唇之下方柱对应处刻蜀柱，其间素平。

右第2、3像身后刻双扇门，通高41厘米，宽53厘米。门扇左右端竖刻方柱，高38厘米，宽6厘米。柱底施门槛，显露右端少许，柱顶置栌斗，其间横施额枋。

（3）龛底前侧立面

龛底前侧立面横刻重台勾栏一段，高45厘米，全长201厘米，低于龛口沿面2.5厘米（图240；图版Ⅰ：295）。左右端望柱柱身方形，抹棱，上置栌斗，其间横向施栱杖、盆唇。栱杖与盆唇间竖5根方柱，式样同望柱。华板刻菱形花卉图案。盆唇之下，与方柱对应处刻方形蜀柱，其间置5—7根直棂。

（4）龛左右沿

龛左右沿各纵向开四浅龛，形制相近（图241；图版Ⅰ：308、图版Ⅰ：309）。龛口高48—58厘米，宽22厘米，至后壁深约6厘米。龛顶为弧形，龛底、龛壁均略呈半圆形。从上至下，第1—3龛内各刻立像1身，第4龛内各刻立像2身，共10身。其造像特征列入表12。

328　大足石刻全集　第五卷（上册）

图 238　南山石窟第 5 号窟方柱正面方龛下部左右壁立面图
1　左壁　2　右壁

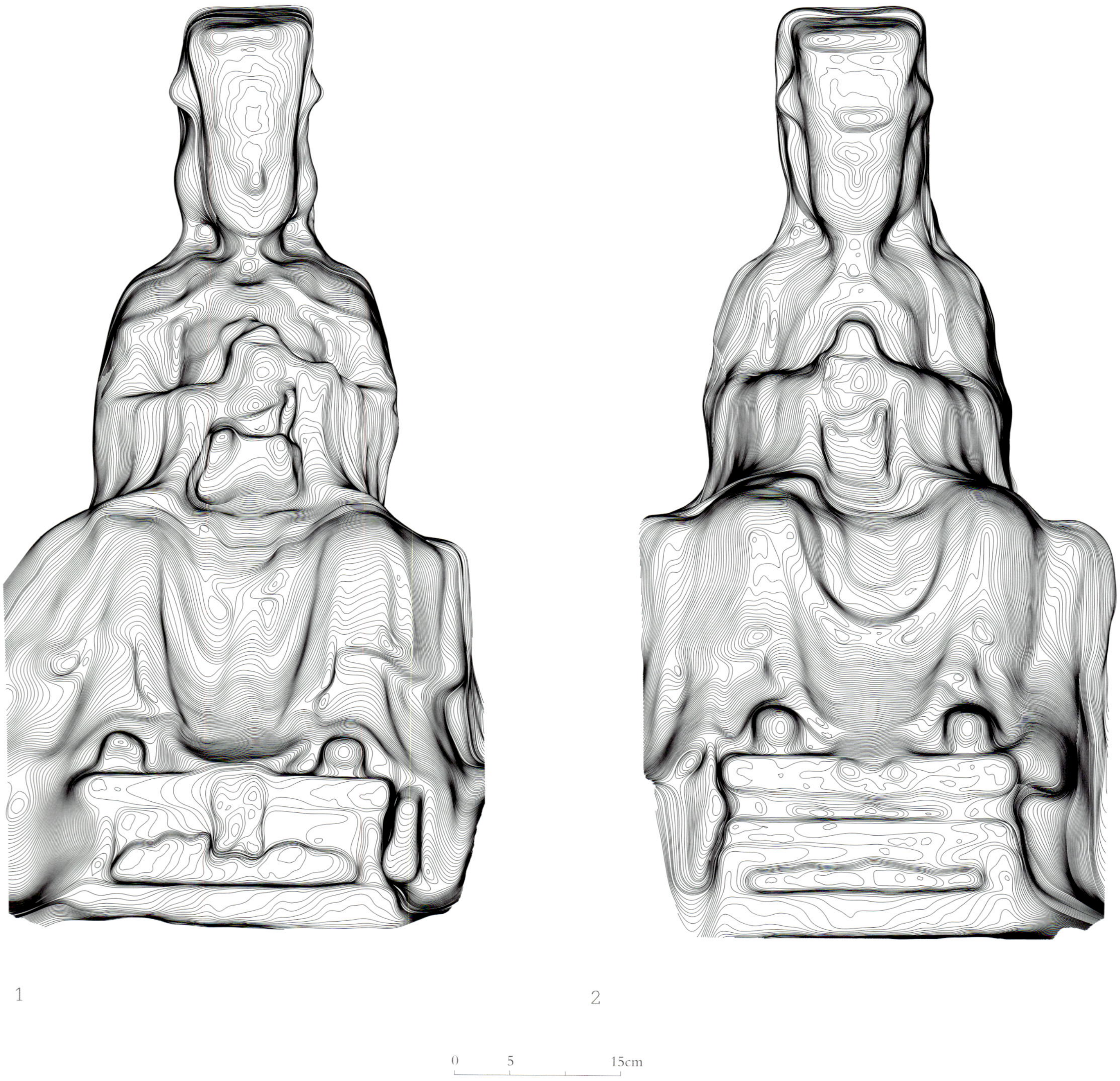

图 239 南山石窟第 5 号窟方柱正面方龛下部左右壁内起第 1 像等值线图
1 左壁 2 右壁

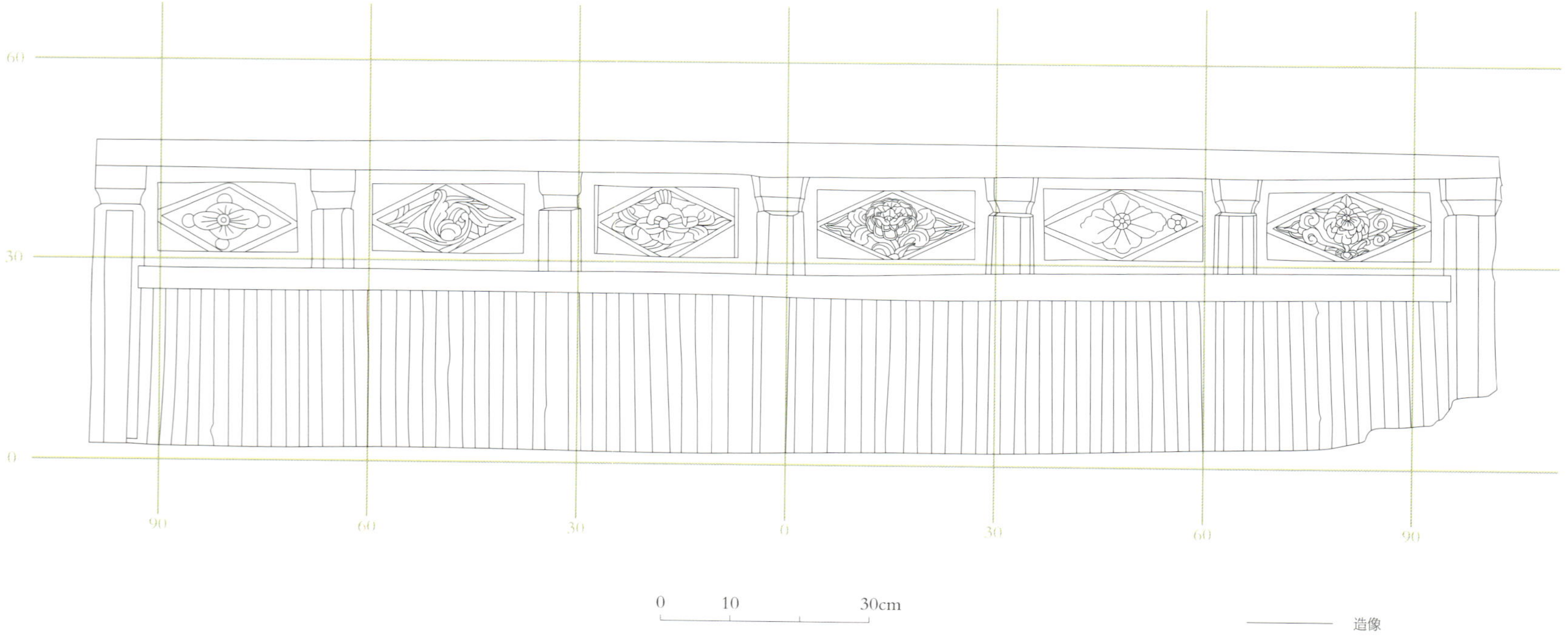

图 240 南山石窟第 5 号窟方柱正面方龛龛底前侧勾栏立面图

图 241 南山石窟第 5 号窟方柱正面方龛左右沿立面图
1 左沿　2 右沿

第四章　南山石窟

### 表12　南山第5号窟方柱正面方龛左右沿造像特征简表

| 左龛 | 造像特征 | 右龛 | 造像特征 |
| --- | --- | --- | --- |
| 1 | 立像高52厘米，头长12厘米，肩宽9厘米，胸厚4厘米。梳髻，戴莲花冠。面方圆，两腮及下颌各存一绺胡须。内着双层交领宽袖长服，外披氅，下着裙。双手胸前持拂尘倒垂身前，全长15厘米。足履。龛下左侧刻一龟，高4.5厘米，身长8厘米，昂首向右爬行。龛右下侧刻一鹤，高14厘米，身长16厘米，尖喙曲颈，单腿直立。 | 1 | 立像高47厘米，头长13.5厘米，肩宽11厘米，胸厚3.5厘米。梳髻，戴莲花冠，面方圆，着交领宽袖长服，下着裙。胸下系带垂蔽膝。双手胸前持笏。足履直立。 |
| 2 | 立像高49厘米，头长13.5厘米，肩宽12厘米，胸厚7厘米。戴通天冠，下颌系带作结。面方圆，着翻领宽袖长服，下着裙。双手胸前持笏。足履，向右侧身直立。 | 2 | 立像高42厘米，头长10厘米，肩宽10厘米，胸厚4厘米。戴通天冠。方脸左侧，下颌刻浓须一绺。着交领宽袖服，下着裙。身前刻垂的蔽膝。腰系带，于后腰作结长垂。双手胸前举持笏。足履，侧身向左站立。龛下刻龙一条，龙首向左，张口，前端刻圆珠一粒，身修长，尾上竖，四腿四爪，作行进状。 |
| 3 | 立像高44厘米，头长13厘米，肩宽12厘米，胸厚4.5厘米。头左微侧。戴笼冠。面方圆，鼻残。内着翻领窄袖服，外着交领宽袖长服，下着裙，胸际系带束蔽膝。双手胸前托持卷轴，上端斜出带头。足履直立。 | 3 | 立像高44厘米，头长11厘米，肩宽11厘米，胸厚4厘米。戴笼冠，下颌系带作结。着宽袖长服，下着裙。腰系带，作结长垂。双手身前举持卷轴，略残。足履，侧身向左直立。 |
| 4 | 左像高45厘米，头长13厘米，肩宽12厘米，胸厚4厘米。戴交脚幞头，面方圆，着圆领宽袖长服，下着裤。腰束革带，围系抱肚，负剑，剑柄大部残，双手胸前托卷轴，右端垂带头，着靴，身右侧直立。右像高46厘米，头长12.5厘米，肩宽10厘米，胸厚6.5厘米。双手胸前托卷轴，仰面挺胸作举献状，立于低台上。低台高5厘米，最宽14厘米，深6厘米。余与左像同。 | 4 | 左像高39厘米，头长7.5厘米，肩宽10.5厘米，胸厚5厘米。戴顺风幞头，面圆略蚀。着圆领宽袖长服，下着裙，腰系革带。左手胸前托卷册，手及卷册略残；右手斜垂体侧握剑，着靴，身左侧立于云台上。台高7厘米，最宽12厘米，深5厘米。右像高38厘米，头长9厘米，肩宽10厘米，胸厚3.5厘米。戴顺风幞头。面圆略蚀，着圆领窄袖服，下着裤，缚裤。胸系带，腰系革带束抱肚，腰带作结斜垂腿间，足靴站立。 |

2. 方柱左壁面

左壁刻造像二组，上下紧邻布置（图242；图版Ⅰ：310）。

（1）上组

刻石面高158厘米，宽188厘米。共刻像20身，大致作上中下三排布置。其中，下排右起第3像体量略大，为主尊像（图243；图版：Ⅰ：311）。

主尊像高63厘米，头长20厘米，肩宽15厘米，胸厚8厘米。戴冕冠，冕板前低后高，略残，天河带沿肩下垂，绕肘后不现。玉笄挂垂耳戴。面方圆，胸戴方心曲领，外着圆领宽袖服，胸际系带，带于腹前系圆璧后长垂足间。双手胸前持笏，足履向右侧身站立。身后刻云纹，形如背屏，通高75厘米，最宽38厘米，边缘作锯齿状。

主尊像左右及身后侧，刻立像19身，置于云纹上，云尾斜上后飘。按从下至上、从右至左顺序，将其编为第1—19像。其特征列入表13。

### 表13　南山第5号窟方柱左壁面上组造像特征简表

| 编号 | 造像特征 |
| --- | --- |
| 1 | 立高54厘米，头长12.5厘米，肩宽12厘米，胸厚7厘米。梳髻罩巾，面方，略左侧。内着双层窄袖服，外着宽袖长服，下着裙，腰带长垂足间。双手身前斜持笏，靠于右肩。足履直立。 |
| 2 | 立高38厘米，头长9厘米，肩宽9厘米，胸厚5厘米。梳髻扎巾，巾带垂于身后，面丰圆，细眉小口。内着交领服，外着宽袖长服。双手身前持铃。足履直立。 |
| 3 | 立高38厘米，头长9.5厘米，肩宽10.5厘米，胸厚5厘米。梳髻，面蚀。内着窄袖服，外着圆领宽袖服。双手身前托方形物，物略残。足履，身左侧站立。 |
| 4 | 立高57厘米，头长14厘米，肩宽15厘米，胸厚7厘米。戴进贤冠，面方，下颌刻一绺胡须。胸戴方心曲领，内着窄袖服，外着圆领宽袖服，下着裙；腰带长垂足间。足履，身右侧直立。 |
| 5 | 立高34厘米。面壁站立，可辨梳髻扎巾，上着宽袖长服，下着裙，腰系革带。头左侧露卷轴。双足不现。 |

续表13

| 编号 | 造像特征 |
|---|---|
| 6 | 立高37厘米，头长10厘米，肩宽10厘米，胸厚3厘米。梳髻扎巾，面方略蚀。内着窄袖服，外着宽袖长服。双手胸前持圆柱状物。足履直立。 |
| 7 | 立高55厘米，头长15厘米，肩宽14厘米，胸厚5厘米。梳髻戴冠，面方圆，鼓眼，颧骨略凸，口闭合。戴护项，形如肩巾；肩饰护肩。内着窄袖服，外着宽袖服，罩裲裆甲，胸际系束甲索，腰系带长垂。飘带呈"U"形垂于腹前，两端折入腰带内，再沿体侧下垂。左手腹前握拳，右手体侧持铃，自铃口升起火焰纹一束，内刻放焰珠一粒。双足不见。 |
| 8 | 显露部分高23厘米，头长12厘米。梳髻，面圆，鼓眼闭口，着窄袖服。双手举持长柄团扇，柄全长76厘米，扇面高25厘米，宽16厘米。 |
| 9 | 立高57厘米，头长13厘米，肩宽12厘米，胸厚4厘米。梳髻戴冠，面方略蚀，刻卷曲的连鬓胡须（略残）。系肩巾，内着窄袖服，外着宽袖长服，袖摆作结，胸系革带。双手举持华盖，华盖三重，通高88厘米，最下幔布束结。华盖上方刻云纹。着靴站立，右腿不现。 |
| 10 | 立高55厘米，头长13厘米，肩宽14厘米，胸厚7厘米。梳髻扎巾，面长圆，细眉直鼻小口。罩云肩，着翻领宽袖长服，臂间刻半臂；霞帔沿胸下垂，呈"U"形垂于腹前，向上敷搭前臂后长垂体侧。双手置胸前、覆巾，夹持笏。足履站立。 |
| 11 | 立高58厘米，头长15厘米，肩宽17厘米，胸厚5厘米。梳髻戴冠，面长圆，内着交领宽袖服，外披氅，于胸前作结。左手下垂笼袖内，右手托持圆柱状物，下垂带头。足履站立。 |
| 12 | 显露立高41厘米，头长12厘米，肩宽13厘米，胸厚5厘米。梳髻戴冠，面方，隆眉鼓眼，短须卷曲。内着窄袖服，外着交领宽袖服。袖口上至肩部，双手握持叉头幡，幡通高60厘米，最宽6.5厘米。双足不现。 |
| 13 | 立高57厘米，头长11厘米，肩宽14厘米，胸厚7厘米。梳髻戴冠，内着翻领窄袖服，外着交领宽袖服，袖口上至肩部，腰系带束抱肚，带作结长垂足间。双手握持叉头幡，幡绕柄后左向横飘，全长84厘米，足鞋站立。 |
| 14 | 显露立高54厘米，头长11厘米，肩宽14厘米，胸厚5厘米。梳髻，圆脸，小口微张。系肩巾，内着窄袖服，外着交领宽袖服。双手持凤头幡，通高86厘米；下部身躯不现。 |
| 15 | 显露立高34厘米。梳髻戴冠，圆脸右侧，着交领服，双手持兽面幡，幡绕柄左飘，下身不现。 |
| 16 | 显露立高29厘米。梳髻，圆脸右侧。着窄袖服，双手持长柄团扇，柄全长57厘米，扇面高26厘米，宽16厘米。下身不现。 |
| 17 | 显露立高38厘米。梳髻，面方右侧，眼眶略深，鼓眼，短鼻，颧骨微凸，闭口。内着窄袖服，外着圆领宽袖服。双手持叉头幡，通高70厘米。下身不现。 |
| 18 | 显露立高34厘米，头长12厘米，肩宽13厘米，胸厚4厘米。梳髻，面方圆，内着窄袖服，外着翻领宽袖服。双手持兽面幡，通高40厘米。下身不现。 |
| 19 | 显露立高27厘米。梳髻戴冠，面方略蚀，着圆领服，双手持叉头幡，通高31厘米，最宽8厘米。下身不现。 |

（2）下组

位于上组造像之下，刻石面高150厘米，宽125厘米（图242；图版Ⅰ：312）。中刻一龙，露齿，唇略残，眼圆睁，龙角分叉，鬣毛顺颈后飘。龙身三折，遍刻龙甲，刻腹甲、背鳍，现四腿，刻肘毛。左前腿上举，四爪握珠，珠升火焰一束。右前腿撑山石，两后腿蹬山石，作迈步状。兽形龙尾粗大，扭曲内卷。身下部浮雕山石。龙首右上角刻立像1身，高30厘米，扎巾，圆脸仰面，着交领窄袖长服，腰系带作结，躬身屈膝，举持长柄香炉，炉身略残。着鞋，侧身向左立于山石上。山石高17厘米，最宽15厘米，深7厘米。

（三）窟壁

窟正壁中部未刻像。窟正壁左右侧及窟左右壁对称刻像。窟左右壁前端（外侧）各纵向均匀布置外凸壁面8—10厘米的6个相同圆环，内刻像。以圆环为基线，窟左右壁后侧（内侧）及正壁左右侧，各横贯壁面刻立像6排。其中，从上至下第1—5排立于外凸的低台上，低台最深8厘米；第6排立于窟底案台上。为记述方便，将窟壁造像分为窟左右壁前端、窟左壁内侧及正壁左侧、窟右壁内侧及正壁右侧三部分。

1. 窟左右壁前端

各纵向刻圆环6个。外径40厘米，内径26厘米，内减地深约3—5厘米。从上至下，编为左第1—6和右第1—6（图244；图版Ⅰ：313、图版Ⅰ：314）。圆环内皆刻图像。其中，左壁圆环右上方各刻一方形榜题条，通高约23厘米，式样作碑形；碑首为覆莲叶，碑身方形素平，碑座为仰莲台；右壁圆环外未见榜题条。其特征列入表14。

图 242　南山石窟第 5 号窟方柱左壁立面图

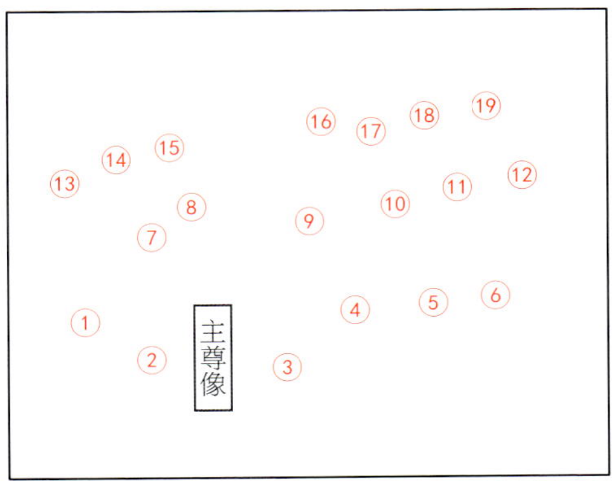

图 243　南山石窟第 5 号窟方柱左壁上组造像立面及编号图

第四章　南山石窟

图 244　南山石窟第 5 号窟左右壁前端圆环立面图
1　左壁　2　右壁

表14 南山第5号窟左右壁前端圆环造像特征简表

| 左壁 | 图像特征 | 右壁 | 图像特征 |
| --- | --- | --- | --- |
| 1 | 内刻双鱼，残蚀，仅辨外形轮廓。鱼身残长18厘米，最宽6厘米（图版Ⅰ：315）。 | 1 | 内刻女童立像2身。左像高23厘米，梳髻，面长圆，内着抹胸，外着对襟窄袖衫，下着裙，双手腹前笼袖内，着鞋。右像身略右侧，余同左像（图版Ⅰ：321）。 |
| 2 | 内刻一兽，四足，残蚀，仅辨轮廓。残高14厘米，身长17厘米（图版Ⅰ：316）。 | 2 | 内刻方形木架，高19厘米，宽19厘米。内悬挂秤一具，略蚀，可辨秤杆、提纽、秤砣（图版Ⅰ：322）。 |
| 3 | 内刻一兽（似马）。头向窟外，残蚀，尾下垂。身高约16厘米，身长23厘米（图版Ⅰ：317）。 | 3 | 内刻蝎一只，身弧长23厘米，头残，身弯曲作反"C"字形，八腿，头部前侧刻火焰纹（图版Ⅰ：323）。 |
| 4 | 内刻立像2身。左像为男像，高21厘米。戴展脚幞头，面长圆。着圆领宽袖长服，双手胸前笼袖内，着鞋。右像为女像，高22厘米。梳髻戴凤冠，脸略蚀。着翻领宽袖长服，下着裙。双手胸前笼袖内。着鞋，身略左侧（图版Ⅰ：318）。 | 4 | 内刻一立像一马。立像头毁，残高15厘米，着圆领窄袖长服，腰系带，左手置于腰际，右臂屈肘似握缰绳。马高19厘米，身长20厘米，马昂首向龛外，尾下垂（图版Ⅰ：324）。 |
| 5 | 内刻蟹一只，身呈圆盾形，高10厘米，最宽8厘米。柄眼外凸，二螯上举，八腿半伸，横向作行进状（图版Ⅰ：319）。 | 5 | 内刻立像一身，高23厘米，戴进贤冠，面方，着交领宽袖长服，胸际系带，双手胸前持笏，着鞋（图版Ⅰ：325）。 |
| 6 | 内刻一狮，高18厘米，身长17厘米。头大部毁，竖颈，迈腿向窟内作行进状（图版Ⅰ：320）。 | 6 | 内刻净瓶一只，高22厘米，瓶塞残，细颈鼓腹，口径5厘米，腹径9厘米（图版Ⅰ：326）。 |

2. 窟左壁内侧及正壁左侧

共刻立像151身。上下相邻造像错对布置，体量相当，立像高约42—46厘米，头长11—14厘米，肩宽12—13厘米，胸厚6—7厘米。各像左肩外侧竖刻榜题条，部分残，通高43—46厘米；作碑形，碑首为覆莲叶，碑身方形素平，碑座为仰莲台（图245；图版Ⅰ：327、图版Ⅰ：328）。

按从上至下、从外至内（从左至右）顺序，除第2排有26身，编为第1—26像，其中第18—26像位于正壁左侧外，其余第1、3、4、5、6排均为25身，分别编为第1—25像，其中第18—25像皆位于正壁左侧。其特征列入表15。

表15 南山第5号窟左壁内侧及正壁左侧造像特征简表

| 排号 | 像号 | 造像特征 |
| --- | --- | --- |
| 1 | 1 | 梳髻戴冠，下颌系带。面方。内着窄袖服，外着宽袖服，下着裤。腰带下垂足间。左手毁，右手于体侧持剑，剑大部残断。足鞋。身后刻一龙，龙头现于身左侧，大部残，可辨角分叉，龙鬣上竖，龙身隐于身后，龙尾现于身右侧，大部残，现一后腿，刻肘毛及甲。 |
| | 2 | 戴通天冠。面方圆。戴方心曲领，内着双层窄袖服，外着宽袖服，下着裙。双手胸前持笏。足鞋。 |
| | 3 | 同第2像。 |
| | 4 | 同第2像。 |
| | 5 | 梳髻，戴凤冠。面长圆。戴耳饰，下垂两条细珠串，略蚀。罩云肩，上着翻领宽袖服，臂间刻半袖，下着裙，身前刻蔽膝，腰带长垂足间。双手置胸前，覆巾，夹持笏。足履。 |
| | 6 | 同第5像。 |
| | 7 | 同第5像。 |
| | 8 | 戴通天冠，头右侧，面长圆，细眼直鼻小口，内着窄袖服，外着交领宽袖长服，下着裙。双手胸前持笏。足鞋。 |
| | 9 | 戴冕冠，头左侧，面方圆，余同第8像。 |
| | 10 | 戴冕冠，天河带沿肩下垂，椭圆脸。戴方心曲领，内着窄袖服，外着交领服，下着裙，腰带长垂身前。双手胸前持笏。足鞋。 |
| | 11 | 下颌刻一绺胡须，余同第10像。 |
| | 12 | 同第10像。 |

第四章 南山石窟 337

续表15

| 排号 | 像号 | 造像特征 |
|---|---|---|
| 1 | 13 | 同第10像。 |
| | 14 | 同第10像。 |
| | 15 | 下颌刻一绺胡须，余同第10像。 |
| | 16 | 下颌刻一绺胡须，余同第10像。 |
| | 17 | 同第10像。 |
| | 18 | 戴冕冠，天河带沿肩下垂，垂充耳。面方，下颌刻一绺胡须。戴方心曲领，内着窄袖服，外着交领服，下着裙，腰带长垂身前。双手胸前持笏。足履。 |
| | 19 | 下颌未刻胡须，余同第18像。 |
| | 20 | 下颌未刻胡须，未见刻充耳，余同第18像。 |
| | 21 | 下颌未刻胡须，余同第18像。 |
| | 22 | 下颌未刻胡须，未见刻充耳，余同第18像。 |
| | 23 | 下颌刻一绺胡须，余同第18像。 |
| | 24 | 同第18像。 |
| | 25 | 下颌未刻胡须，天河带两次环飘后敷搭前臂，再飘垂体侧，腰带外拂体侧，余同第18像。 |
| 2 | 1 | 梳髻戴冠，下颌系带作结，圆脸，双眼圆鼓，身蚀，可辨内袍外甲，左手屈肘扛斧，右手残，横置胸前。足靴。 |
| | 2 | 梳髻戴莲花冠，面方，下颌刻一绺胡须。内着交领宽袖服，外披氅，下着裙。双手胸前持笏。足履。 |
| | 3 | 下颌未刻胡须，余同第2像。 |
| | 4 | 下颌未刻胡须，余同第2像。 |
| | 5 | 同第2像。 |
| | 6 | 刻连鬓胡须，作"八"字外拂，余同第2像。 |
| | 7 | 梳髻戴莲花冠，面方，刻连鬓胡须，双眉垂梢。内着窄袖服，外着交领宽袖服，最外披氅，氅服领缘刻于上臂，腰带长垂足间。双手胸前持笏。足履。 |
| | 8 | 未刻连鬓胡须，氅服领缘未刻于上臂，余同第7像。 |
| | 9 | 下颌刻一绺胡须，氅服领缘未刻于上臂，余同第7像。 |
| | 10 | 头略右侧，余同第7像。 |
| | 11 | 氅服领缘未刻于上臂，余同第7像。 |
| | 12 | 戴通天冠，面方，下颌刻一绺胡须。方心曲领，内着窄袖服，外着宽袖服，下着裙，腰带长垂足间。双手胸前持笏。足履。 |
| | 13 | 为女像，梳髻戴冠，面方。内着翻领窄袖服，外着宽袖服，下着裙，腰带长垂足间，帔帛沿肩呈"U"形垂于腹前，敷搭前臂后垂于体侧。双手置胸前，上覆巾，夹持笏。足履。 |
| | 14 | 戴通天冠，面方，下颌刻一绺胡须。方心曲领，外着交领宽袖长服，下着裙，腰带作结长垂足间。双手胸前持笏。足履。 |
| | 15 | 连鬓胡须作"八"字外拂，余同第14像。 |
| | 16 | 双眉垂梢至腮，下颌未刻胡须，余同第14像。 |
| | 17 | 两腮及下颌各垂一绺胡须，余同第14像。 |
| | 18 | 面长圆，外着对襟宽袖长服，余同第13像。 |
| | 19 | 头毁肩残，面方。方心曲领，上着交领宽袖服，下着裙，腰带作结长垂足间。双手胸前持笏。足履。 |
| | 20 | 戴通天冠，刻卷曲的浓须，余同第19像。 |

续表15

| 排号 | 像号 | 造像特征 |
|---|---|---|
| 2 | 21 | 戴通天冠，两腮及下颔垂一绺胡须，余同第19像。 |
| | 22 | 戴通天冠，余同第19像。 |
| | 23 | 头毁，上身大部残，余同第19像。 |
| | 24 | 同第23像。 |
| | 25 | 同第23像。 |
| | 26 | 同第23像。 |
| 3 | 1 | 头毁，存交脚幞头遗迹。右肩、双手残。可辨上着宽袖服，下着裙，着鞋。 |
| | 2 | 戴通天冠，面方。着宽袖长服，下着裙，腰带长垂足间。双手胸前持笏。足履。 |
| | 3 | 同第2像。 |
| | 4 | 头毁，身残，余同第2像。 |
| | 5 | 体量最小，头毁，残高25厘米。可辨上着交领服，下着裙，双手胸前持物，手及物残。足履。 |
| | 6 | 头盔，面方圆，双肩及胸残。可辨内着甲，外着对襟衫，下着裤，左手曲于体侧，右手身前握剑。足靴。 |
| | 7 | 左肩、双手残，戴通天冠。面方。戴方心曲领，外着宽袖服，下着裙，腰带长垂足间。双手胸前持笏。足履。 |
| | 8 | 右前臂残，余同第7像。 |
| | 9 | 下颔刻一绺胡须，双肩及胸残，余同第7像。 |
| | 10 | 下颔、胸、双手毁，余同第7像。 |
| | 11 | 同第7像。 |
| | 12 | 右肩毁，余同第7像。 |
| | 13 | 胸蚀，余同第7像。 |
| | 14 | 戴束发冠，下颔系带作结，面方，刻浓密短须，余同第7像。 |
| | 15 | 戴通天冠，面方圆。戴方心曲领，上着交领宽袖长服，下着裙，腰带作结长垂足间。双手胸前持笏。足履。 |
| | 16 | 同第15像。 |
| | 17 | 头及双手残，笏毁，余同第15像。 |
| | 18 | 同第17像。 |
| | 19 | 同第17像。 |
| | 20 | 同第17像。 |
| | 21 | 同第17像。 |
| | 22 | 同第15像。 |
| | 23 | 同第15像。 |
| | 24 | 双手残，笏毁，余同第15像。 |
| | 25 | 同第24像。 |
| 4 | 1 | 戴交脚幞头，面方。着圆领宽袖长服，腰系带束抱肚，腰带作结长垂。左手曲于体侧，前臂毁；右手胸前持卷轴。足靴。 |
| | 2 | 戴通天冠，面方圆，下颔刻一绺胡须。戴方心曲领，内着翻领窄袖服，外着交领宽袖服，胸前系带，作结长垂足间。双手胸前持笏。足履。 |
| | 3 | 下颔未刻胡须，余同第2像。 |

续表15

| 排号 | 像号 | 造像特征 |
|---|---|---|
| 4 | 4 | 同第3像。 |
| | 5 | 两腮及下颌各刻一绺胡须，左臂残，余同第2像。 |
| | 6 | 戴笼纱冠，面长圆，余同第2像。 |
| | 7 | 下颌刻一绺胡须，左前臂及笏毁，余同第2像。 |
| | 8 | 刻连鬓浓须，余同第2像。 |
| | 9 | 头、身残毁甚重，余同第2像。 |
| | 10 | 下颌刻一绺胡须，余同第2像。 |
| | 11 | 两腮及下颌各刻一绺胡须，左臂毁，余同第2像。 |
| | 12 | 戴通天冠，面方圆。戴方心曲领，上着交领宽袖长服，下着裙，腰带长垂足间。双手胸前持笏。足履。 |
| | 13 | 下颌刻一绺胡须，余同第12像。 |
| | 14 | 同第13像。 |
| | 15 | 两腮及下颌各刻一绺胡须，余同第12像。 |
| | 16 | 同第12像。 |
| | 17 | 残毁甚重，可辨少许细节。 |
| | 18 | 头残，身略右扭，余同第12像。 |
| | 19 | 残毁甚重，可辨少许细节。 |
| | 20 | 同第19像。 |
| | 21 | 同第19像。 |
| | 22 | 同第12像。 |
| | 23 | 残毁甚重，可辨少许细节。 |
| | 24 | 同第12像。 |
| | 25 | 同第12像。 |
| 5 | 1 | 梳髻，戴莲花冠，面圆，双眼外鼓，连鬓胡须作"八"字外拂。内着交领宽袖服，外披氅，下着裙。双手胸前持笏。足履。 |
| | 2 | 未刻连鬓胡须，余同第1像。 |
| | 3 | 下颌刻一绺胡须，侧面与第4像相对，余同第1像。 |
| | 4 | 下颌刻一绺胡须，侧面与第3像相对，余同第1像（图版Ⅰ：329）。 |
| | 5 | 头盔，面圆，双眼圆睁。系肩巾，护肩披膊，内袍外甲，袖摆作结，腿裙垂于膝下，腰系革带束抱肚，腰带作结下垂。双手臂甲，于胸前持斧。足靴（图版Ⅰ：330）。 |
| | 6 | 双手持锏，余同第5像。 |
| | 7 | 同第6像。 |
| | 8 | 戴通天冠，面方，下颌刻一绺胡须。戴方心曲领，上着交领宽袖服，下着裙，腰带作结长垂足间。双手胸前持笏。 |
| | 9 | 下颌刻一绺胡须，余同第8像。 |
| | 10 | 同第9像。 |
| | 11 | 浓须"八"字外拂，余同第8像。 |
| | 12 | 为女像，梳髻，面圆。上着翻领宽袖服，下着裙，霞帔沿肩长垂，腰带作结垂于足间。双手置胸前覆巾，握持笏。 |
| | 13 | 下颌刻一绺胡须，余同第8像。 |
| | 14 | 刻连鬓浓须，余同第8像。 |

续表15

| 排号 | 像号 | 造像特征 |
|---|---|---|
| 5 | 15 | 头顶、笏毁，余同第12像。 |
|  | 16 | 残毁甚重，仅辨少许细节。 |
|  | 17 | 同第16像。 |
|  | 18 | 同第16像。 |
|  | 19 | 同第16像。 |
|  | 20 | 残毁甚重，仅辨少许细节。头部残毁处，后世凿出方孔，大小相近。孔高10厘米，宽4厘米，最深8厘米。 |
|  | 21 | 同第20像。 |
|  | 22 | 同第20像。 |
|  | 23 | 残毁甚重，仅辨少许细节。 |
|  | 24 | 同第23像。 |
|  | 25 | 同第23像。 |
| 6 | 1 | 戴无脚幞头，面方圆。着圆领宽袖服，下着裤，腰系带束圆护抱肚，负剑。双手胸前持笏。足靴。 |
|  | 2 | 戴冠，面方圆。戴方心曲领，着交领宽袖服，下着裙，腰带作结长垂。双手残，置胸前。足履。 |
|  | 3 | 戴冕冠，天河带沿胸下垂。面方。着交领宽袖长服，下着裙，双手胸前持笏。足履。 |
|  | 4 | 同第3像。 |
|  | 5 | 同第3像（图版Ⅰ：331）。 |
|  | 6 | 同第3像（图版Ⅰ：332）。 |
|  | 7 | 下颌各刻一绺胡须，余同第3像。 |
|  | 8 | 同第7像。 |
|  | 9 | 刻连鬓浓须，余同第3像。 |
|  | 10 | 玉笄下垂充耳，余同第3像。 |
|  | 11 | 同第10像。 |
|  | 12 | 同第10像。 |
|  | 13 | 同第3像。 |
|  | 14 | 同第3像。 |
|  | 15 | 头身残毁甚重。 |
|  | 16 | 戴通天冠，面长圆，戴方心曲领，着交领宽袖长服，下着裙，双手毁。足履。 |
|  | 17 | 残毁略重，可辨少许细节。 |
|  | 18 | 冠残，面长圆。戴方心曲领，内着翻领服，外着交领服宽袖长服，下着裙。双手胸前持笏。足履。 |
|  | 19 | 残毁略重，可辨少许细节。 |
|  | 20 | 同第19像。 |
|  | 21 | 同第19像。 |
|  | 22 | 同第19像。 |
|  | 23 | 同第19像。 |
|  | 24 | 残毁略重，可辨少许细节，头部残毁处凿有方孔，高9厘米，宽5厘米，深4厘米。 |
|  | 25 | 残毁略重，可辨少许细节。 |

3. 窟右壁内侧及正壁右侧

窟右壁内侧近正壁壁面及窟正壁右侧壁面大部毁，后世以条石叠砌修补，与原壁面大致齐平；修补面最宽约360厘米。

壁面现存立像88身。其中，窟正壁右侧仅存5身。上下相邻造像亦错对布置，体量相当，立像高约42—46厘米，头长11—14厘米，肩宽12—13厘米，胸厚6—7厘米（图246；图版Ⅰ：333、图版Ⅰ：334）。身侧无榜题条。

按从上至下、从外至内（从右至左）顺序，第1排存像17身，编为第1—17像，其中第16、17像位于窟正壁右侧，第2—10像立于低台线刻的祥云纹上。第2排存像18身，编为第1—18像，其中第17、18像位于窟正壁右侧。第3排存像16身，编为第1—16像，其中第16像位于窟正壁右侧。第4排存像13身，编为第1—13像；第5排存像12身，编为第1—12像；第6排存像12身，编为第1—12像；第4—6排像皆位于窟右壁，窟正壁右侧像已毁。其特征列入表16。

**表16　南山第5号窟右壁内侧及正壁右侧造像特征简表**

| 排号 | 像号 | 造像特征 |
| --- | --- | --- |
| 1 | 1 | 戴通天冠，下颌系带作结。面圆略蚀。内着翻领服，外罩甲，腿裙止于膝下，最外着对襟宽袖服，腹前作结，下着裙。双手胸腹前持剑。足靴。身后刻一虎，头向窟口，略残，现一前一后两腿，尾上竖。 |
| 1 | 2 | 戴通天冠，面方。内着窄袖服，外着交领宽袖服，下着裙；腰带垂于足间。双手胸前持笏。足履。 |
| 1 | 3 | 两腮及下颌各刻一绺胡须，余同第2像。 |
| 1 | 4 | 侧身向右，戴冕冠，余同第2像。 |
| 1 | 5 | 戴冕冠，余同第2像。 |
| 1 | 6 | 身躯断为两截，略有错位。戴冕冠，缨带作结，下颌刻一绺胡须，余同第2像。 |
| 1 | 7 | 戴冕冠，余同第2像。 |
| 1 | 8 | 戴冕冠，身躯部分残蚀，双手及笏残，余同第2像。 |
| 1 | 9 | 同第8像。 |
| 1 | 10 | 同第8像。 |
| 1 | 11 | 同第8像。 |
| 1 | 12 | 身残毁甚重，可辨袖摆及裙摆。 |
| 1 | 13 | 刻浓密胡须，双手及笏残，余略同第2像。 |
| 1 | 14 | 同第13像。 |
| 1 | 15 | 同第13像。 |
| 1 | 16 | 下颌刻一绺胡须，身残蚀略重，余同第4像。 |
| 1 | 17 | 同第4像。 |
| 2 | 1 | 梳髻戴冠，下颌系带作结。面方。刻覆肩、披膊，内着翻领宽袖长服，外罩裲裆甲，胸系束甲索，腰系革带束抱肚，腰带作结下垂，下着裤；飘带呈"U"形垂于腹前，两端折入革带后垂于体侧。左手握拳横于胸前，右手屈肘扛一凤头斧。足靴。 |
| 2 | 2 | 戴冕冠，缨带下颌作结，面圆略蚀。上着交领宽袖服，胸系带，下着裙。双手胸前持笏。足履。 |
| 2 | 3 | 双足大部残，余同第2像。 |
| 2 | 4 | 戴通天冠，面方圆。内着交领窄袖服，外着交领宽袖服，下着裙；腰带下垂足间。双手胸前持笏。足履。 |
| 2 | 5 | 下颌各刻一绺胡须，余同第4像。 |
| 2 | 6 | 同第4像。 |

续表16

| 排号 | 像号 | 造像特征 |
|---|---|---|
| 2 | 7 | 同第4像。 |
| | 8 | 下颌各刻一绺胡须，余同第4像。 |
| | 9 | 身风蚀略重，可辨部分细节。 |
| | 10 | 同第9像。 |
| | 11 | 同第9像。 |
| | 12 | 同第9像。 |
| | 13 | 同第9像。 |
| | 14 | 略残蚀，可辨戴冕冠，天河带沿肩下垂，下颌刻一绺胡须，余同第2像。 |
| | 15 | 略残蚀，可辨戴冕冠，天河带沿肩下垂，余同第2像。 |
| | 16 | 同第15像。 |
| | 17 | 残蚀甚重，存轮廓。 |
| | 18 | 毁，仅存残痕。 |
| 3 | 1 | 戴交脚幞头。面方圆，浓须"八"字外拂。上着圆领宽袖服，下着裙，腰系革带束抱肚，腰带作结长垂。腰悬剑，左手胸前持卷轴，右手曲于体侧握剑柄。足靴。 |
| | 2 | 大部残脱。戴通天冠，面方。上着交领宽袖服，下着裙，腰带作结下垂足间。双手胸前持笏。足履。 |
| | 3 | 同第2像。 |
| | 4 | 同第2像。 |
| | 5 | 同第2像。 |
| | 6 | 体量最小。头毁，残高约22厘米。上着交领宽袖服，下着裙，腰带长垂。双手胸前持笏。足履。 |
| | 7 | 头毁，残高29厘米。戴方心曲领，内着窄袖服，外着交领宽袖服，腰束带，腰带长垂足间，下着裙。双手胸前持笏。足履。 |
| | 8 | 部分残蚀，可辨戴通天冠，上着宽袖长服，下着裙，腰带长垂；双手胸前持笏（部分残）。足履。 |
| | 9 | 下颌刻一绺胡须，略残，余同第8像。 |
| | 10 | 手及笏部分残，余同第8像。 |
| | 11 | 同第10像。 |
| | 12 | 同第8像。 |
| | 13 | 头毁，余同第8像。 |
| | 14 | 双足毁，余同第8像。 |
| | 15 | 同第14像。 |
| | 16 | 残蚀甚重，仅辨轮廓。 |
| 4 | 1 | 戴交脚幞头。长圆脸略蚀。着圆领宽袖长服，腰系革带，腰带长垂足间，下着裙。背负剑，双手残，交握胸前。足靴。 |
| | 2 | 戴通天冠。面方。戴方心曲领，上着交领宽袖服，下着裙，腰带下垂足间。双手胸前持笏，前臂及笏残。足履。 |
| | 3 | 下颌刻一绺胡须，前臂及笏完整，余同第2像。 |
| | 4 | 前臂及笏完整，余同第2像。 |
| | 5 | 右臂毁，余同第2像。 |

续表16

| 排号 | 像号 | 造像特征 |
|---|---|---|
| 4 | 6 | 为女像。梳髻罩巾，面残，后世补塑。上身残，可辨上着宽袖服，下着裙，腰带长垂足间，霞帔沿肩下垂，端头垂于腿部外侧。足履。 |
| | 7 | 戴通天冠，面圆，略蚀，下颌刻一绺胡须，余同第2像。 |
| | 8 | 为女像。梳髻罩巾，面残。上着翻领宽袖服，下着裙，腰带长垂足间；飘带环于身后，两端上撩敷搭前臂后长垂双足外侧。双手置于腹前，覆巾，持物残。足履。 |
| | 9 | 头部分残。上着交领宽袖长服，下着裙，腰带作结长垂足间，双手胸前持笏，手及笏残。足履。 |
| | 10 | 双手及笏完整，余同第9像。 |
| | 11 | 戴冕冠，天河带沿肩下垂。面方，下颌刻一绺胡须。戴方心曲领，上着宽袖服，下着裙，腰带作结长垂足间。双手胸前持笏。足履。 |
| | 12 | 鼻、下颌残，后世补塑，余同第11像。 |
| | 13 | 下颌未刻胡须，余同第11像。 |
| 5 | 1 | 梳髻扎巾。面长圆略蚀。上着交领宽袖长服，下着裙，腰带下垂足间。双手胸前持卷轴。足鞋。 |
| | 2 | 戴莲花冠。面方，两腮及下颌各刻一绺胡须。内着交领宽袖服，外披氅，下着裙，腰带长垂足间。双手胸前持笏。足履（图版Ⅰ：335）。 |
| | 3 | 戴通天冠。面方。戴方心曲领，内着交领宽袖服，下着裙，腰带作结垂于足间。双手胸前持笏。足履。 |
| | 4 | 同第3像。 |
| | 5 | 同第3像。 |
| | 6 | 同第3像（图版Ⅰ：336）。 |
| | 7 | 同第3像。 |
| | 8 | 头毁，余同第3像。 |
| | 9 | 同第3像。 |
| | 10 | 面左侧，下颌刻一绺胡须。 |
| | 11 | 同第3像。 |
| | 12 | 戴凤翅盔，顶略残，下颌系带作结。内着翻领宽袖服，外罩甲，覆肩，腰系革带束抱肚，腰带长垂。双手胸前横持一斧。足靴。 |
| 6 | 1 | 戴交脚幞头。面残。上着交领宽袖服，下着裙，腰束革带，腰带作结长垂足间。背负剑，双手残，置胸前。足靴。 |
| | 2 | 头皆毁，残毁处凿方孔，高10厘米，宽5厘米，最深5厘米。戴方心曲领，上着交领宽袖长服，下着裙，腰带作结长垂。双手胸前持笏。足履。 |
| | 3 | 戴通天冠，长圆脸。戴方心曲领，上着交领宽袖长服，下着裙，腰带作结长垂，双手胸前持笏，笏略残。足履。 |
| | 4 | 同第2像。 |
| | 5 | 同第2像。 |
| | 6 | 下颌刻一绺胡须，余同第3像。 |
| | 7 | 戴冕冠，天河带下垂胸前，面长圆，略蚀，余同第3像。 |
| | 8 | 同第7像。 |
| | 9 | 下颌刻一绺胡须，余同第7像。 |
| | 10 | 同第7像。 |
| | 11 | 同第3像。 |
| | 12 | 同第3像。 |

## 四 铭文

何正言凿三清古洞镌记，南宋绍兴年间（1131—1141年）。位于窟中心柱正面方龛下部案台后侧壁面。作碑形，通高29厘米；碑首为覆莲叶；碑身方形，高24厘米，宽4厘米；碑座为双层仰莲。碑心现无字，左侧竖刻1行13字，右侧竖刻1行12字；皆楷体，字径2厘米（图版Ⅱ：92、图版Ⅱ：93）。

舍地开山造功德何正言同杨氏（左）

开山化首凿[7]洞张全一同赵氏（右）

## 五 晚期遗迹

### （一）铭文

共17则。分刻于窟内和窟口外侧左右壁面（图247）。

第1则

碑文分上下两部分，上部为吕元锡游南山诗并跋，南宋淳熙五年（1178年）上石；下部为佚名和吕元锡诗。位于窟外左壁中部最左端。相距左窟口约145厘米，下距现地坪约175厘米。碑高75厘米，宽72厘米。上部碑文左起，存10行80字，字径2—4厘米；下部碑文左起，存8行56字，字径3厘米（图版Ⅱ：94）。

上部

01　南山留题[1]

02　龙穴潜幽通海潮璇宫突兀插云

03　霄三千世界诸天近百二山河故国

04　遥寥落偏城连谷口荒凉古寺

05　倚山腰溪南可款门修竹何况

06　丁宁已见招

07　右淳熙五年六月十二日挈

08　〔家登南山回少憩南禅〕

09　（漶）

10　（漶）[2][8]

下部

01　（漶）

02　（漶）

03　词源浩渺浙江潮倒泻银〔河〕

04　落九霄贝阙琳宫春不老

05　蓬莱瀛海路非遥多

06　君访古曾携手愧我劳生

07　漫折腰拟欲诛茅成小

08　〔隐山云不薄〕幸相招

---

1　此行《大足石刻铭文录》录为"宋吕元锡游南山诗并跋"。重庆大足石刻艺术博物馆编：《大足石刻铭文录》，重庆出版社1999年版，第296页。
2　据《民国重修大足县志》卷一《山脉》所载，此2行漶字为"书示小子祖吉晚赴真符」孙丞之约申国吕元锡"。

正壁左侧

346　大足石刻全集　第五卷（上册）

图 245　南山石窟第 5 号窟左壁及正壁左侧造像展开及编号图

348　大足石刻全集　第五卷（上册）

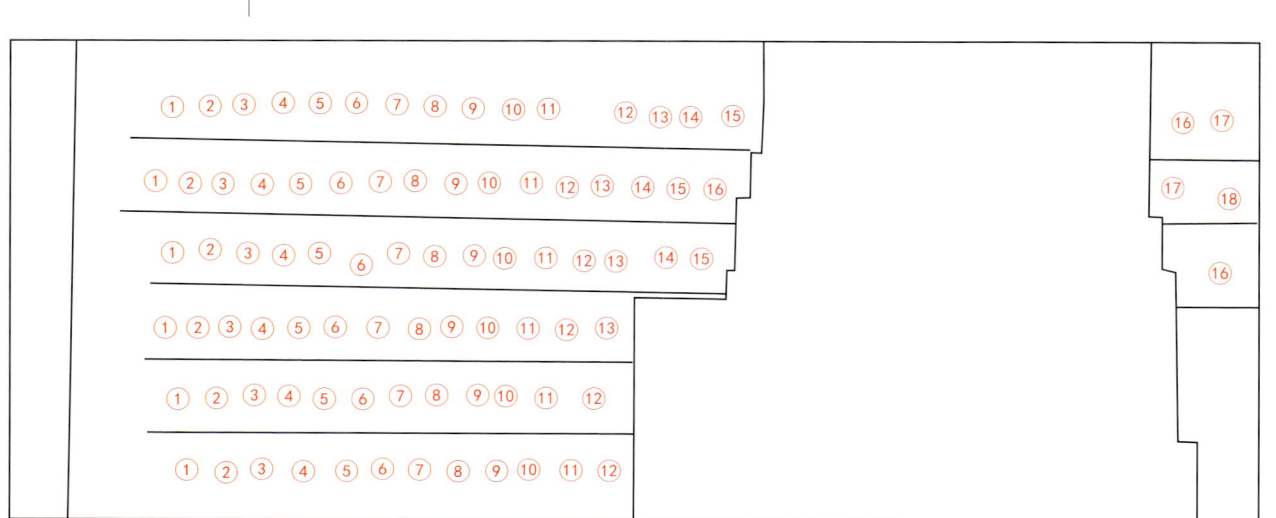

图 246　南山石窟第 5 号窟右壁及正壁右侧造像展开及编号图

图247　南山石窟第5号窟部分晚期铭文位置示意图

第2则

张宗彦题七言诗，南宋绍兴十一年（1141年）。位于第1则右侧。刻石面高86厘米，宽60厘米。饰卷草边框，宽4厘米。文左起，竖刻13行239字，字径3.5厘米（图版Ⅱ：95）。

01　左朝请大夫知剑州军州事张宗彦题
02　圜坛高峙对苍穹四望群山万万[1]峰东直洞天闻
03　啸虎下窥云雾隐神龙萦纡石磴蹄涔在幽邃岩
04　扁藓溜封凤驾三休犹喘息高轩千骑更从容雨
05　肠丰岁严祈祷香火人家罄局恭夹路修篁君子
06　竹凝烟苍干大夫松楼台远近闻羌笛井邑参差
07　竞晚春[2]极目稻塍平浩渺一川麦陇翠蒙茸骤来
08　眼界迷天阔望久岚光逼座浓仙驭几时飞汉鸟
09　桃源何处问郎踪谯门三弄传清角田径诸儿饷
10　老农野马日中何勃勃塞鸿云外过邕邕狂飙掣
11　电多兴夏暖景晴晖好在冬阮氏登山夸蜡屐谢
12　公携妓奏金钟天工为我除氛祲诗客邀人淬笔
13　锋吏部游衡神鬼动非干造物贷龙钟[9]

第3则

何格非和张宗彦诗，南宋绍兴十一年（1141年）。位于第2则右侧。碑通高84厘米，宽63厘米。边饰卷草纹，宽4.5厘米。碑文左起，

---

1　此"万"字《大足石刻铭文录》录为"尊"。重庆大足石刻艺术博物馆编：《大足石刻铭文录》，重庆出版社1999年版，第297页。
2　此"春"字《大足石刻铭文录》录为"舂"。同前引。

竖刻13行239字，楷体，字径3.5厘米（图版Ⅱ：96）。

01　左朝请大夫知昌州军州事何格非和
02　三级荒坛接昊穹炱然高峙压诸峰祈年设醮延
03　真驭早岁飞符起蛰龙崎侧断崖人迹绝萦纡危
04　磴古苔封渺茫眼界穷无尽漠落乾坤信有容分
05　野高低连普遂山川指点极涪恭横斜下接行商
06　路天矫偏多偃盖松鸣喧迥闻孤垒角丁当时听
07　夕阳春风清终日尘难到地暖非春草自茸石水
08　发茶云脚白金瓯劝酒波醅浓隼旗出郭乘无事
09　楚女行云不见踪幸悉承宣颂一札因闲劳苦问
10　三农拟题赋咏惭张籍欲纪经行愧李邕陶菊摘
11　残花尚在赵衰可爱日方冬少留待看霜天月苦
12　恨催归别寺钟老境所存输徤¹笔新诗无敌敢争
13　锋始知天上张公子的是商于秀气钟[10]

**第4则**

邓早阅辛酉岁张、何二公诗跋，南宋绍兴二十一年（1151年）。位于第3则右侧，与窟口相接。刻石面高60厘米，宽17厘米。文左起，竖刻4行62字，字径3厘米（图版Ⅱ：97）。

01　术者云南北山童殊乏秀气有修竹茂
02　林闻人益显庵主王道琼手植醮坛今已
03　森然因阅辛酉岁张何二公诗磨崖以
04　示好事者辛未初冬邓早跋张大成书丹[11]

**第5则**

位于窟外右壁中下部，紧邻窟口。上部残蚀，残高约174厘米，宽94厘米。饰卷草纹边框，宽6厘米。文蚀。

**第6则**

何光震饯郡守王梦应记碑，南宋淳祐七年（1247年）。位于第5则右侧。刻石面高165厘米，宽100厘米，深2厘米。文左起，竖刻23行，存607字，字径3厘米（图版Ⅱ：98）²。

01　昌邻于合旧号东州道院文物彬彬久稔闻见人品有杨贤良王文安之清亭
02　沼有香霏鉴湖之胜仙迹有董葛之异山林有南北之秀物产有盐米之饶县
03　前守令寮佐类多名胜题墨淋漓遗迹仿佛独惜介在山□距大江几二百里
04　素无城守兵卫狄难以来官吏民多不免焉加以师旅因以饥馑存者转徙仕
05　者退缩至州县官苟具而可环千里荆榛矣
06　制使尚书余先生镇蜀外遏寇攘内抚疲瘵垂念□郡密迩行台乃请于
07　朝命前资守合阳王侯梦应领是州侯字明甫历郡久纯以诗书从事礼士戢

---

1　此"徤"字《大足石刻铭文录》录为"健"。重庆大足石刻艺术博物馆编：《大足石刻铭文录》，重庆出版社1999年版，第299页。
2　（清）刘喜海：《金石苑》《民国重修大足县志》均录此碑文，有讹脱。《大足石刻铭文录》据碑拓本及《金石苑》校补漫蚀文字，见重庆大足石刻艺术博物馆编：《大足石刻铭文录》，重庆出版社1999年版，第300—301页。

08　奸遗民少苏寮吏毕集于是大足令何光震□甫司理赵若讯正子以乡人备
09　员武信张顺臣文炳职郡教普慈李方□□为纠曹重辟杨莘起明夫主大足
10　簿永川令玉朦赵希伏圣可尉泸川赵□甫相与联事虽食饮杞菊驾乏舆
11　马人或不堪其况然志合道同凡所讲行恪遵教条务从众所欲恶各钦乃职
12　初仕者俱获小升经任者相继改秩□时同官清修之乐其庶几焉侯以乙巳
13　春正月至州迨丁未冬首尾三年□□间檄以禀事察属攀饯于南山侯顾谓
14　光震曰乡贤仕此多矣昔△炉峰陈先生用庚戌由与此间何公应龙从叔联
15　辛酉类省魁亚何公尝赞于
16　朝终夔宪后未有闻焉初炉峰教授此州有不拜伪诏之节有杨贤良六经图
17　勒石□教授□陵△堂□之命将下而卒人士至今惜之今长公昕之睎舜见
18　升太学□□□黄应□□□出继再以世学冠□□类省□经见四川制参时
19　利漕节甥□仲礼从□□大足簿新南平军司法斯文之泽方增未艾近事章
20　灼如此□□□可计目□□荣悴而不以千岁自期乎盖书以补郡志之缺□
21　□□□□光震□上南山有石岩岩刊此识以垂千万年淳祐七年冬十月□
22　望门生□□郎昌州大足县令权佥判何光震从事郎昌州州学教授张顺臣
23　从政郎待□□方迪功郎昌州大足县主簿杨莘起拜手谨记[12]

### 第7则

樊允季领客避暑终日题记，南宋端平二年（1235年）。位于第6则右上方，相距约45厘米。刻石面高66厘米，宽46厘米，深2.5厘米；左右上角抹角。文左起，竖刻5行39字，字径5厘米（图版Ⅱ：99）。

01　端平二年六月六日江原
02　樊允季领客资阳王熙
03　避暑于此枕石藉凉盘
04　旋终日松竹间风时作
05　秋声[13]

### 第8则

县正堂桂示禁碑，清光绪年间（1875—1908年）。位于第7则下部，相距7.5厘米。刻石面高104.5厘米，宽74厘米，最深4.5厘米；左右及上部刻出宽1.7厘米的边框。文左起，竖刻17行，存363字，字径2—3.5厘米（图版Ⅱ：100）。

01　县正堂桂△△为示禁事案据永安加胜里绅粮杨顺芬谢维翰杨俊□敏
02　梁一尚元增杨顺怀芝邓大学兴李显朝学杨俊玉春代宪章辉廷桂兴仙如王申之江贵乾邓
03　大廷杨再盛刘万兴曹世廉等禀称情城南二里许有南山翠屏载在县
04　志此乃县属屏障即阁¹邑风水攸关历年以来屡请示禁近因玉
05　皇观僧常超等浪费不堪巳将灯田出当陈世亮何大元佃钱一千余串
06　仅留万年灯谷拾石抲²交首事燃点现在焚献无人僧等胆将竹
07　树扫卖目不忍睹前月初一日被山邻协往看明四面仅存巨大
08　古树廿余根惟山顶竹树更宜严禁只得恳△△恩赏示培植禁

---

1　此"阁"字《大足石刻铭文录》录为"阆"。重庆大足石刻艺术博物馆编：《大足石刻铭文录》，重庆出版社1999年版，第307页。
2　此"抲"字《大足石刻铭文录》录为"搆"。同前引。

09　止以昭久远庶几庙貌长存神人均沾伏乞等情据此除禀批示
10　外合行示禁为此示仰该住持等知悉自示之后务将山之前后
11　上下花草竹木加意护蓄以培风水而壮观瞻倘敢图卖分财潜
12　行砍伐并外来借捡柴为名私窃树株许该首事山邻等指名具
13　禀以凭提案究追决不姑宽各宜凛遵毋违特示
14　右谕通知
15　光绪□三年正月初四日
16　实刻南山玉皇观晓谕勿损
17　告示[14]

第9则

吕元锡挈家寻仙追凉题记，南宋淳熙五年（1178年）。位于窟口左内侧平整面中部。刻石面高63厘米，宽13厘米。文左起，竖刻2行22字，楷体，字径4厘米（图版Ⅱ：101）。

01　申国吕元锡挈家寻仙追凉
02　于此淳熙戊戌六月十三日[15]

第10则

残记，年代不明。位于第9则下部，相距20厘米。刻石面高68厘米，宽26厘米。文左起，竖刻2行，存19字，楷体，字径3—5厘米（图版Ⅱ：102）。

01　（漶）安平川上峰衲子升所□徒弟
02　（漶）鑑泰宋丙宗仲夏游□[16]

第11则

梁当之等避暑南山题记，南宋淳熙十五年（1188年）。位于窟口右侧平整面最上方。刻石面高60厘米，宽20厘米。文左起，竖刻3行，存27字，字径5厘米（图版Ⅱ：103）。

01　淳熙[17]戊申季夏梁当之
02　陈应辰鲜于东老何长文
03　□□择赵用若避暑于此

第12则

曹伟卿游南山记，南宋庆元六年（1200年）。位于第11则下部，相距59厘米。刻石面高105厘米，宽20厘米。文左起，竖刻2行22字，隶书，字径6厘米（图版Ⅱ：104）。

01　谯人曹伟卿公余侍亲游此
02　时庆元庚申冬书雪后三日[18]

第13则

唐子俊装修玉皇古洞天尊碑记，清康熙六十年（1721年）。位于第12则下部，相距4厘米。刻石面高62厘米，宽36厘米。文左起，竖刻10行209字，字径2.5厘米（图版Ⅱ：105）。

01　装修玉皇古洞天尊碑记
02　尝闻事无论烦简要必求有终功不拘大小要必尚其克成予
03　父先年装古洞七十四位天尊捐银一十八两有零志有余
04　而岁不我与予继其志又将三元火官并三百六十应感天尊
05　一一金装又自捐银三十六两有零匠工告竣众请勒碑予非
06　敢云夸功也亦非敢云祈报也不过继父志以告成云耳
07　父讳则圣字异生道济其号也△母唐氏男唐子俊宾氏
08　子伟郭氏子佳周氏子仲杨氏男妇蒋氏孙才茂李氏
09　才盛冯氏才英黄氏才雄邓氏才通才进才高
10　康熙六十年九月初一日大足县城内信士唐子俊自记[19]

第14则

陈伯疆冬至日飨先考题记，南宋乾道五年（1169年）。位于窟右门柱内侧中部，上距窟顶149厘米。刻石面高125厘米，宽23厘米。文右起，竖刻3行70字，字径5厘米（图版Ⅱ：106）。

01　乾道己丑冬至日知昌州陈伯疆飨先考朝议先妣恭人开
02　封钱[1]于南山以亡弟二修职伯通三迪功伯庠亡妇宜人普
03　慈赵亡弟妇长安种果山蒲眉山唐配子何侃傥佁侄仿与献[20]

第15则

玉皇观置田产契约碑，清康熙五十八年（1719年）。位于窟内左龙柱上部。刻石面高70厘米，宽43厘米。文左起，竖刻420字，字径2厘米（图版Ⅱ：107）。

立契约卖田地山场房基阴阳二宅夏门杨氏同孙夏文连[2]情因先年得买王甫之田地一分
地名官田坝载粮七十三亩承当国赋因为家下人力不敷公故子亡遗存孙男年雏拖
债难填婆孙商议情愿将祖置业产出买[3]与玉皇观住持僧一念募化[4]众男女
万年灯功果会银承买常住田一分当日凭众会首三面议定吹系价银一百零
八两整皆夏处婆孙领足并无货物折算中间并无押逼其四至边界踩明并无包
卖他人寸土在内任从玉皇观顶补册名耕种常住供佛日后夏宅亲族人
等不得异言如有四至不明卖主承当其四至东抵大路为界南抵凹口为界
西抵小河为界北抵张杨二处田为界今恐人心不古立此卖契与玉皇观永
远为据
实计楼房三间耳房二间牛栏猪圈仓敖一并在内其田水原有切路古圳
住持僧一念
凭中证（唐则圣王华等31人名90字，略）

---

1　此"钱"字《大足石刻铭文录》录为"饯"。重庆大足石刻艺术博物馆编：《大足石刻铭文录》，重庆出版社1999年版，第296页。
2　此"连"字《大足石刻铭文录》录为"莲"。同前引书，第311页。
3　此"买"字《大足石刻铭文录》录为"卖"。同前引。据文意推测，可能为"卖"字误刻。
4　此"化"字《大足石刻铭文录》未录。同前引。

康熙五十八年十二月十五立卖契田人夏门杨氏夏文连[1]老川

命匠刻碑僧一铠南禅秀山书丹[21]

### 第16则

陈及之省坟莓溪过南山题记，南宋（1127—1279年）。位于窟内中心柱左壁面中部，左邻巷道口。碑通高66厘米，碑座为三重仰莲台，碑首为覆莲宝盖；碑身方形，刻石面高50厘米，宽15厘米。碑文右起，竖刻2行20字，隶书，字径4厘米（图版Ⅱ：108）。

01　陈及之具之自郡城省坟

02　莓溪过此乙丑中秋七日[22]

### 第17则

王德嘉行书碑，清同治十一年至光绪元年（1872—1875年）[2]。位于窟内中心柱右面中部。刻石面高40厘米，宽133厘米，深1厘米。文左起，竖刻11行45字，行书，正文字径7厘米，署款5字，字径4厘米（图版Ⅱ：109）。

01　但以功绩

02　既高恩泽

03　莫二出入王

04　命众人不

05　敢为比不可

06　令居本位

07　须别示有

08　尊崇只可

09　于宰相师

10　保[3]座南横

11　安一位

　　　城固王德嘉（署款）

### （二）构筑

窟壁存四条较为明显的裂隙。第一条，位于窟左壁中部，起于窟顶，斜向贯穿窟壁，止于窟底，全长约470厘米。第二条，位于窟左后壁中部，起于窟顶，斜向延伸至案台左下角，止于窟底，全长约440厘米。第三条，起于第二条裂隙上端，右向水平延伸至方柱左壁面中部，再转折向下，斜向延至窟底，全长约520厘米。第四条，位于窟右侧壁中部，起于窟顶，向窟口斜向延伸，贯穿壁面，止于窟底，全长约460厘米。现四条裂隙已黏合修补。

窟口左右外侧上部对称凿三个方孔。上部二方孔较大，水平布置，高65厘米，宽15厘米，最深20厘米；下部方孔较小，高18厘米，宽9厘米，最深11厘米。

窟口外左壁中部横向凿三个略小的方孔，相距约65厘米，孔大小一致，高5厘米，宽8厘米，深10厘米。

窟口左内侧平整面最上凿有一方孔，高18厘米，宽10厘米，内嵌入木材，深度不明；中部凿有二小孔，相距90厘米，孔大小一致，高8厘米，宽4.5厘米，深6厘米；中下部凿二孔，相距约149厘米，大小一致，高13厘米，宽6厘米，深6厘米。

窟口右侧平整面中部凿两个错对布置的小孔，竖直相距18厘米，孔高11厘米，宽5.5厘米，深6.5厘米；底部另凿一方孔，高17厘

---

1　此"连"字《大足石刻铭文录》录为"莲"。重庆大足石刻艺术博物馆编：《大足石刻铭文录》，重庆出版社1999年版，第311页。

2　据《民国重修大足县志》载，王德嘉任大足知县时在清同治十一年至光绪元年（1872—1875年）。

3　此"保"字《大足石刻铭文录》录为"条"。重庆大足石刻艺术博物馆编：《大足石刻铭文录》，重庆出版社1999年版，第306页。

米，宽8厘米，深6厘米。

左龙柱凿十个圆孔，布局不规整，分布于柱身各面，孔大小一致，直径约5厘米，深7厘米；右龙柱凿有八个圆孔，布局与大小同左圆孔。

中心柱下部方坛正面左侧凿一凹槽，高约25厘米，宽12厘米，最深8厘米。

窟底右前侧凿二方孔，相距20厘米，前孔略大，长17厘米，宽12厘米，深5厘米；后孔略小，长12厘米，宽8厘米，深3厘米。

（三）妆绘

窟内保存灰白色、红色、黑色、蓝色、绿色五种涂层。方柱正面龛内造像存少许金箔。

## 第十节　第5-1号

### 一　位置

位于第5号窟左侧。左距后世补接的壁面残毁边缘约32厘米，右距第5号窟186厘米；上与第5号窟左外侧中部内凹壁面下部相接，下距地坪102厘米。

龛口南向，方向186°。

### 二　形制

从岩壁直接凿建龛口（图248；图版Ⅰ：337）。龛口残毁甚重，存左右沿中上部，宽约4厘米，其余沿面皆毁。龛口内缘呈圆拱形，高61厘米，宽69厘米，至后壁最深16厘米。龛底毁，龛壁为弧壁，龛顶大部毁，仅存少许。

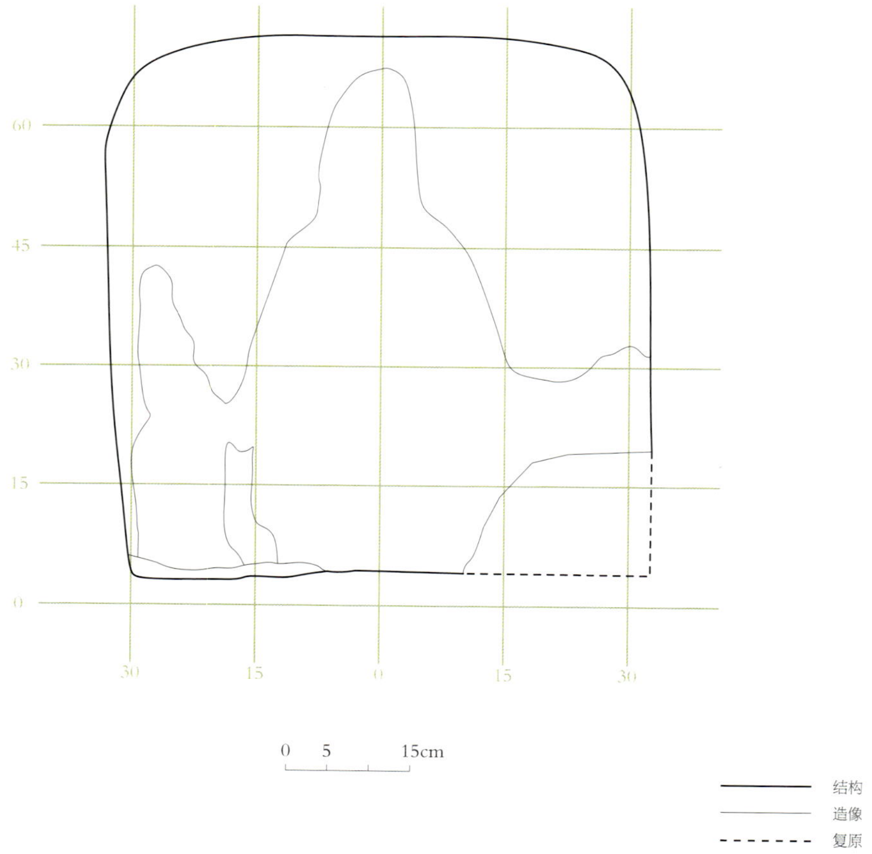

**图248　南山石窟第5-1号龛立面图**

## 三　造像

龛内刻像3身（图版Ⅰ：337）。

居中主尊像坐高41厘米，残毁甚重，后世改凿，细节不明。左侧像毁，仅辨少许遗迹。右侧立像高35厘米，残毁甚重，可辨轮廓。

# 第十一节　第6号

## 一　位置

位于"太清亭"后壁右上角。左距第8号龛56厘米，右距第6-1号龛12厘米；上距"太清亭"屋顶约60厘米，下距地坪362厘米。龛口南向，方向170°。

## 二　形制

龛口　于岩壁垂直凿进最深约8厘米形成龛口。龛口略呈方形（左下角未凿刻完整），部分残损且被后世改刻，现存上沿和左上角沿面，残宽约9厘米。龛口内缘高166厘米，最宽246厘米，至后壁最深84厘米（图249；图版Ⅰ：338）。

龛底　形如"凸"字形，左端未凿建完整。自龛底向上建两级低坛，部分残，断面与龛底同。第一级低坛高31厘米，最深16厘米；第二级低坛高90厘米，最深19厘米。

龛壁　龛壁竖直，剥蚀略重，中部内凹，两端外凸，断面形如"凸"字形；与龛顶略垂直相接。

龛顶　平顶，与龛底形状略同，部分剥蚀。

## 三　造像

龛内造像自上而下大致作三层布置，依次划分为上层、中层、底层造像三部分（图250；图版Ⅰ：338）。

（一）上层

环壁刻像10身，置于第二级低坛上；其中，中刻主尊坐像3身，左侧刻立像3身，右侧刻立像4身。

1. 主尊像

3身。中主尊像居中，左右主尊像相对位于"凸"字形低坛外端。

中主尊像　坐高26厘米，头长9厘米，肩宽16厘米，胸厚9厘米（图250）。存素面圆形头光及背光遗迹。梳髻，顶残。面长圆，略蚀。颈部断裂，肩残，胸蚀。可辨内着交领服，外披氅，下着裙，裙摆覆于座前。氅于胸际以带系结，带头长垂座前。左手曲于胸前持物，物系带，手及物残；右手腹前握带，结跏趺坐于须弥座上。座部分剥落残损，通高20厘米，宽22厘米，深21厘米；上枋及束腰正面线刻方框，下枋略残。座前刻方形足踏，残高6.5厘米，宽20厘米，深5厘米。

主尊头顶上方存外挑的华盖遗迹，残高5厘米，宽46厘米。

左主尊像　坐高28.5厘米，头长13.5厘米，肩宽14厘米，胸厚5厘米（图250、图251-1；图版Ⅰ：339）。戴冕冠，缨带下颌系结，天河带沿肩下垂，敷搭前臂后长垂座侧，玉笄悬充耳。面长圆，略蚀。内着窄袖服，外着宽袖服，胸际系带束蔽膝，带作结长垂足间，下着裙，腰带带头现于两足外侧。双手胸前持笏，笏残断，残高5厘米，宽3.5厘米。足履，踏方形足踏，倚坐于龙首靠背椅上。椅高35厘米，宽27厘米，深13.5厘米，左龙首毁；足踏高8.5厘米，宽22厘米，深5厘米，略残，束腰正面线刻方框。

主尊头顶上方存八角形华盖遗迹，残宽28厘米，高7厘米。

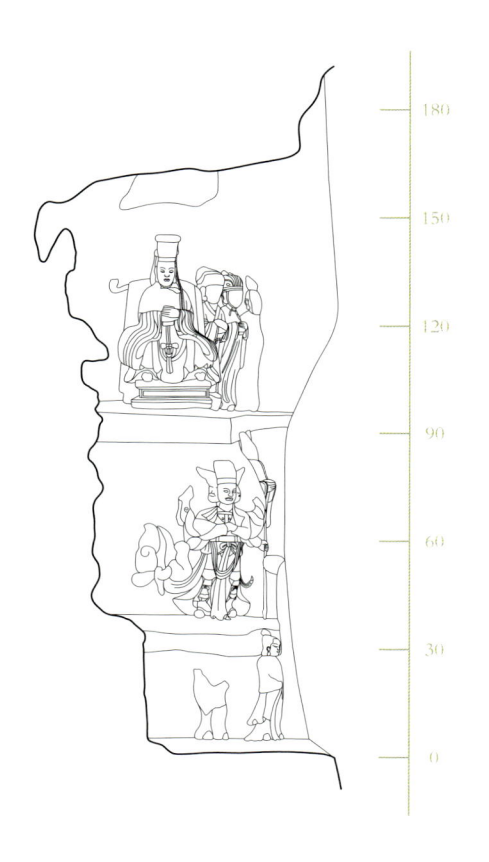

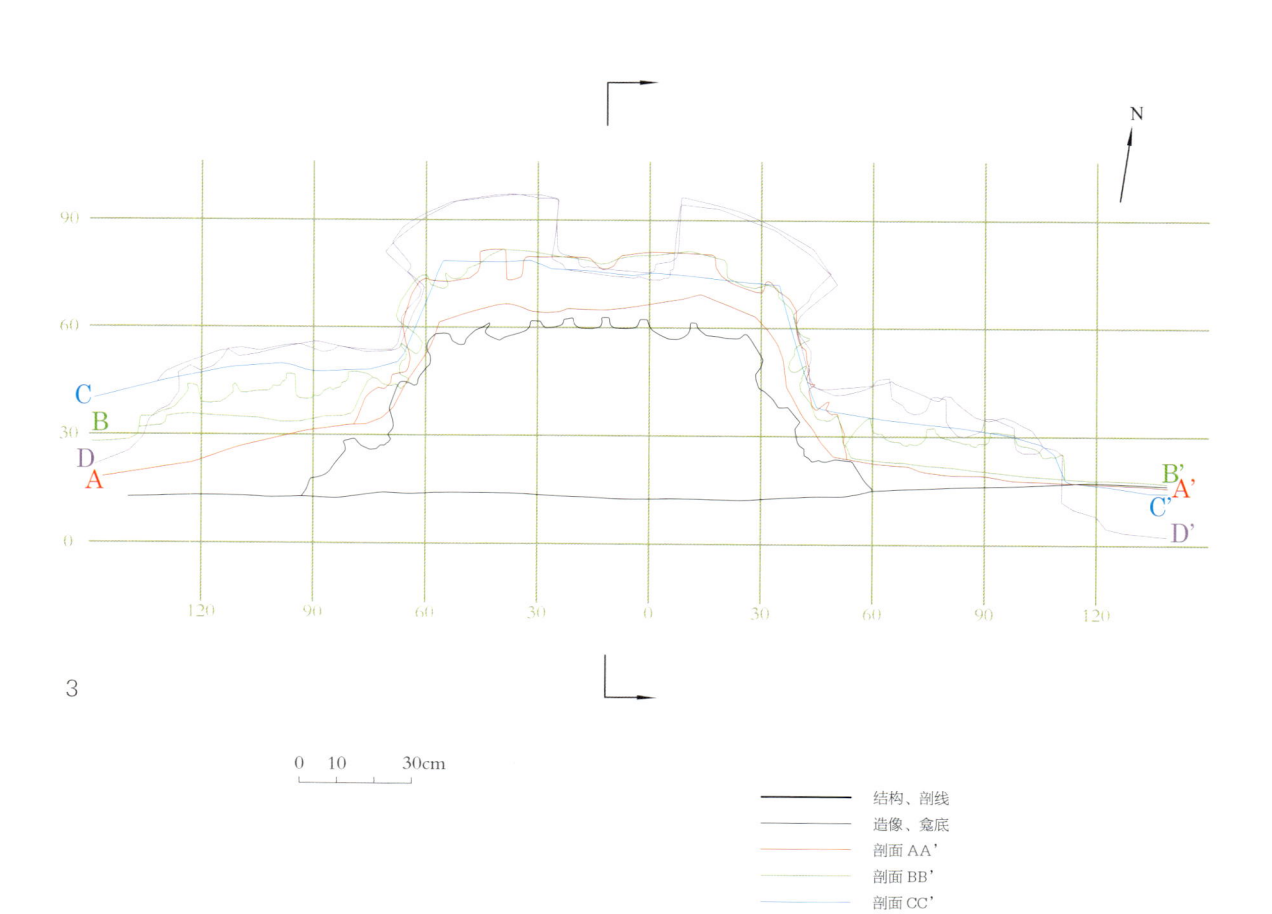

图 249 南山石窟第 6 号龛平、立、剖面图
1 剖面图 2 立面图 3 平面图

358 大足石刻全集 第五卷（上册）

右主尊像　坐高31厘米，头长15厘米，肩宽15厘米，胸厚5厘米（图250、图251-2；图版Ⅰ：340）。双手胸前似持物，物残；余同左主尊像。靠椅高35厘米，宽23.5厘米，深11厘米；足踏高5.5厘米，宽18.5厘米，深6厘米。

该主尊像左侧凿一方孔，高18厘米，宽8.5厘米，深10.5厘米。

2. 左侧立像

3身。从龛内向龛外，依次编为左第1—3像（图版Ⅰ：341）。

第1像　立身高38.5厘米，头长9厘米，肩宽9.5厘米，胸厚5.5厘米。戴进贤冠，下颌系带作结，长脸，面蚀。内着窄袖服，外着宽袖服，下着裙，腰带长垂足间。双手胸前残，持笏，着鞋而立。

第2像　立身高40厘米，头长9厘米，肩宽8.5厘米，胸厚4.5厘米。戴进贤冠，圆脸，余特征同第1像。

第3像　残毁甚重，残高39厘米。

3. 右侧立像

4身，皆残毁甚重，存轮廓遗迹，残高24—35厘米（图版Ⅰ：342）。从龛内至龛外，第1像可辨宽大的左袖摆，头部右上方凿一方孔，高6厘米，宽5厘米，深2厘米；第2像头部残毁处凿一方孔，高6.5厘米，宽3厘米，深5厘米。

（二）中层

壁面中刻方盏，大部毁，仅存右端少许。盏内置净瓶（残蚀）一只，残高约21厘米。自瓶口向上生出仰莲及莲叶，仅辨轮廓。壁面左右侧共刻像11身，略作对称布置，置于第一级低坛上。其中，左侧5身，右侧6身。从内至外，依次编为左第1—5像和右第1—6像。左右第1、2像立于"凸"字形低坛四角，其余像立于低台上，台高约13厘米，宽59厘米，深12厘米。

1. 左侧

第1像　残毁甚重。立像残高42厘米。仅可辨冠带于头后呈"U"形上扬，飘带环于头后，端头上扬于身躯左侧。

第2像　立像残高44厘米，头残长12厘米，肩宽14.5厘米，胸厚5厘米（图252-1；图版Ⅰ：343）。三面六臂，戴冠，大部残。正面面方，鼓眼，口微启；左右面略圆，蓬发上扬。内着袍，外罩甲，最外披三角形翻领宽袖长衫，袖口于肘部上扬。腰束革带，系抱肚、鹖尾；革带之下，腰带作结长垂足间，下着裤，缚裤。飘带呈"U"形垂于腹下，两端折叠折入革带后，长垂体侧。臂甲，上两手屈肘上举，持物，手及物残；中两手残，置于胸前；左下手腕镯，斜伸握剑，剑残长35厘米；右下手斜按龙头。小腿胫甲，足靴，立于低坛上。立像右侧刻一龙，半身，可辨前腿。

第3像　头毁。立像残高28厘米，肩宽10厘米，胸厚6厘米（图版Ⅰ：344）。内着窄袖服，外着宽袖服，下着裙。腰带作结长垂足间，双手残断，胸前持笏。足鞋。头部残毁处凿一方孔，高7厘米，宽3厘米，深5厘米。

第4像　头大部毁。立像残高34.5厘米，头残长9厘米，肩宽9厘米，胸厚5厘米（图版Ⅰ：344）。可辨下颌系带作结，内着窄袖服，外着交领宽袖服，余略同第1像。

第5像　残毁甚重，残高27.5厘米（图版Ⅰ：344）。可辨宽大的袖摆、裙摆、双足和下垂足间的腰带。头部残毁处凿有一方孔，高7.5厘米，宽2.5厘米，深4厘米。

2. 右侧

第1像　头毁身残。立像残高45厘米。可辨长服下摆，腰带长垂身前，下着裤。飘带环于头后，上扬体右侧。左手臂甲，腕镯，握剑（大部残），系巾，长飘于体侧；右手似横置身前，足残。

第2像　立像高45厘米，头长13厘米，肩宽13厘米，胸厚6厘米（图252-2；图版Ⅰ：345）。戴进贤冠，冠带于头后上扬，脸方圆，略蚀，口微启，嘴角内收。身四臂，上两手胸前持方形物（似印），左下手斜垂握羂索，右下手斜垂持斧，斧柄残；余同左第2像。

第3像　头大部残。立像残高34厘米，肩宽9厘米，胸厚6厘米（图版Ⅰ：346）。刻胡须，下颌系带作结，上着交领宽袖服，下着裙，身前蔽膝，腰带于膝间作结后交绕下垂，双手胸前持笏（残断），足履。

第4像　头毁身残。立像残高28厘米（图版Ⅰ：346），可辨袖摆和下着的长裙，长裙外刻出下垂的腰带和呈"U"形下垂的飘带。足鞋，右足毁。头部残毁处凿一方孔，高7厘米，宽2.5厘米，深5厘米。

第5像　毁，存少许遗迹，残高15厘米（图版Ⅰ：346）。

第6像　残毁甚重，残高26厘米，仅辨左足和少许裙摆（图版Ⅰ：346）。

图 250　南山石窟第 6 号龛造像展开图

第四章 南山石窟

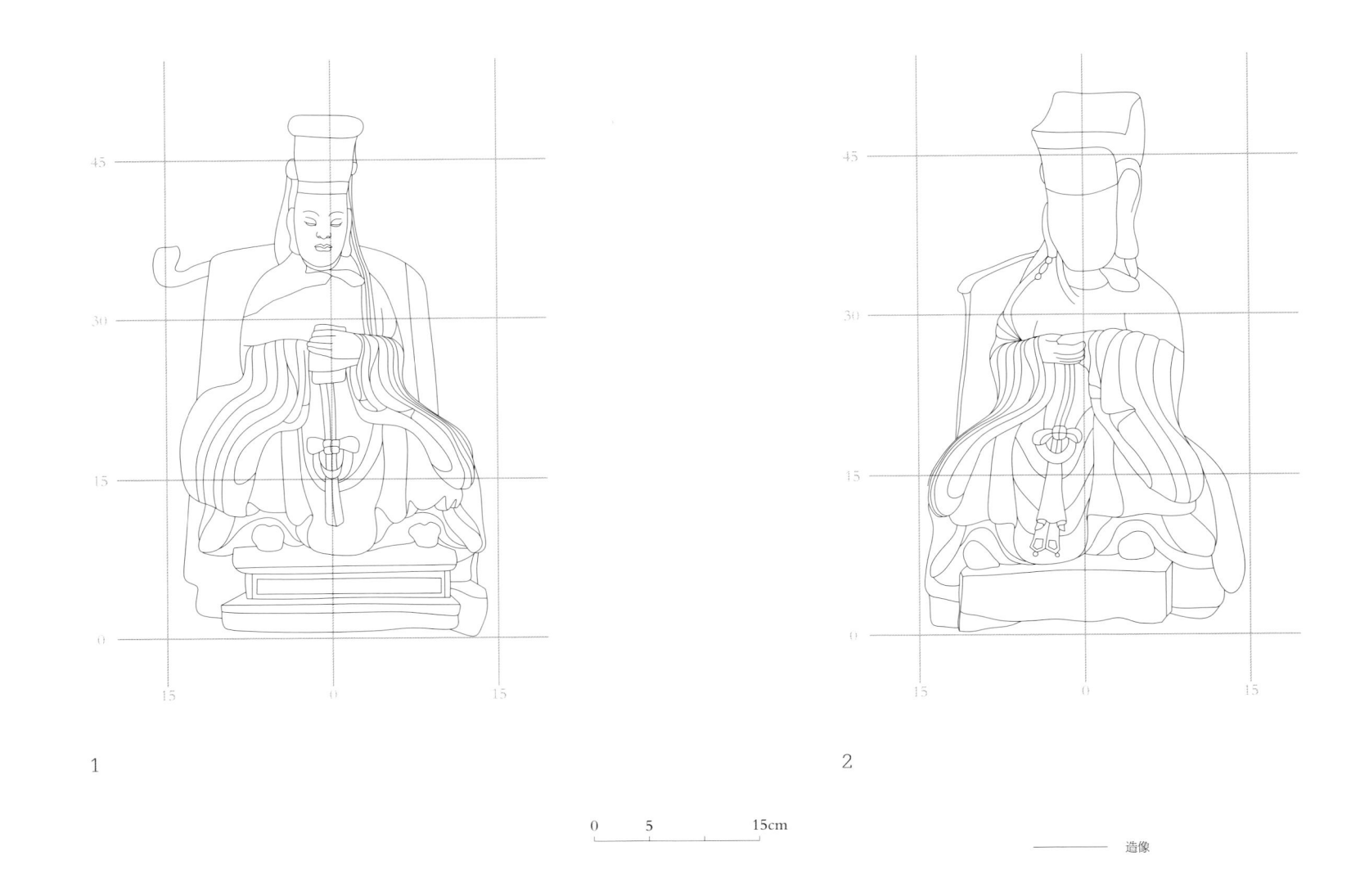

图 251　南山石窟第 6 号龛上层左右主尊立面图
1　左主尊　2　右主尊

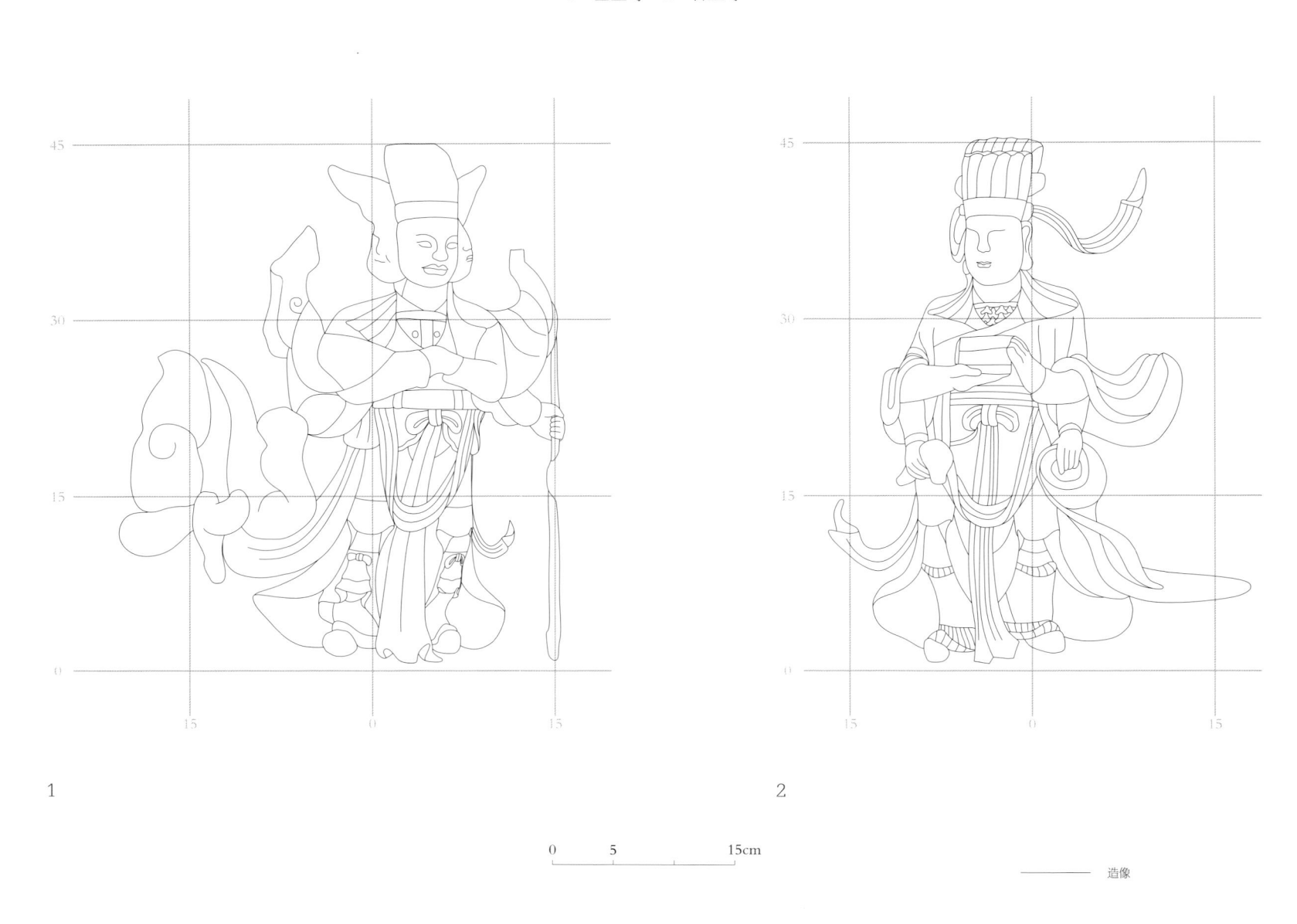

图 252　南山石窟第 6 号龛中层左右侧内起第 2 像立面图
1　左侧　2　右侧

（三）下层

环壁刻像12身，立于龛底，从左至右，依次编为第1—12像（图250）。

第1像　立像残高31厘米。头顶残，似梳髻，面方，下颌及胸残，可辨上着长服，下着裙，腰带长垂足间，双手似置腹前，足履。

第2像　残毁甚重。立像残高20厘米，可辨长裙下摆及足鞋。

第3—7像　残毁甚重。立像残高约10—14厘米，可辨长裙及双足。

第8像　立像高30.5厘米。梳高髻，面残，似戴耳饰，上着对襟长服，下着裙，双手笼袖内，夹持一物，右前臂敷搭长垂的帛带。足鞋，略蚀。

第9像　立像高28.5厘米，圆脸，略蚀，双手胸前似持物，足鞋，余同第8像。

第10像　立像高32厘米，头长9厘米，肩宽9厘米，胸厚4.5厘米。戴翘脚幞头，面方圆，略蚀，着圆领窄袖长服，腰束革带，系抱肚，圆护，腰带长垂足间。左手胸前持盘状物，右手屈肘持剑，足残。

第11像　立像残高30厘米。戴束发冠，下颌系带作结，面圆，略残，上着宽袖长服，下着裙，腰带长垂足间，双手斜持棍状物，靠于右肩。足残。

第12像　残毁甚重。立像残高23厘米，可辨袖摆、长裙及双足（略蚀）。头部残毁处凿一方孔，高6厘米，宽3厘米，深3厘米。

此外，在第12像右侧刻有勾栏，部分残，通高21厘米，宽38厘米；内存3根破直棍，部分残。其中，右侧二直棍间刻有横枋。

## 四　晚期遗迹

赵□可题记，南宋。位于龛外右下方，刻字面高39厘米，宽46厘米。碑文左起，竖刻4行，存16字，楷体，字径5厘米（图版Ⅱ：110）。

01　□□解官□□
02　川印人赵□可
03　□送至此同观
04　现老旧题□

龛内保存灰白色涂层。

# 第十二节　第6-1号

## 一　位置

位于第6号龛右下角。左距第6号龛13厘米，右距第7号龛265厘米；上距壁面转折边缘约70厘米，下距地坪约360厘米。龛口东南向，方向155°。

## 二　形制

从岩壁直接凿建龛口，残毁甚重，龛形不明。残高91厘米，宽46厘米，至后壁最深21厘米。龛底为方形，龛壁竖直，正壁与左右侧壁垂直相接。龛顶毁（图253；图版Ⅰ：347）。

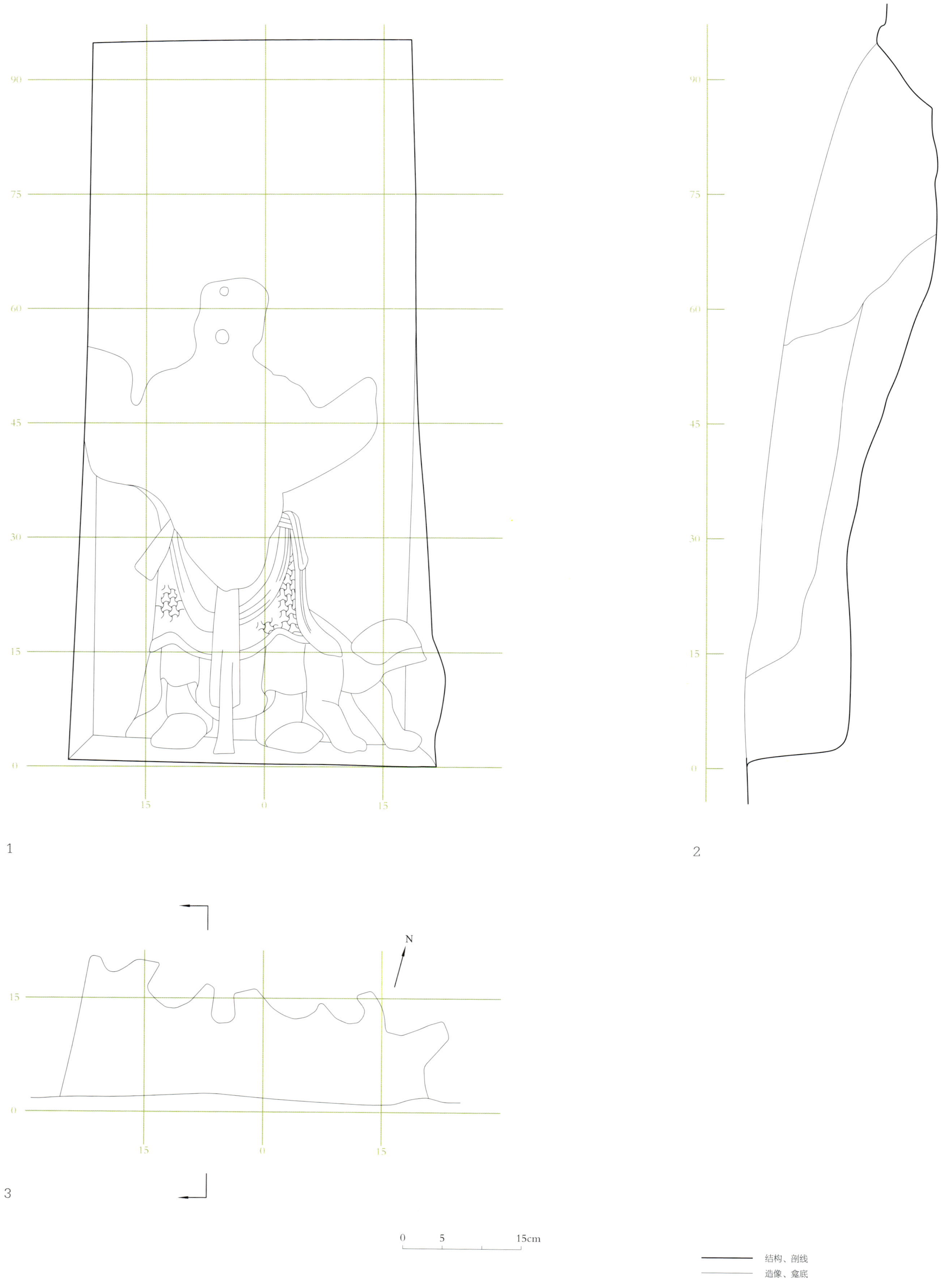

图 253　南山石窟第 6-1 号龛平、立、剖面图
1　立面图　2　剖面图　3　平面图

## 三　造像

龛内刻立像1身，残毁甚重，残高61厘米。可辨上扬的宽大袖摆，腰系革带，腰带长垂足间，下身显露袍服下摆和外着的甲裙。飘带腹前呈"U"形下垂，两端折叠后折入革带内再下垂体侧。双手毁，似置胸前。足残，似着靴。像左下方刻一兽，高17厘米，身长15厘米，头大部毁，弓背，似回首曲颈，现两前腿。

## 四　晚期遗迹

立像面部残毁处凿一圆孔，直径2厘米，深2.5厘米。

左侧壁底部凿一凹槽，高15厘米，宽8厘米，深5厘米。

# 第十三节　第7号

## 一　位置

位于第5号窟左后侧相叠岩体东南壁最右端。此二岩体交会处后世建有通达山顶的石阶。左距第6-1号龛265厘米，右距壁面转折边缘约270厘米；上距岩顶230厘米，下距后世修砌的石阶约220厘米。

龛口东南向，方向140°。

## 二　形制

从岩壁表面垂直凿进最深约20厘米形成方碑，通高101厘米，宽191厘米；四周刻出宽5厘米、厚3厘米的边框。

## 三　题刻

杨顺祀书"福寿"题刻，清光绪十五年（1889年）。中部剥落，横刻"福寿"2字，楷体，字径60厘米（图版Ⅱ∶111）。左右各竖刻书款1行7字，楷体，字径5厘米。

福寿

大清光绪十五年（左款）

七十岁杨顺祀书[23]（右款）

# 第十四节　第8号

## 一　位置

位于第6号龛左侧。左距"太清亭"左侧墙体约270厘米，右距第6号龛56厘米；上距"太清亭"屋顶约280厘米，下距地坪约292厘米。

龛口东南向，方向138°。

## 二　形制

从岩壁直接凿建方碑。碑通高163厘米，宽330厘米，最深5厘米。

## 三　题刻

张澍题"辰秀太清"题刻，清嘉庆二十三年（1818年）[1]。上部横刻"辰秀太清"4字，楷体，字径90厘米。下部中央竖刻跋及署款8行55字，楷体，字径8厘米（图版Ⅱ：112）。

　　辰秀太清
01　著雍摄提格云
02　嘉九日偕友登高
03　爱此岩[2]石削而
04　平之赞以四言
05　赐进士出身翰林
06　院庶吉士知叙州屏
07　山县署大足县事
08　武威张澍介侯甫题[24]

## 四　晚期遗迹

龛前建木构建筑"太清亭"一座。

# 第十五节　第8-1号

## 一　位置

位于第8号龛中下部。左距"太清亭"左侧墙体约373厘米，右距"太清亭"右侧墙体约370厘米；上距第8号龛2厘米，下距地坪213厘米。

龛口东南向，方向140°。

## 二　形制

从岩壁直接凿建龛口。龛口呈圆拱形，高77厘米，宽76厘米，至后壁最深22.5厘米。龛底呈梯形，内宽53厘米，外宽76厘米；前端毁，后以条石嵌入修补，与原龛底齐平。龛壁竖直，存斜向凿痕，与龛顶弧面相交；正壁与左右侧壁钝角相交。龛顶为券顶（图254；图版Ⅰ：348）。

---

1　张澍知大足县事时在嘉庆二十三年（1818年）。
2　此"岩"字《大足石刻铭文录》录为"崖"。重庆大足石刻艺术博物馆：《大足石刻铭文录》，重庆出版社1999年版，第304页。

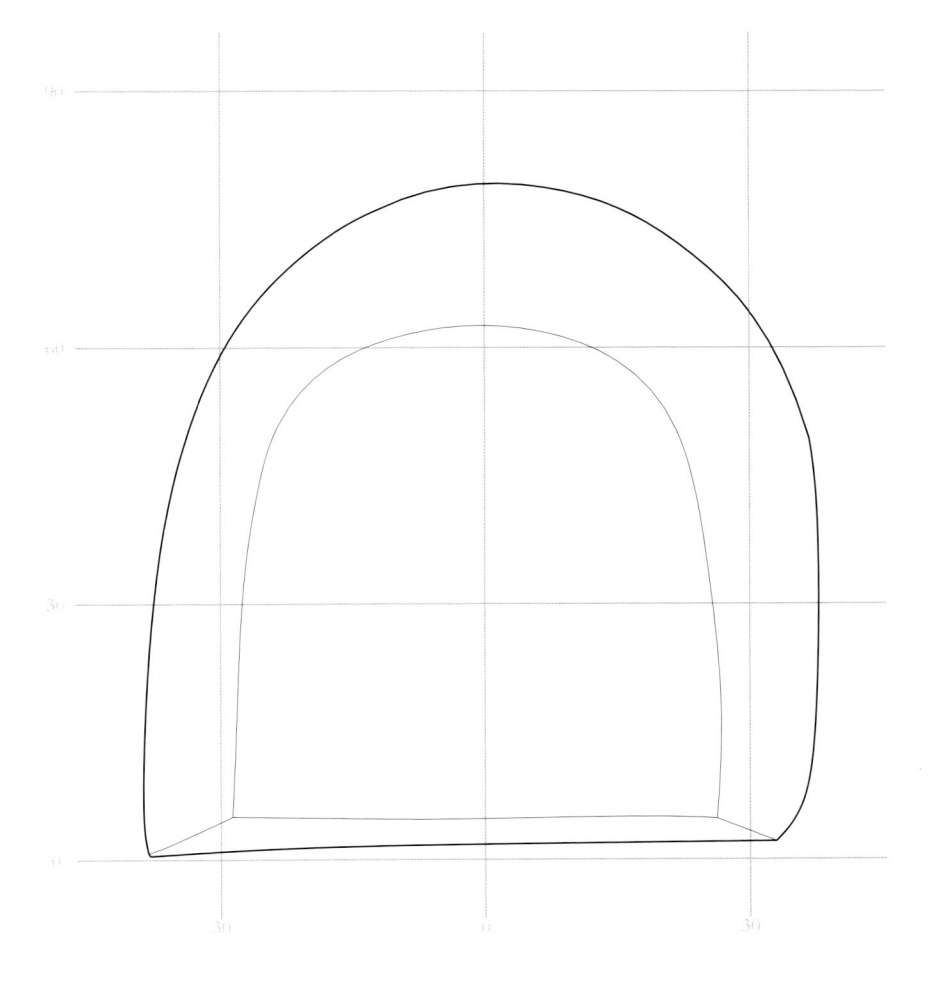

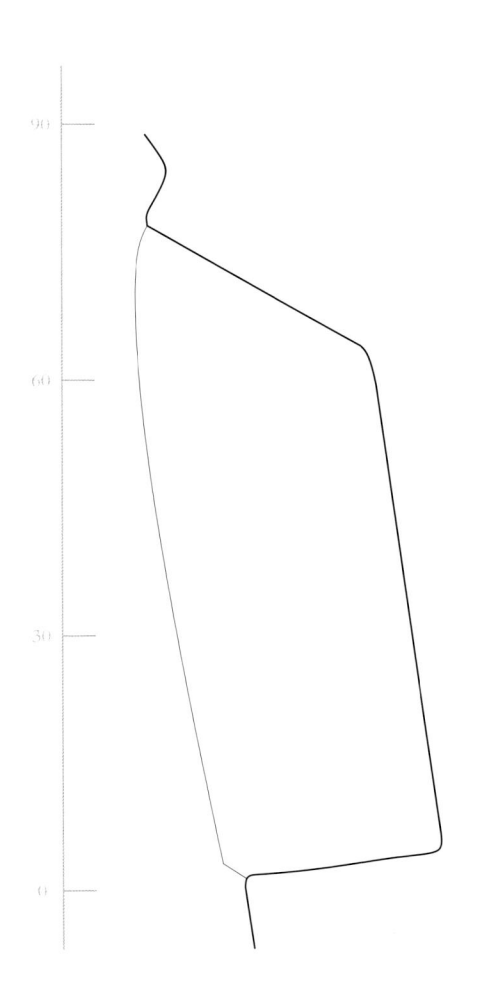

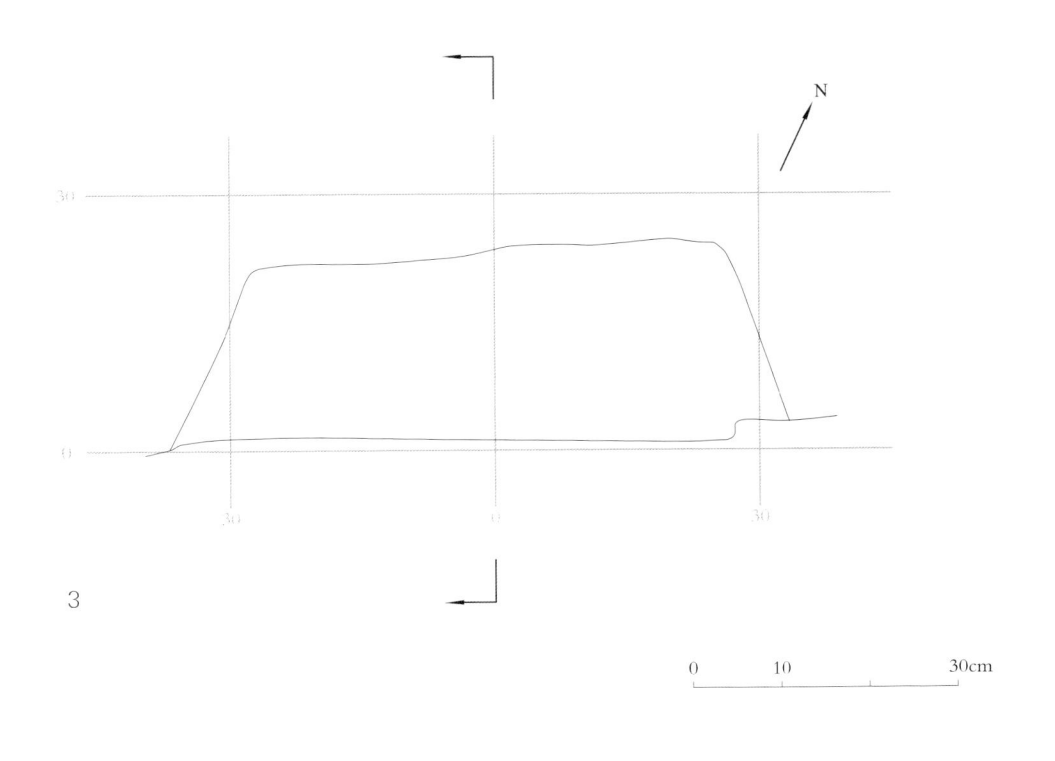

图 254　南山石窟第 8-1 号龛平、立、剖面图
1　立面图　2　剖面图　3　平面图

## 三　造像

无。

## 第十六节　第9号

### 一　位置

位于第8号龛左侧。左距第10号碑34厘米，右距第8号碑437厘米；上距碑廊廊道天花板153厘米，下距地坪72厘米。碑东南向，方向132°。

### 二　形制

从岩壁直接凿建方碑。碑高77.5厘米，宽148厘米，深5厘米，碑心局部剥落；左右及上部凿有宽2—5厘米的框边。

### 三　碑文

王德嘉步吕张二公留题原韵诗，清同治十二年（1873年）。诗文左起，竖刻17行，存205字，行书，字径4厘米；署款1行存4字，字径3.5厘米[1]（图版Ⅱ：113）。

01　万壑争流涌似潮一峰□□□
02　千霄空王殿阁云中□香国□
03　原画里遥暖[2]日筼□眠醉□□
04　风杨柳舞纤腰石龙祷□□贤
05　赞代异情同若见招△故乡群
06　盗肆穷[3]搜犹幸余生虎口留（□□□□
07　礼家居大遭兵燹）秦蜀乱离经十载骆多勋
08　业炳千秋（蜀骆相秦多帅同时平贼厥功甚[4]伟）城非贤令
09　谁婴守（庚申秋贼犯大足□靖□君练团固守城赖以全）岁□饥
10　时我宦游抚字催科勤夙[5]夜农
11　桑并劝预为筹[6]□山洞府□谁
12　开偷得闲身踏展来诗煆[7]花间
13　倾白酒棋敲石上拂苍苔斜阳归
14　路稀人迹绕郭柔桑喜自栽忽[8]
15　捧△九重亲政诏（□□□□□□□□）定知贤
16　佐有伊莱△△□□□□年岁次
17　癸酉春游南山□□□□□□题原韵
18　□固王德嘉□□[25]（署款）

---

1　本则铭文（ ）内的字，碑中为小字，分两行书写。铭文中的漶灭字《大足石刻铭文录》有录写，请参见。重庆大足石刻艺术博物馆编：《大足石刻铭文录》，重庆出版社1999年版，第304—305页。
2　此"暖"字《大足石刻铭文录》录为"暖"。重庆大足石刻艺术博物馆编：《大足石刻铭文录》，重庆出版社1999年版，第304页。
3　此"穷"字《大足石刻铭文录》录为"穹"。同前引。
4　此"甚"字《大足石刻铭文录》录为"其"。同前引书，第305页。
5　此"夙"字《大足石刻铭文录》录为"威"。同前引。
6　此"筹"字《大足石刻铭文录》录为"等"。同前引。
7　此"煆"字《大足石刻铭文录》录为"煅"。同前引。
8　《大足石刻铭文录》于"桑"字后多录"麻"字。同前引。

署款下方竖刻印章两方，边宽分别为3厘米、3.5厘米。上方印章篆刻"王德嘉印"4字，下方印章篆刻"大足县令"4字。

## 四　晚期遗迹

龛外上方及右侧存三个斜向布置的方孔。由上至下第1个方孔高10厘米，宽11厘米，深13厘米；第2个方孔直径17厘米，深16厘米；第3个方孔高9厘米，宽14厘米，深8厘米。

龛内存墨迹。

## 第十七节　第10号

### 一　位置

位于第9号碑左侧。左距第11号题刻90厘米，右距第9号碑34厘米；上距第10-1号题刻12厘米，下距地坪73厘米。

碑东南向，方向133°。

### 二　形制

从岩壁表面向内凿进最深约43厘米形成方碑。碑高81.5厘米，宽200厘米，深4厘米，碑心局部剥落；左右及下部边框宽约3厘米，上部边框宽1.5厘米，外凸左、右边框8厘米。

### 三　碑文

王德铭临山谷道人书后汉诗三篇，清同治十三年（1874年）。文左起，竖刻23行，存274字，行书，字径5厘米；署款3行46字，字径4厘米[1]（图版Ⅱ：114）。

```
01　□□□先□□唐□□□□世
02　□□□纡□独好道而为匹夫驰
03　□□□遽戏仙都入火不灼蹈波
04　□□□尚素志不事王侯贪生得
05　生□□何求超迹苍霄乘飞驾浮
06　逍遥□极何虑何忧顾闵群愚与
07　我为仇年命之逝如彼波流奄忽未[2]
08　几泥土[3]为俦走索[4]死不肯暂休予之
09　圣师体道知真升腾变化松乔为邻
10　惟[5]予同学一十二人寒苦求道历廿年
11　中多怠惰志行不坚身投幽壤[6]何时
```

---

1　本则铭文中的湮灭字《大足石刻铭文录》有录写，请参见。重庆大足石刻艺术博物馆编：《大足石刻铭文录》，重庆出版社1999年版，第306页。

2　此"未"字《大足石刻铭文录》录为"深"。同前引。

3　此"泥土"2字《大足石刻铭文录》录为"涯尤"。同前引。

4　此"索"字《大足石刻铭文录》录为"素"。同前引。

5　此"惟"字《大足石刻铭文录》录为"维"。同前引。

6　此"壤"字《大足石刻铭文录》录为"坏"。同前引。

12 可还痛乎诸子命也自天天不妄授道
13 必归贤勿为将来勤加精研嗟尔
14 流俗富贵所牵神丹一成升彼九天
15 寿同三光何但亿千维予垂发少好
16 道德□家随师辟世自匿廿余年
17 □□之侧寒不遑衣饥不暇食思不敢归
18 劳不敢息奉事圣师承颜悦色面
19 垢足胝乃见哀识遂传要诀恩深
20 不测妻子延年咸享无极黄白已
21 成货财千亿役使鬼神玉女侍侧
22 △要△艾东西乘翼予得度世神
23 丹之力（诗文）
24 同治十三年甲戌秋临山谷道人书后汉
25 人得道阴长生诗三篇于川东大足官
26 署之怡心亭兰汀王德铭时年七十二 [26]（署款）

署款下部竖刻印章两方，边宽分别为3厘米、5厘米。上方印章篆刻"王德铭印"4字，下方印章篆刻"兰汀"2字。

### 四 晚期遗迹

龛内存墨迹，碑文以墨描摹。

## 第十八节 第10-1号

### 一 位置

位于第10号碑上方。左距第11号题刻175厘米，右距第9号碑50厘米；上距碑廊天花板40厘米，下距第10号龛12厘米。龛口东南向，方向134°。

### 二 形制

从岩壁表面向内凿进最深约8厘米形成方碑。碑高92厘米，宽100厘米，深4.5厘米，左、右侧及下部边框宽3厘米，上部未凿边框。

### 三 题刻

"福"字题刻，清代。碑心中部阴刻"福"字，楷体，高41厘米，宽34厘米（图版Ⅱ：115）。

### 四 晚期遗迹

碑心底部及碑外左右侧下部凿横向的四个方孔，大小不一。从左至右，第一孔，高17厘米，宽12厘米，深11厘米；第二孔，高5

厘米，宽6厘米，深4厘米；第三孔，高2.5厘米，宽5.5厘米，深2厘米；第四孔，高5厘米，宽7厘米，深9厘米。

第一孔上方28厘米处，另凿一孔洞，高7厘米，宽9厘米，深8厘米。

## 第十九节　第11号

### 一　位置

位于第10号碑左侧。左距第12号题刻60厘米，右距第10号碑90厘米；上距碑廊天花板117厘米，下距地坪40厘米。

题刻东南向，方向136°。

### 二　形制

从岩壁表面向内凿进最深约28厘米形成方碑。碑高237厘米，宽241厘米，深8.5厘米，左右侧边框宽4厘米，上部边框残，下部边框宽5厘米。

### 三　题刻

王德嘉书"寿"字题刻，清同治十二年（1873年）。碑心中部阴刻"寿"字，楷体，高170厘米，宽117厘米。

"寿"字左右各署款1行，共13字，楷体，字径9厘米（图版Ⅱ：116）。

寿
　　同治癸酉春三月（左款）
　　城固王德嘉书[27]（右款）

右款下方竖刻等大的印章两方，边宽皆9厘米。上方印章篆刻"王德嘉印"4字，下方印章篆刻"大足县令"4字。

### 四　晚期遗迹

龛外左右侧中部各凿上下二圆孔，大致呈对称布置。左侧两孔竖直相距50厘米，右侧两孔竖直相距30厘米。孔大小相近，直径6.5厘米，深9厘米；其中，右侧上孔大部毁。

## 第二十节　第12号

### 一　位置

位于第11号题刻左侧。左距第13号题刻131厘米，右距第11号题刻60厘米；上距碑廊天花板43厘米，下距地坪14厘米。

题刻东南向，方向135°。

## 二　形制

从岩壁表面向内凿进最深约39厘米形成方碑。碑高243厘米，宽142厘米，深8.5厘米；左右上角抹角。碑左、右边框宽3厘米，部分残，上部边框残，仅存左右端少许。碑下部凿有高13.5厘米的竖直面。碑心左侧存一道最宽约9厘米的纵向裂隙，致壁面开裂，错位约5厘米。

## 三　题刻

邝国元楹联题刻，清光绪三十三年（1907年）[1]。上下联共16字，楷体，字径23厘米；左右各竖刻署款1行，存21字，字径4—7.5厘米（图版Ⅱ：117）。

旷览山川有新气象（上联）

维持宇宙是大英雄（下联）

光绪三十□年重九登临有感作此寄怀（左款）

岭南邝国元题[28]（右款）

# 第二十一节　第13号

## 一　位置

位于第12号题刻左侧。左距壁面转折边缘160厘米，右距第12号题刻131厘米；上距碑廊天花板57厘米，下距地坪100厘米。题刻东南向，方向134°。

## 二　形制

从岩壁表面向内凿进最深约57厘米形成方碑。碑高132厘米，宽286厘米，深7厘米；左侧边框宽7厘米，右侧边框宽6—10厘米，下部边框宽14厘米，未见凿出上部边框。

## 三　题刻

王德嘉书"绝尘"题刻，清同治十二年（1873年）。左起阴刻"绝尘"2字，楷体，高65厘米，宽50—55厘米。左右各竖刻署款1行11字，楷体，字径6厘米（图版Ⅱ：118）。

绝尘

大清同治岁次癸酉夏四月（左款）

知大足县事城固王德嘉书[29]（右款）

---

1　碑中"光绪三十"后字泐，据《民国重修大足县志》，邝国元任大足知县时在光绪三十年（1904年）。

## 第二十二节 第14号

### 一 位置

位于碑廊左端向南凸出的岩体西南壁面中部。左距壁面边缘75厘米，右距壁面转折边缘277厘米；上距上方挑檐35厘米，下距地坪70厘米。题刻西南向，方向240°。

### 二 形制

从岩壁直接向内凿进最深约23厘米形成方碑。碑高222厘米，宽121厘米，左侧及下部岩体部分残。

### 三 题刻

刘灼先楹联题刻，民国九年（1920年）。联共36字，楷体，字径10厘米。上联居左，左起竖刻2行；下联居右，右起竖刻2行。上下联下方各竖刻署款1行，共21字，楷体，字径3厘米（图版Ⅱ：119）。

自崑崙一脉而来龙洞传奇四面

云山皆入画（上联）

溯唐宋千年以降鸿材辈出几时

川岳再钟灵（下联）

民国九年二月上浣（左款）

署理大足县知事刘灼先撰并书[30]（右款）

### 四 晚期遗迹

碑上方36厘米处后世浇筑混凝土挑檐，宽215厘米，厚20厘米，外凸岩壁65厘米。

## 第二十三节 第15号

### 一 位置

位于第14号题刻所在岩体的东南向壁面下部。原岩体毁[1]，现以条石砌筑为方形石室，并形成现龛口。石室后部与岩体相接，其余各面叠砌竖直、平整。石室正面高406厘米，宽384厘米；左侧面宽305厘米，右侧面宽175厘米。现龛口左距壁面边缘86厘米，右距壁面边缘87厘米；上距壁面边缘57厘米，下距地坪74厘米。

龛口东南向，方向143°。

### 二 形制

龛口 原龛口毁，现为修补的圆拱形龛口，高275厘米，宽211厘米，至后壁最深175厘米（图255、图256；图版Ⅰ：349）。

---

1 1963年，江津专区养路段为修公路于南山开片石，炸损此龛。陈明光：《大足石刻档案（资料）》，重庆出版社2012年版，第158页。

图 255　南山石窟第 15 号龛立面图

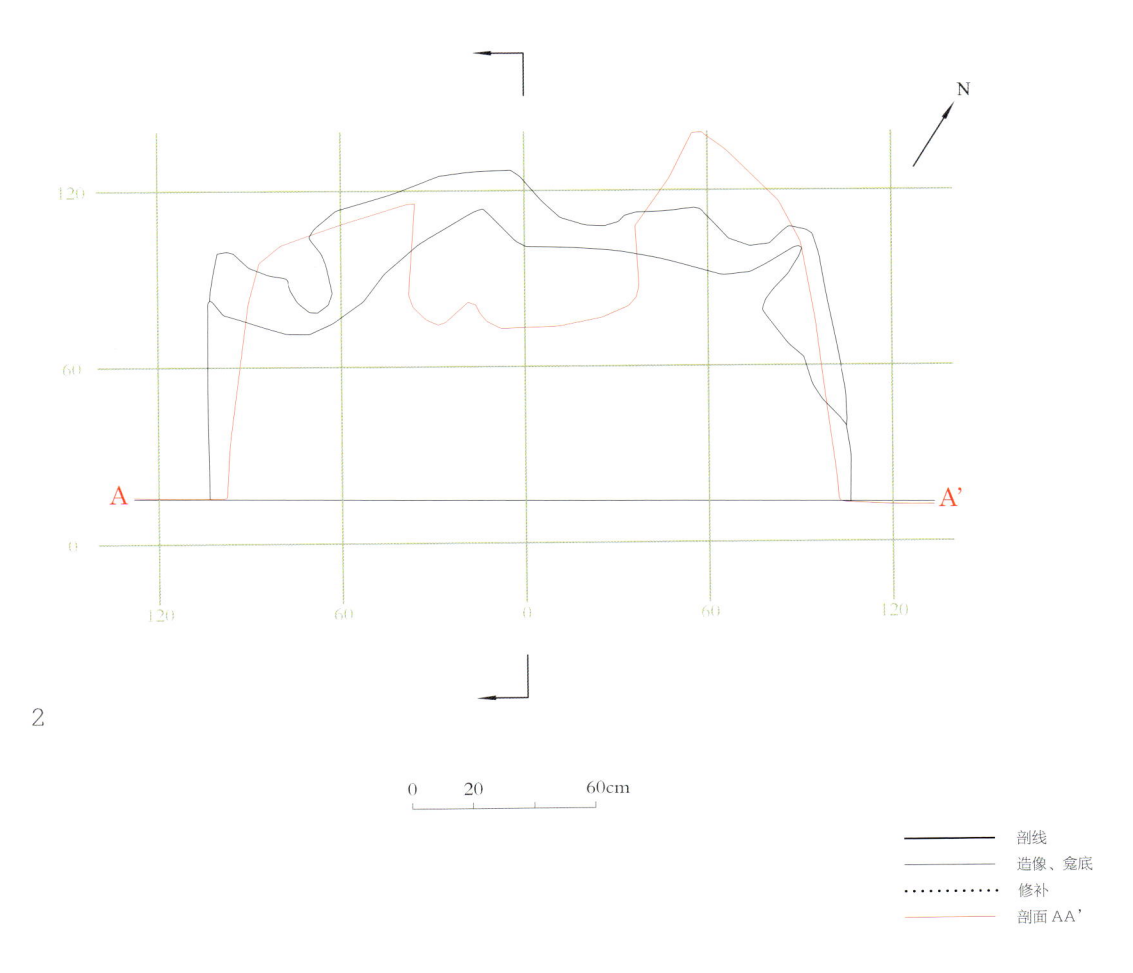

图 256　南山石窟第 15 号龛平、剖面图
1　剖面图　2　平面图

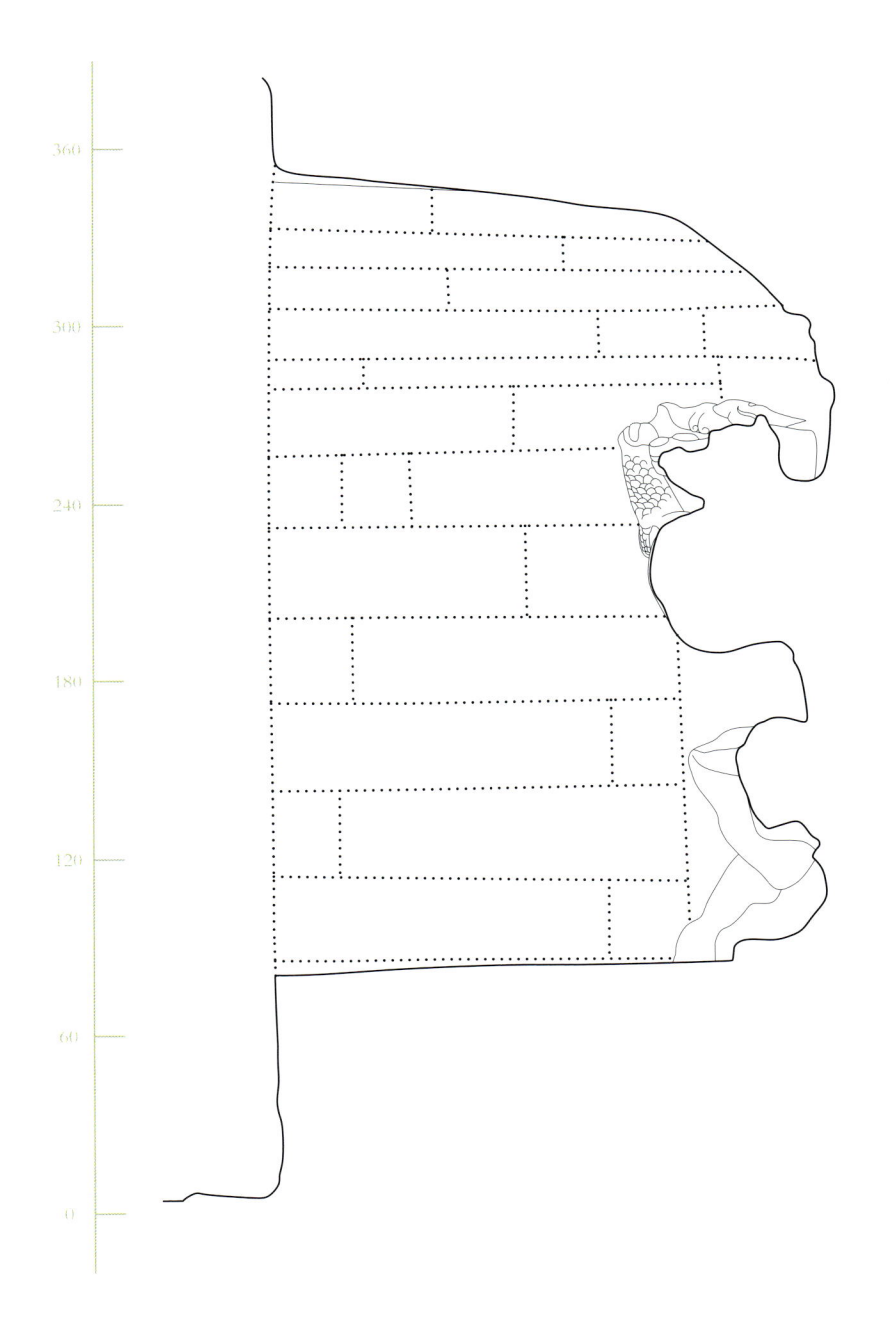

龛底　原龛底毁，现龛底为条石及石板铺设形成，略呈方形。

龛壁　存正壁及左壁内侧部分，其余壁面毁，现为条石补砌；壁面与龛顶弧面相接。

龛顶　前端大部毁，存内侧部分，略残脱；修补后的龛顶为券顶。

### 三　造像

正壁刻龙一条，身全长约465厘米。龙首宽扁，略微上扬，眼半睁，闭口，露两齿，下颌刻须，耳下刻龙鬣，顶刻龙角，左角残断；细颈蜷曲，身略粗大，呈三折，遍刻身甲、腹甲、背鳍。身甲呈鱼鳞片，腹甲作弧形条状，背鳍作锯齿形。四腿粗壮，左前腿四爪踏山石，右前腿刻肘毛，略残，作上举抓握状。爪与龛壁之间刻云纹。左后腿斜伸蹬地，右后腿残断，迈步踏山石上，作腾飞上跃之势。尾残断，似蜷曲绕于左后腿上。

### 四　晚期遗迹

龙身残毁处局部以水泥修补。

龙身存红色、灰白色两种涂层。

## 第二十四节　本章小结

### 一　形制特点

本章21个编号中，第3、7、8、9、10、10-1、11、12、13、14号等10个编号为碑刻，不具龛制。第2-1号龛口残损较重；第4号龛原龛口大部毁，现龛口呈圆拱形；第5-1号龛口受损严重，内缘呈圆拱形；第6号龛口未凿建完整，不甚规整；第6-1号龛口残损甚重，龛形不明；第15号原龛口毁，现龛口作圆拱形。除上述16个编号外，其余5个编号龛窟形制基本完整，呈现出四种类型。

第一类　单层方形龛，仅第1号龛。龛口方形，左右上角凿三角形斜撑结构，龛口内侧凿有平整面，龛底环壁建低坛一级，壁面间圆弧相接，壁面与龛顶垂直相交。

第二类　单层圆拱龛，有第3-1、8-1号两龛。龛口皆呈圆拱形，龛顶为券顶，龛底为梯形，壁面垂直相交，壁面与龛顶券面相接。

第三类　方形平顶窟，仅第2号窟。窟底方形，壁面垂直相交，壁面与窟顶垂直相交。

第四类　仿中心柱窟，仅第5号窟。窟底呈方形，中部建方坛，坛上立方柱与窟顶相接，方柱后侧与窟正壁之间设巷道，方柱正面和左壁面开龛造像；窟底左右环壁设方案。

### 二　年代分析

本章21个编号中，第2、3、7、8、9、10、11、12、13、14号等10个编号为碑刻，其纪年为：第2号分别为清嘉庆二十三年（1818年）、光绪元年（1875年），第3、8号为清嘉庆二十三年（1818年），第7号为清光绪十五年（1899年），第9号为清同治十二年（1873年），第10号为清同治十三年（1874年），第11号为清同治十二年（1873年），第12号为光绪三十三年（1907年），第13号为清同治十二年（1873年），第14号为民国九年（1920年）。此外，第2-1、3-1、8-1号均为空龛，第10-1号位于第10号清碑上方，从此4个编号位置判断，皆早不过主号年代。

除上述14个编号外，其余第1、4、5、5-1、6、6-1、15号等7个编号均为龛窟造像。其中，第1号存明正德十六年（1521年）

造像纪年。据《大足石刻铭文录》所载，第4号龛左壁造像记有父何正言、乡贡进士何浩、化首张全一题名[1]。考何正言、何浩父子，曾于绍兴十八年（1148年）捐刻多宝塔第8号观音龛，绍兴二十四年（1154年）捐凿北山观音坡第1号地藏、引路王菩萨龛[2]。由此推测，由何氏父子捐刻的南山石窟第4号龛开凿的时间亦大致在南宋绍兴年间（1131—1162年）。

第5号窟位于南向壁面的中部，为南山石窟规模最大的洞窟。在窟内中心柱方龛下部有"舍地开山造功德何正言同杨氏""开山化首凿洞张全一同赵氏"造像记。张全一于第4号龛内亦同样署有"开山化首"衔，表明其参与了第4、5号两龛窟的建造。如前所述，何正言曾于绍兴十八年（1148年）、二十四年（1154年）先后在多宝塔、观音坡捐资造像，且同样参与了南山第4号龛的开凿。另从窟外碑刻题记所处位置分析，第5号窟的开凿应早于窟外碑刻题记的上石年代。而据考证，窟外碑铭最早上石于南宋绍兴十一年（1141年）[3]。据此综合分析推测，第5号窟开凿的时间亦不晚于南宋绍兴十一年（1141年）。此外，从岩壁状况和龛窟位置看，第4号龛应晚于第5号窟，第5-1号则晚于第4号龛。第6号及第6-1号均无纪年，但从造像题材、风格判断，其建造于南宋的可能性较大。第6-1号龛位于第6号右下方，龛规模较小，可能晚于第6号龛。第15号龛内刻龙，身甲呈鱼鳞片，腹甲作弧形条形，具四爪，与宋代龙纹特征大致相同，由此推测，此龛亦为南宋之作。

综上所述可见，南山石窟主要造像龛窟开凿于南宋绍兴年间（1131—1162年），明代增刻一龛。其碑刻题记自南宋绍兴龛窟开凿之后至民国不绝，并形成南山石窟的一大特色。

### 三 题材内容

本章21个编号中，第2-1、3-1、8-1号等3龛为空龛，第5-1号龛造像残毁较重，题材不明，其余17个编号龛像和碑刻题记保存较好，题材内容可辨。

第1号 龛内主尊披发垂肩，罩巾，内着袍服，外罩甲，左足踏龟蛇，为"真武大帝龛"。

第2号 窟内无像。正壁刻"王德嘉隶书碑"，左壁刻"张澍重游南山诗并跋"，右壁刻"张澍重九日偕友登高记"，故此窟为"碑窟"。

第3号 摩崖题刻，依其内容，为"张澍书'蓊然云起'题刻"。

第4号 龛内正壁3身主尊均为女像，皆梳髻戴凤冠，罩云肩，上着翻领宽袖长服，下着裙，胸系带束蔽膝，踏方形足踏，倚坐于龙首靠椅上，左右主尊与中主尊像特征相近。中主尊头顶华盖，其正面匾额内刻"注生后土圣母"；左右壁内侧立像上方方碑内分别刻"九天监生大神""九天送生夫人"题记。据其主尊，此龛名为"注生后土圣母龛"。

第5号 窟内方柱正面龛上层正壁刻3身主尊像，具头光和身光，戴莲花形束发冠，面有三绺胡须，着交领宽袖服，束蔽膝，外披氅，盘膝而坐；头顶上方均有华盖。中像身前置三足夹轼，双手置轼上；左像双手捧如意；右像左手抚膝，右手持扇。据其造像特征及持物，应为玉清、上清、太清三清像。龛上层左壁主尊像戴冕冠，下颌刻一绺胡须，戴方心曲领，内着翻领服，外着圆领宽袖服，双手胸前持笏，倚坐于龙首靠椅上；右壁主尊像戴冕冠，内着交领宽袖服，外披氅，双手胸前持笏。龛下层左右壁各刻男女主尊像2身，其中左壁男主尊像特征同龛上层左壁主尊坐像，女主尊像梳高髻，戴凤冠；右壁男女主尊像与左壁略同。此六身像，有四御二元君、四帝二后、六御等多种辨识[4]。龛下方正壁案前立像，从其衣饰判断，应为供养人像；龛左右沿八身像，疑为侍者像。方柱左壁面下方刻一龙，为春龙起蛰图。上方为组像，其中下排右起第3像体量稍大，戴冕冠，双手胸前持笏，华盖覆顶，为一天尊主像，其余19身举幡、持幢、捧盘、执笏者，是其随从，全图为天尊巡游图。窟左右壁外侧各6个圆环内分别刻双鱼、马、男女像、蟹、狮、女童、秤、蝎、净瓶等，应是"黄道十二宫图"。窟左右壁及正壁左右侧分六排所立像，体量相当，姿态、服饰略异，疑为应感天尊像。据窟口上方匾额所题"三清古洞"，将此窟定名为"三清窟"。

---

1 《何浩造后土圣母龛撰名》，见重庆大足石刻艺术博物馆编：《大足石刻铭文录》，重庆出版社1999年版，第290页；另见本册第307页。

2 同前引书，第35、444页。

3 据陈灼考证，第5号窟左外岩壁"知剑州张宗彦与知昌州何格非唱和诗二首"诗文和跋文应分别题于绍兴辛酉年（1141年）、绍兴辛未年（1151年）。见陈灼：《大足石刻辨疑六题》，重庆大足石刻艺术博物馆编：《2005年重庆大足石刻国际学术研讨会论文集》，文物出版社2007年版，第506—507页。

4 见黎方银：《大足石窟艺术》，重庆出版社1998年版；胡文和：《四川道教佛教石窟艺术》，四川人民出版社1994年版；景安宁：《三清古洞的主神位次与皇家祭祖神位》，重庆大足石刻艺术博物馆编：《2005年重庆大足石刻国际学术研讨会论文集》，文物出版社2007年版；耿纪朋：《大足南山三清洞主尊身份考》，大足石刻研究院编：《2009年中国重庆大足石刻国际学术研讨会论文集》，重庆出版社2013年版。

第6号　龛内造像作上中下三层布置。上层刻主尊坐像3身，中主尊可辨梳髻，外披氅；左主尊戴冕冠，双手胸前持笏，坐于龙首靠背椅上；右主尊特征同左主尊。中层内侧各刻护法神像2身，其中左外侧像三面六臂，戴冠，蓬发上扬，内着袍，外罩甲，左下手握剑按龙头；右外侧像身四臂，上两手似持印，左下手握羂索，右下手斜垂持斧。据造像组合及特征，上层主尊像应为道教像，中层护法神像则应为"四圣"[1]。据此，本龛为"道教像龛"[2]。

第6-1号　龛内立像1身，可辨腰系革带，下着袍服和甲裙，像左下方有一兽，疑为"护法神龛"。

第7号　摩崖题刻，依其内容，为"杨顺祀书福寿题刻"。

第8号　摩崖题刻，依其内容，为"张澍题辰秀太清题刻"。

第9号　摩崖碑刻，依其内容，为"王德嘉步吕张二公留题原韵诗碑"。

第10号　摩崖碑刻，依其内容，为"王德铭临山谷道人书后汉诗三篇"。

第10-1号　摩崖题刻，依其内容，为"福字题刻"。

第11号　摩崖题刻，依其内容，为"王德嘉书寿字题刻"。

第12号　摩崖题刻，依其内容，为"邝国元楹联题刻"。

第13号　摩崖题，依其内容，为"王德嘉书绝尘题刻"。

第14号　摩崖题刻，依其内容，为"刘灼先楹联题刻"。

第15号　窟内刻一龙，龙身三折，作腾飞上跃之势，故此龛为"龙洞"。

## 四　晚期遗迹

### （一）构筑遗迹

本章21个编号中，第1、4、5、11号等龛窟外左右侧岩体凿有方孔，尤其第5号窟外上方岩体凿有"人"字形槽口、方孔，左右侧岩壁面亦凿有对称布置的方孔，推测上述5个龛窟在历史上曾有建筑设施。第2号窟内凿有凹槽、浅沟、孔洞等，其用途不明。

第5号窟内龙柱及龙身上零星分布有圆形孔洞，第6号龛上层主尊右侧立像、中层护法神左侧立像的头部残毁处皆凿有方孔，推测是后世维修时，为方便插接榫头补接塑像所凿。

### （二）妆绘遗迹

本章21个编号中，第2-1、3-1、8-1号等3龛为空龛，第5-1、6-1号为较小的龛像，第3、7、8、9、10-1、11、12、13、14号等9号为碑刻，其余龛像皆存妆绘遗迹。其中以第5号窟保存涂层最为丰富，存灰白色、红色、黑色、蓝色、绿色五种涂层。此外，第5号窟内方柱正面方龛造像存少许金箔，表明历史上曾进行过贴金处理。

**注释：**

[1]　此"舍"字，铭文为：

舍

[2]　本则铭文第1行第2字"歌"；第5行第4字"寿"；第7行首字"于"；第7行第4字"雁"；第9行第2字"享"，铭文分别为：

歌　寿　于　雁

---

1　李淞根据造像特征，结合同类题材比较辨识，认为上层中主尊为原始天尊、玉皇和北极紫微大帝，下层4身护法神为天蓬、天猷、翊圣、真武。见李淞：《对宋代道教图像志的观察——以大足北山111龛和南山6龛、安岳老君岩造像为例》，大足石刻研究院：《2014年大足学国际学术研讨会论文集》，重庆出版社2016年版，第39—51页。

2　《大足石刻内容总录》定名为"佛、道合龛"。四川省社会科学院、大足县文物保管所等编：《大足石刻内容总录》，四川省社会科学院出版社1985年版，第283页。

亭

[3] 本则铭文第1行首字"春";第1行第9字"觉";第1行第11字"蹄";第3行第14字"怀";第3行第17字"听";第4行第13字"熙";第4行第16字"深";第5行第9字"廷";第5行第14字"仅";第6行第2字"闲";第7行第4字"鹤";第8行第6字"将";第8行第7字"卸";第9行第4字"刻";第12行第1字"侯",铭文分别为:

[4] 本则铭文第4行第12字"荒";第4行第13字"凉";第5行第3字"松";第6行第19字"岩";第6行第21字"雕";第7行第7字、第23行第13字"视";第14行第16字、第16行第16字、第20行第8字"旁";第18行末字"熙";第20行第13字、第21行第17字"年";第21行第18字、第28行第6字"苔";第22行第21字"拓";第23行第8字"断";第24行第3字"塔";第24行第18字"饮";第24行第20字"骑";第25行首字"并";第26行第16字"闲";第26行第21字"法";第26行末字"首";第27行第21字"峰";第29行第16字"雁";第29行末字"怀";第30行第22字"鞠";第31行第8字"筹";第32行第25字"侯",铭文分别为:

侯

[5] 第1行第4字"起";第3行第1字"武",铭文分别为:

[6] 第2行第3字、第4行第1字"游",铭文分别为:

[7] 此"凿"字,铭文为:

[8] 第3行第4字"世";第4行第9字"荒";第5行第7字"款";第5行第9字"修",铭文分别为:

[9] 第1行第7字"剑";第2行第1字"圜";第2行第5字"对";第2行第14字"峰";第3行第2字"虎";第3行第19字"岩";第4行第15字"骑";第5行第3字"岁";第5行第6字"祷";第5行第12字"局";第5行第16字"修";第6行第5字"干";第6行第9字"楼";第6行第11字"远";第7行第1字"竟";第7行第3字"春";第8行第7字"久";第8行第18字"汉";第9行第8字"谯";第9行第18字"儿";第11行第2字"多";第11行第3字"兴";第11行第16字"夸";第12行第2字"携";第13行第4字"游";第13行第7字"鬼",铭文分别为:

[10] 第2行第12字"压";第2行第14字"峰";第2行第16字"年";第2行第18字"醮";第3

第四章 南山石窟 379

行第 4 字 "岁"；第 3 行第 10 字 "崎"；第 5 行第 10 字 "点"；第 6 行第 11 字 "迥"；第 7 行第 3 字 "春"；第 7 行第 9 字 "难"；第 8 行第 8 字 "劝"；第 8 行第 17 字 "乘"；第 11 行第 6 字 "衰"；第 12 行第 3 字 "归"，铭文分别为：

[11] 第 1 行第 13 字 "修"；第 2 行第 13 字 "醮"；第 3 行第 7 字 "岁"，铭文分别为：

[12] 第 1 行第 15 字、第 7 行第 21 字 "久"；第 2 行第 5 字 "鉴"；第 2 行第 9 字 "仙"；第 3 行第 15 字 "迹"；第 3 行第 16 字 "仿"；第 3 行第 17 字 "佛"；第 4 行第 8 字 "难"；第 5 行第 12 字 "环"；第 6 行第 12 字 "寇"；第 7 行第 9 字、第 7 行第 15 字、第 12 行第 26 字、第 13 行第 26 字 "侯"；第 8 行第 5 字 "苏"；第 9 行第 1 字 "员"；第 11 行第 13 字 "凡"；第 11 行第 25 字 "欲"；第 12 行第 7 字 "升"；第 12 行第 8 字 "经"；第 12 行第 20 字 "修"；第 15 行第 9 字 "尝"；第 16 行第 12 字 "峰"；第 21 行第 13、14 字 "岩"，铭文分别为：

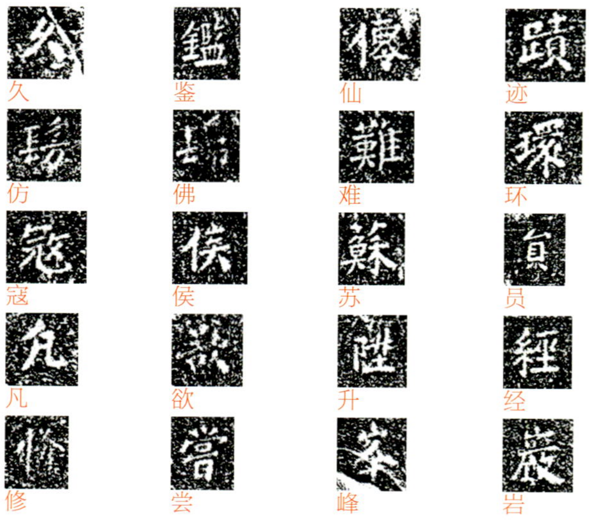

[13] 第 1 行第 4 字 "年"；第 2 行第 9 字 "熙"，铭文分别为：

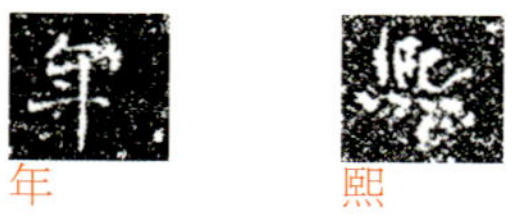

[14] 第 1 行第 1 字、第 3 行第 28 字、第 4 行第 4 字 "县"；第 1 行第 20 字 "芬"；第 2 行第 12、17 字 "学"；第 2 行第 13、28 字 "兴"；第 2 行第 15 字 "显"；第 2 行第 26 字、第 3 行第 2 字 "廷"；第 3 行第 9 字 "曹"；第 3 行第 11 字 "廉"；第 4 行第 5 字 "属"；第 4 行第 14 字 "关"；第 4 行第 15 字 "历"；第 6 行第 1 字、第 7 行第 22 字 "仅"；第 6 行第 22 字、第 9 行第 18 字、第 10 行第 13 字、第 12 行第 22 字 "等"；第 7 行第 18 字 "看"；第 8 行第 3 字 "甘"；第 8 行第 22 字 "植"；第 9 行第 5 字 "远"；第 11 行第 21 字 "图"；第 13 行第 11 字 "宽"，铭文分别为：

[15] 第 1 行第 8 字 "寻"；第 2 行第 4 字 "熙"，铭文分别为：

[16] 第 1 行第 5 字 "峰"；第 1 行第 9 字 "所"；第 2 行第 8 字 "游"，铭文分别为：

[17] 此 "熙" 字，铭文为：

[18] 第 1 行第 1 字 "谯"；第 1 行第 3 字 "曹"；第 1 行第 10 字 "游"；第 1 行第 11 字 "此"；第 2 行第 2 字 "庆"；第 2 行第 8 字 "雪"，铭文分别为：

[19] 第 1 行第 9 字、第 5 行 22 字 "碑"；第 3 行第 13 字、第 5 行第 7 字 "捐"；第 3 行第 14 字、第 5 行第 8 字 "银"；第 3 行第 18 字、第 5 行第 12 字 "两"；第 4 行第 2 字 "岁"；第 4 行第 22 字 "感"；第 5 行第 21 字 "勒"；第 6 行第 3 字 "夸"；第 6 行第 14 字 "过"；第 7 行第 9 字 "济"；第 10 行第 2 字 "熙"；

第10行第13字"县",铭文分别为:

[碑][捐][艮][两]
[岁][感][勒][讠]
[过][济][熙][县]

[20] 第2行第21字"宜";第3行第22字"仿",铭文分别为:

[宜][仿]

[21] 第1行第11字"阴";第1行第27字"年";第2行第11字"宙";第3行第4字、第5行第7字"婆";第3行第8字"情";第3行第17字、第8行第26字"与";第3行第20字、第8行第29字"观";第4行第6字、第4行第19字"会";第4行第7字、第4行第28字"银";第4行第17字"凭";第5行第16字"算";第7行第1字"等";第9行第3字"据";第18行第2字"熙";第19行第4字"碑",铭文分别为:

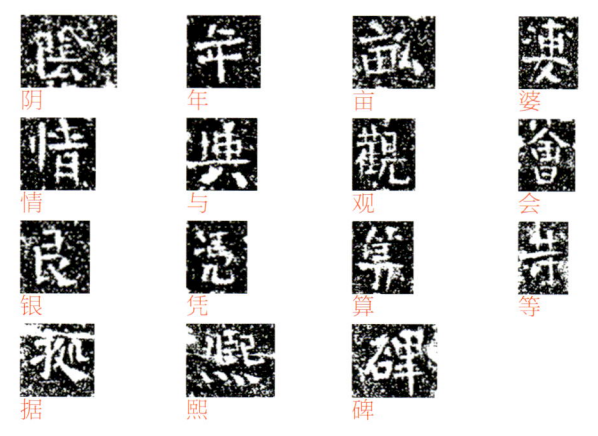

[阴][年][宙][婆]
[情][与][观][会]
[银][凭][算][出]
[据][熙][碑]

[22] 第2行第3字"过";第2行第4字"此";第2行第8字"秋",铭文分别为:

[过][此][秋]

[23] 本则铭文中的"寿"字、"岁"字、"祀"字,铭文分别为:

[寿][岁][祀]

[24] 第2行第5字"友";第3行第3字"岩";第4行第4字"以";第6行第6字"叙";第7行第2、6字"县";第8行第1字"武";第8行第6字"侯",铭文分别为:

[友][岩][以][叙]

[县][武][侯]

[25] 本则铭文第3行第7字"赟";第4行第6字"腰";第5行第3字"异";第6行第4字"搜";第7行第5字"遭";第8行第4字"秋";第10行第4字"游";第11行第3字"劝";第13行第5字"敲",铭文分别为:

[赟][腰][异][搜]
[遭][秋][游][劝]
[敲]

[26] 本则铭文第3行第6字"仙";第4行第10字"侯";第6行第11字"群";第6行末字"与";第8行第5字"俦";第8行第11字"暂";第9行第7字、第14行第11字"升";第12行第2字"还";第13行第2字、第17行末字"归";第13行第8字"勤";第16行第6字、第18行第8字"师";第16行第8字、第22行第10字"世";第26行第11字"时",铭文分别为:

[仙][侯][群][与]
[俦][暂][升][还]
[归][勤][师][世]
[时]

[27] 本则铭文中的"寿"字、"德"字,铭文分别为:

[寿][德]

[28] 本则铭文中的"作"字、"怀"字,铭文分别为:

[作][怀]

[29] 本则铭文中的"绝"字、"岁"字、"德"字,铭文分别为:

[绝][岁][德]

[30] 本则铭文中的"龙"字、"岳"字,铭文分别为:

[龙][岳]

第四章 南山石窟 381

# 附录一  石篆山、石门山、南山石窟造像一览表

**1.石篆山石窟**

| 序号 | 龛窟号 | 形制 | 时间 | 名称 | 内容 | 造像记 |
|---|---|---|---|---|---|---|
| 1 | 1 | 单层方形龛 | 北宋元丰五年至绍圣三年（1082—1096年） | 诃利帝母龛 | 龛正壁中刻诃利帝母、乳母、侍女和5身小孩像，左、右壁各刻2身小孩像。 | |
| 2 | 2 | 摩崖 | 北宋元丰八年（1085年） | 志公和尚龛 | 龛左刻主尊志公像，戴披帽，左手持角尺，腕垂挂剪；志公右侧刻弟子像，负杖，杖悬挂斗、秤、手帚等物。 | 梁武帝问志公和尚曰世间有」不失人身药方否公曰有方」使不嗔心一具〔常欢喜〕二两慈」悲三寸忍辱〔根〕〔四〕□〔善方〕」便五两善知□六分□烦恼」七颗右件药七味并□平等」就上将智惠刀□□入三昧」火炖无碍臼中〔金刚杵捣〕」炼六波罗蜜为丸如〔菩萨〕」于大早朝以八功德水下七」丸忌三〔恶贪〕嗔痴」麻作衣裳草作鞋摇头不」肯下山〔斋〕□□□〔鹿〕□〔花〕」过笑得双〔濎〕」岳阳文惟简镌乙丑岁记」 |
| 3 | 3 | 单层方形龛 | 北宋元丰五年至绍圣三年（1082—1096年） | 土地神龛 | 龛内刻立像2身，皆着长服，腰束带。 | |
| 4 | 4 | 单层方形龛 | 北宋元丰五年至绍圣三年（1082—1096年） | 药王孙贞人龛 | 龛内刻立像1身，梳髻扎巾，双手握于腹前，着鞋站立。 | |
| 5 | 5 | 单层圆形龛 | 北宋元祐五年（1090年） | 文殊普贤龛 | 龛内刻主尊文殊菩萨、普贤菩萨坐像。 | 岳阳镌作文惟简男居安居礼」庚午中秋记」 |
| 6 | 5-1 | 单层方形龛 | 不详 | 空龛 | 正壁下部凿一不规则方台。 | |
| 7 | 6 | 单层方形龛 | 北宋元祐三年（1088年） | 文宣王龛 | 龛内中刻孔子坐像，其左侧刻"颜回""闵损""冉有""端木""言偃"，其右侧刻"仲由""冉耕"、"宰我"、"冉求"、"卜商"等10身弟子像。 | 元祐〔戊辰岁孟〕冬七日设水陆会庆赞讫」发心镌造供养弟子严逊愿」世世生生聪明多智"岳阳处士文惟简」 |
| 8 | 7 | 单层方形龛 | 北宋元丰五年（1082年） | 毗卢释迦弥勒龛 | 正壁中刻毗卢佛坐像，其左右分别刻弥勒佛、释迦佛。 | 1.戊辰年十月七日修水陆斋庆赞讫」〔濎〕〔濎〕 2.岳阳文惟简镌男」文〔居政〕△居用△居礼」岁次壬戌八月三日记」 |
| 9 | 8 | 单层方形龛 | 北宋元丰六年（1083年） | 太上老君龛 | 正壁居中刻主尊老君像，其左右对称刻2身法师像、12身真人像。 | 昌州〔镌〕〔濎〕」元□□年岁次癸亥闰六月二十日记」 |
| 10 | 9 | 单层方形龛 | 北宋绍圣三年（1096年） | 地藏王菩萨龛 | 龛中刻地藏菩萨坐像及侍者像，其左右刻十王坐像及两司像。 | 绍圣三年丙子岁岳阳文惟简镌男居安居礼记」 |
| 11 | 10 | 方形龛 | 北宋元丰五年至绍圣三年（1082—1096年） | 长寿王龛 | 龛正壁居中板门内刻立像1身，板门左侧刻立像1身，左手握持钱串，立像左侧刻堆砌的钱串。板门右侧刻像2身，左像双手抱持扛于肩上的钱串，二像之间刻出方印。左壁刻立像1身，双手持棍状物，其右侧刻堆砌的钱串。 | |

续表1

| 序号 | 龛窟号 | 形制 | 时间 | 名称 | 内容 | 造像记 |
|---|---|---|---|---|---|---|
| 12 | 11 | 单层方形龛 | 北宋元丰五年至绍圣三年（1082—1096年） | 炽盛光佛十一活曜龛 | 正壁居中刻主尊坐佛1身，左手腹前托法轮，佛像左右侧及左右侧壁对称各刻立像6身，龛外左右侧各刻1力士像。 | 岳阳镌作处士文惟简」男□□〔居〕仁〔居〕（泐）」居〔泐〕〔泐〕 |
| 13 | 12 | 摩崖 | 北宋元祐五年（1090年） | 山王常住佛会塔记碑 | 碑文残存刻石面高54厘米，宽168厘米，碑文左起竖刻26行，存245字。 | |
| 14 | 13 | 单层方形龛 | 北宋元丰五年至绍圣三年（1082—1096年） | 观音菩萨龛 | 龛正壁中刻主尊菩萨立像1身，其右侧刻1女侍像，左侧壁刻1男侍像。 | |

**2.石门山石窟**

| 序号 | 龛窟号 | 形制 | 时间 | 名称 | 内容 | 造像记 |
|---|---|---|---|---|---|---|
| 1 | 1 | 单层方形龛 | 南宋绍兴二十一年（1151年） | 药师佛龛 | 龛内主尊为药师佛，其左右对称刻弟子、菩萨、供养人和神将，其中左侧弟子持六环锡杖。龛底下方低坛刻10身神将像。 | （泐）」（泐）」自〔贤〕（泐）」妆此（泐）」药师佛一龛祈乞见存安乐」往生天世〔世世生生福报无尽〕」岁辛未绍兴〔十一月二十七日记〕」镌匠蹇忠进刻」住持文道盛书」 |
| 2 | 2 | 单层方形龛 | 南宋绍兴十七年（1147年） | 玉皇龛 | 龛内主尊为玉皇，戴冕冠，坐于靠背椅上，左右侍者持长柄扇。龛下弧壁左右分别刻"千里眼""顺风耳"。 | 1.男杨伯高（泐）」故先考杨文忻（泐）」容一身（泐）」年八十岁于丙寅绍兴」十六年十月二十六日」辞世丁卯二月十三日记」 2.弟子杨伯高为〔故〕父」杨文忻存日造此二」大将□向上界至丁」卯十月二十六日庆」 |
| 3 | 3 | 外方内圆双重龛 | 北宋绍圣三年（1096年） | 释迦佛与香花菩萨龛 | 龛内主尊为释迦佛，左手抚膝，右手胸前结印，结跏趺坐于须弥座上。佛像左右各刻一弟子和一供养菩萨像，左菩萨捧盘，内置假山，右菩萨捧持一盘，内置花卉。 | 昌州大足县长溪里本」旁所居奉佛女弟子赵氏」一娘子与男女等发心镌造」释迦佛香花菩萨阿难迦」叶一龛永为万世之瞻仰祈」保一家之安宁增寿算以遐」长保子孙而吉庆先亡□□」沾此德乃生天后誓前□□」祈恩而解脱夏愿亡夫□」早生人世别得超升更□」延禄衮界益灾星退舍」福曜进宫十二时中」诸佛加备伏乞」三宝证知谨记」以绍圣三年丙子四月十四日」奉佛女弟子赵氏一娘子与」男吴逢吴信之吴舜之吴」节之」镌作文惟一男居道刻」 |
| 4 | 4 | 单层方形龛 | 北宋绍圣元年（1094年） | 水月观音龛 | 龛内主尊为水月观音，戴卷草冠，上披络腋，下着裙，坐于山石台上；台左侧刻一净瓶，台下水波环绕。 | （泐）〔施主〕僧法顺（泐）〔德〕发心为（泐）物镌造此（泐）一龛伏冀（泐）人□千秋（泐）法轮常转」施主咸愿安宁」师□存（泐）」□道一切有情同出苦」□见性成佛绍〔圣元年〕甲戌」□月□日造」（泐）（泐） |
| 5 | 5 | 单层圆形龛 | 清乾隆五十年（1785年） | 阿弥陀佛龛 | 龛内刻立像1身，左手胸前持物，右手下垂作结引印。 | 十万里中四甲地名古桐村」信士赵维元法名祥显于乾隆」戊寅年二月十六申文起引」各院礼拜录计功勋园满周」隆以民发心于古志石门」山」捐资雕塑」南无西方接引阿弥陀佛金容一尊祈保」家门清吉人眷平安谨意」大清乾隆五十年岁次乙巳五月初三吉旦」 |
| 6 | 5-1 | 单层圆拱龛 | 清 | 观音龛 | 龛内刻观音坐像1身。 | 观音龛」 |
| 7 | 6 | 方形平顶窟 | 南宋绍兴八年至十一年（1138—1141年） | 西方三圣与十圣观音窟 | 窟内正壁刻主尊阿弥陀佛、观音、大势至菩萨像。左右壁对称各刻菩萨立像5身，由内至外，左壁分别为净瓶观音、宝蓝手 | 1.昌州大足县陔山乡奉佛」□□□发心就洞镌此」正法明王观音一尊只乞今」（泐）安」辛酉绍兴十一年上元日题」 |

续表2

| 序号 | 龛窟号 | 形制 | 时间 | 名称 | 内容 | 造像记 |
|---|---|---|---|---|---|---|
| 7 | 6 | 方形平顶窟 | 南宋绍兴八年至十一年（1138—1141年） | 西方三圣与十圣观音窟 | 观音、宝经手观音、宝扇手观音、甘露玉观音，右壁分别为宝珠手观音、宝镜观音、莲花手观音、如意轮观音、数珠手观音。左右壁内侧刻2供养人，外侧刻善财和龙女。 | 2.奉善弟子杨作安□氏夫妇长男」杨谦新妇梁氏次男杨诏杨」女□□娘□一娘一宅等发心镌此□」圣龛（漶）势至菩萨一位□□（漶）」（漶）」辛酉年二月八日丁□庆讫」
3.诱化修造十圣观音洞岑忠用意者如念生居浮世幸处人伦」叩天地之恩赖日月之德立身处世多有妖讹不作善因虚过」光景忠自甲寅岁已来见天忽亢旱雨不应时民食不足」于是遂兴丹恳大建良因集远近信心就此石门山上建观音」大洞一所无量寿佛并十圣菩萨祈风雨顺时五谷丰盛始」自丙辰兴工至庚申残腊了毕上愿皇图永固佛日增辉」舍财信士所作契心三会龙华皆得受记山神土地灵作匠」人天受遮但忠虽三代贫苦实无一贯之本（漶）」（漶）儿孙之冤与众作仇恨他年限满堕落阴司」日受万死一身常□言儿孙自有儿孙计莫为儿孙作马」牛时庚申十二月□日化首岑忠与□氏夫妇等镌建」
4.苏严镇在郭居住奉善」佛弟子岑忠志同政薛氏洎长男文贵新」陈氏和男文贤杨氏文胜文后文尽一宅等伏睹」石门山舍财造」宝蓝手观音一尊祈乞一家安泰四序康」宁二六时中诸」圣加备」时以辛酉岁上春休日庆△△记」
5.奉佛修龛化主岑忠用合家等发」心镌此观音菩萨一尊并妆金祈乞」举家安乐用得道夫妇齐眉」膝下康泰上祝△国太民安风调」雨顺大劝善缘□□一□」观善化众十观音（漶）磨好黄金」惟有阴功年年□不见取金旧主人」戊午季夏兴工至庚申年季冬工毕」
6.奉善弟子岑忠信夫妇一家等」发心造」观音菩萨一尊祈乞一宅安泰四」贵康和十二时中保安清畅时以」辛酉年正春末日庆讫」
7.奉佛弟子庞休一宅等造甘」露玉」观音一位祈乞尊少安泰四序」康宁永世今生常逢」佛会」时以辛酉岁上春休日庆△讫」
8.奉佛道弟子侯惟正崖」氏夫妇念心认造此」功德一位祈乞惟正夫妇一」家眷属寿算延长公私清」泰先祖陈誓咸乞赦除债主」冤家并赀和释辛酉载庆」
9.奉善弟子甄典□与夫妇」长女大金娘小金娘一宅等」□□□姓崔氏二娘于（此）□特」□造圣容祈乞先」乐果□」（漶）」辛酉岁□月□日□□□题」
10.昌州在城左厢界居住奉」佛男弟子赵勤典男赵觉赵恭」合宅舍财造上件」宝镜观音一位乞保一家安泰四季」康和今世来生常为」佛之弟子次乞冤家解释债主」生天时以辛酉岁正月望日庆」
11.昌州大足县陔山乡奉佛承信郎」陈充一宅长少等于绍兴十年」内命工就此洞镌造莲花手」观音一尊乞自身」禄位高崇阖宅寿年永远」凡向公私吉无不利辛酉上元日题」
12.奉佛庞师上父子造此」如意轮观音一位冀永」世康宁四时吉庆时」以辛酉上春休日庆讫」
13.奉佛弟子侯良夫妇与子孙」发心造此数珠手观音一尊」意祈△国泰民安风调雨顺」辛酉绍兴十一年三月初十日」侯良严氏男惟芝惟显惟霖」惟海各夫妇以己酉本命日庆」
14.奉善弟子谢继隆何氏夫」妇一家等为女茶娘发心造」献珠龙女一身祈乞一宅安」泰常逢□□」〔太岁〕辛酉正月（漶）庆记」 |

续表2

| 序号 | 龛窟号 | 形制 | 时间 | 名称 | 内容 | 造像记 |
|---|---|---|---|---|---|---|
| 8 | 7 | 单层圆拱龛 | 南宋 | 五通大帝龛 | 龛内刻五通大帝像，着戎服，持剑，左足独立于风火轮上。 | |
| 9 | 8 | 中心柱窟 | 南宋 | 孔雀明王经变窟 | 窟内中心柱上刻孔雀明王，四臂，持经函、宝扇、宝珠和带茎莲等。窟左壁顶部外侧为三佛二侍者像，内侧至右壁为十六罗汉像。窟正壁刻朽木出蛇、莎底卧地、阿难念诵、武士踏云、官员站立等；左壁刻帝释天斗战阿修罗图，其余像为官员、武士等；右壁亦刻武士、官员、侍者等像。 | |
| 10 | 8-1 | 单层方形龛 | 南宋 | 残像龛 | 龛正壁中下部存一束腰状座台，台上方左右各刻一净瓶。正壁上部、正壁与左右壁相交处共刻双层仰莲11朵。 | |
| 11 | 8-2 | 摩崖石刻 | 清乾隆三十五年（1770年） | 达荣修理功字镌记碑 | 碑文左起，竖刻6行，存42字。 | |
| 12 | 9 | 单层方形龛 | 南宋 | 诃利帝母龛 | 龛内主尊为诃利帝母，主尊左侧刻乳娘，右侧刻一男一女2身侍者像。龛内另刻小儿像7身。 | |
| 13 | 10 | 方形平顶窟 | 南宋 | 三皇洞 | 窟内正壁刻主尊坐像3身，皆戴通天冠、持笏、足履，倚坐于龙首靠椅上。左壁上部刻立像27身，坐像1身。下部从左至右浮雕立像7身，第1像戴展脚幞头，着圆领服；第2像着裲裆甲，持剑，脚踏龟蛇；第3像戴朝天幞头，着圆领服，持笏；第4、5、6像均戴通天冠，持笏；第7像着裲裆甲，六臂，持印、铃、弓、箭、斧，左下手握持龙角。右壁上部造像毁，下部从右至左共刻像8身。第1像着圆领服，持卷轴；第2像着裲裆甲，身后刻一龙；第3像着窄袖服，似持物；第5像戴方心曲领，持笏；第6像戴方心曲领，足履；第7像着裲裆甲，四臂，右下手按身右侧龙首；第8像为侍者像。 | |
| 14 | 11 | 单层方形龛 | 南宋 | 东岳大生宝忏变相龛 | 龛上部刻东岳大帝和淑明皇后二主尊，皆坐于龙首靠椅上，分别戴朝天幞头和凤冠。其左右及上下部壁面，刻或坐或立的造像72身，皆戴冠或戴展脚幞头。龛下部刻山石、门洞、蛇、戴枷受刑人等，为地狱场景。 | |
| 15 | 11-1 | 摩崖题刻 | 清乾隆六十年（1795年） | 宋以道书"圣府洞"题刻 | 匾心刻"圣府洞"三字，左侧竖刻署款3行，文左起，46字，右侧竖刻署款6行，文左起，47字。左侧署款：乾隆乙卯年七月廿一崩颓是年复修。 | |

附录一 石篆山、石门山、南山石窟造像一览表 385

续表2

| 序号 | 龛窟号 | 形制 | 时间 | 名称 | 内容 | 造像记 |
|---|---|---|---|---|---|---|
| 16 | 12 | 摩崖方碑 | 南宋淳熙九年（1182年） | 邓栲纪行诗碑 | 碑文左起竖刻32行，457字。碑文前部分叙事，后部分为三十韵纪行诗。 | |
| 17 | 12-1 | 摩崖方碑 | 清光绪七年（1881年） | 妆塑韦驮金身募化记碑 | 碑文左起竖刻24行，189字。首两行刻"装塑韦驮金身募化名列"，碑文末两行刻"光绪七年辛巳阳月吉旦住持僧宏济徒宗清立"。 | |
| 18 | 12-2 | 摩崖方碑 | 民国九年（1920年） | 建修劝善所叙碑 | 碑文左起竖刻53行，699字。首行刻"建修劝善所叙"，末行刻"中华民九年庚申夏月望日"。 | |
| 19 | 12-3 | 摩崖方碑 | 不详 | 杏林宫题刻 | 碑文刻石面高24厘米、宽56厘米，左起横刻"杏林宫"3字。 | |
| 20 | 13 | 单层方形龛 | 北宋绍圣元年（1094年） | 山王龛 | 龛左刻男坐像，右刻女坐像。男像着交领窄袖胡服，领呈三角形外，胸下束革带，着鞋倚坐于方台上；女像梳髻，戴凤冠，着鞋倚坐于方台上。 | |
| 21 | 13-1 | 单层方形龛 | 北宋绍圣二年（1095年） | 残像龛 | 龛内刻坐像3身。中像左手曲置腿上，右手抚膝，倚坐方台上；左像双手胸前斜展开的卷轴；右像左手握拳置于腰部外侧，右手于右腰握长柄斧。 | 1.仰启△圣众咸具遍知道眼他心甫凿洞」鉴有昌州大足县长溪里居住弟子杨」才友同寿女弟子冯氏与男女等启心」镌造△山王一龛用据前唻后誓诸杂」邪魔各去他邦莫为仇执去离门庭愿」先亡离苦债主生天见在子孙皆average吉」庆伏冀△弥勒龙花亲蒙受记以乙亥」岁绍圣二年二月二十四日清明节造」弟子杨才友女弟子冯氏长男杨文忻小」男杨文秀△镌作匠人文居道」 2.弟子杨才友一家等以二月」十五日本命之晨命僧修」斋庆赞山王土地祈乞一」家安乐大小康安凡在公」私万皆吉庆鬼神退散」 |
| 22 | 13-2 | 浮雕 | 北宋绍圣元年（1094年） | 龙王龛 | 浮雕坐像1身，戴软脚幞头，双手腹前笼袖内，着鞋踏足踏，倚坐于圆台上，足踏正面刻壶门，壶门右侧线刻1蛇。 | 绍圣元年甲戌岁五月五日记」岳阳文惟一施手镌」 |

## 3.南山石窟

| 序号 | 龛窟号 | 形制 | 时间 | 名称 | 内容 | 造像记 |
|---|---|---|---|---|---|---|
| 1 | 1 | 单层方形龛 | 明正德十六年（1521年） | 真武大帝龛 | 正壁刻真武大帝坐像1身，左右侧壁各刻立像1身。 | 舍财信士王伯富谨立」正德十六年夏五月」□十五日焚香建立」修炉石匠△黄相」黄□」钱国用」 |
| 2 | 2 | 方形平顶窟 | 清嘉庆二十三年（1818年） | 碑窟 | 正壁刻《王德嘉隶书碑》，左壁刻《张澍重游南山题诗并跋碑》，右壁刻《张澍重九日偕友登高记碑》。 | |
| 3 | 2-1 | 单层方形龛 | 不详 | 空龛 | 无。 | |
| 4 | 3 | 摩崖碑刻 | 清嘉庆二十三年（1818年） | 张澍书"蓊然云起"题刻 | 碑刻"蓊然云起"，武威张澍书。 | |
| 5 | 3-1 | 单层圆拱龛 | 清 | 空龛 | 无。 | |

续表3

| 序号 | 龛窟号 | 形制 | 时间 | 名称 | 内容 | 造像记 |
|---|---|---|---|---|---|---|
| 6 | 4 | 单层圆拱龛 | 南宋绍兴年间（1131—1162年） | 注生后土圣母龛 | 正壁刻主尊坐像3身，均为女像，服饰相近，皆梳髻戴凤冠，罩云肩，上着翻领宽袖长服，下着裙；中主尊上方匾额内刻"注生后土圣母"。左右侧壁刻"九天监生大神""九天送生夫人"以及供养人像等。 | |
| 7 | 5 | 中心柱窟 | 南宋绍兴年间（1131—1141年） | 三清窟 | 窟内中心柱正面方龛上层正壁刻玉清、上清、太清像，上层左右壁各刻戴冕冠的坐像1身；方龛下层左右壁各刻男女主尊像两身，内侧二男像戴冕冠，外侧二女像梳高髻，戴凤冠。中心柱左壁面下方刻"春龙起蛰图"，上方刻"天尊巡游图"组像。窟左右壁外侧各六个圆环内分别刻双鱼、马、男女像、蟹、狮、女童、秤、蝎、净瓶等"黄道十二宫图"。窟左右壁及正壁左右侧分六排刻"三百六十应感天尊像"。 | 舍地开山造功德何正言同杨氏」开山化首凿洞张全一同赵氏」 |
| 8 | 5-1 | 单层圆拱龛 | 不明 | 残像龛 | 龛内刻像3身，皆残毁甚重。 | |
| 9 | 6 | 龛形不明 | 南宋 | 道教像龛 | 龛内造像作上中下三层布置。其中上层刻主尊坐像3身，中主尊梳髻，外披氅，左主尊戴冕冠，双手胸前持笏，坐于龙首靠背椅上，右主尊略同左主尊；中层内侧各刻护法神像2身，其中左外侧像三面六臂，戴冠，蓬发上扬，内着袍，外罩甲，左下手握剑按龙头；右外侧像身四臂，上两手似持印，左下手握罥索，右下手斜垂持斧；下层环壁刻立像12身。 | |
| 10 | 6-1 | 龛形不明 | 南宋 | 护法神龛 | 龛内刻立像1身，腰系革带，下着袍服和甲裙；像左下方有1兽。 | |
| 11 | 7 | 摩崖碑刻 | 清光绪十五年（1899年） | 杨顺祀书福寿题刻 | 碑内刻"福寿"2字。署款：大清光绪十五年七十岁杨顺祀书。 | |
| 12 | 8 | 摩崖碑刻 | 清嘉庆二十三年（1818年） | 张澍题辰秀太清题刻 | 碑内刻"辰秀太清"4字。署款：赐进士出身翰林院庶吉士知叙州屏山县署大足县事武威张澍介侯甫题。 | |
| 13 | 8-1 | 圆拱形 | 清 | 空龛 | 无。 | |
| 14 | 9 | 摩崖碑刻 | 清同治十二年（1873年） | 王德嘉步吕张二公留题原韵诗碑 | 碑文左起，竖刻17行。前14行刻七韵诗文，后3行刻署款。署款：同治十二年岁次癸酉春游南山寺步吕张二公留题原韵城固王德嘉并书。 | |
| 15 | 10 | 摩崖 | 清同治十三年（1874年） | 王德铭临山谷道人书后汉诗三篇 | 碑文左起，竖刻23行299字，署款3行46字。 | |
| 16 | 10-1 | 摩崖 | 清同治十三年之前（1874年以前） | 福字题刻 | 碑内刻"福"字。 | |

附录一 石篆山、石门山、南山石窟造像一览表　387

续表3

| 序号 | 龛窟号 | 形制 | 时间 | 名称 | 内容 | 造像记 |
|---|---|---|---|---|---|---|
| 17 | 11 | 摩崖 | 清同治十二年（1873年） | 王德嘉书寿字题刻 | 碑内刻"寿"字。署款：同治癸酉春三月城固王德嘉书。 | |
| 18 | 12 | 摩崖 | 清光绪三十三年（1907年） | 邝国元楹联题刻 | 碑内刻楹联一副。署款：光绪三十□年重九登临有感作此寄怀岭南邝国元题。 | |
| 19 | 13 | 摩崖 | 清同治十二年（1873年） | 王德嘉书绝尘题刻 | 碑内刻"绝尘"二字。署款：大清同治岁次癸酉夏四月知大足县事城固王德嘉书。 | |
| 20 | 14 | 摩崖 | 民国九年（1920年） | 刘灼先楹联题刻 | 碑内刻楹联一副。署款：民国九年二月上浣署理大足县知事刘灼先撰并书。 | |
| 21 | 15 | 圆拱形龛 | 南宋 | 龙洞 | 窟内刻一龙，龙身三折。 | |

# 附录二　石篆山石窟其他文物遗迹

## 一、佛会寺

### （一）位置

佛会寺亦名佛惠寺，位于石篆山子母殿造像区东北约350米的山顶平坝上。其北侧为陡崖和山湾，东侧为低矮坡地，南侧、西侧为坡地和山湾（图4、图5；图版Ⅰ：350、图版Ⅰ：351）。大足三驱镇石桌村至千佛村的村级公路自东向西经过佛会寺南侧。从寺东面山腰小道和北面山湾，亦可登达佛会寺。东侧坡地约80米处立"佛会之塔"。

### （二）沿革

佛会寺原建筑已毁，始建年代无明确记载，布局亦不明。据相关文献和现存实物推测，至迟于宋绍兴年间已初具规模[1]。元代至正年间，因兵事损毁。明洪武至永乐年间得以恢复重建，并镌造佛、菩萨、俗神、石塔等。至明永乐、弘治年间，仍得以妥善保存[2]。清嘉庆年间，重振寺庙；至清道光年间，仍存山门、石池、关圣殿、弥陀殿、毗卢殿、僧舍等建筑[3]。清光绪年间，再次维修。1949年后，曾作民房使用，近年才陆续迁出。

1956年、1980年，石篆山石窟被公布为四川省文物保护单位时，佛会寺亦作为附属古建筑被纳入保护范围，聘请义务文物保护管理员进行日常看护。

### （三）建筑现状

佛会寺现存平面布局略呈方形，坐南朝北，占地约1000平方米（图257）。中轴线上保存山门、前殿、中殿、后殿等，左右各存厢房一列；皆建于石基台上。前殿与中殿相距约965厘米，中殿与后殿相距约620厘米。前殿前侧的坝中部设长1080厘米、宽265厘米的条石通道。前殿和中殿前侧的平台之间铺设长285厘米、宽335厘米的条石通道。前殿、中殿和厢房的基台之间形成天井。

山门距前殿约5000厘米，现存蹲狮2尊（图版Ⅰ：352）。蹲狮之间存七级石梯道，通高约100厘米，宽约200厘米。山门与前殿之间有条石扣合的放生池一座，池后即是前殿坝。

前殿基台正面与左、右侧分界不明，后廊长2590厘米，宽1140厘米，高65厘米。现存建筑为石、砖、木结构，面阔六柱五间，宽2400厘米，进深四间，深900厘米，悬山式屋顶，屋面铺设青瓦；附有后廊。殿内明间、次间内设有方坛，供奉四大天王、韦陀等神像，左尽间内存《严逊记碑》一通。明间正脊和前坡居中屋檩分别存有"皇图巩固帝道遐昌""嘉庆二十三年戊寅阳月复振吉旦"墨书题记。

中殿基台方形，长1600厘米，宽1250厘米，高65厘米（图258、图259、图260、图261、图262；图版Ⅰ：353）。基台前侧为平坝，前端及左右坝沿安置有石板栏杆。栏杆前端（即前殿与中殿相接处的大道两边）安置抱鼓石。现存建筑为木构重檐歇山式，面阔四柱三间，宽1400厘米，进深五柱四间，深1900厘米，附有前廊。明间为抬梁式和穿斗式梁架结构，余间皆为穿斗式结构。明间设方形坛台，坛长525厘米，宽172厘米，高120厘米，供奉"西方三圣"三尊石质圆雕像；两侧次间安置有新刻的十八罗汉像。明间屋檩上存"皇图巩固帝道遐昌佛日增辉法轮常转""清之光绪二十七年辛丑岁四月初六日"以及若干人名的墨书题记。

后殿基台呈方形，长1550厘米，宽680厘米，高24厘米（图版Ⅰ：354）。现存建筑为砖石结构，悬山式屋顶，面阔四柱三间，

---

[1] 石篆山石窟功德主严逊于北宋元祐五年（1090年）之前，购买石篆山地产，置"古村""铜鼓""石篆"等三处庄园，并延请工匠雕塑佛、道、儒造像。佛会寺始建年代虽无明确记载，但从其位于石篆山地域内，且寺内至今尚存记载石篆山石窟开凿情况的重要碑碣《严逊记碑》，可知其始建于宋无疑。
[2] 见（明）张壁《重修佛惠寺碑记》，重庆大足石刻艺术博物馆编：《大足石刻铭文录》，重庆出版社1999年版，第342—343页。
[3] 据（清）李型典《游石篆山记》，道光丙申（1836年）正月，李型典游览石篆山佛会寺、佛湾（子母殿）、千佛岩。在佛会寺，李型典见山门匾额题"石篆禅林"，在关圣殿外立有《严逊记碑》，在弥陀殿外有明代张壁撰《重修佛惠院碑记》。

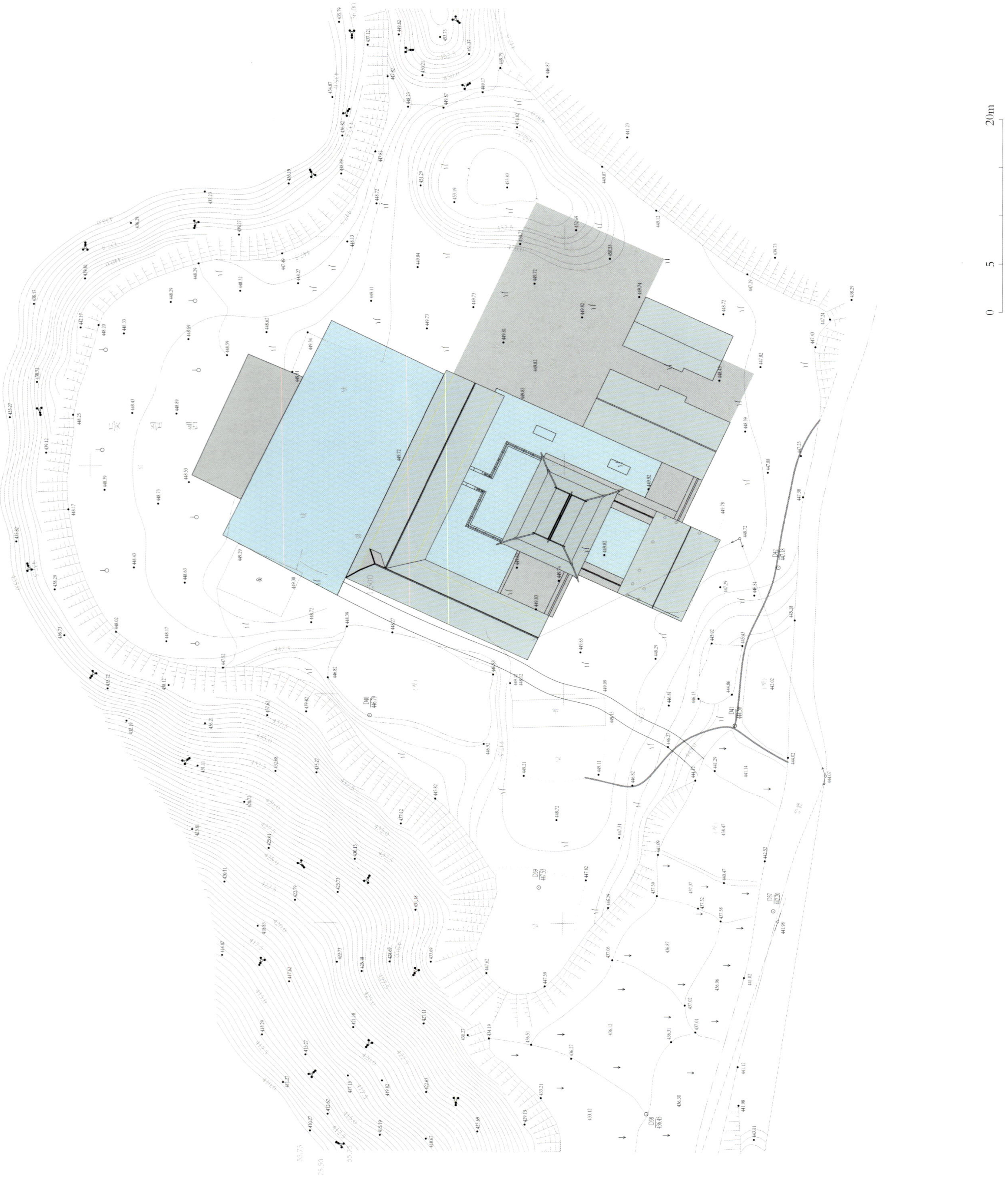

图 257 石篆山佛会寺平面图

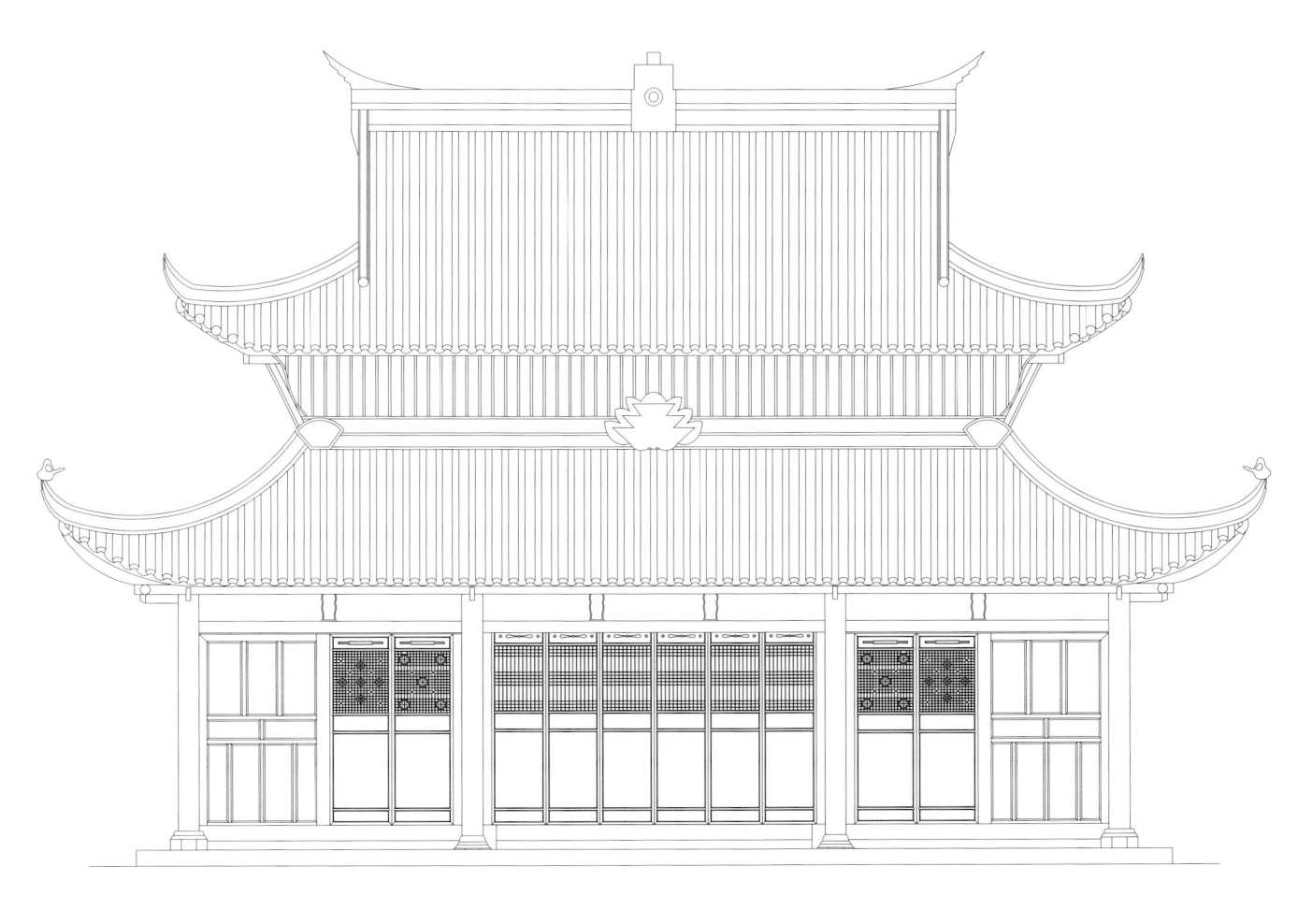

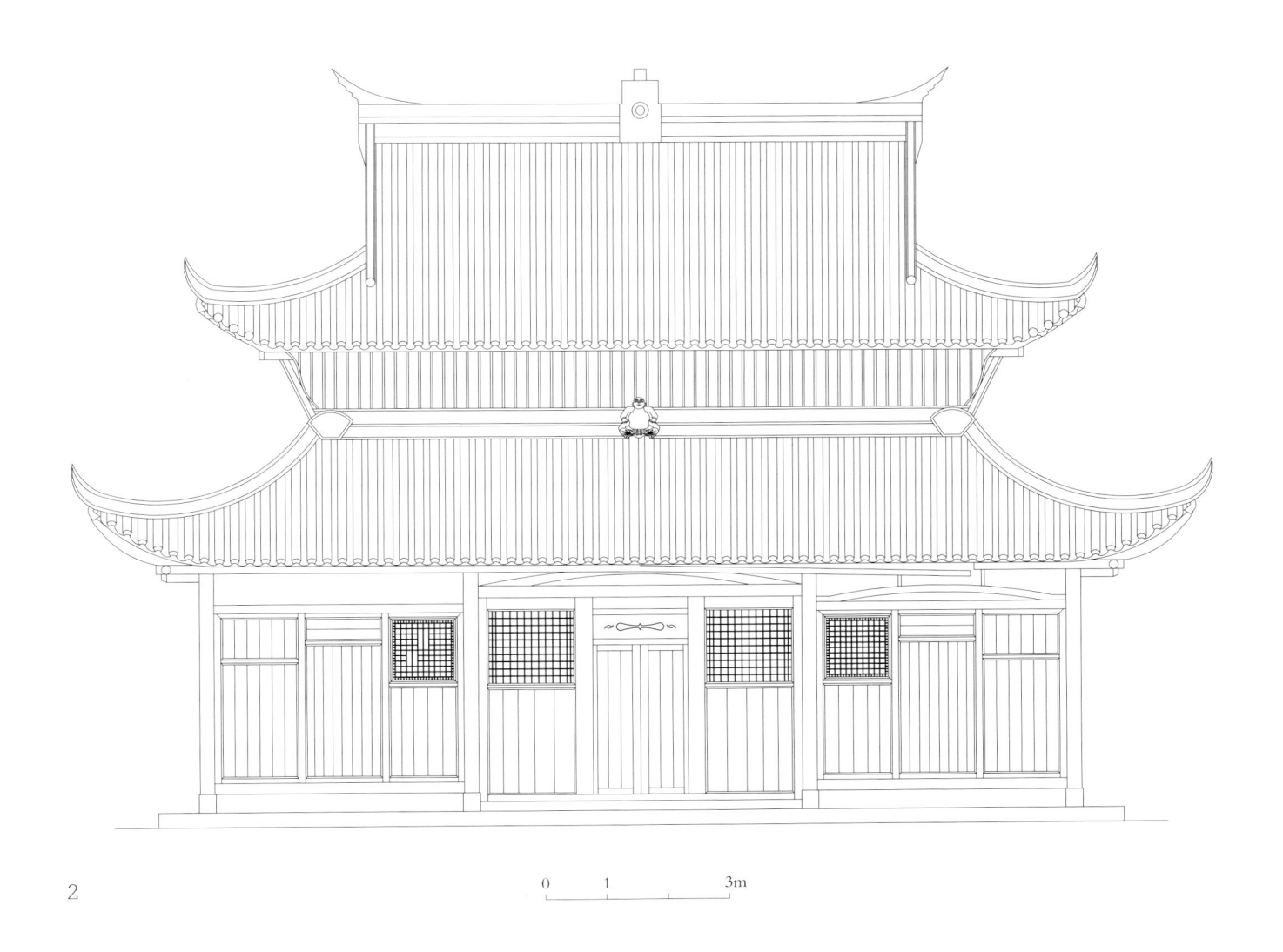

图 258 石篆山佛会寺中殿正面、背面立面图
1 正面 2 背面

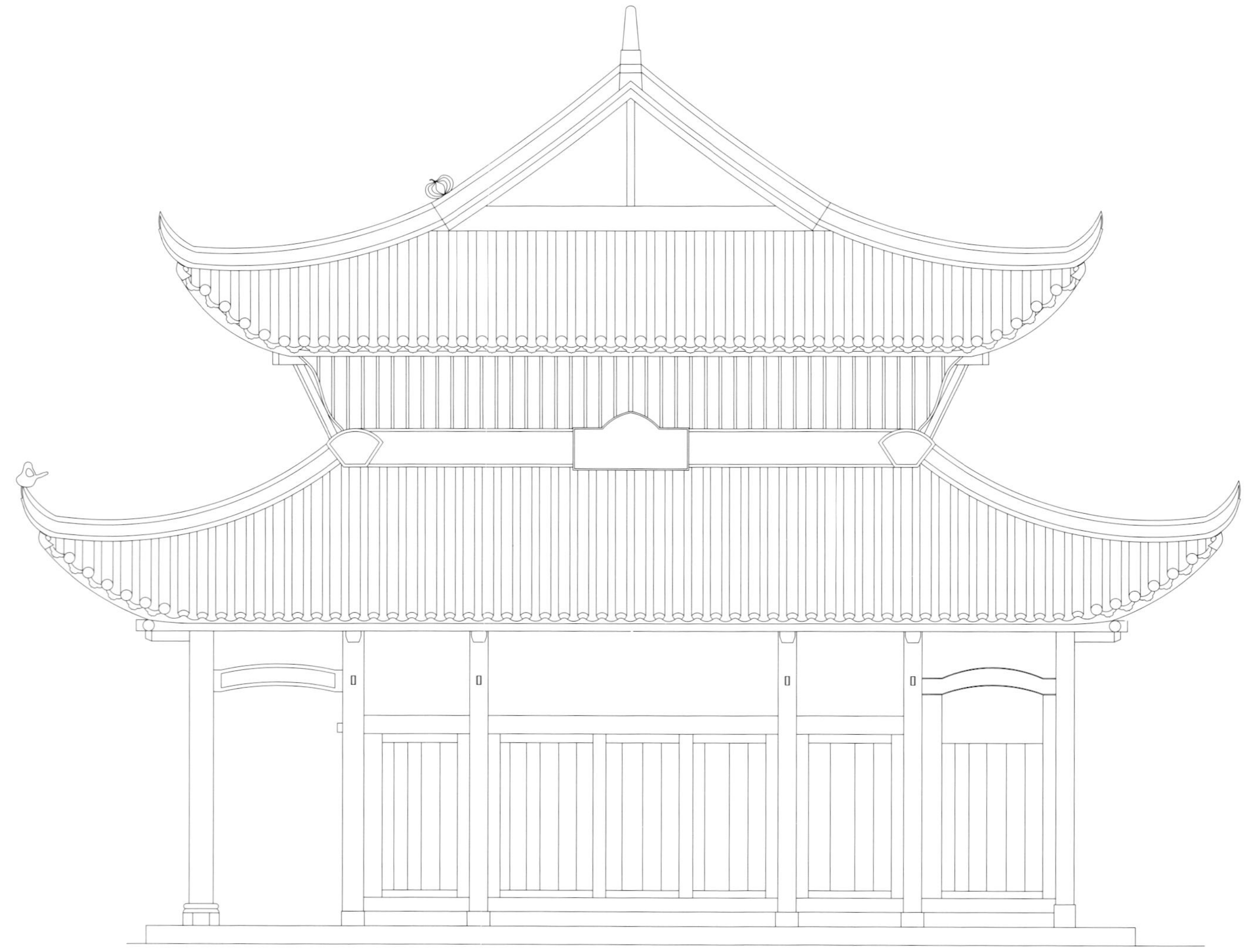

图259 石篆山佛会寺中殿左面、右面立面图
1 左面 2 右面

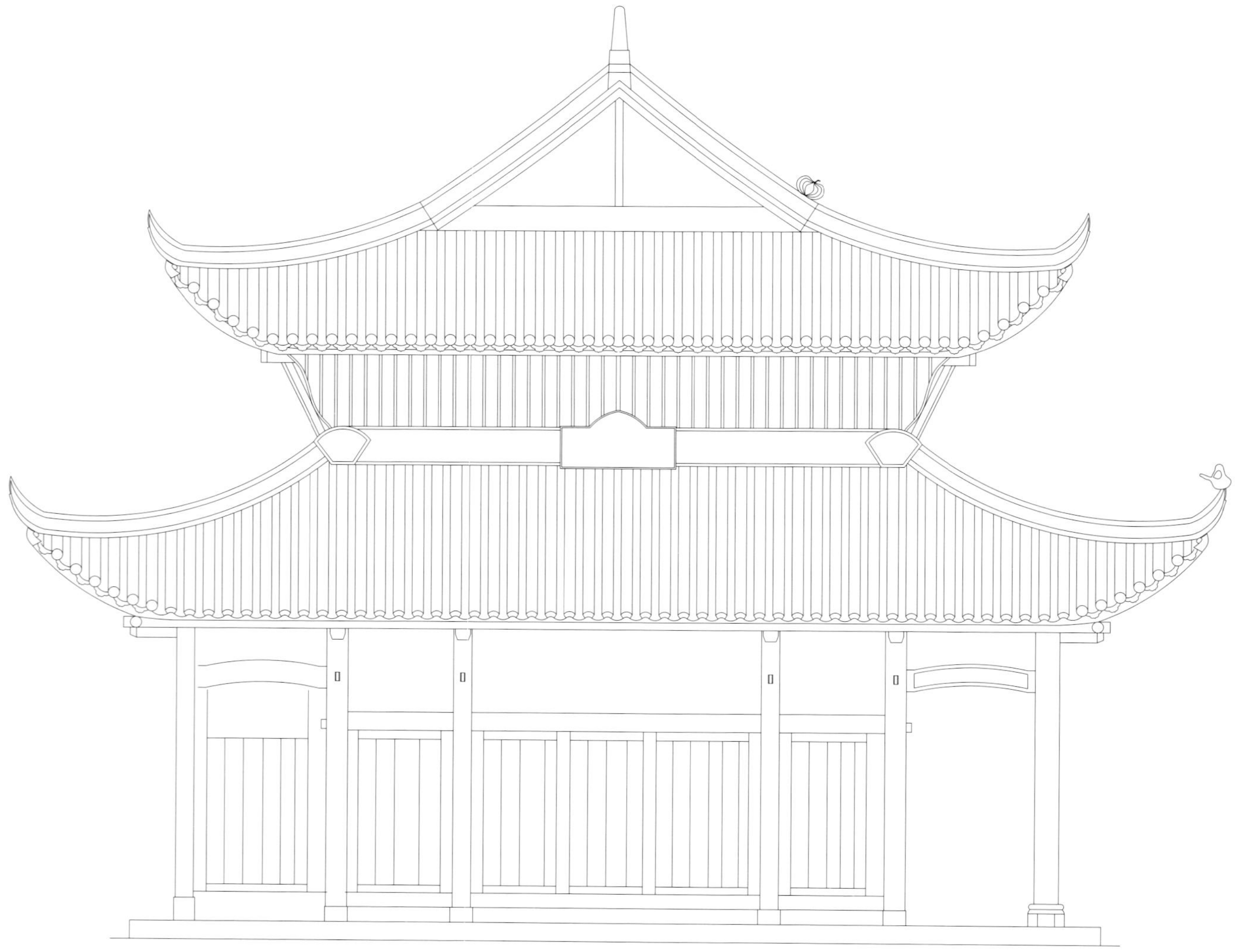

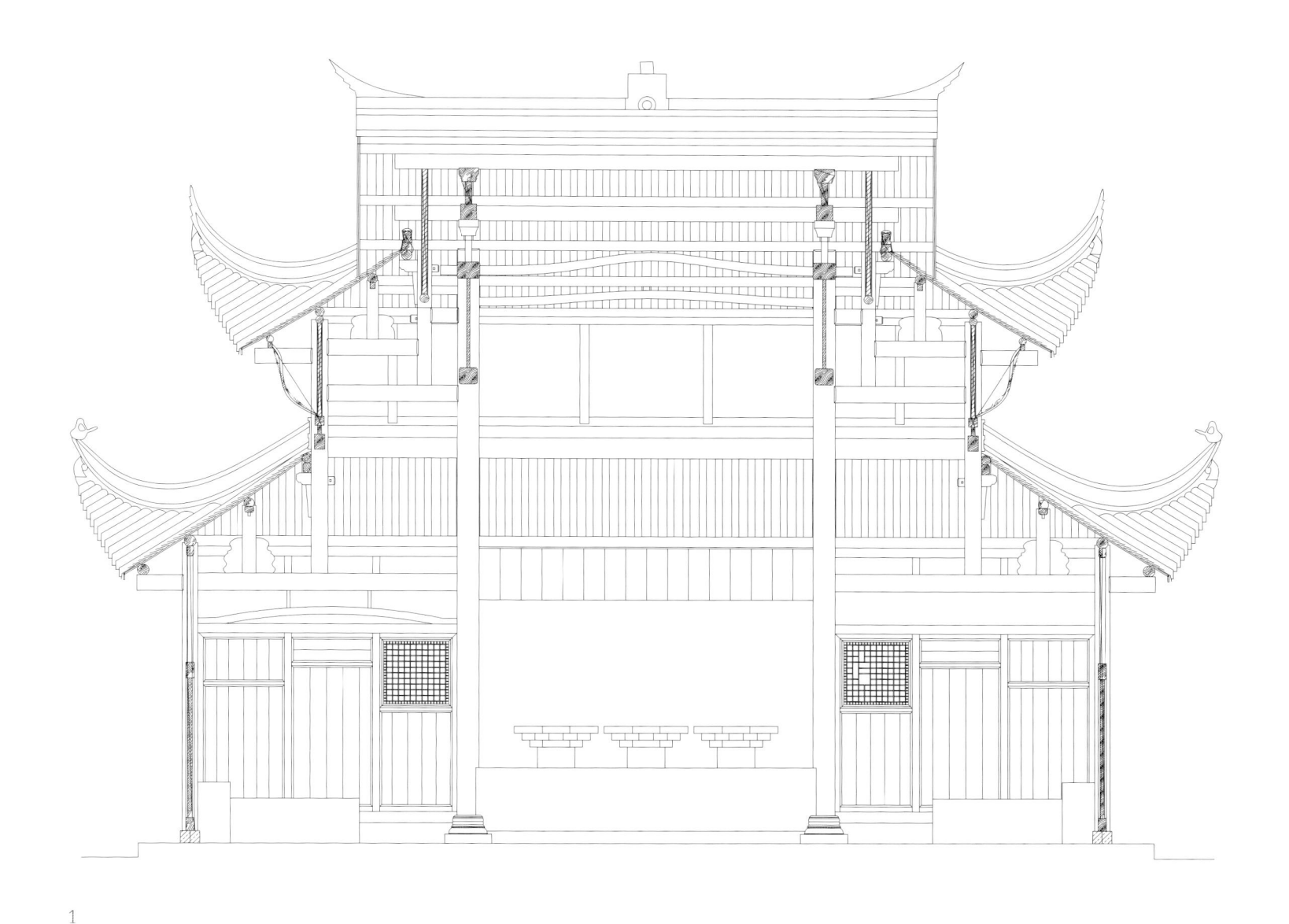

图 260 石篆山佛会寺中殿剖面图
1 东西向 2 南北向

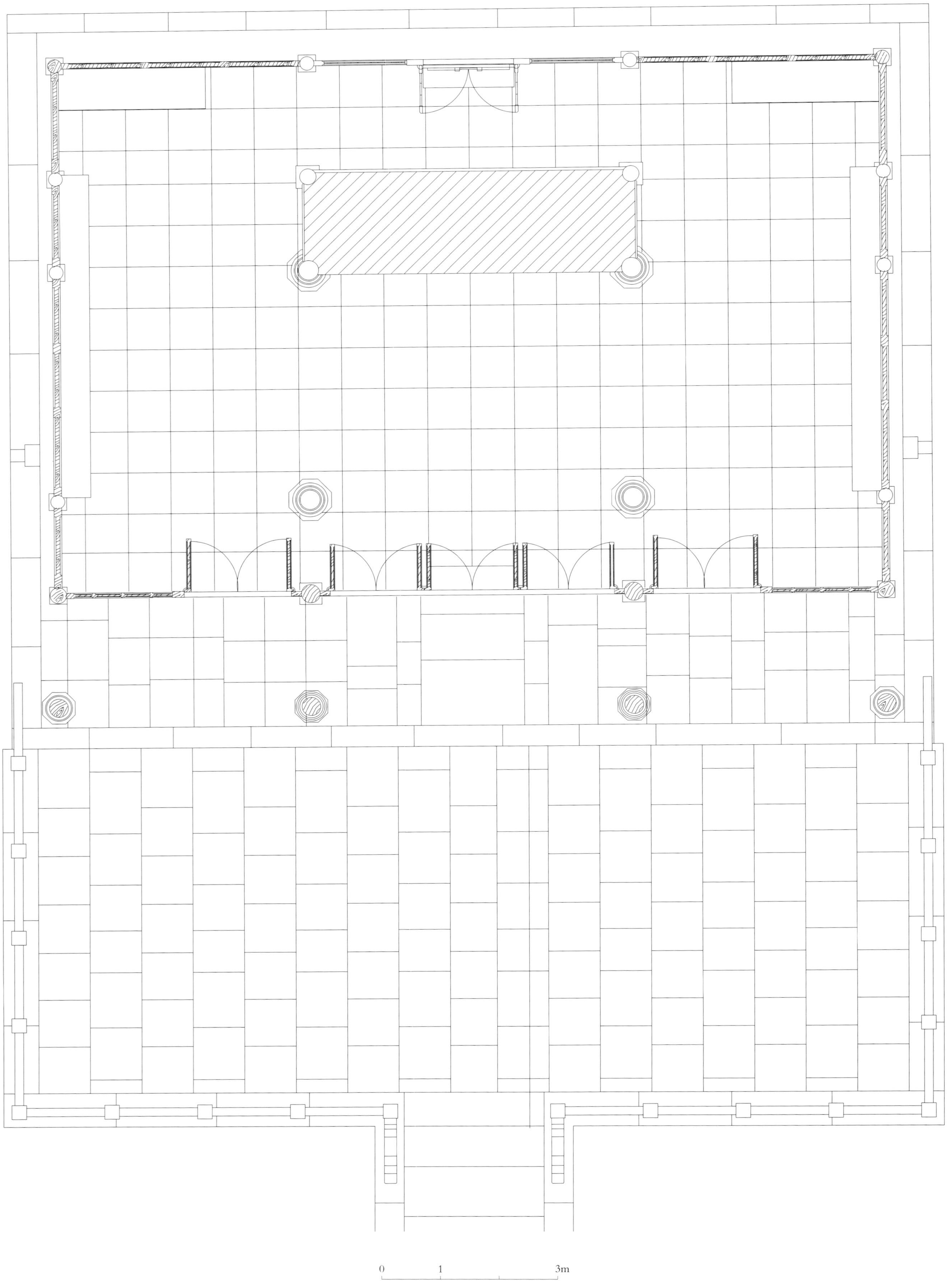

图 261　石篆山佛会寺中殿平面图

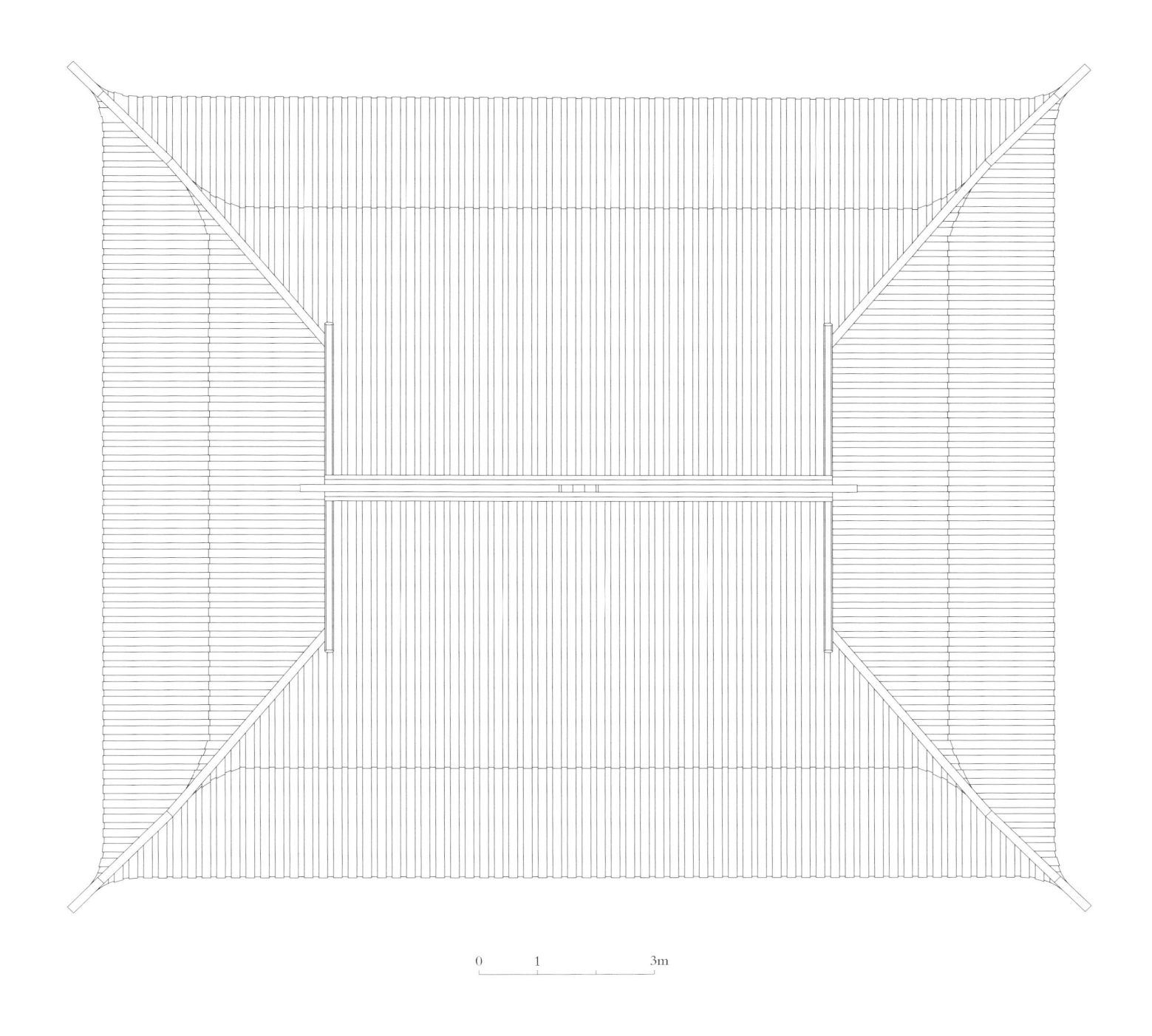

图 262　石篆山佛会寺中殿屋顶俯视图

宽1400厘米，进深间数不明，深950厘米；附有前廊。明间设方坛，坛长480厘米，宽165厘米，高115厘米，供置3尊圆雕佛像。

左侧厢房为近年以木、砖、石等材料重建，为悬山式屋顶，附有前廊；并与前殿、中殿相接。右侧厢房两列，皆为木构建筑，悬山式屋顶，附有前廊。其中，前列面阔六柱五间，宽2350厘米，进深五间，深940厘米；后列面阔四柱三间，宽1450厘米，进深五柱四间，深650厘米。

### （四）殿内遗迹

佛会寺各殿内现保存有宋、明、清时期的造像、碑刻、建筑构件等实物17件。

1. 山门

山门梯道左右前端各存蹲狮1身，疑为清刻（图版Ⅰ：352）。蹲狮皆置于须弥石座上，通高约98厘米，保存较差，可辨其形，作相向蹲立。须弥座高40厘米，长70厘米，宽45厘米。

2. 前殿

前殿左尽间隔断墙前端存碑1通。碑座为须弥座，高36厘米，宽140厘米，厚57.5厘米。座两侧敷搭方形织物，呈三角形下垂，各面线刻卷草纹。座下部四角刻云纹，左右下角线刻一博山炉，口出忍冬纹。碑身方形，高207厘米，宽107厘米，厚14厘米；正面、背面边缘皆刻宽8厘米的边框，内刻连续的卷草纹；底部刻一净瓶，高11厘米，腹径8厘米，置于束腰基座上，座高8厘米。

碑阳刻《严逊记碑》，明嘉靖三十六年上石[1]。碑文左起竖刻22行，865字，楷体，字径3厘米（图版Ⅱ：120）。

01 警人损劫诸尊像及折伐龛塔前后松柏栽培记
02 释迦如来灭度于今二千三十九年其教流于中国几千年矣中间为建后立宗多古复引所斥似是而非因以
03 废兴而终不至于泯灭者其教能使人愚者避恶趋善息贪能使人贤者悟性达理不昧因果是乃先王致治之
04 礼法盖有所补而不可一日亡也予读佛书年体修行持斋有日矣生佛末法不亲佛会不与劝请去佛时远思
05 作佛事而莫之能也于是称力复斯以钱五十万购所居之乡胜地曰石篆山镌崖刻像凡十有四曰毗卢释迦
06 弥勒佛龛曰炽盛光佛十一活曜龛曰观音菩萨龛曰长寿王龛曰文殊普贤菩萨龛曰地藏王菩萨龛曰太上老
07 君龛曰文宣王龛曰志公和尚龛曰药王孙贞人龛曰圣母龛曰土地神龛曰山王常住佛会塔凡[2]龛堂塔前后
08 左右并植松柏及花果杂木等元祐五年诸像既就所植亦皆长茂春时节日往往为乡人瞻礼游从之所予渐
09 老不及见予身之后子孙能否有能成予之智而常切护念者因书予志以告于人一者凡龛堂塔像所作示以
10 财货为客精择奇工不计时日及金彩妆绘襁每亲拂拭人或不思妄加毁破及痴小嬉戏不为告谕二者龛堂
11 塔前后各十丈地不架屋宇而专植松柏及花果者盖以谓屋宇之庇经久不葺则颓弊而松柏之茂愈久而阴
12 覆愈密人或不思妄加折伐三者游礼之人皆善知识其有不善之人肆很恃强侵侮凌辱或酗酒博塞以致争竞
13 如是三者寔[3]非予所造像之志苟不知所戒则恐种福之地亦长祸根且地狱天堂不过一念之间而报应分明
14 犹形影声响人所宜觉知者也若今所造龛堂塔像同为爱护龛堂塔之前后左右各十丈地松柏乔木得无折伐
15 游礼之人各生欢喜心共起慈悲行共成佛事以毕予志乃幸予本遂州润人父应役小溪因舍县之北隅
16 天圣中予九岁父以避役居昌元今赖川宅且病时小溪方买旁居人宅以广公宇既卖宅又闻父病寻来寓居
17 于此因置古村铜鼓石篆庄各种松柏数十万余辛酉年辄以三处庄均付三子且岁贮二千斛以充斋粥汤药
18 之具凡造像所废皆其余也子孙勿以所付田畴园林为不均与今龛堂塔前后左右十丈地内松柏苍木为未
19 分而折伐之以自取祸近岁镇州得古铁塔其间造塔人名姓一一皆今时人又今知灵泉县傅奉议耆于长松山
20 沿[4]梦寻佛像削土石上得唐大历年造佛像碑记亦官姓名因略记本末安知百千年之后不睹于此
21 元祐庚午岁二月十五日严逊记△△男驾△于程△骥刻石
22 甥遂州表白僧希昼书[1]

碑阴刻《述思古迹记碑》，明嘉靖三十六年（1557年）上石[5]。碑文左起竖刻，存736字，楷体，字径3厘米（图版Ⅱ：121）。

述思古迹记（额）

述思胜迹记

余一日众会于兰若之幽概思先人之创迹来因而展基界畔之艰苦众者曰可矜可叹近睹其殿容岿岿廊庑落落
化佛雄雄其成功梁木之许尽肥材合抱之用皆聆思惜思也此渊源之来而始兴于
宋元祐之间乃严翁昼翁开植之场[6]而成迹之地严翁请[7]昼剪荑荆棘斫伐草莱住寺为名曰石篆佛会也因以得名
古碑贻记而识之斯焉当偲偲切切而悲念可纪[8]铭于后裔不没其先人本[9]源之记矣时正夏日期永暑气炎凉百以

---

1 本碑无碑额。因碑载严逊于北宋元丰至元祐年间于石篆山开山造像之史实，学界习惯称之为《严逊记碑》。（清）刘喜海《金石苑》首以《宋石篆山佛惠寺记》名录此碑文。本碑复刻于明嘉靖三十六年，见高秀军：《大足石篆山〈严逊记〉碑补正及相关问题考略》，《敦煌学辑刊》2016年第1期。
2 此"凡"字《大足石刻铭文录》录为"记"。重庆大足石刻艺术博物馆编：《大足石刻铭文录》，重庆出版社1999年版，第326—327页。
3 此"寔"字《大足石刻铭文录》录为"实"。同前引。
4 此"沿"字《大足石刻铭文录》录为"讼"。同前引。
5 据考，碑文上石于明嘉靖三十六年（1557年）。见陈明光：《大足石刻档案（资料）》，重庆出版社2012年版，第80、81页。
6 此"场"字《大足石刻铭文录》录为"墒"。同前引书，第333页。
7 此"请"字《大足石刻铭文录》录为"诸"。同前引书，第333页。
8 此"纪"字《大足石刻铭文录》录为"记"。同前引。
9 此"本"字《大足石刻铭文录》录为"木"。同前引。

思二翁之志不常也量空于宇宙胸阔于江山今人者皆俯仰于万世之远睹碑铭于一目之近乎戏不由不以之得

怀不由不以之思念而使后人视今亦犹今人视昔也所当命梓镂诸碑后是录其所述然而去世有先后之殊[1]跃□

无先后之异斯取后人之览者亦将有感于人创迹艰苦之由所谓先佛之来则世尊于灵鹫迦叶于鸡足普贤于

岷峨文殊于五台福印于金山慧远于庐[2]峰观其古人而劳其形质成其胜迹磨劫以成佛矣今而去后修身学道者□□

古人之志而行此往古来今亦若是矣余成斯后铭一日而三复恐已不能成之也刻显功就正符前碑以毕其志一

一足其述思胜迹之概哉△诗曰△如纪吾山五百年△宋元洪武世相连△成名佛会并希昼△创迹禅林自逊行

万古不遗山石篆△索秋永定庆明天

蜀王令旨坊牌镇△灯绍宗风性朗然

太岁丁巳季夏月望日临济敌孙恩度牒僧慈渤书△权山真弁院主如昭

前代比丘行安△△△△续碑当代住持慈根记

（"小户首""助缘僧""耆旧"等名共215字，略）

荣昌匠士雷正霞延□相连普智[2]


3. 中殿

中殿前廊左右两边各存石质碑座一个，大小一致，皆须弥座式，长145厘米，宽55厘米，显露高15厘米。四面刻有呈三角形下垂的帷幔，为明代遗存。

其中，左边者为明永乐十一年张壁撰《重修佛惠寺碑记》的碑座。座高22厘米，宽140厘米，厚56厘米。座上部开槽口，长120厘米，宽27厘米，深10厘米。碑身毁于20世纪60年代。20世纪50年代文物普查时，邓之金录存全文，但未测量碑身规格，亦未注意分行。《民国重修大足县志》《大足石刻志略》先后录载此碑，与邓之金录文比较，字有讹脱。现据《大足石刻铭文录》所载邓之金录文移录于后[3]。


重修佛惠寺碑记（首行）

古渝之属邑曰棠城即重庆府大足县是也县治之外群峰接翠众流抱环林木辗转而蹊径隘窄凡奔踬走毂之迹居民罔识焉而佛会禅寺巍然独立乎其间纵目举步则有五十三佛龛药王长寿王菩萨消灾佛龛其古迹周匝乎东西南北实希昼禅师开山道场也始于宋绍兴二年成于元祐三季元至正间边臣跋扈兵燹相承民食不给猖狂叫嘷之徒以殿宇倾圮者为爨米之薪田畴穗实者为糇粮之迨致荒埃岔积荆棘滋深迨至圣朝洪武乙亥朗然上人从其师庆明焚林以驱兽薙草以寻径从而葺之越三载戊午始有复兴之规模既而庆明圆寂朗然念其师凤昔之愿乃偕其弟碧峰并心协力罄衣钵募善缘赖檀越刘觉原傅时忠之众善除山田以广其地出资财以给其费于是蒙杂蔽塞荒伐以除之注坟渗漏畚挈而壅之身先仆夫持刀斧群而剪焉丛菁下颓万汇皆出旷焉茫焉天为之盖高地为之加辟丘陵山谷之映带水泽陂塘之回澜夫以福地基业之兴虽关乎时之治平亦用人心人力之所致也盖自洪武己卯重建佛殿法堂方丈两庑斋堂僧循而至于正殿镌镂弥陀观音势至三身及后甫壁观音罗汉复镌法报化三尊圣像龙神祖师监斋圣像山门左右天王建本师石塔一座住持众僧石塔三座凡崩摧朽坏咸灿然一新上人亦可谓善继善述者矣至永乐十年壬辰冬而落成焉次年癸巳四月八日广性为禁约事具启准华阳郡主以定本院见住基业命有司禁约浮浪勿使强暴侵渔因求记之余谓楚宇之兴非前贤之功不足以奋发后贤之愿非后贤之心又乌足以表白前贤之功哉昔之希昼禅师岂不为开导空色亨衢而游乎物之始终今也朗然上人尤能造履空色之真境吾焉知其不由斯道也夫非若其他掣掣然不能通塞有无之方者而自狭隘耶是宜书永乐十有一年岁次癸巳夏六月十日迪功郎蜀府典宝正致仕前进士陈留张壁景辰撰时弘治十二年岁在己未秋九月三日之吉镌竖


此外，殿内明间坛台上安置"西方三圣"三尊石质圆雕像，疑为明代作品。阿弥陀佛居中，坐高170厘米，头长56厘米，肩宽73厘米，胸厚25厘米。头刻螺发，髻珠，脸形方圆。上着袒右式袈裟，下着裙，腰部系带作结，双手腹前结定印，结跏趺坐于仰覆莲台上。台高31厘米，宽125厘米，深95厘米，其下为束腰须弥座，仅刻出上枋和束腰部分，通高75厘米，宽145厘米，深105厘米。左侧

---

1 此"殊"字《大足石刻铭文录》录为"隶"。重庆大足石刻艺术博物馆编：《大足石刻铭文录》，重庆出版社1999年版，第334页。
2 此"庐"字《大足石刻铭文录》录为"卢"。同前引。
3 张壁撰《重修佛惠寺碑记》，同前引书，第342、343页。

观音菩萨坐高175厘米，戴花冠（头部为后世重塑补接），正面刻化佛，垂发披肩，胸饰璎珞，外着宽博披巾，双手腹前托钵，结跏趺坐。座台大小、形制与阿弥陀佛座台略同。右侧大势至菩萨花冠正面刻净瓶，双手腹前托经函，余同观音像。

殿内明间存四枚石质柱础，亦疑为明代遗存，呈方形布置，大小、形制一致，通高48厘米；最下为八面方台，高20厘米，面宽38厘米，中部为覆莲台，高15厘米，上部为圆鼓台，高13厘米。

4. 后殿

后殿坛台安置三尊佛像，为近年新刻。其座台风貌古朴，疑为宋代遗存。座台皆呈方形。居中者高30厘米，宽75厘米，深70厘米；正面龙纹，张嘴，四爪，龙身穿于云纹中；左右转角处刻束腰莲花倚柱；左右侧面刻壸门，背面素平。左右座台略小，高26厘米，宽72厘米，深60厘米；左座台正面刻双狮戏球，右座台正面刻独狮，图案极为生动，惜保存不佳；座台左右侧面皆刻壸门，背面素平。

此外，在放生池右侧的地坪内存方形柱础一个和石质庑殿式屋顶构件一个。

## 二、佛会之塔

（一）位置

位于佛会寺东南50米处。西距子母殿约500米，西南前方约100米为新建的佛会村村级公路（图4、图5）。

塔身正面向东南，方向126°。

（二）形制

塔通高495厘米，分塔基、塔身、塔刹三部分（图263、图264、图265；图版Ⅰ：355、图版Ⅰ：356、图版Ⅰ：357、图版Ⅰ：358）。

塔基　矗立于自然岩石上，呈方形，高47厘米，宽约235厘米。转角处各刻半身力士像一身，皆头毁身残，高43厘米，可辨侧面，身甲，双臂外展，作向上的抬举状（图版Ⅰ：359）。

塔身　三级，塔檐三重。第一级塔身与塔基为同一石体，方形，高104厘米，面宽184厘米。转角处方形倚柱，面宽27厘米，外凸塔身壁面4厘米。柱间置横枋，上下高6.5厘米，外凸塔身约10厘米。再上为第一重塔檐，通高41厘米，檐口宽218厘米，翼角微翘，其下刻出三角形的角梁。屋面刻瓦垄、瓦沟，陇宽8.5厘米，沟宽6厘米；瓦当呈圆形，如意头滴水。

第一级塔身正面（东南面）开洞，形成方室，高117厘米，宽125—166厘米，深145厘米。壁面略显平整。室内地坪中部立一方柱，支撑室顶。方柱柱础方形，抹棱，高14厘米，面宽22.5厘米；柱身方形，抹棱，高84.5厘米，面宽17厘米；柱顶置栌斗与室顶相接。栌斗通高17厘米，耳平宽25厘米，高10.5厘米，斗欹高6.5厘米。

第一重塔檐上置平座，高33厘米，宽115厘米，四面刻三重仰莲瓣。其上为第二级塔身，方形，高75.5厘米，宽75厘米。正面（东南面）开外方内圆拱龛。外龛高49.5厘米，宽51厘米，深23厘米；内龛高49厘米，宽47.5厘米；龛内造像3身。龛口上方刻"佛会之塔"[3]四字（图版Ⅱ：122），字径9厘米。塔身左、右（东北、西南面）侧面设仿木直棂窗，窗高26厘米，宽35.5厘米。左窗安13枚直棂，右窗内安10枚直棂，高23厘米，宽2.5厘米。左右窗左右侧各刻天王像1身。直棂窗下部皆刻一壸门，高15厘米，宽26厘米；壸门内刻花卉。背面（西北面）设双扇板门，左扇半开，门通高48厘米，宽51.5厘米；内刻立像1身。

第二级塔身之上为第二重塔檐，高38厘米，挑出塔身20厘米，式样同第一层塔檐。檐口宽111厘米，瓦垄宽5.5厘米，瓦沟宽3厘米。再上为平座层，呈八边形，显露高14厘米，面宽34厘米，边缘设重台勾栏一周，挑出塔身15厘米。勾栏通高11厘米，桿杖上下高1.5厘米，盆唇上下高1.8厘米，地栿上下高1.8厘米。枨杖盆唇之间转角处和中部设云纹瘿项，其下盆唇与地栿之间对应设方形蜀柱，蜀柱间横向安置三道卧棂。勾栏内刻像10身。

平座层上承第三级塔身，呈圆柱形，通高85厘米，直径66厘米。下部为三重仰莲台，挑出塔身13厘米。塔身刻坐佛5身。再上为第三重塔檐，作华盖形，高约30厘米，分上下两重，下重为圆形，饰网状璎珞，大部残蚀；上重为八边圆弧形，高15厘米，各面宽27厘米。

塔刹　第三重塔檐上为塔刹，高60厘米。下部为两重仰莲台，高30厘米，直径60厘米。莲台上部为圆形刹珠，直径45厘米。

（三）造像

共刻像23身。按其位置，分为第二级塔身、平座勾栏内和第三级塔身等三部分。

1. 第二级塔身

刻像8身，位于塔身正面（东南）浅龛、左右（东北、西南）侧面塔身和背面（西北）塔身板门内。

（1）正面浅龛

刻像3身，中为坐佛，左右各刻立式弟子像1身（图266；图版Ⅰ：360）。

坐佛　坐高30厘米，头长11厘米，肩宽14厘米，胸厚6厘米。头布螺发，略蚀，刻髻珠。脸长圆，面蚀，内着僧祇支，系带作结，外披偏衫式袈裟。双手腹前结定印，结跏趺坐于束腰仰覆莲座上，座通高16.5厘米。座上部为三层仰莲台，直径26厘米；中部束腰为瓜瓣状，显露三面，各面刻壸门，壸门内刻放焰珠；下部刻覆莲，高2.5厘米，直径19厘米。

左弟子像　头大部残，残高33厘米。右肩残蚀，残肩宽11厘米，胸厚3.5厘米。上身略风蚀，着袒右式袈裟，下着裙，双手胸前合十，着鞋站立。

右弟子像　头毁，残高28厘米，肩宽9.5厘米，胸厚4厘米，特征同左弟子像。

（2）左右侧面塔身

立像4身，刻于塔身左、右（东北、西南）侧面直棂窗左右侧。四像皆不同程度残蚀，体量相近，高51厘米，头长14厘米，肩宽17厘米，胸厚3.5厘米（图267、图268；图版Ⅰ：361、图版Ⅰ：362）。其特征列入表17。

表17　石篆山佛会之塔第二级塔身左右侧面造像特征简表

| 左侧面 | 造像特征 | 右侧面 | 造像特征 |
| --- | --- | --- | --- |
| 左立像 | 像大部残，可辨腰束带，臂甲，双手身前斜持一物，物残长19厘米。身饰飘带，于腹前呈"U"形下垂，两端折叠折入左右腰后长垂体侧。 | 左立像 | 残毁甚重，可辨冠带于头后左右上扬，袍服袖摆于肘部上扬，飘带自腰际长垂体侧，左手曲于体侧持物，手及物残，右手垂于体侧持物，物残。 |
| 右立像 | 像残蚀甚重，可辨袖口于肘部上扬，胸际系带，臂甲，左手横于胸前似持物，右手于体侧似挂剑，余同左立像。 | 右立像 | 立像残高48厘米，头长15厘米，肩宽18厘米，胸厚3.5厘米。像残毁甚重，可辨头戴盔，顿项翻卷，顶出缨，胸际系带，飘带呈"U"形上扬，两端折叠折入革带后垂于体侧。左手置于左腰际，右手于右腰际持斧，斧残长22厘米。 |

（3）背面板门内

背面（西北面）刻立像1身，头大部残，残高43.5厘米（图269；图版Ⅰ：363）。像右侧躯体大部隐于门后，着交领窄袖长服，腰束带，带作结长垂，左手扶板门，曲左膝，侧身作探望状。

图 263 佛会之塔立面图
1 东南面 2 东北面 3 西南面 4 西北面

附录二　石篆山石窟其他文物遗迹　401

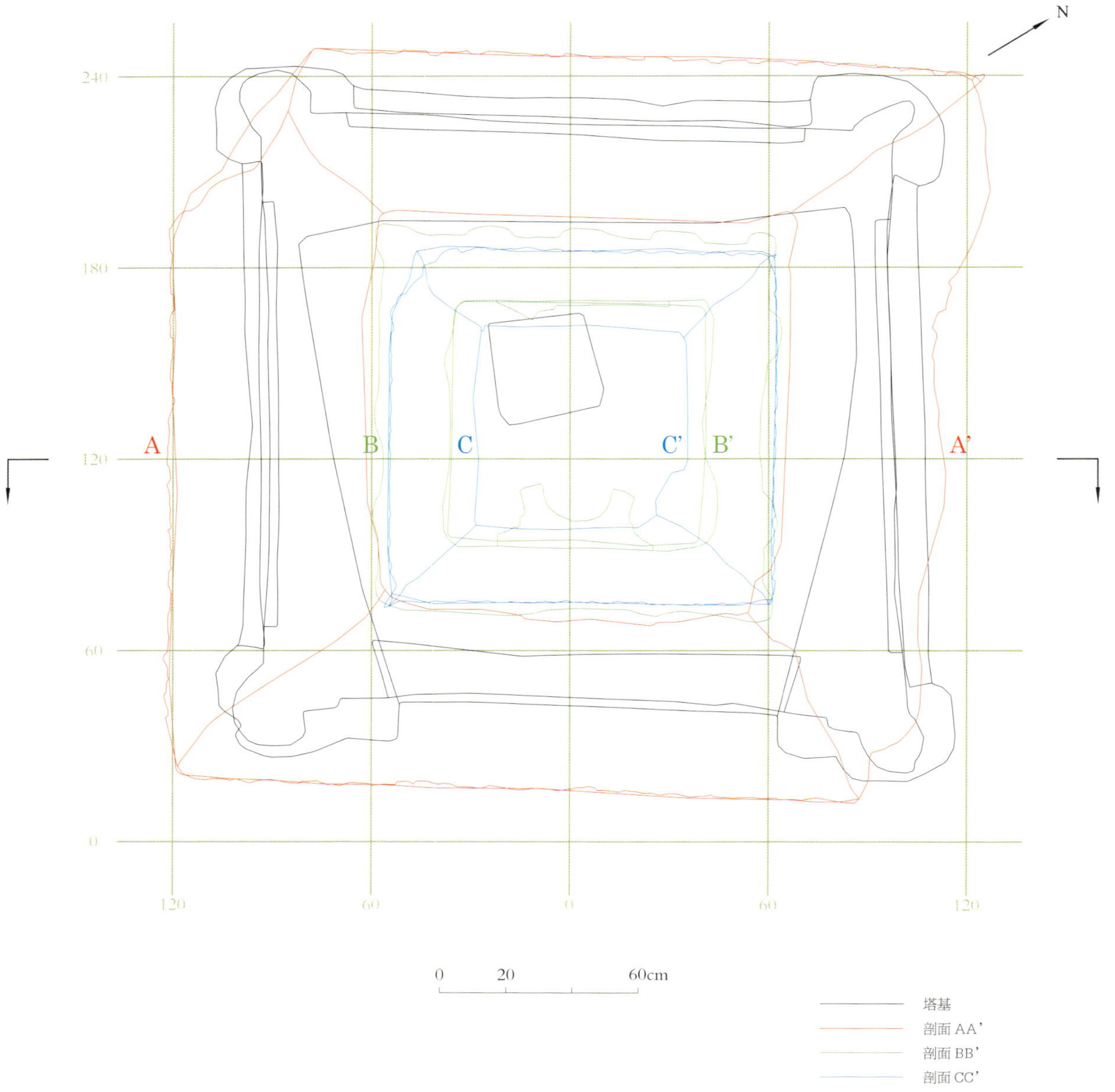

图 264　佛会之塔平面图

## 2. 第二级平座

第二级平座勾栏内共刻像10身。其中正面和背面各刻像2身，其余各面刻像1身，皆头毁，体量相当，残高约9厘米；均着圆领宽袖服。自正面左像始，按顺时针方向通编为第1—10像（图270；图版Ⅰ：364）。其特征列入表18。

**表18　石篆山佛会之塔平座勾栏内造像特征简表**

| 序号 | 造像特征 |
| --- | --- |
| 第1、2像 | 两像弓腰伸臂，双手悬于栏外，共争一圆形物，物径13厘米。 |
| 第3像 | 双手笼袖内置于栏上，袖摆垂于栏外。 |
| 第4像 | 存少许轮廓遗迹。 |
| 第5像 | 伏于栏上，双手于栏外相握。 |
| 第6、7像 | 第7像倒悬于栏外，双手抓握栏杆；第6像俯身向栏外，伸臂抓扯第7像。 |
| 第8像 | 双手置于栏上，持一物，物残。 |
| 第9像 | 身悬于栏外，足蹬栏杆，躬身作攀爬状。 |
| 第10像 | 双手置栏上，手残，袖摆悬于栏外。 |

## 3. 第三级塔身

**图 265　佛会之塔剖面图**
1　东南—西北向　2　西南—东北向

刻坐像5身。皆头毁，体量相近，残高28厘米，肩宽17厘米，胸厚6厘米；衣饰大同，皆内着僧祇支，外着双领下垂式袈裟，结跏趺坐。各像间浮雕竖直的如意头云纹一朵，高34厘米，宽9厘米，厚5厘米。自正面坐像始，按顺时针方向通编为第1—5像（图271；图版Ⅰ：365）。其特征列入表19。

**表19　石篆山佛会之塔第三级塔身造像特征简表**

| 序号 | 造像特征 |
| --- | --- |
| 第1像 | 双手胸前结智拳印。 |
| 第2像 | 左手置腹前，右手举于胸前。 |
| 第3像 | 左手横直腹前，右手横直胸前，手残。 |
| 第4像 | 双手腹前结定印，手略残。 |
| 第5像 | 双手腹前笼袖内。 |

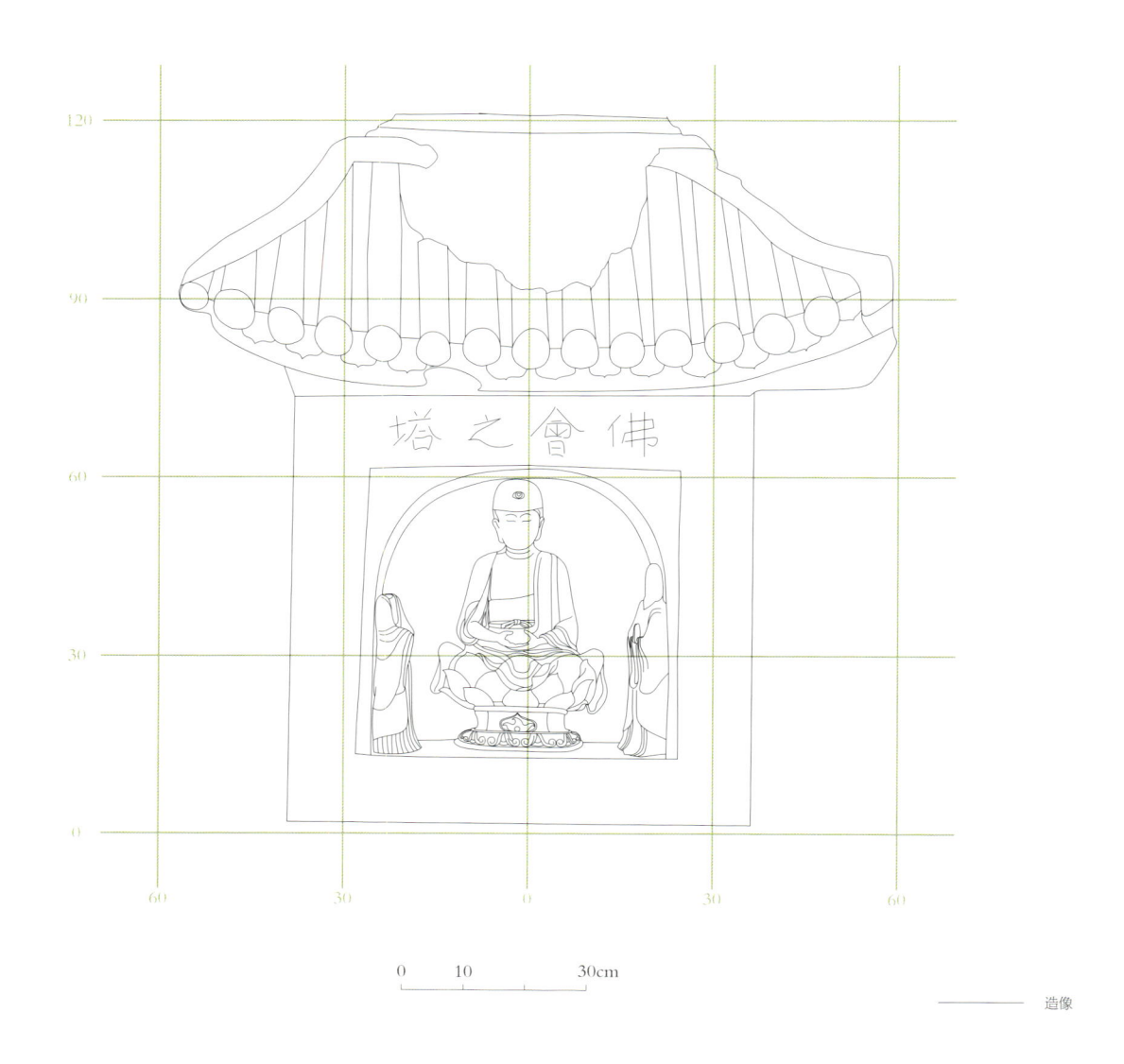

图 266　佛会之塔第二级塔身正面（东南）浅龛立面图

### （四）晚期遗迹

1. 铭文

2则。

第1则

僧志容装彩观音等像镌记，清同治三年（1864年）。位于第一级塔身方室左侧壁外端方框内，框高17厘米，宽29厘米。碑文左起，竖刻9行，57字，楷体，字径2.5厘米（图版Ⅱ：123）。

01　本山住持僧志
02　容统领阖院发心
03　观音金身一尊
04　装彩弥勒[4]古佛阿
05　难迦土地神像四
06　尊
07　祈保山门清吉佛法常兴
08　同治三年三月初六日
09　开光大吉

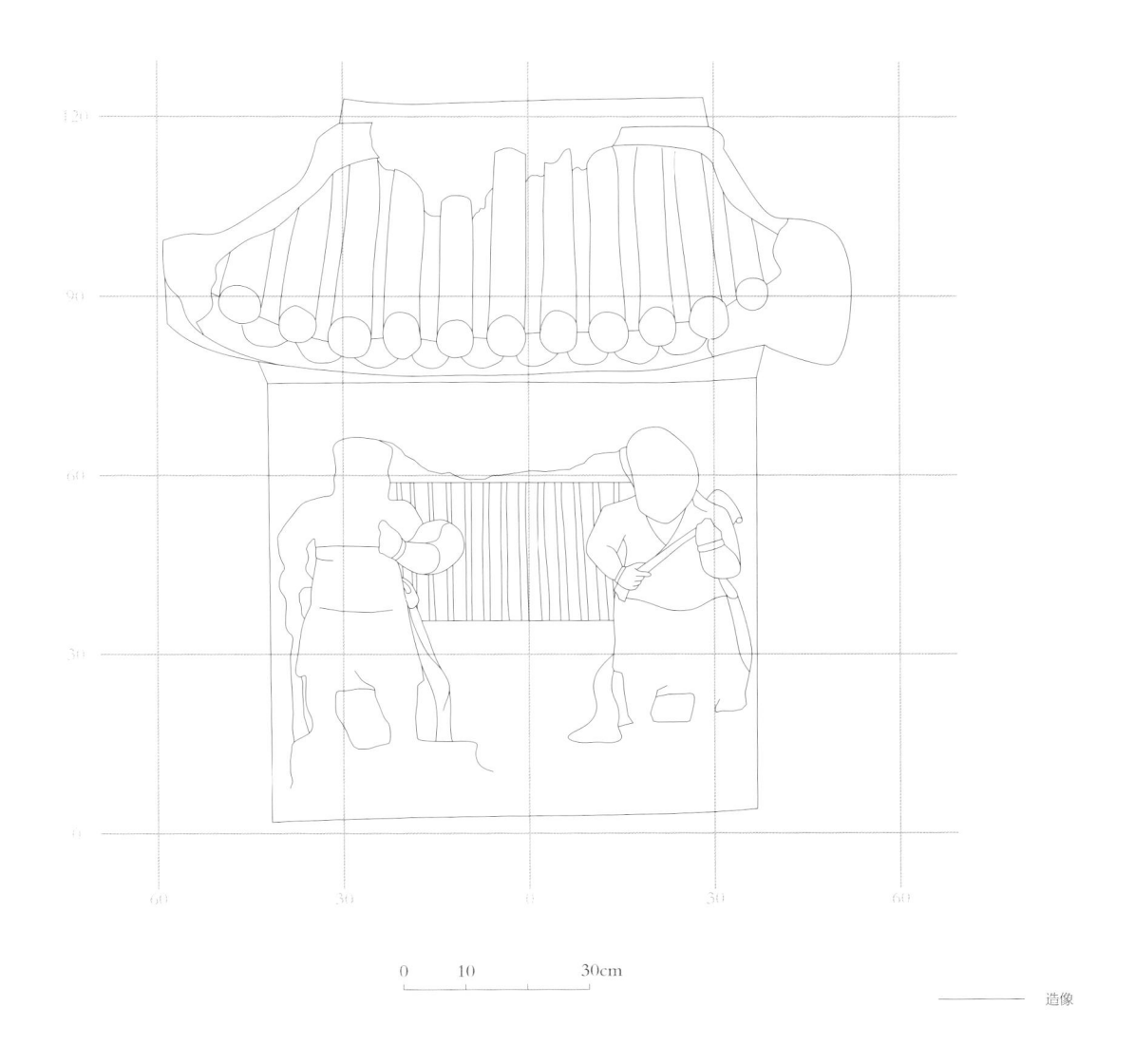

图 267　佛会之塔第二级塔身左侧面（东北）立面图

图 268　佛会之塔第二级塔身右侧面（西南）立面图

图 269　佛会之塔第二级塔身背面（西北）立面图

第2则[1]

佛会之塔残记，明成化十八年（1482年）。位于第一级左门柱，竖刻1行，存7字，楷体，字径2.5厘米（图版Ⅱ：124）。

大明成化十八年（漶）

2. 维修和妆绘

第一级塔身正面方室左侧凿一槽孔，高7厘米，宽3.5厘米，深5.5厘米；内侧凿三槽孔，大小相近，高11厘米，宽7厘米，深3—9厘米。

方室右侧正面凿一方形槽孔，高7厘米，宽3.5厘米，深6厘米；内侧凿三方形槽孔，高11厘米，宽7厘米，深5.5—9厘米。

塔身存灰白色、红色、黑色三种涂层。

浅龛内存灰白色、红色二种涂层。

## 三、佛会寺周边龛像及碑刻

在石篆山佛会寺"佛会之塔"左侧的独立巨石东南向壁面中部凿一方形龛，编为寺第1号；在佛会寺右侧的东向壁面中部摩崖刻碑一通，编为寺第2号；在佛会寺左侧100米的北向壁面中部，摩崖刻碑一通，编为寺第3号；在佛会寺西面寨子坡山顶东面一独立石堡中部凿像一龛，编为寺第4号（图4、图5）。

---

1　此则铭文不存，现据《大足石刻铭文录》录写。重庆大足石刻艺术博物馆编：《大足石刻铭文录》，重庆出版社1999年版，第342页。

背（西北）　　　　　　　　右（东北）　　　　　　　正（东南）　　　　　　左（西南）

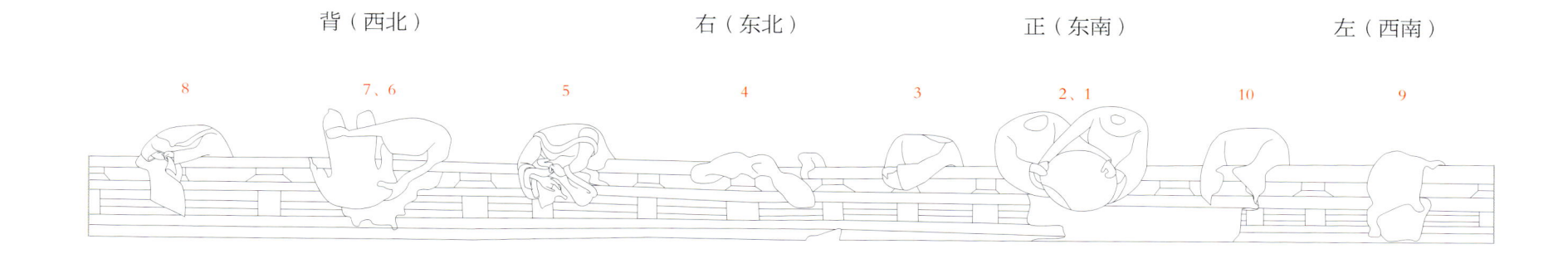

**图270　佛会之塔第三级塔身下部平座勾栏造像展开及编号图**

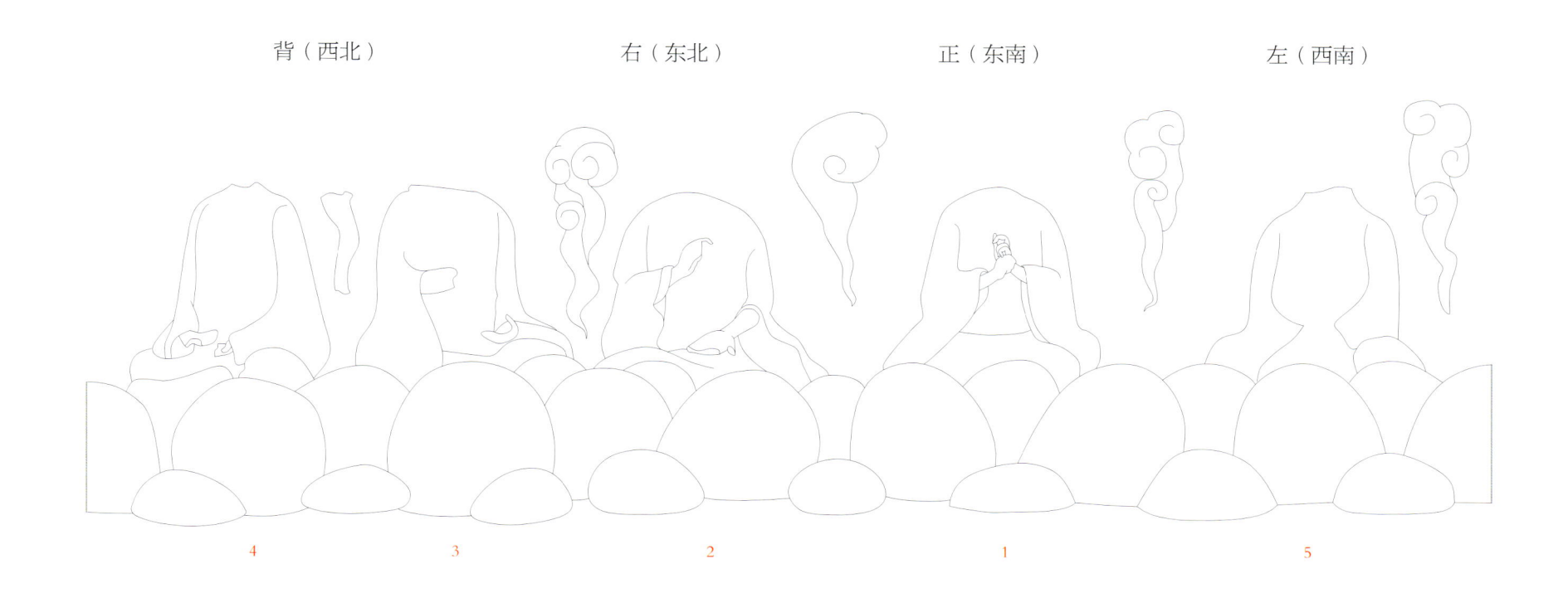

背（西北）　　　　　　　　右（东北）　　　　　　　正（东南）　　　　　　左（西南）

**图271　佛会之塔第三级塔身造像展开及编号图**

## （一）寺第1号

**位置**　位于"佛会之塔"左侧独立巨石东南向壁面中部。右距"佛会之塔"220厘米，左距壁面边缘300厘米；上距岩顶56厘米，下距地坪50厘米。龛口东南向，方向127°。

**形制**　单层方形龛（图272；图版Ⅰ：366）。于崖壁直接凿建龛口。龛口方形，高70厘米，宽46厘米，深16厘米。龛口左右上角刻三角形斜撑结构，斜边平直，左上角略粗糙。龛底为横长方形。龛壁竖直，存凿痕，壁面垂直相交，与龛顶垂直相交。龛顶平顶，方形。

**造像**　刻坐像1身。高65厘米，头长18厘米，肩宽25厘米，胸厚8厘米。戴翘脚幞头，右幞脚略残。面方圆，眉眼细长，鼻唇略蚀，刻连鬓胡须，尖角垂于胸前。着圆领长服，右肩剥蚀。左手横于胸前，前臂及手残，右手抚膝，手残。左膝及小腿残蚀，着鞋倚坐于方台上，台高18厘米，深2厘米，与正壁等宽，打磨粗糙。胸部剥蚀，存弧形带遗迹。

**铭文**　吴三五题名镌记，年代不详。位于龛外左右竖直壁面，存题刻3行，其中左侧左起刻2行13字，右侧1行存9字。左侧刻石面高72厘米，宽27厘米，字径5—12厘米（图版Ⅱ：125、图版Ⅱ：126）。

  乙未本州住人吴三五剪

  季冬记（左）

  丁未三月十日庚子之（澠）（右）

### （二）寺第2号

  位置 位于佛会寺右侧的东向壁面中部。左前方距"佛会之塔"40米，后上方距佛会寺建筑30米；左右为竖直壁面，上距岩顶150厘米，下距地坪230厘米。碑身面东，方向87°。

  形制 摩崖碑刻。高103厘米，宽205厘米，深7厘米。

  铭文 佛会寺觉朗拾铙记，清同治九年（1870年）。文左起，竖刻24行，存257字，字径4厘米，其中第18、19行为七言绝句，字径3厘米（图版Ⅱ：127）。

01 佛会寺上觉下朗拾铙记（首行）
02 尝思种麻得麻种豆得豆之言未
03 常不叹因果之不爽也同治九
04 年庚午岁四月二十四日本山
05 觉朗上人耘于寺之西郊得铙
06 上中下三付涤其泥淤清洁完
07 好碰之声出山头四境咸惊仔
08 细认之上镌大明嘉靖十八年
09 秋月本山僧人真总记匠士梅万恭王万澄
10 造等字善哉善哉天地为之留
11 哉使非故物则世之拾银变幻
12 者不知凡几而斯铙完璧归山
13 岂非物各有主拾金还是埋金
14 □□朗上人当不吃棒豁然三
15 □□余欣然为之记及诗以寿
16 □□俾世之昧昧者共信因果
17 □□云
18 □□年来物未消△△自将磨洗认前朝
19 □□暗里殷勤护△△焉得洪音透紫霄
20 山人僧圣质拜题
21 萍僧隆泉敬书
22 匠士卢训文胡姓元
23 同治九年秋八月望五日
24 本山主持觉朗号志容刻石[5]

### （三）寺第3号

  位置 位于佛会寺左侧100米的北向壁面中部。上距岩顶92厘米，下距地坪295厘米。碑身面北，方向350°。

  形制 摩崖碑。高65厘米，宽188厘米，深8厘米。

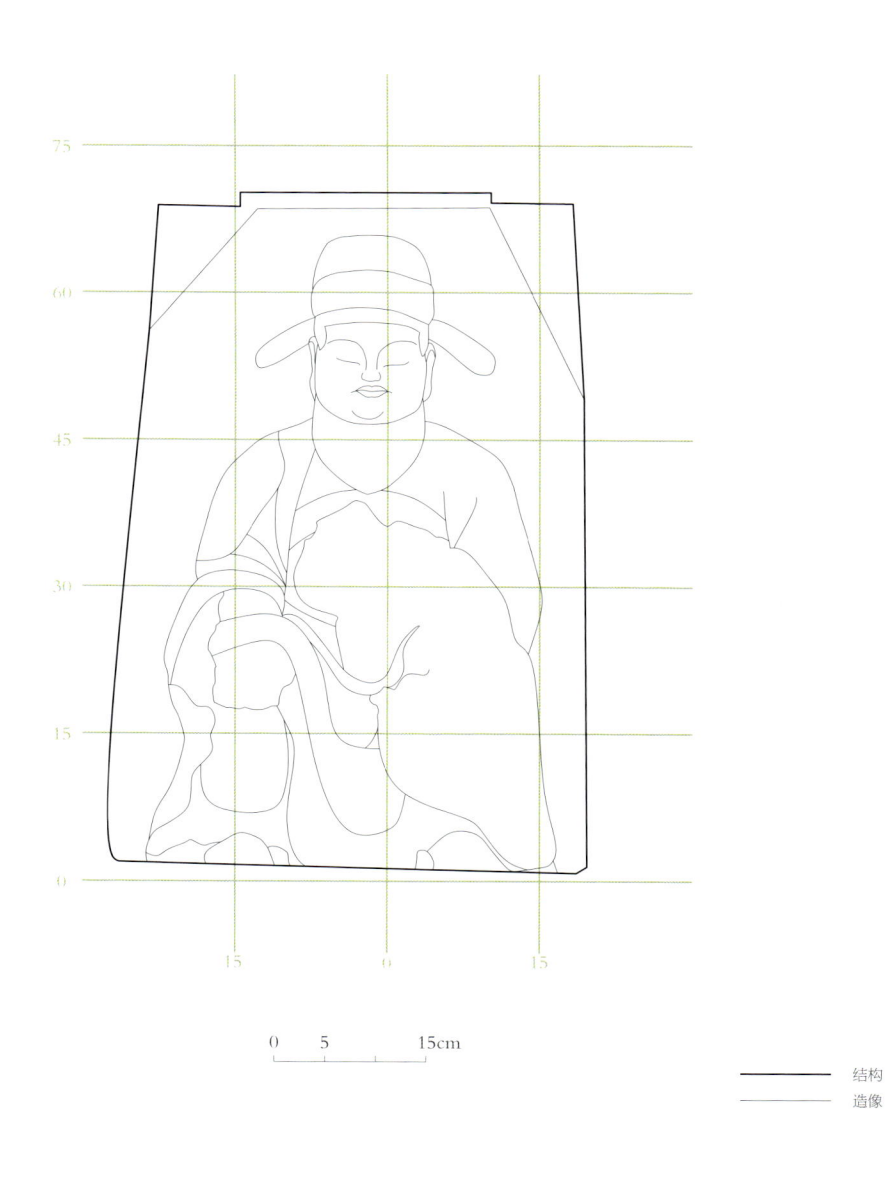

**图 272　石篆山佛会寺第 1 号龛立面图**

铭文2则（图版Ⅱ：128）。

左则，僧神锋书"蕴翠"题刻，清光绪二年（1876年）。左侧左起横书1行2字，字径49厘米；右书款竖刻1行6字，字径4厘米。

　　蕴翠
　　圣质僧神锋书（署款）

右则，僧文彬题七言诗，清光绪二年（1876年）。文左起，竖刻，存53字，楷体，字径5厘米。

　　人居山水抱
　　环间花卉盈
　　眸别有天从
　　此叮咛青帝
　　主莫通风信
　　出山前
　　光绪贰年春贰月
　　石篆主人僧文彬
　　□□云游题石匠卢训文于朝谔[6]

### (四) 寺第4号[1]

位置　位于佛会寺西面寨子坡山顶东面一独立石堡中部。下距地坪3100厘米，上距岩石顶部4500厘米。龛口东南向，方向150°。

形制　直接于崖壁表面向内凿建龛口。龛口圆形，直径143厘米，深50厘米（图273；图版Ⅰ：367）。龛壁为弧壁。

造像　龛内刻观音像1身。座高135厘米，头长50厘米，肩宽44厘米，胸厚15厘米。头戴卷草冠，冠正面刻坐式化佛1身。观音圆脸，胸饰璎珞，内着僧祇支，系带作结；外着双领下垂式袈裟，袈裟上撩覆搭于头顶，下摆悬于龛外，双手腹前隐于袈裟内，结跏趺坐。观音左右侧近龛口处，分刻一净瓶和一鸟，自瓶口出枝条，鸟立于云头上，略残。

铭文[2]

铭宗镌观音像记，明建文三年（1401年）。位于龛外左侧中下部。刻石面高34厘米，宽22厘米。文左起，竖刻5行，存31字，字径2.5厘米（图版Ⅱ：129）。

01　□□□建文三年
02　二月二十三日丁丑谨□
03　□□□上铭宗自募镌□
04　□南无观世音菩萨一尊
05　□（澬）□荣仕才

晚期遗迹　龛内存红色、黑色、绿色三种涂层。

石篆山佛会寺周边除上述龛像及碑刻外，在寺院东侧和北侧的山腰还存有寨墙和两道寨门遗址。其中东侧寨门上写有"佛会寺"3字，北面寨门上写有"北门"2字；北寨门上方崖壁上刻有今人书写的"石篆山""光明遍照"等书法作品。寺院西侧近子母殿造像区入口存有一条南北走向的条石寨墙。墙体南端，即靠近子母殿现入口处设有寨门，于近年修建千石村级公路时拆除[3]（图版Ⅰ：368、图版Ⅰ：369）。

## 四、子母殿外西面崖壁晚期龛像及题刻

石篆山子母殿第1号龛以西围墙内外崖壁上，存部分晚期龛像及题刻。按从左至右顺序，将其通编为西第1—5号（图5）。其中西第3、4号为造像龛，其余3号为摩崖碑。西第1、2号[4]位于子母殿第1号龛右侧崖壁上，处于保护围墙之内；西第3、4、5号位于保护围墙之外。西第3、4号位于西南向壁面下部，西第5号位于东向壁面下部。

### （一）西第1号[5]

位置　位于子母殿第1号龛右侧10米，右距西第2号19厘米；上距岩顶80厘米，下距地坪184厘米。碑面西南，方向208°。

形制　摩崖题刻。高96厘米，宽63.5厘米，深8.5厘米。

题刻　僧圣质"题岩窝古楼"诗，清光绪七年（1881年）[6]。文左起，行书，竖刻7行，71字，字径5厘米（图版Ⅱ：130）。

01　题岩窝古楼

---

1　该处造像位于石篆山石窟附近，且有"建文三年"的纪年题记，其风格与紧邻的千佛岩明代造像类似，是大足地区明代早期佛教造像的实例。
2　铭文现已不存。录文为2009年黄能迁、陈静在第三次全国文物普查时记录。
3　2009年，大足县全国第三次文物普查对石篆山周边区域的不可移动文物进行了全面的调查，有关资料现存大足石刻研究院资料室。
4　《大足石刻内容总录》将西第1、2号通编为第1号附1号。见四川省社会科学院、大足县文物保管所等编：《大足石刻内容总录》，四川省社会科学院出版社1985年版，第290页。
5　西第1号左侧100厘米处有一圆形摩崖碑，下距地坪116厘米，直径45厘米，深3厘米；碑内存3行竖刻字迹，难辨识。
6　该题刻与西第2号僧圣质于光绪七年（1881年）所书"白石青山"题刻处于同一石面且相邻，故推测为同时所刻。

02　飞峰合抱一楼台树竿橡高云

03　纱徊忆昔都从平地起抚今遥想海

04　天来灯传佛火三更烂花笑僧颜二

05　月开宋偈无存唐句杳依然林下又

06　敲推

07　清比丘僧都纲圣质并书[7]

### （二）西第2号

位置　位于西第1号右侧，相距19厘米；上距岩顶130厘米，下距地坪193厘米，右距壁面边缘约200厘米。

形制　摩崖题刻。高57厘米，宽215厘米，深8厘米。

题刻　僧圣质书"白石青山"题刻，清光绪七年（1881年）。题刻中部左起横书"白石青山"4字，字径50厘米；右署款，左起竖刻，22字，字径5厘米（图版Ⅱ：131）。

白石青山

大清光绪辛巳

年¹春二月良旦[8]

住持石篆山比

丘圣质书（署款）

### （三）西第3号

位置　位于子母殿保护围墙西侧的崖壁下部，所在壁面朝向西南；右距西第2号50厘米，上方和左侧为崖壁，下距地坪35厘米。龛口西南向，方向238°。

形制　于崖壁表面向内直接凿建龛口（图274；图版Ⅰ：370）。龛口方形，高54厘米，宽44厘米，深18厘米。龛壁竖直，壁面间垂直相交，壁面与龛顶垂直相交。龛口上方33厘米处凿有圆弧形浅沟，深3—5厘米，宽3—9厘米，弧长170厘米。

造像　刻坐像1身。坐高34厘米，头长15.5厘米，肩宽23厘米，胸厚10厘米。戴软脚幞头，圆脸，刻连鬓胡须圆弧下垂至胸。着圆领长服，胸部刻出弧形带。左手残，置于胸前，右手抚膝，着鞋坐于方台上。台高19厘米，深6厘米，与正壁等宽。

### （四）西第4号

位置　位于子母殿第1号龛右侧约50米。右距西第3号龛65厘米；上距外挑的崖顶26厘米，下距地坪60厘米。造像面南，方向210°。

形制　浮雕。刻石幅面高85厘米，宽100厘米（图275；图版Ⅰ：371）。

造像　坐像1身，高52厘米，头长19厘米，肩宽18厘米，胸厚14厘米。头冠，鬓发上竖，面方，眼眶较深，双眼圆睁，鼻翼粗大，略蚀，阔口半开，耳垂肥大。内着袍，袖口于肘部上扬，后摆于两侧卷曲上扬，前摆垂于腿间，略残，下着裤，缚裤。外着甲，当胸刻圆护，显露部分。胸系带，腹前刻兽面护。双手臂甲，左手屈肘于大腿抓握袍服下摆，右手于体侧上台握一方形物，长15厘米，宽3.5厘米。左腿斜置，小腿残，右腿屈膝上抬，着靴踏风火轮；轮径13厘米，厚2厘米，坐于方台上。台高16厘米，宽88厘米，深9厘米。

### （五）西第5号

位置　位于子母殿保护围墙外约60米处的东向壁面下部。左距壁面转折边缘70厘米，右距壁面转折边缘150厘米；上距外挑的崖

---

1　此"年"字《大足石刻铭文录》未录。重庆大足石刻艺术博物馆编：《大足石刻铭文录》，重庆出版社1999年版，第340页。

顶底部33厘米，下距地坪95厘米。碑身面东，方向95°。

形制　摩崖碑。刻字面高53厘米，宽69厘米。

碑文　比丘苊琴栽植柏树记，明嘉靖三十九年（1560年）。文左起，竖刻，存82字，楷体，字径5厘米（图版Ⅱ：132）。

　　加靖卅八年为因开山伐
　　木但比丘苊琴发心栽柏
　　树乙藏记五千四十八
　　敕示知僧俗人等不许
　　抽扯镰割誓许
　　大乘经乙百二十部天
　　神十二〔堂〕其不遵者自
　　昭果报庚申年五月造
　　（漶）徒真玩龙梅虎
　　（漶）主△△如镜如吉[9]

## 五、子母殿东面崖壁碑刻

在石篆山子母殿石窟隔沟对面的东面崖壁上，共刻碑6通，大致分布于3处。按从右至左顺序，将其通编为碑第1—6号（图5）。其中，碑第1号位于崖壁最右端，距子母殿约30米；碑第6号距子母殿约180米。碑第1、2、3号位于石篆山现入口左下方岩体西南向壁面中部，大致处于同一壁面高度，下距现地坪160厘米。碑第1、2号相距48厘米，碑第2、3号相距19厘米。碑第4、5号位于碑第3号左侧10米的西南壁面中上部，下距地坪400厘米；碑第4号左距碑第5号65厘米，右距所在的壁面边缘80厘米。碑第5号左下角毁，残高40厘米，宽60厘米，深12厘米，左距所在壁面转折边缘195厘米。碑第6号位于崖体西向壁面底部，右距碑第5号约50米，下距现地坪175厘米。

### （一）碑第1号

碑高73厘米，宽185厘米，深25厘米。

碑文毁。

### （二）碑第2号

碑高67厘米，宽81厘米，深24厘米。

碑文毁。

### （三）碑第3号

碑高68厘米，宽64厘米，深19厘米。

残诗碑，清代（1644—1911年）。碑文左起，竖刻12行，存65字，楷体，字径2—3厘米（图版Ⅱ：133）。

01　（漶）〔山〕胜致丛成七言六韵
02　（漶）章写△献
03　（漶）山人幸簨
04　（漶）〔仙〕山赐紫（漶）上

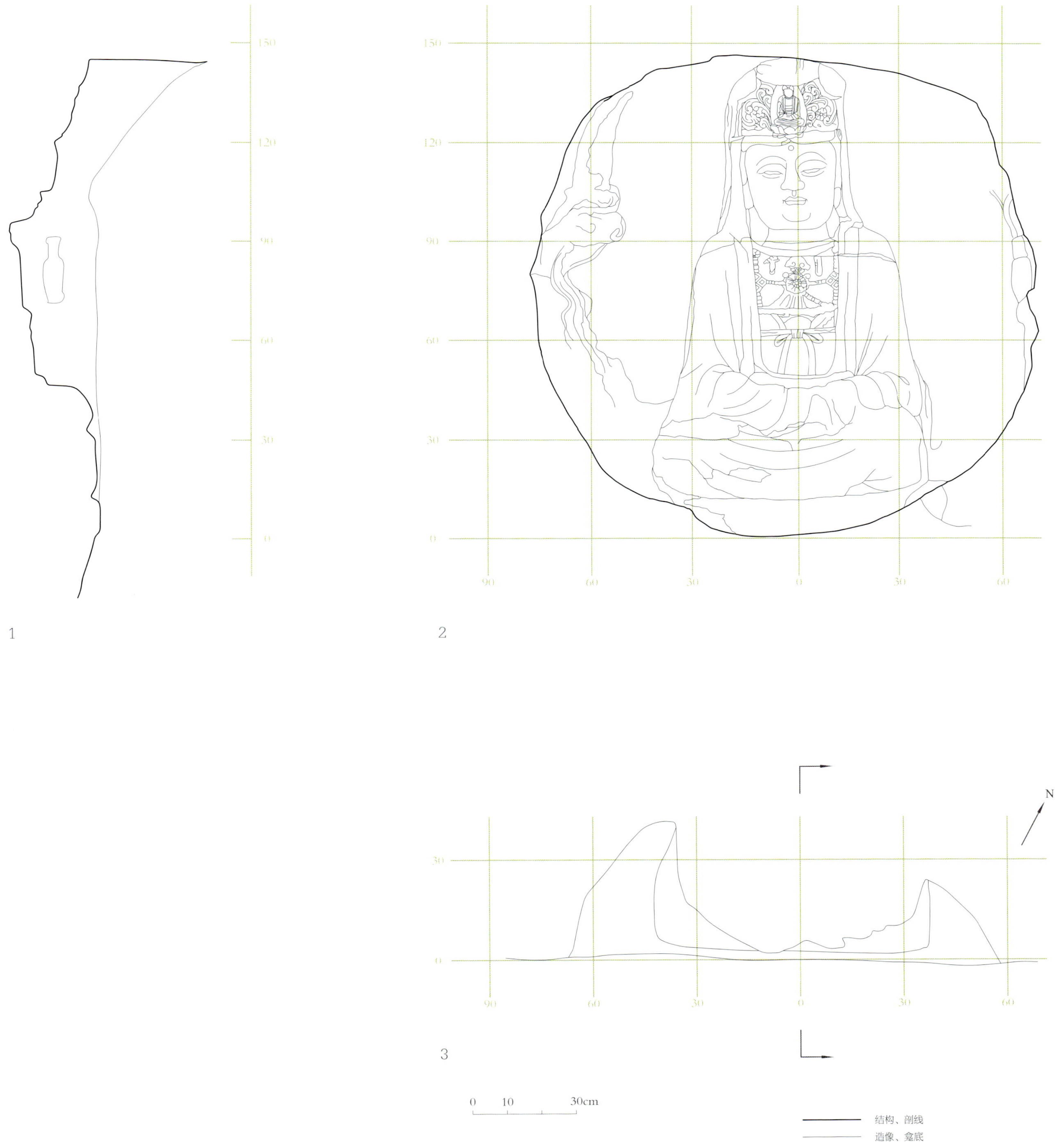

图 273　石篆山佛会寺第 4 号龛平、立、剖面图
1　剖面图　2　立面图　3　平面图

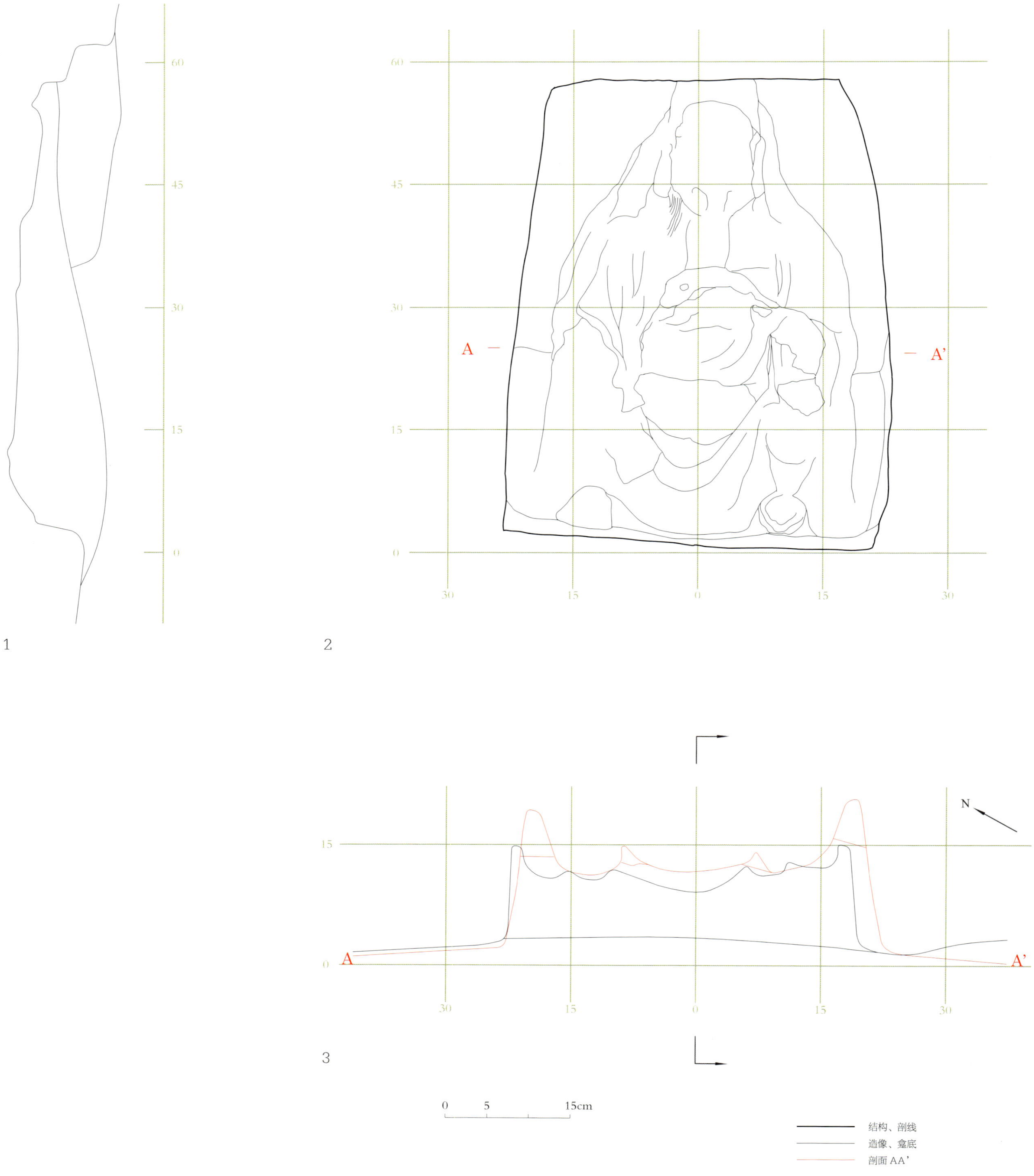

图 274　石篆山子母殿西第 3 号龛平、立、剖面图
1　剖面图　2　立面图　3　平面图

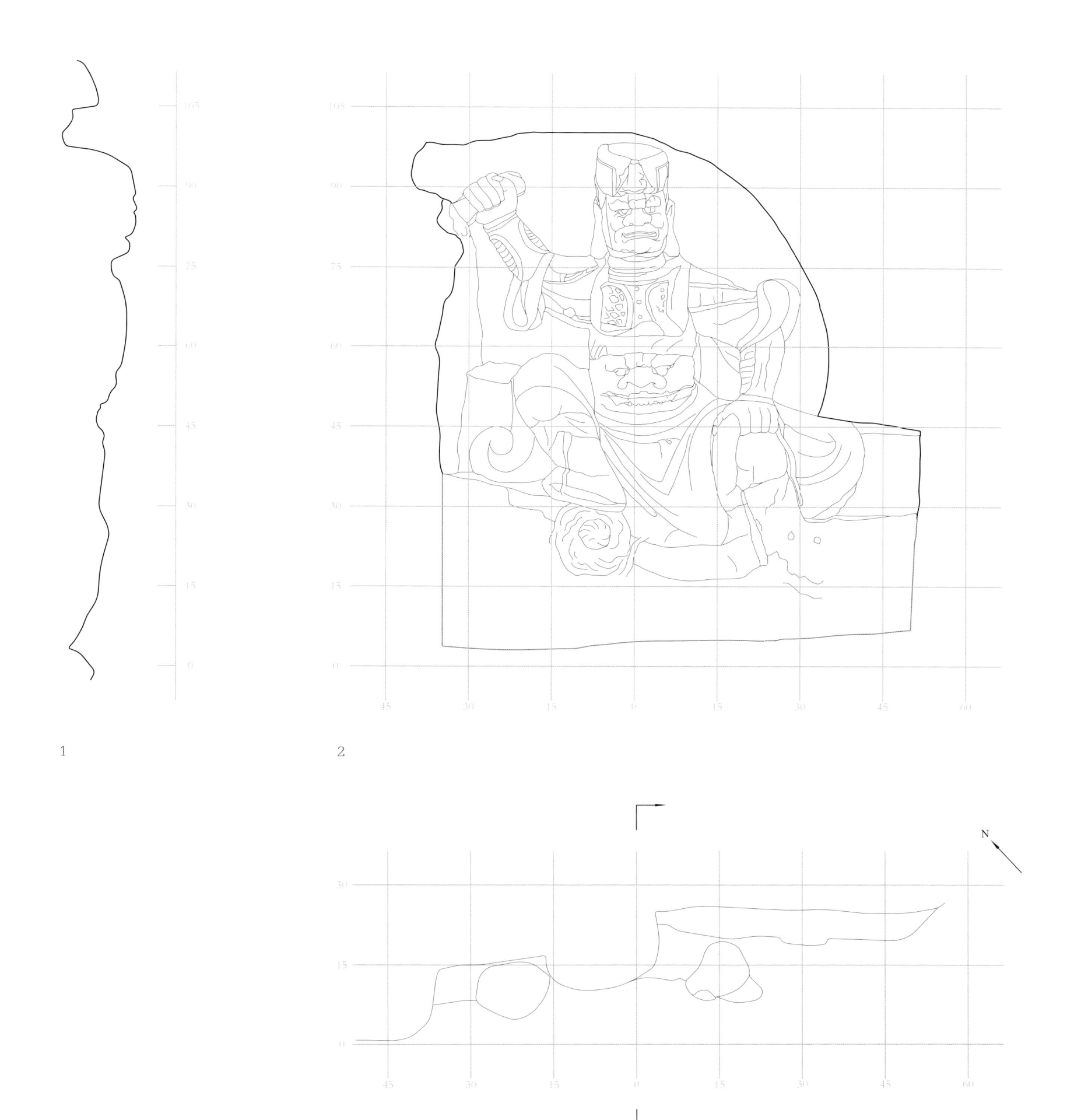

图 275　石篆山子母殿西第 4 号龛平、立、剖面图
1　剖面图　2　立面图　3　平面图

05 　仁着□〔殊〕（漶）乐山（漶）

06 　□王□礼（漶）来祥□□松

07 　（漶）

08 　□□□□飞天外钓渔翁惊出洞中

09 　龙□□□老聃仙□呼徐甲孔子遍[10]

10 　□□〔仲〕□□虎崖头禽犹豫抨〔丛〕林

11 　〔下〕□□〔容〕□□□□□注延□□

12 　（漶）

### （四）碑第4号

碑高51厘米，宽60厘米，深15厘米。

碑文毁。

### （五）碑第5号

碑高44厘米，宽60厘米，深131厘米。

碑文毁。

### （六）碑第6号

佚名刻"破迷歌"，清代（1644—1911年）。碑高65厘米，宽113厘米，深20厘米。碑文上部毁，文左起，竖刻19行，存167字，楷体，字径3厘米（图版Ⅱ：134）。

01 　（漶）阴真君破迷歌

02 　（漶）有一鱼犹能动红尾子若

03 　（漶）之速须送水里当路有一

04 　（漶）寒将委地子若欲救之速

05 　（漶）道理我见失道人如鱼在

06 　（漶）我见得道人如鱼在水底

07 　（漶）□水时即是长生已休粮

08 　（漶）□死化为饿鬼吃淡不是

09 　（漶）无滋味一斋不是道饥

10 　（漶）胃存想不是道精魂作

11 　（漶）便不是道妄饮非神水

12 　（漶）是道呼吸引邪气孤寡

13 　（漶）阴阳失宗纬烧炼不是

14 　（漶）□家易如何即是道太[1]

15 　（漶）□五行颠倒生生在天

16 　（漶）相配合子花生八二

17 　（漶）且说参同隐深义礼拜

18 　（漶）朝闻夕死矣五行颠倒

19 　（漶）里出五行□□行虎[11]

---

1　此"太"字《大足石刻铭文录》录为"大"。重庆大足石刻艺术博物馆编：《大足石刻铭文录》，重庆出版社1999年版，第340页。

**注释：**

[1] 本则铭文第1行第3字"损"；第1行第6字"尊"；第1行第7字、第5行第34字、第8行第18字、第9行第39字、第13行第10字、第14行第20字、第18行第5字、第20行第5字、第20行第17字"像"；第1行第11字、第6行第4、20、25、33、40字，第7行第2、7、13、20、24、29、39字，第9行第36字，第10行第42字，第14行第17、25字，第18行第27字"龛"；第1行第17字"栽"；第2行第5字、第3行第9字"灭"；第2行第14、23字，第4行第18字，第8行16字，第17行第22字，第20行第14字，第20行第33字"年"；第2行第17字"流"；第2行第18字、第3行第7字、第3行第38字、第5行第9字、第9行第31字，第17行第1字、第20行第30字"于"；第2行第36字，第9行第40字"所"；第3行第2字，第4行第36字"兴"；第3行第8字"泯"；第3行第13字、第5行第7字"能"；第3行第19字"恶"；第3行第20字"趋"；第3行第41字，第12行第42字"致"；第4行第20字"修"；第4行第37字"劝"；第5行第11字"称"；第5行第29字，第17行第10字"篆"；第5行第35字、第7行第39，第9行第35字、第18行第3字"凡"；第5行第40字"毗"；第6行第2字"勒"；第6行16字"观"；第6行第19字"萨"；第6行第23字"寿"；第8行第19字"既"；第8行第24字，第12行第18字，第18行第8字，第19行第27字"皆"；第8行第27字"春"；第8行第29字"节"；第8行第31、32字"往"；第8行第38字，第12行第14字、第15行首字"游"；第10行第4字"吝"；第10行第7字"奇"；第10行第15字"彩"；第10行第16字"妆"；第10行第29字"毁"；第10行第32字"痴"；第10行第35字"戏"；第11行第19字"果"；第11行第29字"久"；第11行第31字"葺"；第12行末字"竞"；第13行第17字"戒"；第14行第8字"宜"；第14行第13字"若"；第15行第7字"欢"；第17行第4字"置"；第18行第7字"废"；第18行第19字"畴"；第19行第8字"取"；第19行第36字"县"；第20行第18字"碑"；第20行第25字"略"；第20行第37字"睹"；第21行第5字"岁"；第21行第18字"骥"，铭文分别为：

[2] 本则铭文第2行第5字"会"；第2行第6字、第3行末字、第5行第21字、第6行第11字、第6行第16字、第6行第25字、第6行第33字、第8行第18字、第8行第35字、第9行第5字、第9行第10字"于"；第2行第8字、第10行第13字"若"；第2行第10字"幽"；第2行第11字、第11行第9字"概"；第2行第16字、第11行第34字"创"；第2行第34字"叹"；第3行第32字"兴"；第4行第14字"场"；第4行第27字"棘"；第4行第38字"篆"；第5行第2字、第7行第28字、第10行第40字、第15行第8字"碑"；第5行第17字、第8行第8字、第8行第17字"念"；第5行第30字"源"；第6行第14

字"胸";第6行第15字"阔";第6行第22字"皆";第7行首字"怀";第8行第16字"感";第8行第34字"尊";第8行第39字"叶";第9行第17字"峰";第9行第28字"劫";第9行第41字"修";第10行第8字"往";第10行第34字"显";第11行第19字"年";第13行第4字"旨";第13行第6字"牌";第14行第14字"恩",铭文分别为:

[3] 本则铭文"会""塔",铭文分别为:

[4] 此"勒"字,铭文为:

[5] 本则铭文第2行第8字、第2行第10字"豆";第3行第8字"爽";第4行第4字"岁";第7行第2字"碰";第9行第8字"总";第10行第12字"留";第13行第9字"还";第15行第12字"寿",铭文分别为:

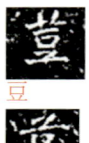

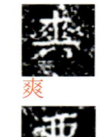

[6] 本则铭文第4行第3字"咛";第7行第3、6字"贰",铭文分别为:

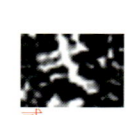

[7] 本则铭文第2行第2字"峰";第2行第10字"椽",铭文分别为:

[8] 此"旦"字,铭文为:

[9] 本则铭文第1行第5字、第8行第6字"年";第5行第5字"誓";第9行第4字"龙";第9行第6字"虎",铭文分别为:

[10] 此"遍"字,铭文为:

[11] 本则铭文第1行第6字"歌";第4行第7字"欲";第4行第8字"救";第8行第6字"鬼";第8行第7字"吃";第10行第8字"魂";第15行第4字、第18行第8字"颠";第17行第2字"说";第17行第3字"参";第17行第4字"同",铭文分别为:

# 附录三　石门山石窟其他文物遗迹

## 一、石窟区内南侧石柱

（一）位置

立于石窟区内南侧岩体东北向壁面中部下方地坪。其基座西南距岩体底部后世修补的条石面约18.5厘米（图87）。

（二）形制

竖碑。基座方形。高出现地坪8厘米。碑座边宽117厘米，呈三阶叠涩；顶线刻两道方框，部分残蚀，可辨少许线道。柱身方形，通高216厘米；东北面、西南面宽66.5厘米，东南面、西北面宽约61厘米（图版Ⅰ：372）。

（三）碑文

柱身四面刻碑文，自东北面始，按顺时针方向，分作四部分记录如下。

1. 东北面

余源□撰书《掉常住田》碑，清乾隆二十五年（1760年）。碑额左起题"掉常住田"4字，楷体，字径8—12厘米。碑文左起，竖刻，除人名外，存305字，楷体，字径3厘米（图版Ⅱ：135）。

掉常住田（碑额）

圣府洞掉常住田碑序

粤自天竺遗经上方垂教之始红炉停驾梵刹创造之初藏世界于一粟佛法诚哉大已矧兹△圣府洞者□崑崙之启□□□□□
光明炯炯拟其像如青狮之望月状其形俨白鹤之飞腾浑兮收天地之光华穆兮孕阴阳之代序□□峨眉近映宝鼎城□□□□□
也爰有神工悬建圣貌森严古迹昭垂法相赫奕洎乎兵燹而瓦碎垣颓田园邱泽荡然无存矣幸□□然世和□□□修□□□□
献每苦无藉暴者众善等募化二百余金得买王成益田地一分界畔契约既已勒石镌碑但寺田寓远管理维□□□□□□□
执掉约僧俗有凭以广狭攸殊该补三才银九十余两然铢两糜矣岂独功支焉因募众以董事□克收乎鸿功□流归海□□□□□
集合群功以托出慈悲既价值之交明纪众德而铭勋著绩庶几托梵献于咫尺永无逗遥之嗟种福于靡□长垂不朽□□□□
于后以是为序

（功德主人名，略）

乾隆二十五年岁在庚辰六月二十八日△吉旦△棠城禀生余源□□□并书[1]

2. 东南面

《勒[2]石为记》捐资碑，清乾隆二十五年（1760年）。碑额左起题"勒石为记"4字，楷体，字径11厘米。碑文竖刻18行人名及捐资额，字径1.5—3厘米。文略（图版Ⅱ：136）。

3. 西南面

姜□□撰《刊刻碑文》，清乾隆二十三年（1758年）。碑额左起题"刊刻碑文"4字，楷体，字径11厘米。碑额下方左右对称各线刻一鸟，刻石面高10.5厘米，宽10厘米。碑文竖刻，楷体，存430字，字径3厘米。据文意整理后录文（图版Ⅱ：137）。

刊刻碑文（碑额）

立出掉田土山林树木基址文契人张三才情因先年得买付国瑞田地一□住居近□□□□□□
俗末便是以弟兄父子商议情愿请凭中证李乾久等将受分田地一段悉行掉与圣府洞□□□□□□
买印契册名输纳其有田置边界东至岩仑直上干田水面坎过抵张三多塝蛇田石坎根道□□□□本已穴同
直过转上专田面坎抵三多干田角为界南至圣府洞老界为界西至岩仑转上夜合树埋石直上□□思□天同
直过抵胡思渊大路小方田角转上大路埋石直上斜转抵土仓埂脚转南丫埋石直过抵□□□□直下□
转斜土埂跟界土仑坎直过抵王万益坡堋埋石转下抵王万益土仓坎为界北至土仓坎转□端直上下□□□直下□
右角直下埋石转小土角抵张三多顺山干田角为界四置界畔凭众踩踏分明自掉之后□□□□掉□□
处父子房族不得借故生端此系心甘情愿并非众人压逼在先慕化买王成益之田印契取存□□□□□□□
众善不得以先碑后生议论恐口无凭立出掉约一纸亦付掌故契人同收因立掉约永远为据
凭中人　黄九经张尔聘李乾久胡廷海
地邻人　胡思渊王希富胡思高贺朝文
会首　　黎成鼎冯秀常胡珀胡思元肖学圣张子华杨明达等
同胞兄张三多
住持王照果徒净元
代笔人姜□□
乾隆二十三年九月二十日立掉约人张三才同侄张国玩[3]

4. 西北面

名垂千古捐资题名碑，清代（1644—1911年）。碑额左起题"名垂[4]千古"4字，楷体，字径11厘米。碑文分作上下两部分，上部竖刻17行，下部竖刻26行，楷体，字径2—4厘米。皆为人名及捐资数额，文略（图版Ⅱ：138）。

## 二、石窟区内东侧石柱

（一）位置

立于石窟区内东侧岩体西南向壁面中部下方地坪。碑座东北距岩体底部9厘米（图87）。

（二）形制

竖碑。柱基方形。高出现地坪31厘米。基座边宽117厘米，顶缘抹棱，部分残蚀。柱身方形，通高206厘米；西南面、东北面宽66厘米，西北面、东南面宽72.5厘米（图版Ⅰ：373）。

（三）碑文

柱身四面刻碑文，自西南面始，按顺时针方向，分作四部分记录如下。

1. 西南面

舒宏明撰《圣府洞置常住田碑序》，清乾隆十六年（1751年）。在碑额线刻圆圈内左起题"常住田碑"4个大字。圆圈直径13厘米；字楷体，字径10厘米。碑文竖刻，除捐资人名外，存264字，楷体，字径2—3厘米（图版Ⅱ：139）。

常住田碑（碑额）

圣府洞置常住田碑序

古云宝鼎名山圆觉胜境前有玉峰高耸后有天池深阔接四景之峥嵘为棠城之盛览无如兵燹后庙貌虽存而田园邱泽荡然无有住持者□

嗟焚献之无资有心者识将来之圮废爰是会众善而募积狐腋而成裘感有生之大造稽胜地不常动宅产之善养广好□□是所望□□□

公寺田建兴住僧坚性有讬聚金二百余两得买王成益田地壹分粮亩界畔书写分明余等执契请仰于

邑侯张公公曰此盛德事也予未捐俸以襄厥美当印书契俾垂千秋众善布施功德必偕圣府不朽归而勒石印以张公之言□□□□□□

他若胜地之嵯峨神光之赫奕昭昭在人耳目余复何赘焉

（捐资人名字，略）

大清乾隆拾陆年辛未季夏月二十二日吉旦立生员舒宏明何资玺同撰住持僧大爵一涧[5]

### 2. 西北面

《永远万古》捐资碑，清代（1644—1911年）。在碑额线刻圆圈内左起题"永远万古"4个大字[1]。圆圈直径13厘米；字楷体，字径10厘米。碑文竖刻24行人名及捐资数额，楷体，字径1.5—2厘米。文略（图版Ⅱ：140）。

### 3. 东北面

张书绅撰《契约存照》碑，清乾隆十五年（1750年）。在碑额线刻圆圈内左起题"契约存照"4个大字。圆圈直径13厘米；字楷体，字径10厘米。碑文左起，竖刻，存520字，楷体，字径2.5厘米。据文意整理后录文（图版Ⅱ：141）。

契约存照（碑额）

同兄王聘益甫益万益品益

邻证漆天禄胡廷伟贺炳文朝文以文

凭中胡思元郭继贤毛联芳冯秀常蒲良才张国梁

立卖水田山土园林基址阴阳宅基文约人王成益今将己业壹分册名王正还户内分受粮四拾五亩凭中议定时价纹银贰百壹拾两整出卖与本境圣府洞寺上永为常住产业彼时得受会首蒲良臣张子华李自英胡佑唐元杨聪王玥冯焕胡珍陈子昭黄正祥阮国德毛万春李祥彩赵维元傅国瑞涂国铨吴之翰周应桂李选科肖时龙等募化众姓施助银贰百壹拾两分文领足并无货物准折其四至界畔东至自竹林抵漆处水田上面直上岩嘴顺岩仓顺过上坎小夜活树直上千田角石埂转田边为界南至由田角直上大路跟古埂上坡抵胡姓夜活树为界西至从夜活树埋石下坡过坳直上土缺上坎跟小埂横过抵埋石至贺处青岗树桩直下埋石至柏树直下嘴下千田角至大田坎为界北至由田坎直上山岭分水下至古坟中间直下土边抵大青岗桩下至坳土抵青岗头转土中青岗至石塔抵小柏树至岩仓转塆抵石嘴顺坎至乱石磊直下竹林田边为界四至踩明并无包买包卖情弊自卖之后认从众善拨粮立户输管册名众善王姓亲族人等不得异言恐后无凭立此卖契壹纸永远存据

△△实计田地壹分载粮四拾五亩价银贰百壹拾两△△蒙拨

凑朱提而购寺田招纳子而获养膳尔等好善可嘉即行税拨

皇清乾隆拾五年十月二十八日立卖约王成益同男王希进王希朝

代笔张书绅[6]

### 4. 东南面

《圣府洞记》碑，清代。在碑额线刻圆圈内左起题"圣府洞记"4个大字。圆圈直径13厘米；字楷体，字径10厘米。碑文竖刻24行人名及捐资数额，楷体，字径2厘米。文略（图版Ⅱ：142）。

---

1 《大足石刻铭文录》将"远"录作"垂"字。重庆大足石刻艺术博物馆编：《大足石刻铭文录》，重庆出版社1999年版，第362页。

## 三、石窟区内香炉

### （一）位置

立于石门山石窟第13号龛左下方石台上（图87）。石台以条石叠砌，高210厘米，完整边宽338厘米。石台北侧为石梯道，宽120厘米；梯道上端连接窟前平坝，下端延伸至后世修筑的护墙墙脚。石台西侧填塞石块、泥土，大致与石台台面齐平，并与窟前平坝外侧墙体相接。香炉与第13号龛水平相距约260厘米，西向与平坝墙体相距295厘米。

香炉正面向西南，方向238°。

### （二）形制

香炉形如方塔，通高约345厘米。塔身四角立方柱，其间镶嵌石板（图276、图277；图版Ⅰ：374）。最下为方形塔基，嵌入石台内，高10厘米，宽183厘米，深130厘米；后侧外距石台边缘36厘米，左右侧距石台边缘均为55厘米。塔基之上为三级方形塔身和三重塔檐。第一级塔身高78厘米，宽165厘米，深114厘米，四面素平；其上为第一级塔檐，外挑塔身约10厘米，檐口平直，翼角上翘，西北角部分残，仅辨角梁结构。第二级塔身高73厘米，宽140厘米，深76厘米。塔身正面中下部开方形炉口，高29厘米，宽26厘米。塔身左右侧面各竖刻12行功德主名和捐资数量，字径3厘米，其中右侧面末行刻"共捐钱捌千六百文"（图版Ⅱ：143、图版Ⅱ：144）。塔身后侧面素平。第二重塔檐外挑塔身14厘米，式样与第一重同。第三级塔身高66厘米，宽105厘米，深45厘米，正面中部纵向竖刻"宣统元年四月上浣立"9字，字径5厘米（图版Ⅱ：145）。后壁中部刻一烟洞，直径7厘米，左右侧壁面素平。其上为第三重塔檐，外挑塔身12厘米。最上为塔脊，高54厘米，最宽130厘米，左右端上翘，内减地长枝花卉一朵；中部圆拱上凸，内减地立像1身。像高约22厘米，光头，圆脸；着交领窄袖齐膝衫，下着裤。左手平直前伸握一物，似绳带所系的鱼饵，物下方刻鱼一尾，两前鳍前伸；右手笼袖内置于体侧，赤足踏云朵。像身后刻树两株。塔脊背面素平。

## 四、石窟区内零散碑刻

石质方碑三通，皆置于南侧独立岩体的东面崖壁前侧地坪。

### （一）《正堂寇示》碑[1]

清光绪三十三年（1907年）上石。无碑座。通高107厘米，宽65厘米，厚8.5厘米。碑额横书"正堂寇示"4字，楷体，字径10厘米；碑文左起，竖刻19行，存399字，楷体，字径2.5厘米（图版Ⅱ：146）。

    正堂寇示（碑额）
01 钦加四品衔署理重庆府大足县事直隶州用补用县正堂加五级纪录十次寇△为
02 据禀示谕刊碑以垂久远事案据资学局僧光耀诸山僧禅辉僧
03 大元僧定江僧月明等禀称情昨三十一年创立资学局酌提诸
04 山各庙常款钱以济学务始实多艰当沐△汪主拟定条规存案
05 嗣后各庙僧道如认缴钱入资学局者年照提款措缴勿论一切
06 何项公事不得另派分文业已通详蒙△督宪批准如详办理存
07 案可查各庙未能周知迄今亦别有公项按局属另派以致物议
08 纷纷况今资学县未开局不祈照章赏示减免杂派将来征收学
09 费有所藉口必抗不缴是以选集劝学所员绅妥议禀恳△仁慈
10 察照定案示谕各庙遵缴凡外公项概不派及分文已定期开局
11 并恳示各庙僧道俾众咸知赏准刊建监以垂久远而重学务阖山

---

[1] 本碑2014年8月出土于石马镇石门村四组冯家湾后头坡，后移置于石门山石窟区内。

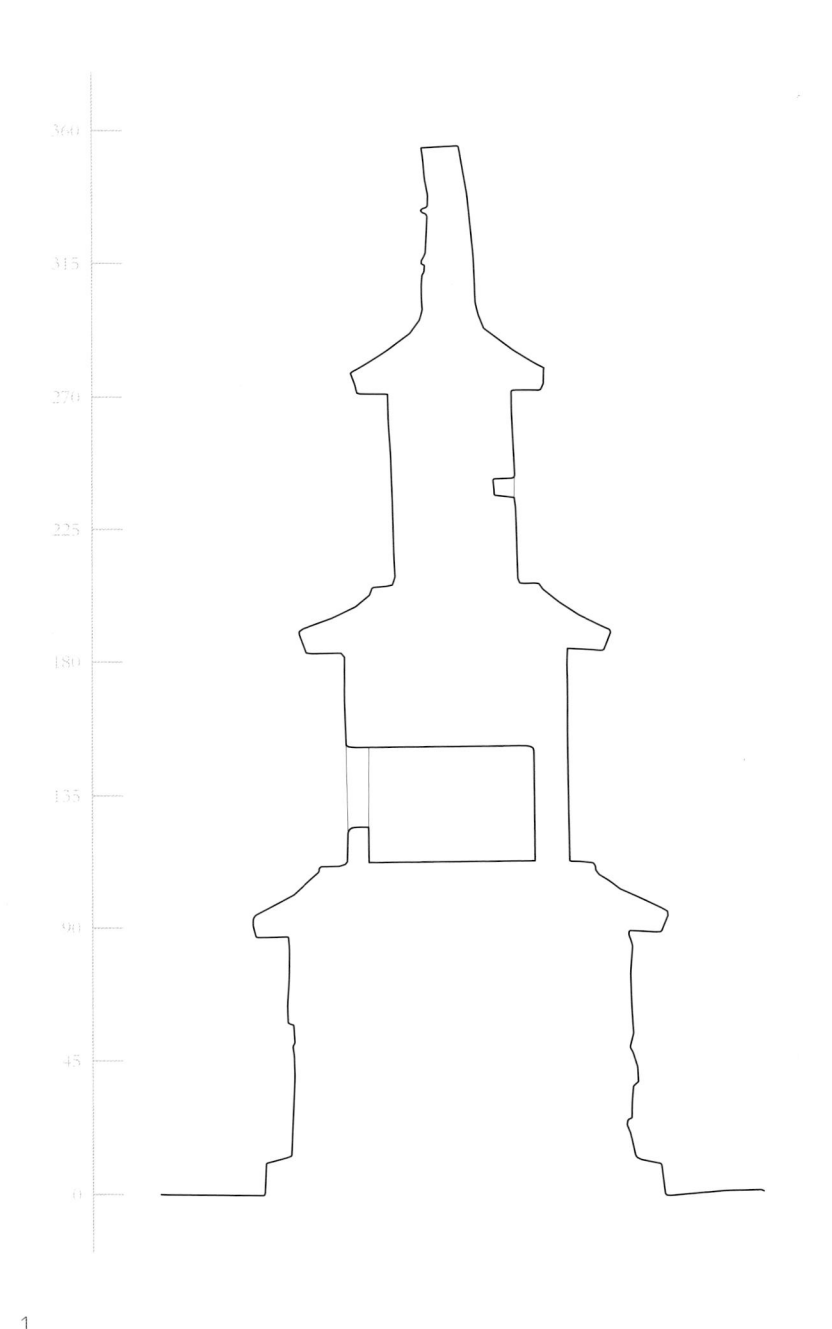

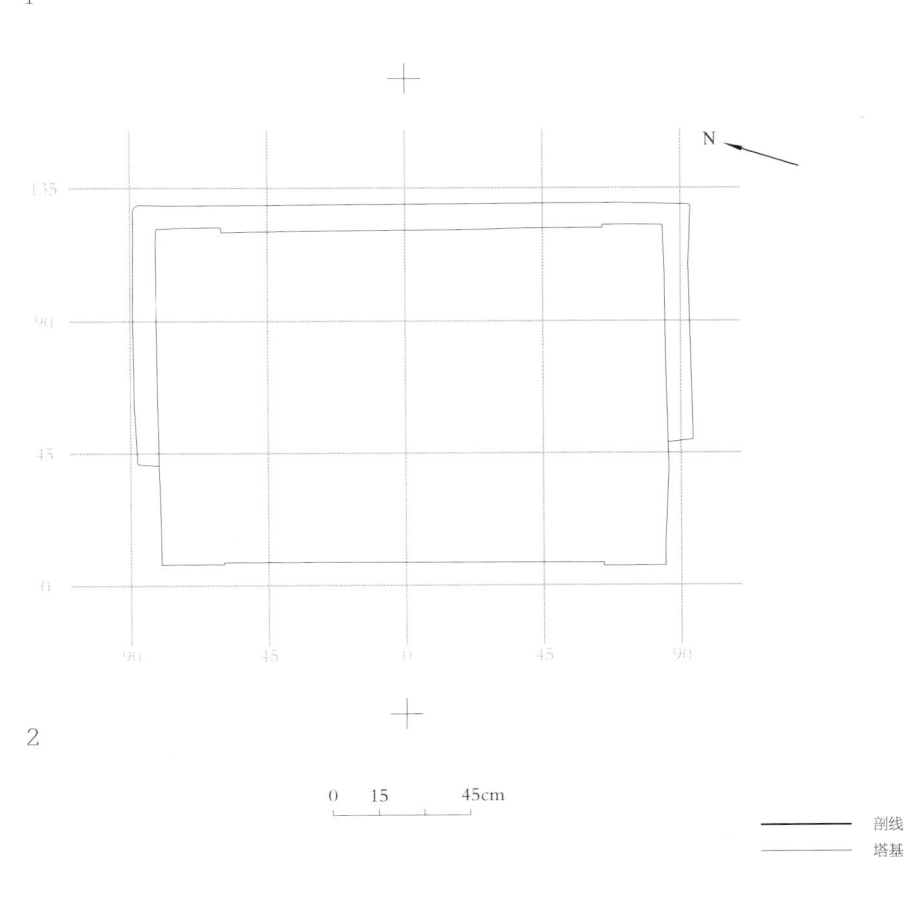

图 276　石门山石窟香炉平、剖面图
1　剖面图　2　平面图

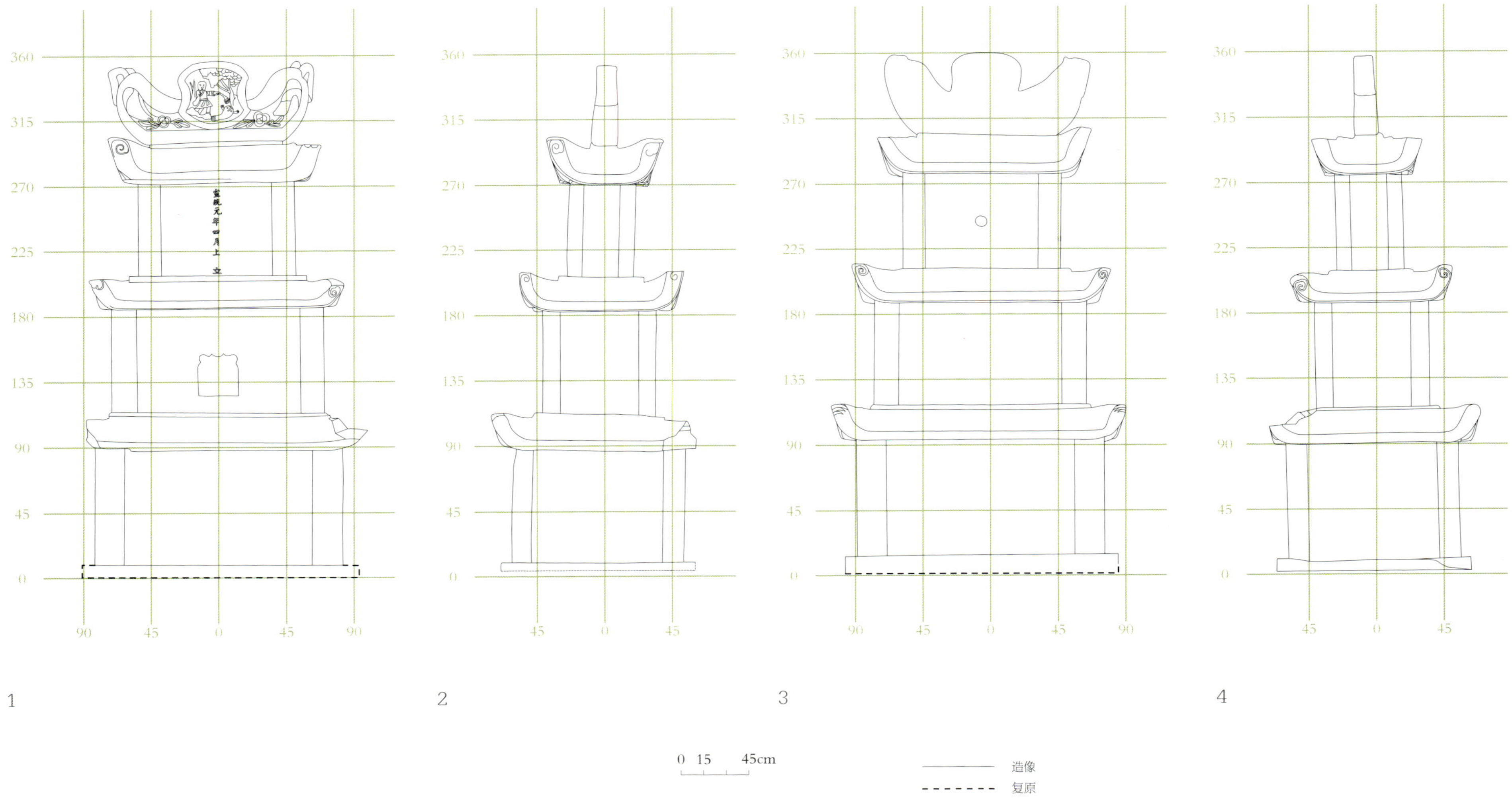

图 277　石门山石窟香炉正、背、左、右面立面图
1　正面　2　右面　3　背面　4　左面

12　均沾大法无量等情据此除禀批示外合行出示晓谕为此示仰
13　县属绅耆团保军民人等一体知悉自示之后地方如遇一切公
14　事杂派不得再向资学局僧道摊派分文以免征收学费有所藉
15　口用符详定章程是为至要其各凛遵毋违特示
16　右谕通知
17　光绪三十三年三月廿八日
18　□示实贴圣府洞晓谕勿损[7]

（二）癸亥功德碑

清代（1644—1911年）。无碑座。通高182厘米，宽96厘米，厚12.5厘米。碑身左、右上角抹角。碑额横书，存少许字迹；碑文左起，竖刻，除人名、捐资额外，存48字，楷体，字径2.5厘米（图版Ⅱ：147）。

尝闻福寿并增者无非修缮乐施之人子孙荣贵者□□（漶）

未次第葺修无不咸灵今大雄殿修砌□面以□告竣□□（漶）

（功德主人名和捐资额，其中第24行末刻"住持僧弘位弘明"，余字略。）

（漶）年癸亥仲冬上浣吉旦

（三）乾隆装塑碑

清碑。清乾隆五十一年（1786年）上石。无碑座。通高157厘米，宽70厘米，厚11厘米。碑身上部略残，左上角抹角。碑额左起横书"□王□□"，楷体，字径6厘米；碑文左起，竖刻，除人名、捐资额外，存114字，楷体，字径2.5厘米（图版Ⅱ：148）。

424　大足石刻全集　第五卷（上册）

□王□□（碑额）

□之为神活国活人起死回□其□□□□□□者利最普矣然神依□

像是像□□宜修塑也圣府洞诸□□已□□而独少药王金身领袖众□

善乐襄盛举欣然装塑用以伸对□之诚答苍生之望今已神威显赫玉

貌森严则降福孔皆灵无不应利济又靡涯矣是序县学生张学恭沐手撰

（功德主人名和捐资额，略）

乾隆伍十一年菊月初九日吉旦立△△主持僧（澧）[8]

## 五、圣府洞寺大殿第1号窟[1]

### （一）位置

位于石门山石窟附近圣府洞寺大殿明间后侧前凸的巨石堡中下部。左距后世砌筑的隔断墙148厘米，右距后世砌筑的隔断墙体152厘米；上距屋顶最高255厘米，下距室内地坪12厘米。

窟口西南向，方向195°。

### （二）形制

方形平顶窟（图278、图279；图版Ⅰ：375）。在岩壁直接凿建窟口，方形，高235厘米，宽163厘米。窟底方形，深192厘米，至窟顶高236厘米。后侧建低坛一级，与窟口等宽，高11厘米，深54厘米。窟壁面竖直，存有斜向的凌乱凿痕。壁面相互间垂直相接。壁面与窟顶垂直相交。窟顶平顶，方形，前端外挑最深约32厘米，形如檐沿。

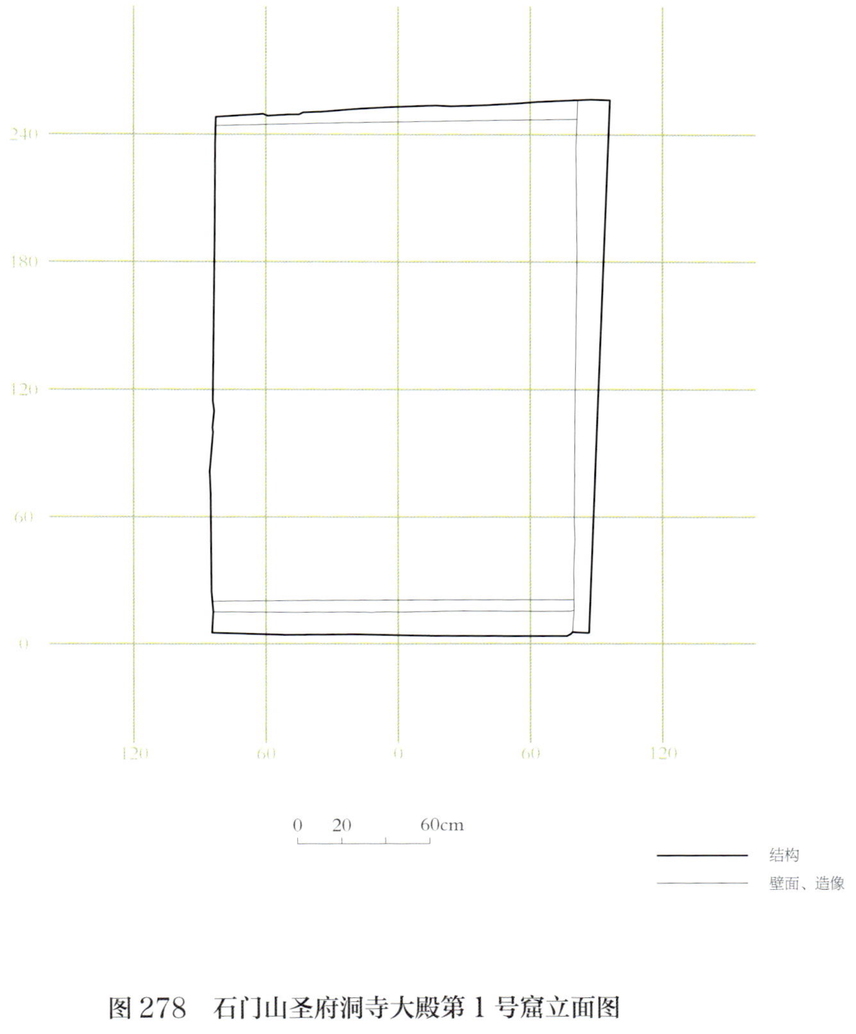

图278　石门山圣府洞寺大殿第1号窟立面图

---

1　该窟位于清乾隆年间重修的圣府洞寺大殿明间后侧巨石堡上。1985年《大足石刻内容总录》未作记录。本次调查将其作为附录，编为圣府洞寺大殿第1号，将另一龛编为第2号。

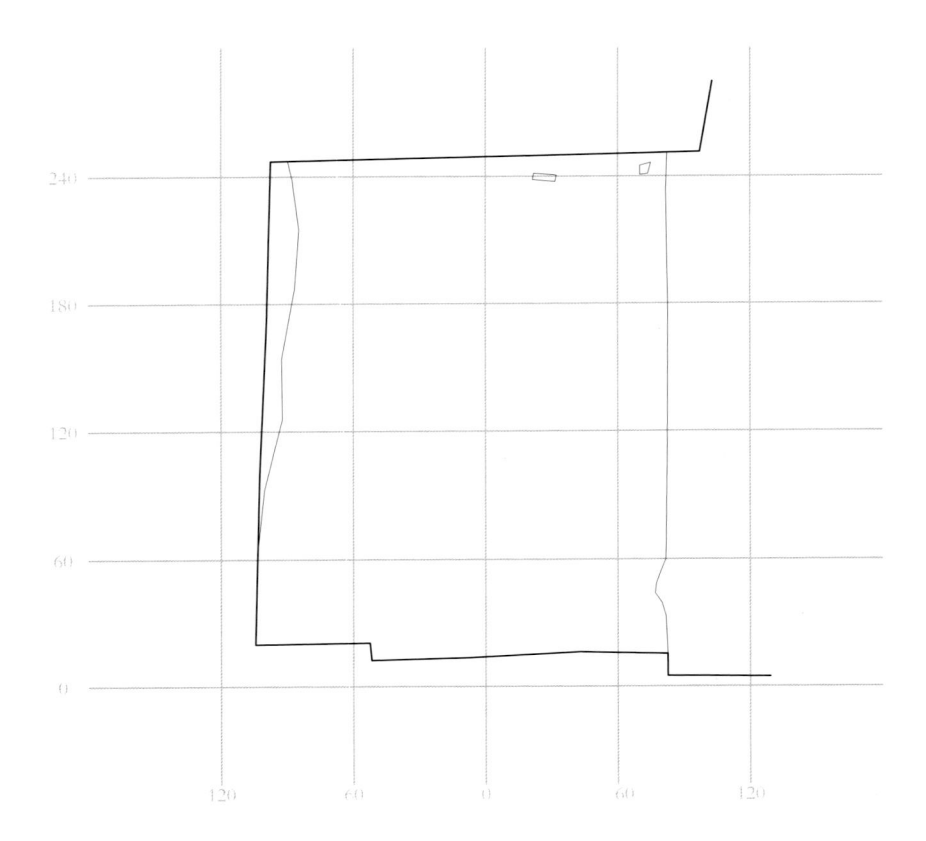

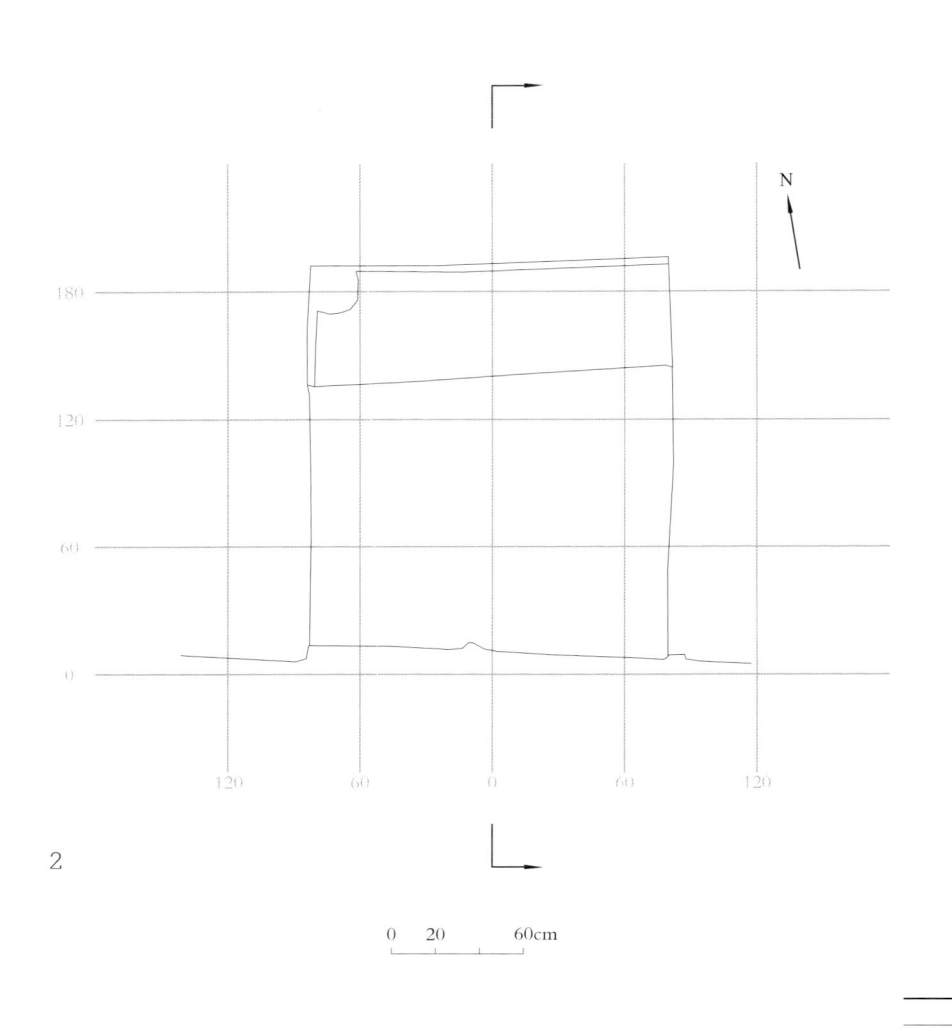

图 279　石门山圣府洞寺大殿第 1 号窟平、剖面图
1　剖面图　2　平面图

### （三）造像

毁。

### （四）晚期遗迹

窟左右侧壁与窟底相接的前端，各凿一方孔，对应布置；孔高11厘米，宽10厘米，深8.5厘米。

低坛右端后侧凿一圆孔，孔径21厘米，深10厘米。

窟壁存红色涂层。

## 六、圣府洞寺大殿第2号龛

### （一）位置

位于圣府洞寺大殿第1号窟左侧。左距后世砌筑的墙体61厘米，右距第1号窟17厘米；上距后世补砌的条石边缘45厘米，下距地坪108厘米。

龛口南向，方向180°。

### （二）形制

单层方形龛（图280、图281；图版Ⅰ：376）。于岩壁表面直接向内凿建龛口，龛口方形，高101厘米，宽70厘米，至后壁最深

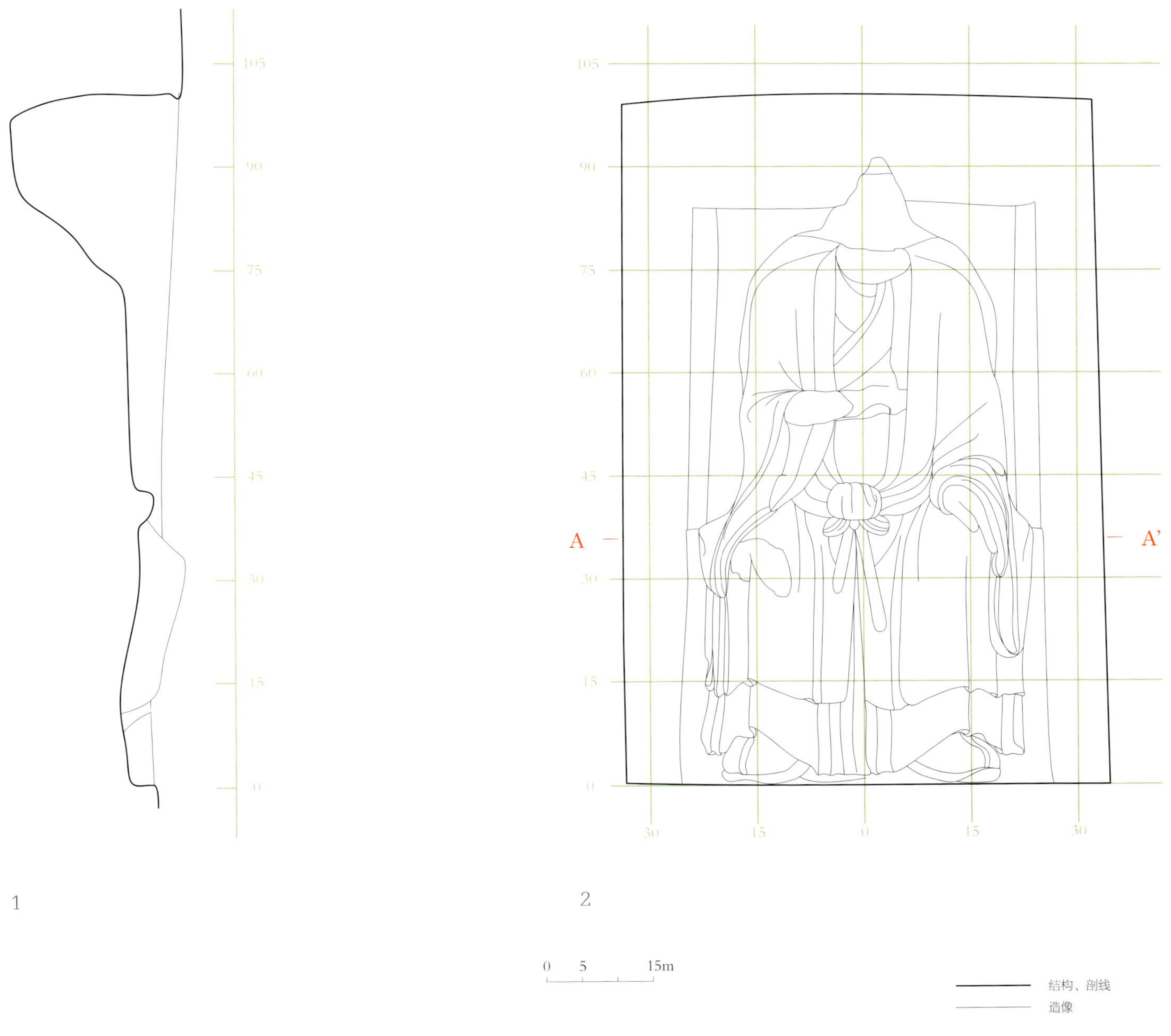

**图280 石门山圣府洞寺大殿第2号窟立、剖面图**
1 剖面图　2 立面图

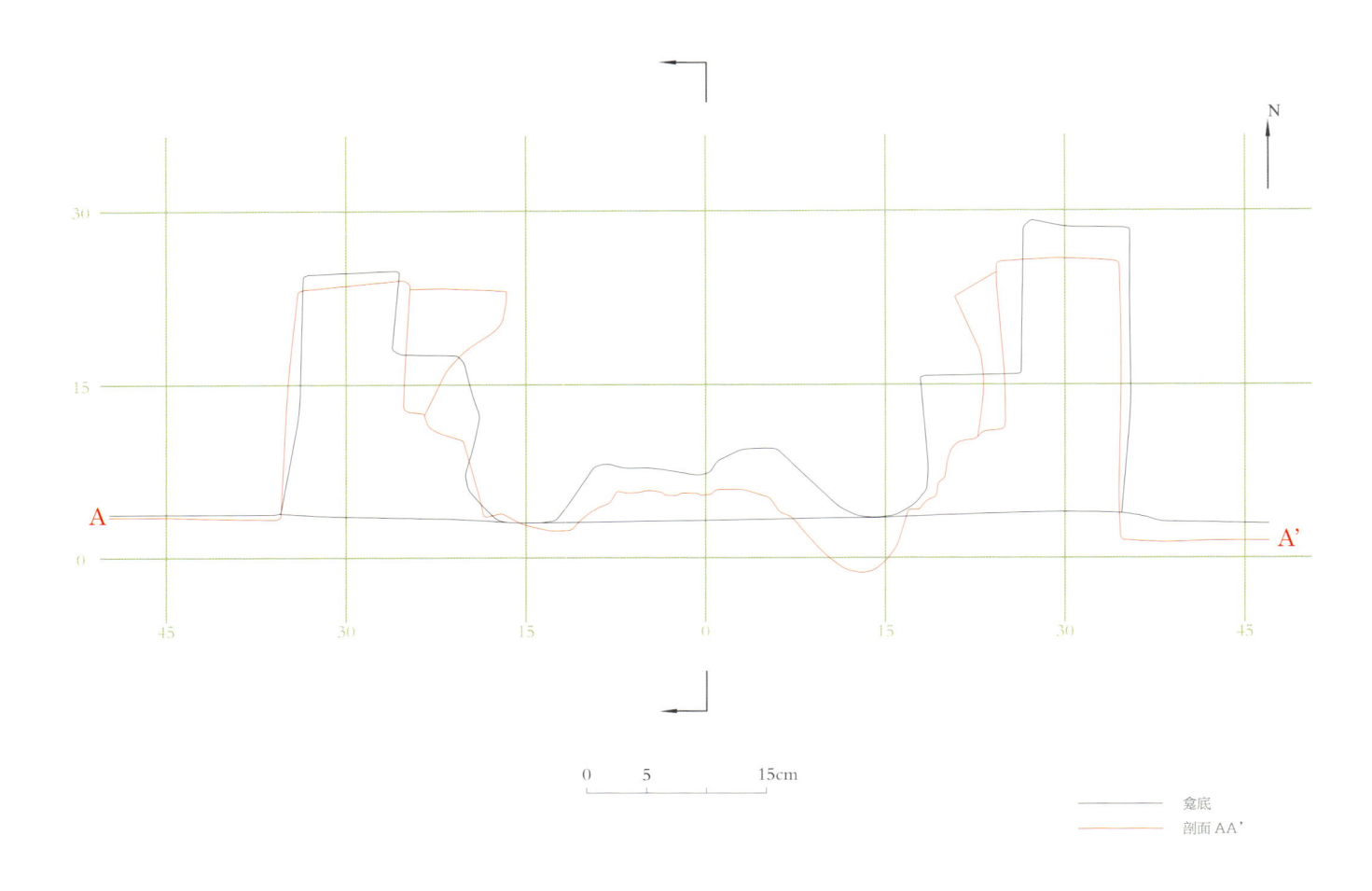

图281　石门山圣府洞寺大殿第2号龛平面图

25厘米。龛外左右侧凿出宽17厘米的平整面，上部为后世改凿。龛口上方壁面打磨平整，最高32厘米，下部凿出宽3厘米的平整面。龛底方形，打磨平整。龛正壁竖直，打磨略显粗糙；左右侧壁竖直平整，壁面间垂直相接。壁面与龛顶垂直相交。龛顶平顶，方形，略蚀，存后世改刻的痕迹。

（三）造像

龛内刻坐像1身。头毁，残坐高55厘米，肩宽30厘米，胸厚13厘米。肩后刻披肩，下端圆弧收于腰后；内着双层交领窄袖长服，外着对襟宽袖服；下着裙，腰带作绳状，垂于双足间。前臂略短，左手抚大腿，右手残，横置胸前。大腿稍短，小腿略长，着鞋倚坐于方形靠背椅上。椅通高82厘米，宽51厘米，深13厘米。

（四）晚期遗迹

龛口左右侧上部残毁处，后世改刻并涂抹灰浆层。龛外左上角岩体毁，残毁面形如三角形，后世以条石叠砌修补，与岩壁齐平。修补面高112厘米，宽146厘米，最厚18厘米。

龛内保存蓝色、红色、灰白色三种涂层。

## 七、圣府洞寺大殿碑刻

共2通。分别位于圣府洞寺大殿明间左右后世砌筑的隔断墙体后侧下部。外凸岩体约213厘米，厚39厘米。

左碑　装塑燃灯古佛纠察灵官碑记，清代。碑高105厘米，宽164厘米。碑文四周线刻宽7厘米的方框，内刻卷草纹（图版Ⅱ：149）。碑文左起，竖刻39行，楷体，字径3.5厘米。第1、2行分别刻"装塑""燃灯古佛纠察灵官碑记"，其余各行刻人名及捐资额，文略。

右碑　捐资题名碑，清道光九年（1829年）。碑高111厘米，宽168厘米，下距地坪73厘米（图版Ⅱ：150）。碑文左起，竖刻37行，楷体，字径3厘米；其中最后1行刻"大清道光九年己丑阳月上浣吉旦"，其余各行刻人名及捐资额，文略。碑右侧条石另竖刻4行人名及捐资额，文略。

**注释：**

[1] 本则铭文第2行第9字、第4行第15字"垂"；第2行第19字"创"；第2行第23字"藏"；第3行第3字"炯"；第3行第9字"青"；第4行第11字"严"；第5行第32字"勒"；第6行第7字"凭"；第6行第21字"两"；第7行第3字"群"；第7行第12字"值"；第7行第18字"德"；第7行第21字"勋"，铭文分别为：

[2] 此"勒"字，铭文为：

[3] 本则铭文第3行第15字、第8行第26字、第10行第15字、第11行第1字"凭"；第3行第21字"等"；第13行第5字"鼎"；第13行第15字"学"；第15行第4字"照"，铭文分别为：

[4] 此"垂"字，铭文为：

[5] 本则铭文第1行第8字"碑"；第2行第4字"鼎"；第2行第8字"觉"；第2行第14字"峰"；第2行第22字"阔"；第3行第29字"感"；第4行第5字"兴"；第4行第17字"两"；第4行第28字"宙"；第5行第10字"事"；第5行第17字"襄"；第5行第24字"俾"；第5行第25字"垂"；第5行第28字"众"；第5行第39字"朽"；第5行第40字"归"；第5行第42字"勒"；第6行第14字"昭"；第19行第28字"同"，铭文分别为：

[6] 本则铭文第3行第1字、第4行第41字、第11行第30字"凭"；第4行第7字"园"；第4行第24字、第5行第19字"业"；第4行第31字"还"；第4行第40字，第12行第12字"宙"；第5行第6字"与"；第6行第40字，第12行第15字"贰"；第7行第26字"岩"；第8行第30字"坳"；第11行第12字"管"；第11行第22字，第13行第15字"等"；第12行第19字"两"，铭文分别为：

[7] 本则铭文第1行第13字，第8行第7字，第13行第1字"县"；第1行第15字"直"；第2行第8字"垂"；第2行第9字，第11行第19字"久"；第3行第11字"称"；第3行第18字"创"；第4行第5字，第5行第19字"款"；第4行第8字"济"；第5行第17字"照"；第6行第8字，第7行第21字，第8行第20字，第10行第17字，第14行第3、14字"派"；第7行第8字"周"；第8行第24字，第14行第20字"收"，铭文分别为：

[8] 本则铭文第3行第25字"显"；第4行第21字"县"，铭文分别为：

图书在版编目（CIP）数据

石篆山、石门山、南山石窟考古报告 . 上册 / 黎方银主编；大足石刻研究院编 . —重庆：重庆出版社 , 2017.11

（大足石刻全集 . 第五卷）

ISBN 978-7-229-12684-1

Ⅰ. ①石… Ⅱ. ①黎…②大… Ⅲ. ①大足石窟－考古发掘－发掘报告

Ⅳ. ① K879.275

中国版本图书馆 CIP 数据核字 (2017) 第 228196 号

## 石篆山、石门山、南山石窟考古报告　上册

SHIZHUANSHAN SHIMENSHAN NANSHAN SHIKU KAOGU BAOGAO SHANGCE

黎方银　主编　　大足石刻研究院　编

总策划：郭　宜　黎方银
责任编辑：王怀龙　王　娟
美术编辑：郑文武　王　娟　周　瑜　吕文成　王　远
责任校对：谭荷芳
装帧设计：胡靳一　郑文武
排　　版：肖蜀侠

重庆出版集团　出版
重庆出版社

重庆市南岸区南滨路162号1幢　邮政编码：400061　http://www.cqph.com
重庆新金雅迪艺术印刷有限公司印制
重庆出版集团图书发行有限公司发行
E-MAIL:fxchu@cqph.com　邮购电话：023-61520646
全国新华书店经销

开本：889mm×1194mm　1/8　印张：59
2017年11月第1版　2017年11月第1次印刷
ISBN 978-7-229-12684-1
定价：2000.00元

如有印装质量问题，请向本集团图书发行有限公司调换：023-61520678

**版权所有　侵权必究**